# A TERCEIRA ONDA

## ALVIN TOFFLER

## OBRAS DO AUTOR NESTA EDITORA

O CHOQUE DO FUTURO
CRIANDO UMA NOVA CIVILIZAÇÃO (com Heidi Toffler)
A EMPRESA FLEXÍVEL
PREVISÕES & PREMISSAS
POWERSHIFT — AS MUDANÇAS DO PODER
A TERCEIRA ONDA
GUERRA E ANTIGUERRA (com Heide Toffler)

# A TERCEIRA ONDA

ALVIN TOFFLER

*Tradução de*
JOÃO TÁVORA

21ª EDIÇÃO

EDITORA RECORD
RIO DE JANEIRO • SÃO PAULO

CIP-Brasil. Catalogação-na-fonte
Sindicato Nacional dos Editores de Livros, RJ.

T575t
Toffler, Alvin, 1928-
A terceira onda / Alvin Toffler ; tradução de João Távora. — 21.ª ed. — Rio de Janeiro : Record, 1995.

Tradução de: The third wave
ISBN 85-01-01797-3
Bibliografia.

1. Mudança social. 2. Previsão social. 3. Tecnologia e civilização. 4. Século XXI — Previsões. I. Título.

92-1046
CDD — 303.4
CDU — 301.151

Título original norte-americano
THE THIRD WAVE



A Heidi

Cujos argumentos convincentes me ajudaram a decidir escrever *A Terceira Onda*. Sua crítica firme e tenaz de minhas idéias e seu profissionalismo como editora estão refletidos em cada página.

Suas contribuições para este livro estenderam-se muito além do que seria de esperar de uma colega, uma companheira intelectual, uma amiga, amante e esposa.



Direitos de publicação exclusivos em língua portuguesa no Brasil
adquiridos pela
DISTRIBUIDORA RECORD DE SERVIÇOS DE IMPRENSA S.A.
Rua Argentina 171 — 20921-380 Rio de Janeiro, RJ — Tel.: 585-2000
que se reserva a propriedade literária desta tradução

Impresso no Brasil

ISBN 85-01-01797-3

PEDIDOS PELO REEMBOLSO POSTAL
Caixa Postal 23.052 — Rio de Janeiro, RJ — 20922-970

Viemos aqui para rir ou chorar?
Estamos morrendo ou nascendo?

*Terra Nostra* por CARLOS FUENTES

# SUMÁRIO

# INTRODUÇÃO

Numa época em que terroristas fazem jogos de morte com reféns, em que os meios circulantes oscilam entre rumores de uma Terceira Guerra Mundial, embaixadas são incendiadas e tropas de choque amarram os cordões das botas em muitas terras, olhamos com horror os cabeçalhos. O preço do ouro — esse barômetro sensível do medo — bate todos os recordes. Os bancos tremem. A inflação descontrola-se. E os governos do mundo estão reduzidos à paralisia ou à imbecilidade.

Diante disto, vasto coro profético enche o ar com seu canto fúnebre. O proverbial homem da rua diz que o mundo "tá maluco", enquanto o perito aponta todas as tendências que conduzem à catástrofe.

Este livro oferece uma opinião vividamente diferente.

Insiste em que o mundo não tergiversou para a loucura e que, de fato, sob o matraquear e ranger de eventos insensatos se esconde um esquema surpreendente e potencialmente esperançoso.

*A Terceira Onda* é para os que crêem que a história humana, longe de terminar, está apenas começando.

Uma poderosa maré se eleva através de grande parte do mundo inteiro, criando um ambiente novo, freqüentemente extravagante, para trabalhar, brincar, casar-se, criar filhos e aposentar-se. Neste contexto confuso, os negociantes nadam contra correntes econômicas extremamente caprichosas; os políticos vêem as suas classificações subirem e descerem loucamente como bóias de cortiça; as faculdades, os hospitais e outras instituições lutam desesperadamente contra a inflação. Os sistemas de valores se estilhaçam e se destroem, enquanto os botes salva-vidas da família, a igreja e o estado são violentamente sacudidos.

Examinando estas mudanças violentas, podemos considerá-las provas isoladas de instabilidade, colapso e desastre. Se entretanto, olharmos mais de longe, notaremos várias coisas que, de outro modo, passavam despercebidas.

Para começar, muitas das mudanças da atualidade não são independentes umas das outras. Nem são fortuitas. Por exemplo, o colapso da família nuclear, a crise global da energia, o advento do tempo flexível e o novo pacote de vantagens adicionais, o aparecimento dos movimentos separatistas de Quebec e da Córsega, tudo isto parecem eventos isolados. A verdade, entretanto, é o inverso. Estes e muitos outros eventos ou tendências aparentemente desconexos estão inter-relacionados. Com efeito, estas coisas são partes de um fenômeno muito maior: a morte do industrialismo e o advento de nova civilização.

Enquanto as considerarmos mudanças isoladas e nos escapar esta significação maior, não poderemos idear uma resposta coerente e eficaz para elas. Como indivíduos, nossas decisões pessoais ficam sem objetivo ou autoneutralizantes. Como governos, caminhamos aos trancos de crises para programas de emergência, entrando pelo futuro adentro sem plano, sem esperança e sem visão.

Carecendo de uma estrutura sistemática para compreender o choque de forças no mundo atual, somos como a tripulação de um navio preso numa tempestade e tentando navegar por entre perigosos recifes sem bússola nem carta de marear. Numa cultura de especialidades em choque, afogada em dados fragmentados e análise micrométrica, a síntese não é apenas útil — é crucial.

Por esta razão, *A Terceira Onda* é um livro de síntese em grande escala. Descreve a velha civilização, na qual muitos de nós crescemos, e apresenta uma imagem cuidadosa e ampla da nova civilização que ganha vida em nosso meio.

Tão profundamente revolucionária é esta nova civilização, que desafia todas as nossas velhas pressuposições. Velhos modos de pensar, fórmulas antigas, dogmas antigos e antigas ideologias, por mais acalentadas e por mais úteis que tenham sido no passado, não mais se adaptam aos fatos. O mundo que está emergindo rapidamente do choque de novos valores e tecnologias, novas relações geopolíticas, novos estilos de vida e novos modos de comunicação, exige idéias e analogias novas, novas classificações e novos conceitos. Não podemos enfiar o mundo embrionário de manhã em cubículos convencionais. Nem as atitudes nem os modos são apropriados.

Assim, à medida que a descrição desta estranha e nova civilização se desenrolar nestas páginas, acharemos razão para desafiar o pessimismo chique que prevalece atualmente. Durante uma década ou mais tem dominado o desespero — vendável e comodista. *A Terceira Onda* conclui que o desespero não só é pecado (como disse C.P. Snow, creio), mas também é injustificado.

Não estou sob ilusões ultra-otimistas. Dificilmente poderíamos achar necessário perorar sobre os verdadeiros perigos que nos enfrentam — da aniquilação e o desastre ecológico nucleares ao fanatismo racial ou à violência regional. Eu mesmo já discuti sobre estes perigos no passado e, sem dúvida, o farei novamente. A guerra, a *débâcle* econômica, o desastre tecnológico em grande escala — qualquer destas coisas poderia alterar a História futura de formas catastróficas.

Não obstante, enquanto exploramos as muitas novas relações que surgem — entre padrões de energia modificadores e novas formas de vida familiar, ou entre adiantados métodos de manufatura e o movimento do espírito de iniciativa, para mencionar apenas umas poucas — de repente descobrimos que muitas das mesmíssimas condições que produzem os maiores perigos da atualidade também abrem novos e fascinantes potenciais.

*A Terceira Onda* mostra-nos estes novos potenciais. Ela argumenta que, bem no meio da destruição e da decadência, agora podemos encontrar provas notáveis de nascimento e vida. Mostra claramente e, creio, indiscutivelmente, que — com inteligência e um nadinha de sorte — a civilização emergente pode ser tornada mais escorreita, sensata e suportável, mais decente e mais democrática do que qualquer outra que já conhecemos.

Se o argumento central deste livro está correto, há razões poderosas para otimismo em longo alcance, embora os anos de transição imediatamente à nossa frente venham a ser provavelmente tormentosos e inçados de crises.

Enquanto eu trabalhava em *A Terceira Onda,* nos poucos anos passados, os auditórios de minhas conferências me perguntavam repetidamente o quanto este livro diferia da obra anterior, *Choque do Futuro.*

O autor e o leitor nunca vêem exatamente as mesmas coisas num livro. Eu considero *A Terceira Onda* radicalmente diferente do *Choque do Futuro,* tanto na forma como na abordagem. Para começar, ele cobre um âmbito muito maior de tempo — tanto passado como presente. É mais preceituante. Sua estrutura é diferente. (O leitor perceptivo descobrirá que a estrutura dele reflete sua metáfora central — o entrechoque de ondas.)

Substantivamente, as diferenças são ainda mais pronunciadas. *Choque do Futuro* exigia que era preciso fazer certas mudanças, acentuava os custos pessoais e sociais da mudança. *A Terceira Onda,* enquanto nota as dificuldades de adaptação, acentua os custos igualmente importantes de não mudar certas coisas com rapidez suficiente.

Além disso, ao passo que no livro anterior escrevi sobre a "chegada prematura do futuro", não tentei esboçar a emergente sociedade de amanhã de qualquer maneira ampla ou sistemática. O foco do livro estava no processo de mudança, não nas direções da mudança.

Neste livro a lente está invertida. Eu me concentro menos na aceleração como tal e mais nos destinos a que nos leva a mudança. Assim, uma obra as focaliza mais pesadamente no processo e a outra na estrutura. Por estas razões, os dois livros se destinam a combinar-se, não como fonte e seqüela, mas como partes complementares de um todo muito maior. Cada um é muito diferente, mas cada um lança luz sobre o outro.

Numa tentativa de síntese em escala tão grande foi necessário simplificar, generalizar e comprimir. (Sem fazer isso, teria sido impossível cobrir tanto terreno num único volume). Em conseqüência disso, alguns historiadores poderão criticar a maneira como este livro divide a civilização apenas em três partes — uma fase agrícola, a Primeira Onda; uma fase industrial, a Segunda Onda; e a fase que agora começa, a Terceira Onda.

É fácil observar que a civilização agrícola consistiu em culturas completamente diferentes e que o industrialismo propriamente passou, na realidade, através de muitas fases sucessivas de desenvolvimento. Sem dúvida, se poderia retalhar o passado (e o futuro) em 12, ou 38, ou 157 pedaços. Mas, assim fazendo, perderíamos de vista as divisões principais num atravancamento de subdivisões. Ou precisaríamos de toda uma biblioteca em vez de um único livro para cobrir o mesmo território. Para os nossos fins, as distinções mais simples são mais úteis, embora mais toscas.

A vasta esfera de ação deste livro também exigiu o uso de outros atalhos. Desse modo, personalizo às vezes a própria civilização, argumentando que a civilização da Primeira Onda ou da Segunda Onda "fez" isto ou aquilo. Naturalmente, eu sei, e os leitores sabem, que as civilizações não fazem nada; as pessoas é que o fazem. Mas, atribuindo isto ou aquilo, de vez em quando, a uma civilização, poupa-se tempo e fôlego.

Do mesmo modo, os leitores inteligentes sabem que ninguém — historiador ou futurista, planejador, astrólogo ou evangelista — "sabe" nem pode "saber" o futuro. Quando eu digo que alguma coisa "acontecerá", suponho que o leitor dará o desconto apropriado para a incerteza. Fazer de outro modo sobrecarregaria o livro com um desnecessário matagal de ressalvas. Além disso, as previsões sociais nunca são destituídas de valor ou científicas, por mais dados computadorizados que possam usar. *A Terceira Onda* não é uma previsão objetiva e não pretende ser provada cientificamente.

Dizer isto, entretanto, não é sugerir que as idéias deste livro são caprichosas ou assistemáticas. Com efeito, como se verificará dentro em pouco, a obra está baseada em provas volumosas e no que poderia chamar-se um modelo semi-sistemático de civilização e nossas relações com ela.

*A Terceira Onda* descreve a civilização industrial moribunda em termos de uma "tecnosfera", uma "sociosfera", uma "infosfera" e "poderesfera"; depois dispõe-se a mostrar como cada uma destas está sofrendo mudança revolucionária no mundo atual; tenta mostrar as relações destas partes de uma com cada outra, bem como com a "biosfera" e "psicosfera" — essa estrutura de relações psicológicas e pessoais através da qual mudanças ocorridas no mundo exterior afetam as nossas vidas mais íntimas.

*A Terceira Onda* sustenta que uma civilização também faz uso de certos processos e que desenvolve sua própria "superideologia" para explicar a realidade e justificar sua própria existência.

Uma vez que compreendamos como estas partes, processos e princípios estão inter-relacionados e como se transformam um no outro, desligando poderosas correntes de mudança, obteremos uma compreensão muito mais clara da onda gigante de mudança que assalta as nossas vidas atualmente.

A grande metáfora desta obra, como já deve ter-se tornado evidente, é a de ondas de mudança que colidem. Esta imagem não é original. Norbert Elias, em sua obra *O Processo Civilizador,* refere-se a "uma onda de integração em marcha através de vários séculos". Em 1837, um escritor descreveu a colonização do Oeste americano em termos de "ondas" sucessivas — primeiro os pioneiros, depois os lavradores, depois os interesses comerciais, a "terceira onda" de migração. Em 1893, Frederick Jackson Turner citou e empregou a mesma analogia em seu clássico ensaio intitulado *A Significação da Fronteira na História da América.* Não é, portanto, a metáfora da onda que é nova, mas sua aplicação ao deslocamento civilizacional da atualidade.

Esta aplicação revela-se extremamente proveitosa. A idéia da onda não é apenas um instrumento para organizar vastas massas de informação altamente variada, mas nos ajuda a ver sob a superfície agitada na mudança. Quando aplicamos a metáfora da onda, muito do que era confuso torna-se claro. O familiar muitas vezes aparece em uma nova luz deslumbrante.

Uma vez que eu comece a pensar em termos de ondas de mudança, colidindo e sobrepondo-se, causando conflito e tensão em volta de nós, mudou a minha percepção da própria mudança. Em todos os campos, da educação e da saúde à tecnologia, da vida pessoal à vida política, tornou-se possível distinguir aquelas inovações que são apenas disfarces, ou apenas extensões do passado industrial, das que são verdadeiramente revolucionárias.

Mesmo a metáfora mais poderosa, entretanto, é capaz de produzir uma verdade parcial. Nenhuma metáfora conta toda a história de todos os lados e daí que nenhuma visão do presente, quanto mais do futuro, possa ser completa ou final. Quando fui marxista durante os últimos anos da adolescência e os primeiros da maioridade — faz isso agora mais de um quarto de século — eu, como muitas outras pessoas, pensava que tinha todas as respostas. Em breve, verifiquei que as minhas "respostas" eram parciais, unilaterais e obsoletas. Mais exatamente, vim a reconhecer que a pergunta certa é ordinariamente mais importante do que a resposta certa à pergunta errada.

O reconhecimento de que nenhum conhecimento pode ser completo, nenhuma metáfora inteira, é em si humanizante. Frustra o fanatismo. Concede até mesmo aos adversários a possibilidade de verdade parcial e a si próprio a possibilidade do erro. Esta possibilidade está especialmente presente em síntese de grande escala. Contudo, como escreveu o crítico George Steiner, "Fazer perguntas maiores é arriscar-se a receber coisas erradas. Não as fazer absolutamente é constranger a vida da compreensão".

Numa época de mudança explosiva — com vidas pessoais despedaçadas, a ordem social existente se fragmentando, e assomando no horizonte um fantástico novo modo de vida — fazer as perguntas maiores que se possam fazer sobre o nosso futuro não é apenas uma questão de curiosidade intelectual. É uma questão de sobrevivência.

Quer o saibamos quer não, a maioria de nós já está empenhada ou em resistir à nova civilização... ou em criá-la. *A Terceira Onda* ajudará, espero, cada um de nós a escolher.

# UMA COLISÃO DE ONDAS

# 1
# A SUPERLUTA

Uma nova civilização está emergindo em nossas vidas e por toda a parte há cegos tentando suprimi-la. Esta nova civilização traz consigo novos estilos de família, modos de trabalhar, amar e viver diferentes; uma nova economia; novos conflitos políticos; e, além de tudo isto, igualmente uma consciência alterada. Fragmentos desta civilização já existem. Milhões de pessoas já estão sintonizando suas vidas com o ritmo de amanhã. Outros, aterrados diante do futuro, estão empenhados numa fuga inútil para o passado e tentam restaurar o mundo moribundo que lhes deu o ser.

A alvorada desta nova civilização é o fato mais explosivo das nossas vidas. É o evento central — a chave para compreender os anos imediatamente à frente. É um evento tão profundo como a Primeira Onda de mudança, desencadeada há dez mil anos pela descoberta da agricultura, ou o terremoto da Segunda Onda de mudança, provocado pela revolução industrial. Somos os filhos da transformação seguinte, a Terceira Onda.

Estamos tateando à procura de palavras para descrever a potência e o alcance totais desta mudança extraordinária. Alguns falam de uma Idade Espacial, de uma Idade de Informação, de uma Era Eletrônica ou de uma Aldeia Global que se anuncia. Zbigniew Brzezinski disse-nos que enfrentamos uma "idade tecnetrônica". O sociólogo Daniel Bell descreve a vinda de uma "sociedade pós-industrial". Os futuristas soviéticos falam da R. T. C. — a "revolução tecnológica científica". Eu mesmo já escrevi extensamente sobre a chegada de uma "sociedade superindustrial". Nenhum destes termos, porém, inclusive o meu, é adequado.

Algumas destas expressões, focalizando um único fator, estreitam em vez de expandirem a nossa compreensão. Outras são estáticas, sugerindo que uma nova sociedade pode entrar em nossas vidas suavemente, sem conflito ou tensão. Nenhum destes termos dá sequer uma idéia da força, do alcance e do dinamismo total das mudanças que se precipitam sobre nós ou das pressões e conflitos que desencadeiam.

A humanidade enfrenta um salto de um *quantum* para a frente. Enfrenta a sublevação social e a reestruturação criativa mais profundas de todos os tempos. Sem o reconhecermos claramente, estamos empenhados na construção de uma notável civilização nova desde os alicerces. Este é o significado da Terceira Onda.

Até agora a raça humana suportou duas grandes ondas de mudança, cada uma obliterando extensamente culturas ou civilizações e substituindo-as por modos de vida inconcebíveis para os que vieram antes. A Primeira Onda de mudança — a revolução agrícola — levou milhares de anos para acabar. A Segunda Onda — o acesso da civilização industrial — durou apenas uns poucos 300 anos. Hoje a História é ainda mais acelerativa e é provável que a Terceira Onda atravesse a História e se complete em poucas décadas. Nós, que por acaso compartilhamos o planeta neste momento explosivo, sentiremos conseqüentemente o impacto total da Terceira Onda no decorrer das nossas vidas.

O esfacelamento das nossas famílias, o abalo da nossa economia, a paralisação de nossos sistemas políticos, o espedaçar dos nossos valores. A Terceira Onda afeta todo o mundo. Desafia todas as velhas relações de poderes, os privilégios e prerrogativas das elites atuais em perigo e proporciona o telão de fundo contra o qual se efetuarão as lutas básicas de amanhã pelo poder

Muita coisa nesta civilização nascente contradiz a velha tradicional civilização industrial. Ao mesmo tempo, é altamente tecnológica e antiindustrial.

A Terceira Onda traz consigo um modo de vida genuinamente novo, baseado em fontes de energia diversificadas e renováveis; em métodos de produção que tornam obsoletas as linhas de montagem das fábricas; em novas famílias não-nucleares; numa novel instituição que poderia ser chamada a "cabana eletrônica"; e em escolas e companhias do futuro, radicalmente modificadas. A civilização nascente escreve um novo código de comportamento para nós e leva-nos além da padronização, da sincronização e da centralização, além da concentração de energia, dinheiro e poder.

Esta civilização nova, desafiando a velha, deitará por terra as burocracias, reduzirá o papel do estado-nação e irá gerar economias semi-autônomas num mundo pós-imperialista. Exigirá governos mais simples, mais eficazes e, não obstante, mais democráticos do que qualquer um dos que conhecemos atualmente. Será uma civilização com sua própria perspectiva diferente do mundo, seus próprios modos de lidar com o tempo, o espaço, a lógica e a causalidade.

Acima de tudo, como veremos, a civilização da Terceira Onda começará a cicatrizar a ruptura histórica entre o produtor e o consumidor, gerando a economia do "prossumidor" de amanhã. Por esta razão, entre muitas, poderia — com alguma ajuda inteligente nossa — resultar na primeira civilização verdadeiramente humana da História registrada.

## A PREMISSA REVOLUCIONÁRIA

Duas imagens do futuro aparentemente contrastantes prendem hoje a imaginação popular. A maioria das pessoas — até ao ponto em que se importam de algum modo com o futuro — tomam como certo que o mundo que eles conhecem durará indefinidamente. Acham difícil imaginar um modo de vida verdadeiramente diferente para eles, quanto mais uma civilização totalmente nova. Naturalmente, reconhecem que as coisas estão mudando. Mas acham que as mudanças de hoje passarão de algum modo e nada abalará a estrutura econômica familiar e a estrutura política. Esperam confiantes que o futuro continuará o presente.

Este pensamento em linha reta vem em várias embalagens. Num nível aparece como uma pressuposição não examinada, por trás das decisões de negociantes, professores, pais e políticos. Num nível mais sofisticado vem sob a forma de estatística, dados de computador e jargão de previsores. De qualquer modo, isto leva a uma visão de um mundo futuro que é essencialmente "mais do mesmo" — o linguajar do industrialismo da Segunda Onda ainda maior e mais difundido através deste planeta.

Eventos recentes têm abalado seriamente esta imagem confiante do futuro. Enquanto crise após crise têm crepitado através dos cabeçalhos, enquanto o Irã entrava em erupção, enquanto Mao era desendeusado, enquanto os preços do petróleo subiam vertiginosamente e a inflação se desencadeava, enquanto o terrorismo se difundia e os governos pareciam impotentes para detê-lo, uma visão mais desolada se tornava cada vez mais popular. Assim, grande número de pessoas — alimentadas por uma dieta constante de más notícias, filmes de desastres, contos bíblicos apocalípticos e cenários oferecidos por prestigiosos bancos de pensamento — parece ter concluído que a sociedade de hoje não pode ser projetada no futuro porque não há futuro. Para eles o Armagedom, a grande batalha final, está apenas a poucos minutos de distância. A Terra corre para seu derradeiro abalo cataclísmico.

Na superfície, estas duas visões parecem muito diferentes. Entretanto, ambas produzem efeitos psicológicos e políticos semelhantes. Pois ambas levam à paralisia da imaginação e da vontade.

Se a sociedade de amanhã for simplesmente uma versão ampliada de Cinerama do presente, *precisaremos* pouco para nos prepararmos para ela. Se, por outro lado, a sociedade está inevitavelmente destinada a se destruir dentro do período das nossas vidas, não há nada que *possamos* fazer a respeito. Em resumo, ambas estas maneiras de olhar o futuro geram isoladamente a passividade. Ambas nos congelam em inação.

Entretanto, ao tentarmos compreender o que nos está acontecendo, não somos limitados a esta escolha simplista entre Armagedom e mais do mesmo. Há muitos mais recursos esclarecedores e construtivos para pensar sobre o amanhã — recursos que nos preparam para o futuro e, mais importante, nos ajudam a mudar o presente.

Este livro baseia-se no que eu chamo a "premissa revolucionária". Ele estabelece que, embora as décadas imediatamente à frente estejam cheias de sublevações, turbulência, talvez até violência generalizada, nós não nos destruiremos totalmente. Ele pressupõe que as mudanças súbitas que estamos experimentando agora não são caóticas ou fortuitas, mas que, de fato, formam um padrão vivo e claramente discernível. Ele pressupõe, além disso, que estas mudanças são cumulativas — que contribuem para uma gigantesca transformação na maneira como vivemos, trabalhamos, brincamos e pensamos e que é possível um futuro escorreito e desejável. Em resumo, o que se segue começa com a premissa de que o que está acontecendo agora é nada menos que uma revolução global, um pulo de um *quantum* na História.

Dito de maneira diferente, este livro flui da pressuposição de que somos a última geração de uma velha geração e a primeira geração de uma geração nova, e que muito da nossa confusão, angústia e desorientação pessoal pode nos levar diretamente ao conflito que existe dentro de nós e dentro das instituições políticas, entre a civilização moribunda da Segunda Onda e a nascente civilização da Terceira Onda, que se aproxima rugindo para tomar o seu lugar.

Quando, finalmente, compreendermos isto, muitos eventos aparentemente sem sentido tornar-se-ão subitamente compreensíveis. Os amplos padrões de mudança começarão a emergir claramente. A ação para a sobrevivência tornase-á possível e plausível novamente. Em suma, a premissa revolucionária libertará o nosso intelecto e a nossa vontade.

## A ORLA DIANTEIRA

Dizer, entretanto, que as mudanças que enfrentamos serão revolucionárias não é suficiente. Antes de podermos controlá-las ou canalizá-las, precisaremos de uma maneira nova de identificá-las e analisá-las. Sem isto, estaremos desesperadamente perdidos.

Uma nova e poderosa abordagem poderia chamar-se a análise da "frente da onda" social. Ela olha a História como uma sucessão de ondas de mudança em marcha e pergunta onde a orla dianteira de cada onda nos está levando. Focaliza a nossa atenção não tanto nas continuidades históricas (por importantes que sejam) como nas descontinuidades — as inovações e interrupções. Identificará os padrões chaves de mudança à medida que forem emergindo, a fim de podermos influenciá-los.

Começando com a simplíssima idéia de que o aparecimento da agricultura foi o primeiro ponto decisivo do desenvolvimento social humano, e de que a revolução industrial foi a segunda grande ruptura, olha cada um destes acontecimentos não como um discreto evento no tempo, mas como uma onda de mudança avançando a uma certa velocidade.

Antes da Primeira Onda de mudança, a maioria dos seres humanos viviam em pequenos grupos, freqüentemente migradores, e alimentavam-se pilhando, pescando, caçando ou pastoreando. Em algum ponto, aproximadamente há dez milênios, começou a revolução agrícola, que avançou lentamente através do planeta, espalhando aldeias, colônias, terra cultivada e um novo modo de vida.

A Primeira Onda ainda não se tinha exaurido pelo fim do século XVII quando a revolução industrial irrompeu através da Europa e desencadeou a segunda grande onda de mudança planetária. Este novo processo — a industrialização — começou a marchar muito mais rapidamente através de nações e continentes. Assim, dois processos de mudança, separados e distintos, rolavam através da terra simultaneamente, a velocidades diferentes.

Hoje, a Primeira Onda virtualmente assentou. Permanecem, por exemplo, umas poucas minúsculas populações tribais, na América do Sul ou na Nova Guiné, vivendo da agricultura. Mas a força desta grande Primeira Onda está basicamente extinta.

Entrementes, a Segunda Onda, tendo revolucionado a vida da Europa, da América do Norte e de algumas outras partes do globo em uns poucos séculos, continua a se espalhar, pois muitos países, até agora basicamente agrícolas, se apressam a construir siderúrgicas, fábricas de automóveis, fábricas de têxteis, estradas de ferro e fábricas de processamento de comidas. O ímpeto da industrializacão ainda continua a se fazer sentir. A Segunda Onda ainda não esgotou sua força.

Mesmo enquanto este processo ainda continua, já começou outro ainda mais importante. Pois enquanto a maré da industrialização atingia a máxima altura nas décadas posteriores à II Guerra Mundial, uma Terceira Onda mal compreendida começava a surgir através da Terra, transformando tudo o que tocava.

Muitos países, por conseguinte, estão sentindo o impacto simultâneo de duas, até mesmo três ondas de mudança, completamente diferentes, todas se movendo a razões diferentes de velocidade e com diferentes graus de força.

Para os fins deste livro consideraremos que a Primeira Onda começou por volta de 8000 a.C. e que dominou a terra sem qualquer desafio até 1650 e 1750 d.C. A partir deste momento, a Primeira Onda perdeu ímpeto, enquanto a Segunda Onda ganhava força. A civilização industrial, produto desta Segunda Onda, dominou então o planeta por sua vez, até atingir a altura máxima. Este último ponto máximo histórico ocorreu nos Estados Unidos, durante a década iniciada por volta de 1955 — a década que viu os trabalhadores de colarinho branco e de serviços gerais excederem em número os trabalhadores de macacão. Esta foi a mesma década que viu a introdução generalizada do computador, o jato comercial, a pílula anticoncepcional e muitas outras inovações de alto impacto. Foi precisamente durante esta década que a Terceira Onda começou a ganhar força nos Estados Unidos. Desde então chegou — em datas um pouco diferentes — à maioria das outras nações industrializadas, inclusive a Grã-Bretanha, a França, a Suécia, a Alemanha, a União Soviética e o Japão. Hoje todas as nações de alta tecnologia oscilam sob a colisão entre a Terceira Onda e as obsoletas economias e instituições da Segunda.

Compreender isto é o segredo de dar sentido a grande parte do conflito político e social que vemos em redor de nós.

### ONDAS DO FUTURO

Toda a vez que uma onda de mudança predomina numa determinada sociedade, é relativamente fácil discernir o padrão de desenvolvimento futuro. Escritores, artistas, jornalistas e outros estão descobrindo a "onda do futuro". Assim, na Europa do século XIX muitos pensadores, dirigentes comerciais, políticos e pessoas comuns já tinham uma imagem clara e basicamente correta do futuro. Eles sentiam que a História avançava para o triunfo final do industrialismo sobre a agricultura pré-mecanizada e previam, com considerável precisão, muitas das mudanças que a Segunda Onda traria consigo: tecnologias mais poderosas, cidades maiores, transporte mais rápido, educação em massa e coisas semelhantes.

Esta clareza de visão teve efeitos políticos diretos. Partidos e movimentos políticos puderam triangular em relação ao futuro. Os interesses agrícolas pré-industriais organizaram uma ação de retaguarda contra o industrialismo usurpador, contra o "comércio poderoso", contra os "chefões dos sindicatos", contra as "cidades pecaminosas". A mão-de-obra e a gerência engalfinhavam-se, lutando pelas alavancas principais da nascente sociedade industrial. As minorias étnicas e raciais, definindo seus direitos em termos de um papel melhorado no mundo industrial, exigiam acesso a empregos, posições empresariais, habitação urbana, melhores salários, educação pública em massa e por aí.

Esta visão do futuro teve igualmente efeitos psicológicos importantes. As pessoas podiam discordar; podiam empenhar-se em conflito acalorado, até mesmo sangrento ocasionalmente. As depressões e os grandes surtos podiam desorganizar as suas vidas. Não obstante, em geral a imagem partilhada de um futuro industrial tendia a definir opções, a dar aos indivíduos um senso não só de quem ou do que eram, mas também do que provavelmente poderiam vir a tornar-se. Proporcionava um grau de estabilidade e senso de si mesmo, mesmo no meio de extrema mudança social.

Em contraste, quando uma sociedade é batida por duas ou mais ondas gigantes de mudança e nenhuma delas é ainda claramente dominante, a imagem do futuro apresenta-se fraturada. Torna-se extremamente difícil definir o sentido das mudanças e conflitos que surgem. A colisão de frentes de onda cria um oceano furioso, cheio de correntes que colidem, remoinhos e sorvedouros que ocultam as marés históricas mais profundas e mais importantes.

Nos Estados Unidos — como em muitos outros países — a colisão da Segunda e da Terceira Onda cria tensões sociais, conflitos perigosos e novas e estranhas frentes de onda que cortam através das divisões usuais de classes, raças, sexos ou partidos. Estas colisões fazem em frangalhos os vocabulários políticos tradicionais e tornam muito difícil separar progressistas de reacionários, amigos de inimigos. Todas as velhas polarizações e coalizões se desagregam. Os sindicatos e os empregadores, apesar de suas diferenças, se unem para combater os ambientistas. Os negros e os judeus, outrora unidos na batalha contra a discriminação, tornam-se adversários.

Em muitas nações, a classe operária, que havia tradicionalmente favorecido as políticas "progressistas", como, por exemplo, a redistribuição da renda, agora muitas vezes assume posições "reacionárias" com respeito aos direitos das mulheres, aos códigos de família, à imigração, às tarifas ou ao regionalismo. A "esquerda" tradicional é freqüentemente pró-centralização, altamente nacionalista, e antiambientista.

Ao mesmo tempo vemos políticos, de Valéry Giscard d'Estaing a Jimmy Carter ou Jerry Brown, adotaram atitudes "conservadoras" em relação à política e atitudes "liberais" em relação à arte, à moralidade sexual, aos direitos das mulheres ou aos controles ecológicos. Não admira que as pessoas estejam confusas e desistam de compreender o seu mundo.

Os veículos de comunicação, entretanto, noticiam uma sucessão aparentemente interminável de inovações, reversões, acontecimentos extravagantes, asssassínios, raptos, projéteis espaciais, colapso governamental, reides de comandos e escândalos, tudo aparentemente desconexo.

A aparente incoerência da vida política está refletida na desintegração da personalidade. Psicoterapeutas e gurus fazem um alto negócio; as pessoas vagueiam sem destino entre terapias concorrentes, desde o primeiro vagido até *est*. Entram nos cultos e na bruxaria ou, alternadamente, num privatismo patológico, convencidos de que a realidade é absurda, louca e sem sentido. A vida pode de fato ser absurda em algum sentido cósmico grandioso. Mas isto dificilmente provaria que não há padrão nos eventos da atualidade. Com efeito, há uma ordem distinta, oculta, que se tornará perceptível tão logo aprendamos a distinguir as mudanças da Terceira Onda das relacionadas com a decrescente Segunda Onda.

Uma compreensão dos conflitos produzidos por estas frentes de onda em colisão nos dá não só uma imagem mais clara de futuros alternativos, mas também um raio X das forças políticas e sociais que agem sobre nós. Também oferece penetração nos nossos papéis pessoais na História. Pois cada um de nós, por mais sem importância que aparentemente sejamos, é uma peça viva de História.

As correntes cruzadas criadas por estas ondas de mudança estão refletidas no nosso trabalho, na nossa vida familiar, nas nossas atitudes sexuais e na moralidade pessoal. Elas aparecem em nossos estilos de vida e nosso comportamento como eleitores. Pois em nossas vidas pessoais e em nossos atos políticos, quer o saibamos quer não, a maioria de nós nos países ricos somos essencialmente ou pessoas da Segunda Onda empenhados em manter a ordem moribunda, ou gente da Terceira Onda construindo um amanhã radicalmente diferente ou uma mistura auto-anuladora das duas.

## DEFENSORES DO PADRÃO-OURO E ASSASSINOS

O conflito entre os agrupamentos da Segunda e da Terceira Onda é de fato a tensão política central que rompe atualmente através da nossa sociedade. Independentemente do que possam pregar os partidos e candidatos da atualidade, a luta interna entre eles é pouco mais do que uma disputa por quem poderá espremer mais vantagem do que resta do decadente sistema industrial. Exposto de maneira diferente, estão concentradas numa altercação pela proverbial cadeira de bordo no *Titanic* que está naufragando.

A questão política mais básica, como veremos, não é quem controla os últimos dias da sociedade industrial, mas quem modela a nova civilização que surgirá rapidamente para substituí-la. Enquanto as escaramuças políticas de curto alcance esgotam a nossa energia e atenção, uma batalha muito mais profunda já está tomando lugar sob a superfície. De um lado estão os guerrilheiros do passado industrial; do outro, crescentes milhões que reconhecem que os problemas mais urgentes do mundo — a comida, a energia, o controle das armas, a população, a pobreza, os recursos, a ecologia, o clima, os problemas da idade, o colapso da comunidade urbana, a necessidade de trabalho produtivo e compensador — não mais podem ser resolvidos dentro da estrutura da ordem industrial.

Este conflito é a "superluta" de amanhã.

O confronto entre os interesses investidos da Segunda Onda e a gente da Terceira Onda já corre como uma corrente elétrica através da vida política de todas as nações. Mesmo nos países não-industriais do mundo, todas as velhas linhas de batalha têm sido forçosamente corrigidas pela chegada da Terceira Onda. A velha guerra dos interesses agrícolas, freqüentemente feudais, contra elites industrializantes, capitalistas ou socialistas, adquire uma nova dimensão à luz do envelhecimento do industrialismo. Agora que a civilização da Terceira Onda está fazendo o seu aparecimento, a rápida industrialização implicará a libertação do neocolonialismo e da pobreza... ou, na verdade, garantirá a dependência permanente?

É apenas contra este fundo de tela ampla que começamos a dar sentido aos cabeçalhos, a selecionar as nossas propriedades, a traçar estratégias sensatas para o controle da mudança em nossas vidas.

No momento em que escrevo isto, as primeiras páginas informam sobre a histeria e os reféns no Irã, os assassinatos na Coréia do Sul, a especulação desenfreada no ouro, os atritos entre negros e judeus nos Estados Unidos, o grande aumento nos gastos com as forças militares na Alemanha Ocidental, as queimas de cruzes em Long Island, um gigantesco vazamento de petróleo no Golfo do México, o maior comício antinuclear da História e uma batalha entre as nações ricas e as pobres pelo controle de freqüências de rádio. Ondas de revivescência religiosa irrompem através da Líbia, da Síria e dos Estados Unidos; neofascistas fanáticos atribuem-se orgulhosamente um assassinato político em Paris. E a General Motors comunica um avanço na tecnologia necessária para os automóveis elétricos. Tais notícias desconexas exigem integração ou síntese.

Uma vez que compreendamos que atualmente está se travando uma luta violenta entre os que procuram preservar o industrialismo e os que procuram suplantá-lo, teremos uma poderosa chave nova para compreender o mundo. Mais importante — quer estejamos estabelecendo normas para uma nação, estratégias para uma companhia, ou objetivos para a nossa própria vida pessoal — teremos um novo instrumento para mudar esse mundo.

Para usar este instrumento, entretanto, devemos ser capazes de distinguir claramente as mudanças que estendem a velha civilização industrial das que facilitam a chegada da nova. Devemos, em suma, compreender tanto o velho como o novo, o sistema industrial da Segunda Onda no qual tantos de nós nascemos e a civilização da Terceira Onda em que nós e nossos filhos habitaremos.

Nos capítulos seguintes, voltaremos para um exame mais acurado das duas primeiras ondas de mudança como uma preparação para a nossa exploração da terceira. Veremos que a civilização da Segunda Onda não foi um amontoado acidental de componentes, mas sim um *sistema* com peças atuando umas sobre as outras de uma maneira mais ou menos previsível... e que os padrões fundamentais da vida industrial eram os mesmos em país após país, independentemente da herança cultural ou da diferença política. Esta é a civilização que os "reacionários" de hoje — da "esquerda" ou da "direita" — estão lutando para preservar. É este mundo que está ameaçado pela Terceira Onda da mudança civilizacional da História.

# A SEGUNDA ONDA

# 2

# A ARQUITETURA DA CIVILIZAÇÃO

Há 300 anos, com mais ou menos meio século de diferença, ouviu-se uma explosão que enviou ondas de concussão em cadeia através da Terra, demolindo sociedades antigas e criando uma civilização inteiramente nova. Essa explosão foi, naturalmente, a revolução industrial. E a força da maré gigante que ela desencadeou no mundo — a Segunda Onda — colidiu com todas as instituições do passado e modificou o modo de vida de milhões.

Durante os longos milênios em que a civilização da Primeira Onda reinou suprema, a população pode ser dividida em duas categorias — a "primitiva" e a "civilizada". Os chamados povos primitivos, vivendo em pequenos bandos e tribos e subsistindo de coleta, pesca e caça, foram ultrapassados pela revolução agrícola.

O mundo "civilizado", em contraste, foi precisamente aquela parte do planeta em que a maior parte dos povos amanhavam o solo. Pois onde quer que surgisse a agricultura a civilização criava raízes. Da China e da Índia ao Benim e ao México, na Grécia e em Roma, nasceram e caíram civilizações, lutaram e se fundiram em interminável e pitoresca mistura.

Entretanto, sob suas diferenças existiam semelhanças fundamentais. Em todas essas civilizações a terra era a base da economia, da vida, da cultura, da estrutura da família e da política. Em todas elas a vida era organizada em redor da aldeia. Em todas elas prevalecia uma divisão simples de trabalho e surgiram algumas castas e classes claramente definidas: uma nobreza, um sacerdócio, guerreiros, hilotas, escravos e servos. Em todas elas o poder era rigidamente autoritário. Em todas elas o nascimento determinava a posição da pessoa na vida. E em todas elas a economia era descentralizada, de modo que cada comunidade produzia a maioria de todas as suas necessidades.

Havia exceções — nada é simples na História. Havia culturas comerciais, cujos marinheiros atravessavam os mares e reinos altamente centralizados e organizados em volta de sistemas gigantescos de irrigação. Mas, apesar de tais diferenças, teremos razão em ver estas civilizações aparentemente distintas como casos especiais de um fenômeno simples: civilização agrícola — a civilização difundida pela Primeira Onda.

Durante a sua dominação, houve sugestões ocasionais de coisas que viriam. Houve fábricas embrionárias de produção em massa na Grécia e na Roma antigas. Houve perfurações para extração de petróleo em uma das ilhas gregas em 400 a.C. e na Birmânia em 100 d.C. Floresceram vastas burocracias na Babilônia e no Egito. Surgiram grandes metrópoles urbanas na Ásia e na América do Sul. Houve dinheiro e câmbio. Rotas comerciais entrecruzaram desertos, oceanos e montanhas de Catai a Calais. Existiram nações e companhias incipientes. Houve mesmo, na antiga Alexandria, uma surpreendente precurssora da máquina a vapor.

Contudo, não houve em parte alguma coisa que pudesse designar-se, mesmo remotamente, uma civilização industrial. Estes vislumbres do futuro foram, por assim dizer, simples extravagâncias na História, espalhadas através de diferentes lugares e períodos. Nunca foram reunidas num sistema coerente, nem o poderiam ter sido. Até 1650-1750, por conseguinte, podemos falar de um mundo da Primeira Onda. Apesar de áreas de primitivismo e sugestões do futuro industrial, a civilização agrícola dominou o planeta e parecia destinada a dominá-lo para sempre.

Foi este o mundo em que irrompeu a revolução industrial, lançando a Segunda Onda e criando uma contracivilização estranha, poderosa e febrilmente energética. O industrialismo foi mais do que chaminés e linhas de montagem. Foi um sistema social rico, multiforme, que tocou todos os aspectos da vida humana e atacou todas as feições do passado da Primeira Onda. Produziu a grande fábrica de Willow Run, fora de Detroit, mas também colocou o trator na fazenda, a máquina de escrever no escritório, a geladeira na cozinha. Produziu o jornal e o cinema, o trem suburbano e o DC-3. Deu-nos cubismo e música de 12 tons. Deu-nos edifícios Bauhaus e cadeiras de Barcelona, as greves brancas, as pílulas de vitaminas e o prolongamento da duração da vida. Universalizou o relógio de pulso e a urna eleitoral. Mais importante, interligou todas estas coisas — montou-as como uma máquina — e formou o sistema social mais poderoso, coeso e expansivo que o mundo já conheceu: a civilização da Segunda Onda.

## A SOLUÇÃO VIOLENTA

Quando a Segunda Onda avançou através de várias sociedades provocou uma sangrenta e prolongada guerra entre os defensores do passado agrícola e os partidários do futuro industrial. As forças da Primeira e da Segunda Onda colidiram de frente, afastando para os lados, freqüentemente dizimando, os povos "primitivos" encontrados ao longo do caminho.

Nos Estados Unidos, esta colisão começou com a chegada dos europeus dispostos a estabelecer uma civilização agrícola da Primeira Onda. A maré agrícola avançou implacavelmente para o oeste, desalojando os índios, depositando fazendas e aldeias agrícolas cada vez mais adiante, na direção do Pacífico.

Mas logo nos calcanhares dos fazendeiros vieram igualmente os primeiros industrializadores da futura Segunda Onda. Fábricas e cidades começaram a surgir na Nova Inglaterra e nos estados médio-atlânticos. Nos meados do século XIX, o nordeste tinha criado rapidamente um setor industrial, produzindo armas de fogo, relógios, implementos agrícolas, têxteis, máquinas de costura e outras mercadorias, enquanto o resto do continente continuava regido por interesses agrícolas. As tensões econômicas e sociais entre as forças da Primeira Onda e da Segunda Onda aumentaram de intensidade até 1861, quando irromperam em violência armada.

A Guerra Civil não foi feita exclusivamente, como pareceu a muitos, pela questão moral da escravidão, ou por tão acanhadas questões econômicas como as tarifas. Foi feita por uma questão muito maior: o rico e novo continente seria governado por fazendeiros ou industrializadores, pelas forças da Primeira Onda ou as da Segunda? A futura sociedade americana seria basicamente agrícola ou industrial? Com a vitória dos exércitos nortistas, a sorte estava lançada. Estava garantida a industrialização dos Estados Unidos. Desse momento em diante, na economia, na política e na vida social e cultural a agricultura estava em retrocesso e a indústria em ascensão. A Primeira Onda refluía, enquanto a Segunda avançava estrondosamente.

A mesma colisão de civilizações irrompeu igualmente em outras partes. No Japão, a Restauração Meiji, começando em 1868, repetiu em termos inequivocamente japoneses a mesma luta entre passado agrícola e futuro industrial. A abolição do feudalismo, em 1876, a rebelião do clã Satsuma, em 1877, a adoção de uma constituição estilo ocidental, em 1889, foram reflexos da colisão da Primeira e Segunda Onda no Japão — passos na estrada para o surgimento de uma potência industrial de primeira grandeza.

Na Rússia também irrompeu a mesma colisão entre as forças da Primeira e da Segunda Onda. A revolução de 1917 foi a versão russa da Guerra Civil americana. Não foi combatida primordialmente, como pareceu, pelo comunismo, mas uma vez mais pela questão da industrialização. Quando os bolcheviques eliminaram os últimos vestígios que restavam da servidão e da monarquia feudal, empurraram a agricultura para segundo plano e, conscientemente, aceleraram o industrialismo. Tornaram-se o partido da Segunda Onda.

Em país após país, estourou o mesmo choque entre os interesses da Primeira Onda e da Segunda Onda, levando a crises políticas e sublevações sociais. a greves, levantes, golpes de estado e guerras. Em meados do século XX, entretanto, as forças da Primeira Onda estavam destruídas e a civilização da Segunda Onda reinava através da Terra.

Atualmente, um cinturão industrial circunda o globo entre os paralelos 25 e 65 no Hemisfério Norte. Na América do Norte uns 250 milhões de pessoas vivem um modo de vida industrial. Na Europa Ocidental, da Escandinávia para o sul até a Itália, outro quarto de bilhão de seres humanos vivem sob o industrialismo. Para os lados do leste encontra-se a região industrial "eurorussa" — a Europa Oriental e parte ocidental da União Soviética — e aí encontramos ainda outro quarto de bilhão de pessoas vivendo suas vidas em sociedades industriais. Finalmente, chegamos à região industrial asiática, compreendendo o Japão, Hong Kong, Cingapura, Formosa, Austrália, Nova Zelândia e partes da Coréia do Sul e do continente chinês, e ainda outro quarto de bilhão de pessoas industriais. Ao todo, a civilização industrial abarca um bilhão de seres humanos — um quarto da população do globo.*

Apesar destas estonteantes diferenças de língua, cultura, história e política — diferenças tão profundas que fazem guerras por causa delas — todas estas sociedades da Segunda Onda compartilham aspectos comuns. De fato, sob as bem conhecidas diferenças existe um leito de rocha de semelhança.

E para compreender atualmente as ondas de mudança em colisão devemos poder identificar claramente as estruturas paralelas de todas as nações industriais — a estrutura da civilização da Segunda Onda. Pois é justamente esta estrutura industrial que agora está sendo esfacelada.

### BATERIAS VIVAS

A condição prévia de qualquer civilização, velha ou nova, é a energia. As sociedades da Primeira Onda tiravam sua energia de "baterias vivas" — potência muscular humana e animal — ou do sol, do vento e da água. As florestas eram cortadas para cozinha e aquecimento. Rodas hidráulicas, algumas delas usando

* Para os fins deste livro, definirei o sistema industrial do mundo, por volta de 1979, compreendendo a América do Norte, a Escandinávia, a Grã-Bretanha e a Irlanda; a Europa, do Leste e do Oeste (com exceção de Portugal, Espanha, Albânia, Grécia e Bulgária); a URSS; o Japão, Formosa, Hong Kong, Cingapura, a Austrália e a Nova Zelândia. Naturalmente, há outras nações que poderiam discutivelmente ser incluídas... bem como nódulos industriais em nações essencialmente não-industriais: Monterrey e Cidade do México, no México, Bombaim, na Índia, e muitos outros.

a energia das marés, faziam girar rodas de moinho. Nos campos rangiam moinhos de vento. Os arados eram puxados por animais. Até tão recentemente como a Revolução Francesa, calculou-se, a Europa usava energia de uns 14 milhões de cavalos e 24 milhões de bois. Todas as sociedades da Primeira Onda exploravam, assim, fontes de energia renováveis. A natureza podia renovar eventualmente as florestas cortadas, o vento que enfunava as velas, os rios que faziam girar as rodas de pás. Mesmo os animais e as pessoas eram substituíveis, "escravos-energias".

Todas as sociedades da Segunda Onda, ao contrário, começaram a extrair sua energia de carvão de pedra, gás e petróleo — de combustíveis fósseis insubstituíveis. Esta mudança revolucionária, vinda depois que Newcomen inventou uma máquina a vapor que funcionava, significou que, pela primeira vez, uma civilização estava consumindo o capital da natureza em vez de apenas viver do rendimento que ela fornecia.

Esta extração das reservas de energia da terra proporcionou um subsídio oculto para a civilização industrial, acelerando vastamente seu crescimento econômico. E desde aquele dia até este, por onde quer que passava a Segunda Onda, as nações construíam altas estruturas tecnológicas e econômicas, na pressuposição de que os fósseis baratos estariam à disposição interminavelmente. Nas sociedades industriais capitalistas e nas comunistas igualmente, no Oriente e no Ocidente, esta mesma mudança se tornou evidente — de energia dispersa a energia concentrada, de renovável a não-renovável, de muitas fontes e combustíveis diferentes para uns poucos. Os combustíveis fósseis formaram a base da energia de todas as sociedades da Segunda Onda.

## O VENTRE TECNOLÓGICO

O salto para um novo sistema de energia foi acompanhado por um gigantesco avanço tecnológico. As sociedades da Primeira Onda tinham-se apoiado no que Vitrúvio, há dois mil anos, chamou "invenções necessárias". Mas estes guinchos e cunhas primitivos, catapultas, lagares de vinho, alavancas e guindastes eram usados principalmente para ampliar os músculos humanos e animais.

A Segunda Onda impeliu a tecnologia até um nível totalmente novo. Produziu grande número de gigantescas máquinas eletromecânicas, peças móveis, correias de transmissão, mangueiras, rolamentos e parafusos de porca — tudo matraqueando e catracando em marcha. E estas novas máquinas fizeram mais do que aumentar o músculo bruto. A civilização deu à tecnologia órgãos sensores, criando máquinas que podiam ouvir, ver e tocar com mais cuidado e precisão do que os seres humanos. Deu à tecnologia um útero, inventando máquinas destinadas a darem nascimento a novas máquinas em progressão infinita

— isto é, máquinas-ferramentas. Mais importante, combinava máquinas em sistemas conjugados sob um único teto para criar a fábrica e, finalmente, a linha de montagem dentro da fábrica.

Nesta fase tecnológica, surgiu um exército de indústrias para dar o cunho definido à civilização da Segunda Onda. No princípio houve carvão de pedra, têxteis e estradas de ferro; depois aço, fabricação de automóveis, alumínio, produtos químicos, artefatos. De repente, surgiram enormes cidades industriais: Lille e Manchester para têxteis, Detroit para automóveis, Essen e, mais tarde, Magnitogorsk para aço e uma centena de outras igualmente.

Destes centros industriais saíam milhões e intermináveis milhões de produtos idênticos — camisas, sapatos, automóveis, relógios, brinquedos, sabão, xampu, câmaras fotográficas, metralhadoras e motores elétricos. A nova tecnologia acionada pelo novo sistema de energia abriu a porta para a produção em massa.

## O PAGODE EM VERMELHÃO

A produção em massa, entretanto, não tinha sentido sem mudanças paralelas no sistema de distribuição. Nas sociedades da Primeira Onda as mercadorias eram normalmente feitas por métodos manuais. Os produtos eram criados um de cada vez, numa base de encomenda. A mesma coisa se aplicava em grande parte à distribuição.

É verdade que grandes e sofisticadas companhias comerciais tinham sido organizadas por negociantes nas fendas cada vez maiores que se abriam na velha ordem feudal no Ocidente. Essas companhias abriam rotas de tráfego ao redor do mundo, organizavam comboios de navios e caravanas de camelos. Vendiam vidro, papel, seda, noz-moscada, chá, vinho e lã, índigo e macis.

A maioria dos produtos, entretanto, chegava aos consumidores através de minúsculos armazéns ou das costas ou carroças de mascates que se espalhavam pelas zonas rurais. As comunicações miseráveis e o transporte primitivo restringiam o mercado drasticamente. Estes lojistas em pequena escala e vendedores itinerantes tinham estoques muito limitados e freqüentemente careciam deste ou daquele artigo durante meses, durante anos até.

A Segunda Onda fez mudanças neste rangente e sobrecarregado sistema de distribuição; mudanças tão radicais em seus métodos como os mais apregoados avanços feitos na produção. Estradas de ferro, rodovias e canais abriram os interiores e, com o industrialismo, vieram "palácios de comércio" — as primeiras lojas de departamentos. Surgiram complexas redes de varejistas, atacadistas, agentes comissionados e representantes dos fabricantes e, em 1871, George Huntington Hartford, cuja primeira loja em Nova York foi pintada de vermelhão e tinha uma cabina de caixa com a forma de um pagode chinês, fez pela distribuição o que mais tarde Henry Ford faria pela fabricação. Adiantou-a até uma fase inteiramente nova, criando o primeiro sistema gigantesco de lojas em cadeia — The Great Atlantic and Pacific Tea Company.

A distribuição por encomenda deu lugar à distribuição em massa e a comercialização em massa, que se tornou um componente de todas as sociedades industriais, tão familiar e central como a própria máquina.

O que vemos, por conseguinte, se tornarmos estas mudanças em conjunto, é uma transformação do que poderia ser chamado a "tecnosfera". Todas as sociedades — primitiva, agrícola ou industrial — usam energia; fazem coisas; distribuem coisas. Em todas as sociedades do sistema de energia, o sistema de produção e o sistema de distribuição são partes inter-relacionadas de algo maior. Este sistema maior é a tecnosfera e tem uma forma característica em cada estágio do desenvolvimento social.

Quando a Segunda Onda invadiu o planeta, a tecnosfera agrícola foi substituída por uma tecnosfera industrial: energias não renováveis eram ligadas diretamente a um sistema de produção em massa que, por sua vez, fazia jorrar mercadorias para um sistema de distribuição em massa altamente desenvolvido.

### A FAMÍLIA AERODINÂMICA

Esta tecnosfera da Segunda Onda, entretanto, precisava de uma sociosfera igualmente revolucionária para acomodá-la. Precisava de formas de organização radicalmente novas.

Antes da revolução industrial, por exemplo, as formas de família variavam de lugar para lugar. Mas onde quer que a agricultura predominasse, as pessoas tendiam a viver em grandes grupos multigeracionais, formados por tios, tias, afins, avós, ou primos, todos vivendo sob o mesmo teto, todos trabalhando juntos numa unidade econômica de produção — da "família junta" na Índia à "zadruga" nos Bálcãs, e à "família ampliada" na Europa Ocidental. E a família era imóvel... enraizada no solo.

Quando a Segunda Onda começou a avançar através das sociedades da Primeira Onda, as famílias sentiram a tensão da mudança. Dentro de cada casa a colisão de frentes de onda tomou a forma de conflito, de ataques à autoridade patriarcal, de relações alteradas entre filhos e pais, de novas noções de propriedade. A produção econômica deslocou-se do campo para a fábrica, a família não mais trabalhava junta como uma unidade. Para liberar trabalhadores para o serviço na fábrica, funções básicas da família eram distribuídas para novas instituições especializadas. A educação da criança era entregue às escolas. O cuidado dos idosos era entregue a asilos de indigentes ou casas de saúde. Acima de tudo, a nova sociedade exigia mobilidade. Precisava de trabalhadores que seguissem os empregos de um lugar para outro.

Sobrecarregada por parentes velhos, doentes, incapazes, e uma grande ninhada de crianças, a família ampliada era tudo menos móvel. Gradual e penosamente, por conseguinte, a estrutura familiar começou a mudar. Desagregada pela migração para as cidades, abalada por tempestades econômicas, as famílias livravam-se de parentes indesejáveis, ficavam menores, mais móveis e mais adequadas às necessidades da nova tecnosfera.

A chamada família nuclear — pai, mãe e algumas crianças, sem o estorvo de parentes — tornou-se o modelo padrão "moderno", socialmente aprovado em todas as sociedades industriais, capitalistas ou socialistas. Mesmo no Japão, onde o culto do antepassado dava ao velho um papel excepcionalmente importante, a família multigeracional, grande, solidamente unida, começou a desagregar-se quando a Segunda Onda avançou. Apareciam cada vez mais unidades nucleares. Em suma, a família nuclear tornou-se feição identificável em todas as sociedades da Segunda Onda, distinguindo-as das sociedades da Primeira Onda tão nitidamente como os combustíveis fósseis, as siderúrgicas ou as cadeias de lojas.

## O CURRÍCULO ENCOBERTO

Além disso, quando o trabalho se deslocou dos campos e da casa, as crianças tinham de ser preparadas para a vida da fábrica. Os primeiros donos das minas, das usinas e das fábricas que se empenhavam em industrializar a Inglaterra descobriram, como escreveu Andrew Ure em 1835, que era "quase impossível converter pessoas passadas da puberdade, tiradas de ocupações rurais ou de ofícios artesanais em operários de fábrica úteis". Se pessoas jovens pudessem ser preparadas com antecedência para o sistema industrial, os problemas da disciplina industrial seriam enormemente fáceis mais tarde. O resultado foi outra estrutura central de todas as sociedades da Segunda Onda: a educação em massa.

Embutida no modelo industrial, a educação em massa ensinava leitura, escrita e aritmética básicas, com um pouco de história e outras matérias. Este era o "currículo aberto". Mas por baixo dele escondia-se um "currículo encoberto", ou invisível, que era muito mais básico. Consistia este — e ainda consiste na maioria das nações industriais — em três cursos: um de pontualidade, de obediência e um de trabalho maquinal, repetitivo. O trabalho da fábrica exigia trabalhadores que se apresentassem na hora, especialmente os operários de linha de montagem. Exigia trabalhadores que aceitassem ordens da hierarquia da gerência sem objeções. E exigia homens e mulheres dispostos a se escravizarem a máquinas ou a escritórios, realizando operações brutalmente repetitivas.

Assim, desde meados do século XIX, enquanto a Segunda Onda rolava de país para país, encontrava-se uma implacável progressão educacional: as crianças começavam a escola numa idade cada vez mais tenra, o ano letivo tornava-se cada vez mais comprido (nos Estados Unidos subiu 35 por cento entre 1878 e 1956), e o número de anos de ensino escolar aumentou irresistivelmente.

A educação pública em massa foi claramente um passo humanizante para a frente. Como declarou um grupo de mecânicos e operários na Cidade de Nova York, em 1829: "Depois da vida e da liberdade, consideramos a educação a maior bênção concedida à humanidade." Não obstante, as escolas da Segunda Onda padronizaram geração após geração de jovens, transformando-os numa força de trabalho arregimentada, maleável, do tipo exigido pela tecnologia eletromecânica e pela linha de montagem.

Vistos em conjunto, a família nuclear e a escola estilo fábrica tomavam parte de um sistema integrado único para a preparação de jovens para papéis na sociedade industrial. Neste sentido, também as sociedades da Segunda Onda, capitalista ou comunista, Norte ou Sul, eram todas iguais.

## SERES IMORTAIS

Em todas as sociedades da Segunda Onda surgiu uma terceira instituição, que exerceu o controle social das duas primeiras. Esta foi a invenção conhecida por companhia. Até então, a empresa comercial típica fora possuída por um indivíduo, uma família ou uma parceria. Existiam companhias, mas eram extremamente raras.

Mesmo até tão recentemente como a Revolução Americana, segundo o historiador do comércio, Arthur Dewing, "ninguém poderia ter concluído" que a companhia — mais do que a parceria ou a propriedade individual — viria a tornar-se a principal forma organizacional. Até tão recentemente como 1800, havia apenas 335 companhias nos Estados Unidos, a maioria delas dedicadas a atividades semipúblicas, como construção de canais ou direção de barreiras de peagem.

O acesso da produção em massa mudou tudo isto. As tecnologias da Segunda Onda exigiram bolos gigantescos de capital — mais do que um indivíduo só ou mesmo um grupo pequeno poderia fornecer. Como os proprietários ou sócios arriscavam todas as suas fortunas pessoais com cada investimento, relutavam em enterrar seu dinheiro em empreendimentos grandes ou arriscados. Para animá-los, foi introduzido o conceito da responsabilidade limitada.

Se uma companhia falhava, o investidor perdia apenas a soma investida e não mais. Esta inovação abriu as comportas do investimento.

Além disso, a companhia era tratada pelos tribunais como um "ser imortal" — significando isso que podia sobreviver aos investidores originais. Significava isto, por sua vez, que podia fazer planos de muito longo alcance e empreender projetos muito maiores do que nunca antes foram empreendidos.

Por volta de 1901, apareceu em cena a primeira companhia de bilhões de dólares do mundo — a United States Steel — uma concentração de fundos inimagináveis em qualquer período anterior. Por volta de 1919, havia meia dúzia de tais monstruosidades. Com efeito, grandes companhias tornaram-se aspectos característicos da vida econômica em todas as nações industriais, inclusive sociedades socialistas e comunistas, onde a forma variava, mas a substância (em termos de organização) permanecia muito semelhante. Juntas, estas três — a família nuclear, a escola estilo fábrica e a companhia gigantesca — tornaram-se as instituições sociais características de todas as sociedades da Segunda Onda.

E, através do mundo da Segunda Onda — no Japão como na Suíça, na Grã-Bretanha, na Polônia, nos EUA e na URSS — a maioria das pessoas seguiam uma trajetória de vida padrão: criadas numa família nuclear, mudavam-se em massa através de escolas-fábricas, depois entravam para o serviço de uma grande companhia, privada ou pública. Uma instituição básica da Segunda Onda dominava cada fase do ciclo de vida.

## A FÁBRICA DE MÚSICA

Em volta destas instituições de três núcleos, surgiu um exército de outras organizações. Ministérios do governo, clubes esportivos, igrejas, câmaras de comércio, sindicatos operários, organizações profissionais, partidos políticos, bibliotecas, associações étnicas, grupos recreativos e milhares de outros surgiram na esteira da Segunda Onda, criando uma complicada ecologia organizacional com cada grupo servindo, coordenando ou contrabalançando outro.

À primeira vista, a variedade destes grupos sugere casualidade ou caos. Mas um olhar mais aproximado revela um padrão oculto. Num país após outro da Segunda Onda, inventores sociais, acreditando que a fábrica era agência mais adiantada e eficiente para a produção, tentaram encarnar os princípios dela igualmente em outras organizações. Escolas, hospitais, prisões, burocracias governamentais e outras organizações adotavam desse modo muitas das características da fábrica — sua divisão de trabalho, sua estrutura hierárquica e sua impersonalidade metálica.

Mesmo nas artes, encontramos alguns dos princípios da fábrica. Em vez de trabalharem para um patrão, como foi costume durante o longo reinado da civilização agrícola, os músicos, os artistas, os compositores e os escritores eram cada vez mais lançados à mercê do mercado. Cada vez mais eles faziam "produtos" para consumidores anônimos. E como este deslocamento ocorreu em todos os países da Segunda Onda, a própria estrutura da produção artística mudou.

A música fornece um exemplo notável. Quando chegou a Segunda Onda, começaram a surgir auditórios em Londres, Viena, Paris e em outras partes. Com eles vieram a bilheteria e o empresário — o negociante que financiava a produção e vendia entradas aos consumidores de cultura.

Quanto mais entradas ele podia vender, naturalmente mais dinheiro podia ganhar. Daí, que mais e mais lugares fossem acrescentados. Por sua vez, entretanto, auditórios maiores exigiam sons mais altos — música que pudesse ser ouvida claramente até a última fileira. O resultado foi a mudança da música de câmara para formas sinfônicas.

Diz Curt Sachs em sua abalizada *História dos Instrumentos Musicais*: "A passagem de uma cultura aristocrática para uma cultura democrática, no século XVIII, substituiu os pequenos salões por auditórios cada vez mais gigantescos, que exigiam maior volume." Como ainda não existia tecnologia para tornar isso possível, foram acrescentados cada vez mais instrumentos e músicos para produzir o volume necessário. O resultado foi a orquestra sinfônica moderna e foi para esta instituição que Beethoven, Mendelssohn, Schubert e Brahms compuseram suas magníficas sinfonias.

A orquestra até refletia certas feições da fábrica em sua estrutura interna. No princípio, a orquestra sinfônica não tinha regente ou a regência era passada ao redor entre os músicos. Mais tarde, os músicos, exatamente como os trabalhadores numa fábrica ou escritório burocrático, foram divididos em departamentos (seções de instrumentos), cada um contribuindo para a produção (a música), cada um coordenado de cima por um gerente (o regente) ou mesmo, eventualmente, um subgerente muito abaixo na hierarquia da gerência (o primeiro violinista ou chefe de seção). A instituição vendia seus produtos a um mercado em massa... eventualmente acrescentando discos fonográficos à sua produção. Nascera a fábrica de música.

A história da orquestra oferece apenas uma ilustração da maneira como nasceu a sociosfera da Segunda Onda, com suas instituições de três núcleos e milhares de organizações variadas, todas adaptadas às necessidades e estilo da tecnosfera industrial. Mas uma civilização é mais do que simplesmente uma tecnosfera e uma sociosfera a combinar. Todas as civilizações exigem também uma "infosfera" para produzir e distribuir informações, e aqui também as mudanças trazidas pela Segunda Onda foram notáveis.

Todos os grupos humanos, dos tempos primitivos até hoje, dependem de comunicação face a face e pessoa a pessoa. Mas eram igualmente necessários sistemas para enviar mensagens através do tempo e do espaço. Dizem que os antigos persas construíram torres, ou "postes de chamada", colocando no alto delas homens com vozes altas e estridentes para retransmitir mensagens, gritando de uma torre para a seguinte. Os romanos operavam um vasto serviço de mensageiros chamado *cursus publicus*. Entre 1305 e no princípio de 1800, a Casa de Táxis manteve uma forma de serviço de expresso a cavalo através de toda a Europa. Por volta de 1628, empregava 20 mil homens. Seus correios, vestindo uniformes azul e prata, entrecruzavam o continente, levando mensagens entre príncipes e generais, comerciantes e prestamistas.

Durante a civilização da Primeira Onda, todos estes canais eram reservados exclusivamente para os ricos e poderosos. As pessoas comuns não tinham acesso a eles. Como declara o historiador Laurin Zilliacus, "mesmo tentativas de mandar cartas por outros meios eram olhadas com desconfiança ou... proibidas" pelas autoridades. Em resumo, enquanto a troca de informação face a face era livre para todos, os sistemas mais novos usados para levar informação além dos confins de uma família ou de uma aldeia estavam essencialmente fechados, usados exclusivamente para fins de controle social ou político. Com efeito, eram armas da elite.

A Segunda Onda, avançando de país em país, destruiu este monopólio de comunicações. Isto aconteceu não porque os ricos e poderosos ficaram subitamente altruístas, mas porque a tecnologia e a produção em massa da fábrica da Segunda Onda exigiu movimentos de informação também em massa, que os velhos canais simplesmente não podiam mais manusear.

A informação necessária para a produção econômica nas sociedades primitivas e da Primeira Onda é relativamente simples e, em geral, acessível para alguém ao alcance. É, principalmente, de forma oral ou gesticulada. As economias da Segunda Onda, em contraste, exigiam a compacta coordenação do trabalho feito em muitos lugares. Não só matérias-primas, mas também grandes quantidades de informação tinham de ser produzidas e cuidadosamente distribuídas.

Por esta razão, enquanto a Segunda Onda ganhava impulso, cada país corria a fundar um serviço postal. O correio foi uma invenção tão imaginosa e socialmente útil como o descaroçador de algodão ou a máquina de fiar e — hoje até certo ponto esquecido — despertou entusiasmo rapsódico. O orador americano Edward Everett declarou: "Sou compelido a considerar o correio, depois do cristianismo, o braço direito da nossa civilização moderna."

Pois o correio proporcionou o primeiro largo canal aberto para as comunicações da era industrial. Pelo ano de 1837, o correio inglês estava transportando não apenas mensagens para uma elite, mas transportava 88 milhões de unidades de correspondência por ano — uma avalanche de comunicações pelos padrões da época. Pelo ano de 1960, mais ou menos no tempo em que a era industrial atingia o seu auge e a Terceira Onda começava a surgir, esse número já tinha subido a 10 bilhões. Nesse esse mesmo ano, o correio dos Estados Unidos distribuía 355 peças de correspondência doméstica por homem, mulher e criança na nação.*

O crescimento das mensagens postais que acompanhou a revolução industrial apenas sugere, entretanto, o volume real de informação que começou a fluir na esteira da Segunda Onda. Um número ainda maior de mensagens fluíram através do que poderia ser chamado "sistemas micropostais" dentro de grandes organizações. Os memorandos são cartas que nunca chegam aos canais de comunicações públicos. Em 1955, quando a Segunda Onda atingiu o cume nos Estados Unidos, a Comissão Hoover explorou os arquivos de três grandes companhias e descobriu, respectivamente, 34 mil, 56 mil e 64 mil documentos e memorandos no arquivo para cada empregado na folha de pagamento!

As necessidades de tal volume de informações das sociedades industriais não podiam ser satisfeitas apenas por escrito. Assim, o telefone e o telégrafo foram inventados no século XIX para transportarem sua parte da carga sempre crescente de comunicações. Em 1960, os americanos estavam dando uns 256 milhões de chamados telefônicos por dia — mais de 93 bilhões por ano — e mesmo os sistemas e redes telefônicos mais avançados do mundo estavam freqüentemente sobrecarregados.

Todos estes eram essencialmente sistemas para transmitir mensagens de um transmissor a um receptor de cada vez. Mas uma sociedade que desenvolve produção em massa e consumo em massa precisa de modos de enviar mensagens em massa também — comunicações de um transmissor para muitos receptores ao mesmo tempo. Diferentemente do empregador pré-industrial, que podia visitar pessoalmente cada um de seu punhado de empregados em suas próprias casas, se fosse necessário, o empregador industrial não podia comunicar-se com seus milhares de trabalhadores numa base de um por um. Ainda menos podia o propagandista ou distribuidor em massa comunicar-se com os seus fregueses um por um. A sociedade da Segunda Onda precisava — e, surpreendentemen-

* A quantidade de correspondência proporciona um bom e imediato índice do nível de industrialização tradicional em qualquer país. Para as sociedades da Segunda Onda a média em 1960 foi de 141 peças de correspondência por pessoa. Em contraste, nas sociedades da Primeira Onda o nível foi escassamente um décimo disso — doze por pessoa por ano na Malásia ou Gana, quatro por cento na Colômbia.

te, não inventava — meios poderosos de enviar a mesma mensagem a muitas pessoas ao mesmo tempo, por um processo barato, rápido e seguro.

Os serviços postais podiam levar a mesma mensagem a milhões — mas não rapidamente. Os telefones podiam levar as mensagens rapidamente — mas não a milhões de pessoas simultaneamente. Esta falha podia ser preenchida pelos veículos de comunicação de massa.

Hoje, naturalmente, os jornais e revistas, com suas vastas circulações, constituem parte tão integrante da vida diária em todas as nações industriais, que são tomadas como coisa natural. Entretanto, o desenvolvimento destas publicações num nível nacional refletiu o desenvolvimento convergente de muitas tecnologias industriais e formas sociais novas. Assim, escreve Jean-Louis Schreiber, elas foram possíveis pelo advento simultâneo de "trens para transportar as publicações através de um país (de extensão européia) num único dia; prensas rotativas capazes de produzir dezenas de milhões de exemplares em algumas horas; uma rede de telégrafos e telefones — acima de tudo um público ensinado a ler por educação obrigatória e indústrias que precisavam da distribuição de seus produtos em massa".

Nos veículos de comunicação em massa, de jornais e rádio a cinema e televisão, encontramos mais uma vez a encarnação do princípio básico da fábrica. Todos eles estampam mensagens idênticas em milhões de cérebros, assim como a fábrica estampa produtos idênticos para uso em milhões de casas. "Fatos" padronizados, manufaturados para a massa, duplicatas de produtos padronizados, manufaturados para a massa, fluem de umas poucas fábricas de imagens concentradas para milhões de consumidores. Sem este vasto e poderoso sistema para canalizar informação, a civilização industrial não poderia tomar forma ou funcionar com segurança.

Assim surgiu em todas as sociedades industriais, capitalistas e socialistas igualmente, uma complicada infosfera — canais de comunicação através dos quais podiam ser distribuídas mensagens individuais e em massa tão eficiente como mercadorias ou matérias-primas. Esta infosfera era entrelaçada com a tecnosfera e a sociosfera e as servia, ajudando a integrar a produção econômica com o comportamento privado.

Cada uma destas esferas efetuava uma função chave no sistema maior, e não podia existir sem as outras. A tecnosfera produzia e conferia riqueza; a sociosfera, com milhares de organizações inter-relacionadas, conferia papéis a indivíduos no sistema. E a infosfera conferia a informação necessária para fazer todo o sistema funcionar. Juntos, formavam a arquitetura da sociedade.

Por conseguinte, vemos aqui em esboço as estruturas comuns de todas as nações da Segunda Onda — independentemente de suas diferenças culturais ou climáticas, independentemente de sua herança étnica e religiosa, independentemente de que se intitulassem capitalistas ou comunistas.

Estas estruturas paralelas, tão básicas na União Soviética e na Hungria como na Alemanha Ocidental, na França ou no Canadá, estabeleciam limites dentro dos quais se expressavam diferenças políticas, sociais e culturais. Elas emergiam por toda a parte apenas depois de acirradas batalhas políticas, culturais e econômicas entre os que tentavam preservar as mais velhas estruturas da Primeira Onda e os que reconheciam que só a nova civilização podia solucionar os penosos problemas da civilização da antiga.

A Segunda Onda trouxe consigo uma fantástica extensão de esperança humana. Pela primeira vez, havia homens e mulheres que ousavam crer que podiam vencer a pobreza, a fome, a doença e a tirania. Escritores utópicos e filósofos, de Abbe Morelly e Robert Owen a Saint-Simon, Fourier, Proudhon, Louis Blanc, Edward Bellamy e vintenas de outros, viam na nascente civilização industrial o potencial para introduzir paz, harmonia, emprego para todos, igualitarismo de riqueza ou de oportunidade, o fim do privilégio baseado no nascimento, o fim de todas aquelas condições que pareceram imutáveis ou eternas durante as centenas de milhares de anos de existência primitiva e os milhares de anos da civilização agrícola.

Se a civilização industrial de hoje nos parece algo menos do que utópica — se, de fato, parece opressiva, desolada, ecologicamente precária, inclinada à guerra e psicologicamente repressiva — precisamos compreender por quê. Só poderemos responder a esta pergunta se olharmos aquela enorme cunha que fendeu a psique da Segunda Onda em duas partes em guerra.

# 3
# A CUNHA INVISÍVEL

A Segunda Onda, como alguma reação nuclear em cadeia, separou violentamente dois aspectos de nossas vidas que até então sempre tinham sido um. Em assim fazendo, introduziu uma cunha gigantesca, invisível, na nossa economia, nas nossas psiques e até mesmo nas nossas personalidades sexuais.

Num nível, a revolução industrial criou um sistema social maravilhosamente integrado com suas próprias tecnologias distintas, suas próprias instituições sociais e seus próprios canais de informação — todos solidamente ligados uns aos outros. Entretanto, em outro nível, rasgou em tiras a unidade subjacente da sociedade, criando um modo de vida cheio de tensão econômica, conflito social e mal-estar psicológico. Somente se compreendermos como esta cunha invisível moldou as nossas vidas através da era da Segunda Onda, poderemos avaliar o impacto completo da Terceira Onda que está começando a remodelar-nos atualmente.

As duas metades da vida humana que a Segunda Onda separou foram produção e consumo. Estamos acostumados, por exemplo, a pensar em nós como produtores e consumidores. Isto não foi sempre assim. Até a revolução industrial, o vasto volume de toda a comida, todas as mercadorias e serviços produzidos pela raça humana eram consumidos pelos próprios produtores, suas famílias ou uma minúscula elite que conseguia arrebanhar o excedente para seu próprio uso.

Na maior parte das sociedades agrícolas, a grande maioria das pessoas eram camponeses que se amontoavam em pequenas comunidades isoladas. Mantinham-se com um regime alimentar de subsistência, produzindo escassamente o suficiente para se manterem vivos e seus senhores felizes. Carecendo dos meios para armazenar comida por longos períodos, carecendo das estradas necessarias para transportar seus produtos para mercados distantes e sabendo que qualquer aumento na produção provavelmente seria confiscado pelo dono dos escravos ou senhor feudal, eles também careciam de qualquer grande incentivo para melhorar a tecnologia ou aumentar a produção.

Comércio existia, naturalmente. Sabemos que pequeno número de intrépidos mercadores transportavam suas mercadorias através de milhares de léguas em camelo, carroça ou barco. Sabemos que surgiam cidades dependentes da comida do campo. Por volta de 1519, quando os espanhóis chegaram ao México, ficaram assombrados de encontrar milhares de pessoas em Tlatelolco empenhadas em comprar e vender jóias, metais preciosos, escravos e sandálias, roupas, chocolate, cordas, peles, perus, verduras, coelhos, cães e cerâmica de um milhar de espécies. *A Carta Noticiosa de Fugger* — despachos preparados para banqueiros alemães nos séculos XVI e XVII — dá pitoresca prova da extensão do comércio por aquela época. Uma carta de Cochim, na Índia, descreve em detalhes as experiências de um mercador europeu que chegou com cinco navios, a fim de comprar pimenta para transportar para a Europa. "Um estoque de pimenta é ótimo negócio", explica, "mas exige grande zelo e perseverança". Este mercador também embarcava cravo, noz-moscada, farinha, canela, macis e várias e várias drogas para o mercado europeu.

Não obstante, todo este comércio representava apenas um elemento vestigial na História, comparado com a extensão da produção para o uso próprio imediato pelo escravo ou servo agrícola. Mesmo até tão recentemente como o século XVI, segundo Fernand Braudel, cuja pesquisa histórica no período é inexcedível, toda à região mediterrânea — da França e Espanha de um lado à Turquia do outro — mantinha uma população de 60 a 70 milhões de pessoas, da qual 90 por cento vivia no solo, produzindo apenas uma pequena quantidade de mercadorias para o comércio. Escreve Braudel: "60 por cento ou talvez 70 por cento de toda a produção do Mediterrâneo nunca entrou na economia do mercado". E se este era o caso na região mediterrânea, o que deveríamos concluir a respeito da Europa setentrional, onde o solo rochoso e os longos invernos frios tornavam ainda mais difícil para os camponeses extraírem do solo um excedente?

Ajudar-nos-á a compreender a Terceira Onda a concepção da economia da Primeira Onda, antes da revolução industrial, como consistindo em dois setores. No Setor A as pessoas produziam para seu próprio uso. No Setor B produziam para o comércio ou a permuta. O Setor A era enorme; o Setor B minúsculo. Para a maioria das pessoas, entretanto, a produção e o consumo se fundiam numa única função proporcionadora de vida. Tão completa era esta unidade que os gregos, os romanos e os europeus medievais não distinguiam entre as duas. Eles careciam até de uma palavra para consumidor. Através da Primeira Onda, somente uma minúscula fração da população dependia do mercado; a maioria das pessoas vivia em grande parte fora dele. Nas palavras do historiador R.H. Tawney, "as transações pecuniárias eram marginais, num mundo de economia natural".

A Segunda Onda mudou violentamente esta situação. Em vez de pessoas e comunidades essencialmente auto-suficientes, ela criou, pela primeira vez na História, uma situação na qual o volume avassalador de toda a comida, mercadorias e serviços era destinado a venda, barganha ou troca. Varreu da existência, virtualmente, mercadorias produzidas para o consumo próprio — para uso pelo verdadeiro produtor e sua família — e criou uma civilização na qual quase ninguém mais, nem mesmo um lavrador, era auto-suficiente. Todo mundo se tornou quase inteiramente dependente de comida, mercadorias ou serviços produzidos por outrem.

Em resumo, o industrialismo rompeu a união da produção e do consumo e separou o produtor do consumidor. A economia fundida da Primeira Onda foi transformada na economia separada da Segunda Onda.

## A SIGNIFICAÇÃO DO MERCADO

As conseqüências desta fissão foram momentâneas. Agora mesmo nós quase não as compreendemos. Primeiro, a praça do mercado — antes um fenômeno menor e periférico — mudou-se para dentro do vórtice da vida. A economia tornou-se "mercadejada". E isto aconteceu nas economias industriais tanto capitalista como socialista.

Os economistas ocidentais tendem a pensar no mercado como um fato puramente capitalista da vida e freqüentemente usam o termo como se fosse sinônimo de "economia de lucro". Entretanto, pelo que sabemos de História, a permuta — e daí uma fração de mercado — surgiu antes e independentemente do lucro. Pois o mercado, propriamente falando, é nada mais que uma rede de intercâmbio, um quadro de distribuição, por assim dizer, pelo qual são encaminhadas as mercadorias ou serviços, com mensagens, para os seus destinos apropriados. Não é inerentemente capitalista. Esse quadro de distribuição é tão essencial a uma sociedade industrial socialista como para o industrialismo motivado pelo lucro.*

* O mercado como um quadro de distribuição deve existir quer onde o tráfico seja baseado no dinheiro quer seja baseado na troca. Deve existir seja ou não extraído lucro dele, quer os preços sigam a oferta e a procura ou sejam fixados pelo estado, quer o sistema seja planejado ou não, quer os meios de produção sejam particulares ou públicos. Deve existir mesmo numa economia hipotética de firmas industriais auto-administradas, nas

Em suma, onde quer que a Segunda Onda batia e a finalidade da produção se deslocava de uso para intercâmbio, tinha que haver um mecanismo através do qual pudesse ocorrer esse intercâmbio. Tinha que haver um mercado. Mas o mercado não era passivo. O historiador de economia Karl Polanyi mostrou como o mercado, que estava subordinado aos alvos social e culto-religiosos das sociedades primitivas, veio a estabelecer os alvos das sociedades industriais. A maioria das pessoas eram absorvidas pelo sistema monetário. Os valores comerciais tornavam-se centrais, o desenvolvimento econômico (que era medido pelo tamanho do mercado) tornava-se o alvo primário dos governos, capitalistas ou socialistas.

Pois o mercado era uma instituição expansiva, auto-reforçativa. Assim como a divisão mais primitiva do trabalho tinha, em primeiro lugar, encorajado o comércio, agora a própria existência de um mercado ou centro de distribuição encorajou maior divisão do trabalho e levou a uma produtividade vividamente aumentada. Tinha sido posto em movimento um processo auto-amplificador.

Esta expansão explosiva do mercado contribuiu para a mais rápida elevação nos padrões de vida que o mundo já experimentara.

Em política, entretanto, os governos da Segunda Onda encontravam-se cada vez mais descontrolados por uma nova espécie de conflito nascido da cisão entre a produção e o consumo. A ênfase marxista na luta de classes obscureceu sistematicamente o conflito maior e mais profundo que surgiu entre as exigências dos produtores (trabalhadores e dirigentes) por salários, lucros e benefícios, e a contrademanda dos consumidores (inclusive exatamente a mesma gente) por preços mais baixos. A gangorra da política econômica oscilava neste fulcro.

O crescimento do movimento do consumidor nos Estados Unidos, as recentes sublevações na Polônia contra as elevações de preço decretadas pelo governo, o acirrado e interminável debate na Grã-Bretanha sobre política de preços e rendimentos, as mortíferas lutas ideológicas na União Soviética sobre

---

quais os trabalhadores estabeleçam os salários altos o bastante para eliminar o lucro como uma categoria.

Tão descuidado é este fato essencial, tão intimamente o mercado tem sido identificado apenas com uma das suas muitas variantes (o modelo da base do lucro, da propriedade particular, no qual os preços refletem a oferta e a procura), que nem mesmo existe uma palavra no vocabulário convencional da economia para expressar a multiplicidade de suas formas.

Através destas páginas o termo "mercado" é usado em seu sentido genérico completo, mais do que no modo restritivo costumeiro. Posta de lado a semântica, entretanto, o ponto básico permanece: onde quer que o produtor e o consumidor estejam divorciados, será necessário algum mecanismo para mediar entre eles. Este mecanismo, seja qual for a sua forma, é o que chamo de mercado.

se a indústria pesada ou as mercadorias do consumidor deviam receber primeira prioridade, tudo isto são aspectos do profundo conflito engendrado em qualquer sociedade, capitalista ou socialista, pela divisão entre a produção e o consumo.

Não só a política, mas também a cultura foi moldada por esta clivagem, pois também produziu a civilização mais ávida de dinheiro, mais gananciosa, comercializada e calculista da História. Não é preciso ser marxista para concordar com a acusação do *Manifesto Comunista* de que a nova sociedade "não deixou ficar outro nexo entre homem e homem do que puro interesse próprio, do que empedernido 'pagamento à vista'". As relações pessoais, elos de família, amor, amizade, relações de cordialidade e comunidade, tudo foi manchado ou corrompido pelo interesse comercial.

Correto na identificação desta desumanização dos elos impesssoais, Marx foi incorreto, entretanto, atribuindo-a ao capitalismo. Naturalmente, ele escreveu numa época em que a única sociedade industrial que ele podia observar era capitalista na forma. Hoje, depois de mais de meio século de experiência com sociedades industriais baseadas em socialismo, ou pelo menos em socialismo estatal, sabemos que a ganância agressiva, a corrupção comercial e a redução das relações humanas a frios termos econômicos não são monopólio do sistema de lucros.

Pois a preocupação obsessiva com o dinheiro, as mercadorias e coisas é um reflexo, não do capitalismo ou do socialismo, mas do industrialismo. É um reflexo do papel central do mercado em *todas* as sociedades em que a produção está divorciada do consumo, em que todo o mundo é dependente do mercado mais do que de suas próprias aptidões produtivas para as necessidades da vida.

Em tal sociedade, independentemente de sua estrutura política, não só são comprados, vendidos, negociados e trocados os produtos, mas também o são igualmente o trabalho, as idéias, a arte e as almas. O agente comprador ocidental que embolsa uma comissão ilegal não é tão diferente assim do editor soviético que recebe devolução de autores, em compensação por aprovar as obras deles para publicação, ou do bombeiro que exige uma garrafa de vodca para fazer o que é pago para fazer. O artista francês, inglês ou americano que escreve ou pinta por dinheiro simplesmente não é diferente do romancista, pintor ou teatrólogo polonês, tcheco, ou soviético que vende sua liberdade criadora por requisitos prévios como uma *dacha*, gratificações, acesso a um carro novo ou mercadorias inacessíveis por outro meio.

Tal corrupção é inerente ao mercado ou ao divórcio de produção e consumo. A própria necessidade de um mercado ou centro de distribuição reunir consumidor e produtor, mudar mercadorias de produtor para consumidor, coloca necessariamente os que controlam o mercado numa posição de poder desordenado — independentemente da retórica que eles usem para justificar esse poder.

Esta separação da produção e do consumo é que se tornou uma feição característica de todas as sociedades industriais ou da Segunda Onda. O procedimento veio a ser visto como um conjunto de transações. Em vez de uma sociedade baseada em amizade, parentesco ou obediência tribal ou feudal, surgiu na esteira da Segunda Onda uma civilização baseada em elos contratuais, reais ou implícitos. Mesmo os maridos e mulheres hoje falam de contratos conjugais.

A clivagem entre estes dois papéis — produtor e consumidor — criou ao mesmo tempo uma personalidade dupla. Exatamente a mesma pessoa que (como produtor) era ensinado pela família, a escola e o chefe a adiar a recompensa, a ser disciplinado, controlado, comedido, obediente, a ser um jogador de equipe, era simultaneamente ensinado (como consumidor) a procurar recompensa imediata, a ser hedonista mais do que calculista, a abandonar a disciplina, a procurar prazer individualista — em suma, a ser uma espécie de pessoa totalmente diferente. No Ocidente, especialmente, toda a potência de fogo da publicidade estava dirigida para o consumidor, incitando-o, a ele ou a ela, a tomar emprestado, a comprar impulsivamente, a "Voe agora, pague depois" e, assim fazendo, a efetuar um serviço patriótico, mantendo a girar as rodas da economia.

## A CISÃO SEXUAL

Finalmente, a mesma cunha gigante, que separou o produtor do consumidor nas sociedades da Segunda Onda, também separou o trabalho em duas espécies. Isto teve um enorme impacto na vida familiar, nos papéis sexuais e em nossas vidas íntimas como indivíduos.

Um dos estereótipos sexuais mais comuns na sociedade industrial define os homens como "objetivos" na orientação e as mulheres como "subjetivas". Se existe aqui um núcleo de verdade, provavelmente reside não em alguma realidade biológica fixa, mas nos efeitos psicológicos da cunha invisível.

Nas sociedades da Primeira Onda a maioria do trabalho era realizada nos campos ou no lar, com toda a labuta doméstica junta como uma unidade econômica e a maior produção destinada ao consumo dentro da aldeia ou da fazenda. A vida de trabalho e a vida do lar fundiam-se e intermesclavam-se. E como cada aldeia era em grande parte auto-suficiente, o sucesso dos camponeses num lugar não dependia do que acontecia em outro. Mesmo dentro da unidade de produção a maioria dos trabalhadores realizava uma variedade de tarefas, trocando e mudando de papéis segundo a estação o exigia, por doença ou por escolha. A divisão pré-industrial do trabalho era muito primitiva. Em decorrência disso, o trabalho nas sociedades agrícolas da Primeira Onda caracterizou-se por níveis baixos de interdependência.

A Segunda Onda, escorrendo através da Grã-Bretanha, da França, da Alemanha e de outros países, transferiu o trabalho do campo e da casa para a fábrica e introduziu um nível muito mais alto de interdependência. O trabalho agora exigia esforço coletivo, divisão de trabalho, coordenação, integração de muitas habilidades diferentes. Seu sucesso dependia do procedimento cooperativo cuidadosamente programado de milhares de pessoas distantes, muitas das quais nunca punham os olhos umas nas outras. Se uma importante siderúrgica ou fábrica de vidro deixava de entregar abastecimentos necessários a uma fábrica de automóveis, podia, em certas circunstâncias, enviar repercussões através de toda uma indústria ou economia regional.

A colisão de trabalho de baixa e alta interdependência produzia grave conflito sobre papéis, responsabilidades e recompensas. Os primeiros donos de fábricas, por exemplo, queixavam-se de que seus trabalhadores eram irresponsáveis, que se importavam pouco com a eficiência da fábrica, que iam pescar quando eram mais necessários, entregavam-se a brincadeiras grosseiras ou apareciam bêbedos. De fato, a maioria dos primeiros trabalhadores industriais eram gente rural, acostumada a pouca interdependência e tendo pouca ou nenhuma compreensão de seu próprio papel no processo geral de produção ou das falhas, interrupções e desarranjos ocasionados por sua "irresponsabilidade". Além disso, como a maioria ganhava salários insignificantes, tinha pouco incentivo para se importar.

No choque entre estes dois sistemas de trabalho, as novas formas de trabalho pareciam um triunfo. Cada vez mais produção era transferida para a fábrica e o escritório. O campo era desguarnecido de população. Milhões de trabalhadores se tornavam parte de redes de alta interdependência. O trabalho da Segunda Onda ensombrecia a velha forma retrógrada relacionada com a Primeira Onda.

Esta vitória da interdependência sobre a auto-suficiência, entretanto, nunca foi inteiramente consumada. Num lugar, a forma mais antiga de trabalho manteve-se obstinadamente. Este lugar era o domicílio.

Cada lar permanecia uma unidade descentralizada, empenhada na reprodução biológica, na criação de filhos e na transmissão cultural. Se uma família deixava de se reproduzir, ou fazia um mau trabalho na criação de seus filhos e na preparação para a vida no sistema de trabalho, seus fracassos não punham em perigo necessariamente o cumprimento dessas tarefas pela família da casa ao lado. O trabalho doméstico permanecia, noutras palavras, uma atividade de baixa interdependência.

A dona-de-casa continuava, como sempre, a realizar uma série de funções econômicas cruciais. Ela "produzia". Mas produzia para o Setor A — para uso da própria família — não para o mercado.

Enquanto o marido, em geral, saía para fazer o trabalho econômico direto, a mulher geralmente ficava em casa para fazer o trabalho econômico indireto. O homem assumia a responsabilidade da forma historicamente mais avançada de trabalho; a mulher era deixada atrás para tomar conta da forma mais antiga, mais atrasada de trabalho. Ele avançava, por assim dizer, para o futuro; ela permanecia no passado.

Esta divisão produzia uma cisão na personalidade e na vida íntima. A natureza pública ou coletiva da fábrica e do escritório, a necessidade de coordenação e integração traziam consigo ênfase na análise objetiva e nas relações objetivas. Os homens, preparados desde a puberdade para seu papel na oficina, onde se moviam num mundo de interdependências, eram encorajados a se tornarem "objetivos". As mulheres, preparadas desde o berço para as tarefas da reprodução, da criação dos filhos e da labuta doméstica, realizada até um grau considerável em isolamento social, eram ensinadas a serem "subjetivas" — e eram freqüentemente consideradas incapazes para a espécie de pensamento racional, analítico, que supostamente acompanhava a objetividade.

Não admirava que as mulheres que deixavam o relativo isolamento da casa para se empenharem em produção independente fossem muitas vezes acusadas de terem perdido a feminilidade, ficado frias, rudes e... objetivas.

Além disso, as diferenças sexuais e os estereótipos do papel do sexo eram acentuados pela identificação enganosa dos homens com a produção e as mulheres com o consumo, embora homens também consumissem e as mulheres também produzissem. Em suma, enquanto as mulheres eram oprimidas muito antes da Segunda Onda começar a rolar através da Terra, a moderna "batalha dos sexos" pôde remontar em grande parte ao conflito entre dois tipos de trabalho e, além disso, à desunião da produção e do consumo. A cisão da economia aprofundou igualmente a cisão sexual.

Por conseguinte, o que temos visto até agora, é que uma vez a cunha introduzida em seu lugar, separando produtor de consumidor, seguiu-se um certo número de mudanças profundas: tinha de se formar ou expandir um mercado para ligar os dois; surgiram novos conflitos políticos e sociais; novos papéis sexuais foram definidos. Mas a cisão implicou muito mais do que isto. Significou também que todas as sociedades da Segunda Onda teriam que operar de forma semelhante — que teriam de satisfazer certas exigências básicas.

Quer o objeto da produção fosse lucro ou não, quer os "meios de produção" fossem públicos ou privados, quer o mercado fosse "livre" ou "planejado", quer a retórica fosse capitalista ou socialista, não fazia diferença.

Enquanto a produção se destinasse à permuta em vez do uso, enquanto tivesse de fluir através do quadro de distribuição econômico, ou mercado, era preciso seguir certos princípios da Segunda Onda.

Desde que estes princípios fossem identificados, punha-se à mostra a dinâmica oculta de todas as sociedades industriais. Além disso, poderemos prever como pensarão tipicamente as pessoas da Segunda Onda. Pois estes princípios somavam-se às regras básicas, o código de procedimento, da civilização da Segunda Onda.

# 4
# VIOLANDO O CÓDIGO

Cada civilização tem um código oculto — uma série de regras ou princípios que permeiam todas as suas atividades como um desenho repetido. Enquanto o industrialismo avançava através do planeta, tornou-se visível o seu singular desenho oculto. Consistia numa série de seis princípios inter-relacionados que programava o procedimento de milhões. Nascendo naturalmente da desunião da produção e do consumo, estes princípios afetavam todos os aspectos da vida, do sexo e dos esportes, ao trabalho e à guerra.

Muito do furioso conflito nas nossas escolas, negócios e governos, na realidade, centraliza-se atualmente nesta meia dúzia de princípios, quando a gente da Segunda Onda, instintivamente, os aplica e defende e a gente da Terceira Onda os desafia e ataca. Mas isto é adiantar-se à História.

### PADRONIZAÇÃO

O mais familiar destes princípios da Segunda Onda é a padronização. Todo mundo sabe que as sociedades industriais produzem milhões de produtos idênticos. Poucas pessoas, entretanto, já se detiveram para notar que, apenas o mercado se tornou importante, nós fizemos mais do que simplesmente padronizar garrafas de Coca-Cola, lâmpadas elétricas e transmissões de automóvel. Nós aplicamos o mesmo princípio a muitas outras coisas. Entre os primeiros a captar a importância desta idéia esteve Theodore Vail, que, na virada do século, construiu a American Telephone & Telegraph Company, que transformou num gigante.*

---

* Não confundir com a multinacional ITT — International Telephone & Telegraph Corporation.

Trabalhando como funcionário dos correios na estrada de ferro, em fins de 1860, Vail havia notado que duas cartas não iam necessariamente pela mesma rota para o seu destino. Malas postais viajavam para trás e para diante, muitas vezes levando semanas ou meses para chegarem aos seus destinos. Vail introduziu a idéia da rota padronizada — todas as cartas que iam para o mesmo lugar seguiriam o mesmo caminho — e ajudou a revolucionar o serviço postal. Quando mais tarde formou a AT&T, decidiu colocar um telefone idêntico em cada lar americano.

Vail não só padronizou o conjunto de mão do telefone e todos os seus componentes, mas também os processos comerciais e a administração da AT&T. Num anúncio de 1908, justificou a sua absorção de pequenas companhias telefônicas defendendo "uma câmara de compensação de padronização", que garantiria economia na "construção de equipamento, cabos e eletrodutos, assim como nos métodos de operação e trabalho jurídico", sem falar de "um sistema uniforme de operação e contabilidade". O que Vail reconheceu é que, para ser bem-sucedido no meio da Segunda Onda, o *"software"* — isto é, as rotinas processuais e administrativas — tinha de ser padronizado juntamente com o *"hardware"* — isto é, o equipamento físico.

Vail foi apenas um dos grandes padronizadores que moldaram a sociedade industrial. Outro foi Frederick Winslow Taylor, um maquinista transformado em cruzado, que acreditava que o trabalho podia ser científico se se padronizassem os passos que cada trabalhador dava. Nas primeiras décadas deste século, Taylor decidiu que havia uma maneira melhor (padrão) de realizar cada tarefa, uma ferramenta melhor (padrão) para executá-la com ela, e um tempo estipulado (padrão) no qual podia ser completada.

Armado com esta filosofia, ele se tornou o primeiro guru da gerência do mundo. No seu tempo, e depois, foi comparado com Freud, Marx e Franklin. Não estavam sós os empregadores capitalistas, ansiosos por espremer o último grama de produtividade de seus trabalhadores, em sua admiração pelo taylorismo, com seus peritos em eficiência, padrões de trabalho por peça e demolidores de coeficientes. Os comunistas compartilhavam seu entusiasmo. Com efeito, Lenin insistiu em que os métodos de Taylor fossem adaptados para uso na produção socialista. Industrializador em primeiro lugar e comunista em segundo, Lenin também foi um zeloso crente na padronização.

As sociedades na Segunda Onda, contratando processos assim como trabalho, tornavam-se cada vez mais padronizadas. Usavam-se testes padronizados para identificar e extirpar os supostamente ineptos, especialmente no serviço civil. Escalas de pagamento eram padronizadas através de todas as indústrias, juntamente com lucros marginais, horas de almoço, feriados e processos de queixas. Para preparar a juventude para o mercado de trabalho, havia educadores planejando currículos padronizados. Homens como Binet e Ternan ideavam testes de inteligência padronizados. Normas de graduação escolar, processos de admissão e regras de abono eram similarmente padronizados. Foi adotado o teste de múltipla escolha.

Os veículos de massa, entrementes, disseminavam imagens padronizadas, de modo tal que milhões liam os mesmos anúncios, as mesmas notícias, os mesmos contos breves. A repressão das linguagens minoritárias por governos centrais, combinada com a influência das comunicações de massa, levou ao quase desaparecimento de dialetos locais e regionais ou mesmo línguas inteiras como o galês e o alsaciano. O americano, inglês e francês "padronizados", ou, quanto a isso, o russo, suplantaram as linguagens "não padronizadas". As partes diferentes do país começaram a parecer iguais quando começaram a brotar por toda a parte postos de gasolina, cartazes e casas idênticos. O princípio de padronização percorria todos aspectos da vida diária.

Num nível ainda mais profundo, a civilização industrial precisava de pesos e medidas padronizados. Não foi por acidente que um dos primeiros atos da Revolução Francesa, que introduziu a era do industrialismo na França, fez uma tentativa para substituir a louca colcha de retalhos das unidades de medidas, comuns na Europa pré-industrial, pelo sistema métrico e um novo calendário. A Segunda Onda espalhou medidas uniformes por grande parte do mundo.

Além disso, se a produção em massa exigiu a padronização de máquinas, produtos e processos, o mercado sempre crescente exigiu uma padronização correspondente de dinheiro e mesmo de preços. Historicamente, o dinheiro tinha sido emitido por bancos e indivíduos particulares, bem como por reis. Ainda tão recentemente como o século XIX estava em uso dinheiro cunhado por particulares em partes dos Estados Unidos e a prática durou até 1935, no Canadá. Gradualmente, entretanto, a industrialização suprimiu toda a moeda não-governamental e conseguiu impor uma moeda-padrão única em seu lugar.

Até o século XIX, além disso, era comum compradores e vendedores em países industriais regatearem sobre cada venda à maneira tradicional do bazar do Cairo. Em 1825, um jovem imigrante do norte da Irlanda, chamado A. T. Stewart, chegou a Nova York, abriu uma loja de fazendas e chocou os fregueses e os competidores introduzindo um preço fixo para cada artigo. Esta norma de preço único — padronização de preços — fez de Stewart um dos príncipes mercadores da sua era e afastou um dos obstáculos básicos da distribuição em massa.

Fossem quais fossem seus outros desacordos, os pensadores progressistas compartilhavam a convicção de que a padronização era eficiente. Em muitos níveis, por conseguinte, a Segunda Onda trouxe um nivelamento de diferenças através de implacável aplicação do princípio da padronização.

### ESPECIALIZAÇÃO

Um segundo grande princípio correu através de todas as sociedades da Segunda Onda: a especialização. Pois quanto mais a Segunda Onda eliminava a diversidade na linguagem, no lazer e no estilo de vida, mais precisava de diversidade na esfera do trabalho. Acelerando a divisão do trabalho, a Segunda Onda substituiu o descuidado camponês pau-para-toda-a-obra pelo minucioso e limitado especialista e o trabalhador que só fazia uma tarefa, no estilo Taylor, interminavelmente.

Já em 1720 um relatório britânico sobre *As Vantagens do Tráfego da Índia Oriental* declarava que a especialização permitia fazer tarefas com "menos perda de tempo e trabalho". Em 1776 Adam Smith abriu *A Riqueza das Nações* com a vibrante afirmação de que "o maior melhoramento nos poderes produtivos do trabalho... parece ter sido os efeitos da divisão do trabalho".

Numa passagem clássica, Smith descrevia a fabricação de um alfinete. Um trabalhador único de velho estilo, efetuando todas as operações necessárias sozinho, escreveu, podia produzir apenas um punhado de alfinetes por dia — não mais de 20 e talvez nem um. Em contraste, Smith descrevia uma "manufatura" que ele tinha visitado, na qual se exigiam 18 operações diferentes efetuadas por dez trabalhadores especializados, cada um efetuando apenas uma ou algumas fases. Juntos, conseguiam produzir mais de 48 mil alfinetes por dia — mais de quatro mil e oitocentos por trabalhador.

Pelo século XIX, com cada vez mais modificações feitas na fábrica, a história do alfinete repetiu-se muitas vezes em escala cada vez maior. E os custos humanos da especialização multiplicaram-se de acordo. Os críticos do industrialismo afirmaram que o trabalho altamente especializado e repetitivo desumanizava progressivamente o trabalhador.

Pela época em que Henry Ford começou a fabricar o Modelo T, em 1908, não eram necessárias 18 operações diferentes para completar uma unidade, mas 7.882. Em sua autobiografia Ford registrou que destas 7.882 tarefas especializadas, 949 exigiam "homens fortes, fisicamente hábeis e praticamente homens perfeitos"; 3.338 tarefas precisavam de homens de força física apenas "comum", a maioria do resto podia ser realizada por "mulheres ou crianças crescidas" e, continuava friamente, "verificamos que 670 tarefas podiam ser preenchidas por homens sem pernas, 2.637 por homens com uma perna só, duas por homens sem braços, 715 por homem com um braço só e 10 por homens cegos", Em suma, a tarefa especializada não exigia um homem inteiro, mas apenas uma parte. Nunca foi apresentada uma prova mais vívida de quanto a superespecialização pode ser brutalizante.

Entretanto, uma prática que os críticos atribuíam ao capitalismo tornou-se igualmente uma feição característica do socialismo. Pois a extrema especialização do trabalho que era comum a todas as sociedades da Segunda Onda tinha suas raízes na desunião da produção e do consumo. Hoje a URSS, a Polônia, a Alemanha Oriental, ou a Hungria não podem fazer funcionar suas fábricas sem complexa especialização, mais do que o Japão ou os Estados Unidos, cujo Departamento de Trabalho publicou em 1977 uma lista de 20 mil diferentes ocupações identificáveis.

Além disso, tanto nos estados industriais capitalistas como socialistas, a especialização foi acompanhada de crescente onda de profissionalização. Toda a vez que surgia a oportunidade para algum grupo de especialistas monopolizar conhecimento esotérico e manter novatos fora do seu campo, emergiam profissões. Enquanto a Segunda Onda avançava, o mercado intervinha entre o detentor do conhecimento e um cliente, dividindo-os nitidamente em produtor e consumidor. Assim, a saúde nas sociedades da Segunda Onda veio a ser vista como um produto fornecido por um médico e uma burocracia ministradora de saúde e não o resultado de cuidado inteligente consigo mesmo (produção para uso próprio) pelo paciente. A educação era supostamente "produzida" pelo professor na escola "consumida" pelo estudante.

Toda a sorte de grupos ocupacionais, de bibliotecários a vendedores, começaram a clamar pelo direito de se intitularem profissionais... e pelo poder de estabelecerem padrões, preços e condições de entrarem em suas especialidades. Nesta altura, de acordo com Michael Pertschuk, Presidente da Comissão de Comércio Federal dos EUA: "A nossa cultura é dominada por profissionais que nos chamam 'clientes' e nos falam das nossas 'necessidades' ".

Nas sociedades da Segunda Onda mesmo a agitação política era concebida como uma profissão. Assim, Lenin argumentava que as massas não podiam fazer uma revolução sem ajuda profissional. O que era necessário, afirmava ele, era uma "organização de revolucionários" limitada em membros a "pessoas cuja profissão é a de um revolucionário".

Entre comunistas, capitalistas, executivos, educadores, sacerdotes e políticos a Segunda Onda produzia uma mentalidade comum e um avanço para uma divisão cada vez mais refinada de trabalho. Como o Príncipe Alberto na grande Exposição do Palácio de Cristal de 1851, eles acreditavam que a especialização era "o poder motor da civilização". Os Grandes Padronizadores e Os Grandes Especializadores marchavam de mãos dadas.

## SINCRONIZAÇÃO

A brecha crescente entre a produção e o consumo também forçou uma mudança na maneira como a gente da Segunda Onda lidava com o tempo. Num sistema dependente do mercado, quer o mercado seja planejado ou livre, o tempo é igual ao dinheiro. Máquinas caras não podem ficar ociosas e operam ao seu ritmo próprio. Isto produziu o terceiro princípio da civilização industrial: a sincronização.

Mesmo nas sociedades mais primitivas, o trabalho tinha de ser cuidadosamente organizado quanto ao tempo. Muitas vezes os guerreiros tinham de trabalhar em uníssono para apanharem suas presas. Os pescadores tinham de coordenar os seus esforços ao remarem ou recolherem as redes. Há muito tempo George Thompson mostrou como várias canções próprias refletiam as exigências do trabalho. Para os remadores o tempo era marcado por um simples som de duas sílabas como *O-op!* A segunda sílaba indicava o momento do esforço máximo, ao passo que a primeira era o tempo da preparação. O arrasto do barco, notou, era trabalho mais pesado do que remar, "de modo que os momentos de esforço eram espaçados em intervalos mais longos", e vemos no grito do arrasto irlandês *Hô-li-hô-hâp!,* uma preparação mais longa para o esforço final.

Até que a Segunda Onda trouxe a maquinaria e silenciou as canções do trabalhador, a maioria de tal sincronização foi orgânica e natural. Fluía do ritmo das estações e dos processos biológicos, da rotação da Terra e da batida do coração. As sociedades da Segunda Onda, em contraste, moviam-se de acordo com a batida da máquina.

À medida que a produção se espalhava, o custo elevado da maquinaria e a compacta interdependência do trabalho exigia uma sincronização muito mais refinada. Se um grupo de trabalhadores numa fábrica se atrasava na conclusão de um tarefa, outros trabalhadores postados mais abaixo na linha seriam ainda mais atrasados. Assim, a pontualidade, nunca muito importante em comunidades agrícolas, tornava-se uma necessidade social e começaram a proliferar os relógios de todos os tipos. Por volta de 1790, já se tinham tornado coisa comum na Grã-Bretanha. Sua difusão veio, nas palavras do historiador inglês E.P. Thompson, "no momento exato em que a revolução industrial exigiu uma sincronização maior do trabalho".

Não foi por coincidência que as crianças das culturas industriais foram ensinadas a ver as horas em tenra idade. Os alunos eram condicionados a chegar à escola quando tocava a sineta, a fim de que mais tarde chegassem com segurança à fábrica ou ao escritório quando soasse a sirene. As tarefas eram calculadas e divididas em seqüências medidas em frações de segundo. "Das nove às cinco" formava o quadro temporal para milhões de trabalhadores.

E não era apenas a vida de trabalho que era sincronizada. Em todas as sociedades da Segunda Onda, independentemente do lucro ou de considerações políticas, a vida social também era regulada pelo relógio e adaptada às exigências da máquina. Certas horas eram postas de lado para lazer. Férias de extensão padrão, feriados, ou interrupções para café eram intercalados nos horários de trabalho.

As crianças começavam e terminavam seu ano letivo em datas uniformes. Os hospitais acordavam todos os seus pacientes para o desjejum simultaneamente. Os sistemas de transporte arriavam nas horas do *rush.* Programadores das estações de rádio davam entretenimento em horários especiais, "horário nobre", por exemplo. Todo o negócio tinha suas próprias horas ou estações de primeiro interesse sincronizadas com os de seus fornecedores e distribuidores. Surgiram especialistas em sincronização — de expedidores de fábrica e organizadores de horários à polícia de tráfego e analistas da eficiência com que cada operação industrial era efetuada.

Em contraste, algumas pessoas resistiam ao novo sistema de tempo industrial. E aqui surgiram novamente diferenças sexuais. Os que participavam da Segunda Onda — principalmente homens — eram os que se condicionavam mais à marcação do relógio.

Os maridos da Segunda Onda queixavam-se continuamente de que suas mulheres viviam a fazê-los esperar, que não tinham consideração pelo tempo, que levavam uma eternidade para se vestirem, que chegavam sempre atrasadas aos encontros. As mulheres, antes de mais nada empenhadas em trabalho doméstico, não interdependente, trabalhavam obedecendo menos a ritmos mecânicos. Por motivos semelhantes, as populações urbanas tendiam a considerar a gente rural lenta e não merecedora de confiança. "Não chegam na hora! Nunca se sabe se eles vão comparecer a um encontro". Tais queixas poderiam remontar à diferença entre o trabalho da Segunda Onda, baseado na interdependência intensificada e o trabalho da Primeira Onda, concentrado no campo e no lar.

Uma vez tornada dominante a Segunda Onda, até mesmo as mais íntimas rotinas da vida estavam encaixadas no sistema da marcha industrial. Nos Estados Unidos e na União Soviética, em Cingapura e na Suécia, na França e na Dinamarca, na Alemanha e no Japão, as famílias levantavam-se à certa hora, comiam ao mesmo tempo, tomavam a condução, trabalhavam, voltavam para casa, iam deitar-se, dormiam e até faziam amor mais ou menos em uníssono, quando toda a civilização, além da padronização e da especialização, aplicou o princípio da sincronização.

## CONCENTRAÇÃO

O aparecimento do mercado gerou ainda outra regra de civilização da Segunda Onda — o princípio da concentração.

Mas a Segunda Onda concentrou mais do que energia. Concentrou também população, despojando o campo de gente e relocalizando-a em centros urbanos gigantescos. Concentrou até mesmo o trabalho. Enquanto o trabalho nas sociedades da Primeira Onda tinha lugar em toda a parte — em casa, na aldeia, nos campos — muito do trabalho das sociedades da Segunda Onda era feito em fábricas, onde milhares de trabalhadores se reuniam sob o mesmo teto.

Não eram só a energia e o trabalho que se concentravam. Escrevendo no jornal de ciência social britânico, *New Society,* Stan Cohen observou que, com exceções insignificantes, antes do industrialismo "os pobres eram conservados em casa ou com parentes; os criminosos eram multados, chicoteados ou banidos de uma colônia para outra; os loucos mantinham-se com suas famílias ou eram mantidos pela comunidade, se pobres". Todos estes grupos eram, em suma, dispersados pela comunidade.

O industrialismo revolucionou a situação. O princípio do século XIX, de fato, foi chamado a época das Grandes Encarcerações — quando os criminosos eram cercados e concentrados em prisões, os mentalmente afetados eram cercados e concentrados em "asilos de loucos" e as crianças cercadas e concentradas em escolas, exatamente como os trabalhadores eram concentrados em fábricas.

A concentração ocorreu também em fluxos de capital, de modo que a civilização da Segunda Onda gerou a companhia gigantesca e, além disso, o truste ou monopólio. Por meados da década de 60, as três grandes companhias de automóveis dos Estados Unidos produziram 94 por cento de todos os carros americanos. Na Alemanha quatro companhias em conjunto — a Volkswagen, a Daimler-Benz, a Opel (GM) e a Ford-Werke — fizeram 91 por cento da produção. Na França a Renault, a Citroën, a Simca e a Peugeot produziram virtualmente 100 por cento. Na Itália a Fiat sozinha construiu 90 por cento de todos os automóveis.

Semelhantemente, nos Estados Unidos 80 por cento ou mais do alumínio, da cerveja, dos cigarros e das comidas de desjejum foram produzidos por quatro ou cinco companhias em cada campo. Na Alemanha, 92 por cento do estuque e das tintas, 98 por cento do filme fotográfico, 91 por cento de máquinas de costura industriais foram produzidos por quatro ou menos companhias em cada categoria, respectivamente. A lista de indústrias altamente concentradas continua sem cessar.

Os gerentes socialistas também estavam convencidos de que a concentração da produção era "eficiente". Com efeito, muitos ideólogos marxistas dos países capitalistas acolheram a crescente concentração nos países capitalistas como passo necessário no caminho da concentração total definitiva da indústria sob os auspícios do estado. Lenin falava da "conversão de *todos* os cidadãos em trabalhadores e empregados de *um* enorme 'sindicato' — o estado total". Meio século mais tarde, o economista soviético N. Lelyukhina, escrevendo em *Voprosy Ekonomiki*, pôde declarar que "a URSS possui a indústria mais concentrada do mundo".

Quer em energia, população, trabalho, educação, quer em organização econômica, o princípio concentrativo da civilização da Segunda Onda penetrou fundo... com efeito, mais fundo do que quaisquer diferenças ideológicas entre Moscou e o Ocidente.

## MAXIMIZAÇÃO

A cisão da produção e do consumo também criou, em todas as sociedades da Segunda Onda, um caso de "macrofilia" obsessiva — uma espécie de mania texana de grandeza e crescimento. Se fosse verdade que os períodos de produção na fábrica produziriam os custos de unidade mais baixos, então, por analogia, os aumentos em escala produziriam economias igualmente em outras atividades. "Grande" tornou-se sinônimo de "eficiente" e maximização tornou-se o quinto princípio chave.

Cidades e nações gabavam-se de terem o arranha-céu mais alto, a represa maior, ou o maior campo de golfe em miniatura do mundo. Como, além disso, a grandeza era o resultado do crescimento, a maioria dos governos, companhias e outra organizações industriais perseguiam freneticamente o ideal do crescimento.

Os trabalhadores e gerentes japoneses na Matsushita Electric Company entoavam em coro diariamente:

> ... Fazendo o melhor que podemos para promover a produção,
> Enviando nossas mercadorias para os povos do mundo,
> Interminável e continuamente,
> Como água esguichando de uma fonte.
> Cresce, indústria, Cresce, Cresce, Cresce!
> Harmonia e sinceridade!
> Matsushita Electric!

Em 1960, quando os Estados Unidos completaram a fase do industrialismo tradicional e começaram a sentir os primeiros efeitos da Terceira Onda de mudança, suas 50 maiores companhias industriais tinham chegado a empregar uma média de 80.000 trabalhadores cada uma. A General Motors sozinha empregava 595.000 e uma empresa de utilidade pública, a AT&T de Vail, empregava 736.000 homens e mulheres. Isto significava, a uma média de família de 3,3 pessoas, que nesse ano muito mais de 2.000.000 de pessoas dependiam de folhas de pagamento só de uma companhia — um grupo igual à metade da população de todo o país quando Hamilton e Washington estavam juntando os pedaços para transformá-lo numa nação. (Desde então a AT&T inchou até proporções ainda mais gigantescas. Por volta de 1970, empregava 956.000 — tendo acrescentado 136.000 empregados à sua força de trabalho num único período de doze meses).

AT&T era um caso especial e, naturalmente, os americanos eram particularmente adeptos da grandeza. Mas a macrofilia não era monopólio dos americanos. Na França, em 1963, 1.400 firmas — apenas um quarto de um por cento de todas as companhias — empregavam 38 por cento da força de trabalho. Os governos da Alemanha, da Grã-Bretanha e outros países encorajavam ativamente consolidações a criarem companhias maiores, na crença de que a escala maior os ajudaria a competirem com os gigantes americanos.

E não era que esta maximização em escala fosse simplesmente um reflexo da maximização de lucro. Marx tinha associado a "escala crescente dos estabelecimentos industriais" com o "desenvolvimento de seus poderes materiais" Lenin, por sua vez, argumentava que "empresas enormes, trustes e sindicatos tinham trazido a técnica da produção em massa ao seu mais alto nível de desenvolvimento". Sua primeira ordem comercial depois da revolução soviética foi a de consolidar a vida econômica russa no menor número possível das maiores unidades possíveis. Stalin insistiu ainda mais na escala máxima e construiu vastos projetos novos — o complexo siderúrgico de Magnitogorsk, outro em Zapotrozhstal, a fundição de cobre de Balkhach, as fábricas de tratores em Kharkov e Stalingrado. Stalin perguntava que tamanho tinha uma determinada instalação americana e então ordenava a construção de uma maior ainda.

Em *O Culto da Grandeza no Planejamento Econômico Soviético,* o Dr. Leon M. Herman escreve: "Em várias partes da URSS, com efeito, os políticos locais empenharam-se numa corrida para atrair os 'maiores projetos do mundo' " Por volta de 1938, o partido comunista advertiu contra a "gigantomania", mas com pouco efeito. Ainda hoje os líderes comunistas soviéticos e leste-europeus são vítimas do que Herman chama "o vício da grandeza".

Tal fé em pura escala derivou de presunções acanhadas da Segunda Onda sobre a natureza da "eficiência". Mas a macrofilia do industrialismo foi além das simples usinas. Era refletida na agregação de muitas espécies diferentes de dados ao instrumento estatístico conhecido por Produto Nacional Bruto, que media a "escala" de uma economia somando o valor das mercadorias e serviços produzidos nela. Este instrumento dos economistas da Segunda Onda tinha muitas falhas. Do ponto de vista do PNB não importava se a produção era sob a forma de comida, educação e serviços de saúde ou munições. A contratação de uma equipe para construir ou demolir uma casa contribuía para o PNB, embora uma atividade se somasse ao estoque habitacional e a outra se subtraísse dele. O PNB também, porque só media a atividade ou trocas do mercado, relegava para a insignificância todo um setor vital da economia baseado em produção não paga — criação de filhos e serviço doméstico, por exemplo.

Apesar destas deficiências, os governos da Segunda Onda em redor do mundo entraram numa corrida cega para aumentar o PNB a todo o custo, maximizando o "crescimento" mesmo com o risco do desastre ecológico e social. O princípio da macrofilia foi construído tão profundamente na mentalidade industrial que nada parecia mais razoável. A maximização acompanhou a padronização, a especialização e as outras regras industriais básicas.

### CENTRALIZAÇÃO

Finalmente, todas as nações industriais desenvolveram a centralização até uma perfeição de pura arte. Enquanto a igreja e muitos governantes da Primeira Onda sabiam perfeitamente como centralizar o poder, eles lidavam com sociedades muito menos complexas e eram toscos amadores em contraste com os homens e mulheres que centralizavam as sociedades industriais a partir do andar térreo para cima.

Todas as sociedades complicadas exigem uma mistura de operações centralizadas e descentralizadas. Mas a mudança de uma economia basicamente descentralizada da Primeira Onda levou a métodos totalmente novos para centralizar o poder. Estes entraram em jogo ao nível das companhias e indústrias individuais e da economia como um todo.

As primeiras estradas fornecem-nos uma ilustração clássica. Comparadas com outros negócios elas eram os gigantes do seu tempo. Nos Estados Unidos, em 1850, só 41 fábricas tinham uma capitalização de 250 mil dólares ou mais. Em contraste, a New York Central Railroad, já em 1860, se gabava de uma capitalização de 30 milhões de dólares. Para dirigir uma empresa tão gigantesca tornavam-se necessários novos métodos de administração.

Os primeiros diretores da estrada, por conseguinte, como os diretores do programa espacial na nossa era, tinham de inventar novas técnicas. Padronizaram tecnologias, passagens e horários. Sincronizaram operações por centenas de quilômetros. Criavam novas operações especializadas e novos departamentos Concentraram capital, energia e pessoas. Lutaram para maximizar a escala das redes. E, para realizarem tudo isto, criaram novas formas de organização baseadas em centralização de informação e comando.

Os empregados foram divididos em empregados "de linha" e "de administração". Relatórios diários foram iniciados para fornecer dados sobre movimentos de carros, cargas, avarias, carga perdida, concertos, quilômetros-máquina etc Todas estas informações fluíam por uma cadeia de comando centralizada até chegarem ao superintendente, que tomava as decisões e enviava as ordens ao longo da linha.

As estradas de ferro, como mostrou o historiador do comércio Alfred D. Chandler, Jr., logo se tornaram modelo para outras grandes organizações, e a administração centralizada veio a ser considerada como um instrumento avançado e sofisticado em todas as nações da Segunda Onda.

Na política também a Segunda Onda encorajou a centralização. Nos Estados Unidos, já no fim da década de 1780, isto foi ilustrado pela batalha para substituir os Artigos da Confederação, desconexos, descentralistas, por uma Constituição mais centralista. Geralmente os interesses rurais da Primeira Onda resistiram à concentração do poder no governo nacional, enquanto os interesses comerciais da Segunda Onda, liderados por Hamilton, argumentavam, em *The Federalist* e em outras partes, que um governo central forte era essencial não só por razões de política militar e estrangeira, mas também por crescimento econômico.

A resultante Constituição de 1787 foi um engenhoso compromisso. Porque as forças da Primeira Onda ainda eram fortes, a Constituição reservou importantes poderes para os estados, mais do que deu ao governo central. Para evitar um poder central excessivamente forte também ele precisava de uma separação característica dos poderes legislativo, executivo e judiciário. Mas a Constituição também continha linguagem elástica que, em dado momento, permitiria ao governo federal estender drasticamente o seu alcance.

Enquanto a industrialização empurrava o sistema político para uma centralização maior, o governo de Washington assumia um número crescente de poderes e responsabilidades e monopolizava cada vez mais tomadas de decisão no centro. Entrementes, dentro do governo federal, o poder deslocava-se do Congresso e dos tribunais para o mais centralista dos três ramos — o Executivo. Pelo tempo de Nixon, o historiador Arthur Schlesinger (ele mesmo noutro tempo um ardente centralizador) atacava a "presidência imperial".

As pressões no sentido da centralização política eram ainda mais fortes fora dos Estados Unidos. Uma olhada à Suécia, ao Japão, à Grã-Bretanha ou à França basta para fazer o sistema dos Estados Unidos parecer descentralizado por comparação. Jean-François Revel, autor de *Sem Marx nem Jesus,* demonstra este ponto descrevendo como os governos reagem ao protesto político: "Quando é proibida uma manifestação na França, nunca há qualquer dúvida sobre a fonte da proibição. Se se trata da questão de uma manifestação política de maior importância, é o governo (central)", diz ele. "Nos Estados Unidos, entretanto, quando é proibida uma demonstração, a primeira pergunta que todo o mundo faz é: 'Por quem?' " Revel observa que é geralmente alguma autoridade local agindo de modo autônomo.

Os extremos da centralização encontravam-se naturalmente, nas nações industriais marxistas. Em 1850, Marx reclamou uma "centralização de poder nas mãos do estado". Engels, como Hamilton antes dele, atacou as confederações descentralizadas como "um enorme passo para trás". Mais tarde nos Sovietes, ansiosos por acelerar a industrialização, passaram a construir a estrutura política e econômica mais altamente centralizada de todas, submetendo até mesmo a menor das decisões de produção ao controle dos planejadores centrais.

A centralização gradual de uma economia outrora descentralizada foi, além disso, ajudada por uma invenção crucial, cujo próprio nome revela o seu propósito: o banco central.

Em 1694, bem no alvorecer da idade industrial, enquanto Newcomen ainda estava latoeirando com o motor a vapor, William Paterson organizou o Banco da Inglaterra, que se tornou um gabarito para instituições centralistas em todos os países da Segunda Onda. Nenhum país podia completar sua fase da Segunda Onda sem construir seu equivalente desta máquina para o controle do dinheiro e do crédito.

O banco de Paterson vendia títulos do governo; emitia moeda com a garantia do governo; mais tarde começou a regular as práticas de empréstimo de outros bancos. Finalmente, assumiu a função primacial de todos os bancos centrais atualmente: o controle central do suprimento do dinheiro. Em 1800 formou-se o Banque de France para fins semelhantes. Este foi seguido pela formação do Reichsbank, em 1875.

Nos Estados Unidos, a colisão entre as forças da Primeira e Segunda Onda levou a uma importante batalha por causa das operações bancárias pouco depois da adoção da Constituição. Hamilton, o advogado mais brilhante das normas da Segunda Onda, bateu-se por um banco nacional segundo o modelo inglês. O Sul e o Oeste fronteiriço, ainda presos à agricultura, opuseram-se-lhe. Não obstante, com o apoio da industrialização do Nordeste, ele conseguiu fazer passar a legislação que criou o Banco dos Estados Unidos, precursor do Sistema de Reserva Federal.

Empregados por governos para regular o nível e o coeficiente da atividade do mercado, os bancos centrais introduziram — pela porta dos fundos, por assim dizer — um certo grau de planejamento extra-oficial de curto alcance nas economias capitalistas. O dinheiro fluía através de todas as artérias das sociedades da Segunda Onda, tanto capitalistas como socialistas. Ambos precisavam e, por conseguinte, criaram uma estação centralizada de bombeamento de dinheiro. As operações bancárias centrais e o governo centralizado marchavam de mãos dadas. A centralização era outro princípio dominador da civilização da Segunda Onda.

O que vemos, por conseguinte, é uma série de seis princípios diretores, um "programa" que operava até um grau ou outro em todos os países da Segunda Onda. Esta meia dúzia de princípios — padronização, especialização, sincronização, concentração, maximização e centralização — era aplicada nas alas tanto capitalista como socialista da sociedade industrial porque brotava, inevitavelmente, da clivagem básica entre o produtor e o consumidor e o papel sempre crescente do mercado.

Estes princípios, por sua vez, cada um reforçando o outro, levavam implacavelmente à expansão da burocracia. Produziram algumas das organizações burocráticas maiores, mais rígidas e mais poderosas que o mundo já vira, deixando o indivíduo a vaguear num mundo kafkiano de mega-organizações que se avolumavam. Se hoje nos sentimos oprimidos e subjugados por elas, podemos ir encontrar o seu início nos nossos problemas do código oculto que programou a civilização da Segunda Onda.

Os seus princípios que formaram este código deram um cunho característico da civilização da Segunda Onda. Hoje, como veremos em breve, cada um destes princípios fundamentais está sob ataque por forças da Terceira Onda

De modo que, com efeito, são as elites da Segunda Onda que ainda estão aplicando estas regras — no comércio, nas operações bancárias, nas relações trabalhistas, no governo, na educação, nos veículos de comunicação. Pois o nascimento de uma nova civilização desafia todos os interesses empenhados da civilização velha.

Nas sublevações que se encontram imediatamente à frente, as elites de todas as sociedades industriais — tão acostumadas a estabelecer as regras — com toda a probabilidade percorrerão todo o caminho dos senhores feudais do passado. Alguns serão contornados. Alguns serão destronados. Alguns serão reduzidos à impotência da nobreza arruinada. Alguns — os mais inteligentes e adaptáveis — se transformarão e emergirão como líderes da civilização da Terceira Onda.

Para compreender quem dirigirá as coisas amanhã, quando a Terceira Onda se tornar dominante, precisarão primeiro saber exatamente quem dirige as coisas atualmente.

# 5
# OS TÉCNICOS DO PODER

A pergunta "Quem dirige as coisas?" é tipicamente uma pergunta da Segunda Onda. Pois até a revolução industrial havia pouca razão para fazê-la. Quer governassem reis ou xamãs, senhores da guerra, deuses do sol ou santos, o povo raramente tinha dúvida sobre quem tinha o poder sobre eles. O camponês andrajoso, levantando a vista dos campos, via o palácio ou o mosteiro avultando esplendorosamente no horizonte. Ele não precisava de cientista político ou cabeçalho de jornal para resolver o enigma do poder. Todo mundo sabia quem tomava conta.

Onde quer que chegasse a Segunda Onda, entretanto, emergia uma nova espécie de poder, difuso e sem rosto. Os que assumiam o poder tornavam-se os anônimos "eles". Quem eram "eles"?

## OS INTEGRADORES

O industrialismo, como vimos, rompeu a sociedade em milhares de partes encadeadas — fábricas, igrejas, escolas, sindicatos de trabalhadores, prisões, hospitais, etc. Quebrou a linha de comando entre igreja, estado e indivíduo. Quebrou o conhecimento em disciplinas especializadas. Quebrou os empregos em fragmentos. Quebrou as famílias em unidades menores. Assim fazendo, esfacelou a vida da comunidade e a cultura.

Alguém tinha de reagrupar as coisas numa forma diferente.

Esta necessidade deu nascimento a muitas novas espécies de especialistas, cuja tarefa básica era a integração. Intitulando-se executivos ou administradores, comissários, coordenadores, presidentes, vice-presidentes, burocratas ou gerentes, brotavam em todos os negócios, em todos os governos e em todos os níveis da sociedade. E revelaram-se indispensáveis. Eram os integradores.

Definiam papéis e distribuíam cargos. Decidiam quem recebia quais recompensas. Faziam planos, estabeleciam critérios e davam ou retiravam credenciais. Concatenavam produção, distribuição, transporte e comunicações. Estabeleciam as regras pelas quais interagiam as organizações. Em suma, combinavam as seções da sociedade. Sem eles o sistema da Segunda Onda nunca podia ter funcionado.

No meio do século XIX Marx pensava que quem quer que possuísse os instrumentos e a tecnologia — os "meios de produção" — controlaria a sociedade. Alegava que, porque o trabalho era interdependente, os trabalhadores podiam desorganizar a produção e tirar as ferramentas de seus chefes. Uma vez que possuíssem as ferramentas, governariam a sociedade.

Mas a História pregou-lhe uma peça. Pois essa mesma interdependência deu ainda maior meio de ação a um novo grupo — os que orquestravam ou integravam o sistema. No fim não foram nem os donos nem os trabalhadores que assumiram o poder. Tanto nas nações capitalistas como nas nações socialistas foram os integradores que subiram para o topo.

Não foi a propriedade dos "meios de produção" que deu poder. Foi o controle dos "meios de integração". Vejamos o que significou.

No comércio os primeiros integradores foram os proprietários da fábrica, os empresários comerciais, os donos das usinas e das manufaturas de ferro. O dono e uns poucos ajudantes geralmente eram capazes de coordenar o trabalho de grande número de obreiros não-especializados e integrar a firma numa economia maior.

Como naquele período o dono e o integrador eram uma e a mesma pessoa, não é de surpreender que Marx confundisse os dois e desse tanta ênfase à propriedade. Quando, entretanto, a produção se tornou mais complexa, e a divisão do trabalho se especializou mais, o comércio presenciou uma incrível proliferação de executivos e peritos que se introduziram entre o chefe e seus trabalhadores. A papelada avolumou-se. Em breve, nas firmas maiores nenhum indivíduo, inclusive o proprietário ou o acionista dominante, podia ter mesmo uma idéia de toda a operação. As decisões do proprietário eram modeladas e, por fim, controladas pelos especialistas introduzidos para coordenar o sistema. Assim surgiu uma nova elite de executivos, cujo poder repousava não mais na propriedade, mas antes no controle do processo de integração.

À medida que o diretor crescia em poder, o acionista ficava menos importante. À medida que as companhias ficavam maiores, os proprietários em família vendiam a grupos cada vez maiores de acionistas, poucos dos quais sabiam qualquer coisa sobre as verdadeiras operações do negócio. Cada vez mais os acionistas tinham de se fiar em gerentes contratados, não apenas para dirigir os negócios cotidianos da companhia, mas até mesmo para estabelecer os seus objetivos e estratégias de longo alcance. As juntas de diretores, teoricamente representando os proprietários, eram elas mesmas cada vez mais remotos e mal informados a respeito das operações que supostamente dirigiam. E quanto mais e mais o investimento privado era feito não por indivíduos, mas indiretamente através de instituições como Fundo de Previdência, fundos de aplicação e os departamentos de depósitos de bancos em fideicomisso, os donos "reais" da indústria estavam cada vez mais afastados do controle.

O novo poder dos integradores foi, talvez, expresso da maneira mais clara por W. Michael Blumenthal, antigo Secretário do Tesouro dos Estados Unidos. Antes de entrar para o governo, Blumenthal chefiava a Bendix Corporation. Sendo-lhe perguntado uma vez se gostaria de algum dia vir a possuir a Bendix, Blumenthal respondeu: "Não é a propriedade que importa... é o controle. E como Executivo-Chefe é isso que eu tenho. Vamos ter uma assembléia dos acionistas na próxima semana e tenho 97 por cento dos votos. E *possuo* apenas mil ações. O controle é o que é importante para mim... Ter o controle deste grande animal e usá-lo de uma maneira construtiva, é o que eu quero, mais do que fazer coisas tolas que outros querem que eu faça".

As normas comerciais foram assim fixadas cada vez mais pelos administradores da firma contratados ou por administradores de dinheiro encarregados de empregar dinheiro de outras pessoas, mas em nenhum caso pelos verdadeiros donos e muito menos pelos trabalhadores. Os integradores tomaram conta.

Tudo isto tinha certos paralelos nas nações socialistas. Já em 1921, Lenin sentiu necessidade de denunciar a sua própria burocracia soviética. Trotsky, em exílio em 1930, declarou que já havia cinco a seis milhões numa classe que "não se ocupa diretamente com trabalho produtivo, mas administra, ordena, comanda, perdoa e castiga". Os meios de produção poderiam pertencer ao estado, acusou, mas "mas o estado... 'pertence' à burocracia". Na década de 50, Milovan Djila, em *A Nova Classe,* atacou o crescente poder das elites administrativas na Iugoslávia. O próprio Tito, que prendeu Djilas, se queixou da "tecnocracia, da burocracia, do inimigo da classe". E o medo do administrativismo era o tema central da China de Mao.*

Sob o socialismo, assim como sob o capitalismo, por conseguinte, os integradores assumiram poder efetivo. Pois sem eles as partes do sistema não poderiam trabalhar juntas. A "máquina" não funcionaria.

---

* Mao, liderando a maior nação da Primeira Onda do mundo, advertiu repentinamente contra a ascensão das elites administrativas e via isto como um perigoso acompanhante do industrialismo tradicional.

Integrar um único negócio, ou mesmo toda uma indústria, era apenas uma pequena parte do que tinha de ser feito. A sociedade industrial moderna, como vimos, desenvolveu um exército de organizações, de sindicatos de trabalhadores e associações comerciais a igrejas, escolas, clínicas de saúde, e grupos recreativos, tudo o que tinha de trabalhar dentro de um quadro de regras previsíveis. Eram necessárias leis. Acima de tudo, a infosfera, a sociosfera e a tecnosfera tinham de ser alinhadas umas com as outras.

Desta necessidade impulsiva para a integração da civilização da Segunda Onda saiu o maior coordenador de todos — o motor integracional do sistema: o grande governo. É a fome de integração do sistema que explica o implacável nascimento do grande governo em todas as cidades da Segunda Onda.

Repetidamente se levantavam demagogos políticos reclamando um governo menor. Mas, uma vez no cargo, os próprios líderes expandiam mais do que reduziam o tamanho do governo. Esta contradição entre retórica e vida real tornou-se compreensível no momento em que reconhecemos que o objetivo transcendente de todos os governos da Segunda Onda têm sido construir e manter a civilização industrial. Contra este cometimento, todas as diferenças menores se desvaneciam. Os partidos e os políticos podiam arengar sobre estas outras questões, mas nisto estavam em tácito acordo. E um governo grande era parte de seu programa não-expresso, fosse qual fosse a melodia que cantassem, porque as sociedades industriais dependiam de o governo realizar tarefas integracionais essenciais.

Nas palavras do cronista político Clayton Fritchey, o governo federal dos Estados Unidos nunca cessou de crescer, mesmo sob as três recentes administrações republicanas "pela simples razão de que nem mesmo Houdini poderia desmantelá-lo sem sérias e nocivas conseqüências".

Os adeptos do mercado livre alegavam que os governos interferiam no negócio. Mas deixada em paz a empresa livre, a industrialização teria vindo muito mais lentamente — se chegasse a vir de alguma maneira. Os governos aceleravam as estradas de ferro. Construíam portos, rodovias, canais. Operavam serviços postais e construíam ou regulavam o telégrafo, o telefone e os sistemas de radiodifusão. Redigiam códigos comerciais e padronizavam mercados. Aplicavam pressões e tarifas à política estrangeira para ajudar a indústria. Tiravam os lavradores da terra e os impeliam para o fornecimento de trabalho industrial. Subsidiavam freqüentemente a energia e a tecnologia adiantada através de canais militares. A um milhar de níveis, os governos assumiam as tarefas integrativas que outros não podiam ou não queriam assumir.

Pois o governo era o grande acelerador. Por causa do seu poder coercitivo e os rendimentos dos impostos, podia fazer coisas que a empresa privada não tinha meios de empreender. Os governos podiam acelerar o processo de industrialização intervindo para encher brechas que apareciam no sistema — antes que se tornasse possível ou lucrativo para companhias privadas fazerem o mesmo. Os governos podiam realizar "integração antecipatória".

Estabelecendo sistemas de educação de massa, os governos não só ajudavam a moldar os jovens para seus futuros papéis na força de trabalho industrial (daí, com efeito, subsidiando a indústria) mas também encorajavam simultaneamente a difusão da forma da família nuclear. Aliviando a família da função educacional e de outras funções tradicionais, os governos aceleravam a adaptação da estrutura familiar às necessidades do sistema fabril. Em muitos níveis diferentes, por conseguinte, os governos orquestravam a complexidade da civilização da Segunda Onda.

Não surpreendia que, à medida que a integração aumentava em importância, mudassem tanto a substância como o estilo de governo. Os presidentes e primeiros-ministros, por exemplo, vinham a considerar-se antes de tudo como gerentes mais do que líderes sociais e políticos criativos. Em personalidades e atitudes tornavam-se quase iguais aos homens que dirigiam as grandes companhias e empresas de produção. Enquanto ofereciam a adulação obrigatória à democracia e à justiça social, os Nixons, os Carters, os Thatchers, os Brezhnevs, os Giscards e os Ohiras do mundo industrial entravam no cargo prometendo pouco mais que gerência eficiente.

De modo geral, por conseguinte, nas sociedades industriais tanto socialistas como capitalistas, emergia o mesmo padrão — grandes companhias ou organizações de produção e uma enorme máquina governamental. Em vez de os trabalhadores se apoderarem dos meios de produção, como Marx predisse, ou os capitalistas retendo o poder, como os adeptos de Adam Smith teriam preferido, uma força inteiramente nova surgiu para desafiar a ambos. Os técnicos do poder apoderaram-se dos "meios de integração" e, com eles, as rédeas do controle social, cultural, político e econômico. As sociedades da Segunda Onda eram governadas pelos integradores.

### AS PIRÂMIDES DO PODER

Estes técnicos de poder estavam eles mesmos organizados em hierarquias de elites e subelites. Cada indústria e ramo do governo em breve dava nascimento ao seu próprio estabelecimento, o seu próprio poderoso "Eles".

Esportes... religião... educação... cada uma destas coisas tem a sua pirâmide. Surgia um estabelecimento de ciência, um estabelecimento de defesa, um estabelecimento cultural. O poder na civilização foi distribuído a vintenas, centenas, até mesmo milhares de tais elites especializadas.

Por sua vez, estas elites especializadas eram integradas por elites geralistas cujo grupo de membros atravessava todas as especialidades. Por exemplo, na União Soviética e na Europa Oriental o partido comunista tinha sócios em todos os campos, da aviação à música e manufatura de aço. Os membros do partido comunista serviam como meio crucial de comunicação secreta, levando mensagens de uma subelite para outra. Tendo acesso a todo o tipo de informação, tinham enorme poder para regular as subelites especialistas. Nos países capitalistas, negociantes e advogados importantes, servindo em comissões ou juntas cívicas, realizavam funções semelhantes de uma maneira menos formal. O que nós vemos, por conseguinte, em todas as nações são grupos especializados de integradores, burocratas, ou executivos, eles mesmo integrados por integradores geralistas.

## AS SUPERELITES

Finalmente, num nível ainda mais alto, a integração foi imposta pelas "superelites" que tinham a seu cargo a distribuição do investimento. Quer na finança quer na indústria, no Pentágono ou na burocracia soviética de planejamento, os que faziam as maiores distribuições na sociedade industrial estabeleciam os limites dentro dos quais os próprios integradores eram compelidos a funcionar. Uma vez tendo sido tomada uma decisão de investimento em grande escala, quer em Minneapolis quer em Moscou, limitavam-se as opções futuras. Dada a escassez de recursos, não se podiam demolir fornos Bessemer, instalações de *cracking* de petróleo ou linhas de montagem enquanto seu custo não tivesse sido amortizado. Uma vez no lugar, por conseguinte, este capital social fixava os parâmetros dentro dos quais eram confinados os futuros gerentes ou integradores. Estes grupos de tomadores de decisões sem rosto, controlando as alavancas de investimento, formavam a superelite em todas as sociedades industriais.

Conseqüentemente, em todas as sociedades da Segunda Onda surgia uma arquitetura paralela de elites. E, com variação local, esta hierarquia escondida de poder nascia novamente depois de cada crise ou convulsão política. Os nomes, os *slogans,* os rótulos dos partidos e os candidatos podiam mudar; revoluções podiam começar e acabar. Podiam aparecer novos rostos atrás das secretárias de mogno. Mas a arquitetura básica do poder permanecia.

Repetidamente, durante os 300 anos passados, em um país após outro, rebeldes e reformadores têm tentado assaltar as muralhas do poder para construir uma nova sociedade baseada em justiça social e igualdade política. Temporariamente tais movimentos têm empolgado as emoções de milhões com promessas de liberdade. Os revolucionários têm até conseguido, de vez em quando, derrubar um regime.

Contudo, de toda a vez o resultado final era o mesmo. Sempre os rebeldes criavam de novo, sob sua própria bandeira, uma estrutura semelhante de subelites, elites e superelites. Pois esta estrutura integracional e os técnicos de poder que a regiam eram tão necessários para a civilização da Segunda Onda como as fábricas, os combustíveis fósseis ou as famílias nucleares. O industrialismo e a democracia total que ele prometia eram, de fato, incompatíveis.

As nações industriais podiam ser forçadas, por ação revolucionária ou de outro modo, a marchar para trás e para a frente através do espectro do mercado livre ao mercado centralmente planejado. Podia ir de capitalista a socialista e vice-versa. Mas como o muito citado leopardo, não podiam mudar as suas pintas. Não podiam funcionar sem uma poderosa hierarquia de integradores.

Hoje, como a Terceira Onda de mudança começa a bombardear esta fortaleza de poder gerencial, começam a aparecer as primeiras fendas efêmeras no sistema de poder. Reclamações de participação na gerência, de partilha na tomada de decisões, de controle do trabalhador, do consumidor e do cidadão, e de democracia antecipada brotam em nação após nação. Novas maneiras de organizar segundo linhas menos hierárquicas e mais ad-hocráticas estão surgindo nas indústrias avançadas. Pressões para intensificar a descentralização do poder. E os gerentes tornam-se cada vez mais dependentes da informação de baixo. As próprias elites, por conseguinte, estão se tornando menos permanentes e seguras. Tudo isto são apenas advertências prévias — indicações da vinda de convulsão no sistema político.

A Terceira Onda, já começando a bombardear estas estruturas industriais, abre oportunidades fantásticas para a renovação social e política. Nos anos imediatamente à frente surpreendentes instituições novas substituirão as nossas estruturas integracionais inexeqüíveis, opressivas e obsoletas.

Antes de voltarmos a estas novas possibilidades, precisamos insistir na nossa análise do sistema moribundo. Precisamos tirar o raio X do nosso obsoleto sistema político para ver como ele se encaixava no quadro da civilização da Segunda Onda, como servia à ordem industrial e suas elites. Só então poderemos compreender por que não é mais apropriado nem tolerável.

# 6
# A PLANTA OCULTA

Nada confunde mais um francês do que o espetáculo de uma campanha presidencial americana: o engolir de cachorros-quentes, as palmadas nas costas e os beijos nas crianças, a tímida recusa em entrar em debate, as primárias, as convenções, seguidas do maníaco frenesi de levantamento de fundos, as paradas de trem ao som do apito, os discursos, os anúncios na televisão — tudo em nome da democracia. Em contraste, os americanos acham difícil encontrar sentido na maneira como os franceses escolhem seus líderes. Compreendem ainda menos as pacatas eleições britânicas, a competição livre dos holandeses, com duas dúzias de partidos, o sistema de votação preferencial australiano, ou os japoneses rodando e negociando entre as facções. Todos estes sistemas políticos parecem terrivelmente diferentes um do outro. Mais incompreensíveis ainda são as eleições de um partido único ou pseudo-eleições que têm lugar na URSS e na Europa Oriental. Quando se trata de política, não há duas nações industriais que se pareçam.

E, contudo, se tirarmos fora os antolhos provincianos, descobriremos subitamente que uma série de poderosos paralelos se esconde sob as diferenças superficiais. Com efeito, é como se os sistemas de todas as nações de Segunda Onda fossem construídos de acordo com a mesma planta escondida.

Quando os revolucionários da Segunda Onda conseguiram derrubar as elites da Primeira Onda na França, nos Estados Unidos, na Rússia, no Japão e em outras nações, foram defrontados pela necessidade de escrever constituições, organizar novos governos e projetar novas instituições políticas quase desde a base. Na excitação da criação debateram novas idéias, novas estruturas. Por toda a parte se batiam por causa da natureza da representação. Quem devia representar quem? Os representantes deviam ser instruídos pelo povo sobre como deviam votar.. ou deviam usar o seu próprio critério? Os períodos do cargo deviam ser longos ou curtos? Que papel deviam representar os partidos?

Em cada país emergiu uma nova arquitetura destes conflitos e desastres. Um exame atento destas estruturas revela que são construídas de uma combinação de velhas pressuposições da Primeira Onda e idéias mais novas introduzidas pela idade industrial.

Após milênios de agricultura foi difícil para os fundadores dos sistemas políticos da Segunda Onda imaginar uma economia baseada no trabalho, no capital, na energia e nas matérias-primas e não na terra. A terra sempre estivera bem no centro da própria vida. Não surpreendia, portanto, que a geografia estivesse profundamente embebida nos nossos vários sistemas de votação. Os senadores e os deputados na América — e seus equivalentes na Grã-Bretanha e em muitas outras nações industriais — ainda são eleitos não como representantes de alguma classe social ou agrupamento ocupacional, étnico, sexual ou de estilo de vida, mas como representantes dos habitantes de um determinado pedaço de terra: um distrito geográfico.

As pessoas da Primeira Onda eram tipicamente imóveis e era portanto natural que os arquitetos dos sistemas políticos da era industrial aceitassem que a população permaneceria numa localidade toda a sua vida. Daí a exigência, ainda hoje, dos atestados de residência nos regulamentos de votação.

A marcha da vida da Primeira Onda era lenta. As comunicações eram tão primitivas que se precisava de uma semana para uma mensagem do Congresso Continental de Filadélfia chegar a Nova York. Um discurso de George Washington levava semanas ou meses para se filtrar através do país até o interior. Tão recentemente como em 1865 ainda se levou 12 dias para Londres saber que Lincoln tinha sido assassinado. Na presunção tácita de que as coisas se moviam lentamente, corpos representativos como o Congresso ou o Parlamento britânicos eram considerados "deliberativos" — tendo tempo e dedicando tempo bastante a estudar seus problemas.

A maioria da gente da Primeira Onda era analfabeta e ignorante. Desse modo, aceitava-se, de um modo geral, que os deputados, particularmente se saídos das classes educadas, inevitavelmente tomariam decisões mais inteligentes do que a massa dos eleitores.

Mas mesmo enquanto baseavam estas presunções da Primeira Onda nas nossas instituições políticas, os revolucionários da Segunda Onda também lançavam seus olhares para o futuro. E assim foi que a arquitetura que eles construíram refletia algumas das últimas teorias tecnológicas do seu tempo.

Os negociantes intelectuais e revolucionários do primeiro período industrial viviam virtualmente hipnotizados pela maquinaria. Eram fascinados por máquinas a vapor, relógios, teares, bombas e êmbolos e construíam analogias intermináveis baseadas nas simples tecnologias mecanicistas do seu tempo. Não foi por acidente que Benjamin Franklin e Thomas Jefferson foram cientistas e inventores ao mesmo tempo que revolucionários políticos.

Criaram-se na fervilhante esteira cultural das grandes descobertas de Newton. Newton tinha explorado os céus e concluído que todo o universo era um gigantesco mecanismo de relógio funcionando com regularidade mecânica. O físico e filósofo francês La Mettrie declarou, em 1784, que o próprio homem era uma máquina. Mais tarde Adam Smith estendeu a analogia da máquina à economia, argumentando que a economia é um sistema e que os sistemas "em muitos aspectos lembram máquinas".

Descrevendo os debates que conduziram à Constituição dos Estados Unidos, James Madison falou da necessidade de "remodelar" o "sistema" para mudar a "estrutura" do poder político e para escolher funcionários por meio de "filtrações sucessivas". A própria Constituição estava cheia de *"checks e balances"* como o mecanismo interno de um relógio gigantesco. Jefferson falava da "maquinaria do governo".

O pensamento político americano continuou a reverberar com o som de volantes, correntes, engrenagens, *checks* (válvulas) e *balances* (balanceiros). Assim, Martin Van Buren inventou a "máquina política" e por fim a Cidade de Nova York teve a sua máquina Tweed, Tennessee a sua máquina Crump, Nova Jersey sua máquina Hague. Gerações de políticos americanos, até hoje, traçaram "plantas" políticas, "engenharam eleições", levaram os projetos de lei através do Congresso e dos corpos legislativos como "rolos compressores" ou "locomotivas". No século XIX, na Grã-Bretanha, Lorde Cromer concebeu um governo imperial que "garantiria o funcionamento harmonioso das diferentes peças da máquina".

E esta mentalidade mecanicista não era só um produto do capitalismo. Lenin, por exemplo, descreveu o estado como "nada mais que uma máquina usada pelos capitalistas para suprimir os trabalhadores". Trotsky falou de "todas as rodas e parafusos do mecanismo social da burguesia" e prosseguia descrevendo a função de um partido revolucionário em expressões semelhantemente mecânicas. Designando-o como um "aparelho", observou que, "como qualquer mecanismo, este é em si estático... o movimento das massas tem... para vencer a inércia morta... Assim, a força viva do vapor tem de vencer a inércia da máquina antes de pôr em movimento o volante".

Encharcados em tal pensamento mecanicista imbuídos de uma fé quase cega no poder e eficiência das máquinas, não é de se admirar que os revolucionários fundadores das sociedades da Segunda Onda, quer capitalistas quer socialistas, inventassem instituições políticas que compartilhassem muitas das características das primeiras máquinas industriais.

## O ESTOJO DA REPRESENTAÇÃO

As estruturas que eles montaram eram baseadas na noção elementar da representação. E em todos os países faziam uso de certas peças padronizadas. Estes componentes vinham do que poderia chamar-se, num tom um tanto jocoso, um estojo de representação.

Os componentes eram:

1. Indivíduos armados do voto
2. Partidos para coletar votos
3. Candidatos que, conquistando votos, eram imediatamente transformados em "representantes" dos votantes
4. Legislaturas (parlamentos, dietas, congressos, *bundestags* ou assembléias) nas quais, pelo voto, os representantes manufaturavam leis
5. Executivos (presidentes, primeiros-ministros, secretários de partido) que alimentavam de matéria-prima a máquina fabricante de leis, sob a forma de políticas, e depois fortaleciam as leis resultantes.

Os votos eram o "átomo" deste mecanismo newtoniano. Os votos eram agregados por partidos, que serviam como o "coletor" do sistema. Eles reuniam votos de muitas fontes e os introduziam na máquina de somar eleitoral, que os misturava na proporção da força ou mistura do partido, produzindo com seu rendimento a "vontade do povo" — o combustível básico que supostamente constituía a força motriz da maquinaria do governo.

As peças deste estojo eram combinadas e manipuladas em lugares diferentes. Em alguns lugares, todas as pessoas a partir de 21 anos de idade podiam votar; em outros lugares só homens brancos podiam votar; num país todo o processo era apenas uma fachada para o controle por um ditador; em outro as autoridades eleitas exerciam realmente poder considerável. Aqui havia dois partidos, ali uma multiplicidade de partidos, alhures só um. Não obstante, o padrão histórico é claro. Como quer que as peças pudessem ser modificadas ou configuradas, este mesmo estojo era usado na construção da maquinaria política de todas as nações industriais.

Embora os comunistas muitas vezes atacassem a "democracia burguesa" e o "parlamentarismo" como uma máscara para o privilégio, alegando que os mecanismos eram em geral manipulados pela classe capitalista para suas próprias vantagens particulares, todas as nações industriais socialistas instalaram máquinas representativas semelhantes logo que puderam.

Enquanto pregavam uma promessa de "democracia direta" em alguma era remota pós-representacional, entrementes se escoravam fortemente nas "instituições representativas socialistas". O comunista húngaro Ottó Bihari escreve, num estudo destas instituições: "no decorrer da eleição, a vontade do povo trabalhador faz sentir sua influência nos órgãos governamentais chamados à vida pelo voto". O editor do *Pravda*, V. G. Afanasyev, em seu livro *A Gerência Científica da Sociedade*, define o "centralismo democrático" como incluindo "o poder soberano do povo laborioso... a eleição de corpos governantes e de líderes e sua responsabilidade para com o povo".

Exatamente como a fábrica veio a simbolizar toda a tecnosfera industrial, o governo representativo (por mais desnaturado que seja) tornou-se o símbolo de *status* de todas as nações "adiantadas". Com efeito, mesmo muitas nações não industriais — sob pressão de colonizadores ou por imitação cega — precipitaram-se a instalar os mesmos mecanismos formais e usaram o mesmo estojo de representação universal.

## A FÁBRICA GLOBAL DE LEIS

E estas "máquinas de democracia" não se restringiram ao nível nacional. Eram instaladas igualmente em níveis de estado, província e localidade, estendendo-se até ao conselho da vida ou aldeia. Hoje só nos Estados Unidos há uns 500 mil funcionários públicos eleitos e 25.869 unidades governamentais locais em áreas metropolitanas, cada uma com suas próprias eleições, corpos representativos e processos eleitorais.

Milhares destas máquinas de representação estão rangendo e estralejando em distantes áreas não metropolitanas e dezenas de milhares mais em volta do mundo. Nos cantões suíços e nos departamentos franceses, nos condados da Grã-Bretanha e nas províncias do Canadá, nos voivodados da Polônia e das repúblicas da União Soviética, em Cingapura e Haifa, Osaka e Oslo, concorrem candidatos ao cargo e são magicamente transmutados em "representantes". É seguro dizer que mais de 100 mil destas máquinas estão atualmente manufaturando leis, decretos, regulamentos e regras só em países da Segunda Onda.*

---

* Excetuando-se governos como tais, virtualmente todos os partidos políticos do industrialismo, da extrema direita à extrema esquerda, passavam rotineiramente por todos os movimentos tradicionais de escolherem seus próprios líderes por votação. Mesmo em competições de nível da zona eleitoral, a liderança da célula local exigia alguma forma de eleição, mes-

Teoricamente, assim como cada ser humano e cada voto formavam uma unidade discreta, minúscula, cada uma destas unidades políticas — nacional, provincial e local — era também considerada discreta e minúscula. Cada uma tinha a sua própria jurisdição cuidadosamente definida, seus próprios poderes, seus próprios direitos e deveres. As unidades eram presas umas às outras em disposição hierárquica, do cimo ao fundo, de nação a estado ou região ou autoridade local. Mas à medida que o industrialismo amadurecia e a economia ficava cada vez mais integrada, as decisões tomadas por cada uma destas unidades políticas produziam efeitos fora de sua própria jurisdição, desse modo fazendo outros corpos políticos agirem em resposta.

Uma decisão da Dieta em relação à indústria têxtil japonesa podia influenciar o emprego na Carolina do Norte e os serviços de bem-estar em Chicago. Uma votação congressional sobretaxando os automóveis estrangeiros podia dar trabalho a governos locais em Nagoya ou Turim. Assim, ao passo que outrora os políticos podiam tomar uma decisão sem afetarem condições fora de sua jurisdição nitidamente definida, isto se tornava cada vez menos possível.

Pela metade do século XX, dezenas de milhares de autoridades políticas ostensivamente soberanas ou independentes, estendidas em volta do planeta, estavam ligadas uma à outra através dos circuitos da economia, através de viagens, migração e comunicação vastamente aumentadas, de modo que se ativavam continuamente e estimulavam uma à outra.

Os milhares de mecanismos representativos feitos de componentes do estojo da representação contribuíam cada vez mais para formar uma única e invisível supermáquina: uma fábrica de leis global. Agora resta-nos apenas ver como as alavancas e as rodas de controle deste sistema global eram manipuladas... e por quem.

### O RITUAL DA REAFIRMAÇÃO

Nascido dos sonhos de libertação dos revolucionários da Segunda Onda, o governo representativo foi um estupendo avanço sobre os sistemas de poder anteriores, um triunfo tecnológico mais notável no seu campo do que a máquina a vapor ou o aeroplano.

O governo representativo tornou possível a sucessão ordeira sem dinastia hereditária. Abriu canais de retroalimentação entre o topo e o fundo na socie-

---

mo que só para a ratificação de escolhas feitas de cima. E em muitos países a eleição tornava-se parte padrão da vida de todas as espécies de outras organizações, de sindicato de trabalhadores e igrejas a grupos de escoteiros. A votação tornou-se parte do modo de vida industrial.

dade. Proporcionou uma arena na qual podiam ser conciliados pacificamente as diferenças entre vários grupos.

Preso à regra da maioria e à idéia de um homem/ um voto, ele ajudou o pobre e fraco a espremer benefícios dos técnicos do poder que manobravam as máquinas integracionais da sociedade. Por estas razões, a difusão do governo representativo foi, no todo, um avanço decisivo da humanização na História.

Contudo, bem desde o começo ficou muito aquém de sua promessa. Por mais que forcemos a imaginação, não podemos vê-lo controlado pelo povo, como quer que o definamos. Em parte alguma mudou realmente a estrutura subjacente do poder nas nações industriais — a estrutura das subelites, as elites e as superelites. Com efeito, longe de enfraquecer o controle das elites gerenciais, a maquinaria formal da representação tornou-se um dos meios-chaves de integração pelos quais elas se mantinham no poder.

Assim, as eleições, independentemente de quem as vencesse, realizavam uma poderosa função cultural para as elites. Até o grau de que todo mundo tinha o direito de votar, as eleições fomentavam a ilusão de igualdade. A votação proporcionava um ritual de reafirmação da massa, transmitindo ao povo a idéia de que as escolhas estavam sendo feitas sistematicamente, com regularidade de máquina e daí, por implicação, racionalmente. De modo simbólico, as eleições afirmavam aos cidadãos que eles ainda estavam no comando — que podiam, pelo menos em teoria, deseleger assim como eleger líderes. Tanto nos países capitalistas como nos países socialistas, estas reafirmações rituais muitas vezes revelavam-se mais importantes do que os resultados reais de muitas eleições.

As elites integracionais programavam a maquinaria política de maneira diferente em cada lugar, controlando o número de partidos ou manipulando a elegibilidade à votação. Entretanto, o rito eleitoral — alguns poderiam dizer farsa — era empregado em toda parte. O fato de que as eleições na União Soviética e na Europa Oriental produziam rotineiramente maiorias mágicas de 99 a 100 por cento, sugeriam que a necessidade de reafirmação permanecia pelo menos tão forte nas sociedades planejadas centralmente como no "mundo livre". As eleições tiravam o vapor dos protestos de baixo.

Além disso, a despeito dos esforços dos reformadores democráticos e radicais, as elites integracionais retinham virtualmente o controle permanente dos sistemas do governo representativo. Muitas teorias têm sido apresentadas para explicar a causa. A maioria, entretanto, passava por alto a natureza mecânica do sistema.

Se olhamos os sistemas políticos da Segunda Onda com os olhos de um engenheiro e não os de um cientista político, subitamente nos damos conta de um fato básico que geralmente passa despercebido.

Os engenheiros industriais distinguem como rotina duas classes de máquina fundamentalmente diferentes: a que funcionam intermitentemente, de outro modo conhecidas como máquinas de "processamento por bateladas", e as que funcionam ininterruptamente, chamadas máquinas de "fluxo contínuo". Um exemplo da primeira é a estampa comum. O operário traz uma batelada de placas e as introduz na máquina, uma ou algumas de cada vez, para estampá-las nas formas desejadas. Quando a batelada é terminada, a máquina pára até que seja trazida nova batelada. Um exemplo da segunda é a refinaria de petróleo que, uma vez tendo começado, não pára mais de funcionar. Vinte e quatro horas por dia, o petróleo flui por seus canos, tubos e câmaras.

Se tomarmos a fábrica global de leis, com sua votação intermitente, encontrar-nos-emos face a face com o clássico processador por bateladas. O público tem permissão de escolher entre candidatos em épocas estipuladas, depois do que a formal "máquina de democracia" é desligada novamente.

Contrastemos isto com o fluxo contínuo de influência de vários interesses organizados, grupos de pressão e mascates de poder. Bandos de politiqueiros de corporações e de agências, departamentos e ministérios do governo testemunham perante comitês, servem em júris especiais, comparecem às mesmas recepções e banquetes, brindam-se uns aos outros com coquetéis em Washington ou com vodca em Moscou, levam informações para um lado e para o outro, e assim afetam o processo de tomada de decisões numa base de 24 horas por dia.

As elites, em suma, criaram uma poderosa máquina de fluxo contínuo para operar ao lado (e freqüentemente com propósito contrário) do processador democrático por bateladas. Só quando vemos estas duas máquinas lado a lado podemos começar a compreender como o poder estatal foi realmente exercido na fábrica global de leis.

Enquanto estavam entregues ao jogo figurado, as pessoas tinham, quando muito, oportunidades intermitentes, pela votação, para renovarem sua aprovação ou desaprovação do governo e suas ações. Os técnicos do poder, em contraste, influenciavam essas ações continuamente.

Finalmente, um instrumento ainda mais potente para o controle social era introduzido no próprio princípio de representação. Para a simples seleção de algumas pessoas para representarem outras criavam-se novos membros da elite.

Quando os trabalhadores, por exemplo, pela primeira vez lutaram pelo direito de organizarem sindicatos, foram vexados, processados por conspiração, seguidos por espiões da companhia e espancados pela polícia ou por bandos de terroristas a serviço dos patrões. Eram intrusos, sem representação, ou representados inadequadamente no sistema.

Uma vez estabelecidos, os próprios sindicatos deram origem a um novo grupo de integradores — o estabelecimento do trabalho — cujos membros, em vez de apenas representarem os trabalhadores, mediavam entre eles e as elites no negócio e no governo. Os Georges Meanys e Georges Séguys do mundo, apesar de sua retórica, tornaram-se eles mesmos membros da elite integracional. Os falsos líderes sindicalistas na URSS e na Europa Oriental nunca foram senão técnicos do poder.

Teoricamente, a necessidade de poderem se canditatar à reeleição garantia que os representantes se mantivessem honestos e continuassem a falar pelos que eles representavam. Em parte alguma, entretanto, isto impedia a absorção de representantes na arquitetura do poder. Em toda a parte se abria mais o abismo entre o representante e o representado.

O governo representativo — o que fomos ensinados a chamar democracia — era, em suma, uma tecnologia para garantir a desigualdade. O governo representativo era pseudo-representativo.

O que vemos, pois, olhando para trás, para um sumário de um instante, é uma civilização pesadamente dependente de combustíveis fósseis, de produção fabril, a família nuclear, a corporação, a educação de massa e os veículos de comunicação, tudo baseado numa clivagem crescente entre a produção e o consumo — e tudo gerenciado por uma série de elites cuja tarefa era integrar o todo.

Neste sistema, o governo representativo era o equivalente político da fábrica. Com efeito, *era* uma fábrica para a manufatura de decisões coletivas integracionais. Como a maioria das fábricas, era gerenciado de cima. E como a maioria das fábricas, estava agora crescentemente obsoleto, vítima da Terceira Onda em marcha.

Se as estruturas políticas da Segunda Onda *estão* cada vez mais ultrapassadas, incapazes de enfrentarem as complexidades da atualidade, parte do mal, como veremos, encontra-se em outra instituição crucial da Segunda Onda. o estado-nação.

# 7

# O FRENESI DAS NAÇÕES

Ábaco é uma ilha. Tem uma população de 6.500 habitantes e faz parte das Bahamas, situadas à altura da Flórida. Há vários anos, um grupo de negociantes americanos, mercadores de armas, ideólogos da livre empresa, um agente do serviço de informações e um membro da Câmara dos Pares da Grã-Bretanha decidiram que era tempo de Ábaco declarar sua independência.

Seu plano era tomar conta da ilha e separá-la do governo das Bahamas, prometendo a cada um dos residentes nativos da ilha um acre de terra grátis depois da revolução. (Isto teria deixado mais de um quarto de um milhão de acres para uso de exploradores e investidores de bens imóveis.) O sonho final era o estabelecimento em Ábaco de uma utopia livre de impostos, para a qual pudessem fugir ricos negociantes aterrados pelo apocalipse socialista.

Lamentavelmente, a livre empresa não atraiu. Os nativos mostraram pouca inclinação para se libertarem de suas correntes, e a proposta de uma nova nação gorou

Contudo, num mundo onde os movimentos nacionalistas batalham pelo poder e no qual uns 152 estados reclamam sua qualidade de membros da associação de nações, a ONU, tais gestos paródicos servem para um fim útil. Forçam-nos a desafiar a própria idéia de nacionalidade.

Podiam as 6.500 pessoas de Ábaco, financiadas ou não por uns negociantes excêntricos, constituir uma nação? Se Cingapura, com seus 2.300.000 habitantes é uma nação, por que não o podia ser a Cidade de Nova York, com seus 8 milhões? Se Brooklyn tivesse bombardeiros a jato seria uma nação? Por absurdas que pareçam, tais indagações assumirão nova significação quando a Terceira Onda começar a abalar os próprios fundamentos da civilização da Segunda Onda. Pois um desses fundamentos foi, e é, o estado-nação.

Enquanto não rompermos através da nebulosa retórica que envolve a questão do nacionalismo, não poderemos dar sentido aos cabeçalhos e não poderemos compreender o conflito entre as civilizações da Primeira e da Segunda Onda, quando a Terceira Onda se estiver chocando contra elas.

### CAVALOS DE MUDA

Antes da Segunda Onda começar a rolar através da Europa, a maioria das regiões do mundo não estava ainda consolidada em nações, mas era organizada numa mixórdia de tribos, clãs, ducados, principados, reinos e outras unidades mais ou menos locais. "Os reis e príncipes", escreve o cientista político S. E. Finer, "tinham poderes em fragmentos". As fronteiras estavam mal definidas, os direitos governamentais eram confusos. O poder do estado ainda não estava padronizado. Numa aldeia, diz-nos o Professor Finer, importava apenas o direito das maquias de um moinho de vento, noutra o de tributar os camponeses, noutra o de nomear um abade. Um indivíduo com propriedades em várias regiões podia dever obediência a vários senhores. Mesmo o maior dos imperadores governava tipicamente sobre uma colcha de retalhos de comunidades minúsculas governadas localmente. O controle político ainda não era uniforme. Voltaire resumia-o assim: ao viajar através da Europa, queixava-se, tinha de mudar as leis com a freqüência com que mudava os cavalos da carruagem.

Neste dito há mais do que parece, naturalmente, pois a freqüente necessidade de mudar os cavalos refletia o nível primitivo do transporte e da comunicação — o qual, por sua vez, reduzia a distância através da qual mesmo o mais poderoso monarca podia impor controle eficaz. Quanto mais longe era um lugar da capital, mais fraca era aí a autoridade do estado.

Entretanto, sem integração política, a integração econômica era impossível. As novas e dispendiosas tecnologias da Segunda Onda só podim ser amortizadas se produziam mercadorias para mercados maiores do que os locais. Mas como os negociantes podiam comprar e vender através de um grande território, se fora de suas próprias comunidades entravam num labirinto de direitos, impostos, regulamentos trabalhistas e moedas diferentes? Para que as novas tecnologias compensassem, as economias locais tinham de ser consolidadas numa economia nacional única. Isto significava uma divisão nacional de trabalho e um mercado nacional para as mercadorias e o capital. Tudo isto, por sua vez, requeria igualmente consolidação política nacional.

Dito simplesmente, era necessária uma unidade política da Segunda Onda para combinar com o crescimento das unidades econômicas da Segunda Onda.

Não é de surpreender que, quando as sociedades da Segunda Onda começaram a construir economias nacionais, se tornasse evidente uma mudança básica na consciência pública. A produção local em pequena escala nas sociedades da Primeira Onda tinha criado uma raça de gente altamente provinciana — a maioria da qual se preocupava exclusivamente com suas próprias vizinhanças ou aldeias. Só um minúsculo punhado — uns poucos nobres e clérigos, uma rara dispersão de negociantes e uma orla social de artistas, letrados e mercenários — tinha interesses além da aldeia.

A Segunda Onda multiplicou rapidamente o número de pessoas com uma parada maior no mundo. Com tecnologias baseadas no vapor e no carvão de pedra, e, mais tarde, com o advento da eletricidade, tornou-se possível para um fabricante de tecidos de Frankfurt, de relógios de Genebra, ou de têxteis de Machester produzir muito mais unidades do que o mercado local podia absorver. A nova tecnologia também precisava de matérias-primas de longe. O operário de fábrica também era afetado por eventos financeiros que ocorriam a milhares de quilômetros de distância: os empregos dependiam de mercados distantes.

Pouco a pouco, conseqüentemente, expandiram-se os horizontes psicológicos. Os novos veículos de comunicação aumentaram a quantidade de informação e atrativos de terras distantes. Sob o impacto destas mudanças desvaneceu-se o localismo. Agitou-se a consciência nacional.

Começando com as revoluções americana e francesa e continuando através do século XIX, um frenesi de nacionalismo varreu as partes industrializadas do mundo. Trezentos e cinqüenta mini-estados insignificantes, variados e brigões da Alemanha precisavam ser combinados num mercado nacional único — *das Vaterland*. A Itália — despedaçada e governada diversamente pela Casa de Savóia, o Vaticano, os Habsburgos austríacos e os Bourbons espanhóis — precisava ser unida. Os húngaros, os sérvios, os croatas, os franceses, e outros, todos subitamente criaram afinidades místicas com seus companheiros. Os poetas exaltavam o espírito nacional. Os historiadores descobriram heróis de literatura e folclore há muito perdidos. Compositores compunham hinos à nacionalidade. Tudo precisamente no momento em que a industrialização se tornava nacional.

Uma vez que tenhamos compreendido a necessidade de integração, se tornará claro o significado do estado nacional. As nações não são "unidades espirituais" como Spengler as designava, ou "comunidades mentais", ou "almas sociais". Nem uma nação é "uma rica herança de recordações", para usar a expressão de Renan, ou "uma imagem do futuro compartilhada", como insistia Ortega.

O que chamamos de nação moderna é um fenômeno da Segunda Onda: uma autoridade política integrada única, sobreposta ou fundida numa economia integrada única. Uma miscelânea de economias localmente suficientes e vagamente relacionadas não pode e não dá nascimento a uma nação. Nem um sistema político compactamente unificado será uma nação moderna se assentar-se no alto de um conglomerado desconexo de economias locais. Foi a fusão dos dois, um sistema político unificado e uma economia unificada, que fez a nação moderna.

Os levantes nacionalistas desencadeados pela revolução industrial nos Estados Unidos, na França, na Alemanha e no resto da Europa podem ser vistos como esforços para levar o nível da integração política ao nível rapidamente ascendente da integração econômica que acompanhou a Segunda Onda. E foram estes esforços, não a poesia ou influências místicas, que levaram à divisão do mundo em unidades nacionais distintas.

## O PREGO DE OURO

À medida que cada governo procurava estender seu mercado e sua autoridade política, topava com limites exteriores — diferenças de línguas, barreiras culturais, sociais, geográficas e estratégicas. O transporte acessível, a comunicação e os abastecimentos de energia, a produtividade de sua tecnologia, tudo estabelecia limites ao tamanho de uma área que podia efetivamente ser governada por uma estrutura política única. A sofisticação de processos contabilísticos, controles orçamentários e técnicas gerenciais também determinavam até que distância podia chegar a integração política.

Dentro destes limites, as elites integracionais, tanto empresariais como governamentais, lutavam pela expansão. Quanto mais amplo fosse o território sob o seu controle e maior fosse a área do mercado econômico, maior se tornaria sua riqueza e maior o seu poder. Enquanto cada nação estendia suas fronteiras econômicas e políticas ao máximo, esbarrava não só contra estes limites inerentes, mas também contra as nações rivais.

Para se libertarem destes limites as elites integracionais utilizavam tecnologia avançada. Lançavam-se, por exemplo, na "corrida espacial" do século XIX — a construção de estradas.

Em setembro de 1825, foi estabelecida uma via férrea que ligava Stockton a Darlington, na Grã-Bretanha. Em maio de 1835, no continente, ligou-se Bruxelas a Malines. Nesse setembro, na Baviera, foi lançada a linha Nuremberg—Furth. A seguir, criou-se a Paris—St. Germain. Muito para os lados do leste, em abril de 1838, foi ligada Tsarkoe Selo a São Petersburgo. Durante as três décadas seguintes ou mais os trabalhadores de estradas de ferro ligavam regiões umas às outras.

O historiador francês Charles Morazé explica: "Os países que já estavam quase unidos em 1830 foram consolidados pela chegada da estrada de ferro... os ainda despreparados viam novas cintas de aço... se apertando em volta deles... Era como se todas as nações possíveis estivessem se apressando para proclamar o seu direito a existir antes de serem construídas as estradas de ferro, a fim de serem reconhecidas como nações pelo sistema de transporte que definia as fronteiras da Europa havia mais de um século."

Nos Estados Unidos, o governo adjudicava vastas concessões de terra às companhias de estradas de ferro particulares, inspirado, como escreveu o historiador Bruce Mazlish, "pela convicção de que as estradas fortaleceriam os elos de união entre as costas do Atlântico e do Pacífico". A cravação do prego de ouro que completou a primeira estrada de ferro transcontinental abriu a porta para um mercado verdadeiramente nacional — integrado em escala continental. E estendeu o controle efetivo, distinto de nominal, do governo nacional. Washington podia agora deslocar rapidamente tropas através de todo o continente para fazer valer a sua autoridade.

O que se viu, portanto, em um país após outro, foi a elevação desta nova e poderosa entidade — a nação. Deste modo, o mapa do mundo veio a ser dividido numa série de manchas, não sobrepostas, de vermelho, rosa, laranja, amarelo ou verde, e o sistema estado-nação tornou-se uma das estruturas-chave da civilização da Segunda Onda.

Sob a nação ficava o imperativo familiar do industrialismo; o esforço para a integração.

Mas o esforço para a integração não terminava nas fronteiras de cada estado-nação. Apesar de todas as suas forças, a civilização tinha de ser alimentada de fora. Não poderia sobreviver a não ser que integrasse o resto do mundo no sistema monetário e controlasse esse sistema para seu próprio benefício. Como o fez é crucial para alguma compreensão do mundo que a Terceira Onda criará.

# 8
# O ESFORÇO IMPERIAL

Nenhuma civilização se difunde sem conflito. A civilização da Segunda Onda não tardou a lançar um ataque maciço contra o mundo da Primeira Onda; triunfou e impôs sua vontade a milhões e, por fim, a bilhões de seres humanos.

Muito tempo antes da Segunda Onda, naturalmente, desde o século XVI em diante, os governantes europeus tinham começado a construir extensos impérios coloniais. Sacerdotes e conquistadores espanhóis, armadilheiros franceses, aventureiros ingleses, holandeses e portugueses ou italianos atravessavam o globo em todas as direções, escravizando ou dizimando populações inteiras, reclamando o controle de vastas terras e enviando tributos para a sua terra, para seus monarcas.

Comparado com o que devia seguir-se, entretanto, tudo isto foi insignificante.

Pois o tesouro que estes primeiros aventureiros e conquistadores enviaram para a pátria foi, com efeito, saque particular. Financiou guerras e opulência pessoal — palácios de inverno, pompa ostentosa, um estilo de vida ociosa para a corte. Mas tinha pouco a ver com a economia ainda basicamente auto-suficiente do país colonizador.

Em grande parte fora do sistema monetário e da economia do mercado, os servos que cavoucavam uma sobrevivência miserável do solo estorricado da Espanha ou das nevoentas charnecas da Inglaterra tinham pouco ou nada para exportar para o estrangeiro. Eles mal produziam o suficiente para o consumo local. E tampouco dependiam de matérias-primas roubadas ou compradas em outros países. Para eles a vida continuava, de uma maneira ou de outra. Os frutos da conquista de ultramar enriqueciam a classe governante e as cidades, não a massa do povo ordinário, que vivia como camponeses. Neste sentido, o imperialismo da Primeira Onda ainda era insignificante — ainda não estava integrado na economia.

A Segunda Onda transformou esta ratonice em pequena classe relativamente em grande negócio. Transformou o Mesquinho Imperialismo em Grande Imperialismo.

Aqui estava um novo imperialismo que visava não a trazer de volta algumas carradas de ouro ou esmeraldas, especiarias e sedas. Aqui estava um imperialismo que finalmente trazia de volta navios após navios de nitratos, algodão, óleo de dendê, estanho, borracha, bauxita e tungstênio. Aqui estava um imperialismo que cavava minas de cobre no Congo e erigia torres de extração de petróleo na Arábia. Aqui estava um imperialismo que sugava matérias-primas das colônias, as beneficiava e, com muitíssima freqüência, as despejava em forma de mercadorias manufaturadas de volta às colônias, com um lucro enorme. Aqui, em suma, estava um imperialismo, não mais periférico, mas não integrado na estrutura econômica básica da nação industrial, que os empregos de milhões de trabalhadores comuns vinham a depender dele.

E não apenas empregos. Além de novas matérias-primas, a Europa também precisava de crescentes quantidades de comida. Quando as nações da Segunda Onda se dedicaram à manufatura, transferindo o trabalho rural para as fábricas, foram forçadas a importar maior quantidade de seus produtos alimentícios do exterior — bois, carneiros, cereais, chá e açúcar da Índia, da China, da África, das Índias Ocidentais e da América Central.

Por sua vez, quando a manufatura em massa aumentou, as novas elites industriais precisaram de maiores e novos mercados compradores para seu investimento. Nas décadas de 1880 e 1890, os estadistas europeus mostraram-se declaradamente francos a respeito de seus objetivos. "Império é comércio", proclamava o político britânico Joseph Chamberlain. O *premier* francês Jules Ferry era ainda mais explícito: O que a França precisava, declarou, era de "mercados compradores para a nossas indústrias, exportações e capital". Abalados pelos ciclos de progresso e decadência, defrontados por desemprego crônico, os líderes europeus viveram durante gerações obcecados pelo medo de que, se a expansão colonial parasse, o desemprego levasse à revolução armada dentro do país.

As raízes do Grande Imperialismo, entretanto, eram mais do que econômicas. As considerações estratégicas, o fervor religioso, o idealismo e a aventura, tudo representou um papel, como fez o racismo com sua presunção implícita da superioridade branca ou européia. Muitos viam a conquista imperial como uma responsabilidade divina. A expressão de Kipling, o "Fardo do Homem Branco", resumia o zelo missionário do europeu de difundir o cristianismo e a "civilização"... referindo-se, naturalmente, à civilização da Segunda Onda. Pois os colonizadores consideravam as civilizações da Primeira Onda, por mais refinadas e complexas que fossem, atrasadas e subdesenvolvidas. As pessoas rurais, especialmente se tinham peles escuras, eram supostamente infantis. Eram "ardilosos e desonestos". Eram "ineptos". Não davam "valor à vida".

Tais atitudes tornavam mais fácil para as forças da Segunda Onda justificarem a aniquilação dos que estavam em seu caminho.

Na obra *A História Social da Metralhadora,* John Ellis mostra como esta nova arma, fantasticamente mortífera, aperfeiçoada no século XIX, foi a princípio sistematicamente empregada contra populações "nativas" e não contra os europeus brancos, porque era considerado antiesportivo matar um igual com ela. Alvejar coloniais, entretanto, era considerado mais como uma caçada do que uma guerra, sendo portanto aplicados outros padrões. "Massacrar matabeleses, dervixes ou tibetanos", escreve Ellis, "era considerado mais como uma arriscada 'competição de tiro' do que uma verdadeira operação militar."

Em Omdurman, do lado oposto do Nilo, em frente a Cartum, esta tecnologia superior foi demonstrada com efeito fulminante em 1898, quando guerreiros dervixes comandados pelo Mádi foram derrotados por tropas britânicas armadas de seis metralhadoras Maxim. Escreveu uma testemunha ocular: "Foi o último dia do madismo e o maior. Não foi uma batalha, mas uma execução." Nesse combate único morreram 28 ingleses, deixando no campo de batalha 11 mil dervixes mortos... 392 baixas de coloniais por um inglês. Escreve Ellis: "Tornou-se outro exemplo do triunfo inglês, do espírito inglês e da superioridade do homem branco."

Por trás das atitudes racistas e religiosas e outras justificações como as britânicas, as francesas, as alemãs, as holandesas e outras espalhadas ao redor do mundo, sobressaía uma única e dura realidade. A civilização da Segunda Onda não podia existir isoladamente. Precisava desesperadamente do subsídio oculto de recursos baratos de fora. Acima de tudo necessitava de um único mercado mundial integrado, através do qual trasfegar esses subsídios.

### BOMBAS DE GASOLINA NO JARDIM

O empuxão para este mercado mundial integrado baseava-se na idéia, que David Ricardo expressou melhor do que ninguém, de que a divisão do trabalho devia ser aplicada a nações assim como a trabalhadores de fábrica. Numa passagem clássica, ele observou que se a Grã-Bretanha se especializasse na manufatura de têxteis e Portugal em fazer vinho, ambos os países ganhariam. Cada um faria o que sabia fazer melhor. Assim, "a divisão internacional do trabalho", atribuindo papéis especializados a diferentes nações, enriqueceria todo o mundo.

Esta crença consolidou-se em dogma nas gerações que se seguiram, e ainda prevalece atualmente, embora suas implicações freqüentemente passem despercebidas. Pois assim como a divisão do trabalho em qualquer economia criou uma poderosa necessidade de integração e, desse modo, deu origem a uma elite integracional, assim a divisão internacional de trabalho exigiu integração numa escala global e gerou uma elite global — um pequeno grupo de nações da Segunda Onda que, para todos os fins práticos, se revezava dominando grandes partes do mundo.

O sucesso do esforço para criar um mercado mundial integrado único pode ser medido no crescimento fantástico do comércio mundial, uma vez tendo passado a Segunda Onda através da Europa. Entre 1750 e 1914, estimou-se que o valor do comércio mundial se multiplicou mais de 50 vezes, subindo de 700 milhões de dólares para perto de 40 bilhões de dólares. Se Ricardo estivesse certo, as vantagens deste comércio global aumentariam mais ou menos igualmente para todos os lados. Com efeito, a crença autoconveniente de que a especialização beneficiaria todo o mundo baseava-se numa fantasia de competição leal.

Ela pressupunha um uso completamente eficiente de trabalho de recursos. Pressupunha negócios descontaminados de ameaças de força pública ou militar. Pressupunha transações frias de barganhadores em posições mais ou menos equivalentes. A teoria, em suma, não esquecia nada — a não ser a vida real.

Na realidade, as negociações entre negociantes da Segunda Onda e gente da Primeira Onda sobre açúcar, cobre, cacau ou outros recursos eram freqüentemente desequilibradas. Num lado da mesa estavam sentados os astutos argentários ou os negociantes americanos, apoiados por enormes companhias, extensas redes bancárias, poderosas tecnologias e fortes governos nacionais. Do outro lado, poderíamos encontrar um senhor local ou chefe tribal, cujo povo mal houvesse entrado no sistema monetário e cuja economia fosse baseada em agricultura ou artesanatos de aldeia. Num lado sentavam-se os agentes de uma civilização impetuosa, estranha, mecanicamente adiantada, convencidos de sua superioridade e prontos para usar baionetas ou metralhadoras para prová-la. No outro sentavam-se representantes de tribos pré-nacionais ou principados, armados de flechas e lanças.

Freqüentemente, governantes ou agentes locais eram simplesmente conquistados pelos ocidentais com a oferta de subornos ou ganho pessoal em troca do trabalho da mão-de-obra nativa cuja resistência eles domavam ou pelo ato de reescreverem as leis locais em favor dos forasteiros. Uma vez conquistada uma colônia, a potência imperial freqüentemente estabelecia preços preferenciais sobre a matéria-prima para os seus negociantes e levantava barreiras rígidas para evitar que os negociantes de nações rivais oferecessem preços mais altos.

Sob tais circunstâncias, era pouco surpreendente que o mundo industrial fosse capaz de obter matérias-primas ou recursos de energia a preços abaixo do mercado justo.

Além disso, os preços eram muitas vezes ainda mais deprimidos a favor dos compradores pelo que se poderia designar "A Lei do Primeiro Preço". Muitas matérias-primas necessitadas por nações da Segunda Onda eram virtualmente destituídas de valor para as populações da Primeira Onda que as tinham. Os camponeses africanos não tinham necessidade de cromo. Os xeques árabes não tinham utilidade para o ouro negro que existia sob as areias do seu deserto.

Onde não existia história prévia de comércio para um determinado artigo, o preço estabelecido na primeira transação era crucial. E este preço baseava-se freqüentemente menos em fatores econômicos como custo, lucro ou competição do que em força militar e força política. Tipicamente estabelecido na ausência de competição ativa, quase qualquer preço era aceitável para um senhor ou chefe tribal que olhava os seus recursos locais como sem valor e se encontrava diante de um regimento de tropas com metralhadoras Gatling. E este Primeiro Preço, uma vez estabelecido a um nível baixo, deprimia todos os preços subseqüentes.

Apenas esta matéria-prima era embarcada para as nações industriais e incorporada aos produtos finais, o preço inicial era congelado para todos os fins.* Finalmente, quando o preço mundial fosse gradualmente estabelecido para cada artigo, todas as nações industriais se beneficiariam do fato de o Primeiro Preço ter sido estabelecido a um nível baixo "não competitivo". Por muitas razões diferentes, por conseguinte, apesar de muita retórica imperialista sobre as virtudes do livre comércio e da livre empresa, as nações da Segunda Onda se aproveitavam enormemente do que eufemisticamente chamavam "competição imperfeita".

Retórica e Ricardo à parte, os benefícios do comércio expansivo não eram partilhados eqüitativamente. Eles fluíam principalmente da Primeira Onda para a Segunda.

---

* Exemplo: Suponhamos que a Companhia A comprasse uma matéria-prima da colônia por um dólar o meio quilo, depois a usasse para manufaturar engenhocas, vendendo cada uma por dois dólares. Qualquer outra companhia que procurasse entrar no mercado de engenhocas se esforçaria por conservar o custo da sua matéria-prima ao nível ou abaixo do nível da Companhia A. A não ser que tivesse alguma tecnologia ou outra margem favorável, não poderia permitir-se pagar significativamente mais por sua matéria-prima e ainda assim vender as engenhocas a um preço competitivo. Assim, o preço *inicial* estabelecido para a matéria-prima, mesmo que se chegasse a ele à sombra das baionetas, tornar-se-ia a base para toda a negociação subseqüente.

Para facilitar este fluxo, as potências industriais trabalhavam arduamente para expandir e integrar o mercado mundial. Quando um comércio passava além das fronteiras nacionais, cada mercado nacional se tornava parte de uma série maior de mercados regionais ou continentais interligados e, finalmente, parte de um único sistema de permuta unificado, visualizado pelas elites integracionais que regiam a civilização da Segunda Onda. Uma rede única de dinheiro era tecida em redor do mundo.

Tratando o resto do mundo como a sua bomba de gasolina, sua horta, sua mina, sua pedreira e abastecimento de mão-de-obra barata, o mundo da Segunda Onda gravou profundas mudanças na vida social das populações não-industriais. Culturas que tinham subsistido milhares de anos de uma maneira auto-suficiente, produzindo os seus suprimentos de alimento, foram pouco a pouco atraídas para o sistema de comércio mundial e compelidas a negociar ou perecer. Subitamente, os padrões de vida dos bolivianos ou malaios estavam presos às exigências das economias industriais a meio planeta de distância, enquanto minas de estanho e plantações de borracha surgiam para encher as vorazes goelas industriais.

O inocente produto doméstico que é a margarina proporciona um caso dramático a propósito. A margarina foi originariamente fabricada na Europa, com matérias locais. Em 1907, os pesquisadores descobriram que a margarina podia ser feita de coco ou óleo de amêndoa de coco. O resultado desta descoberta européia foi uma convulsão no estilo de vida dos africanos ocidentais.

"Nas áreas principais da África Ocidental", escreve Magnus Pyke, antigo presidente do Instituto Britânico de Ciência Alimentar e Tecnologia, "onde o óleo era produzido tradicionalmente, a terra era possuída pela comunidade em seu todo." O uso das palmeiras era governado por complexos costumes e regras locais. Algumas vezes um homem que plantara uma árvore tinha direito ao seu produto o resto da sua vida. Em alguns lugares, as mulheres tinham direitos especiais. De acordo com Pyke, os negociantes que organizaram "a produção do óleo de palmeira para a manufatura de margarina como alimento de 'compra fácil' para os cidadãos da Europa e da América, destruíram o frágil e complexo sistema social dos africanos não-industriais". Foram estabelecidas enormes plantações no Congo Belga, na Nigéria, em Camarões e na Costa do Ouro. O Ocidente recebia a sua margarina. E os africanos tornaram-se semi-escravos nas imensas plantações.

A borracha oferece outro exemplo. Depois da passagem do século, quando a produção de automóveis nos Estados Unidos criou uma súbita procura de borracha para pneumáticos e câmaras de ar, os negociantes, em conluio com autoridades locais, escravizaram índios amazonenses para produzi-la. Roger Casement, cônsul britânico no Rio de Janeiro, comunicou que a produção de quatro mil toneladas de borracha do Putumayo resultou, entre 1900 e 1911, na morte de 30 mil índios.

Pode-se alegar que isto foram "excessos" e não típicos do Grande Imperialismo. Certamente as potências colonialistas não eram invariavelmente cruéis e más. Em alguns lugares construíram escolas e facilidades sanitárias rudimentares para as populações sujeitas a elas. Melhoraram a higiene e os abastecimentos de água. Sem dúvida, levantaram o padrão de vida para alguns.

Nem seria justo romantizar as sociedades pré-coloniais ou atribuir a culpa da pobreza das populações não-industriais da atualidade exclusivamente ao imperialismo. O clima, a corrupção local e a tirania, a ignorância e a xenofobia, tudo contribuiu. Houve bastante miséria e opressão nessas regiões antes mesmo da chegada dos europeus.

Não obstante, uma vez arrancados da auto-suficiência e compelidos a produzir por dinheiro e troca, uma vez encorajados ou forçados a reorganizar sua estrutura social em volta da mineração, por exemplo, ou lavoura de plantação, as populações da Primeira Onda foram mergulhadas na dependência econômica num mercado que eles dificilmente poderiam influenciar. Freqüentemente seus chefes eram subornados, suas culturas ridicularizadas, suas línguas suprimidas. Além disso, as potências coloniais incutiam um profundo senso de inferioridade no povo conquistado que ainda hoje se levanta como um obstáculo ao desenvolvimento econômico e social.

No mundo da Segunda Onda, entretanto, o Grande Imperialismo compensava maravilhosamente. Como diz o historiador de Economia William Woodruff: "Foi a exploração destes territórios e o crescente comércio feito com eles que obteve para a família européia riqueza numa escala nunca vista." Construído dentro da própria estrutura da economia da Segunda Onda, alimentando sua famélica necessidade de recursos, o imperialismo marchava através do país.

Em 1492, quando Colombo pôs o pé pela primeira vez no Novo Mundo, os europeus controlavam apenas 9 por cento do globo. Por volta de 1801 dominavam um terço. Em 1880, dois terços e em 1935 os europeus controlavam politicamente 85 por cento da superfície da terra e 70 por cento de sua população. Como a própria sociedade da Segunda Onda, o mundo estava dividido em integradores e integrados.

### INTEGRAÇÃO À L'AMÉRICAINE

Nem todos os integradores eram iguais, naturalmente. As nações da Segunda Onda guerreavam entre si, travando batalhas cada vez mais sangrentas pelo controle do emergente sistema econômico do mundo. O predomínio inglês e francês foi desafiado na I Guerra Mundial pelo nascente poderio industrial alemão. A destruição da guerra, o ciclo devastador da inflação e da depressão que a seguiu, a revolução da Rússia, tudo abalou o mercado industrial do mundo.

Estas convulsões sociais trouxeram um drástico retardamento no índice de crescimento do comércio mundial, o volume real das mercadorias comerciadas declinou internacionalmente. A II Guerra Mundial retardou ainda mais a extensão do mercado mundial integrado.

Pelo fim da II Guerra Mundial, a Europa Ocidental jazia em ruínas fumegantes. A Alemanha fora reduzida a uma paisagem lunar. A União Soviética havia sofrido danos físicos e humanos indescritíveis. A indústria do Japão estava esfacelada. Das grandes potências industriais só os Estados Unidos se encontravam ilesos economicamente. Por volta de 1946-1950, a economia estava em tal desarranjo que o comércio estrangeiro se encontrava no seu nível mais baixo desde 1913.

Além disso, a própria fraqueza das potências européias dizimadas pela guerra encorajou uma colônia após outra a exigir a independência política. Gandhi, Ho Chi Minh, Jomo Kenyatta e outros anticolonialistas aceleraram suas campanhas para expulsar os colonizadores.

Mesmo antes de os canhões do tempo de guerra cessarem de disparar, era evidente que toda a economia industrial do mundo teria de ser reconstituída numa base nova de pós-guerra.

Duas nações assumiram a tarefa de reorganizar e reintegrar o sistema da Segunda Onda: os Estados Unidos e a União das Repúblicas Socialistas Soviéticas.

Até então os Estados Unidos tinham representado um papel limitado na Grande Campanha Imperial. Ao abrirem sua própria fronteira, tinham dizimado os americanos nativos, cercando-os em reservas. No México, em Cuba, em Porto Rico e nas Filipinas os americanos imitaram as táticas imperiais dos ingleses, franceses e alemães. Na América Latina, através das primeiras décadas deste século, a "diplomacia do dólar" dos EUA ajudou a United Fruit e outras companhias a garantir preços baixos para o açúcar, as bananas, o café, o cobre e outras mercadorias. Contudo, comparados com os europeus, os Estados Unidos eram um sócio recente na Grande Cruzada Imperial.

Depois da II Guerra Mundial, em contraste, os Estados Unidos destacaram-se como a principal nação credora do mundo. Tinham a tecnologia mais adiantada, a estrutura política mais estável — e a oportunidade de entrar no vácuo deixado por seus competidores esfacelados, forçados a se retirarem de suas colônias.

Já em 1941, os estrategistas financeiros dos Estados Unidos tinham começado a projetar uma reintegração pós-guerra da economia mundial, seguindo linhas mais favoráveis aos Estados Unidos. Na Conferência de Bretton Woods, em 1944, realizada sob a liderança dos EUA, 44 nações concordaram em estabelecer duas estruturas básicas de integração — o Fundo Monetário Internacional e o Bancc Mundial.

O FMI compeliu as nações membros a estabelecerem sua moeda pelo dólar americano ou pelo ouro — a maioria do qual estava em poder dos Estados Unidos. (Pelo ano de 1948, os Estados Unidos possuíam 72 por cento das reservas de ouro do mundo inteiro.) O FMI fixou assim as relações básicas dos meios circulantes principais do mundo.

O Banco Mundial, entrementes, a princípio estabelecido para proporcionar fundos de reconstrução de pós-guerra às nações européias, gradualmente começou a fazer empréstimos também aos países não-industriais. Estes eram freqüentemente para o propósito de construção de rodovias, baías, portos e outros "itens de infra-estrutura" para facilitar o movimento de matérias-primas e exportações agrícolas para as nações da Segunda Onda.

Em breve, um terceiro componente foi acrescentado ao sistema: o Acordo Geral Sobre Tarifas Aduaneiras e Comércio, em sigla, GATT (General Agreement on Tariffs and Trade). Este acordo, de novo promovido originariamente pelos Estados Unidos, dispunha-se a liberalizar o comércio, o que tinha o efeito de torná-lo difícil para os países mais pobres, menos avançados tecnologicamente, para protegerem suas pequeninas indústrias nascentes.

As três estruturas foram ligadas umas às outras por uma regra que proibia o Banco Mundial de fazer empréstimos a qualquer país que se recusasse a entrar para o FMI ou obedecer ao GATT.

Este sistema tornou difícil para os devedores dos Estados Unidos reduzirem suas obrigações por meio de manipulação da moeda ou da tarifa. Isto fortalecia a competitividade da indústria dos EUA nos mercados mundiais e deu às potências industriais, e especialmente aos Estados Unidos, uma forte influência no planejamento em muitos países da Primeira Onda, mesmo depois de terem alcançado a independência política.

Estas três agências inter-relacionadas formavam uma única estrutura integrativa para o comércio mundial. E desde 1944 até o princípio da década de 70, os Estados Unidos dominaram basicamente este sistema. Entre nações, eles integravam os integradores.

## IMPERIALISMO SOCIALISTA

A liderança americana do mundo da Segunda Onda, entretanto, foi crescentemente desafiada pela ascensão da União Soviética. A URSS e outras nações socialistas representavam-se como amigos antiimperialistas dos povos coloniais do mundo. Em 1916, um ano antes de assumir o poder, Lenin tinha escrito um violento ataque às nações capitalistas por suas políticas coloniais. Seu *Imperialismo* tornou-se um dos livros mais influentes do século e ainda hoje molda o pensamento de centenas de milhões em volta do mundo.

Mas Lenin via o imperialismo como um fenômeno puramente capitalista. As nações imperialistas, insistia, oprimiam e colonizavam outras nações, não por escolha, mas por necessidade. Uma dúbia lei de ferro, exposta por Marx, sustentava que os lucros nas economias capitalistas mostravam uma tendência geral, irresistível, para declinar com o tempo. Por causa disso, sustentava Lenin, as nações capitalistas em seu estágio final eram levadas a procurar "superlucros" no exterior para compensarem os lucros decrescentes dentro de seus países. Só o socialismo, argumentava, libertaria os povos coloniais de sua opressão e miséria, porque o socialismo não tinha a dinâmica embutida a exigir sua exploração econômica.

O que Lenin não viu foi que muitos dos mesmos imperativos que impeliam as nações industriais capitalistas operavam igualmente nas nações industriais socialistas. Elas também eram parte do sistema monetário mundial. Também elas baseavam suas economias na separação da produção e do consumo. Também elas precisavam de um mercado (se bem que não necessariamente um mercado orientado para o lucro) para ligar novamente o produtor e o consumidor. Também eles precisavam de matérias-primas de fora para alimentarem suas máquinas industriais. E por estas razões também elas precisavam de um sistema econômico mundial integrado, através do qual pudessem obter suas necessidades e venderem seus produtos no exterior.

Com efeito, Lenin, ao mesmo tempo que atacava o imperialismo, falava do alvo do socialismo, "não apenas para aproximar mais as nações, mas para integrá-las". Como escreveu o analista soviético M. Senin em *Integração Socialista,* Lenin, por volta de 1920, "considerava a aproximação das nações entre si como um processo objetivo que... levará finalmente e definitivamente à criação de um mundo econômico único, regulado por... um plano comum". Isto, se alguma coisa era, tratava-se da visão industrial definitiva.

Exteriormente as nações industriais socialistas eram impelidas pelas mesmas necessidades de recursos que as nações capitalistas. Também elas precisavam de algodão, café, níquel, açúcar, trigo e outras mercadorias para alimentarem suas fábricas que se multiplicavam rapidamente e suas populações urbanas. A União Soviética tinha (e ainda tem) enormes reservas de recursos naturais. Tem manganês, chumbo, zinco, carvão de pedra, fosfatos e ouro. Mas o mesmo tinham os Estados Unidos e isso não detinha nenhuma nação de procurar comprá-los de outros ao preço mais barato possível.

Desde o princípio, a União Soviética tornou-se parte do sistema monetário mundial. Uma vez que qualquer nação entrasse neste sistema e aceitasse as maneiras "normais" de fazer negócio, imediatamente se fechava nas definições convencionais de eficiência e produtividade — definições que remontavam ao primitivo capitalismo. Era compelida a aceitar, quase inconscientemente, conceitos econômicos, categorias, definições, métodos de contabilidade e unidades de medição convencionais.

Os administradores e economistas socialistas, exatamente como seus equivalentes capitalistas, calculavam assim o custo da produção de suas próprias matérias-primas confrontando-o com o custo de comprá-las. Enfrentavam uma decisão direta de "faz ou compra" da espécie com que as companhias capitalistas se defrontam diariamente. E breve se tornou evidente que comprar certas matérias-primas no mercado mundial ficava mais barato do que tentar produzi-las em casa.

Uma vez tomada esta decisão, espertos agentes compradores soviéticos espalharam-se pelo mercado mundial e compraram a preços estabelecidos previamente, a níveis artificialmente baixos, por negociantes imperialistas. Os caminhões soviéticos rolavam sobre borracha comprada por preços que provavelmente foram determinados *ab initio* por negociantes britânicos na Malásia. Pior, em anos recentes, os soviéticos (que mantêm tropas lá) pagavam à Guiné seis dólares por tonelada de bauxita quando os americanos estavam pagando 23 dólares por esse peso. A Índia tem protestado que os russos os sobretaxam em 30 por cento sobre as importações e pagam 30 por cento a menos pelas exportações hindus. O Irã e o Afeganistão recebem preços abaixo do normal dos soviéticos por gás natural. Assim, a União Soviética, como seus adversários capitalistas, beneficia-se com as colônias. Ter feito diferente retardaria o seu próprio processo de industrialização.

A União Soviética foi também levada a adotar normas imperialistas por considerações estratégicas. Enfrentados pelo poderio militar da Alemanha nazista, os Sovietes primeiro colonizaram os estados do Báltico e fizeram guerra à Finlândia. Depois da II Guerra Mundial, com tropas e a ameaça de invasão, ajudaram a instalar ou a manter regimes "cordiais" através da maior parte da Europa Oriental. Estes países, industrialmente mais adiantados do que a própria URSS, foram intermitentemente ordenhados pelos Sovietes, justificando a descrição deles como colônias ou "satélites".

"Não pode haver dúvida", escreve o economista neomarxista Howard Sherman, "de que, nos anos que se seguiram imediatamente à Segunda Guerra Mundial, a União Soviética removeu uma certa quantidade de recursos da Europa Oriental sem dar recursos iguais em pagamento... Houve algum saque direto e reparações militares... Houve também sociedades anônimas por ações estabelecidas com predominância soviética no controle e exploração soviética de lucros destes países. Houve também acordos comerciais extremamente desiguais que equivaleram a mais reparações."

Atualmente, parece que não há saque direto e as sociedades anônimas por ações desapareceram, mas, acrescenta Sherman: "Há muita indicação de que a maioria das permutas, entre a URSS e a maioria dos países do leste europeu ainda são desiguais — com a vantagem para a URSS." É difícil determinar quanto "lucro" é arrancado por estes meios, dada a inexatidão das estatísticas publicadas pelos soviéticos. Pode muito bem ser que os custos de manter as tropas soviéticas através da Europa Oriental sobrepujem os benefícios econômicos. Mas um fato é indiscutivelmente claro.

Enquanto os americanos construíam a estrutura de FMI-GATT-Banco Mundial, os soviéticos avançavam para o sonho de Lenin de um único sistema econômico mundial integrado, criando o Conselho de Mútua Assistência Econômica (COMECON) e compelindo os países da Europa Oriental a entrarem para ele. Os países do COMECON são forçados por Moscou não só a negociarem uns com os outros e com a União Soviética, mas também a submeterem seus planos de desenvolvimento econômico a Moscou para aprovação. Insistindo nas virtudes ricardianas de especialização, agindo exatamente como as velhas potências imperialistas em face das economias africana, asiática ou latino-americana, atribuiu funções especializadas a cada economia leste-européia. Só a Romênia tem resistido declarada e firmemente.

Clamando que Moscou tentou transformá-la na "bomba de gasolina e horta" da União Soviética, a Romênia dispôs-se a realizar o que chama desenvolvimento multilateral, querendo dizer com isso uma industrialização completa. Tem resistido à "integração socialista" apesar das pressões soviéticas. Em suma, no tempo exato em que os Estados Unidos assumiam a liderança das nações industriais capitalistas e construía seus próprios mecanismos de auto-serviço para integrar novamente o sistema econômico do mundo depois da II Guerra Mundial, os soviéticos construíram o equivalente deste sistema na parte do mundo que eles dominavam.

Nenhum fenômeno tão vasto, complexo e transformador como o imperialismo pode ser descrito simplesmente. Seus efeitos na religião, na educação, na saúde, em temas de literatura e arte, em atitudes raciais, na psico-estrutura de povos inteiros, assim como mais diretamente em economia, ainda estão sendo deslindados pelos historiadores. Sem dúvida, tem realizações positivas a seu favor, assim como atrocidades. Mas o seu papel no advento da civilização da Segunda Onda não pode ser excessivamente enfatizado.

Não podemos olhar o imperialismo como o superalimentador ou acelerador do desenvolvimento industrial no mundo da Segunda Onda. Com que rapidez os Estados Unidos, a Europa Ocidental, o Japão ou a URSS teriam podido industrializar-se sem infusões de comida, energia e matérias-primas de fora? Como seria se os preços de vintenas de artigos como bauxita, manganês, estanho, vanádio ou cobre tivessem sido 30 ou 50 por cento mais altos por um período de décadas?

O preço de milhares de produtos finais teria sido equivalentemente mais alto — em alguns casos, sem dúvida, tão alto a ponto de se tornar impossível para o consumo da massa. O choque dos aumentos do preço do petróleo no princípio da década de 70 dá apenas uma vaga idéia dos efeitos potenciais.

Mesmo que houvesse substitutos domésticos, com toda a probabilidade teria sido mutilado o desenvolvimento das nações da Segunda Onda. Sem os subsídios ocultos tornados possíveis pelo imperialismo, capitalista e socialista, a civilização da Segunda Onda podia muito bem estar hoje onde estava em 1920 ou 1930.

O grande plano já deve estar bem claro agora. A civilização da Segunda Onda retalhou e organizou o mundo em discretas nações-estados. Precisando dos recursos do resto do mundo, atraiu as sociedades da Primeira Onda e os restantes povos primitivos do mundo para dentro do sistema monetário. Criou um mercado globalmente integrado. Mas o violento industrialismo era mais do que um sistema econômico, político ou social. Era também um modo de vida e um modo de pensar. Produziu uma mentalidade de Segunda Onda.

Esta mentalidade ergue-se hoje como um obstáculo básico para a criação de uma civilização praticável da Terceira Onda.

# 9
# INDUST-REALIDADE

Quando a civilização da Segunda Onda estendeu seus tentáculos através do planeta, transformando tudo aquilo com que se punha em contato, levava consigo mais do que tecnologia ou comércio. Colidindo com a civilização da Primeira Onda, a Segunda Onda criou não só uma nova realidade para milhões, mas também um novo modo de pensar sobre a realidade.

Chocando-se em mil pontos com os valores, os conceitos, os mitos e os costumes da sociedade agrícola, a Segunda Onda trouxe consigo uma redefinição de Deus... de justiça... de amor... de poder... de beleza. Despertou novas idéias, atitudes e analogias. Subverteu e suplantou pressuposições antigas a respeito do tempo, do espaço, da matéria e da causalidade. Emergiu uma visão de um mundo poderoso, coerente, que não só explicava, mas também justificava a realidade da Segunda Onda. Esta visão da sociedade industrial do mundo não tem um nome. Poderia ser designada "indust-realidade".

A indust-realidade foi a série envolvente de idéias e pressuposições com que os filhos do industrialismo foram ensinados a compreender o seu mundo. Foi o pacote de premissas empregado pela civilização da Segunda Onda, por seus cientistas, líderes comerciais, estadistas, filósofos e propagandistas.

Havia, naturalmente, vozes contrárias, os que desafiavam as idéias dominantes da indust-realidade, mas não estavam preocupados aqui com as correntes afluentes, e sim com a corrente central do pensamento da Segunda Onda. Na superfície, parecia, não havia corrente central de espécie alguma. Antes parecia que havia duas poderosas correntes ideológicas em conflito. Por meados do século XIX todas as nações em fase de industrialização tinham suas alas direita e esquerda nitidamente definidas, seus defensores do individualismo e da livre empresa e seus defensores do coletivismo e do socialismo.

Esta batalha de ideologias, a princípio limitada às nações industrializadas, logo se difundiu ao redor do mundo. Com a Revolução Soviética de 1917 e a organização de uma máquina de propaganda mundial centralmente dirigida, a guerra ideológica tornou-se ainda mais intensa. E pelo fim da II Guerra Mundial, quando os Estados Unidos e a União Soviética tentaram reintegrar o mercado mundial — ou grande parte dele — em seus próprios termos, cada lado estava gastando enormes somas para espalhar suas doutrinas pelos povos não-industriais do mundo.

De um lado estavam os regimes totalitários, do outro, as ditas democracias liberais. Canhões e bombas estavam prontos para assumir onde terminavam os argumentos lógicos. Raramente, desde a grande colisão do catolicismo e do protestantismo durante a Reforma tinham sido traçadas linhas doutrinais tão nitidamente entre dois campos teológicos.

O que poucos notaram, entretanto, no calor de guerra de propaganda, era que enquanto cada lado promovia uma *ideologia* diferente, ambos essencialmente apregoavam a mesma *superideologia*. Suas conclusões — seus programas econômicos e dogmas políticos — diferiam radicalmente, mas de começo muitos de seus pressupostos eram os mesmos. Como missionários protestantes e católicos empunhando versões diferentes da Bíblia, mas ambos pregando Cristo, os marxistas e antimarxistas igualmente, capitalistas e anticapitalistas, americanos e russos marchavam para o interior da África, da Ásia e da América Latina — as regiões não-industriais do mundo — ostentando cegamente o mesmo conjunto de premissas. Ambos pregavam a superioridade do industrialismo sobre todas as outras civilizações. Ambos eram apóstolos apaixonados da indust-realidade.

### O PRINCÍPIO DO PROGRESSO

A visão do mundo que eles disseminavam era baseada em três crenças "indust-reais" profundamente entrelaçadas — três idéias que ligavam umas às outras três nações da Segunda Onda e as diferenciavam muito do resto do mundo.

As primeiras destas crenças essenciais tinham a ver com a natureza. Por mais violentamente que os socialistas e capitalistas pudessem discordar quanto à partilha de seus frutos, ambos olhavam a natureza da mesma maneira. Para ambos a natureza era um objeto que esperava para ser explorado.

A idéia de que os seres humanos devem ter o domínio sobre a natureza remonta aos tempos distantes do Gênese. Contudo, foi decididamente uma opinião de uma minoria até a revolução industrial. A maioria das culturas anteriores acentuavam, em vez disso, a aceitação da pobreza e a harmonia da espécie humana com sua ecologia natural circundante.

Estas culturas primitivas não eram especialmente delicadas com a natureza. Talhavam e queimavam, devoravam os capins até a raiz e destruíam as florestas para juntarem lenha para as fogueiras. Mas seu poder de danificar era limitado. Não tinham impacto sobre a terra nem precisavam justificar o dano que faziam com uma ideologia explícita.

Com a chegada da civilização da Segunda Onda passaram a encontrar-se indústrias capitalistas avaliando os recursos numa escala maciça, bombeando para o ar venenos volumosos, desmatando regiões inteiras em busca de lucro, sem muita preocupação pelos efeitos colaterais ou as conseqüências a longo prazo. A idéia de que a natureza estava ali para ser explorada proporcionava uma conveniente racionalização para a miopia e o egoísmo.

Mas os capitalistas não estavam sós, muito longe disso. Sempre que tomavam o poder, os industrializadores marxistas (apesar de sua convicção de que o lucro era a raiz de todo o mal) agiam exatamente da mesma maneira. Com efeito, eles incluíram nas suas escrituras o conflito com a natureza.

Os marxistas representavam os povos primitivos não coexistindo harmoniosamente com a natureza, mas empenhados numa feroz luta de vida e morte contra ela. Com a emergência de sociedade de classes, sustentavam eles, a guerra do "homem contra a natureza" foi infelizmente transformada numa guerra de "homem contra homem". A realização de uma sociedade comunista sem classes permitiria voltar à sua primeira ordem do comércio — a guerra do homem contra a natureza.

De ambos os lados da divisão ideológica, por conseguinte, encontrava-se a mesma imagem da humanidade disposta em oposição à natureza e dominando-a. Esta imagem era um componente chave da indust-realidade, a superideologia da qual os marxistas e os antimarxistas tiraram igualmente suas presunções.

Uma segunda idéia inter-relacionada levou o argumento um passo mais adiante. Os seres humanos não só tinham simplesmente a seu cargo a natureza, mas eram o pináculo de um longo processo de evolução. Existiam teorias anteriores de evolução, mas foi Darwin, no meio do século XIX, criado na nação industrial mais adiantada da época, quem proporcionou suporte científico para esta teoria. Falou da ação cega da "seleção natural" — um processo inevitável que implacavelmente extirpava as formas fracas e ineficientes de vida. Essas espécies que sobreviviam eram, por definição, as mais aptas.

Darwin preocupou-se principalmente com a evolução biológica, mas suas idéias tinham nítidas sugestões sociais e políticas que outros logo reconheceram. Assim, os darwinistas sociais argumentavam que a seleção natural agia igualmente dentro da sociedade e que as pessoas mais ricas e mais poderosas eram, em virtude desse fato, as mais aptas e as mais merecedoras.

Era apenas um pequeno salto para a idéia de que sociedades inteiras evoluem de acordo com as mesmas leis de seleção. Seguindo este raciocínio, o industrialismo era um estágio mais alto de evolução do que as culturas não-industriais que o cercavam. A civilização da Segunda Onda, falando sem rodeios, era superior a todo o resto.

Assim como o darwinismo social racionalizava o capitalismo, esta arrogância cultural racionalizou o imperialismo. A ordem industrial em expansão precisava de sua linha vital de recursos baratos, e criou uma justificação moral para tomá-los a preços deprimidos, mesmo à custa de obliterar as sociedades agrícolas e chamadas primitivas. A idéia da evolução social proporcionava apoio intelectual e moral para o tratamento de povos não-industriais como inferiores... e daí inaptos para a sobrevivência.

O próprio Darwin escreveu friamente sobre o massacre dos aborígines da Tasmânia e, num ímpeto de entusiasmo genocida, profetizou que "Em algum tempo no futuro... as raças civilizadas do homem é quase certo que exterminarão e substituirão as raças selvagens através do mundo." Os intelectuais de vanguarda da civilização da Segunda Onda não tinham dúvida sobre quem merecia sobreviver.

Enquanto Marx criticava amargamente o capitalismo e o imperialismo, compartilhava a opinião de que o industrialismo era a forma mais avançada de sociedade, o estágio para o qual todas as outras sociedades avançariam inevitavelmente por sua vez.

Pois a terceira crença básica da indust-realidade que ligava uma à outra a natureza e a evolução era o princípio de progresso — a idéia de que a história flui irreversivelmente para uma vida melhor para a humanidade. Esta idéia também teve suficiência de precedente pré-industrial. Mas foi só com o avanço da Segunda Onda que a idéia de Progresso com P maiúsculo se apresentou em seu pleno florescimento.

De repente, quando a Segunda Onda pulsava através da Europa, mil gargantas começaram a cantar o mesmo coro de aleluia. Leibniz, Turgot, Comdorcet, Kant, Lessing, John Stuart Mill, Hegel, Marx, Darwin e incontáveis pensadores menores encontraram razões para otimismo cósmico. Eles discutiam sobre se o progresso era verdadeiramente inevitável ou se precisava da mão serviçal da raça humana; sobre o que constituía uma vida melhor; se o progresso continuaria ou poderia continuar *ad infinitum*. Mas todos acenavam com a cabeça, concordando com a idéia do próprio progresso.

Ateus, teólogos, estudantes e professores, políticos e cientistas pregavam a nova fé. Negociantes e comissários do povo igualmente anunciavam cada nova fábrica, cada novo produto, cada novo projeto de habitações, rodovia ou barragem como prova deste irresistível avanço de mau para bom ou de bom para melhor. Poetas, teatrólogos e pintores tomavam o progresso como coisa certa. O progresso justificava a degradação da natureza e a conquista de civilizações "menos adiantadas".

E uma vez mais a mesma idéia corria paralela através das obras tanto de Adam Smith como de Karl Marx. Como observou Robert Heilbroner, "Smith era um crente no progresso... Na *Riqueza das Nações* o progresso não era mais um alvo idealista da humanidade, mas... um destino para o qual a humanidade era impelida... um subproduto de alvos econômicos particulares." Para Marx, naturalmente, estes alvos particulares produziam apenas capitalismo e as sementes da sua própria destruição. Mas este evento em si era parte do longo avanço histórico que levava o homem para a frente, para o socialismo, o comunismo e um além ainda melhor.

Por conseguinte, através da civilização da Segunda Onda três conceitos básicos — a guerra com a natureza, a importância da evolução e o princípio do progresso — forneciam a munição usada pelos agentes do industrialismo, como eles o explicavam e justificavam ao mundo.

Debaixo destas convicções jazem suposições ainda mais profundas sobre a realidade — uma série de crenças não expressas sobre os próprios elementos da experiência humana. Todos os seres humanos devem lidar com estes elementos e toda a civilização os descreve de uma maneira diferente. Toda a civilização deve ensinar seus filhos a se engalfinharem com o tempo e o espaço. Deve explicar — quer por mito, metáfora ou teoria científica — como funciona a natureza. E deve oferecer alguma "deixa" de *por que* as coisas acontecem como acontecem.

Assim, a civilização da Segunda Onda, amadurecendo, criou uma imagem totalmente nova da realidade, baseada nos seus próprios pressupostos característicos sobre o tempo e o espaço, a matéria e a causa. Apanhando fragmentos do passado, reunindo-os de maneiras novas, aplicando experiências e testes empíricos, alterou drasticamente a maneira como os seres humanos vieram a perceber o mundo em redor deles e como eles se comportavam em suas vidas cotidianas.

### A DIVISÃO DO TEMPO

Vimos num capítulo anterior como a difusão do industrialismo dependia da sincronização do comportamento humano com os ritmos da máquina. A sincronização foi um dos princípios diretores da civilização da Segunda Onda e por toda a parte a gente do industrialismo parecia aos intrusos obcecada pelo tempo, sempre olhando nervosamente para os seus relógios.

Para criar esta consciência do tempo e realizar a sincronização, entretanto, os pressupostos básicos da gente a respeito do tempo — suas imagens mentais do tempo — tinham que ser transformados. Era necessária uma nova "divisão do tempo".

As populações agrícolas, precisando saber quando plantar e quando colher, desenvolveram uma precisão notável na medida de longos espaços de tempo. Mas como não indicava com precisão a íntima sincronização do trabalho humano, a gente do campo raramente desenvolvia unidades precisas para medir esses espaços curtos. Tipicamente eles dividiam o tempo não em unidades fixas, como horas ou minutos, mas em nacos mais ou menos imprecisos, representando a extensão de tempo necessária para realizar alguma tarefa doméstica. Um lavrador poderia referir-se a um intervalo como "o tempo de ordenhar uma vaca". Em Madagascar, uma unidade de tempo aceita era chamada "um cozimento de arroz"; um momento era conhecido como "o fritar de um gafanhoto" Os ingleses falavam da "duração de um Padre-nosso" — o tempo necessário para uma prece — ou, mais terrenamente, a "duração de uma mijada".

Semelhantemente, por que havia pouco intercâmbio entre uma comunidade ou aldeia e a próxima, e porque o trabalho não o exigia, as unidades em que o tempo era mentalmente enfeixado variavam de lugar para lugar e de estação para estação. Na Europa setentrional da Idade Média, por exemplo, a luz do dia era dividida em horas iguais. Mas como o intervalo entre o alvorecer e o pôr-do-sol variava de dia para dia, uma "hora" em dezembro era mais curta do que uma "hora" em março ou junho.

Em vez de intervalos como "a duração de um Padre-nosso", as sociedades industriais precisavam de unidades extremamente precisas como hora, minuto ou segundo. E estas unidades tinham de ser padronizadas, permutáveis, de uma estação ou comunidade para a seguinte.

Hoje o mundo todo está nitidamente dividido em fusos horários. Falamos de hora "oficial". Os pilotos ao redor do mundo referem-se à hora "zulu" — isto é, Hora de Greenwich. Por convenção internacional, Greenwich, na Inglaterra, tornou-se o ponto partindo do qual seriam medidas as diferenças. Periodicamente, em uníssono, como motivados por uma vontade única, milhões de pessoas atrasam ou adiantam seus relógios uma hora e o que quer que no nosso senso íntimo, subjetivo, das coisas possa dizer-nos quando o tempo se está arrastando, ou inversamente, quando parece estar correndo, agora uma hora é uma hora intercambiável, padronizada.

A civilização da Segunda Onda fez mais do que cortar o tempo em nacos mais precisos e padronizados. Também colocou estes nacos numa linha reta que se estendia indefinidamente para trás, para o passado, e para a frente, para o futuro. Tornou o tempo linear.

Com efeito, a pressuposição de que o tempo é linear está tão profundamente embutida nos nossos pensamentos, que é difícil para os que fomos criados nas sociedades da Segunda Onda conceber qualquer alternativa. E, contudo, muitas sociedades pré-industriais e algumas sociedades de Primeira Onda ainda hoje vêem o tempo como um círculo e não como uma linha reta. Dos maias aos budistas e aos hindus, o tempo era circular e repetitivo, repetindo-se a história interminavelmente, as vidas talvez se revivendo através da reencarnação.

A idéia de tempo era como um grande círculo no conceito hindu de *kalpas* repetidas, cada uma de quatro mil milhões de anos de extensão, cada uma representando apenas um único dia de Brama, começando com a recriação, terminando em dissolução e começando de novo. A noção do tempo circular encontra-se em Platão e Aristóteles, um de cujos discípulos, Eudemo, se imaginou vivendo através do mesmo momento repetidamente quando o ciclo se repetia. Isso foi ensinado por Pitágoras. Em o *Tempo e o Homem Oriental*, Joseph Needham fala-nos que "Para o indo-helênico... o tempo é cíclico e eterno." Além disso, enquanto na China dominava o tempo linear, segundo Needham, "o tempo cíclico foi certamente proeminente entre os primeiros filósofos taoístas especulativos".

Na Europa, também, nos séculos que precederam a industrialização, coexistiam estas teorias alternativas. "Através de todo o período medieval", escreve o matemático G. J. Whitrow, "os conceitos cíclico e linear do tempo estavam em conflito. O conceito linear foi fomentado pela classe mercantil e o advento de uma economia monetária. Pois enquanto o poder esteve concentrado na propriedade da terra, sentia-se que o tempo era abundante e estava associado ao ciclo imutável do solo".

À medida que a Segunda Onda ganhava força, este conflito milenar assentou: o tempo linear triunfou. O tempo linear tornou-se a visão de toda a sociedade industrial, Leste e Oeste. O tempo veio a ser visto como uma estrada se desenrolando desde um passado distante, atravessando o presente e seguindo para o futuro, e esta concepção do tempo, estranha para os bilhões de seres humanos que viveram antes da civilização industrial, tornou-se a base de todo o planejamento econômico, científico e político, tanto na suíte de executivo da IBM, na Agência Japonesa do Planejamento Econômico, como na Academia Soviética.

É digno de nota, entretanto, que o tempo linear foi uma condição prévia dos modos de ver indust-real da evolução e do progresso. O tempo linear tornou a evolução e o progresso plausíveis. Pois se o tempo fosse circular em vez de linear, se os eventos voltassem atrás, em vez de se moverem numa única direção, significaria que a história se repetiria e que a evolução e o progresso não seriam mais que ilusões — sombras no muro do tempo.

Sincronização. Padronização. Linearização. Afetaram as pressuposições fundamentais da civilização e trouxeram mudanças maciças na maneira como a gente comum manuseava o tempo em suas vidas. Mas se o próprio tempo foi transformado, o espaço também teve de ser recondicionado para adaptá-lo à nova indust-realidade.

## REEMBALAGEM DO ESPAÇO

Antes do alvorecer da civilização, os nossos antepassados mais distantes, para sobreviverem, fiavam-se na caça e no pastoreio, na pesca ou no saque e estavam constantemente em movimento. Impelidos pela fome, o frio ou desastres ecológicos, perseguindo a meteorologia ou a caça, foram os "móbiles máximos" originários — viajando leves, evitando a acumulação de artigos ou bens embaraçosos e percorrendo amplamente a paisagem. Um bando de 50 homens, mulheres e crianças podia precisar de uma área de terra do tamanho da Ilha de Manhattan para alimentar-se, ou poderia traçar um caminho migratório literalmente de mais de centenas de quilômetros cada ano, segundo o exigissem as condições. Eles levavam o que os geógrafos de hoje chamam uma existência "especialmente extensiva".

A civilização da Primeira Onda, em contraste, alimentava uma raça de "avaros de espaço". Quando o nomadismo foi substituído pela agricultura, as trilhas migratórias deram lugar a campos cultivados e colônias permanentes. Em vez de rondarem incansavelmente através de uma área extensa, o lavrador mantinha-se imóvel com a família, trabalhando intensamente o seu pequenino pedaço de terra, dentro do mar mais amplo do espaço — um mar tão grande que apequenava o indivíduo.

No período que precedeu imediatamente o nascimento da civilização industrial, vastos campos livres cercavam cada aglomerado de cabanas de camponeses. Excetuando-se um punhado de mercadores, letrados e soldados, a maioria dos indivíduos viviam suas vidas na ponta de uma rédea muito curta. Iam para os campos ao nascer do sol e voltavam para casa ao cair da noite. Traçavam um caminho para a igreja. Em ocasiões raras iam até a próxima aldeia, a nove ou dez quilômetros de distância. As condições variavam com o clima e o terreno, naturalmente, mas de acordo com o historiador J. R. Hale, "Provavelmente não nos enganaríamos muito se calculássemos a mais longa jornada em média feita pela maioria das pessoas em toda a sua vida em quatro léguas." A agricultura produziu a civilização "restrita espacialmente".

A tempestade industrial que desabou sobre a Europa no século XVIII criou mais uma vez uma cultura "estendida espacialmente" — mas agora quase numa escala planetária. Mercadorias, gente e idéias eram transportadas através de milhares de quilômetros e vastas populações migravam em busca de empregos. Em vez de a produção estar extensamente dispersa nos campos, agora estava concentrada nas cidades. Enormes e borbulhantes populações estavam comprimidas nuns poucos núcleos compactos. Aldeias antigas mirravam e morriam: surgiam prósperos centros industriais, orlados de chaminés e fogo de fornalhas.

Esta dramática remodelação da paisagem exigiu coordenação muito mais completa entre cidade e campo. Assim, a comida, a energia, o povo e as matérias-primas tinham de fluir para dentro dos núcleos urbanos, enquanto fluíam para fora mercadorias, modas, idéias e decisões financeiras. Os dois fluxos eram cuidadosamente integrados e coordenados no tempo e no espaço. Dentro das próprias cidades, além disso, era necessária uma variedade de formas espaciais muito mais amplas. No velho sistema agrícola, as estruturas físicas básicas eram uma igreja, um palácio do nobre, algumas choupanas miseráveis, e, casualmente, uma taverna ou um mosteiro. A civilização da Segunda Onda, por causa de sua divisão de trabalho muito mais complexa, exigia tipos de espaço muito mais especializados.

Por esta razão, não tardou que se encontrassem arquitetos criando escritórios, bancos, delegacias de polícia, fábricas, terminais ferroviários, lojas de departamentos, prisões, postos de bombeiros, hospícios e teatros. Estes tipos de espaços muito diferentes tinham de ser combinados uns com os outros em modos logicamente funcionais. A localização das fábricas, os caminhos que levavam de casa à oficina, as conexões de desvios de ferrovias para docas ou pátios de manobras, a situação das escolas e hospitais, dos canos de água, as centrais de energia, os eletrodutos, os canos de gás, os centros telefônicos — tudo tinha de ser espacialmente coordenado. O espaço tinha de ser organizado com tanto cuidado como uma fuga de Bach.

Esta notável coordenação de espaços espacializados — necessária para conseguir as pessoas certas para os lugares certos no momento certo — era o análogo espacial exato da sincronização temporal. Era, com efeito, a sincronização no espaço. Pois *ambos*, tempo e espaço, tinham que ser estruturados mais cuidadosamente para que as sociedades industriais pudessem funcionar.

Assim como as pessoas tinham de ser munidas de unidades de tempo mais exatas e padronizadas, também precisavam de unidades de espaço mais precisas e intermutáveis. Antes da revolução industrial, quando o tempo ainda era talhado em unidades grosseiras como a "duração de um Padre-nosso", as medidas espaciais também eram uma mixórdia. Na Inglaterra medieval, por exemplo, um *"rood"* podia ter 16 pés e meio ou até 24 pés. No século XVI, o melhor método para se chegar a um *"rood"* representando uma medida aproximadamente exata era escolher 16 homens ao acaso ao saírem da igreja e colocá-los em fila, com "o pé esquerdo atrás do outro" e medir a distância resultante. Eram usados termos ainda mais vagos, tais como "uma viagem de um dia a cavalo", "uma hora de marcha a pé" ou "um trote de meia hora".

Uma tal imprecisão não mais podia ser tolerada quando a Segunda Onda começou a mudar os padrões de trabalho e a cunha invisível criou um mercado sempre em expansão. A navegação precisa, por exemplo, tornou-se cada vez mais importante à medida que o comércio crescia, e os governos ofereciam enormes prêmios a quem quer que pudesse imaginar melhores métodos de manter os navios mercantes na rota. Na terra, também eram introduzidas medições cada vez mais requintadas e unidades mais precisas.

A variedade confusa, contraditória e caótica dos costumes, as leis e as práticas comerciais locais que prevaleceram durante a civilização da Primeira Onda precisavam ser postas em ordem, racionalizadas. A falta de precisão e de medidas padronizadas era uma irritação diária para os industriais e a crescente classe mercantil. Isto explica o entusiasmo com que os revolucionários franceses, ao amanhecer da era industrial, se dedicaram à padronização da distância pelo sistema métrico, assim como o tempo por um novo calendário. Tão importantes os revolucionários consideraram estes problemas, que os colocaram entre os primeiros itens considerados quando a Convenção Nacional se reuniu pela primeira vez para se declarar a república.

A Segunda Onda de mudança também trouxe consigo uma multiplicação e avivamento das fronteiras espaciais. Até o século XVIII as fronteiras dos impérios eram freqüentemente imprecisas. Como havia vastas áreas despovoadas, a exatidão era desnecessária. Quando a população cresceu, o comércio aumentou e as primeiras fábricas começaram a surgir ao redor da Europa, muitos governos começaram a mapear sistematicamente as suas fronteiras As zonas alfandegárias eram delineadas mais claramente. As propriedades locais e particulares passaram a ser definidas, marcadas, cercadas e registradas com mais cuidado. Os mapas tornaram-se mais detalhados, inclusivos e padronizados.

Uma nova imagem do espaço surgiu e correspondia exatamente à nova imagem do tempo. À medida que a pontualidade e as tabelas estabeleciam mais limites e horários no tempo, mais e mais fronteiras apareciam para estabelecer limites no espaço... Mesmo a linearização do tempo tinha seu correspondente espacial.

Nas sociedades pré-industriais a viagem em linha reta, por terra ou por mar, era uma anomalia. O caminho do camponês e a trilha do índio seguiam em meandros de acordo com o terreno. Muitos muros faziam curvas, cotovelos, ou se estendiam em ângulos irregulares. As ruas das cidades medievais dobravam-se umas sobre as outras, curvavam-se, torciam-se, enroscavam-se.

As sociedades da Segunda Onda não só colocaram os navios em rotas retas, mas também construíram ferrovias cujos trilhos se estendiam em linhas retas paralelas até onde o olhar podia alcançar. Como notou Grady Clay, autoridade em planejamento, estas linhas de trilhos tornaram-se os eixos a partir dos quais tomavam forma novas cidades construídas segundo padrões em forma de grelha. O padrão em rede ou grelha, combinando linhas retas com ângulos de 90 graus, deram uma regularidade e linearidade características de máquina à paisagem.

Agora mesmo, ao olharmos uma cidade, podemos ver uma confusão de ruas, praças, círculos e cruzamentos complicados nos bairros mais antigos. Estes freqüentemente dão lugar a quadrículos regulares nas partes da cidade construídas em períodos posteriores, mais industrializados. O mesmo se aplica a regiões e países inteiros.

Mesmo a terra de lavoura começou, com a mecanização, a apresentar padrões lineares. Os lavradores pré-industriais, lavrando atrás dos bois, criavam sulcos curvos e irregulares. Uma vez o boi tendo partido, o lavrador não procurava detê-lo e o animal fazia uma curva ampla ao fim do sulco, formando uma espécie de padrão de curvas em S na terra. Hoje quem olha para fora pela janela de um avião vê campos quadriculados com marcas de sulcos retos, como traçados com régua.

A combinação de linhas retas e ângulos de 90 graus refletiu-se, não só na terra e nas ruas, mas também nos espaços íntimos experimentados pela maioria dos homens e mulheres — os quartos em que viviam. As paredes curvas e os ângulos não retos encontram-se raramente na arquitetura da idade industrial. Cubículos perfeitamente regulares vieram a substituir as salas de formas irregulares e os edifícios elevados levaram igualmente a linha reta, vertical, para o céu, com janelas formando padrões lineares ou reticulares nas grandes paredes que agora dão para as ruas direitas.

Assim, a nossa concepção e experiência de espaço passou por um processo de linearização que correspondeu à linearização do tempo. Em todas as sociedades industriais, capitalistas ou socialistas, orientais ou ocidentais, a especialização dos espaços arquitetônicos, o mapa detalhado, o uso de unidades de medição uniformes e precisas e, acima de tudo, a linha, tornavam-se constantes culturais — básicas para a nova indust-realidade.

### A "DROGA" DA REALIDADE

A civilização da Segunda Onda não só construiu novas imagens de tempo e espaço e as usou para formar o comportamento diário, mas também construiu as suas próprias respostas para a pergunta milenar: de que são feitas as coisas? Cada cultura inventa seus próprios mitos e metáforas numa tentativa para responder a esta pergunta. Para algumas, o universo é imaginado como uma "unidade" revoluteante. As pessoas são vistas como parte da natureza, integralmente ligados às vidas de seus antepassados e descendentes, costuradas tão intimamente no mundo natural a ponto de compartilharem realmente a "vivência" dos animais, das árvores, das rochas e dos rios. Em muitas sociedades, além disso, o indivíduo concebe-se a si mesmo menos como uma entidade privada, autônoma, do que como parte de um organismo maior — a família, o clã, a tribo ou a comunidade.

Outras sociedades têm enfatizado não a totalidade ou unidade do universo, mas sua divisibilidade. Têm considerado a realidade não como uma entidade amalgamada, mas como uma estrutura composta de muitas partes isoladas.

Uns dois mil anos antes do advento do industrialismo, Demócrito aventou a idéia, então extraordinária, de que o universo não era um todo inconsútil, mas consistia em partículas — discretas, indestrutíveis, irredutíveis, invisíveis, indivisíveis. Chamou a estas partículas *átomos*. Nos séculos que se seguiram, a idéia de um universo feito de blocos irredutíveis de matéria apareceu e reapareceu. Na China, depois do tempo de Demócrito, no *Mo Ching*, um "ponto" estava aparentemente definido como uma linha que tinha sido picada em segmentos tão curtos que não podia ser mais subdividida. Na Índia, também, a teoria do átomo ou unidade irredutível de realidade surgiu não muito depois do tempo de Cristo. Na Roma antiga o poeta Lucrécio expôs a filosofia atomista. Contudo, esta imagem da matéria permaneceu uma idéia de poucos, freqüentemente ridicularizada e negligenciada.

Só ao alvorecer da era da Segunda Onda, o atomismo se tornou uma idéia dominante de várias correntes de influências entremescladas que convergiam para revolucionar a nossa concepção da matéria.

No meio do século XVII um padre francês chamado Pierre Gassendi, astrônomo e filósofo do Colégio Real de Paris, começou a argumentar que a matéria devia consistir em *corpuscula* ultrapequenos. Influenciado por Lucrécio, Gassendi tornou-se um defensor tão enérgico da teoria atômica da matéria, que suas idéias dentro em pouco atravessaram o Canal da Mancha e chegaram a Robert Boyle, um jovem cientista que estava estudando a compressibilidade do gás. Boyle transferiu a idéia do atomismo de teoria especulativa para o laboratório e concluiu que o próprio ar se compunha de partículas minúsculas. Seis anos depois da morte de Gassendi, Boyle publicou um tratado argumentando que qualquer substância — a terra, por exemplo — que pudesse ser fragmentada em substâncias mais simples não era, nem podia ser, um elemento.

René Descartes, entretanto, matemático educado por jesuítas, que Gassendi criticava, sustentava que a realidade só podia ser compreendida fragmentando-se em partículas cada vez menores. Em suas próprias palavras, era necessário "dividir cada uma das dificuldades que estavam sendo examinadas em tantas partes quantas fosse possível". Por conseguinte, lado a lado, quando a Segunda Onda começou seu avanço, o atomismo filosófico avançou com o atomismo físico.

Aqui estava um assalto intencional à idéia da unidade — um assalto a que logo se reuniu onda após onda de cientistas, matemáticos e filósofos, que passaram a esmiuçar o universo em fragmentos ainda menores, com resultados emocionantes. Quando Descartes publicou o seu *Discurso do Método*, escreve o microbiologista René Dubos, "emergiram imediatamente inumeráveis descobertas de sua aplicação à medicina". Na química e em outros campos, a combinação da teoria atômica e o método atômico de Descartes trouxe descobertas surpreendentes. Por meados de 1700 a idéia de que o universo consistia em partes e subpartes independentes e separáveis era em si uma sabedoria convencional — parte da indust-realidade nascente.

Cada nova civilização colhe idéias do passado e as reconfigura de maneiras que a ajudam a se compreender em relação ao mundo. Pois uma sociedade industrial nascente — uma sociedade que apenas estava começando a impelir para a frente a produção em massa de produtos compostos de discretos componentes montados pela máquina — a idéia de um universo reunido, ele mesmo composto de componentes discretos, provavelmente era indispensável.

Havia razões políticas e sociais, também, para a aceitação do modelo atômico da realidade. Quando a Segunda Onda se chocou contra as velhas instituições da preexistente Primeira Onda, ela precisou libertar pessoas da família extensa, da poderosa igreja, da monarquia. O capitalismo industrial precisava de um fundamento lógico para o individualismo. Quando a velha civilização agrícola decaiu, quando o comércio se expandiu e as cidades se multiplicaram um século ou dois antes do advento do industrialismo, a nascente classe mercantil, exigindo a liberdade para negociar, emprestar e expandir seus mercados, gerou a uma nova concepção do indivíduo — a pessoa como átomo.

A pessoa não era mais apenas um apêndice da tribo, da casta ou do clã, mas sim um indivíduo livre e autônomo. Cada indivíduo tinha o direito à sua propriedade, o direito de adquirir mercadorias, de cuidar dos seus interesses, de prosperar ou morrer de fome de acordo com seus esforços ativos, com o correspondente direito de escolher uma religião e procurar a felicidade pessoal. Em suma, a indust-realidade deu nascimento à concepção de um indivíduo que era notavelmente como um átomo — irredutível, indestrutível, a partícula básica da sociedade.

O tema atômico aparecia até mesmo, como vimos, em política, onde o voto se tornava a partícula final. Reapareceu na nossa concepção de negócios internacionais como consistindo em unidades auto-suficientes, impenetráveis e independentes chamadas nações. Não só matéria física mas também matéria social e política eram concebidas em termos de "tijolos" — unidades autônomas ou átomos. O tema atômico corria através de cada esfera da vida.

Esta visão da realidade composta de nacos organizados, separáveis, por sua vez combinados perfeitamente com as novas imagens de tempo e espaço, estas mesmas divisíveis em unidades definíveis cada vez menores. A civilização da Segunda Onda, à medida que se expandia e sobrepujava as sociedades "primitivas" e a civilização da Primeira Onda, propagava esta visão industrial crescentemente coerente e consistente do povo, da política e da sociedade.

Uma peça final estava faltando, entretanto, para completar o sistema lógico.

## O PORQUÊ FINAL

A não ser que uma civilização tenha alguma explicação de por que as coisas acontecem — mesmo que esta explicação seja nove partes mistério para uma parte de análise — não poderá programar vidas eficazmente. As pessoas, para cumprirem os imperativos de sua cultura, precisam de alguma certeza de que seu comportamento produzirá resultados. E isto implica alguma resposta ao perene porquê. A civilização da Segunda Onda surgiu com uma teoria tão poderosa que pareceu suficiente para explicar tudo.

Uma pedra bate na superfície de um lago. Ondas se irradiam rapidamente através da água. Por quê? O que causa esse evento? Há probabilidades de que os filhos do industrialismo dissessem: "por que alguém a jogou".

Um cavalheiro europeu instruído do século XII ou XIII, numa tentativa para responder a esta pergunta, teria idéias notavelmente diferentes das nossas. Provavelmente se apoiaria em Aristóteles e procuraria uma causa material, uma causa formal, uma causa eficiente e uma causa final, nenhuma das quais seria suficiente para explicar coisa alguma. Um sábio chinês medieval poderia falar sobre o *yin* e o *yang* e o campo de forças de influências ao qual se creditava todos os fenômenos que ocorriam.

A civilização da Segunda Onda encontrou sua resposta para os mistérios da causação na espetacular descoberta da lei universal da gravitação de Newton. Para Newton as causas eram "as forças impressas nos corpos para gerar movimento". O exemplo convencional de causa e efeito newtoniano é o das bolas de bilhar que batem uma na outra e se movem em resposta uma à outra. Esta idéia de mudança, que focalizava exclusivamente as forças exteriores que são mensuráveis e prontamente identificáveis, era extremamente poderosa, porque se combinava perfeitamente com as novas idéias indust-reais de espaço e tempo linear. Com efeito, a causação newtoniana ou mecanicista, que veio a ser adotada quando a revolução industrial se difundiu pela Europa, encaixou perfeitamente a indust-realidade numa embalagem hermeticamente fechada.

Se o mundo consistia em partículas separadas — bolas de bilhar em miniatura — então todas as causas advinham da interação destas bolas. Uma partícula, ou átomo, batia em outra. A primeira era a *causa* do movimento da seguinte. Esse movimento era o *efeito* do movimento do primeiro. Não havia ação sem movimento no espaço e nenhum átomo podia estar em mais de um lugar ao mesmo tempo.

Subitamente, um universo que parecera complexo, atravancado, imprevisível, ricamente apinhado, misterioso e confuso, começou a parecer limpo e bem arrumado. Cada fenômeno do átomo dentro de uma célula humana à mais fria estrela no distante céu noturno podia ser compreendido como matéria em movimento, cada partícula ativando a próxima, fazendo-a mover-se numa interminável dança de existência. Ao ateu esta teoria proporcionava uma explicação da vida na qual, como Laplace explicou mais tarde, a hipótese de Deus era desnecessária. Para o religioso, entretanto, ela ainda deixava espaço para Deus, uma vez que Ele podia ser considerado o Primeiro Impulsionador que usou o taco para pôr a bola de bilhar em movimento, e depois talvez se tivesse retirado do jogo.

Esta metáfora para a realidade veio como uma injeção de adrenalina intelectual na emergente cultura indust-real. Um dos filósofos radicais que ajudaram a criar o clima da Revolução Francesa, o Barão d'Holbach, exultou: "O universo, essa vasta montagem de tudo o que existe, apresenta apenas matéria e movimento: o tôdo oferece à nossa contemplação nada mais que uma imensa, uma ininterrupta sucessão de causas e efeitos."

Está tudo aí — tudo implícito nessa breve e triunfante afirmação: o universo é uma realidade *montada,* feita de discretas partes reunidas numa "montagem". A matéria só pode ser compreendida em termos de movimento — isto é, movimento através do *espaço.* Ocorrem eventos numa sucessão (linear), uma parada de eventos descendo pela linha do *tempo.* As paixões humanas como o ódio, o egoísmo, ou o amor, continuava d'Holbach, podiam ser comparadas às forças físicas como a repulsão, a inércia, ou a tração, e um estado político sábio poderia manipulá-las para o bem público, exatamente como a ciência podia manipular o mundo físico para o bem comum.

E precisamente desta imagem indust-real do universo, da pressuposição enterrada dentro dela, que vieram alguns dos mais potentes padrões de comportamento pessoais, sociais e políticos. Enterrados dentro deles estava a implicação de que não só o cosmos e a natureza, mas também a sociedade e o povo, se comportavam de acordo com certas leis fixas e previsíveis. Com efeito, os maiores pensadores da Segunda Onda eram precisamente os que mais logicamente e convincentemente defendiam as leis do universo.

Parecia que Newton descobrira as leis que programavam os céus. Darwin identificara as leis que programavam a evolução social. E Freud tinha supostamente descoberto as leis que programavam a psique. Outros — cientistas, engenheiros, cientistas sociais, psicólogos — insistiam em buscar ainda mais leis ou leis diferentes.

A civilização da Segunda Onda agora tinha ao seu dispor uma teoria de causalidade que parecia milagrosa em seu poder e ampla aplicabilidade. Muito que até então parecera complexo podia ser reduzido a simples fórmulas explanatórias. E estas leis ou regras não tinham de ser aceitas simplesmente por Newton ou Marx ou alguém que as tinha traçado. Eram sujeitas a provas experimentais e empíricas. Podiam ser validadas. Usando-as, podíamos construir pontes, enviar ondas radiofônicas para o céu, predizer e contradizer mudanças biológicas; podíamos manipular a economia, organizar movimentos ou máquinas políticas e até — assim eles o afirmavam — prever e moldar o comportamento do indivíduo definitivo.

Todo o necessário era encontrar a variável crítica para explicar qualquer fenômeno. Podíamos realizar qualquer coisa desde que pudéssemos encontrar a "bola de bilhar" apropriada e atingi-la do melhor ângulo.

Esta nova causalidade, combinada com as novas imagens de tempo, espaço e matéria libertava grande parte da raça humana da tirania do antigo bicho-papão. Tornava possíveis feitos triunfais na ciência e na tecnologia, milagres de conceptualismo e realização prática. Desafiava o autoritarismo e libertava a mente de milênios de enclausuramento.

Mas a indust-realidade também criou a sua própria nova prisão, uma mentalidade industrial que desprezava ou ignorava o que não podia quantificar, que freqüentemente louvava o rigor crítico e a imaginação e punia a imaginação, que reduzia as pessoas a unidades protoplásmicas supersimplificadas, que ultimamente procurava uma solução engenhosa para qualquer problema.

E a indust-realidade tampouco era tão moralmente neutra como pretendia ser. Ela era, como vimos, a superideologia militante da civilização da Segunda Onda, a fonte autodefensora da qual surgiram todas as ideologias da esquerda e da direita características da idade industrial. Como qualquer cultura, a civilização da Segunda Onda produziu filtros deformantes através dos quais a sua gente veio a ver-se a si mesma e ao universo. Este pacote de idéias, imagens, pressuposições — e as analogias que fluíam delas — formava o sistema cultural mais poderoso da História.

Finalmente, a indust-realidade, a face cultural do industrialismo, ajustou a sociedade que ajudou a construir. Ajudou a criar a sociedade de grandes organizações, grandes cidades, centralizou burocracias e o mercado difundido por toda a parte, capitalista ou socialista. Adaptou-se perfeitamente aos novos sistemas de energia, sistemas de família, sistemas tecnológicos, sistemas econômicos, sistemas políticos e de valor que, juntos, formavam a civilização da Segunda Onda.

É toda essa civilização tomada em conjunto, com suas instituições, tecnologias e sua cultura, que agora se está desintegrando sob a avalanche da mudança, quando a Terceira Onda, por sua vez, surge através do planeta. Vivemos na crise final, irreparável, do industrialismo. E enquanto a idade industrial passa à História, nasce uma nova idéia.

# 10
# CODA: O ENXURRO

Um mistério permanece. O industrialismo foi um enxurro na História — um breve período de três séculos perdidos na imensidade do tempo. Que foi o que causou a revolução industrial? Que foi que enviou a Segunda Onda através do planeta?

Muitas correntes de mudança fluíram juntas para formar uma grande confluência. A descoberta do Novo Mundo enviou uma pulsação de energia para dentro da cultura e a economia da Europa na véspera da revolução industrial. O crescimento da população encorajou um movimento para as cidades. O esgotamento das florestas incentivou o uso de carvão de pedra. Por sua vez, isto forçou os túneis das minas a penetrarem cada vez mais fundo até que as velhas bombas tocadas por cavalos não conseguiam mais esgotá-las da água. A máquina a vapor foi aperfeiçoada para solucionar este problema, levando a uma série de novas oportunidades tecnológicas. A disseminação de idéias indust-reais desafiou a igreja e a autoridade política. A disseminação da alfabetização, a melhoria das estradas e do transporte — todas estas coisas convergiram no tempo, forçando a abertura das comportas da mudança.

Qualquer busca da causa única da revolução industrial está condenada. Pois não houve nenhuma causa única ou dominante. A tecnologia, por si só, não é a força motriz da História. Tampouco por si mesmos o foram idéias ou valores. Não é a luta de classes, nem é a História apenas um registro de mudanças ecológicas, tendências demográficas ou invenções de comunicações. A economia somente não pode explicar isto ou qualquer outro evento histórico. Não há nenhuma "variável independente" sobre a qual dependam todas as outras variáveis. Há apenas variáveis correlatas, ilimitadas em complexidade.

Defrontados por este labirinto de influências causais, incapazes mesmo de seguirem suas interações, o máximo que podemos fazer é focalizar as que parecem mais reveladoras para o nosso fim e reconhecer a deformação implícita nessa escolha. Neste espírito, é claro que de todas as muitas forças que fluíram juntas para formar a civilização da Segunda Onda, poucas tiveram conseqüências mais perceptíveis do que o afastamento crescente entre o produtor e o consumidor e o crescimento dessa fantástica rede de permuta que hoje chamamos mercado, quer seja capitalista quer socialista na forma

Quanto maior foi a separação entre produtor e consumidor — no tempo, no espaço e na distância social e política — mais o mercado, em toda a sua espantosa complexidade, com todo o seu séquito de valores, suas metáforas implícitas e pressuposições ocultas, veio a dominar a realidade social.

Como vimos, esta cunha invisível produziu todo o sistema monetário com suas instituições bancárias centrais, suas bolsas de valores, o seu mercado internacional, seus planejadores burocráticos, seu espírito quantitativo e calculador, sua ética contratual, sua tendência materialista, sua limitada medida de sucesso, seus sistemas de recompensa e seu poderoso aparelho de contabilidade, cuja significação cultural nós subestimamos rotineiramente. Deste divórcio do produtor e do consumidor vieram muitas das pressões no sentido da padronização, especialização, sincronização e centralização. Dele vieram diferenças no papel e temperamento sexuais. Por mais que avaliemos as muitas outras forças que lançaram a Segunda Onda, esta divisão do antigo átomo de produção ⇄ consumo deve certamente ter alto valor entre eles. As ondas de choque dessa fissão são ainda evidentes atualmente.

A civilização da Segunda Onda não alterou apenas a tecnologia, a natureza e a cultura; mas alterou também a personalidade, ajudando a produzir um novo caráter social. Naturalmente, as mulheres e as crianças moldaram a civilização da Segunda Onda e foram moldadas por ela. Mas como os homens eram atraídos mais diretamente para dentro da matriz do mercado e pelos novos modos de trabalho, eles adquiriram características industriais mais pronunciadas do que as mulheres, e as leitoras talvez possam perdoar o uso do termo Homem Industrial para resumir estas novas características.

O Homem Industrial era diferente de todos os seus predecessores. Foi o senhor dos "escravos da energia" que amplificaram enormemente o seu poder insignificante. Passava grande parte da sua vida num ambiente de estilo de fábrica, em contato com máquinas e organizações que apequenavam o indivíduo. Aprendeu, quase desde a infância, que a sobrevivência dependia mais do que nunca antes do dinheiro. Tipicamente criou-se numa família nuclear e foi para uma escola estilo fábrica. Recebeu a sua imagem básica do mundo através dos veículos de comunicação em massa. Trabalhava para uma grande companhia ou agência do governo, pertencia a sindicatos, igrejas e outras organizações — a cada uma das quais distribuía uma parcela da sua pessoa dividida. Identificava-se cada vez menos com sua aldeia ou cidade do que com a nação. Via a si mesmo postado em oposição à natureza — explorando-a diariamente no seu trabalho. E entretanto, paradoxalmente, corria a visitá-la nos fins de semana. (Com efeito, quanto mais ele espezinhava a natureza, mais a romantizava e venerava com palavras.) Aprendia a ver-se como parte de vastos sistemas econômicos, sociais e políticos interdependentes, cujas orlas se perdiam em complexidades além da sua compreensão.

Defrontado por esta realidade, rebelava-se sem sucesso. Lutava para criar um meio de vida. Aprendia a jogar os jogos requeridos pela sociedade, adaptados aos papéis que lhe eram destinados, freqüentemente detestando-os e sentindo-se vítima do próprio sistema que melhorava o seu padrão de vida. Sentia o tempo retilíneo a levá-lo implacavelmente para o futuro com seu túmulo à espera. E enquanto o seu relógio-pulseira tiquetaqueava os momentos, ele se aproximava da morte sabendo que a Terra e todos os indivíduos que havia nela, inclusive ele mesmo, eram apenas parte de uma máquina cósmica maior, cujos movimentos eram regulares e implacáveis.

O Homem Industrial ocupava um ambiente que teria sido em muitos aspectos irreconhecível para os seus antepassados. Mesmo os sinais sensórios elementares eram diferentes.

A Segunda Onda mudou a paisagem sonora, substituindo o canto do galo pelo apito da fábrica, o cricrilar dos grilos pelo guinchar dos pneus. Iluminou as noites, estendendo as horas de consciência. Trouxe imagens visuais que nenhum olho já tinha visto antes — a fotografia da Terra tirada do céu, ou montagens surrealistas no cinema local ou formas biológicas reveladas pela primeira vez por microscópios de alta potência. O odor noturno da terra deu lugar ao cheiro de gasolina e ao fedor de fenóis. Os gostos da carne e das verduras foram alterados. Toda a paisagem perceptiva foi transformada.

O mesmo se deu com o corpo humano, que pela primeira vez cresceu até ao que agora consideramos a sua altura normal completa: gerações sucessivas foram ficando mais altas do que seus pais. Mudaram igualmente as atitudes com relação ao corpo. Norbert Elias diz-nos em *O Processo Civilizador* que, ao passo que até o século XVI, na Alemanha e em outros países da Europa, "a visão da nudez total era uma regra cotidiana", a nudez veio a ser olhada como vergonhosa quando a Segunda Onda se difundiu. O procedimento do quarto de dormir mudou quando entraram em uso roupas de dormir especiais. Comer tornou-se "tecnologizado" com a difusão de garfos e outros implementos especiais de mesa. De uma cultura que mostrava prazer ativo na vista de um animal morto na mesa veio a mudança para uma visão de "coisas que lembrem que o prato de carne tem alguma coisa a ver com a morte de um animal devem ser evitadas ao máximo".

O casamento tornou-se mais uma conveniência econômica. A guerra foi ampliada e posta na linha de montagem. As mudanças na relação pai-filho, nas oportunidades de mobilidade para cima, em todos os aspectos das relações humanas trouxeram para milhões um senso da individualidade radicalmente mudado.

Enfrentado por tantas mudanças, tanto psicológicas como econômicas, tanto políticas como sociais, o cérebro hesita quanto à avaliação. Por que critérios julgamos toda uma civilização? Pelo padrão de vida que proporcionava às massas que viviam nela? Por sua influência sobre os que viviam fora do seu perímetro? Por seu impacto na biosfera? Pela excelência de suas artes? Pela duração da vida de seu povo? Por suas realizações científicas? Pela liberdade do indivíduo?

Dentro de suas fronteiras, apesar das maciças depressões econômicas e do horrendo desperdício de vida humana, a civilização da Segunda Onda melhorou evidentemente o padrão de vida material da pessoa comum. Os críticos do industrialismo, descrevendo a miséria em massa da classe laboriosa durante os séculos XVIII e XIX na Grã-Bretanha, romantizaram por vezes a Primeira Onda do passado. Pintam aquele passado rural como cálido, comunal, estável, orgânico e com valores mais espirituais do que puramente materialistas. E, contudo, a pesquisa revela que estas comunidades supostamente encantadoras eram fossas de desnutrição, doença, pobreza, desamparo e tirania, com gente inerme contra a fome, o frio e os chicotes de seus senhores e donos.

Muito se tem falado sobre as horrendas favelas que surgiram no centro ou em redor das grandes cidades, sobre a comida adulterada, os abastecimentos de água portadores de doenças, os asilos de indigentes e a esqualidez diária. E, contudo, por terríveis que indubitavelmente tenham sido, sem dúvida representaram uma vasta melhora sobre as condições que a maioria desta gente deixou para trás. O escritor britânico John Vaizey observou: "A imagem do bucólico pequeno lavrador inglês foi exagerada", e, para um número significativo, o deslocamento para as favelas urbanas proporcionou "de fato uma dramática ascensão no padrão social, medido em termos de duração de vida, melhoria nas condições físicas da habitação e na quantidade e variedade do que eles tinham para comer."

Em termos de saúde, basta lermos *A Idade de Agonia,* de Guy Williams, ou *Morte, Doença e Fome na Inglaterra Pré-Industrial,* de L. A. Clarkson, para contradizer os que glorificam a civilização da Primeira Onda às expensas da Segunda. Christina Larner, numa crítica destes livros, declara: "A obra dos historiadores sociais e demógrafos salientou a presença esmagadora da doença, da dor e da morte tanto no campo como nas cidades insalubres. As probabilidades de vida eram baixas: cerca de 40 anos no século XVI, reduzidas para a casa dos 30 no século XVII, arrasado por epidemias, e elevados para o princípio da casa dos 40 no século XVIII... Era raro que os casais vivessem juntos durante muitos anos... todos os filhos eram um azar." Embora critiquemos com justiça os sistemas dominados por crises e mal dirigidos, vale a pena recordar que antes da revolução industrial a medicina oficial era mortífera, acentuando a doação de sangue e a cirurgia sem anestesia.

As principais causas de morte eram a peste, o tifo, a gripe, a disenteria, a varíola e a tuberculose. "Observam freqüentemente os sábios", escreve Larner friamente, "que nós apenas substituímos estes por uma série de assassinos diferentes, mas estes, ao menos, nos deixam ficar até um pouco mais tarde. A doença epidêmica pré-industrial matava indiscriminadamente jovens e velhos."

Mudando-se da saúde e da economia para a arte e a ideologia — o industrialismo, com todo o seu materialismo mentalmente acanhado, foi mais estupidificante do que as sociedades feudais que o precederam? A mentalidade mecanicista, ou a indust-realidade, foi algo menos aberto para novas idéias, mesmo heresias, do que a igreja medieval ou as monarquias do passado? Por mais que detestemos as nossas gigantescas burocracias, acaso são mais rígidas do que as burocracias chinesas de há séculos, ou as antigas hierarquias egípcias? E quanto à arte, os romances, os poemas e as pinturas dos 300 anos passados no Oeste são menos vivos, profundos, reveladores ou complexos do que as obras de períodos anteriores ou diferentes lugares?

O lado escuro, entretanto, também está presente. Enquanto a civilização da Segunda Onda fez muito para melhorar as condições de nossos pais e mães, também desencadeou violentas conseqüências externas — deixou de antecipar efeitos colaterais. Entre estes estava o dano violento, talvez irreparável, feito à frágil biosfera da Terra. Por causa de sua predisposição indust-real contra a natureza, por causa da expansão da população, sua tecnologia brutal e sua incessante necessidade de expansão, produziu mais devastação ambiental do que qualquer idade precedente. Tenho lido descrições de esterco de cavalo nas ruas das cidades pré-industriais (ordinariamente apresentadas como prova tranqüilizante de que a poluição não é algo novo). Sei que os dejetos enchiam as ruas das cidades antigas. Não obstante, a sociedade industrial levantou os problemas da poluição ecológica e o uso das riquezas a um nível radicalmente novo, tornando o presente e o passado incomensuráveis.

Nunca antes qualquer civilização criou os meios para destruir, literalmente, não uma cidade, mas um planeta. Nunca oceanos inteiros foram ameaçados de toxificação, espécies inteiras desapareceram da Terra do dia para a noite em resultado da avidez ou a inadvertência humana; nunca as minas fizeram cicatrizes tão selvagens na superfície da terra; nunca aerossóis com seus borrifos capilares exauriram a camada de ozônio, ou a termopoluição ameaçou o clima planetário.

Semelhante, mas ainda mais complexa, é a questão do imperialismo. A escravização dos índios para escavarem as minas da América do Sul, a introdução da cultura de grandes plantações em grandes partes da África e da Ásia, a deturpação intencional de economias coloniais para atender à necessidades das nações industriais, tudo isto deixou agonia, fome, doença e aculturação em sua esteira. O racismo exsudado pela civilização da Segunda Onda, a integração forçada de economias auto-suficientes em pequena escala no sistema comercial internacional deixaram feridas ulceradas que até agora nem começaram a curar.

Entretanto, mais uma vez seria um erro enaltecer estas primitivas economias de subsistência. É discutível se as populações de nações ainda agora não-industriais estão pior hoje do que estavam há 300 anos. Em termos de duração de vida, alimentação, mortalidade infantil, alfabetização, assim como dignidade humana, centenas de seres humanos atualmente, do Sahel à América Central, sofrem misérias indescritíveis. Seria entretanto um desserviço a eles inventar um falso passado romântico em nossa precipitação de julgar o presente. A maneira de penetrar no futuro não é através da reversão a um passado ainda mais miserável.

Assim como não existe uma causa única que produziu a civilização da Segunda Onda, também não pode haver uma única avaliação. Eu tentei apresentar um quadro da civilização da Segunda Onda, inclusive com seus defeitos. Se por um lado pareço condená-la e por outro aprová-la, é porque os julgamentos simples são enganosos. Eu detesto a maneira como o industrialismo esmagou a Primeira Onda e os povos primitivos. Não posso esquecer a maneira como ele massificou a guerra, inventou Auschwitz e desencadeou o átomo para incinerar Hiroxima. Tenho vergonha de sua arrogância cultural e suas depredações contra o resto do mundo. Estou nauseado pelo desperdício de energia, imaginação e espírito humanos nos nossos guetos e *barrios*.

Entretanto, o ódio insensato ao nosso próprio tempo e gente está longe de ser a melhor base para a criação do futuro. O industrialismo foi um pesadelo de ar-condicionado, um deserto, um completo horror? Foi um mundo de "visão única" como foi chamado pelos inimigos da ciência e da tecnologia? Sem dúvida. Mas foi mais do que isso também. Foi, como a própria vida, um instante agridoce na eternidade.

Por mais que escolhamos avaliar o presente que se dissolve, é vital compreender que o jogo industrial terminou, as energias estão gastas, a força da Segunda Onda está diminuindo por toda a parte, enquanto começa a nova onda de mudança. Duas mudanças, por si mesmas, tornam impossível a continuação "normal" da civilização industrial.

Primeiro, chegamos a um ponto decisivo na "guerra contra a natureza". A biosfera simplesmente não tolera o assalto industrial. Segundo, não podemos mais apoiar-nos indefinidamente em energia não-renovável, até agora o subsídio principal do desenvolvimento industrial.

Estes fatos não significam o fim da sociedade tecnológica, ou o fim da energia. Mas não significam que todo o futuro avanço tecnológico será moldado por coerções ambientais. Eles também significam que até que novas fontes sejam substituídas, as nações industriais sofrerão sintomas periódicos, possivelmente recuos violentos, com a luta para substituir novas formas de energia, ela mesma acelerando a transformação social e política.

Uma coisa é evidente: nós estamos no fim — pelo menos durante algumas décadas — da energia barata. A civilização da Segunda Onda perdeu um de seus dois subsídios mais básicos.

Simultaneamente, esse outro subsídio oculto está sendo retirado: as matérias-primas baratas. Diante do fim do colonialismo e do neo-imperialismo, as nações de alta tecnologia ou se voltarão para dentro em busca de novos substitutos e recursos, comprando uns dos outros e gradualmente diminuindo seus elos econômicos com os estados não-industriais, ou continuarão a comprar dos países não-industriais, mas em condições mercantis totalmente novas. Em qualquer caso, os custos subirão substancialmente, e toda a base de recursos da civilização será transformada juntamente com sua base de energia.

Estas pressões externas sobre a sociedade industrial são combinadas com pressões desintegrativas dentro do sistema. Quer focalizemos o sistema familiar nos Estados Unidos, quer o sistema telefônico na França (que é pior hoje do que em algumas *banana republics*), quer o sistema de trens suburbanos de Tóquio (que é tão ruim que seus usuários já atacaram estações e retiraram de lá altos funcionários da estrada como reféns em protesto), a história é a mesma: as pessoas e os sistemas forçados até o ponto de fratura.

Os sistemas da Segunda Onda estão em crise. Encontramos assim crise no sistema de bem-estar social. Crise nos sistemas postais. Crise nos sistemas escolares. Crise nos sistemas dos serviços sanitários. Crise nos sistemas urbanos. Crises nos sistemas financeiros internacionais. O próprio estado-nação se encontra em crise. O sistema de valores da Segunda Onda está em crise.

Mesmo o sistema de funções que mantinha junta a civilização industrial está em crise. Isto nós vemos o mais dramaticamente possível na luta para redefinir os papéis sexuais. No movimento das mulheres, na reclamação da legalização da homossexualidade, na difusão das modas unissex, vemos a contínua confusão das tradicionais expectativas para os sexos. Os papéis ocupacionais estão se confundindo também. As enfermeiras e os pacientes estão igualmente redefenindo seus papéis frente aos médicos. A polícia e os professores violam os papéis que lhes são atribuídos e fazem greve ilegal. Os funcionários paraforenses redefinem o papel do advogado. Os trabalhadores estão exigindo cada vez mais participação, infringindo os papéis tradicionais da gerência. E esta pane, em toda a sociedade, da estrutura do papel do qual dependia o industrialismo é muito mais revolucionária em suas implicações do que todos os protestos e passeatas políticas francas pelas quais os redatores de manchetes medem a mudança.

Finalmente, esta convergência de pressões — a perda de subsídios chaves, o mau funcionamento dos principais sistemas de sustento da vida da sociedade, o desarranjo da estrutura do papel (representação) — tudo isto produz crise na mais elementar e frágil das estruturas: a personalidade. O colapso da civilização da Segunda Onda criou uma crise epidêmica de personalidade.

Hoje vemos milhões procurando desesperadamente suas próprias sombras, devorando filmes, peças, romances e livros instrutivos, por mais obscuros que sejam, que prometem ajudá-los a localizar suas identidades perdidas. Nos Estados Unidos, como veremos, as manifestações da personalidade são extravagantes.

Suas vítimas lançam-se em terapia de grupo, misticismo, ou jogos sexuais. Anseiam por mudança, mas a mudança os aterroriza. Desejam urgentemente deixar sua existência atual e saltar de algum modo para uma nova vida — para se tornarem o que não são. Querem mudar de empregos, de cônjuges, de papéis e responsabilidades.

Mas negociantes americanos supostamente maduros e complacentes não estão isentos deste descontentamento com o presente. A Associação Americana do Administração encontra numa pesquisa recente que 40 por cento bem medidos dos gerentes médios se sentem infelizes em seus empregos, e que mais de um terço deles sonham com uma carreira alternativa na qual acham que se sentiriam mais felizes. Muitos agem segundo o seu descontentamento. Abandonam o emprego, vão ser lavradores ou tornam-se esquiadores, procuram novos estilos de vida, voltam para a escola ou simplesmente correm atrás de si mesmos, cada vez mais rápido, num círculo cada vez mais estreito e, por fim, estouram sob a pressão.

Procurando dentro de si mesmos a fonte de seu desconforto, sofrem agonias desnecessárias de culpa. Parecem vagamente inconscientes de que o que estão sentindo dentro de si mesmos é o reflexo objetivo de uma crise objetiva muito maior: estão representando um drama inconsciente dentro de um drama.

Podemos persistir em olhar cada uma destas várias crises como um evento isolado. Podemos pôr de parte as conexões entre a crise de energia e a crise de personalidade, entre novas tecnologias e novos papéis sexuais, e inter-relações ocultas como estas. Mas fazemos isto com risco nosso. Pois o que está acontecendo é maior de qualquer destas coisas. Uma vez que tenhamos pensado em termos de ondas sucessivas de mudança correlata, da colisão destas ondas, captamos o fato essencial da nossa geração — que o industrialismo está morrendo — e podemos começar a procurar entre os sinais de mudança pelo que é verdadeiramente novo, o que não é mais industrial. Podemos identificar a Terceira Onda.

É esta Terceira Onda de mudança que modelará o resto de nossa vida. Se devemos polir a transição entre a velha civilização moribunda e a nova que está tomando forma, se formos capazes de manter um senso de individualidade e de habilidade para dirigirmos as nossas próprias vidas através das crises cada vez mais intensas que vêm aí, devemos poder reconhecer — e criar — as inovações da Terceira Onda.

Pois se olharmos atentamente em redor de nós, encontraremos, entrecruzando as manifestações de fracasso e colapso, os primeiros sinais de crescimento e novo potencial.

Se escutarmos atentamente, poderemos ouvir a Terceira Onda já rugindo em praias não muito distantes.

# A TERCEIRA ONDA

# 11
# A NOVA SÍNTESE

Em janeiro de 1950, exatamente quando se abria a segunda metade do século XX, um jovem desengonçado de 22 anos de idade, com um novíssimo diploma universitário, iniciou uma longa viagem de ônibus através da noite, para o que ele considerava a realidade central do nosso tempo. Com a companheira ao lado e uma mala de papelão cheia de livros debaixo do assento, olhava o alvorecer cinza-escuro que surgia, enquanto as fábricas do Meio-Oeste americano deslizavam interminavelmente pelas janelas lavadas pela chuva.

A América era o coração do mundo. A região que circundava os Grandes Lagos era o coração industrial da América. E a fábrica era o núcleo palpitante deste coração de corações: siderúrgicas, fundições de alumínio, oficinas, ferramentas e tintas, refinarias de petróleo, fábricas de automóveis, quilômetros após quilômetros de feios edifícios vibrando com enormes máquinas de estampagem, punção, perfuração, dobragem, solda, forjadura e fundição de metal. A fábrica era o símbolo de toda a era industrial e, para um rapaz criado num lar da classe média inferior e semiconfortável, depois de quatro anos de Platão e T.S. Elliot, de História de Arte e teoria social abstrata, o mundo que isso representava era tão exótico como Tashkent ou a Terra do Fogo.

Passei cinco anos naquelas fábricas, não como empregado de escritório ou assistente da seção do pessoal, mas como operário na linha de montagem, como maquinista de moinho, soldador, motorista de empilhadeira, operador de prensa de perfurar... estampando ventiladores, assentando máquinas numa fundição, construindo máquinas gigantescas de controle de poeira para minas africanas, polindo o metal em caminhões leves que passavam rápida e ruidosamente pela linha de montagem. Aprendi *in loco* como os operários de fábrica lutavam para ganhar a vida na era industrial.

Engoli a poeira, o suor e a fumaça da fundição. Meus ouvidos rebentavam com o silvo do vapor, o estrondear das correntes, o troar das amassadeiras de barro. Sentia o calor quando despejavam o aço incandescente. Fagulhas de acetileno deixaram-me marcas nas pernas. Produzia milhares de peças numa prensa durante um turno, repetindo movimentos idênticos até que a minha mente e os meus músculos gritavam. Observava os gerentes que mantinham os trabalhadores em seu lugar, eles mesmos homens de camisa branca, interminavelmente perseguidos e atormentados por autoridades mais altas. Ajudei uma mulher de 65 anos de idade a sair da máquina que acabara de lhe cortar fora quatro dedos da mão e ainda ouço seus gritos: "Jesus e Maria, não vou mais poder trabalhar!"

A fábrica. Viva a fábrica! Hoje, mesmo enquanto se constroem novas fábricas, a civilização que fez da fábrica uma catedral está morrendo. E em alguma parte, neste momento mesmo, outros moços e moças estão dirigindo seus carros através da noite com destino ao centro da nascente civilização da Terceira Onda.

Se os seguíssemos até o seu destino, aonde chegaríamos? Às estações de lançamento que arremessam aqueles veículos flamejantes e fragmentos de consciência humana para o espaço exterior? Aos laboratórios de oceanografia? A famílias comunais? Às equipes que trabalham em inteligência artificial? A apaixonadas seitas religiosas? Estão vivendo em simplicidade voluntária? Estão subindo a escada da companhia? Estão produzindo armas para terroristas? Onde está sendo forjado o futuro?

Se estivéssemos planejando uma expedição semelhante ao futuro, como prepararíamos os nossos mapas? É fácil dizer que o futuro começa no presente. Mas que presente? O nosso presente está explodindo de paradoxo.

Nossos filhos são supersofisticados em relação a drogas, sexo ou lançamentos espaciais; alguns sabem muito mais sobre computadores do que seus pais. Mas as notas nas provas escolares caem. As proporções de divórcios continuam subindo. . . mas o mesmo se dá com os novos casamentos. Os antifeministas aumentam no momento exato em que as mulheres conquistam direitos que os próprios antifeministas endossam. Os homossexuais exigem seus direitos e saem do armário em assalto. . . e encontram Anita Bryant à espera deles.

A inflação refratária domina todas as nações da Segunda Onda, e, entretanto, o desemprego continua a aprofundar-se, contradizendo todas as nossas teorias. No mesmo tempo exato, em desafio à lógica da oferta e procura, milhões estão exigindo não apenas empregos, mas trabalho que seja criativo, psicologicamente satisfatório ou socialmente responsável. As contradições econômicas multiplicam-se

Em política, os partidos perdem a fidelidade de seus membros no momento preciso em que questões chaves — a tecnologia, por exemplo — estão ficando mais politizadas do que nunca. Entrementes, através de vastas extensões da terra, ganham poder movimentos nacionalistas — no momento exato em que o estado-nação se encontra sob ataque cada vez mais intenso em nome do globalismo ou da consciência planetária.

Diante de tais contradições, como poderíamos ver por *trás* de tendências e contratendências? Ninguém, lamentavelmente, tem qualquer resposta mágica para esta pergunta. Malgrado toda a produção impressa dos computadores, os conglomerados e os modelos e matrizes matemáticos que os pesquisadores futuristas usam, nossas tentativas de espreitar para amanhã — ou mesmo dar sentido ao dia de hoje — permanecem, como é natural, mais uma arte do que uma ciência.

A pesquisa sistemática pode ensinar-nos muito. Mas no fim devemos abraçar — não desprezar — o paradoxo e a contradição, o palpite, a imaginação e a síntese ousada (se bem que experimental).

Ao sondarmos o futuro nas páginas que se seguem, por conseguinte, devemos fazer mais do que identificar tendências. Por difícil que possa ser, devemos resistir à tentação de nos deixarmos seduzir por linhas retas. A maioria das pessoas — inclusive futuristas — concebem o amanhã como uma mera extensão de hoje, esquecendo que as tendências, por mais poderosas que pareçam, não continuam simplesmente numa moda linear. Elas chegam a pontas oscilantes onde explodem em novos fenômenos. Invertem a direção. Param e partem. Porque alguma coisa está acontecendo agora, ou tem acontecido durante 300 anos, isso não é garantia de que continuará. Nas páginas à frente olharemos para ver precisamente essas contradições, conflitos, reviravoltas, pontos de parada que tornam o futuro uma surpresa contínua.

Mais importante, exploraremos as conexões ocultas entre eventos que superficialmente parecem sem relação. Faz pouco bem prever o futuro de semicondutores ou energia, ou o futuro da família (mesmo da nossa própria família) se a previsão nascer da premissa de que tudo o mais permanecerá inalterado. Pois nada *permanecerá* inalterado. O futuro é fluido, não congelado. É construído por nossas decisões inconstantes e mutáveis e cada evento influencia todos os outros.

A civilização da Segunda Onda deu uma ênfase extremamente pesada à nossa capacidade de desmantelar problemas em seus componentes; recompensou-nos com menos freqüência pela habilidade de combinar as peças novamente. A maioria das pessoas são culturalmente mais hábeis como analistas do que como sintetizadoras. Esta é uma razão por que as nossas imagens do futuro (e nós mesmos nesse futuro) são tão fragmentárias, casuais... e erradas. Nossa tarefa aqui será pensar como generalizadores, não especialistas.

Hoje eu creio que nós estamos à beira de uma nova idade de síntese. Em todos os campos, das ciências pesadas à sociologia, à psicologia e à economia — especialmente economia — estamos provavelmente para ver um retorno ao pensamento em grande escala, à teoria geral, à recomposição das peças. Pois está começando a nos parecer que nossa ênfase obsessiva no detalhe quantificado sem contexto, em medição cada vez mais detalhada de problemas cada vez menores, levou-nos a saber cada vez mais sobre cada vez menos.

Por conseguinte, nossa abordagem no que se segue será olhar para aquelas correntes de mudança que estão abalando nossas vidas, revelar as conexões subterrâneas entre elas, não simplesmente porque cada uma destas é importante em si, mas por causa da maneira como estas correntes de mudança correm juntas para formar rios de mudança ainda maiores, mais fundos, mais rápidos, que, por sua vez, correm para algo ainda maior: a Terceira Onda.

Como o moço que se dispôs no meio do século a encontrar o coração do presente, agora começamos nossa busca do futuro. Esta busca poderá ser a mais importante das nossas vidas.

# 12
# OS CUMES SOBRANCEIROS

Em 8 de agosto de 1960, um engenheiro químico natural da Virgínia Ocidental, chamado Monroe Rathbone, sentado no seu alto escritório sobre a Rockefeller Plaza, em Manhattan, tomou uma decisão que os futuros historiadores talvez um dia venham a escolher para simbolizar o fim da era da Segunda Onda.

Poucos prestaram atenção nesse dia, quando Rathbone, executivo-chefe da gigantesca Exxon Corporation, tomou medidas para reduzir aos níveis anteriores as taxas que a Exxon pagava aos países produtores de petróleo. Sua decisão, embora ignorada pela imprensa ocidental, caiu como um raio sobre os governos destes países, porque virtualmente todas as rendas deles provinham dos pagamentos das companhias de petróleo.

Dentro de alguns dias, as outras grandes companhias petrolíferas tinham seguido o exemplo da Exxon. E um mês mais tarde, em nove de setembro, na lendária cidade de Bagdad, reuniram-se num conselho de emergência delegados dos países mais seriamente atingidos. Com as costas contra a parede, organizaram-se numa comissão de governos exportadores de petróleo. Durante 13 anos completos, as atividades desta comissão, e até mesmo o nome, foram ignorados, com exceção das páginas de uns poucos de jornais da indústria do petróleo. Até 1973, isto é, quando a Guerra do *Yom Kippur* estourou e subitamente a Organização dos Países Exportadores de Petróleo surgiu das sombras. Cortando o abastecimento do óleo cru do mundo, arremessou toda a economia da Segunda Onda num trêmulo e rodopiante mergulho.

O que fez a OPEP, além de quadruplicar suas rendas do petróleo, foi acelerar uma revolução que já estava fermentando na tecnosfera da Segunda Onda

No clamor ensurdecedor contra a crise de energia que se seguiu desde então, têm-nos jogado tantos planos, propostas, argumentos e contra-argumentos, que é difícil fazer escolhas sensatas. Os governos estão exatamente tão confusos como o proverbial homem da rua.

Uma maneira de romper através da escuridão é olhar além das tecnologias e políticas individuais para os princípios que se escondem por baixo delas. Uma vez que o tenhamos feito, encontraremos que certas propostas são destinadas a manter ou estender a base energética da Segunda Onda como nós a temos conhecido, enquanto outras repousarão em novos princípios. O resultado é um esclarecimento radical de toda a questão da energia.

A base da energia da Segunda Onda, vimos antes, estabeleceu como premissa a não-renovabilidade; era extraída de depósitos altamente concentrados, exauríveis; sustentava-se em tecnologias caras e pesadamente centralizadas; e era indiversificada, repousando em fontes e métodos relativamente pouco numerosos. Estes eram os principais aspectos da base da energia em todas as nações da Segunda Onda através da era industrial.

Tendo estes princípios em mente, se olharmos agora para os vários planos e propostas geradas pela crise do petróleo, podemos dizer rapidamente quais são simples extensões dos métodos antigos e quais são precursores de alguma coisa fundamentalmente nova. E a questão básica recai não sobre se o petróleo deve ser vendido a 40 dólares o barril ou se deve surgir um reator nuclear em Seabrook ou Grohnde. A questão maior é saber se qualquer base de energia destinada a sociedade industrial, e com premissa nestes princípios da Segunda Onda, pode sobreviver. Uma vez feita a pergunta desta forma, a resposta é inabalável.

Através do meio século passado, dois terços completos de todo o suprimento de energia do mundo veio de petróleo e gás. Dos mais fanáticos conservacionistas ao deposto Xá do Irã, dos maníacos da energia solar e dos xeques sauditas aos austeros peritos de pasta debaixo do braço de muitos governos, todos concordam em que esta dependência do combustível fóssil não pode continuar indefinidamente, por mais que novos poços de petróleo sejam descobertos.

As estatísticas variam. As disputas giram em volta de quanto tempo o mundo terá de existência antes do último estertor. As complexidades previsoras são enormes e muitas predições passadas agora parecem idiotas. Contudo, uma coisa é clara: ninguém está bombeando gás e petróleo de volta à terra para reabastecer o suprimento.

Quer o fim venha num gorgolejar climático ou, mais provavelmente, numa sucessão de desnorteante escassez desestabilizadora, fartura temporária e escassez mais profunda, a época do petróleo está no fim. Os iranianos sabem disso. O Kwait, a Nigéria e a Venezuela sabem disso. A Arábia Saudita sabe disso — e é por isso que estão correndo a construir uma economia baseada em alguma outra coisa que não os rendimentos do petróleo. As companhias de petróleo sabem disso — e é por isso que estão se debatendo para saírem para setores que não o do petróleo. (Um presidente de uma companhia de petróleo disse-me num jantar em Tóquio, ainda não há muito tempo, que, na opinião dele, os gigantes do petróleo se transformariam em dinossauros industriais, como aconteceu com as estradas de ferro. O quadro de tempo dele para isto era espantosamente curto — anos, não décadas).

Entretanto, o debate sobre o esgotamento físico quase não vem ao caso. Pois no mundo de hoje é o preço, não o suprimento físico, que tem o impacto mais imediato e significativo. E aqui os fatos apontam ainda mais fortemente para a mesma conclusão.

Numa questão de décadas, a energia poderá mais uma vez se tornar abundante e barata, em conseqüência de surpreendente avanço tecnológico ou manobras econômicas. Mas, aconteça o que acontecer, é provável que o preço relativo do petróleo continue subindo, enquanto seremos forçados a sondar profundezas cada vez maiores, a explorar regiões cada vez mais remotas e a competir entre mais compradores. A OPEP à parte, uma reviravolta histórica teve lugar nos cinco anos passados: apesar das novas e maciças descobertas como as do México, apesar da subida vertiginosa dos preços, a quantidade atual de reservas de petróleo comercialmente recuperáveis diminuiu, não aumentou — invertendo a tendência que tinha durado décadas. Mais uma prova, se fosse preciso, de que a era petrolífica está guinchando para parar.

Entrementes, o carvão, que forneceu mais do terço da energia total do mundo, está em amplo abastecimento, embora também esteja ultimamente se esgotando. Qualquer expansão de uso de carvão, entretanto, implica a difusão de ar sujo, um risco possível para o clima do mundo (pelo aumento de óxido de carbono na atmosfera) e igualmente uma devastação da terra. Mesmo que todos estes riscos fossem aceitos como necessários por décadas futuras, o carvão não pode ser encaixado no tanque dum automóvel nem realizar muitas outras tarefas atualmente realizadas pelo petróleo ou o gás. As usinas para gaseificarem ou liquefazerem carvão exigem quantidades vertiginosas de capital e água (muita dela necessária para a agricultura) e são, no fim, tão ineficientes e caras, que também elas devem ser olhadas como não mais que expedientes dispendiosos, diversionários e altamente temporários.

A tecnologia nuclear apresenta problemas ainda mais formidáveis no atual estágio de desenvolvimento. Os reatores convencionais dependem de urânio, ainda outro combustível exaurível, e apresenta riscos de segurança extremamente caros para vencer — se realmente puderem ser vencidos. Ninguém solucionou convincentemente os problemas da eliminação do refugo nuclear, os custos nucleares são tão altos que até agora têm sido essenciais subsídios do governo para tornar a energia atômica remotamente competitiva com outras fontes.

Os rápidos reatores produtores de material físsil são em si uma classe. Mas embora freqüentemente apresentados ao público não informado como máquinas de movimento perpétuo porque o plutônio que eles vomitam pode ser usado como combustível, também eles no fim são dependentes do suprimento limitado e não renovável de urânio do mundo. Eles são não só altamente centralizados, incrivelmente caros, voláteis e perigosos, mas contribuem para os riscos da guerra nuclear e permitem a captura terrorista de materiais nucleares.

Nada disto significa que vamos ser jogados de volta à Idade Média ou que o maior avanço econômico é impossível. Mas significa, sem dúvida, que chegamos ao fim de uma linha de desenvolvimento e que agora devemos partir para outra. Significa que a base energética da Segunda Onda é insustentável.

Com efeito, há ainda outra razão, ainda mais fundamental pelo que o mundo deve se deslocar e se deslocará para uma base energética radicalmente nova, quer numa aldeia quer numa economia industrial, e que deve ser apropriada para o nível de tecnologia da sociedade, a natureza da produção, a distribuição de mercados e a população e muitos outros fatores.

A elevação da base de energia da Segunda Onda esteve associada ao avanço da sociedade durante todo o novo estágio do desenvolvimento tecnológico. E enquanto os combustíveis fósseis certamente aceleraram o desenvolvimento tecnológico, o inverso exato também foi verdadeiro. A invenção da fome de energia, a tecnologia irracional durante a era industrial acicatou a exploração cada vez mais rápida justamente daqueles mesmos combustíveis fósseis. O desenvolvimento da indústria dos automóveis, por exemplo, causou uma expansão tão radical do negócio do petróleo, que numa época foi essencialmente uma dependência de Detroit. Nas palavras de Donald E. Carr, antigo diretor de pesquisa de uma companhia de petróleo e autor de *A Energia e a Máquina da Terra,* a indústria do petróleo tornou-se "uma escrava de uma forma interna do motor de combustão".

Hoje estamos uma vez mais à beira de um salto tecnológico histórico e o novo sistema de produção que emerge agora exigirá uma reestruturação radical de todo o negócio de energia — mesmo que a OPEP tivesse de dobrar sua tenda e se retirar sorrateiramente.

Pois o grande fato passado por alto é que o problema da energia não é apenas um fato de quantidade; é igualmente um fato de estrutura. Nós não precisamos apenas de certa *quantidade* de energia, mas de energia distribuída em muitas mais formas variadas, em locais diferentes (e mutáveis), em diferentes horas do dia, da noite e do ano, e para fins inimaginados.

Isto simplesmente — as decisões de apreçamento da OPEP — não explica por que o mundo deve procurar alternativas para o velho sistema de energia. Essa busca tem sido acelerada e agora estamos aplicando vastos e novos recursos de dinheiro e imaginação ao problema. Em vista disso, estamos olhando com mais atenção muitas possibilidades surpreendentes. Enquanto a mudança de uma base de energia para outra sem dúvida será obscurecida por convulsões econômicas e outras, há outro aspecto dela, mais positivo. Pois nunca na História tantas pessoas mergulharam com tanto fervor numa busca de energia — e nunca tivemos diante de nós tantos potenciais estranhos e empolgantes.

É claramente impossível saber nesta fase que combinação de tecnologias se revelará mais útil para que tarefas, mas a série de instrumentos e combustíveis disponíveis para nós certamente serão desconcertantes, com cada vez mais possibilidades exóticas tornando-se comercialmente plausíveis, enquanto os preços do petróleo irão subindo

Estas possibilidades vão das células fotovoltaicas que convertem a luz solar em eletricidade (tecnologia que atualmente está sendo explorada por Texas Instruments, Solarex, Energy Conversion Devices e muitas outras companhias), a um plano soviético para colocar balões com moinhos de vento na tropopausa, a fim de irradiar eletricidade para a Terra através de cabos. A Cidade de Nova York contratou uma firma privada para queimar lixo como combustível e as Ilhas Filipinas estão construindo usinas para produzir eletricidade de refugo de cocos. A Itália, a Islândia e a Nova Zelândia já estão gerando eletricidade de fontes geotermais, extraindo o calor da própria terra, enquanto uma plataforma flutuante de 500 toneladas, ao largo da ilha Honshu, no Japão, está gerando eletricidade da energia da onda. Unidades de calor solar estão brotando dos telhados ao redor do mundo e a Southern California Edison Company está construindo uma "torre de força" que captará energia solar por espelhos controlados por computador, focalizarão numa torre contendo uma caldeira de vapor, o que gerará eletricidade para seus fregueses regulares. Em Stuttgart, na Alemanha, um ônibus acionado por hidrogênio, construído pela Daimler-Benz, tem atravessado as ruas da cidade, enquanto engenheiros da Lockheed-California estão trabalhando num avião acionado a hidrogênio. São tantas as avenidas novas exploradas, que é impossível catalogá-las num breve espaço.

Quando combinarmos novas tecnologias geradoras de energia com modos de armazenar e transmitir energia, as possibilidades tornar-se-ão ainda de mais longo alcance. A General Motors anunciou uma nova e mais eficiente bateria de automóvel para uso em carros elétricos. Pesquisadores da NASA apareceram com "Redox" — um sistema de acumulação de energia que eles acreditam poder produzir pelo terço de custo das baterias convencionais de ácido de chumbo. Com um horizonte de tempo mais longo estamos explorando a supercondutividade e mesmo — além das orlas da ciência "respeitável" — as ondas Tesla como meios de irradiar energia com perda mínima.

Enquanto a maioria destas tecnologias estão ainda em suas fases iniciais de desenvolvimento e muitas se revelarão extravagantemente impraticáveis, outras estão evidentemente na beira da aplicação comercial ou o estarão dentro de uma década ou duas. O mais importante é o fato negligenciado de que grandes avanços freqüentemente vêm não de uma única tecnologia isolada, mas de imaginosas justaposições ou combinações de várias. Desse modo, talvez possamos ver fotovoltaicos solares usados para produzir eletricidade que, por sua vez, servirão para extrair hidrogênio da água de modo a podermos usá-lo nos carros. Hoje estamos ainda na fase da pré-decolagem. Uma vez comecemos a combinar estas muitas novas tecnologias, o número de opções mais potentes aumentará exponencialmente, nós aceleraremos a construção de uma base de energia da Terceira Onda.

Esta nova base terá características vivamente diferentes das do período da Segunda Onda. Pois muito deste suprimento virá de fontes renováveis mais do que de fontes exauríveis. Em vez de depender de combustíveis altamente concentrados, ela extrairá sua energia de uma variedade de fontes amplamente dispersas. Em vez de depender tão intensamente de tecnologias compactamente centralizadas, combinará produção de energia centralizada e descentralizada. E em vez de ser perigosamente ultradependente de um punhado de métodos ou fontes, será diversificada na forma. Esta própria diversidade contribuirá para menos desperdício, permitindo-nos combinar os tipos e qualidade de energia produzida para as necessidades crescentemente variadas.

Em resumo, agora podemos ver pela primeira vez os contornos de uma base de energia seguindo princípios quase diametralmente opostos aos dos recentes 300 anos passados. É claro também que esta base de energia da Terceira Onda não adquirirá existência sem uma luta violenta.

Nesta guerra de idéias e dinheiro que já está grassando em todas as nações de alta tecnologia, é possível discernir não dois, mas três antagonistas. Para começar, há os que têm interesses investidos na velha base de energia da Segunda Onda. Eles defendem o uso de fontes de energia e tecnologias convencionais — carvão, petróleo, gás, força nuclear e suas várias permutações. Eles lutam, com efeito, numa extensão do *status quo* da Segunda Onda. E porque estão entrincheirados nas companhias de petróleo, utilidades, comissões nucleares, companhias de mineração e seus sindicatos associados, as forças da Segunda Onda parecem inabaláveis.

Em contraste, os que favorecem o avanço para uma base de energia da Terceira Onda — uma combinação de consumidores, ambientalistas, cientistas e empresários das indústrias de vanguarda, juntamente com seus vários aliados — parecem dispersos, escassamente financiados e freqüentemente ineptos em política. Os propagandistas da Segunda Onda representam-nos regularmente como ingênuos, despreocupados com as realidades do dólar e fascinados por uma tecnologia cor-de-rosa.

Pior ainda, os defensores da Terceira Onda são publicamente confundidos com uma fímbria do que poderia melhor ser designado por forças da Primeira Onda — gente que não reclama um avanço para um sistema de energia novo, mais inteligente, sustentável e cientificamente baseado, mas para uma reversão para o passado pré-industrial. Em forma extrema, suas normas eliminariam a maioria da tecnologia, restringiriam a mobilidade, fariam as cidades encolherem e morrerem e imporiam uma cultura ascética em nome da conservação.

Juntando estes dois grupos de politiqueiros da Segunda Onda, os peritos em relações públicas e os políticos aprofundam a confusão pública e mantêm as forças da Terceira Onda na defensiva.

Não obstante, nem os que apóiam a política da Primeira Onda, nem os que apóiam a política da Segunda Onda podem acabar vencendo. Os primeiros são devotos de uma fantasia, e os últimos estão tentando manter uma base de energia cujos problemas são refratários... na realidade, insuperáveis.

O custo implacavelmente ascendente dos combustíveis da Segunda Onda age fortemente contra os interesses da Segunda Onda. O custo vertiginoso do capital das tecnologias da energia da Segunda Onda age contra ela. O fato de que os métodos da Segunda Onda freqüentemente requerem pesados insumos de energia para extrair incrementos relativamente pequenos da nova energia "líquida" age contra eles. Os problemas ascendentes de poluição atuam contra eles. O risco nuclear age contra eles. A disposição de milhares, em muitos países, de combaterem a polícia a fim de pararem os reatores nucleares ou desguarnecerem minas ou usinas geradoras gigantes, atuam contra eles. A remenda sede crescente do mundo não-industrial de energia própria e de preços mais altos sobre seus recursos, atua contra eles.

Em suma, embora os reatores nucleares ou a gaseificação do carvão ou as usinas de liquefação e outras tecnologias possam *parecer* ser avançados ou futuristas e, por conseguinte, progressistas, eles são, de fato, artefatos de um passado da Segunda Onda colhidos em suas próprias contradições mortíferas. Alguns poderão ser necessários como expedientes temporários, mas são essencialmente regressivos. Semelhantemente, embora as forças da Segunda Onda possam *parecer* poderosas e as críticas da Terceira Onda fracas, seria tolice apostar demasiadas fichas no passado. Com efeito, a questão não é se a base de energia da Segunda Onda será derrubada, suplantada por uma nova, mas sim quando. Pois a luta pela energia está inexplicavelmente entrelaçada com outra mudança de igual profundidade: o derrubamento da tecnologia da Segunda Onda.

## FERRAMENTAS DE AMANHÃ

Carvão, trilhos, têxteis, aço, automóvel, borracha, fabricação de máquinas-ferramentas — estas foram as indústrias clássicas da Segunda Onda. Baseadas em princípios eletromecânicos essencialmente simples, elas usavam insumos de alta energia, vomitavam enormes quantidades de refugo e poluição e eram caracterizadas por longas linhas de produção, exigências de pouca habilidade, trabalho repetitivo, artigos padronizados e controles pesadamente centralizados.

A partir de meados da década de 50, tornou-se cada vez mais evidente que estas indústrias eram retrógradas e decadentes nas nações industriais. Nos Estados Unidos, por exemplo, enquanto a força de trabalho crescia 21 por cento entre 1965 e 1974, o emprego em têxteis subiu apenas seis por cento e o emprego em ferro e aço caiu efetivamente dez por cento. Um quadro semelhante era evidente na Suécia, na Tchecoslováquia, Japão e outras nações da Segunda Onda.

Enquanto estas indústrias começavam a ser transferidas para os chamados países "em desenvolvimento", onde a mão-de-obra era mais barata e a tecnologia menos avançada, sua influência social também começava a morrer e uma série de novas indústrias dinâmicas surgia para tomar o seu lugar.

Estas novas indústrias diferiam acentuadamente de suas predecessoras em vários aspectos: não eram mais primordialmente eletromecânicas e não mais se baseavam na ciência clássica da era da Segunda Onda. Em vez disso, surgiram de avanços aceleradores numa mistura de disciplinas científicas que ainda tão recentemente como 25 anos antes eram rudimentares ou mesmo inexistentes — eletrônica do *quantum,* informática, biologia molecular, oceânica, nucleônica, ecologia e as ciências espaciais. E tornaram-nos possível chegar além dos aspectos mais grosseiros de tempo e espaço, com os quais se preocupava a indústria da Segunda Onda, para manipular, como notou o físico soviético B. G. Kuznetsov, "regiões espaciais muito pequenas (digamos, do raio de um núcleo, isto é, $10^{-13}$ centímetros) e intervalos temporais da ordem de $10^{-23}$ segundos".

E destas novas ciências e as nossas habilidades de manipulação radicalmente aumentadas surgiram as novas indústrias — computadores e processamento de dados, aerospaço, petroquímica sofisticada, semicondutores, comunicações avançadas e vintenas de outras.

Nos Estados Unidos, onde começou primeiro esta mudança das tecnologias da Segunda Onda para as da Terceira Onda — em meados da década de

50 — velhas regiões como o Vale de Merrimack, na Nova Inglaterra, caíram no estado de áreas deprimidas, enquanto lugares como a Rota 128, fora de Boston, ou o "Vale do Silício", na Califórnia, subiram para a preeminência, com bairros residenciais cheios de especialistas em física de estado sólido, engenharia de sistemas, inteligência artificial ou química polimérica.

Além disso, poderia se rastrear a transferência de empregos e a prosperidade enquanto eles seguiam a transferência de tecnologia, de tal modo que os chamados estados do "cinturão solar", alimentados por grandes contratos de defesa, construíram uma base tecnológica avançada enquanto as regiões industriais mais antigas no Nordeste e em redor dos Grandes Lagos mergulhavam em prostração e quase bancarrota. A prolongada crise financeira da Cidade de Nova York era um claro reflexo desta convulsão tecnológica. Assim foi também a estagnação da Lorena, centro de produção de aço da França. E da mesma forma, ainda em outro nível, foi o fracasso do socialismo britânico. Assim, no fim da II Guerra Mundial, o governo trabalhista falou em tomar os "cumes sobranceiros" da indústria e assim fez. Mas as alturas dominantes que ele nacionalizou foram o carvão, os trilhos e o aço — precisamente aquelas indústrias que estavam sendo ultrapassadas pela revolução tecnológica: os cumes sobranceiros de ontem.

Regiões ou setores da economia baseados em indústrias da Terceira Onda prosperaram; os baseados em indústrias da Segunda Onda enfraqueceram. Mas a reviravolta está longe de haver começado. Atualmente, muitos governos estão conscientemente procurando acelerar esta mudança estrutural, ao mesmo tempo que reduzem as dores da transição. Os planejadores japoneses do MITI — Ministry of International Trade and Industry (Ministério do Comércio e Indústria Internacionais) estão estudando novas tecnologias para sustentar as indústrias de prestação de serviços do futuro.

Na Alemanha Ocidental, o Chanceler Helmut Schmidt e seus conselheiros falam de *strukturpolitik* e esperam que o Banco Europeu de Investimento facilite a saída das tradicionais indústrias de produção em massa.

Hoje, quatro núcleos de indústrias relacionadas estão preparados para maior crescimento e provavelmente se tornarão a espinha dorsal das indústrias da era da Terceira Onda, trazendo consigo, uma vez mais, grandes mudanças no poder econômico e nos alinhamentos sociais e políticos.

A eletrônica e os computadores formam assim claramente um núcleo inter-relacionado. A indústria de eletrônica, uma recém-chegada ao cenário do mundo, agora representa mais de 100 milhões de dólares de vendas por ano e espera-se que atinja 325 bilhões de dólares ou até 400 bilhões no fim de 1980. Isto a tornaria a quarta maior indústria do mundo, depois do aço, dos automóveis e dos produtos químicos. A rapidez com que os computadores se difundiram é tão bem conhecida que dispensa comentários. Os custos caíram tão vertiginosamente e sua capacidade subiu tão espetacularmente que, de acordo com a revista *Computerworld*, "Se a indústria de automóveis tivesse feito o que tem feito a indústria dos computadores nos últimos 30 anos, um Rolls-Royce custaria 2,50 dólares e faria cerca de 3.000.000 de quilômetros com um galão (3.785 litros) de gasolina."

Hoje, minicomputadores baratos estão para invadir o lar americano. Por volta de junho de 1979 umas 100 companhias já estavam fabricando computadores domésticos. Gigantes como a Texas Instruments estavam no ramo e cadeias como a Sears e a Montgomery Ward estavam prestes a acrescentar computadores aos seus artigos caseiros. "Algum dia, muito breve", gorjeou um varejista de microcomputadores de Dallas, "todo lar possuirá um computador. Será tão normal como o banheiro."

Associado aos bancos, às lojas, aos escritórios do governo, aos lares dos vizinhos e ao local de trabalho, tais computadores estão destinados a remodelar não só o negócio, da produção à venda ao público, mas também a própria natureza do trabalho e, com efeito, mesmo a estrutura da família.

Como a indústria do computador, à qual está ligado umbilicalmente, a indústria de eletrônica também tem explodido e os consumidores têm sido inundados com calculadores manuais, relógios de diodo e jogos de vídeo. Estas coisas, entretanto, dão-nos a mais pálida sugestão do que nos aguarda: sensores de clima e solo minúsculos e baratos na agricultura; dispositivos médicos infinitesimais incluídos na roupa comum para monitorar a batida do coração ou os níveis de estresse do usuário — estas e uma enorme quantidade de outras aplicações de eletrônica nos esperam imediatamente além do presente.

O avanço para as indústrias da Terceira Onda, além disso, será radicalmente acelerado pela crise de energia, tanto mais que muitos deles levam a processos e produtos que são extremamente econômicos em suas exigências de energia. Os sistemas telefônicos, por exemplo, exigiam verdadeiras minas de cobre sob as ruas da cidade — quilômetros intermináveis de serpeantes cabos, condutos, relés e chaves. Estamos prestes agora a converter em sistemas óticos de filamentos que usam fibras capilares transmissoras de luz para transmitir mensagens. As implicações de energia desta reviravolta são estupendas: para manufaturar a fibra ótica seria preciso um milésimo da energia necessária para minerar, fundir e processar o comprimento equivalente de fio de cobre. A mesma tonelada de cobre requerida para produzir 130 quilômetros de fio de cobre pode produzir 128.000 quilômetros de fibra!

A mudança para física de estado sólido em eletrônica move-se na mesma direção, cada passo à frente produzindo componentes que exigem insumos de energia cada vez menores. Na IBM, os mais recentes desenvolvimentos em tecnologia em L.S.I. (*Large Scale Integration,* Integração em Grande Escala, envolve componentes que são ativados pela insignificância de 50 microwatts.

Esta característica da revolução eletrônica sugere que uma das mais poderosas estratégias de conservação para economias da alta tecnologia e escassez de energia pode muito bem ser a rápida substituição das indústrias pródigas de energia da Segunda Onda pelas indústrias de baixa energia da Terceira Onda.

Mais geralmente, o jornal *Science* está certo quando declara que "a atividade econômica do país pode ser alterada substancialmente" pela explosão da eletrônica. "Com efeito, é provável que a realidade sobrepuje a ficção na razão da introdução de novas e freqüentes aplicações inesperadas de eletrônica."

A explosão da eletrônica, entretanto, é apenas um passo na direção de uma tecnosfera inteiramente nova.

## MÁQUINAS EM ÓRBITA

Muita coisa semelhante poderia ser dita sobre as nossas aventuras no espaço exterior e nos oceanos, onde o nosso pulo para lá das tecnologias clássicas da Segunda Onda é ainda mais espantoso.

A indústria espacial forma um segundo aglomerado na tecnosfera nascente. Apesar das demoras, cinco lançadeiras espaciais poderão em breve estar transportando carga e gente para um e para o outro lado entre a Terra e o espaço exterior num horário semanal. O impacto disto ainda é subestimado pelo público, mas muitas companhias consideram a "fronteira alta" a fonte da próxima revolução em alta tecnologia e estão agindo de acordo.

A Grumman e a Boeing estão trabalhando em satélites e plataformas espaciais para a geração de energia. De acordo com o *Business Week,* "Outro grupo de indústrias só agora começa a compreender o que o satélite artificial pode significar para eles — industriais e beneficiadores cujos produtos variam de semicondutores a remédios... Muitos materiais de alta tecnologia exigem manejo delicado e controlado, e a força da gravidade pode ser um inconveniente... No espaço não há gravidade com que se preocupar, não há necessidade de recipientes, nenhum problema com manejo dos venenos ou substâncias altamente reativas e há um abastecimento ilimitado de vácuo, assim como temperaturas superaltas e superbaixas."

Em conseqüência, "a manufatura espacial" tornou-se um tópico "quente" entre cientistas, engenheiros e executivos de alta tecnologia. McDonnell Douglas oferece às companhias farmacêuticas um dispositivo de lançadeira do espaço que separará enzimas raras das células humanas. Os fabricantes de vidro estão procurando meios de fazer materiais no espaço para ótica de *lasers* e fibras. Os semicondutores de cristal simples produzidos no espaço fazem os modelos produzidos na Terra parecer primitivos. O Urokinase, um dissolvedor de coágulo sangüíneo necessário para pacientes que sofrem de certas formas de doenças do sangue, atualmente custa 2.500 dólares a dose. De acordo com Jesco von Puttkamer, chefe dos estudos da industrialização espacial para a NASA, poderia ser fabricado no espaço por menos de um quinto dessa quantia.

Mais importantes são os produtos totalmente novos que simplesmente não podem ser feitos na Terra virtualmente por preço nenhum. TRW, uma companhia de aeroespaço e eletrônica, identificou 400 ligas que não podemos manufaturar na Terra por causa do empuxão da gravidade. Entrementes, a General Electric começou a projetar um forno espacial. A Daimler-Benz e a M.A.N., na Alemanha Ocidental, estão interessadas na fabricação de rolamentos esféricos e a Agência Européia do Espaço e companhias particulares como a British Aircraft Corporation estão também planejando equipamentos e produtos destinados a tornar o espaço útil comercialmente. O *Business Week* diz aos seus leitores que "tais perspectivas não são ficção científica e um crescente número de companhias anda a procurá-las seriamente".

Igualmente sérios e ainda mais zelosos são os defensores do plano do Dr. Gerard O'Neill da criação de cidades no espaço. O'Neill, físico de Princeton, tem-se dedicado a educar infatigavelmente o público sobre as possibilidades de construir comunidades em muito grande escala no espaço — plataformas ou ilhas com populações de milhares de pessoas — e conquistou o apoio entusiástico da NASA, o governador da Califórnia (estado cuja economia depende muito do espaço) e, mais surpreendentemente, de uma banda de ex-*hippies* vocalistas, regida por Stewart Brand, criador do *Whole Earth Catalog*.

A idéia é construir uma cidade no espaço, pedaço por pedaço, de materiais minados na Lua e em outros lugares do espaço. Um colega, o Dr. Brian O'Leary, tem-se dedicado a estudar as possibilidades de minerar os asteróides Apolo e Amor. Conferências regulares em Princeton reúnem peritos da NASA, da General Electric, de agências de energia dos Estados Unidos e outros interessados em trocar estudos técnicos pelo processamento químico de minerais lunares e outros minerais extraterrestres e pelo desenho e construção de *habitats* e sistemas ecológicos fechados no espaço.

A combinação de eletrônica avançada e um programa espacial que se desloca para lá das possibilidades da produção terrestre leva a tecnosfera a uma nova fase, não mais limitada por considerações da Segunda Onda.

## ÀS PROFUNDEZAS

A penetração nas profundezas do mar proporciona-nos uma imagem refletida da viagem ao espaço exterior e lança as bases do terceiro aglomerado de indústrias, provavelmente para formar uma parte importante da nossa tecnosfera. A primeira onda histórica de mudança social na Terra veio quando os nossos antepassados cessaram de saquear e caçar e começaram, em vez disso, a domesticar animais e a cultivar o solo. Agora estamos precisamente nesta fase em nossa relação com os mares.

Num mundo faminto, o oceano pode ajudar a solucionar o problema da comida. Devidamente explorado em culturas e criações, ele nos oferece um suprimento de proteína desesperadamente necessária. A pesca comercial, que está altamente industrializada — os navios-fábricas japoneses e soviéticos — varre os mares, o que resulta em mortandade implacável e ameaça a extinção total de muitas formas de vida marinha. Em contraste, a "aquacultura" inteligente — criação e pastoreio de peixe, juntamente com colheitas de plantas — poderia fazer uma mossa na crise de alimento do globo sem danificar a frágil biosfera da qual dependem todas as nossas vidas.

Entrementes, a corrida ao mar para extrair petróleo obscureceu a possibilidade de "criar petróleo" no mar. O Dr. Lawrence Raymond, do Battele Memorial Institute, demonstrou que é possível produzir algas com um alto conteúdo de petróleo e estão em andamento esforços para tornar o processo economicamente eficaz.

Os oceanos também oferecem uma quantidade imensa de minerais de cobre, zinco e estanho, prata, ouro, platina e, ainda mais importante, minérios de fosfato de que se podem produzir fertilizantes para a agricultura com base em terra. Companhias de mineração estão de olho nas águas quentes do Mar Vermelho, que contêm zinco, prata, cobre, chumbo e ouro numa quantidade estimada em 3,4 bilhões de dólares. Cerca de 100 companhias, inclusive algumas das maiores do mundo, estão agora se preparando para minerar nódulos de manganês em forma de batatas no leito do mar. (Estes nódulos são uma fonte renovável, formando-se à razão de seis a dez milhões de toneladas por ano num único cinturão bem definido, imediatamente ao sul de Havaí.)

Hoje quatro consórcios verdadeiramente internacionais estão engrenando para mineirar o oceano numa escala de multibilhões de dólares em meados da década de 80. Um de tais consórcios reúne 23 companhias japonesas, um grupo da Alemanha Ocidental chamado AMR e uma subsidiária americana da International Nickel do Canadá. Um segundo liga a Union Minière, companhia belga, com a United States Steel e a Sun Company. O terceiro empreendimento une interesses da Noranda do Canadá com a Mitsubishi do Japão, a Rio Tinto Zinc e a Consolidated Gold Fields, do Reino Unido. O último consórcio liga a Lockheed ao grupo Royal Dutch-Shell. Espera-se que tal esforço, diz o *Financial Times* de Londres, "revolucione as atividades de mineração do mundo relativamente a minerais seletos".

Em acréscimo, a Hoffmann-La Roche, companhia farmacêutica, tem andado discretamente a explorar os mares em busca de novas drogas, tais como agentes antifúngicos e analgésicos ou auxiliares de diagnose e drogas que estanquem a hemorragia.

Enquanto se desenvolvem estas tecnologias provavelmente presenciaremos a construção de "aldeias aquáticas", quase ou mesmo totalmente submersas, e fábricas flutuantes. A combinação de custos zero de propriedade imobiliária (pelo menos presentemente) mais energia barata produzida no local de fontes oceânicas (vento, correntes termais ou marés) pode fazer esta espécie de construção competitiva com as de terra.

O periódico técnico *Marine Policy* conclui que a "Tecnologia da plataforma flutuante no oceano parece ser bastante econômica, simples o bastante para estar ao alcance da maioria das nações do mundo, como de numerosas companhias e grupos privados. Presentemente, parece provável que as primeiras cidades flutuantes serão construídas por sociedades industriais agrupadas com a finalidade de habitação no alto-mar... As companhias multinacionais podem vê-los como terminais móveis para atividades comerciais ou como navios-fábricas. Companhias de alimentos podem construir cidades flutuantes para realizar operações de maricultura... Companhias procurando fugir aos impostos e aventureiros em busca de novos modos de vida podem construir cidades flutuantes e declararem-nas novos estados. As cidades flutuantes podem alcançar reconhecimento diplomático formal... ou tornar-se um veículo para que minorias étnicas alcancem suas independências."

O progresso tecnológico associado à construção de milhares de torres de petróleo em alto-mar, algumas ancoradas no fundo, mas muitas localizadas dinamicamente com hélices, lastro e controles de flutuação, estão se desenvolvendo muito rapidamente e lançando a base para a cidade flutuante e enormes novas indústrias de sustentação.

De um modo geral, as razões comerciais para se mudarem para o mar estão se multiplicando tão rapidamente que, segundo o economista D. M. Leipziger, muitas grandes companhias atualmente, "como colonos no Velho Oeste, estão se colocando em fila à espera do tiro de pistola para marcarem grandes áreas no fundo do oceano". Isto também explica por que os países não-industriais lutam para garantir que os recursos dos oceanos se tornem a herança comum da raça humana e não somente das nações ricas.

Se virmos estes vários desenvolvimentos não como independentes uns dos outros, mas interligados e autofortalecedores, cada avanço tecnológico ou científico acelerando outros, tornar-se-á claro que não mais estamos lidando com o mesmo nível de tecnologia em que se baseou a Segunda Onda. Estamos no caminho de um sistema de energia radicalmente novo e um sistema tecnológico radicalmente novo.

Porém, mesmo estes exemplos são pequenos em comparação com o vulcão tecnológico que agora ruge nos nossos laboratórios de biologia molecular. A indústria biológica formará o quarto aglomerado de indústrias na economia de amanhã e pode ter o impacto mais pesado de todos.*

## A INDÚSTRIA DO GENE

Com as informações sobre a genética duplicando cada dois anos, com a mecânica do gene trabalhando horas extraordinárias, a revista *New Science* informa que "a engenharia genética passou por uma fase essencial de preparação e agora está pronta para entrar no negócio". O distinto comentarista científico Lord Ritchie-Calder explica que, "Assim como manipulamos plásticos e metais, estamos agora manipulando materiais vivos."

Grandes companhias já procuram avidamente aplicações comerciais para a nova biologia. Sonham em colocar enzimas no automóvel para monitorar o escapamento e enviar dados sobre poluição para um microprocessador que, então, ajustará o motor. Falam do que *The New York Times* chama "micróbios famintos de metal que poderiam ser usados para extrair vestígios metálicos da água do oceano". Já requereram e obtiveram o direito de patentear novas formas de vida. Eli Lilly, Hoffman-La Roche, G. D. Searle, Upjohn e Merck, para não falar da General Electric, estão todas na corrida.

Críticos nervosos, inclusive muitos cientistas, preocupam-se justificadamente com o simples fato de que haja uma corrida. Evocam imagens não de derramamentos de petróleo, mas de "derramamentos de micróbios" que poderiam difundir e dizimar populações inteiras. A criação e libertação acidental de micróbios virulentos, entretanto, é apenas uma causa de alarma. Cientistas completamente moderados e respeitáveis falam de possibilidades que abalam a imaginação.

---

* Em *Choque do Futuro*, onde inicialmente toquei em alguns destes assuntos há muitos anos, sugeri que um dia seríamos capazes de "pré-projetar" o corpo humano, "criar máquinas", programar quimicamente o cérebro, fazer cópias de carbono idênticas a nós por clone e criar formas de vida totalmente novas e perigosas. "Quem controlará a pesquisa nestes campos?", perguntei. "Como serão aplicadas as novas descobertas? Não poderíamos desencadear horrores para os quais o homem está totalmente despreparado?"

Alguns leitores acharam a previsão remota. Isso, entretanto, foi *antes* de 1973 e da descoberta do processo ADN recombinante. Hoje, as mesmas perguntas angustiosas estão sendo feitas por cidadãos protestadores, comissões congressionais e pelos próprios cientistas, ao verem a revolução biológica ganhar velocidade descontroladamente.

Deveríamos criar pessoas com estômago de boi que pudessem digerir capim e feno — aliviando assim o problema da comida, modificando-nos para nos alimentarmos com a classe mais inferior de comida? Deveríamos alterar biologicamente os trabalhadores para se adaptarem às exigências do trabalho — por exemplo, criar pilotos com tempos de reação mais rápidos ou trabalhadores de linha de montagem neurologicamente projetados para fazerem o trabalho monótono para nós? Deveríamos tentar eliminar pessoas "inferiores" e criar uma "super-raça" (Hitler tentou isto, mas sem a aparelhagem genética que muito em breve sairá dos nossos laboratórios). Deveríamos criar soldados de clone para se encarregarem das nossas lutas? Deveríamos usar previsão genética para eliminar previamente crianças "inaptas"? Deveríamos criar órgãos de reserva para nós mesmos — tendo cada um de nós, por assim dizer, uma "caixa econômica" cheia de rins, fígados ou pulmões sobressalentes?

Por loucas que estas idéias possam soar, cada uma delas tem os seus defensores (e adversários) na comunidade científica, assim como nas suas notáveis aplicações comerciais. Como dois críticos da engenharia genética, Jeremy Rifkin e Ted Howard, declaram em seu livro *Who Should Play God?*, "Provavelmente será introduzida na América a engenharia genética em grande escala, da mesma maneira que foram introduzidos as linhas de montagem, os automóveis, as vacinas, os computadores e todas as outras tecnologias. Quando cada novo avanço genético se tornar comercialmente prático e houver necessidade de um novo consumidor... será explorado e será criado um mercado para a nova tecnologia." As aplicações em potencial são miríades.

A nova biologia, por exemplo, poderia ajudar potencialmente a resolver o problema da energia. Há cientistas agora estudando a idéia de utilizar bactérias capazes de converter luz solar em energia eletroquímica. Falam de "células solares biológicas". Poderíamos criar formas de vida para substituir usinas nucleares de força? E se assim fosse, poderíamos substituir o perigo de um derramamento bioativo pelo perigo de um derramamento radioativo?

No campo da saúde, muitas doenças agora incuráveis certamente serão curadas ou evitadas — e outras, novas, talvez piores, introduzidas por inadvertência ou mesmo por maldade. (Pensemos no que uma companhia ávida de lucros poderia fazer se criasse e secretamente difundisse alguma nova doença para a qual só ela tivesse a cura? Mesmo um brando mal-estar, semelhante ao resfriado comum, poderia criar um mercado maciço para a cura apropriada monopolisticamente controlada.)

De acordo com o presidente da Cetus, uma companhia da Califórnia à qual estão ligados muitos geneticistas de fama mundial, "a biologia substituirá a química em importância" dentro dos próximos 30 anos. E em Moscou uma declaração política oficial aconselha "o uso mais amplo de microrganismos na economia nacional...".

A biologia reduzirá ou eliminará a necessidade de óleo na produção de plásticos, fertilizantes, roupas, tinta, pesticidas e milhares de outros produtos. Alterará acentuadamente a produção de madeira, lã e outros artigos "naturais". Companhias como a United States Steel, a Fiat, a Hitachi, ASEA ou IBM sem dúvida terão suas próprias divisões de biologia, uma vez que em breve começaremos a mudar rapidamente de manufatura para "biofatura", dando nascimento a uma série de produtos inimagináveis até agora. Diz Theodore J. Gordon, chefe de The Futures Group: "Em biologia, uma vez tenhamos começado, teremos de pensar em coisas como... 'uma camisa de tecido compatível' ou 'um colchão mamário'... criado da mesma matéria do seio humano.'

Muito antes de então, na agricultura, a engenharia genética será empregada para aumentar o suprimento de comida do mundo. A muito apregoada Revolução Verde da década de 60 revelou-se, em grande medida, uma armadilha para os lavradores no mundo da Primeira Onda, porque exigiu enormes insumos de fertilizante com base no petróleo, que tinha de ser trazido do exterior. A próxima revolução bioagrícola visa a reduzir essa dependência do fertilizante artificial. A engenharia genética indica safras de alta produção, safras que crescem bem em solo arenoso ou salgado, safras que repelem pragas. Também procura criar alimentos e fibras completamente novas, juntamente com métodos mais simples, mais baratos, métodos de conservação de energia para armazenar e beneficiar comidas. Como para compensar um pouco do terrível perigo, a engenharia genética mais uma vez nos aponta a possibilidade de acabar com a fome generalizada.

Devemos manter-nos céticos em relação a estas ardentes promessas. E, entretanto, se alguns dos defensores da cultura genética estivessem certos pela metade, o impacto na agricultura poderia ser tremendo, finalmente alterando, entre outras coisas, as relações entre os países pobres e os países ricos. A Revolução Verde tornou os pobres mais, não menos, dependentes dos ricos. A revolução bioagrícola podia fazer o inverso.

Uma coisa é imutavelmente clara: nós não estamos mais fechados no quadro eletromecânico de 300 anos de idade da tecnologia tradicional da Segunda Onda, e apenas podemos começar a vislumbrar a completa significação deste fato histórico.

Assim como a Segunda Onda combinou o carvão, o aço, a eletricidade e o transporte por via férrea para produzir automóveis e um milhar de outros produtos transformadores da vida, o verdadeiro impacto das novas mudanças não será sentido enquanto não chegarmos à fase de combinar as novas tecnologias — ligando juntos computadores, eletrônica, novos materiais do espaço exterior e dos oceanos com genética, e todos estes, por sua vez, com a nova base de energia. A reunião destes elementos libertará uma nova enchente de inovação diferente de tudo o que se viu antes na história humana. Estamos construindo uma tecnosfera dramaticamente nova para uma civilização da Terceira Onda.

## OS TECNO-REBELDES

A magnitude de tal avanço — sua importância para o futuro da própria evolução — torna criticamente necessário que comecemos a guiá-lo. Uma atitude de completa indiferença de "vá tudo para o diabo" poderia significar a condenação nossa e dos nossos filhos. Pois a força, a escala e a rapidez da mudança é diferente de tudo o que houve antes na História e ainda estão vivas nas nossas mentes as notícias da quase catástrofe de Three Mile Island, dos desastres do DC-10, o vazamento de petróleo na costa do México e de uma centena de outros horrores tecnológicos. Diante de tais desastres, podemos permitir o desenvolvimento e combinação de tecnologias ainda mais poderosas amanhã a serem controladas pelos mesmos critérios míopes e egoístas usados durante a era da Segunda Onda?

As perguntas básicas feitas sobre as novas tecnologias durante os passados 300 anos, tanto nas nações capitalistas como nas nações socialistas, têm sido simples: contribuirão para ganho econômico ou brutalidade militar? Estes critérios geminados já não são claramente adequados. As novas tecnologias terão de passar por provas mais rígidas — ecológicas e sociais, bem como econômicas e estratégicas.

Quando olharmos mais atentamente o que um relatório da U.S. National Science Foundation chamou "tecnologia e choque social" — um catálogo de calamidades tecnológicas em anos recentes — descobriremos que a maioria dessas calamidades está ligada à Segunda Onda, não às tecnologias da Terceira Onda. A razão é evidente: as tecnologias da Terceira Onda ainda não foram desenvolvidas em grande escala. Muitas ainda estão na infância. Não obstante, já podemos vislumbrar os perigos: o *smog* eletrônico, a poluição de informação, o combate no espaço exterior, o vazamento genético, a intervenção climática e o que poderia ser chamado "guerra ecológica" — a indução deliberada de terremotos, por exemplo, por vibrações produzidas de longe. Além disso, existe um exército de outros perigos relacionados com o avanço para uma nova base tecnológica.

Nestas circunstâncias, não é de surpreender que em anos recentes tenha sido maciça, quase indiscriminada, a resistência pública à nova tecnologia. O primeiro período da Segunda Onda também viu tentativas de bloquear a nova tecnologia. Ainda em época tão recente como 1663, os trabalhadores de Londres destruíram as novas serrarias mecânicas que ameaçavam o seu ganha-pão. Em 1676, os trabalhadores em tecelagem quebraram suas máquinas. Em 1710 desordeiros protestaram contra o recém-introduzido tear para tecer meias. Mais tarde, John Kay, inventor da lançadeira volante usada nas tecelagens, viu sua casa arruinada por uma multidão enfurecida e, por fim, teve que fugir da Inglaterra. O exemplo mais falado veio em 1811, quando destruidores de máquinas que se intitulavam Luddites, destruíram as máquinas de têxteis em Nottingham.

Contudo, este primitivo antagonismo à máquina era esporádico e espontâneo. Como observa um historiador, muitos dos casos "não eram tanto o resultado de hostilidade para com a própria máquina, mas sim um método de coagir um empregador odioso". Homens e mulheres analfabetos, pobres, famintos e desesperados viam na máquina uma ameaça à sua sobrevivência individual.

A rebelião atual contra a tecnologia desenfreada é diferente. Envolve um exército rapidamente crescente de pessoas — de modo nenhum pobres ou analfabetos — que não são necessariamente antitecnológicos, ou contrários ao desenvolvimento econômico, mas que vêem no avanço tecnológico descontrolado uma ameaça para eles e para a sobrevivência global.

Alguns fanáticos entre eles, dada a oportunidade, seriam bem capazes de empregar táticas dos Luddites. Não é muito difícil imaginar o uso de bomba para destruir a instalação de um computador, um laboratório genético ou um reator nuclear parcialmente construído. Pode-se ainda mais facilmente imaginar algum desastre tecnológico particularmente horrendo desencadeando uma caça às bruxas contra os cientistas de capa branca que "causaram tudo". Algum político demagógico do futuro pode muito bem ganhar fama investigando os "Dez de Cambridge" ou os "Sete de Oak Ridge".

Entretanto, a maioria dos tecno-rebeldes não são nem lançadores de bombas nem Luddites. Compreendem milhares de pessoas, elas mesmas cientificamente preparadas — engenheiros nucleares, bioquímicos, físicos, funcionários da saúde pública e geneticistas, bem como cidadãos comuns. Além disso, ao contrário dos Luddites, são bem organizados e bem articulados. Publicam seus próprios periódicos técnicos e de propaganda. Movem ações legais e propõem legislação, assim como fazem piquetes, passeatas e manifestações.

Este movimento, freqüentemente atacado como reacionário, é na realidade uma parte vital da emergente Terceira Onda. Pois seus membros são a orla dianteira do futuro numa batalha política e econômica em três sentidos, que se equipara, no campo da tecnologia, à luta pela energia que descrevemos antes.

Aqui também vemos as forças da Segunda Onda de um lado, os reversionistas do outro e as forças da Terceira Onda lutando contra ambas. Aqui as forças da Segunda Onda são as que favorecem a velha e negligente abordagen da tecnologia: "Se funciona, produza-o. Se vende, produza-o. Se nos torna fortes, construa-o." Imbuídos de idéias indust-reais obsoletas de progresso, muitos destes adeptos do passado da Segunda Onda têm interesses investidos na aplicação irresponsável da tecnologia. Eles mostram-se indiferentes aos perigos.

Por outro lado, encontramos uma vez mais uma pequena orla oral de extremistas românticos hostis a tudo, exceto às mais primitivas tecnologias da Primeira Onda, à volta ao artesanato medieval e ao trabalho braçal. Para a classe média, em sua maioria, falando com a vantagem de uma barriga cheia, sua resistência ao avanço tecnológico é cegamente indiscriminada como o apoio da tecnologia pela gente da Segunda Onda. Fantasiam sobre uma volta a um mundo que a maioria de nós — e a maioria deles — acharíamos detestável.

Alinhado contra ambos estes extremos está um número crescente de pessoas em todos os países que formam o núcleo da tecno-rebelião. São, sem o saberem, agentes da Terceira Onda. Começam não com tecnologia, mas com perguntas difíceis sobre que espécie de sociedade futura nós queremos. Reconhecem que nós agora temos tantas oportunidades tecnológicas que não podemos mais fundar, desenvolver e aplicar todas elas. Alegam, por conseguinte, a necessidade de selecionar mais cuidadosamente entre elas e escolher aquelas tecnologias que servem a alvos de longo alcance, social e ecológico. Em vez de deixar a tecnologia moldar os nossos alvos, eles desejam afirmar o controle social sobre as direções maiores do empuxão tecnológico.

Os tecno-rebeldes ainda não formularam um programa claro e concebível. Mas se extrapolarmos de seus numerosos manifestos, petições, declarações e estudos, poderemos identificar várias correntes de pensamento que se juntam a um novo modo de ver a tecnologia — uma política positiva para manobrar a transição para um futuro da Terceira Onda.

Os tecno-rebeldes começam partindo da premissa de que a biosfera da Terra é frágil, e que quanto mais poderosas se tornam as nossas novas tecnologias, mais alto é o risco de causar dano irreversível ao planeta. Assim, eles exigem que todas as novas tecnologias sejam pré-cirandadas para descobrir possíveis efeitos adversos, que as perigosas sejam redesenhadas ou simplesmente eliminadas — em suma, essas tecnologias de amanhã serão sujeitas a coerções ecológicas mais rigorosas do que as da era da Segunda Onda.

Os tecno-rebeldes alegam que ou nós controlamos a tecnologia ou a tecnologia nos controla — e "nós" não podemos mais simplesmente ser a pequenina elite de costume, de cientistas, engenheiros, políticos e negociantes. Sejam quais forem os méritos das campanhas antinucleares que irromperam na Alemanha Ocidental, na França, na Suécia, no Japão e nos Estados Unidos, a batalha contra o Concorde, ou os nascentes reclamos da regulação da pesquisa da genética, tudo isto reflete uma apaixonada exigência generalizada da democratização da tomada de decisão tecnológica.

Os tecno-rebeldes insistem em que a tecnologia não precisa ser grande, cara nem complexa para ser "sofisticada". As tecnologias grosseiras da Segunda Onda pareciam mais eficientes do que realmente eram porque as companhias e as empresas socialistas externalizavam — transferidos para a sociedade como um todo — os enormes custos da limpeza da poluição, de cuidar dos desempregados, de lidar com a alienação do trabalho. Quando estes são vistos como custos de produção, muitas máquinas aparentemente eficientes tornam-se justamente o oposto.

Assim, os tecno-rebeldes favorecem o planejamento de toda uma série de "tecnologias apropriadas" destinadas a fornecer empregos humanitários, a evitar poluição, a poupar o ambiente e a produzir para usos pessoais ou locais e não somente para mercados nacionais e globais. A tecno-rebelião animou milhares de experimentos através de todo o mundo, com tecnologias assim tão pequenas, em campos que vão da criação de peixe e financiamento de comida à produção de energia, reciclagem do lixo, construção barata e transporte simples.

Conquanto muitas destas experiências sejam ingênuas e remontem a um passado mítico, outras são mais práticas. Algumas usam os materiais mais recentes e instrumentos científicos e combinam-nos em maneiras novas com técnicas antigas. O historiador da tecnologia medieval, Jean Gimpel, por exemplo, construiu elegantes modelos de ferramentas simples que poderiam revelar-se úteis em países não-industriais. Alguns destes combinam materiais novos com métodos antigos. O despertar de interesse pelo dirigível fornece outro exemplo — o uso de uma tecnologia ultrapassada que agora pode ser feita com tecidos ou materiais avançados que lhe dão uma capacidade muito maior de carga útil. Os dirigíveis são ecologicamente sadios e poderiam ser usados para transporte lento, mas barato e seguro, em regiões onde não há estradas... como no Brasil, por exemplo, ou na Nigéria. As experiências com tecnologias apropriadas ou alternativas, especialmente no campo da energia, sugerem que algumas tecnologias simples em pequena escala podem ser tão "sofisticadas" como as tecnologias complexas em grande escala quando o âmbito total de efeitos colaterais for levado em conta e quando a máquina for devidamente apropriada à tarefa.

Os tecno-rebeldes também são perturbados pelo desequilíbrio radical da ciência e da tecnologia na face do planeta, apenas com 3 por cento dos cientistas do mundo em países com 75 por cento da população do globo. Eles favorecem a devotação de mais atenção tecnológica às necessidades dos pobres do mundo, e uma partilha mais eqüitativa dos recursos do espaço exterior e dos oceanos. Eles reconhecem que não só os oceanos e os céus são parte da herança comum da raça, mas que a própria tecnologia avançada não poderia existir sem as contribuições históricas de muitas pessoas, dos hindus e árabes aos antigos chineses.

Finalmente, eles alegam que na arrancada para a Terceira Onda devemos avançar, passo a passo, do sistema de desperdício de recursos e a produção de poluição usada durante a era da Segunda Onda para um sistema mais "metabólico", que elimina desperdício e poluição certificando-se de que a produção e o subproduto de cada indústria se torna um insumo para a seguinte. O alvo é um sistema dentro do qual nenhum produto seja produzido sem se tornar um insumo para outro processo de produção rio abaixo. Um sistema assim não só é mais eficiente num sentido de produção, mas reduz ao mínimo ou, na verdade, elimina o dano para a biosfera.

Tomado como um todo, este programa tecno-rebelde fornece a base para a humanização do empuxão tecnológico.

Os tecno-rebeldes são, quer eles o reconheçam quer não, agentes da Terceira Onda. Eles não só não desaparecerão, mas se multiplicarão nos anos futuros. Pois eles serão parte tão integrante do avanço para uma nova fase da civilização como as nossas missões a Vênus, nossos espantosos computadores, nossas descobertas biológicas ou as nossas explorações das profundezas oceânicas.

Fora seu conflito com os fantasistas da Primeira Onda e os defensores da tecnologia da Segunda Onda *über alles* virão tecnologias sensatas, combinadas com o novo sistema de energia sustentável para o qual estamos avançando. Ligando as novas tecnologias a esta nova base de energia, toda a nossa civilização se elevará para um nível inteiramente novo. Em seu âmago encontraremos uma fusão de sofisticadas indústrias de "alta-corrente" e com base científica, operando dentro de controles ecológicos e sociais muito rígidos, com indústrias igualmente sofisticadas de "baixa-corrente" que operam numa escala menor, mais humana, ambas baseadas em princípios radicalmente diferentes dos governados pela tecnosfera da Segunda Onda. Juntas, estas duas camadas de indústria formarão os "cumes sobranceiros".

Mas isto é apenas um detalhe de um quadro muito mais vasto. Pois ao mesmo tempo que estamos transformando a tecnosfera, estaremos também revolucionando a infosfera.

# 13
# DESMASSIFICANDO OS MEIOS DE COMUNICAÇÃO DE MASSA

O agente de espionagem é uma das metáforas mais poderosas do nosso tempo. Nenhuma outra figura conquistou com tanto sucesso a imaginação contemporânea. Filmes às centenas glorificam o 007 e seus fictícios equivalentes. A televisão e os livros de bolso produzem imagens intermináveis do espião como arrojado, romântico, amoral, maior (ou menor) que o natural. Entrementes, os governos gastam milhões em espionagem. Agentes da KGB, da CIA e várias outras agências viajam umas através das outras de Berlim a Beirute, de Macau à Cidade do México.

Em Moscou, correspondentes ocidentais são acusados de espionagem. Em Bonn, caem chanceleres porque seus ministérios estão infestados de espiões. Em Washington, investigadores do Congresso denunciam simultaneamente os crimes de agentes secretos, americanos e coreanos, o próprio céu está cheio de satélites espiões, ao que parece fotografando cada palmo da Terra.

O espião não é novo na Terra, longe disso. Vale a pena perguntar, por conseguinte, por que neste momento específico o tema espionagem está dominando a imaginação popular, empurrando para a sombra o detetive particular, o policial e os *cowboys?* Quando fazemos a pergunta, imediatamente notamos uma importante diferença entre o espião e estes outros heróis da lenda. Enquanto o policial e os *cowboys* da ficção se apóiam simplesmente em seus revólveres ou seus punhos, o espião fictício vem equipado com a última, a mais exótica tecnologia: microfones eletrônicos, bancos de computadores, câmaras infravermelhas, carros que voam ou andam, helicópteros, submarinos individuais, raios da morte e coisas semelhantes.

Há, entretanto, uma razão mais profunda para o advento do espião. Os *cowboys,* os guardas, os detetives particulares, os aventureiros e os exploradores — os heróis tradicionais da imprensa e do celulóide — perseguem tipicamente o tangível: querem terra para o gado, querem dinheiro, querem capturar o bandido ou conquistar a mocinha. Não é assim com o espião.

Pois o negócio básico do espião é a informação — e a informação tornou-se talvez o negócio mais importante e o que mais cresce no mundo. O espião é um símbolo vivo da revolução que hoje invade a infosfera.

## UM ARMAZÉM DE IMAGENS

Uma bomba de informação está explodindo em nosso meio, espalhando sobre nós uma chuva de *shrapnel* de imagens e mudando drasticamente a maneira como cada um de nós percebe e age em nosso mundo particular. Deslocando-se de uma infosfera de uma Segunda Onda para uma Terceira Onda, estamos transformando as nossas próprias psiques.

Cada um de nós cria em seu cérebro um modelo mental da realidade — um armazém de imagens. Algumas destas são visuais, outras auditivas, mesmo palpáveis. Algumas são apenas "perceptos" — vestígios de informações sobre o nosso meio, como um vislumbre do céu azul visto pelo rabo de um olho. Outras são "ligações" que definem relações, como as duas palavras "mãe" e "filho". Algumas são simples, outras complexas e conceptuais, como a idéia de que a "inflação é causada pelo aumento dos salários". Juntas, tais imagens formam a nossa imagem do mundo, localizando-nos no tempo, no espaço e na rede de relações pessoais em volta de nós.

Estas imagens não nascem de nada. São formadas, de maneiras que nós não compreendemos, de sinais ou informações que nos alcançam vindos do ambiente. E enquanto o nosso ambiente se convulsiona com mudanças — e enquanto os nossos empregos, lares, igrejas, escolas e arranjos políticos sentem o impacto da Terceira Onda — o mar de informação em volta de nós também muda.

Antes do advento dos meios de comunicação de massa, a criança da Primeira Onda, crescendo numa aldeia que mudava lentamente, construía o seu próprio modelo de realidade tirado de imagens recebidas de um minúsculo punhado de fontes: o professor, o sacerdote, o chefe ou a autoridade oficial, sobretudo da família. Como notou o psicólogo-futurista Herbert Gerjuoy: "Não havia televisão nem rádio em casa para dar à criança uma oportunidade de encontrar muitas espécies diferentes de estranhos, de muitos modos de vida diferentes, e mesmo de países diferentes... Muito poucas pessoas jamais viam uma cidade estrangeira... O resultado era que as pessoas tinham apenas um pequeno número de pessoas diferentes para imitarem ou para se moldarem por elas.

"Suas escolhas eram ainda mais limitadas pelo fato de que as pessoas pelas quais se podiam modelar elas mesmas tinham toda a experiência limitada com outras pessoas." As imagens do mundo construído pela criança da aldeia, por conseguinte, eram de âmbito extremamente acanhado.

As imagens que ele ou ela recebiam, além disso, eram altamente redundantes pelo menos em dois sentidos: vinham ordinariamente sob a forma de conversa casual, que é em geral cheia de pausas e repetições, e vinham sob a forma de "rosários" de idéias, reforçadas por vários fornecedores de informação. A criança ouviu o mesmo "não farás" na igreja e na escola. Ambas reforçaram as mensagens enviadas pela família e o estado. Consenso na comunidade e fortes pressões para a conformidade agiam sobre a criança desde o nascimento para estreitar ainda mais o âmbito de imagens e o comportamento aceitáveis.

A Segunda Onda multiplicou o número de canais de que o indivíduo tirava a imagem da realidade. A criança não mais recebia apenas imagens da natureza ou das pessoas, mas também as recebia dos jornais, das revistas de massa, do rádio e, mais tarde, da televisão. Pela maior parte, a igreja, o estado, o lar e a escola continuaram a falar em uníssono, reforçando-se uns aos outros. Mas agora os próprios meios de comunicação de massa tornaram-se um gigantesco alto-falante. E seu poder era usado através das linhas regionais, étnicas, tribais e lingüísticas para padronizar as imagens que fluem para a corrente mental da sociedade.

Certas imagens visuais, por exemplo, foram tão amplamente distribuídas em massa e foram implantadas em tantos milhões de memórias particulares que, com efeito, se transformaram em ícones. A imagem de Lenin, o queixo projetado para a frente em triunfo sob uma esvoaçante bandeira vermelha, assim se tornou tão icônica para milhões de pessoas como a imagem de Jesus Cristo na cruz. A imagem de Charlie Chaplin, com chapéu-coco e bengala, ou Hitler esbravejando em Nuremberg, a imagem de corpos empilhados em Buchenwald, de Churchill fazendo o sinal do V ou Roosevelt usando uma capa preta, de Marilyn Monroe com a saia levantada pelo vento, de centenas de estrelas de propaganda e milhares de diferentes produtos comerciais universalmente reconhecíveis — a barra do sabão Ivory nos Estados Unidos, o chocolate Morinaga no Japão, a garrafa de Perrier na França — todas figuras se tornaram peças padronizadas de um arquivo universal de imagens.

Estas fantasias produzidas centralmente, injetadas na "mente da massa" pelos meios de comunicação de massa, ajudaram a produzir a padronização do comportamento exigida pelo sistema de produção industrial.

Hoje a Terceira Onda está alterando drasticamente tudo isto. Enquanto se acelera na sociedade a mudança força uma aceleração paralela dentro de nós. Nova informação nos chega e somos forçados a revisar o nosso arquivo de imagens continuamente, com uma freqüência cada vez maior. Imagens mais antigas baseadas em realidade passada devem ser substituídas, pois, a não ser que as ponhamos em dia, nossas ações ficarão divorciadas da realidade e nos tornaremos progressivamente menos competentes. Nós a acharemos impossível de enfrentar.

Esta aceleração do processamento da imagem dentro de nós significa que as imagens vão ficando cada vez mais temporárias. A arte dos prospectos, a foto automática, os instantâneos Polaroid, as cópias Xerox e os gráficos descartáveis que aparecem e desaparecem. Idéias, crenças e atitudes entram vertiginosamente na consciência, são impugnadas, desafiadas e, de repente, desvanecem-se no nada. Teorias científicas e psicológicas são derrubadas e suprimidas diariamente. Ideologias dissolvem-se. Celebridades saltitam fugazmente através da nossa consciência. Somos assaltados por contraditórios *slogans* políticos e morais.

É difícil dar sentido a esta fantasmagoria remoinhante, compreender exatamente como o processo de fabricação de imagens se modifica. Pois a Terceira Onda faz mais do que simplesmente acelerar os fluxos de informação; ela transforma a profunda estrutura de informação de que dependem nossas ações diárias.

## OS MEIOS DE COMUNICAÇÃO DE MASSA DESMASSIFICADOS

Através da era da Segunda Onda os meios de comunicação de massa foram-se tornando cada vez mais poderosos. Hoje ocorre uma mudança surpreendente. Enquanto a Terceira Onda se aproxima troando, os meios de comunicação de massa, longe de expandirem sua influência, são subitamente forçados a dividi-la. São repelidos em muitas frentes ao mesmo tempo pelo que eu chamo "os meios de comunicação de massa desmassificados".

Os jornais fornecem o primeiro exemplo. Os mais antigos veículos de comunicação em massa da Segunda Onda, os jornais, estão perdendo seus leitores. Por volta de 1973, os jornais americanos haviam atingido em conjunto uma circulação de 63 milhões de exemplares diários. Desde 1973, entretanto, em vez de aumentarem a circulação, começaram a perdê-la. Em 1978, o total declinara para 62 milhões e o pior ainda nos estava reservado. A percentagem de americanos que liam um jornal cada dia também caiu, de 69 por cento em 1973 para 62 por cento em 1977, e alguns dos jornais mais importantes foram os mais duramente atingidos. Em Nova York, entre 1970 e 1976, os três maiores diários em conjunto perderam 550.000 leitores. *Los Angeles Times*, tendo atingido o máximo em 1973, foi diminuído até que em 1976 havia perdido 80.000 leitores. Os dois grandes jornais de Filadélfia perderam 150.000 leitores, os dois grandes jornais de Cleveland, 90.000, e os dois grandes jornais de São Francisco perderam mais de 80.000. Enquanto apareciam numerosos jornais menores em muitas partes do país, grandes diários americanos como o *Cleveland News*, o *Hartford Times*, o *Detroit Times*, o *Chicago Today* ou o *Long Island Press*, todos foram perdendo circulação. Um quadro semelhante também apareceu na Grã-Bretanha onde, entre 1965 e 1975, os diários nacionais perderam um total de 8 por cento de sua circulação.

E tais perdas não foram devidas apenas ao aumento da televisão. Cada um destes diários de circulação em massa enfrenta agora crescente competição de um nascente bando de semanários e quinzenários de minicirculação e dos chamados *"shoppers"* que servem não só o mercado de massa metropolitano, mas também bairros e comunidades específicos dentro dele, proporcionando publicidade e notícias mais localizadas. Tendo atingido a saturação, o diário de circulação em massa da grande cidade está em profundas dificuldades. Os veículos de comunicação de massa desmassificados estão latindo aos seus calcanhares.*

As revistas de massas oferecem um segundo exemplo. Desde meados da década de 50, quase não se passou um ano sem o fim de uma das grandes revistas dos Estados Unidos. *Life*, *Look*, o *Saturday Evening Post* — cada uma delas foi para o seu túmulo, para depois ressuscitar como um fantasma de pequena circulação da entidade primitiva.

Entre 1970 e 1977, apesar dos 14 milhões de pessoas a mais na população dos Estados Unidos, a circulação conjunta das 25 importantes revistas restantes caiu 4 milhões.

Simultaneamente, os Estados Unidos experimentaram a explosão de uma população de mini-revistas — milhares de revistas inteiramente novas visando a mercados pequenos, de interesse especial, regionais ou mesmo locais. Pilotos e maníacos de aviação atualmente podem escolher literalmente entre vintenas de periódicos editados especialmente para eles. Adolescentes, adeptos de caça submarina, gente aposentada, mulheres atletas, colecionadores de câmaras anti-

---

* Alguns editores não consideram os jornais meios de comunicação de massa porque muitos têm pequena circulação e servem pequenas comunidades. Mas a maioria dos jornais, ao menos nos Estados Unidos, estão cheios de matéria pronta — notícias de telegramas da AP e da UPI, tiras de quadrinhos, palavras cruzadas, modas, artigos de fundo — que são em grande parte os mesmos de uma cidade para outra. Para competir com os veículos menores, mais localizados, os jornais maiores estão aumentando a cobertura e acrescentando uma variedade de seções de interesse especial. Os diários sobreviventes das décadas de 80 e 90 serão drasticamente modificados pela segmentação do público leitor.

gas, maníacos de tênis, esquiadores e patinadores de *skate*, cada um tem a sua própria imprensa. Revistas regionais como *New York*, *New West*, *D* em Dallas, ou *Pittsburgher*, estão todas se multiplicando. Algumas dividem o mercado em seções menores por região e interesse especial — a *Kentucky Business Ledger*, por exemplo, ou a *Western Farmer*.

Com prelos novos, rápidos, baratos, de capacidade reduzida, toda a organização, grupo comunitário, culto e seita política ou religiosa hoje pode permitir-se imprimir a sua própria publicação. Mesmo grupos menores podem produzir periódicos nos duplicadores que se tornaram ubíquos nos escritórios americanos. A revista de massa perdeu a sua outrora poderosa influência na vida nacional. A revista desmassificada — a mini-revista — está tomando o seu lugar rapidamente.

Mas o impacto da Terceira Onda na comunicação não se restringe à comunicação impressa. Entre 1950 e 1970 o número de estações de rádio nos Estados Unidos subiu de 2.336 para 5.359. Num período quando a população aumentava apenas 35 por cento, as estações de rádio aumentaram 129 por cento. Isto significa que em vez de uma estação para cada 65.000 americanos, há atualmente uma para cada 35.000 e significa que o ouvinte médio tem mais programas a escolher. A audiência em massa é distribuída por mais estações.

A diversidade das ofertas também tem aumentado vividamente, com diferentes estações apelando para segmentos de audiência especializada em vez da audiência de massa, até aqui indiferenciada. Emissoras só de noticiários visam a adultos instruídos de classe média. Outras especializam-se em diversas variedades de *rock* — *rock* da pesada, *punk rock*, *country rock*, *folk rock* — visando a um setor da audiência jovem. Os negros americanos são atraídos pelas emissoras especializadas em *soul music*. Há também estações de música clássica, dirigidas a adultos de renda alta, e estações em línguas estrangeiras, visando a diferentes grupos étnicos — portugueses, italianos, hispânicos, japoneses e judeus.

Escreve o colunista político Richard Reeves: "Em Newport, Rhode Island, percorri a faixa AM do rádio e encontrei 38 estações, três delas religiosas, duas programadas para negros e uma irradiando em português."

Implacavelmente, formas mais novas de audiocomunicação agarram-se ao que resta da audiência em massa. Durante a década de 60, os pequeninos e baratos toca-fitas e os cassetes espalharam-se entre os jovens como incêndio em pradaria. Apesar das opiniões populares erradas em contrário, os adolescentes gastam *menos* tempo, não mais com os ouvidos grudados ao rádio do que foi o caso na década dos sessenta. De uma média de 4,8 horas por dia em 1967, a quantidade de tempo consagrado a ouvir rádio caiu para 2,8 horas em 1977.

Então veio a faixa do cidadão. Ao contrário da radiodifusão, que vai estritamente numa direção (o ouvinte não pode responder ao programador) os rádios da faixa do cidadão dos carros tornam possível aos motoristas, dentro de um raio de 8 a 20 quilômetros, se comunicarem uns com os outros.

Entre 1959 e 1974 havia apenas um milhão de aparelhos da faixa do cidadão em uso na América. Depois, nas palavras de um atônito funcionário da Comissão Federal de Comunicações, "Levou oito meses para chegarmos ao segundo milhão e outros três para o terceiro". Depois, a faixa do cidadão desencadeou-se. Por volta de 1977 estavam em uso uns 25 milhões de aparelhos e as ondas do ar estavam cheias de charla pitoresca — de advertência de que os "fumaças" (polícia) estavam preparando armadilhas para o excesso de velocidade, a solicitações de orações e de prostitutas. A mania passou agora, mas seus efeitos ficaram.

Os programadores de rádio, nervosos em relação às rendas de publicidade, negavam vigorosamente que a faixa do cidadão tivesse entrado na escuta do rádio. Mas as agências de publicidade não têm tanta certeza. Uma delas, a Marsteller, Inc., fez uma pesquisa em Nova York e verificou que 45 por cento dos usuários da faixa do cidadão declaram cerca de 10 a 15 por cento de interferência em seus rádios comuns dos carros. Mais significativo, a pesquisa revelou que mais de metade dos usuários da faixa do cidadão ouviam simultaneamente os rádios comuns dos carros e os seus especiais.

De qualquer modo, a mudança para a diversidade na imprensa tem o seu paralelo no rádio. O escapismo falado está sendo desmassificado juntamente com o escapismo escrito.

Mas só em 1977 os veículos de comunicação da Segunda Onda sofreram sua derrota surpreendente e significativa. Para uma geração, o mais poderoso e o mais "massificador" dos veículos de comunicação foi, naturalmente, a televisão. Em 1977, o tubo de imagens começou a bruxulear. Escreveu a revista *Time*: "Tudo cai. Executivos de radiotransmissão e de publicidade olharam nervosamente para os números... não podiam acreditar no que viam... Pela primeira vez na História, a audiência da televisão declinava."

"*Nunca* ninguém", murmurou um atônito publicitário, "admitiu que a audiência da TV cairia."

Agora mesmo abundam as explicações. Dizem-nos que os programas são ainda mais detestáveis do que no passado. Que há demasiado disto e não o suficiente daquilo. Os executivos-chefes rodaram pelos corredores da rede abaixo. Foi-nos prometido este ou aquele novo tipo de *show*. Mas a verdade mais profunda está apenas começando a emergir das nuvens da ilusão da TV. O dia da poderosa rede centralizada que controla a imagem da produção está se apagando. Com efeito, um antigo presidente da NBC, acusando as três principais redes de televisão dos Estados Unidos de "estupidez" estratégica, predisse que a porção delas do primeiro público da TV cairia para 50 por cento pelos fins da década de 80. Pois os meios de comunicações da Terceira Onda, estão subvertendo numa vasta frente, o domínio dos senhores dos meios de comunicação da Segunda Onda.

A televisão por cabo já alcança 14,5 milhões de lares americanos e provavelmente se difundirá com força de furacão no começo da década de 80. Os peritos da indústria esperam 20 a 26 milhões de assinantes de cabo pelo fim de 1981, com transmissão por cabo disponível para 50 por cento das casas americanas. As coisas marcharão ainda mais depressa, uma vez que seja feita a mudança de fios de cobre para sistemas de fibra ótica, que enviará luz pulsando ao longo de fibras finas como cabelos. E com prelos de emergência ou copiadores Xerox, o cabo desmassifica a audiência, picando-a em múltiplos pequenos públicos. Além disso, os sistemas de cabo podem ser planejados para comunicação em dois sentidos, de maneira que os assinantes poderão não apenas ver programas, mas também pedir ativamente vários serviços.

No Japão, no início da década de 80 cidades inteiras serão ligadas a cabo de onda de luz, permitindo aos usuários sintonizarem pedidos não só de programas, mas também de fotos, dados, reservas de teatro ou exibição de material de jornais e revistas. Alarmas contra ladrões e incêndios funcionarão através do sistema.

Em Ikoma, um subúrbio-dormitório de Osaka, fui entrevistado num programa de TV sobre o sistema experimental Hi-Ovis, que coloca um microfone e câmara de televisão em cima do aparelho de TV na casa de cada assinante, de modo que o assistente possa igualmente transmitir. Quando eu estava sendo entrevistado pelo apresentador do programa, uma certa Sra. Sakamoto, vendo o programa de sua própria sala de estar, ligou e começou a falar conosco em inglês claudicante. Eu e o público assistente pudemos vê-la no aparelho dela e vimos o seu garotinho saltando por ali enquanto ela me dava boas-vindas a Ikoma.

O Hi-Ovis também tem um banco de vídeo-cassetes sobre qualquer assunto, desde música e cozinha a educação. Os assistentes podem punçar um número de código e pedir ao computador para colocar determinado cassete na tela deles à hora em que o desejarem.

Embora envolva apenas umas 160 casas, a experiência Hi-Ovis é financiada pelo governo japonês e contribuições de companhias tais como Fujitsu, Sumitomo Electric, Matsushita e Kintetsu. É extremamente adiantada e já baseada em tecnologia de fibra ótica.

Em Columbus, Ohio, uma semana antes, eu tinha visitado o sistema Qube da Warner Cable Corporation. O Qube fornece ao assinante 30 canais de TV (contra quatro estações transmissoras) e apresenta espetáculos para todo mundo, desde crianças pré-escolares a médicos, advogados ou a audiência de "adultos somente". Qube é o sistema de cabo de dois sentidos mais bem desenvolvido e mais comercialmente eficaz do mundo. Oferecendo a cada assinante o que parece um calculador manual, permite-lhe comunicar-se com a estação com o simples apertar de um botão. Um espectador, usando os chamados "botões quentes" pode comunicar-se com o estúdio do Qube e seu computador. O *Time*, ao descrever o sistema torna-se verdadeiramente rapsódico, notando que o assinante pode "dar suas opiniões em debates políticos locais, dirigir vendas de objetos domésticos usados e dar lanços em *objects d'art* num leilão beneficente... Apertando um botão, fulano ou fulana pode interrogar um político ou mostrar polegares eletrônicos para baixo ou para cima num programa de talentos amadores". Os consumidores podem "comparar os preços dos supermercados" ou reservar uma mesa num restaurante oriental.

O cabo, entretanto, não é a única preocupação que as redes enfrentam.

Os jogos de vídeo tornaram-se um "artigo quente" nas lojas. Milhões de americanos descobriram uma paixão por engenhocas que convertem a tela da TV numa mesa de pingue-pongue, num rinque de hóquei ou uma quadra de tênis. Este desenvolvimento pode parecer trivial ou insignificante para analistas políticos ou sociais ortodoxos. Representa, entretanto, uma onda de aprendizado social, um treino, por assim dizer, para a vida no ambiente eletrônico de amanhã. Os jogos de vídeo não apenas desmassificam ainda mais a audiência e entram nos números dos que estão assistindo a programas transmitidos a qualquer dado momento, mas também, através de tais dispositivos aparentemente inocentes, milhares de pessoas estão aprendendo a brincar com o aparelho de televisão, a falar com ele e a interatuar com ele. No processo estão mudando de receptores passivos para transmissores de mensagem igualmente. Estão manipulando o aparelho, ao invés de simplesmente deixar que o aparelho os manipule.

*Serviços de informação,* alimentados através da tela da TV, são agora já acessíveis na Grã-Bretanha, onde um assistente com uma unidade adaptadora pode apertar um botão e selecionar qual de uma dezena ou tantos dados diferentes de serviços que ele queira — notícia, tempo, finanças, esportes e assim por diante. Então este dado move-se através da tela da TV como uma fita de telégrafo. Dentro em pouco, os usuários, sem dúvida, poderão ligar uma tomada de um gravador na TV para captar no papel quaisquer imagens que desejem reter. Mais uma vez, haverá uma ampla escolha onde pouco existia antes.

Os que usam o vídeo-cassete para jogar ou gravar, estão se difundindo rapidamente da mesma forma. Os negociantes esperam ver um milhão de unidades em uso nos Estados Unidos por volta de 1981. Estes não só permitirão aos assistentes gravarem um encontro de futebol de segunda para *replay,* digamos, no sábado, (assim demolindo a sincronização de imagens que as redes promovem) mas lançarão as bases para a venda de filmes e eventos esportivos em fita. (Os árabes não estarão adormecidos ao ser anunciado *O Mensageiro,* filme sobre a vida de Maomé; existe em cassetes numa caixa com letras arábicas douradas por fora.) Os que fazem gravações e jogos de vídeo também tornam possível a venda de cartuchos altamente caracterizados, contendo, por exemplo, material médico de instrução para pessoal de hospital ou fitas que mostram aos consumidores como armar mobília desmontada ou consertar a fiação de uma torradeira. Mais fundamental, os que fazem gravações de vídeo tornam possível para qualquer *consumidor* se tornar, além disso, um *produtor* a seu capricho. Uma vez mais a audiência é desmassificada.

Os satélites domésticos, finalmente, tornam possível a estações de televisão individuais formarem mini-redes temporárias para programação especializada, assim contornando as redes existentes. Pelo fim de 1980, os operadores de TV por cabo terão milhares de estações de terra, em vez de ficarem captando sinais de satélites. "Nesse ponto", diz *Television/Radio Age,* "um distribuidor de programas precisa apenas comprar tempo num satélite, e instantaneamente terá uma rede nacional de TV por cabo... e poderá alimentar seletivamente qualquer grupo de sistemas que ele escolher". "O satélite", declara William J. Donnelly, vice-presidente de mídia eletrônica na gigantesca agência de propaganda Young & Rubican, "significa enormes audiências e maior multiplicidade de programas distribuídos nacionalmente".

Todos estes desenvolvimentos diferentes têm apenas uma coisa em comum: eles recortam o público da televisão de massa em segmentos e cada lasca não só aumenta a nossa diversidade cultural, mas também penetra profundamente no poder das redes que até agora dominavam tão completamente a nossa imaginação. John O'Connor, o inteligente crítico do *The New York Times,* resume a coisa simplesmente: "Uma coisa é certa", escreve, "a televisão comercial não mais será capaz de impor nem o que será visto ou quando será visto."

O que na superfície parece ser uma série de eventos desconexos resulta ser uma onda de mudanças intimamente correlatas, rodando através do horizonte dos meios de comunicação, dos jornais e rádio num extremo, às revistas e televisão no outro. Os meios de comunicação em massa estão sob ataque. Novos veículos de comunicação desmassificados estão proliferando, desafiando — e algumas vezes mesmo substituindo — os meios de comunicação em massa que foram tão dominantes em todas as sociedades da Segunda Onda.

A Terceira Onda começa assim uma verdadeira nova era: a idade dos veículos de comunicação desmassificados. Uma nova infosfera está emergindo juntamente com a nova tecnosfera. E esta terá um impacto de longo alcance nessa esfera, a mais importante de todas, a que está dentro dos nossos cérebros. Pois, tomadas em conjunto, estas mudanças revolucionarão a nossa imagem do mundo e a nossa habilidade para lhe encontrar sentido.

### A CULTURA "BLIP"

A desmassificação dos meios de comunicação de massa desmassifica igualmente as nossas mentes. Durante a era da Segunda Onda o martelar contínuo das imagens padronizadas expelidas pela propaganda criou o que os críticos chamaram uma "mentalidade de massa". Hoje, em vez de massas de pessoas recebendo todas as mesmas mensagens, grupos desmassificados menores recebem e enviam grandes quantidades de suas próprias imagens de uns para os outros. Enquanto a sociedade inteira se desloca para a diversidade da Terceira Onda, os novos meios de comunicação refletem e aceleram o processo.

Isto, em parte, explica porque as opiniões, sobretudo de música *pop* e política, estão cada vez menos uniformes. O consenso se despedaça. Num nível pessoal, são todos cercados e assaltados por fragmentos de fantasia, contraditória ou desconexa, que abala as nossas velhas idéias e chega até nós sob a forma de *blips* quebrados ou desencarnados. Nós vivemos, de fato, numa "cultura do *blip*".

"A ficção isola pedaços de território cada vez menores", queixa-se o crítico Geofrey Wolff, acrescentando que cada romancista "apreende cada vez menos de qualquer grande quadro". Em não-ficção, escreve Daniel Laskin, criticando obras de referência tão fenomenalmente populares como *The People's Almanac* e *The Book of Lists,* "A idéia de qualquer síntese exaustiva parece insustentável. A alternativa é fazer a coleta do mundo ao acaso, especialmente os cacos mais divertidos." Mas a desintegração de nossas imagens em *blips* está longe de se restringir a livros ou literatura. É ainda mais pronunciada na imprensa e nos meios de comunicação eletrônicos.

Nesta nova espécie de cultura, com suas transitórias imagens fraturadas, podemos começar a discernir uma fenda que se abre cada vez mais entre os usuários dos meios de propaganda da Segunda Onda e a Terceira Onda.

As pessoas da Segunda Onda, ansiosas pela moral pronta para uso e as certezas ideológicas do passado, estão incomodadas e desorientadas pela *blitz* de informação. Sentem nostalgia dos programas de rádio da década de 30 ou os filmes da década de 40. Sentem-se excluídos do ambiente dos novos meios de comunicação, não apenas porque muito do que ouvem é ameaçador ou perturbador, mas porque as próprias embalagens em que chega a informação são estranhas.

Em vez de recebermos longas e relacionadas "enfiadas" de idéias, organizadas e sintetizadas para nós, estamos cada vez mais expostos a breves e modulares *blips* de informação — anúncios, pedidos, teorias, fiapos de notícias, fragmentos truncados que se recusam a encaixar-se perfeitamente nos nossos arquivos mentais preexistentes. As novas fantasias resistem à classificação, em parte porque freqüentemente caem fora das velhas categorias conceituais, mas também porque vêm em embalagens demasiado estranhas de forma, transitórias e desconexas. Assaltadas pelo que elas percebem como o tumulto da cultura *blip*, as pessoas da Segunda Onda sentem uma raiva reprimida contra os meios de comunicação.

As pessoas da Terceira Onda, ao contrário, estão mais à vontade no meio deste bombardeio de *blips* — a interseção de recortes de notícias com um comercial de 30 segundos, um fragmento de canção e letra, um cabeçalho, um *cartoon*, uma montagem, um item de panfleto, um *print-out* de computador. Leitores insaciáveis de livros de bolso de ler e jogar fora e de revistas de interesse especial engolem enormes quantidades de informação em pequenos bocados. Mas também estão de olho naqueles novos conceitos ou metáforas que reúnem ou organizam *blips* em totalidades maiores. Em vez de tentarem atulhar com os novos dados modulares as categorias ou estruturas padronizadas da Segunda Onda, aprendem a fazer as suas, a formar as suas próprias "enfiadas" do material *"blipado"* disparado sobre eles pelos novos meios de propaganda.

Em vez de apenas recebermos o nosso modelo mental de realidade, nós agora somos impelidos a inventá-lo e continuamente a reinventá-lo. Isto coloca um enorme fardo sobre nós. Mas também conduz à maior individualidade, à desmassificação da personalidade, assim como da cultura. Alguns de nós rebentam sob a nova pressão ou se recolhem à apatia ou à raiva. Outros emergem como indivíduos bem formados, crescendo continuamente, competentes, capazes de operar, por assim dizer, num nível mais alto. (Num ou noutro caso, quer a tensão se revele grande demais ou não, o resultado está muito longe dos robôs uniformes, padronizados, facilmente arregimentados, previstos por tantos sociólogos e escritores da ficção científica da era da Segunda Onda.)

Acima de tudo isto, a desmassificação da civilização, que reflete e intensifica os meios de comunicação, traz com ela um enorme salto na quantidade de informação que todos trocaremos uns com os outros. E é este aumento que explica por que estamos nos tornando uma "sociedade de informação".

Pois quanto mais variada for a civilização — mais diferenciada a sua tecnologia, as formas de energia e da gente — mais informação deve fluir entre suas partes constituintes para que a sua inteireza se mantenha junta, particularmente sob a tensão de alta mudança. Uma organização, por exemplo, deve poder predizer (mais ou menos) como outras organizações reagirão à mudança, se quiserem planejar seus próprios movimentos sensatamente. E o mesmo se aplica aos indivíduos. Quanto mais uniformes formos, menos precisaremos saber a respeito uns dos outros para predizermos o comportamento uns dos outros. Quanto mais individualizadas ou desmassificadas ficam as pessoas em volta de nós, mais precisamos de informação — sinais e deixas — para predizer, mesmo aproximadamente, como elas vão se comportar em relação a nós. E a não ser que possamos fazer tais previsões, não poderemos trabalhar nem mesmo viver juntos.

Em conseqüência disso, as pessoas e as organizações anseiam continuamente por mais informação e todo o sistema começa a pulsar com fluxo de dados cada vez mais alto. Forçando a quantidade de informação necessária para manter o sistema social coeso e a rapidez com que ele deve ser trocado, a Terceira Onda espedaça a estrutura da infosfera da Segunda Onda, obsoleta e sobrecarregada, e constrói uma nova para tomar o seu lugar.

# 14
# O MEIO INTELIGENTE

Muitas pessoas diferentes do mundo acreditavam — e alguns ainda acreditam — que por trás da realidade física das coisas estão os espíritos, que mesmo objetos aparentemente mortos, rochas ou terra, têm uma força viva dentro deles: *omana*. Os índios *sioux*, chamavam-lhe *wakan*. Os algonquinos, *manitu*. Os iroqueses, *orenda*. Para essa espécie de gente todo o ambiente é vivo.

Hoje, ao construirmos uma nova infosfera para a civilização da Terceira Onda, estamos comunicando ao meio "morto" em volta de nós não vida, mas inteligência.

A chave para este avanço evolucionário é, naturalmente, o computador. Uma combinação de memória eletrônica com programas que dizem à máquina como processar os dados acumulados, os computadores eram ainda uma curiosidade científica no começo da década de 50. Entre 1955 e 1965, entretanto, a década em que a Terceira Onda começou a se manifestar nos Estados Unidos, eles começaram a infiltrar-se lentamente no mundo comercial. No princípio eram unidades isoladas de capacidade modesta, empregadas principalmente para fins financeiros. Em breve, máquinas com enorme capacidade começaram a entrar nas sedes das companhias e foram desenvolvidas para uma variedade de tarefas. De 1965 a 1977, diz Harvey Poppel, um veterano vice-presidente de Booz Allen & Hamilton, consultores de administração, nós estávamos na "era do grande computador central... Ele representa o epítome, a manifestação final da era da máquina pensante. E a realização máxima — um grande supercomputador enterrado centenas de metros sob o centro num meio anti-séptico... à prova de bomba... equipado por um bando de supertecnocratas".

Tão impressionantes eram estes gigantes centralizados que em breve se tornaram uma parte padrão da mitologia social. Os produtores de filmes, os caricaturistas e os escritores de ficção científica, usando-as para simbolizar o futuro, representavam rotineiramente o computador como um cérebro todo-poderoso — uma concentração maciça de inteligência sobre-humana.

Durante a década de 70, entretanto, o fato ultrapassou a ficção, deixando para trás a obsoleta fantasia. Enquanto a miniaturização avançava com rapidez de raio, enquanto a capacidade do computador subia a grandes alturas e os preços por função caíam, começaram a brotar por toda a parte poderosos minicomputadores, pequenos e baratos. Cada filial de fábrica, laboratório, escritório de vendas ou departamento de engenharia reivindicava o seu. Apareceram tantos computadores, com efeito, que as companhias algumas vezes perderam a conta de quantos tinham. O "poder cerebral" do computador não estava concentrado num único ponto; era "distribuído".

Esta dispersão da inteligência do computador está agora avançando a alta velocidade. Em 1977, os gastos pelo que agora é chamado "processamento de dados distribuídos" ou PDD (DDP), subiram a 300 milhões de dólares nos Estados Unidos. De acordo com a International Data Corporation, uma importante firma de pesquisa de mercado neste campo, este número atingirá 3 bilhões de dólares por volta de 1982. As máquinas pequenas e baratas, não mais exigindo um sacerdócio de computador especialmente treinado, dentro em pouco serão tão onipresentes como a máquina de escrever. Estamos "espertando" o nosso ambiente de trabalho.

Fora dos confins da indústria e do governo, além disso, está em marcha um processo paralelo baseado nessa geringonça ubíqua dentro em breve: o computador caseiro. Há cinco anos o número de computadores pessoais ou domésticos era insignificante. Hoje calcula-se que 300.000 computadores estão zumbindo e zunindo em salas de estar, cozinhas e cubículos de um extremo ao outra da América. E isto antes das grandes indústrias, como a IBM e Texas Instruments, lançarem suas campanhas de vendas. Os computadores domésticos estarão em breve sendo vendidos por pouco mais do que um aparelho de televisão.

Estas máquinas inteligentes já estão começando a ser usadas para tudo, desde calcular os impostos da família e monitorar o uso de energia em casa, jogando jogos, conservando um arquivo de petiscos, lembrando seus donos de próximos compromissos e servindo como "datilógrafas espertas". Isto, entretanto, oferece apenas um minúsculo vislumbre de seu potencial completo.

A Telecomputing Corporation of America oferece um serviço chamado simplesmente "A Fonte", que, por custos minúsculos, proporciona ao usuário do computador acesso instantâneo às notícias telegráficas da United Press International; uma vasta série de dados sobre mercado de ações e produtos primários; programas educativos para ensinar às crianças aritmética, ortografia, francês, alemão ou italiano; sócios num clube "computadorizado" com direito a desconto; reservas instantâneas em hotel, passagens e mais.

A Fonte também faz o possível para qualquer pessoa com um terminal de computador barato se comunicar com qualquer outra pessoa do sistema. Jogadores de bridge, xadrez e gamão que o desejarem poderão jogar com alguém a milhares de quilômetros de distância. Os usuários podem enviar mensagens uns aos outros ou a um grande número de pessoas ao mesmo tempo e armazenar toda a correspondência na memória eletrônica. A Fonte até mesmo facilitará a criação do que poderia chamar-se "comunidades eletrônicas" — grupos de gente com interesses partilhados. Uma dezena de entusiastas de fotografia numa dezena de cidades, reunidas eletronicamente por A Fonte, podem conversar com prazer sobre câmaras, equipamento, técnicas de câmara escura, iluminação ou filme colorido. Meses mais tarde, podem recuperar seus comentários da memória de A Fonte por assunto, data ou outra categoria.

A dispersão de computadores para o lar, para não mencionar sua interligação em redes ramificadas, representa outro avanço na construção de um ambiente inteligente. Entretanto, nem mesmo isto é tudo.

A difusão da inteligência da máquina chega a outro nível totalmente com a chegada de microprocessadores e microcomputadores, essas pequeninas fichas de inteligência congelada que estão prestes a se tornarem uma parte, ao que parece, de quase todas as coisas que fazemos e usamos.

Excetuando-se suas aplicações nos processos de fabricação e no comércio em geral, elas já estão embutidas, ou estarão em breve, em tudo, dos aparelhos de ar condicionado e automóveis a máquinas de costura e balanças. Eles monitorarão e reduzirão ao mínimo o desperdício de energia no lar. Ajustarão a quantia de detergente e a temperatura da água para cada carga de roupa suja. Regularão o sistema de combustível do carro. Avisar-nos-ão quando alguma coisa precisar de conserto. Tocarão o relógio do rádio, ligarão a torradeira, a cafeteira e o chuveiro para nós de manhã. Aquecerão a garagem, fecharão as portas e realizarão uma vertiginosa variedade de outras tarefas humildes e outras não tão humildes.

A que distância poderão chegar dentro de poucas décadas é sugerido por Alan P. Hald, um importante distribuidor de microcomputadores, num divertido cenário que ele chama "Fred, a Casa".

De acordo com Hald, "Os computadores domésticos já podem falar, interpretar linguagem e controlar aparelhos. Incluindo-lhe uns poucos sensores e um modesto vocabulário, o sistema da Bell Telephone e a sua casa poderiam falar com... qualquer pessoa ou qualquer coisa no mundo." Muitos obstáculos se encontram à frente, mas a direção da mudança está clara.

"Imagine", escreve Hald, "você está trabalhando e o telefone toca. É Fred, a sua casa. Enquanto monitorava as notícias da manhã a respeito de reportagens sobre roubos recentes, Fred captou um boletim meteorológico avisando sobre uma chuva forte iminente. Isto sacudiu a bolha da memória para lembrar de fazer uma verificação de rotina da conservação do telhado. Foi encontrada uma goteira em potencial. Antes de lhe telefonar, Fred telefonou a Slim para se aconselhar. Slim é uma casa tipo casarão de rancho, situada um pouco abaixo no quarteirão... Fred e Slim muitas vezes partilhavam bancos de dados e cada um sabia que ambos estavam programados com uma eficaz técnica de busca para identificar serviços domésticos... Você começou a confiar no juízo de Fred e aprovou os consertos. O resto é simples, Fred chama o telhador..."

A fantasia é divertida. Contudo, capta fantasticamente o tato da vida num ambiente inteligente. Viver num ambiente assim levanta questões filosóficas de arrepiar. As máquinas assumirão o controle? Poderão máquinas inteligentes, especialmente se entrelaçadas em redes de intercomunicação, ultrapassar a nossa habilidade de compreendê-las e controlá-las? O Irmão Maior poderá um dia controlar não só os nossos telefones, mas também as nossas torradeiras e aparelhos de televisão, vigiando todos os nossos movimentos e estados de espírito? Até que ponto nos tornaremos dependentes do computador e do cartão? Na medida em que bombearmos mais e mais inteligência no ambiente material, atrofiar-se-ão as nossas próprias mentes? E que acontecerá se alguém ou alguma coisa puxar a tomada da parede? Ainda teremos as aptidões básicas necessárias para a sobrevivência?

Para cada questão há inúmeras contraquestões. O Irmão Maior poderá realmente controlar cada torradeira e aparelho de televisão, cada motor de automóvel e aparelho de cozinha? Quando a inteligência for distribuída amplamente através de todo o ambiente, quando puder ser ativada por usuários num milhar de lugares ao mesmo tempo, quando os usuários do computador puderem comunicar-se uns com os outros sem terem de ir ao computador central (como fazem em muitas redes distribuídas), o Irmão Maior ainda poderá controlar as coisas? Em vez de ampliar o poder do estado totalitário, a descentralização da inteligência poderá, de fato, enfraquecê-lo? Alternativamente, não seremos espertos o bastante para passar a perna no governo? No brilhante e complexo romance de John Brunner, *O Cavaleiro da Onda de Choque,* a personagem central sabota com êxito os esforços do governo para impor o pensamento através da rede do computador. Deverão as mentes se atrofiar? Como veremos dentro em pouco, a criação de um ambiente inteligente poderia ter exatamente o efeito oposto. Ao projetarmos as máquinas para obedecerem à nossa vontade, não poderemos programá-las como Robbie, na clássica história de Isaac

Asimov, *Eu Robô,* para nunca fazer mal a um ser humano. O veredicto ainda não foi pronunciado e, conquanto fosse irresponsabilidade ignorar tais questões, seria ingênuo concluir que as cartas estão empilhadas contra a raça humana. Nós temos inteligência e imaginação que ainda não começamos a usar.

O que é inevitavelmente claro, entretanto, seja o que for que escolhamos acreditar, é que estamos alterando fundamentalmente a nossa infosfera. Não estamos simplesmente desmassificando os veículos de comunicação da Segunda Onda, estamos acrescentando estratos de comunicação inteiramente novos ao sistema social. A infosfera da Terceira Onda emergente faz a da era da Segunda Onda — dominada por seus meios de comunicação em massa, o correio e o telégrafo — parecer lamentavelmente primitiva por comparação.

### A AMPLIAÇÃO DO CÉREBRO

Alterando tão profundamente a infosfera, estamos destinados a transformar igualmente as nossas próprias mentes — a maneira como pensamos sobre os nossos problemas, a maneira como sintetizamos a informação, a maneira como antecipamos as conseqüências de nossas próprias ações. Temos probabilidades de mudar o papel da alfabetização em nossas vidas. Podemos até alterar a própria química do nosso cérebro.

O comentário de Hald sobre a capacidade dos computadores e aparelhos marchetados de fichas de conversarem conosco não é tão fantástico como poderia parecer. Terminais de "entrada de dados de voz" existentes atualmente já são capazes de reconhecer um vocabulário de mil palavras e responder-lhes; e gigantes como IBM ou Nippon Electric, e anões como Heuristics, Inc., ou Centigram Corporation estão correndo para expandir esse vocabulário, simplificar a tecnologia e reduzir radicalmente os custos. Previsões para quando os computadores se sentirão à vontade com a linguagem normal vão de mais de 20 para cinco anos apenas e as implicações deste desenvolvimento — tanto na economia como na cultura — poderiam ser tremendas.

Hoje milhões de pessoas são excluídas do mercado de empregos porque são funcionalmente analfabetas. Mesmo os cargos mais simples exigem pessoas capazes de ler fórmulas, botões ligados-desligados, folhas de pagamentos, instruções de trabalho, etc. Na Segunda Onda a capacidade de ler era a habilidade mais elementar exigida pelo departamento de pessoal.

Mas analfabetismo não significa estupidez. Sabemos que pessoas analfabetas através do mundo são capazes de dominar habilidades altamente requintadas em atividades tão diversas como agricultura, construção, caça e música. Muitos analfabetos têm memórias prodigiosas e podem falar várias línguas com fluência — coisa que a maioria dos americanos com instrução universitária não são capazes de fazer. Nas sociedades da Segunda Onda, entretanto, os analfabetos estavam economicamente condenados.

A alfabetização, naturalmente, é mais do que habilidade para um emprego. É um universo fantástico de imaginação e prazer. Entretanto, num ambiente inteligente, quando as máquinas, os utensílios e até as paredes são programados para falar, a alfabetização poderia estar menos relacionada com o cheque de pagamento salarial do que foi nos 300 anos passados. Funcionários da seção de reservas da linha aérea, pessoal do depósito, operador de máquinas e consertador de máquinas poderão funcionar perfeitamente mais escutando do que lendo, enquanto uma voz da máquina lhe diz, passo a passo, o que fazer a seguir ou como substituir uma peça quebrada.

Os computadores não são sobre-humanos. Quebram-se. Cometem erros... algumas vezes erros perigosos. Não há nada de mágico neles, e certamente não são "espíritos" ou "almas" no nosso ambiente. Entretanto, com todas estas limitações, encontram-se entre as realizações humanas mais espantosas e inquietantes, pois ampliam o poder da nossa mente como a tecnologia ampliou a força dos nossos músculos e não sabemos aonde as nossas próprias mentes nos levarão por fim.

Quando nos familiarizarmos com o ambiente inteligente e aprendermos a conversar com ele desde o momento em que deixarmos o berço, começaremos a ajudar os computadores com uma graça e uma naturalidade que é difícil imaginarmos atualmente. E eles nos ajudarão a todos — não apenas a uns poucos "supertecnocratas" — a pensar mais profundamente sobre nós mesmos e sobre o mundo.

Hoje, quando surge um problema, nós imediatamente procuramos descobrir suas causas. Entretanto, até agora, mesmo os pensadores mais profundos têm ordinariamente tentado explicar as coisas em termos de um punhado relativo de forças causais. Pois até mesmo a melhor mente humana acha difícil nutrir, muito menos manipular, mais de umas poucas variáveis de uma vez.* Conseqüentemente, quando nos defrontamos com um problema verdadeiramente complicado — como a razão por que uma criança é delinqüente, ou por que a inflação assola uma economia, ou como é que uma urbanização afeta a ecologia de um rio próximo — tendemos a focalizar dois ou três fatores e colocamos de lado muitos outros que poderão ser, isolada ou coletivamente, muito mais importantes.

Pior ainda, cada grupo de peritos insiste tipicamente na importância primordial de "suas próprias" causas, com exclusão de outras. Defrontado pelos

* Ao passo que poderemos lidar com muitos fatores simultaneamente num nível subconsciente ou intuitivo, o pensamento sistemático e consciente a respeito de uma quantidade de variáveis é terrivelmente difícil, como o sabe todo aquele que já o tentou.

impressionantes problemas da decadência urbana, o Perito em Habitação atribui isso ao declínio das habitações existentes; o Perito em Transporte aponta a falta de condução em massa; o Perito em Bem-Estar mostra o uso inadequado das verbas para creches ou trabalho social; o Perito em Criminologia aponta a insuficiência das patrulhas policiais; o Perito em Economia mostra que os impostos elevados estão desencorajando o investimento comercial; e assim por diante. Toda a pessoa de espírito elevado concorda em que todos estes problemas estão de algum modo inter-relacionados, que formam um sistema auto-revigorante. Mas ninguém pode conservar em mente as muitas complexidades enquanto tenta meditar sobre uma solução do problema.

A decadência urbana é apenas um de um grande número do que Ritmer, em *A Sociedade do Espaço*, designou como felicidade "teia de problemas". Advertiu que encontraríamos cada vez mais crises que "não eram suscetíveis de 'análise de causa e efeito' mas exigiriam 'análise de mútua dependência'; não compostas de elementos facilmente destacáveis, mas de centenas de influências cooperantes de dezenas de fontes sobrepostas independentes."

Como pode lembrar e correlacionar grandes números de forças causais, o computador pode também ajudar-nos a atacar problemas desse gênero a um nível mais profundo do que o costumeiro. Pode joeirar vastas massas de dados para encontrar padrões sutis. Pode ajudar a agrupar *blips* em totalidades maiores e mais significativas. Dada uma série de pressupostos ou um modelo, pode acompanhar as conseqüências de decisões alternativas e fazê-lo mais sistemática e completamente do que qualquer indivíduo o poderia fazer normalmente. Pode até sugerir soluções imaginosas para certos problemas, identificando relações novas ou não notadas até agora entre pessoas e recursos.

A inteligência, a imaginação e a intuição humanas continuarão nas décadas previsíveis a ser mais importantes do que a máquina. Não obstante, pode-se esperar que os computadores aprofundem a visão de causalidade de toda a cultura, realçando a nossa compreensão da correlação das coisas e ajudando-nos a sintetizar "todos" os significativos dados desconexos que remoinham em volta de nós. O computador é um antídoto da cultura do *blip*.

Ao mesmo tempo, o ambiente inteligente poderá finalmente começar a mudar não só a maneira como analisamos problemas e informação integrada, mas também até a química do nosso cérebro. Experiências feitas por David Krech, Marian Diamond, Mark Rosenzweig e Edward Bennett, entre outros, mostraram que animais expostos a um ambiente "enriquecido" apresentaram córtices cerebrais maiores, mais células gliais, neurônios maiores, neurotransmissores mais ativos e maior abastecimento de sangue fornecido ao cérebro do que os animais de outro grupo de controle. Será que, à medida que formos complexificando o ambiente e tornando-o mais inteligente, nós mesmos nos tornaremos mais inteligentes também?

O Dr. Donald F. Klein, Diretor de Pesquisa do Instituto Psiquiátrico de Nova York, um dos maiores neuropsiquiatras do mundo, especula:

"A obra de Krech sugere que entre as variáveis que afetam a inteligência está a riqueza e a receptividade do ambiente primitivo. Crianças criadas no que poderia ser chamado um ambiente "estúpido" — subestimulante, pobre, insensível — logo aprenderão a não correr riscos. Há pouca margem para erro, e, na realidade, compensa ser cauteloso, conservador, destituído de curiosidade ou absolutamente passivo, nada do que realiza maravilhas para o cérebro.

"Por outro lado, crianças criadas num ambiente inteligente, sensível, complexo e estimulante, podem desenvolver uma série de diferentes habilidades. Se as crianças podem recorrer ao ambiente para fazer coisas para elas, tornam-se menos dependentes dos pais numa idade mais jovem. Podem ganhar um senso de domínio ou competência. E podem permitir-se ser curiosas, exploradoras, imaginosas e adotarem uma abordagem da vida com uma atitude de solução de problema. Tudo isso pode promover mudanças no próprio cérebro. Neste ponto tudo o que podemos fazer é presumir. Mas não é impossível que um ambiente inteligente pudesse levar-nos a desenvolver novas sinapses e um córtex maior. Um ambiente mais inteligente poderia fazer gente mais inteligente."

Tudo isto, entretanto, apenas começa a sugerir uma significação maior das mudanças que a nova infosfera traz consigo. Pois a desmassificação dos veículos e juntamente o advento concomitante do computador modificam a nossa memória social.

### A MEMÓRIA SOCIAL

Todas as memórias podem ser divididas nas puramente pessoais ou privadas e as partilhadas ou sociais. As memórias privadas, não compartilhadas, morrem com o indivíduo. A memória social sobrevive. A nossa capacidade notável para arquivar e recuperar memórias partilhadas é o segredo do sucesso evolucionário da nossa espécie. E qualquer coisa que altere significativamente a maneira como construímos, armazenamos ou usamos a memória social toca conseqüentemente o próprio manancial do destino.

Duas vezes antes na História, a espécie humana revolucionou sua memória social. Hoje, ao construirmos uma nova infosfera, estamos à beira de outra transformação assim.

No começo, os grupos humanos eram forçados a partilhar suas memórias no mesmo lugar em que conservavam as memórias privadas — isto é, nas mentes dos indivíduos. Os anciãos tribais, homens sábios, e outros levavam suas memórias consigo na forma de história, mito, tradição e lenda, e transmitiam-nas aos filhos através de discurso, canto, cantilena e exemplo. Como acender um fogo, a melhor maneira de apanhar uma ave numa armadilha, como amarrar uma jangada ou maçar taro, como aguçar um gancho-arado ou tratar dos bois — toda a ciência acumulada do grupo era armazenada nos neurônios, glias e sinapses dos seres humanos.

Enquanto isto permaneceu assim, o tamanho da memória social foi lamentavelmente limitado. Por boas que fossem as memórias dos anciãos, por mais memoráveis que fossem as canções ou lições, havia apenas muito pouco espaço de armazenagem nos crânios de qualquer população.

A civilização da Segunda Onda rompeu a barreira da memória. Espalhou a alfabetização em massa. Conservou registros sistemáticos de negócios. Construiu milhares de bibliotecas e museus. Inventou o fichário. Em resumo, mudou a memória social para fora do crânio, encontrou novos meios de armazená-la, e assim a expandiu para lá de seus limites anteriores. Aumentando o depósito de conhecimento cumulativo, acelerou todos os processos de inovação e mudança social, dando à civilização da Segunda Onda a cultura da mudança e desenvolvimento mais rápidos que o mundo tinha conhecido até então.

Hoje estamos prestes a pular para um estágio inteiramente novo da memória social. A desmassificação radical dos veículos de comunicação, a invenção de novos meios de comunicação em massa, o mapeamento da Terra por satélite, a monitoragem de pacientes de hospital por sensores eletrônicos, a computadorização dos arquivos das companhias — tudo isto significa que estamos registrando as atividades da civilização em detalhes de fina granulação. A não ser que incineremos o planeta, e toda a nossa memória social com ele, teremos dentro em breve a coisa mais próxima de uma civilização com registro total. A civilização da Terceira Onda terá à sua disposição mais informação — e informação mais minuciosamente organizada a respeito de si mesma do que se podia imaginar ainda há apenas um quarto de século.

A mudança para uma memória social da Terceira Onda, entretanto, é mais do que apenas quantitativa. Nós estamos também, por assim dizer, conferindo vida à nossa memória.

Quando a memória social era armazenada nos cérebros humanos era continuamente erodida, refrescada, agitada, combinada e recombinada em novas maneiras. Era ativa ou dinâmica. Era, no sentido mais literal, viva.

Quando a civilização industrial mudou muito da memória social para fora do crânio, a memória tornou-se objetificada, embutida em artefatos, livros, folhas de pagamento, jornais, fotografias e filmes. Mas um símbolo uma vez inscrito numa página, uma foto uma vez captada em filme, um jornal uma vez impresso permaneciam passivos ou estáticos. Só quando estes símbolos eram novamente introduzidos num cérebro humano eles adquiriam vida, para serem manipulados ou recombinados de novas maneiras. Embora a civilização da Segunda Onda expandisse radicalmente a memória social, ela também a congelou.

O que faz o pulo para uma infosfera da Terceira Onda historicamente tão excitante é que não só expande de novo vastamente a memória social, mas a ressuscita dos mortos. O computador, porque processa os dados em armazenamentos, cria uma situação historicamente sem precedentes: torna a memória social extensiva e ativa. E esta combinação se revelará propulsiva.

A ativação desta memória novamente expandida desencadeará novas energias culturais. Pois o computador não só nos ajuda a organizar ou sintetizar *blips* em modelos de realidade coerentes, mas também estirará os limites distantes do possível Nenhuma biblioteca ou fichário poderia pensar — nem ao menos pensar — de uma maneira heterodoxa. O computador, ao contrário, nos permitirá pedir-lhe que "pense o impensável" e o previamente impensado. Torna possível uma inundação de novas teorias, idéias, ideologias, inspirações artísticas, avanços técnicos, inovações econômicas e políticas que antes de agora eram, no sentido mais literal, impensáveis e inimagináveis. Deste modo, acelera a mudança histórica e provê de combustível a arrancada para a diversidade social da Terceira Onda.

Em todas as sociedades anteriores, a infosfera fornecia os meios para a comunicação entre os seres humanos. A Terceira Onda multiplica estes meios. Mas também proporciona poderosas facilidades pela primeira vez na História, para comunicação de máquina-para-máquina, ainda mais espantoso, para conversa entre seres humanos e o ambiente inteligente ao seu redor. Quando recuamos e olhamos o quadro maior, torna-se claro que a revolução na infosfera é pelo menos tão dramática como a efetuada na tecnosfera — no sistema de energia e na base tecnológica da sociedade.

O trabalho de construção de uma nova civilização corre para a frente em muitos níveis ao mesmo tempo.

# 15 ALÉM DA PRODUÇÃO EM MASSA

Um dia, não há muito tempo, dirigindo um carro alugado, desci dos picos nevados das Montanhas Rochosas por estradas serpeantes, depois atravessei as altas planícies, e fui descendo, descendo até que cheguei aos contrafortes orientais dessa cordilheira majestosa. Aí, em Colorado Springs, sob um céu brilhante, dirigi-me para um longo e atarracado conjunto de edifícios que se aninhava ao longo da estrada, apequenado pelos cumes que avultavam atrás de mim.

Quando entrei no edifício, lembrei-me novamente das fábricas em que tinha trabalhado, com todo o seu estrépito, sua sujeira, fumaça e raiva reprimida. Durante anos, desde que abandonamos os nossos trabalhos manuais, eu e minha mulher temos sido *"voyeurs* de fábricas". Em todas as nossas viagens ao redor do mundo, em vez de nos dedicarmos a ver catedrais arruinadas e freqüentar boates de turistas, temos concentrado nossa atenção em ver como as pessoas trabalham. Pois nada nos diz mais sobre sua cultura. E agora, em Colorado Springs, eu estava novamente visitando uma fábrica. Tinham-me dito que se incluía entre as instalações industriais mais adiantadas do mundo.

Logo se tornou claro por quê. Pois em oficinas como esta, a gente vislumbra a última tecnologia e os sistemas de informação mais adiantados... e os efeitos práticos de sua convergência.

Esta organização fabril de Hewlett-Packard produz aparelhamento eletrônico no valor de 100 milhões de dólares por ano — tubos de raios catódicos para uso em monitores de TV e equipamento médico, osciloscópios, "analisadores lógicos" para ensaio e itens ainda mais misteriosos. Das 1.700 pessoas empregadas aqui, 40 por cento são engenheiros, programadores, técnicos, pessoal de escritório e gerencial. Uma parede é uma gigantesca janela panorâmica que emoldura uma imponente vista do Pico Pikes. As outras paredes são pintadas de amarelo e branco brilhantes. Os pisos são de vinil de cor clara, luzente, com limpeza de hospital.

Os trabalhadores de H-P, dos empregados de escritório aos especialistas em computador, do gerente de fábrica a operários de montagem e inspetores, não estão separados espacialmente, mas trabalham juntos em baias abertas. Em vez de gritarem uns para os outros acima do matraquear de uma máquina, falam em tom de conversa. Como todo o mundo usa trajes de passeio comuns não há distinções visíveis de grau ou tarefa. Os empregados de produção estão sentados aos seus próprios bancos ou secretárias; tantas destas são decoradas com hera trepadeira, flores e outra vegetação que, vistas de certos ângulos, tem-se a ilusão fugaz de estar num jardim.

Andando através destas instalações, pensei como seria pungente se eu pudesse erguer magicamente alguns dos meus antigos companheiros da fundição e da linha de montagem de automóveis, do fragor, da sujeira, do trabalho manual de ferir o corpo e a disciplina rigidamente autoritária que o acompanhava, transplantando-os para este ambiente de trabalho de estilo novo.

Eles olhariam com admiração para o que viam. Duvido muito que H-P seja um paraíso dos trabalhadores e os meus amigos de macacão não seriam fáceis de lubridiar. Iriam querer saber, item por item, os níveis de pagamento, as vantagens adicionais, o procedimento a ser adotado com referência a queixas e reivindicações, caso fosse necessário. Perguntariam se os novos materiais exóticos que estavam sendo manuseados eram realmente seguros ou se havia riscos ambientais de saúde. Eles assumiriam imediatamente tal atitude, mesmo sob as aparentes relações casuais de algumas pessoas dando ordens e outras recebendo-as.

Não obstante, os astutos olhos de meus velhos amigos perceberiam o que é novo e vividamente diferente das clássicas fábricas que eles conheceram. Notariam, por exemplo, que em vez de todos os empregados da H-P chegaram ao mesmo tempo, podem, dentro de limites, marcar o relógio e em vez de correrem para seus postos de trabalho, podem, dentro de limites, escolher suas próprias horas de trabalho individuais. Em vez de serem forçados a ficar em uma localização de trabalho, podem movimentar-se à vontade. Meus velhos amigos ficariam maravilhados com a liberdade dos empregados da H-P, novamente dentro de limites, de estabelecerem o seu ritmo de trabalho. Falar com gerentes ou engenheiros sem se preocuparem com *status* ou hierarquia. Vestirem-se como desejarem. Em suma, serem indivíduos. De fato, meus velhos companheiros, com seus pesados sapatos de biqueira de aço, macacões sujos e barretes de operários, achariam muito difícil, creio, ver aquilo ali como uma fábrica.

E se nós considerarmos a fábrica como a sede da produção em massa, eles estariam certos. Pois produção em *massa* não é do que trata esta organização. Nós avançamos para além da produção em massa.

### "LEITE-DE-RATO" E CAMISETAS

É conhecimento convencional, nesta altura, que a percentagem de trabalhadores empregados em fabricação nas nações "adiantadas" declinou nos 20 anos passados. (Nos Estados Unidos, atualmente, só nove por cento da população total — 20 milhões de trabalhadores — manufaturam mercadorias para uns 220 milhões de pessoas. Os 65 milhões restantes de trabalhadores fornecem serviços e manipulam símbolos.) E enquanto esta redução de fabricação se acelerou no mundo industrial, mais e mais a rotina de fabricação foi transferida para os chamados países em desenvolvimento, da Argélia ao México e à Tailândia. Como enferrujados carros usados, as indústrias mais atrasadas da Segunda Onda são assim exportadas das nações ricas para as nações pobres.

Por razões tanto estratégicas como econômicas, as nações ricas não podem permitir-se ceder toda a indústria e não se tornarão puros exemplos de "sociedades de serviços" ou "economias de informação". A imagem do mundo rico vivendo de produção não-material, enquanto o resto do mundo se empenha na produção de mercadorias materiais, é altamente supersimplificada. Em vez disso, encontraremos as nações ricas continuando a fabricar as mercadorias básicas... mas precisando de muito menos trabalhadores para isso. Pois estamos transformando a própria maneira como as mercadorias são feitas.

A essência da manufatura da Segunda Onda era a longa série de milhões de produtos padronizados idênticos. Ao contrário, a essência da manufatura da Terceira Onda é a série curta de produtos parcial ou completamente personalizados.

O público ainda tende a pensar na fatura em termos de longas séries e nós, naturalmente, continuamos a produzir cigarros aos bilhões, têxteis aos milhões de metros, lâmpadas elétricas, fósforos, tijolos ou velas de ignição em quantidades astronômicas. Não há dúvida de que continuaremos a fazer assim por algum tempo. Estes são precisamente os produtos das indústrias mais atrasadas e não os mais adiantados e hoje representam apenas cerca de cinco por cento de todas as mercadorias manufaturadas.

Um analista de *Crítica,* um periódico de estudos soviéticos, nota que enquanto "os países menos altamente desenvolvidos — aqueles com um PNB entre 1.000 e 2.000 dólares *per capita per annum* — concentram-se nas manufaturas produzidas em massa", os "países mais altamente desenvolvidos... concentram-se na exportação de mercadorias de produção rápida, que dependem de mão-de-obra altamente especializada e... altos custos de pesquisa: computadores, maquinaria especializada, aviões, sistemas de produção automática, tintas e produtos farmacêuticos de alta tecnologia, polímeros e plásticos de alta tecnologia."

No Japão, na Alemanha Ocidental, nos Estados Unidos, mesmo na União Soviética, em campos tais como manufatura elétrica, produtos químicos, aerospaço, eletrônica, veículos especializados, comunicações e coisas semelhantes, encontramos bem desenvolvida a tendência para a desmassificação. Na superavançada oficina da Western Electric, no norte do Illinois, por exemplo, os operários recondicionam 400 *circuit packs* diferentes, em séries que vão de um máximo de dois mil por mês, descendo paulatinamente até dois por mês. Em Hewlett-Packard, em Colorado Springs, a série reduzida do número de 50 a 100 unidades é muito comum.

Na IBM, na Polaroid, na McDonnell Douglas, na Westinghouse e na General Electric nos Estados Unidos, na Plessey e ITT, na Grã-Bretanha, na Siemens, na Alemanha, na Ericsson, na Suécia, observa-se a mesma mudança de produtos em curta série e como que personalizados. Na Noruega, o Grupo Aker, que há tempos representava 45 por cento da construção de navios da nação, mudou para a fabricação de equipamento de exploração de petróleo em alto-mar. Resultado: um deslocamento da "produção em série" de navios para produtos do alto-mar "feitos sob medida".

Em produtos químicos, entrementes, de acordo com o executivo R. E. Lee, a Exxon está "mudando para séries curtas em produtos fabricados — polipropileno e polietileno em plásticos feitos por extrusão para canos, tapumes, apainelado, etc. Na Paramins estamos fazendo cada vez mais trabalho personalizado". Algumas séries são tão pequenas, acrescenta Lee, "que as chamamos série leite-de-rato".*

Na produção militar a maioria das pessoas ainda pensa em termos de massa — mas a realidade é "desmassa". Pensamos em milhões de uniformes, capacetes, rifles idênticos. Na realidade, a maior parte das necessidades de um estabelecimento militar moderno não é produzida em massa absolutamente. Os caças a jato podem ser produzidos em séries tão pequenas como dez a 50 de cada vez. Cada um destes pode ser ligeiramente diferente, dependendo do objetivo e ramo de serviço. E com tão pequenas encomendas, muitos dos componentes que entram nos aviões são geralmente produzidos em séries pequenas também.

Assim, uma análise espantosa do gasto do Pentágono pelo número de produtos finais comprados apareceu com a descoberta de que de 9,1 bilhões de dólares gastos em artigos para os quais o número de itens finais foi identi-

* Planta euforbiácea, lacticinífera, isto é, de suco leitoso. (N. do T.)

ficável, 78 por cento completos (7,1 bilhões de dólares) foram para mercadorias produzidas em lotes de menos de 100 unidades!

Mesmo em setores onde os componentes ainda são produzidos em massa, em quantidades muito grandes — e em algumas indústrias altamente adiantadas ainda é este o caso — os componentes são ordinariamente formados à semelhança de muitos produtos finais diferentes, cada um por sua vez produzido em curtas séries.

Basta que olhemos para os veículos incrivelmente diversos que zunem pela rodovia do Arizona para perceber que o mercado de autos relativamente uniforme se estilhaçou em segmentos, forçando até mesmo aqueles tiranossauros tecnológicos, os fabricantes de automóveis, a recuarem relutantes para a fabricação de personalização parcial. Os fabricantes de carros da Europa, dos Estados Unidos e do Japão agora fabricam em massa componentes e submontagens, depois ligam-nos de miríades de maneiras.

Em outro nível, note-se a humilde camiseta. As camisetas são feitas em massa. Mas novas prensas baratas, de aquecimento rápido, tornam econômico estampar desenhos ou *slogans* em bateladas muito pequenas. Resultado: um florescimento selvagem de camisas identificando jocosamente o usuário como fã de Beethoven, bebedor de cerveja ou um astro da pornô. Os automóveis, as camisetas e muitos outros produtos representam um estágio a meio caminho entre a fabricação em massa e a desmassificação.

O passo além disso, naturalmente, é a sob medida completa — a verdadeira manufatura de produtos um-de-uma-espécie. E essa é claramente a direção em que estamos nos dirigindo: produtos talhados sob medida para usuários individuais.

Segundo Robert H. Anderson, chefe do Departamento de Serviços de Informação da Rand Corporation e perito em manufatura avançada: "Não será nada mais difícil em futuro próximo produzir alguma coisa sob medida... do que é produzir em massa... atualmente... Estamos além da fase da modularização, onde fazemos uma porção de módulos e os ligamos uns aos outros... e estamos chegando à fase da produção sob medida pura e simplesmente. Exatamente como a roupa.

A mudança para a produção sob medida talvez seja melhor simbolizada por uma máquina *laser* baseada em computador, introduzida há alguns anos na indústria das roupas. Antes de a Segunda Onda ter trazido a produção em massa se um homem queria uma peça de roupa ia a um alfaiate ou uma costureira, ou então a mulher dele a costurava. De qualquer modo, era feita numa base de artesanato pela sua medida pessoal. Toda costura era essencialmente sob medida.

Depois da chegada da Segunda Onda, começamos a fabricar roupas idênticas numa base de produção em massa. Por este sistema, o trabalhador colocava uma camada de pano sobre outra; colocava o molde em cima; depois, com uma faca elétrica cortava em volta das bordas do padrão e produzia múltiplos recortes idênticos da peça de roupa. Estes eram depois submetidos a processamento semelhante e saíam idênticos em tamanho, forma, cor, etc.

A nova máquina *laser* opera segundo um princípio radicalmente diferente. Não corta 10, ou 50, ou 100, ou mesmo 500 camisas ou jaquetas de uma vez. Corta *uma* de cada vez. Mas na realidade corta mais rápido e barato do que os métodos de produção em massa empregados até agora. Reduz os desperdícios e elimina a necessidade de inventário. Por estas razões, de acordo com o presidente de Genesco, um dos maiores fabricantes de roupas dos Estados Unidos, "As máquinas *laser* podem ser programadas para atender a uma encomenda de roupas economicamente." O que isso sugere é que algum dia mesmo os tamanhos padrões poderão desaparecer. Poderá ser possível ler as medidas de uma pessoa num telefone, ou apontar uma câmara de televisão para a gente, introduzindo assim dados diretamente num computador, que por sua vez instruirá a máquina a produzir uma simples peça de roupa, cortada exatamente de acordo com as dimensões da pessoa.

O que nós estamos vendo, com efeito, é um corte sob medida numa base de alta tecnologia. É o restabelecimento de um sistema de produção que floresceu antes da revolução industrial — mas agora construído na base da tecnologia mais avançada e sofisticada. Assim como estamos desmassificando os veículos de comunicação, estamos desmassificando a fabricação.

## O EFEITO SÚBITO

Vários outros avanços muito extraordinários estão transformando a maneira como fazemos as coisas.

Como algumas indústrias mudam da produção em massa para produção em pequenas bateladas, outras já estão mudando para além *disso,* para a completa confecção sob medida numa base de fluxo contínuo. Em vez de começarmos e pararmos a produção no começo e terminarmos cada pequena série, estamos avançando para o ponto em que as máquinas se reajustarão continuamente, de modo tal que as unidades de produção — cada uma diferente da próxima — sairão da máquina num fluxo ininterrupto. Em resumo, estamos correndo para a confecção mecânica sob medida numa base de 24 horas contínuas.

Outra mudança significativa, como veremos dentro em pouco, traz o freguês mais diretamente do que nunca para dentro do processo de fabricação. Em algumas indústrias estamos apenas a um passo de uma situação na qual uma companhia-freguesa canaliza suas especificações diretamente para dentro dos computadores do fabricante, que, por sua vez, controlarão a linha de produção. À medida que esta prática se difundir, o freguês estará tão integrado no processo de produção que acharemos cada vez mais difícil dizer exatamente quem é o consumidor e quem é o produtor.

Finalmente, enquanto a indústria da Segunda Onda era cartesiana no sentido de que os produtos eram despedaçados e depois pacientemente reunidos, a indústria da Terceira Onda é pós-cartesiana ou "holística". Isto é ilustrado pelo que aconteceu aos produtos manufaturados comuns, como o relógio de pulso. Ao passo que os relógios antigamente tinham centenas de peças móveis, agora podemos fazer relógios de estado sólido e que são mais precisos e seguros — sem peças móveis absolutamente. Semelhantemente, o aparelho de TV Panasonic da atualidade tem a metade das peças dos aparelhos de dez anos atrás. Enquanto os minúsculos microprocessadores — novamente essas milagrosas fichas — produzem mais e mais produtos, substituem impressionantes números de componentes convencionais. A Exxon introduz a "Qyx", uma nova máquina de escrever com apenas um punhado de peças móveis contra as centenas da Selectric da IBM. Semelhantemente, uma bem conhecida câmara de 35mm, a Canon AE-1, é feita atualmente com 300 peças menos do que o modelo que suplantou. Um total de 175 destas foi substituído por uma única ficha da Texas Instruments.

Intervindo no nível molecular, usando projetos com a ajuda do computador ou outros instrumentos de fabricação, integramos cada vez mais funções em cada vez menos peças, substituindo muitos discretos componentes por "todos". O que está ocorrendo pode ser comparado com o advento da fotografia nas artes visuais. Em vez de fazer um quadro passando inúmeras pinceladas de tinta numa tela, o fotógrafo "faz" a imagem inteira de uma vez com o simples apertar de um botão. Estamos começando a ver este "efeito súbito" na fabricação.

Por conseguinte, o padrão torna-se claro. Vastas mudanças na tecnosfera e na infosfera têm convergido para mudarmos a maneira como fazemos as mercadorias. Estamos nos movendo rapidamente para além da tradicional produção em massa, para uma sofisticada combinação de produtos em massa e desmassificados. O alvo final deste esforço é agora aparente: mercadorias feitas inteiramente sob medida, feitas com processos holísticos de fluxo contínuo, cada vez mais sob o controle direto do consumidor.

Em suma, estamos revolucionando a profunda estrutura da produção, enviando correntes de mudança através de cada camada da sociedade. Entretanto, esta transformação, que afetará o estudante que está planejando uma carreira, o negociante planejando um investimento, ou a nação planejando uma estratégia de desenvolvimento, não pode ser compreendida em isolamento. Deve ser vista em relação direta ainda com outra revolução — esta no escritório.

## A MORTE DA SECRETÁRIA?

Como menos trabalhadores das nações ricas se têm empenhado em produção física, mais têm sido necessários para produzir idéias, patentes, fórmulas científicas, notas, faturas, planos de reorganização, fichários, dossiês, pesquisas de mercado, apresentações de vendas, cartas, gráficos, instruções judiciais, especificações de engenharia, programas de computador e um milhar de outras formas de dados ou produção simbólica. Esta ascensão da atividade burocrática, técnica e administrativa tem sido tão amplamente documentada em tantos países que não precisamos dar estatística aqui para fazer valer o nosso ponto de vista. Com efeito, alguns sociólogos têm usado a crescente abstração da produção como prova de que a sociedade tem-se mudado para um estágio "pós-industrial".

Os fatos são mais complicados. Pois o aumento da força de trabalho burocrático pode ser melhor compreendido como uma extensão do industrialismo — uma última vaga impetuosa da Segunda Onda — do que como um salto para um novo sistema. Conquanto seja verdade que o trabalho se tornou mais abstrato e menos concreto, os escritórios atuais em que este trabalho está sendo feito são modelados diretamente pelas fábricas da Segunda Onda, pelo próprio trabalho fragmentado, repetitivo, monótono e desumanizante. Hoje mesmo, muita reorganização de escritório é pouco menos que uma tentativa de fazer o escritório parecer o mais possível uma fábrica.

Nesta "fábrica-símbolo", a civilização da Segunda Onda também criou um sistema de casta fabril. A força de trabalho de fábrica é dividida em trabalhadores manuais e não-manuais. O escritório é semelhantemente dividido em trabalhadores de "alta abstração" e "baixa abstração". Num nível encontramos os alto-abstracionistas, as elites tecnocráticas: cientistas, engenheiros e gerentes, muito de cujo tempo é ocupado em reuniões, conferências, almoços de negócios ou em ditar, rascunhar menos, dar telefonemas e, de outro modo, trocar informação. Uma pesquisa recente estimou que 80 por cento do tempo do gerente é gasto em 150 a 300 "transações de informação" diariamente.

No outro nível, encontramos os baixo-abstracionistas — por assim dizer, proletários de colarinho branco — que, como trabalhadores através do período da Segunda Onda realizam interminavelmente trabalho de rotina e insípido. Principalmente mulheres e não-sindicalizados, este grupo pode justificadamente sorrir com ironia da conversa dos sociólogos do "pós-industrialismo" São a força de trabalho *industrial* do escritório.

Hoje o escritório também está começando a se mudar para lá da Segunda Onda e entrando na Terceira e este sistema de casta industrial está prestes a ser desafiado. Todas as velhas hierarquias e estruturas do escritório serão em breve baralhadas.

A revolução da Terceira Onda no escritório é o resultado de várias forças em colisão. A necessidade de informação cresceu tão descontroladamente que nenhum exército de escriturários, datilógrafas e secretárias da Segunda Onda, por maior ou mais ativo que seja, poderá arrostar. Além disso, o custo do trabalho em papel subiu tão calamitosamente que está em andamento uma frenética pesquisa para controlá-lo. (Os custos do escritório avultaram para 40 ou 50 por cento de todos os custos em muitas companhias e alguns peritos estimam que a despesa de preparar uma simples carta comercial pode subir a 14 a 18 dólares, se forem levados em conta todos os fatores ocultos.) Além disso, enquanto o trabalhador de fábrica médio nos Estados Unidos atualmente é mantido por uma importância estimada em 25.000 dólares de tecnologia, o trabalhador de escritório, como diz um vendedor de Xerox, "trabalha com o valor de 500 a 1.000 dólares de velhas máquinas de escrever e máquinas de somar, e provavelmente encontra-se entre os trabalhadores menos produtivos do mundo." A produtividade em escritório subiu apenas uns escassos quatro por cento na década passada e estas condições em outros países provavelmente são ainda mais pronunciadas.

Contraste-se isto com o declínio no custo dos computadores, medido pelo número de funções efetuadas. Tem-se estimado que a produção do computador aumentou 10.000 vezes nos passados 15 anos e que o custo por função é 100.000 vezes inferior. A combinação dos custos ascendentes e a produtividade estagnante por um lado e os progressos do computador por outro fazem uma combinação irresistível. O resultado é provavelmente nada menos que um terremoto verbal.

O principal símbolo desta sublevação é um dispositivo eletrônico chamado processador de palavras — uns 250.000 dos quais já estão funcionando nos escritórios dos Estados Unidos. Os fabricantes destas máquinas, inclusive titãs tais como a IBM e a Exxon, estão se animando para competir no que acreditam será um mercado de 10 bilhões de dólares por ano. Algumas vezes chamado "máquina de escrever inteligente" ou "editor de texto", este dispositivo altera fundamentalmente o fluxo de informação no escritório e com ele a estrutura da tarefa. É, entretanto, apenas um de uma grande família de novas tecnologias prestes a inundar o mundo dos trabalhadores de colarinho branco.

Em Chicago, em junho de 1979, na convenção da Associação Internacional de Processamento de Palavras, uns 20.000 suarentos visitantes desfilaram através de um salão de exibição para examinar ou experimentar uma espantosa série de outras máquinas — exploradores óticos, impressoras de alta velocidade, equipamento micrográfico, máquinas fac-similares, terminais de computadores e coisas semelhantes. Estavam olhando para o começo do que alguns designam o "escritório sem papéis" de amanhã.

Com efeito, em Washington, D.C., uma firma consultora conhecida por Micronet, Inc. armou o equipamento de 17 fabricantes diferentes num escritório integrado, no qual o papel é absolutamente *verboten*. Qualquer documento que chegue a este escritório é instantaneamente microfilmado e armazenado para uso posterior do computador. Este escritório de demonstração e instalação de treino integra equipamento de ditado, microfilme, dispositivos exploradores óticos e terminais de vídeo num sistema de funcionamento. O objetivo, diz o presidente da Micronet, Larry Stocket, é um escritório do futuro, no qual "não há arquivos errados; *marketing*, vendas, contabilidade e dados de pesquisa estão sempre à mão no mesmo instante; a informação é reproduzida e distribuída em centenas de milhares de páginas por hora por uma fração de centavo por página; e... a informação é convertida e desconvertida de impressa para digital e para veículo fotográfico à vontade."

A chave para tal escritório do futuro é a correspondência ordinária. Num escritório convencional da Segunda Onda, quando um executivo quer despachar uma carta ou memorando, é chamado um intermediário — a secretária. A primeira tarefa desta pessoa é tomar nota das palavras do executivo no papel — num caderno de notas ou num rascunho datilografado. A seguir, a mensagem é corrigida para eliminar erros e talvez redatilografada algumas vezes. Depois disso, o mesmo é passado a limpo. Faz-se uma cópia em carbono ou xerox. O original é despachado para o seu destino por uma seção de entregas ou pelo correio. A duplicata é arquivada. Sem mencionar a fase inicial de compor a mensagem, são exigidas cinco fases seqüenciais distintas.

As máquinas de hoje comprimem estas cinco fases em uma, fazendo todos os atos subseqüentes em um.

Para aprender como — e para apressar o meu próprio trabalho — comprei um computador simples, uso-o como processador de palavras e escrevo a última metade deste livro nele. Com prazer, descobri que podia aprender a dominar a máquina numa única sessão. Dentro de algumas horas já a estava usando fluentemente. Depois de um ano ao teclado, ainda me assombro com sua rapidez e poder.

Hoje, em vez de datilografar o rascunho de um capítulo no papel, datilografo num teclado que o armazena em forma eletrônica, no que é conhecido por *floppy disc* ou "disquete". Vejo as minhas palavras diante de mim numa espécie de tela de TV. Apertando algumas teclas, posso revisar ou reordenar o que escrevi, deslocando parágrafos, apagando, inserindo, sublinhando, até que obtenho uma versão que me agrada. Isto elimina rasurar, borrar, recortar, colar, tirar xeroxes ou datilografar sucessivamente muitas páginas. Uma vez corrigido o rascunho, aperto um botão e uma impressora ao meu lado faz uma cópia final perfeita, com uma rapidez ofuscante.

Mas fazer cópias de qualquer coisa em papel é um uso primitivo para tais máquinas e violenta o seu próprio princípio. Pois a beleza definitiva do escritório eletrônico reside não apenas nas fases poupadas de uma secretária datilografando e corrigindo cartas. O escritório automático pode arquivá-las na forma de *bits* (*dígitos binários*), eletrônicos, em fita ou disco. Pode (ou poderá em breve) passá-las por um dicionário eletrônico que automaticamente corrigirá seus erros de ortografia. Com as máquinas concatenadas umas nas outras e nas linhas telefônicas, a secretária pode transmitir a carta instantaneamente à impressora ou à tela do destinatário. O equipamento pode assim captar um original, corrigi-lo, duplicá-lo, enviá-lo e arquivá-lo no que equivale virtualmente a um só processo. A rapidez aumenta. Os custos baixam. E as cinco fases são comprimidas numa.

As implicações desta compressão estendem-se muito para fora do escritório. Pois, entre outras coisas, este equipamento, ligado a satélites, microondas e outros sistemas de telecomunicações, torna possível eliminar essa instituição classicamente extenuada e ineficiente da Segunda Onda, o Correio. Com efeito, a difusão da automação do escritório, da qual o processamento da palavra é apenas um único pequeno aspecto, está integralmente ligado à criação de sistemas de "correspondência eletrônica" para substituir o carteiro e o incômodo malote postal.

Atualmente, nos Estados Unidos, 35 por cento do total do volume postal doméstico consiste em informes de transações: contas, recibos, encomendas, faturas, extratos de contas de bancos, cheques e coisas semelhantes. Entretanto, uma vasta quantidade de correspondência flui não entre indivíduos, mas entre organizações. À medida que a crise postal se acentuava, cada vez mais companhias procuravam uma alternativa para o sistema postal da Segunda Onda e começavam, em vez disso, a construir peças do sistema da Terceira Onda.

Baseado em teleimpressoras, máquinas de fac-símiles, equipamento processador de palavras e terminais de computador, este sistema postal eletrônico está se espalhando com rapidez, especialmente nas indústrias adiantadas, e receberá um tremendo impulso pelos novos sistemas por satélite.

Juntas, IBM, Aetna Casualty and Surety e Comsat (a agência semi-oficial de comunicações por satélite) organizaram uma companhia chamada Satellite

Business Systems para fornecer serviços integrados de informação a outras companhias. A SBS planeja elevar satélites para firmas clientes, como a General Motors, ou, digamos, Hoechst ou Toshiba. Juntamente com estações terrestres baratas, localizadas na instalação de cada companhia, o satélite da SBS torna possível cada companhia ter, de fato, o seu sistema postal, ultrapassando em boa medida os serviços postais públicos.

Em vez de transportar papel, o novo sistema move pulsações eletrônicas. Mesmo hoje, nota Vincent Giuliano, da organização de pesquisa de Arthur D. Little, a eletrônica é o veículo "quente" em muitos campos: é o impulso eletrônico que efetua uma transação, apenas com uma conta, recibo ou declaração de papel, enviada depois apenas para validação. Quanto tempo o papel ainda será necessário é uma questão a resolver.

As mensagens e os memos movem-se silenciosa e instantaneamente. Terminais em cada secretária — milhares deles em qualquer grande organização — vibram em silêncio quando a informação flui através do sistema, saltando para um satélite e daí para um escritório a meio caminho em redor do mundo ou para um terminal na casa de um executivo. Computadores ligam os arquivos com os de outras companhias, onde necessário, e os gerentes podem pedir informação armazenada em centenas de bancos de dados fora, como o Banco de Informação do New York Times.

Até que ponto exatamente os eventos se movem nesta direção ainda está para se ver. A imagem do escritório do futuro é demasiado arrumadinha, demasiado suave, demasiado desencarnada para ser real. A realidade é sempre confusa. Mas é claro que estamos andando muito rápido em nosso caminho e mesmo uma mudança parcial no sentido do escritório eletrônico será suficiente para disparar uma erupção de conseqüências sociais, psicológicas e econômicas. O terremoto verbal que vem aí significa mais do que apenas novas máquinas. Ele promete reestruturar todas as relações humanas e igualmente os papéis dos funcionários no escritório.

Para começar, eliminará muitas das funções da secretária. Mesmo a datilografia tornar-se-á uma habilidade obsoleta no escritório de amanhã, quando chegar a tecnologia do reconhecimento da linguagem. No princípio, a datilografia ainda será necessária para captar as mensagens e colocá-las em forma transmissível. Mas, dentro em pouco o equipamento de ditado, afinado para os acentos de cada usuário individual, converterá os sons em palavras escritas, ultrapassando assim a operação de datilografar.

"A velha tecnologia usava uma datilógrafa", diz o Dr. Giuliano, "porque era obtusa. Quando tínhamos um bloquinho de argila, precisávamos de um escriba que soubesse cozer argila e cinzelar marcas nela. Escrever não era para as massas. Hoje temos escribas que são datilógrafos. Mas apenas a nova tecnologia torne mais fácil captar a mensagem, para corrigi-la, armazená-la, recuperá-la, enviá-la e copiá-la, faremos todas essas coisas por nós mesmos — exatamente como escrever e falar. Uma vez eliminado o fator obtuso, não precisaremos de datilógrafo."

Com efeito, uma esperança acalentada de muitos peritos em processamento de palavras tem melhorado o nível do secretariado, com o executivo tomando ou compartilhando a tarefa de datilografar, pelo menos até uma época em que seja totalmente eliminada. Quando pronunciei um discurso na convenção da Associação Internacional de Processamento de Palavras, por exemplo, perguntaram-me se minha secretária fazia o trabalho mecânico para mim. Quando respondi que datilografava os meus rascunhos e que, com efeito, minha secretária nem ao menos podia chegar perto do meu processador de palavras houve aclamações através da sala. Eles sonhavam com o dia em que a seção de anúncios classificados do jornal possa incluir anúncios como:

> *PRECISA-SE: VICE-PRESIDENTE DE GRUPO*
>
> Com amplo domínio de coordenação de finanças, *marketing*, desenvolvimento de linha de produtos em várias divisões. Deve ter demonstrado habilidade de aplicar controle apurado de gerência. Comunicar-se com Exec. VP, companhia internacional multi-ramificada. DATILOGRAFIA OBRIGATÓRIA.

Executivos, ao contrário, provavelmente resistirão a sujarem as pontas dos dedos, exatamente como resistem a ir apanhar suas próprias canecas de café. E reconhecendo que o equipamento de reconhecimento da fala das pessoas está para chegar de modo que eles poderão ditar à máquina e a máquina fará toda a datilografia, mais ainda eles resistirão a aprender a manusear um teclado.

Quer aceitem ou não a situação, permanece o fato inevitável de que a produção no escritório na Terceira Onda, por colidir com os velhos sistemas da Segunda Onda, produzirá ansiedade e conflito, assim como reorganização, reestruturação e — para alguns — renascimento em novas carreiras e oportunidades. Os novos sistemas vão desafiar todos os velhos hábitos dos executivos, as hierarquias, as divisões do papel sexual, as barreiras departamentais do passado.

Tudo isto levantou muitos temores. A opinião divide-se vividamente entre os que insistem em que milhões de empregos simplesmente desaparecerão (ou que as secretárias da atualidade serão reduzidas principalmente a escravas mecânicas) e um ponto de vista mais otimista, amplamente sustentado na indústria do processamento de palavras e expresso por Randy Goldfield, um chefe da firma consultora Booz Allen & Hamilton. De acordo com Goldfield, as secretárias, longe de serem reduzidas a broncas e repetitivas processadoras, se tornarão igualmente chefes, compartilhando algo do trabalho profissional e as tomadas de decisão, de onde têm sido, em grande parte, até agora excluídas. Mais provavelmente, veremos uma nítida divisão entre os trabalhadores de colarinho branco que subirão para posições mais responsáveis e os que descerão... e finalmente serão excluídos.

Que acontecerá, pois, a estas pessoas e à economia em geral? Durante o fim da década de 50 e o começo da década de 60, quando a automação começou a chegar, os economistas e os sindicalistas de muitos países previram o desemprego em massa. Em vez disso, expandiu-se o emprego nas nações de alta tecnologia. Enquanto o setor de fabricação encolhia, os setores dos colarinhos brancos e dos serviços expandiam-se, preenchendo o desemprego. Mas se a fabricação continuar a diminuir e se o emprego no escritório for passado pelo espremedor ao mesmo tempo... de onde virão os empregos de amanhã?

Ninguém sabe. Malgrado os estudos intermináveis e os veementes clamores, as previsões e as provas são contraditórias. As tentativas de relacionar o investimento na mecanização e automação com níveis de emprego na fabricação mostram o que o *Financial Times* de Londres chama uma "quase completa falta de correlação". Entre 1963 e 1973, o Japão teve a mais alta taxa de investimento na nova tecnologia, avaliada pela percentagem de valor acrescentado, de qualquer país, num estudo de sete nações. Teve também o crescimento mais alto no emprego. A Grã-Bretanha, cujo investimento em maquinaria foi o mais baixo, mostrou a maior *perda* de empregos. A experiência americana equiparou-se aproximadamente ao Japão — aumentando tecnologia e novos empregos — enquanto a Suécia, a França, a Alemanha Ocidental e a Itália apresentaram padrões marcadamente individuais.

É evidente que o nível de emprego não é apenas um reflexo do avanço tecnológico. Ele não sobe e desce simplesmente se adotamos a automação ou deixamos de adotá-la. O emprego é o resultado líquido de muitas normas convergentes.

As pressões no mercado de empregos podem bem aumentar dramaticamente nos anos à frente. Mas é ingênuo apontar unicamente o computador como sua fonte.

O certo é que o escritório e a fábrica igualmente estão destinados a ser revolucionados nas décadas à frente. As duas revoluções no setor dos colarinhos brancos e na fabricação contribuem nada menos do que com um modo inteiramente novo de produção para a sociedade — um passo de gigante para a raça humana. Este passo traz consigo implicações indescritivelmente complexas. Ele afetará não só coisas tais como o nível do emprego e a estrutura da indústria, mas também a distribuição do poder político e econômico, o tamanho das nossas unidades de trabalho, a divisão internacional do trabalho, o papel das mulheres na economia, a natureza de trabalho e o divórcio do produtor e do consumidor; ele até mesmo alterará um fato aparentemente tão simples como o "onde" do trabalho.

# 16
# A CABANA ELETRÔNICA

Oculto dentro do nosso avanço para um novo sistema de produção há um potencial para a mudança social tão espantoso em seu alcance, que poucos entre nós se têm atrevido a enfrentar sua significação. Pois estamos igualmente prestes a revolucionar nossas casas.

Excetuando as nossas encorajadoras unidades de trabalho menores, o se permitir uma descentralização e desurbanização da produção e também se alterar o caráter atual do trabalho, o novo sistema de produção poderia deslocar literalmente milhões de empregos para fora das fábricas e escritórios, para os quais a Segunda Onda os mudou, e restituí-los ao lugar de onde vieram originariamente: a casa. Se isto tivesse de acontecer, toda a instituição que conhecemos, da família à escola e à companhia, seria transformada.

Ao observar massas de camponeses ceifando um campo há 300 anos, só um louco teria sonhado que viria um dia em que os campos ficariam despovoados, quando todos se apinhariam em fábricas urbanas para ganhar o pão de cada dia. E só um louco estaria certo. Hoje é preciso um ato de coragem para sugerir que as nossas maiores fábricas e torres de escritórios poderão, ainda dentro das nossas vidas, ficar meio vazios, reduzidos a uso para armazéns mal-assombrados ou convertidos em espaços para moradia. Entretanto, isto é precisamente o que o novo modo de produção tornará possível: uma volta à indústria caseira numa nova base eletrônica mais alta e com uma nova ênfase no lar como centro da sociedade.

Sugerir que milhões de nós poderão em breve passar o tempo em casa, em vez de irmos para um escritório ou uma fábrica, é desencadear uma chuva imediata de objeções. E há muitas razões sensatas para ceticismo. "As pessoas não gostam de trabalhar em casa, mesmo que pudessem. Vejam todas as mulheres que lutam para *sair* de casa e ir para um emprego!" "Como se pode fazer qualquer trabalho com crianças correndo em redor da gente?" "As pessoas não ficarão motivadas se não houver um chefe a vigiá-las." "As pessoas precisam de contato face a face uns com os outros, para desenvolverem a segurança e a confiança necessárias para trabalharem juntas." "A arquitetura da casa mediana não oferece condições para isso." "Que quer dizer com trabalhar em casa... um alto-forno em cada adega?" "Os sindicatos destruirão a idéia." "E o cobrador de impostos? O pessoal dos impostos está ficando mais severo sobre deduções feitas por trabalho em casa." E a última objeção: "Como? E ficar em casa o dia inteiro com minha mulher (ou marido)?"

Até o velho Karl Marx franziria a testa. Trabalhar em casa, acreditava ele, era uma forma reacionária de produção, porque "a aglomeração numa oficina" era "uma condição necessária para a divisão do trabalho na sociedade". Em resumo, havia, e há, muitas razões (e pseudo-razões) para se considerar toda a idéia idiota.

## FAZENDO O "DEVER DE CASA"

Entretanto, havia razões igualmente, se não mais, imperiosas, há 300 anos, para acreditar que as pessoas nunca se mudariam para *fora* da casa e do campo para trabalharem em fábricas. Afinal de contas, eles tinham trabalhado em suas próprias casinhas e na terra próxima durante 10.000 anos e não apenas 300. Toda a estrutura da vida familiar, o processo da criação dos filhos e a formação da personalidade, todo o sistema de propriedade e poder, a cultura, a luta cotidiana pela existência, tudo isto estava ligado ao lar e ao solo por mil cadeias invisíveis. E, entretanto, estas cadeias foram quebradas instantaneamente assim que apareceu um novo sistema de produção.

Hoje isso está acontecendo novamente e todo um grupo de forças sociais e econômicas estão convergindo para transferir o local de trabalho.

Para começar, o deslocamento da industrialização da Segunda Onda para a nova manufatura mais adiantada da Terceira Onda reduz, como acabamos de ver, o número de trabalhadores que têm realmente de manipular as mercadorias físicas. Significa isto que mesmo no setor de manufatura está sendo feita uma crescente quantidade de trabalho que — dada a configuração certa de telecomunicações e outro equipamento — poderia ser realizada em qualquer parte, inclusive na nossa própria sala de estar. E não se trata de fantasia de ficção científica.

Quando a Western Electric abandonou a produção de equipamento de comutação eletromecânico para a companhia telefônica, a fim de fazer equipamento eletrônico de distribuição, a força de trabalho e sua avançada instalação industrial, no norte do Illinois, foi transformada. Antes da transferência, os trabalhadores da produção suplantavam em número os trabalhadores de colarinho branco e técnicos, na proporção de três para um. Hoje, a proporção é de um para um. Significa que metade dos 2.000 trabalhadores atualmente manuseiam informação em vez de coisas e grande parte do seu trabalho pode ser feito em casa. Dom Cuomo, diretor de serviços de engenharia nas instalações ao norte do Illinois, declarou sem rodeios: "Se incluíssemos os engenheiros, dez a 25 por cento do que se faz aqui podia ser feito em casa com a tecnologia *existente.*"

O gerente de serviços de engenharia de Cuomo, Gerald Mitchell, foi mais longe: "Tudo considerado", declarou, "600 a 700 dos 2.000 poderiam *agora*, com a tecnologia existente, trabalhar em casa. E daqui a cinco anos poderíamos ir mais longe do que isso."

Estas estimativas bem informadas são notavelmente semelhantes às feitas por Dar Howard, gerente industrial da fábrica de Hewlett-Packard, em Colorado Springs: "Temos 1.000 em verdadeira manufatura. Tecnologicamente, talvez 250 deles pudessem trabalhar em casa. A logística seria complicada, mas a ferramenta e o equipamento capital não o impediriam. Em pesquisa e desenvolvimento de colarinho branco, se estivéssemos dispostos a investir em terminais (de computador), metade a três quartos poderiam também trabalhar em casa." Em Hewlett-Packard isso equivaleria a um adicional de 350 a 520 trabalhadores.

Tudo considerado, significa que 35 a 50 por cento de toda a força de trabalho neste centro de fabricação avançada poderiam mesmo agora fazer a maioria, se não todo, do seu trabalho em casa, desde que a gente decidisse organizar a produção dessa maneira. A manufatura da Terceira Onda, não obstante Marx, não exige 100 por cento da força de trabalho concentrada na oficina.

E não se encontram tais estimativas somente em indústrias eletrônicas ou em empresas gigantescas. De acordo com Peter Tattle, vice-presidente da Ortho Pharmaceutical (Canadá) Ltd., a questão não é saber "Quantos se poderão permitir trabalhar em casa?", mas antes "Quantos *têm* de trabalhar no escritório ou na fábrica?" Falando dos 300 empregados da oficina, Tattle diz: "Setenta e cinco por cento poderiam trabalhar em casa se lhes proporcionássemos a necessária tecnologia de comunicações." Evidentemente, o que se aplica à eletrônica e aos produtos farmacêuticos aplica-se também a outras indústrias avançadas.

Se um número significativo de empregados da seção de manufatura pudesse ser deslocado para casa desde já, então pode-se dizer sem medo que uma fatia considerável do setor de colarinho branco — onde não há materiais para manusear — também podia fazer essa transição.

Com efeito, uma quantidade de trabalho não calculada, mas apreciável, já está sendo feita em casa por pessoas tais como vendedores e vendedoras, que trabalham pelo telefone ou em visitas e só ocasionalmente tocam a base no escritório; por arquitetos e desenhistas; por grande número de consultores especializados em muitas indústrias; por grande número de trabalhadores de serviço humano como terapeutas ou psicólogos; por professores de música e de línguas; por negociantes de arte, orientadores de investimentos, agentes de seguros, advogados e pesquisadores acadêmicos; e por muitas outras categorias de pessoas técnicas e profissionais de colarinho branco.

Estes estão, além disso, entre as classificações de trabalho de expansão mais rápida e quando pudermos tornar acessíveis tecnologias que possam colocar um "posto de trabalho" em qualquer casa, munindo-o talvez de uma máquina de escrever "inteligente", juntamente com uma máquina fac-similadora ou mesa de computador e equipamento de teleconferência, serão radicalmente estendidas as possibilidades de trabalho em casa.

Dado tal equipamento, quem poderia ser o primeiro a efetuar a transição do trabalho centralizado para a "cabana eletrônica"? Conquanto fosse um erro subestimar a necessidade do contato direto face a face no negócio, e toda a comunicação subliminal e não-verbal que acompanha esse contato, também é certo que algumas tarefas não exigem muito contato exterior — ou só se precisa dele intermitentemente.

Tal como os trabalhadores de escritório de "baixa-abstração", que em sua maioria executam tarefas — entrada de dados, datilografia, recuperação, totalização de colunas de números, preparação de faturas, etc. — que exigem poucas transações diretas face a face, se acaso precisarem de alguma. Eles talvez fossem os de transferência mais fácil para a "cabana eletrônica". Muitos dos trabalhadores de "ultra-alta-abstração" — pesquisadores, por exemplo, e economistas, formuladores de normas, planejadores organizacionais — precisam de contato de alta-densidade com pares e colegas e, às vezes, trabalharem sós. Há ocasiões em que mesmo os negociadores precisam se recolher e fazer seu "dever de casa".

Nathaniel Samuels, diretor-consultor da casa bancária de investimentos Lehman Brothers Kuhn Loeb, concorda. Samuels, que já trabalha em casa de 50 a 75 dias por ano, insiste em que a "futura tecnologia aumentará a quantidade de 'dever de casa'". Com efeito, muitas companhias já estão relaxando sua insistência de que esse trabalho seja feito no escritório. Quando a Weyerhauser, a grande companhia de produção de madeira, precisou de uma nova brochura sobre conduta de empregados, o Vice-Presidente R. L. Siegel e três dos membros da sua equipe reuniram-se na casa dele durante quase uma semana, para conseguirem alinhavar um rascunho. "Sentimos que precisávamos sair (do escritório) para evitar as distrações", disse Siegel. "O trabalho em casa é consistente com a nossa mudança para as horas flexíveis", acrescenta. "O importante é fazer o trabalho. O lugar onde o façamos é incidental."

De acordo com o *Wall Street Journal*, a Weyerhaeuser não está só. "Muitas outras companhias também estão deixando os seus empregados trabalharem em casa", informa o jornal, entre elas a United Airlines, cujo diretor de relações públicas permite ao seu grupo de auxiliares escreverem em casa até 20 dias por ano. Mesmo a rede McDonald's, cujos empregados de mais baixa categoria são necessários para equipar as grelhas de hambúrgueres, estimula o dever de casa entre alguns de seus executivos mais graduados.

"Você precisa realmente de um escritório como tal?", pergunta Harvey Poppel, da Booz Allen & Hamilton. Numa previsão não publicada, Popell sugere que "pela década de 90, a capacidade de comunicações nos dois sentidos (terá sido) ampliada suficientemente para encorajar a prática difundida de trabalhar em casa". A opinião dele é partilhada por muitos outros pesquisadores, como Robert F. Latham, um planejador de longo alcance na Bell Canada, em Montreal. De acordo com Latham, "À medida que os empregos de informação proliferarem e as instalações de comunicações melhorarem, o número de pessoas que poderão trabalhar em casa ou em centros de trabalho locais também aumentará."

Semelhantemente, Hollis Vail, um consultor de gerência que trabalha para o Departamento do Interior dos Estados Unidos, afirma que, por meados da década de 80, "os centros de processamento de palavras de amanhã poderão muito bem estar na casa de cada um"; Hollis Vail escreveu um cenário descrevendo como uma secretária, "Jane Adams", empregada pela "Afgar Company", podia trabalhar em casa, encontrar-se com seu chefe apenas periodicamente para "falar sobre problemas e, naturalmente, para comparecer a reuniões do escritório".

Esta mesma opinião é partilhada pelo Instituto para o Futuro, o qual, já em 1971, inspecionou 150 peritos em companhias pioneiras lidando com as novas tecnologias de informação e enumerou cinco diferentes categorias de trabalho que podiam ser transferidas para a casa.

Dados os necessários instrumentos, o Instituto descobriu que muitos dos deveres da secretária "podiam ser feitos em casa ou no escritório. Tal sistema aumentaria o agrupamento de trabalho, permitindo a secretárias casadas cuidarem dos filhos em casa e continuarem a trabalhar... Não haverá nenhuma razão irretorquível para que a secretária não possa, em muitos casos, tomar ditado em casa e datilografar o texto num terminal doméstico, que produzirá um texto limpo, na casa do autor ou no escritório.

Além disso, continua o Instituto, "Muitas das tarefas efetuadas por engenheiros, projetistas e outros empregados de colarinho branco podiam ser feitas em casa tão ou mais prontamente do que do escritório". Uma "semente do futuro" existe já na Grã-Bretanha, por exemplo, onde uma companhia chamada F. International Ltd. (o "F" é de *Freelance*) emprega 400 programado res de computador de tempo parcial, todos eles, a não ser uns poucos, trabalhando em suas próprias casas. A companhia, que organiza equipes de programadores para a indústria, expandiu-se para a Holanda e para a Escandinávia e conta entre os seus clientes gigantes como a British Steel, a Shell e a Unilever. "A programação de computador em casa", escreve o jornal *Guardian,* é "a indústria de cabana dos anos oitenta."

Em suma, enquanto a Terceira Onda se espraia através da sociedade, encontramos cada vez mais companhias que podem ser descritas, nas palavras de um pesquisador, como nada mais que "pessoas aglomeradas em volta de um computador". Ponha-se o computador nas casas das pessoas e eles não mais precisarão se aglomerar. O trabalho dos colarinhos brancos da Terceira Onda, como a manufatura da Terceira Onda, não exigirá 100 por cento da força de trabalho concentrada na oficina.

Não devemos subestimar as dificuldades acarretadas na transferência de suas localizações na fábrica e no escritório para sua localização da Terceira Onda no lar. Problemas de motivação e gerência, de reorganização empresarial e social tornarão o deslocamento prolongado e, talvez, penoso. Tampouco toda a comunicação pode ser manuseada indiretamente. Alguns empregos — especialmente os que envolvem transação criativa, onde cada decisão não é de rotina — requerem muito contato face a face. Assim, Michael Koenner, Presidente da Canada Overseas Investments, Ltd., diz: "Nós temos de estar dentro de mil metros de distância uns dos outros."

## OS TELEPASSAGEIROS

Não obstante, forças poderosas estão convergindo para promover a cabana eletrônica. A mais imediatamente evidente é a permuta econômica entre transporte e telecomunicação. As nações de mais alta tecnologia estão experimentando agora uma crise de transporte, com sistemas de trânsito em massa forçados até o ponto de fratura, ruas e rodovias engarrafadas, espaços de estacionamento raros, poluição, um problema sério, greves e colapsos quase rotineiros e os custos subindo vertiginosamente.

Os custos das passagens, em rápida ascensão, são suportados pelos trabalhadores individualmente. Mas são, naturalmente, passados indiretamente para o empregador, na forma de custos mais altos em salários, e para o consumidor, em preços mais elevados. Jack Nilles e uma equipe patrocinada pela Fundação Nacional da Ciência apuraram as economias em dólares e energia que resultariam de qualquer mudança substancial no sistema de colarinhos brancos dos escritórios concentrados no centro da cidade. Em vez de sugerir que os empregos iriam para as casas dos empregados, o grupo de Nilles usou o que poderia ser designado como um modelo de casa a meio caminho, admitindo apenas que os empregos seriam dispersados em centros de trabalho no bairro mais próximo das casas dos empregados.

As implicações de seus achados são surpreendentes. Estudando 2.048 empregados de uma companhia de seguros em Los Angeles, o grupo de Nilles descobriu que cada um deles viajava em média 34,4 quilômetros por dia, de ida e volta (contra uma média nacional de 30,3 quilômetros pelos trabalhadores urbanos nos Estados Unidos). A escala mais alta, a gerencial, os que viajam mais longe, mediavam 53,4 quilômetros. Tudo considerado, estes trabalhadores guiavam 19,9 milhões de quilômetros cada ano para irem para o seu trabalho, gastando cerca de meio século em horas para fazê-lo.

Aos preços de 1974, isto custa 14 centavos por quilômetro, ou um total de 2.730.000 dólares — uma importância custeada indiretamente pela companhia e os fregueses. Com efeito, Nilles achou que a companhia estava pagando aos seus trabalhadores do centro 520 dólares a mais por ano do que a taxa corrente nas localizações dispersas — com efeito, "um subsídio para os custos do transporte". Estava também proporcionando espaços de estacionamento e outros serviços caros tornados necessários pela localização centralizada. Se agora supomos que uma secretária ganhava perto de 10.000 dólares por ano, a eliminação deste custo de passagens poderia permitir à companhia contratar perto de 300 empregados adicionais ou, alternativamente, acrescentar uma importância substancial aos seus lucros.

A questão básica é: a quanto descerá o custo de instalação e operação do equipamento de telecomunicações abaixo do custo presente de passagens? Enquanto a gasolina e outros custos de transporte (inclusive os custos das alternativas do transporte de massa para o carro) sobem vertiginosamente em toda a parte, o preço das telecomunicações diminui espetacularmente.* Em algum ponto devem cruzar-se as curvas.

---

* Os satélites estão baixando o custo da transmissão de longa distância, trazendo-o por sinal, tão perto da marca zero, que os engenheiros falam de comunicações "independente-distância". O poder do computador multiplicou-se exponencialmente e os preços caíram tão dramaticamente que os engenheiros e os investidores igualmente estão boquiabertos. Com fibra ótica e outras novas tecnologias revolucionárias nos bastidores, é evidente que vêm aí novas reduções no custo — por unidade de memória, por escalão de processamento e por sinal transmitido.

Mas estas não são as únicas forças que sutilmente nos impelem para a dispersão geográfica de produção e, finalmente, a cabana eletrônica do futuro. A equipe de Nilles descobriu que o passageiro urbano americano médio usa gasolina equivalente a 64,6 quilowatts de energia para ir ao trabalho e voltar cada dia. (Os empregados de seguros de Los Angeles queimavam 37,4 milhões de quilowatts por ano em transporte.) Para mover informação, em contraste, gasta muito menos energia.

Um terminal de computador usa apenas 100 a 125 watts ou menos quando está em operação e uma linha telefônica consome apenas um watt ou menos enquanto está em uso. Fazendo certas pressuposições sobre quanto equipamento de comunicações seria necessário e quanto tempo ele operaria, Nilles calculou que "a vantagem do teletransporte sobre o transporte e consumo relativo de energia (isto é, a relação do consumo de energia viajando para o consumo em teletransporte) é pelo menos de 29:1 quando se usa automóvel particular; 11:1 quando se usa transporte de massa normalmente carregado; e 2:1 quando são utilizados sistemas de transporte de massa 100 por cento."

Levados a suas conclusões, estes cálculos mostraram que em 1975, se se tivessem substituído apenas 12 a 14 por cento de transporte urbano por teletransporte, os Estados Unidos teriam economizado aproximadamente 75 milhões de barris de gasolina... e teria, desse modo, eliminado completamente a necessidade de importar qualquer gasolina do exterior. As implicações desse fato para a balança de pagamentos dos Estados Unidos e para a política do Oriente Médio poderiam ter sido mais que triviais.

Com o aumento dos preços da gasolina e os custos da energia nas décadas imediatamente à frente, tanto o custo do dólar como o custo da energia para operar máquinas de escrever "inteligentes", telecopiadoras, ligações áudio e vídeo e painéis de computador tamanho doméstico cairão, aumentando ainda mais a vantagem relativa de mover pelo menos alguma produção das grandes oficinas centrais que dominaram a era da Segunda Onda.

Todas estas crescentes pressões para o teletransporte intensificarão as carências, dias pares-ímpares, longas filas nas bombas de gasolina e talvez o racionamento, desorganizado e atrasando o transporte normal, aumentando ainda mais o seu custo tanto em termos sociais como econômicos.

A isto podemos acrescentar ainda mais pressões tendendo na mesma direção. Empregados de companhias e do governo descobrirão que a mudança do trabalho para casa — ou para local ou centros de trabalho nas proximidades como medida de meio caminho — reduzirá enormemente as imensas importâncias gastas agora para bens imóveis. Quanto menores se tornarem os escritórios centrais e instalações industriais, menor será a conta do imóvel e menores serão os custos do aquecimento, do esfriamento, da iluminação, do policiamento e da manutenção. Igualmente a terra, o imóvel comercial e industrial e os impostos que os acompanham subindo, a esperança de reduzir e/ou externalizar estes custos favorecerão o fornecimento de contratos de trabalho.

A transferência do trabalho e a redução do transporte também irão diminuir a poluição e, por conseguinte, a conta para limpá-la. Quanto mais bem-sucedidos se tornarem os ambientalistas em compelirem companhias a pagarem a sua própria poluição, mais incentivo haverá para mudarem para atividades de baixa poluição e, por conseguinte, de locais de trabalho centralizados, de grande escala, para centros de trabalho menores ou, melhor ainda, para casa.

Além disso, enquanto os ambientalistas e grupos de cidadãos de espírito conservador lutam contra os efeitos destrutivos do automóvel e se opõem à construção de ruas e rodovias, ou conseguem banir os carros de certos bairros, inconscientemente estão apoiando a transferência do trabalho. O efeito de seus esforços é manter o custo já alto e a inconveniência do transporte contra o custo baixo e a conveniência da comunicação.

Quando os ambientalistas descobrem as disparidades ecológicas entre estas duas alternativas, e quando a transferência do trabalho para casa começa a se apresentar como uma opção real, eles colocarão seu peso atrás deste importante movimento descentralista e a ajudarão a induzir-nos a entrar na civilização da Terceira Onda.

Fatores sociais apóiam também a transferência da cabana eletrônica. Quanto mais curto se torna o dia de trabalho, mais longo é o tempo de viagem em relação a ele. O empregado que detesta gastar uma hora para ir e voltar do trabalho para passar oito horas trabalhando, pode muito bem se recusar a investir o mesmo tempo indo e voltando, se as horas gastas no emprego forem reduzidas. Quanto mais alto for o índice do tempo de viagem em relação ao tempo de trabalho, mais irracional, frustrante e absurdo se tornará o processo de ir e voltar. Quando se levantar a resistência à viagem de ir e vir, os empregadores terão de aumentar indiretamente a bonificação paga aos empregados que trabalharem nas grandes localizações centralizadas, em detrimento dos que estiverem dispostos a receber pagamento inferior por menor tempo de viagem, menos inconveniência e menor custo. Uma vez mais, haverá maior incentivo para transferir o trabalho.

Finalmente, mudanças de profundo valor estão andando na mesma direção. Completamente à parte o aumento da privacidade e a nova atração da cidade pequena e da vida rural, estamos testemunhando uma mudança básica na atitude em relação à unidade familiar. A família nuclear, o padrão, a forma familiar socialmente aprovada através do período da Segunda Onda está evidentemente em crise. Exploremos a família do futuro no próximo capítulo. Por enquanto, precisamos apenas notar que nos Estados Unidos e na Europa

— onde quer que a transição da família nuclear esteja mais adiantada — há uma maior demanda de ação para grudar a unidade familiar novamente. E vale a pena observar que uma das coisas que ligaram a família mais fortemente através da história foi o trabalho partilhado.

Ainda hoje se suspeita que os índices de divórcios são mais baixos entre casais que trabalham juntos. A cabana eletrônica levanta novamente numa escala de massa a possibilidade de maridos e mulheres e talvez mesmo os filhos, trabalharem juntos como uma unidade. E quando os defensores da vida familiar descobrirem as possibilidades inerentes à transferência do trabalho para casa, poderemos muito bem ver uma crescente demanda por medidas políticas para apressar o processo — incentivos tributários, por exemplo, e novas concepções de direitos trabalhistas.

Durante os primeiros dias da era da Segunda Onda, o movimento dos trabalhadores lutou por um "Dia de Dez Horas", uma exigência que teria sido quase incompreensível durante o período. Em breve poderemos ver o nascimento de movimentos exigindo que todo o trabalho que *possa* ser feito em casa *seja* feito em casa. Muitos trabalhadores insistirão nessa opção como um direito. E quando finalmente se verificar que esta relocalização do trabalho irá reforçar a vida familiar, sua demanda receberá forte apoio de pessoas de muitos credos diferentes, políticos, religiosos e culturais.

A luta pela cabana eletrônica é parte da superluta maior entre o passado da Segunda Onda e o futuro da Terceira Onda e é provável reunir não somente tecnologistas e companhias ansiosos por explorar as novas possibilidades técnicas, mas também uma ampla fileira de outras forças — ambientalistas, reformadores trabalhistas de um novo estilo e uma ampla coalizão de organizações, de igrejas conservadoras a feministas radicais e grupos políticos de centro — em apoio do que poderá muito bem ser visto como um novo futuro mais satisfatório para a família. A cabana eletrônica poderá assim emergir como um ponto básico de reunião das forças da Terceira Onda de amanhã.

## A SOCIEDADE CENTRADA NO LAR

Se a cabana eletrônica viesse a difundir-se, fluiria através da sociedade uma cadeia de conseqüências de grande importância. Muitas destas conseqüências agradariam ao mais ardente ambientalista ou tecno-rebelde, enquanto ao mesmo tempo se abririam novas opções para o espírito de empresa comercial.

*Impacto na Comunidade*: O trabalho em casa envolvendo qualquer fração apreciável da população poderia significar maior estabilidade comunal — um alvo que agora parece fora do nosso alcance em muitas regiões de elevada modificação. Se os empregados podem realizar algumas ou todas as suas tarefas em casa, eles não precisam mudar toda a vez que mudam de tarefas, como muitos são compelidos a fazer atualmente. Eles podem simplesmente ligar num computador diferente.

Isto significa menos mobilidade forçada, menos tensão no indivíduo, menos relações humanas passageiras e maior participação na vida comunitária. Hoje, quando uma família se muda para uma comunidade, suspeitando que terá de mudar-se novamente daqui a um ano ou dois, seus membros relutam visivelmente em entrar para organizações do bairro, fazer amizades íntimas, empenhar-se em política local e se ligar à vida comunitária em geral. A cabana eletrônica poderia ajudar a restaurar um sentimento de pertencerem à comunidade e desencadear um renascimento de organizações voluntárias como igrejas, grupos de mulheres, lojas, clubes, organizações atléticas e juvenis. A cabana eletrônica podia significar mais do que o que os sociólogos, com seu amor ao jargão alemão, chamam *gemeinschaft*.

*Impacto Ambiental*: A transferência de trabalho ou parte dele para casa podia não só reduzir as exigências de energia, como se sugeriu acima, mas poderia também conduzir à descentralização da energia. Em vez de requerer quantidades altamente concentradas de energia nuns poucos escritórios elevados ou esparramados complexos de fábricas e, por conseguinte, exigindo geração altamente centralizada, o sistema da cabana eletrônica espalharia a busca de energia e assim tornaria mais fácil usar energia solar, do vento e tecnologias de produção de energia alternativas. Unidades de geração de energia em pequena escala em cada casa poderiam substituir pelo menos alguma energia centralizada agora exigida. Isto também implica um declínio na poluição, por duas razões: primeiro, a mudança para fontes de energia renovável numa base de pequena escala elimina a necessidade de combustíveis de alta poluição, e, segundo, significa menores liberações de poluentes altamente concentrados que sobrecarregam o ambiente em algumas localidades críticas.

*Impacto Econômico:* Alguns negócios se reduziriam num sistema assim, enquanto outros proliferariam ou cresceriam. Evidentemente, as indústrias de eletrônica, computador e comunicações floresceriam. Ao contrário, as companhias de petróleo, a indústria de automóveis e os exploradores de imóveis comerciais sofreriam. Brotaria todo um novo grupo de lojas de computadores em pequena escala e serviços de informação; o serviço postal, ao contrário, diminuiria. Os fabricantes de papel não se dariam bem; a maioria das indústrias de serviços e indústrias de colarinho branco se beneficiariam.

Num nível mais profundo, se pessoas viessem a possuir seus próprios terminais e equipamento, talvez comprados a crédito, elas se tornariam, com efeito, empresárias independentes em vez de empregados clássicos — significando, por assim dizer, propriedade aumentada dos "meios de produção" pelo trabalhador. Poderíamos ver grupos de trabalhadores domésticos organizarem-se em pequenas companhias para contratarem seus serviços ou, ainda, se unirem em cooperativas que possuiriam as máquinas por todos. Todas as espécies de relações e formas de organizações se tornariam possíveis.

*Impacto Psicológico:* O quadro de um mundo de trabalho que é crescentemente dependente de símbolos abstratos invoca um ambiente de trabalho ultracerebral estranho para nós e, a um nível mais impessoal do que no presente. Mas a um nível diferente, o trabalho em casa sugere um aprofundamento de face a face e relações emocionais tanto em casa como no bairro. Mais do que um mundo de relações humanas puramente representativas, com uma tela eletrificada interposta entre o indivíduo e o resto da humanidade, como é imaginado em muitas histórias de ficção científica, pode pressupor-se um mundo dividido em dois conjuntos de relações humanas — um real, o outro representativo — com regras e papéis diferentes em cada um.

Sem dúvida, faremos experiências com muitas variações e medidas a meio caminho. Muitas pessoas trabalharão em casa parte do tempo e fora de casa outro tanto. Sem dúvida, proliferarão os centros de trabalho dispersos. Algumas pessoas trabalharão em casa durante meses ou anos, depois se transferirão para um emprego fora e então, talvez, voltem novamente. Os padrões de liderança e gerência terão de mudar. Pequenas firmas sem dúvida surgirão para tomar contratos de tarefas de colarinho branco de firmas maiores e assumir responsabilidades especializadas para organizar, treinar e gerir equipes de trabalhadores que produzem em casa. Para manter ligação entre eles, talvez essas pequenas companhias organizem reuniões festivas, comemorações sociais e domingueiras por um ou outro motivo, a fim de que as equipes se conheçam umas às outras pessoalmente e não apenas através da mesa de controle ou do teclado.

Certamente, nem todo mundo poderá trabalhar ou trabalhará (ou quererá trabalhar) em casa. Certamente, enfrentaremos um conflito por causa das escalas de pagamento e as oportunidades oferecidas. Que acontecerá à sociedade, quando uma quantia aumentada de interação humana no emprego for representada, quando, face a face, a interação de emoção-para-emoção se intensificar na casa? E sobre as cidades? Que acontecerá ao número de desemprego? O que de fato queremos dizer pelos termos "emprego" e "desemprego" em tal sistema? Seria ingênuo pôr de lado tais questões e problemas.

Mas se há questões não respondidas e possibilidades penosas, também há novas possibilidades. O salto para um novo sistema de produção provavelmente tornará sem importância muitos dos problemas mais intratáveis da era passada. A miséria da labuta feudal, por exemplo, não poderia ser aliviada dentro do sistema da agricultura feudal. Não era aliviada por revoltas de camponeses, por nobres altruístas ou por utopistas religiosos. A labuta permaneceu miserável até que foi inteiramente alterada pela chegada do sistema fabril, com seus inconvenientes espantosamente diversos.

Por sua vez, os problemas característicos da sociedade industrial — do desemprego à excruciante monotonia no emprego, à superespecialização, ao desumano tratamento do indivíduo, aos salários baixos — apesar das melhores intenções e promessas de melhores empregos, sindicatos trabalhistas, empregadores benignos ou reuniões de trabalhadores revolucionários, talvez permaneçam totalmente insolúveis dentro da estrutura do sistema de produção da Segunda Onda. Se tais problemas permaneceram durante 300 anos, igualmente sob os arranjos capitalista e socialista, há motivo para pensar que eles poderão ser inerentes ao modo de produção.

O salto para um novo sistema de produção, tanto no setor da manufatura como no dos colarinhos brancos, e a possível transposição para a cabana eletrônica, promete mudar todos os termos de debate existentes, tornando obsoletas a maioria das questões pelas quais atualmente os homens e as mulheres discutem, lutam e às vezes matam.

Não podemos saber atualmente se, de fato, a cabana eletrônica se tornará a norma do futuro. Não obstante, vale a pena reconhecer que se o reduzido número de 10 a 20 por cento da força de trabalho atual efetuasse esta transferencia histórica nos próximos 20 a 30 anos, toda a nossa economia, as nossas cidades, a nossa ecologia, a nossa estrutura familiar, nossos valores e até mesmo a nossa política, tudo seria alterado quase até um ponto irreconhecível.

É uma possibilidade — uma plausibilidade talvez — a ser estudada.

É possível agora ver em relação umas às outras um certo número de mudanças da Terceira Onda ordinariamente examinadas em isolamento. Vemos a transformação do nosso sistema e a nossa base tecnológica em uma nova *tecnosfera.* Isto ocorre ao mesmo tempo em que estamos desmassificando os veículos de comunicação e construindo um ambiente inteligente, revolucionando assim também a *infosfera.* Por sua vez, estas duas correntes gigantescas fluem juntas para mudar a profunda estrutura do nosso sistema de produção, alterando a natureza do trabalho na fábrica e no escritório e, finalmente, levando-nos para a transferência do trabalho de volta ao lar.

Por si mesmas, tais transferências históricas maciças justificariam proclamar que estamos na beira de uma nova civilização. Mas estamos, ao mesmo tempo, reestruturando igualmente a nossa vida social, dos elos familiares e amizades às nossas escolas e empresas. Estamos prestes a criar igualmente, junto com a tecnosfera e a infosfera da Terceira Onda, uma *sociosfera* da Terceira Onda.

# 17
# AS FAMÍLIAS DO FUTURO

Durante a Grande Depressão da década de 30 ficaram sem emprego milhões de homens. Quando as portas da fábrica se fechavam contra eles, muitos mergulhavam em extremos de desespero e culpa, o brio esfacelado pela papeleta de dispensa.

Por fim, o desemprego veio a ser visto sobre uma luz mais sensata — não como o resultado de preguiça individual ou fracasso moral, mas como forças gigantescas fora de controle do indivíduo. A má distribuição da riqueza, o investimento míope, a especulação descontrolada, normas comerciais estúpidas, governo inepto — estas coisas, não a fraqueza pessoal dos trabalhadores dispensados, é que causaram o desemprego. Os sentimentos de culpa eram, na maioria dos casos, ingenuamente inadequados.

Hoje, mais uma vez, os brios estão se quebrando como cascas de ovos contra a parede. Agora, entretanto, a culpa é relacionada com a ruptura da família mais do que a da companhia. Enquanto milhões de homens e mulheres se desvencilham das ruínas espalhadas de seus casamentos, também eles sofrem agonias de remorso. E, uma vez mais, muita da culpa está mal empregada.

Quando uma minoria ínfima é envolvida, o desastre de suas famílias pode refletir fracassos individuais. Mas quando o divórcio, a separação, e outras formas de desastre familiar atingem milhões ao mesmo tempo em muitos países, é absurdo pensar que as causas são puramente pessoais.

A ruptura familiar atualmente é, de fato, parte da crise geral do industrialismo — a ruína de todas as instituições criadas pela Segunda Onda. É parte do desbravamento para uma nova sociosfera da Terceira Onda. E é este processo traumático, refletido em nossas vidas pessoais, que está alterando o sistema familiar até a um ponto de irreconhecimento.

Hoje dizem-nos repetidamente que "a família" está se desagregando ou que "a família" é o nosso Problema Número Um. Declara o Presidente Jimmy Carter: "É claro que o governo nacional devia ter uma política pró-família... Não pode haver prioridade mais urgente." Substitua-se por ministros, primeiros-ministros, ou a imprensa, ouviremos uma piedosa retórica muito semelhante. Quando falam de "a família", entretanto, *não* querem dizer tipicamente a família em toda a sua luxuriante variedade de formas possíveis, mas um tipo particular de família: a família da Segunda Onda.

O que eles têm ordinariamente em mente é um marido que ganha o pão, uma mulher dona-de-casa e um certo número de filhos. Embora existam muitos outros tipos de família, foi esta forma particular de família — a família nuclear — que a civilização da Segunda Onda idealizou, tornou dominante e espalhou ao redor do mundo.

Este tipo de família tornou-se padrão, modelo socialmente aprovado, porque sua estrutura se adaptava perfeitamente às necessidades de uma sociedade de produção em massa, com valores e estilos de vida amplamente partilhados, poder hierárquico e burocrático e uma clara separação da vida doméstica da vida no mercado de trabalho.

Hoje, quando as autoridades nos instigam a "restaurar" a família, é a família nuclear da Segunda Onda que elas têm em geral em mente. Pensando tão acanhadamente, eles não só diagnosticam erradamente todo o problema, como revelam uma ingenuidade infantil sobre que passos seriam realmente exigidos para restaurar a família nuclear à importância anterior.

Assim, as autoridades atribuem freneticamente a crise da família a tudo, desde "mascates de pornografia" à música de *rock*. Alguns dizem-nos que a oposição ao aborto, a eliminação da educação sexual e a resistência ao feminismo unirão a família novamente. Ou insistem em cursos de "educação familiar". O primeiro estatístico do governo dos Estados Unidos sobre questões de família quer "mais treino eficaz" para ensinar as pessoas a casarem mais sabiamente, ou então um "sistema cientificamente provado e interessante para escolher um par para casamento". O que precisamos, dizem outros, são mais conselheiros matrimoniais ou mesmo mais relações para dar à família uma imagem melhor! Cegos para as maneiras como as ondas históricas de mudança nos influenciarão, eles nos aparecem com propostas bem-intencionadas mas freqüentemente ocas, que erram completamente o alvo.

### A CAMPANHA PRÓ-NUCLEAR

Se realmente queremos restituir a família nuclear à dominância antiga, *há* coisas que poderíamos fazer. Aqui estão algumas:

1) Congelar toda a tecnologia em sua fase da Segunda Onda para manter uma sociedade baseada em fábrica e produção em massa. Começar por destruir o computador. O computador é uma ameaça maior para a família da Segunda Onda do que todas as leis de aborto e movimentos em favor dos direitos dos homossexuais e pornografia do mundo, pois a família nuclear precisa do sistema de produção em massa para reter sua dominância e o computador está nos levando para lá da produção em massa.

2) Subsidiar a indústria e bloquear o desenvolvimento do setor de serviços na economia. Os trabalhadores de colarinho branco, profissionais e técnicos são menos tradicionalistas, menos orientados para a família, mais móveis intelectual e psicologicamente do que os trabalhadores de macacão. Os índices de divórcios subiram juntamente com a subida nas ocupações de serviço.

3) "Solucionar" a crise de energia aplicando processos nucleares e outros processos de energia altamente centralizados. A família nuclear cabe melhor numa sociedade centralizada do que numa sociedade descentralizada, e os sistemas de energia afetam intensamente o grau de centralização social e política.

4) Banir os veículos de comunicação crescentemente desmassificados, começando com a televisão e o cassete por cabo, não esquecendo as revistas locais e regionais. As famílias nucleares trabalham melhor onde há um consenso nacional sobre informação e valores, não numa sociedade baseada em alta variedade. Enquanto alguns críticos acusam ingenuamente os veículos de comunicação de supostamente minarem a família, em primeiro lugar foram os meios de comunicação em massa que idealizaram a forma da família nuclear.

5) Forçar as mulheres a voltarem à cozinha. Reduzir os salários das mulheres ao absoluto mínimo. Fortalecer, mais do que relaxar, todas as cláusulas relativas aos privilégios sindicais por tempo de serviço, para que as mulheres sejam colocadas em desvantagem na força de trabalho. A família nuclear não tem núcleo quando não ficam adultos em casa. (Poder-se-ia, naturalmente, conseguir o mesmo efeito invertendo a coisa, permitindo à mulheres trabalharem e forçando os homens a ficarem em casa cuidando das crianças.)

6) Simultaneamente, reduzir os salários dos trabalhadores jovens, para torná-los mais dependentes, por tempo mais longo, de suas famílias — e assim menos independentes psicologicamente. A família nuclear é ainda mais desnuclearizada quando o jovem deixa o controle paterno para ir trabalhar.

7) Banir a contracepção e a pesquisa na biologia reprodutiva. Estas contribuem para a independência das mulheres e as relações sexuais extraconjugais e notório afrouxamento dos elos nucleares.

8) Eliminar o padrão de vida de toda a sociedade até aos níveis anteriores a 1955, pois a prosperidade torna possível a pessoas sós, pessoas divorcia-

das, mulheres que trabalham e outros indivíduos isolados se "arrumarem" economicamente. A família nuclear precisa de um toque de pobreza (nem demais, nem muito pouco) para mantê-la.

9) Finalmente, remassificar a nossa sociedade que se desmassifica rapidamente, resistindo a todas as mudanças — em política, nas artes, na educação, no comércio ou em outros campos — que conduzem à variedade, à liberdade de movimento e a idéias ou individualidade. A família nuclear permanece dominante apenas numa sociedade em massa.

Em suma, isto é o que teria de ser uma política pró-família se devêssemos insistir em definir a família como nuclear. Se realmente desejamos restaurar a família da Segunda Onda, seria melhor nos prepararmos para restaurar a civilização da Segunda Onda como um todo — congelar não só a tecnologia, mas também a própria História.

Pois o que estamos presenciando não é a morte da família como tal, mas a ruptura do sistema familiar da Segunda Onda — na qual se supunha que todas as famílias emulavam o modelo nuclear idealizado — e em seu lugar o advento de uma diversidade de formas de família. Assim como estamos desmassificando os nossos meios de comunicação e nossa produção, estamos desmassificando o sistema familiar na transição para uma civilização da Terceira Onda.

### ESTILOS DE VIDA NÃO-NUCLEARES

A vinda da Terceira Onda não significa, naturalmente, o fim da família nuclear mais do que a vinda da Segunda Onda significou o fim da família extensa. Significa, antes, que a família nuclear não pode mais servir como modelo ideal para a sociedade.

O fato pouco apreciado é que, pelo menos nos Estados Unidos, onde a Terceira Onda está mais adiantada, a maioria das pessoas já vivem fora da clássica forma de família nuclear.

Se definirmos a família nuclear como um marido trabalhando, uma dona-de-casa e dois filhos, e perguntarmos quantos americanos realmente ainda vivem neste tipo de família, a resposta será espantosa: sete por cento da população total dos Estados Unidos. Noventa e três por cento da população não se encaixam mais neste modelo ideal da Segunda Onda.

Mesmo que ampliemos a nossa definição, incluindo família em que trabalham o marido e a mulher, ou em que há menos ou mais de dois filhos, encontramos a vasta maioria — até dois terços a três quartos da população — vivendo *fora* da situação nuclear. Além disso, toda a evidência sugere que as casas nucleares (como quer que decidamos defini-las) ainda estão diminuindo em números, enquanto outras formas de família se multiplicam rapidamente.

Para começar, estamos testemunhando uma explosão de população de *"solos"* — pessoas que vivem sós, inteiramente desligadas de família. Entre 1970 e 1978, o número de pessoas de 14 a 34 anos de idade que viviam sós quase triplicou nos Estados Unidos — subindo de 1,5 milhão a 4,3 milhões. Hoje, um quinto de todas as casas nos Estados Unidos consiste em uma pessoa vivendo só. Muitos escolhem isso deliberadamente, ao menos por algum tempo. Diz uma ajudante do legislativo a uma vereadora de Seattle: "Eu pensaria em casar se aparecesse a pessoa adequada, mas não abandonaria a minha carreira por isso". Enquanto isso, ela vive só. Esta mulher é parte de uma grande classe de jovens adultos que estão deixando o lar mais cedo, mas casando mais tarde, criando assim o que o especialista em censo, Arthur Northon, diz que é uma "fase transicional de vida" que se está "tornando uma parte aceitável do ciclo de vida de uma pessoa".

Olhando para a fatia mais velha da população, encontramos um grande número de pessoas antes casadas, freqüentemente "entre casamentos", vivendo sós e, em muitos casos, decididamente gostando disso. O crescimento de tais grupos criou uma florescente cultura de "sós" e uma muito anunciada proliferação de bares, pavilhões de esquiação, organizações turísticas e outros serviços ou produtos destinados a indivíduos independentes. Simultaneamente, a indústria de imóveis surgiu com condomínios para "pessoas sozinhas" e começou a atender a uma necessidade de apartamentos menores e casas de bairros residenciais com menos dormitórios. Quase um quinto de todas as casas nos Estados Unidos atualmente são de pessoas sós.

Estamos também experimentando um enorme crescimento do número de pessoas vivendo juntas sem se importarem com formalidades legais. Este grupo, segundo autoridades americanas, mais do que duplicou na década passada. A prática tornou-se tão comum que o Departamento de Habitação e Desenvolvimento Urbano dos Estados Unidos derrubou uma tradição e mudou suas regras para permitir a tais pares ocuparem habitação pública. Os tribunais, entrementes, de Connecticut à Califórnia, estão lutando com as complicações legais e de propriedade que surgem quando pares assim se "divorciam". Os cronistas de etiqueta discutem sobre como a gente deve tratar pares assim e surgiu um "conselho de companheiros" com o advento de um novo serviço profissional, juntamente com o "conselho matrimonial".

### A CULTURA SEM FILHOS

Outra mudança significativa tem sido o crescimento do número dos que decidem conscientemente o que virá a ser conhecido como o estilo de vida "sem filhos". De acordo com James Ramey, primeiro pesquisador adjunto do Centro de Pesquisa Política estamos vendo uma transferência maciça de lares "centro de crianças" para lares 'centros adultos". Na passagem do século, havia poucas pessoas sós na sociedade e relativamente poucos pais viviam muito depois que o filho mais velho deixava a casa. Então a maioria das casas eram, de fato, centros de crianças. Ao contrário, já em 1970, nos Estados Unidos, apenas um em três adultos vivia em casa com filhos de menos de 18 anos.

Hoje estão brotando organizações para promover a vida livre da criança e a relutância em ter filhos está se difundindo em muitas nações industriais. Em 1960, só 20 por cento das mulheres americanas "sempre casadas" com menos de 30 anos não tinham filhos. Por volta de 1975, isto tinha subido para 32 por cento — um salto de 60 por cento em 15 anos. Uma organização vocal, a Aliança Nacional de Paternidade Opcional, levantou-se para proteger os direitos dos sem filhos e combater a propaganda pró-natalista.

Uma organização semelhante, a Associação Nacional pró-Sem Filhos, surgiu na Grã-Bretanha e muitos casais através da Europa estão deliberadamente resolvidos a não ter filhos. Em Bonn, na Alemanha Ocidental, por exemplo, Theo e Agnes Rohl, ambos no meio da casa dos 30, ele funcionário municipal e ela secretária, dizem: "Não cremos que tenhamos filhos..." Os Rohls são modestamente prósperos. Possuem uma casa pequena. Conseguem fazer uma viagem de férias à Califórnia ou ao Sul da França de vez em quando. As crianças alterariam drasticamente seu modo de vida. "Estamos acostumados ao nosso estilo de vida da maneira como é", dizem, "e gostamos de ser independentes". E esta relutância em ter filhos não é um sinal da decadência capitalista. Está presente também na União Soviética, onde muitos pares refletem os sentimentos dos Rohls e rejeitam explicitamente a paternidade — um fato que preocupa a oficialidade soviética em vista dos altos índices de nascimentos em várias minorias nacionais não-russas.

Voltando agora aos *com* filhos, a desagregação da família nuclear é ainda mais vivamente evidenciada no espetacular aumento de famílias com um só dos pais. Têm ocorrido tantos divórcios, rompimentos e separações — principalmente em famílias nucleares — que hoje a espantosa percentagem de uma em sete crianças americanas é criada por um dos pais; e um número é ainda mais alto — uma em quatro — nas áreas urbanas.*

Um enorme aumento de tais famílias trouxe um crescente reconhecimento de que, apesar de graves problemas, uma casa com só um dos pais pode, em certas circunstâncias, ser melhor para a criança do que um lar nuclear continuamente dilacerado por dissensões domésticas. Atualmente, jornais e organizações servem pais sós e estão despertando sua consciência de grupo e influência política.

* Total também alimentado por nascimentos fora do casamento e pela adoção por mulheres solteiras e (cada vez mais) homens solteiros.

E tampouco este é um fenômeno puramente americano. Na Grã-Bretanha hoje, perto de uma família em dez é chefiada por um dos pais — cerca de um sexto deles chefiados por homens — e lares de um dos pais formam o que a revista *New Society* chama "o grupo mais rapidamente crescente na pobreza". Uma organização com base em Londres, o Conselho Nacional pró-Famílias de Um Pai, surgiu para defender a sua causa.

Na Alemanha, uma associação de habitação em Colônia construiu um bloco especial de apartamentos para tais famílias e equipou-os com creche de dia para que os pais possam trabalhar. E na Escandinávia, uma rede de direitos de bem-estar especial desenvolveu-se para sustentar estas famílias. Os suecos, por exemplo, dão à família de um só pai a primeira vaga no jardim de infância e creche para o dia. Tanto na Noruega como na Suécia, com efeito, é possível, algumas vezes, uma família de um só dos pais gozar um padrão mais alto de vida do que o da família nuclear típica.

Uma provocante forma nova de família surgiu entrementes, refletindo o alto índice de novos casamentos depois do divórcio. Em *Choque do Futuro* identifiquei esta como a "família agregada", na qual dois pares divorciados com filhos casam de novo, trazendo os filhos de ambos os casamentos (e igualmente os adultos) para uma nova forma de família expandida. Calcula-se que 25 por cento dos filhos são, ou serão em breve, membros de tais unidades familiares. De acordo com Davidyne Mayleas, tais unidades, com seus "poli-pais" poderão ser a corrente central da forma familiar de amanhã. "Estamos em poligamia econômica", diz Mayleas — significando com isso que duas unidades familiares fundidas transferem tipicamente para um lado e para o outro na forma de manutenção de crianças e outros pagamentos. A difusão desta forma de família, informa, tem sido acompanhada de uma crescente incidência de relações sexuais entre pais e filhos sem parentesco de sangue.

As nações tecnologicamente avançadas estão atualmente solapadas por estonteante série de formas familiares: casamentos homossexuais, comunas, grupos de gente idosa juntando-se para compartilharem as despesas (e algumas vezes o sexo), agrupamentos tribais entre certas minorias étnicas e muitas outras formas como nunca antes. Há casamentos por contrato, casamentos em série, aglomerados familiares e uma variedade de redes íntimas, com ou sem sexo partilhado, assim como aquelas nos quais a mãe e o pai vivem e trabalham em duas cidades diferentes.

Mesmo estas formas de família mal chegam a sugerir até mesmo a mais rica variedade que borbulha sob a superfície. Quando três psiquiatras — Kellam, Ensminger e Turner — tentaram mapear as "variações de famílias", encontradas num único bairro negro pobre em Chicago, identificaram nada menos de 86 combinações diferentes de "adultos", inclusive numerosas formas de famílias "mãe-avó", famílias "mãe-tia", "famílias mãe-madrasta" e famílias "mãe-outra".

Diante deste verdadeiro labirinto de combinações de parentesco, mesmo o sábio mais ortodoxo tem de abandonar os pontos de vista outrora radicais e conceder que estamos saindo da idade da família nuclear e entrando numa nova sociedade marcada por diversidade na vida familiar. Nas palavras da socióloga Jessie Bernard, "O aspecto mais característico do casamento no futuro será precisamente a série de opções disponíveis para as diferentes pessoas que desejam coisas diferentes de suas relações uns com os outros."

A pergunta feita com freqüência: "Qual é o futuro da família?", geralmente implica que assim como a família nuclear da Segunda Onda perde a sua dominância, outra forma a substituirá. Um resultado mais provável é que durante a civilização da Terceira Onda nenhuma forma única dominará a confusão familiar por qualquer período prolongado. Em vez disso, veremos uma alta variedade de estruturas familiares. Mais do que massas de pessoas vivendo em arranjos familiares uniformes, veremos pessoas movendo-se através deste sistema, traçando trajetórias personalizadas ou "sob medida" durante o curso de suas vidas.

Novamente isto não significa a eliminação total ou a "morte" da família nuclear. Significa simplesmente que, de agora em diante, a família nuclear será apenas uma das muitas formas socialmente aceitas e aprovadas. Enquanto a Terceira Onda avança, o sistema familiar está se tornando desmassificado, juntamente com o sistema de produção e o sistema de informação na sociedade.

## RELAÇÕES "QUENTES"

Dado este florescimento de uma multiplicidade de formas familiares, é cedo demais para dizer quais emergirão como estilos significativos numa civilização da Terceira Onda.

Nossos filhos viverão sós por muitos anos, talvez décadas? Ficarão sem filhos? E nós nos recolheremos a comunas de velhos? E quanto às possibilidades mais exóticas? Famílias com vários maridos e uma mulher? (Isso poderá acontecer se começarmos a mexer com a genética até um ponto de podermos escolher previamente o sexo dos nossos filhos, e pais demais escolherem meninos.) E quanto às famílias de homossexuais que criam filhos? Os tribunais já estão debatendo esta questão. E quanto ao impacto potencial do clone?

Se cada um de nós se mover através de uma trajetória de experiência familiar em nossas vidas, quais serão as fases? Um casamento de experiência, depois um casamento homossexual *com* filhos? As permutações são intermináveis. Não, apesar dos gritos escandalizados, não devemos considerar inauditas quaisquer destas coisas. Como Jessie Bernard observa: "Não há literalmente nada no casamento, que alguém possa imaginar, que não tenha de fato acontecido... Todas estas variações pareciam perfeitamente naturais às pessoas que tinham vivido com elas."

As formas específicas de família que desaparecerão e as que proliferarão vão depender menos das exaltadas pregações dos ministros sobre a "santidade da família" do que das decisões que faremos com respeito à tecnologia e ao trabalho. Enquanto muitas forças influenciam a estrutura familiar — padrões de comunicação, valores, mudanças demográficas, movimentos religiosos, mesmo mudanças ecológicas — a conexão entre forma de família e arranjos de trabalho é particularmente forte. Assim, exatamente como a família nuclear foi promovida pelo advento do trabalho de fábrica e de escritório, qualquer mudança para longe da fábrica e do escritório exerceria também uma pesada influência na família.

É impossível, no espaço de um único capítulo, expressar todos os modos em que as mudanças vindouras na força de trabalho e na natureza do trabalho alterarão a vida familiar. Mas uma mudança é tão revolucionária potencialmente, e tão estranha à nossa experiência, que precisa de mais atenção do que tem recebido até agora. É esta, naturalmente, a transferência do trabalho, do escritório e da fábrica e de volta ao lar.

Admita-se por um momento que, daqui a 25 anos, 15 por cento da força de trabalho sejam empregados em parte ou o tempo todo em casa. De que modo trabalhar em casa mudaria a qualidade das nossas relações ou o significado do amor? Como seria a vida na cabana eletrônica?

Quer o trabalho em casa seja programar um computador, escrever um panfleto, monitorar processo de manufatura distante, projetar um edifício ou datilografar correspondência eletrônica, uma mudança imediata é clara. Relocalizar o trabalho em casa significa que muitos maridos e mulheres, que agora se vêem apenas durante um número limitado de horas cada dia, seriam postos juntos mais intimamente. Alguns, sem dúvida, achariam odiosa esta proximidade prolongada. Muitos outros, entretanto, encontrariam seus casamentos salvos e suas relações muito mais enriquecidas através da experiência partilhada.

Visitemos várias cabanas eletrônicas para ver como as pessoas poderiam adaptar-se tão fundamentalmente a uma mudança na sociedade. Uma reviravolta assim, sem dúvida, revelaria uma ampla diversidade de vida e arranjos de trabalho.

Em algumas casas, talvez a maioria, poderíamos muito bem encontrar pares dividindo as coisas mais ou menos convencionalmente, com uma pessoa fazendo o "trabalho-emprego" enquanto a outra cuidaria da casa — ele talvez escrevendo programas enquanto ela cuidaria das crianças. A própria presença do trabalho no lar, entretanto, provavelmente encorajaria uma divisão entre ambos do trabalho-emprego e dos cuidados domésticos. Encontraríamos muitos lares, portanto, nos quais o homem e a mulher dividiriam um emprego de tempo integral. Por exemplo, poderíamos encontrar o marido e a mulher se revezando a monitorar um complexo processo de manufatura na tela do computador, trabalhando cada um quatro horas de cada vez.

Mais abaixo, na mesma rua, ao contrário, provavelmente descobriríamos um casal ocupando não um trabalho único, mas trabalhos completamente diferentes, cada membro do casal trabalhando separadamente. Um fisiologista celular e um perito-contador poderiam cada um trabalhar na especialidade da sua competência. Mesmo aqui, entretanto, diferindo tanto os empregos em sua natureza, ainda há probabilidade de alguma partilha dos problemas, cada um aprendendo um pouco do vocabulário do trabalho do outro, um pouco de preocupações e conversas relativas ao trabalho. É quase impossível, em tais condições da vida de trabalho de um indivíduo, estar-se estritamente segregado da vida pessoal. Por sinal, é quase impossível isolar o companheiro ou companheira de toda uma dimensão da existência de uma pessoa.

Bem na porta ao lado (continuando a pesquisa) poderíamos topar com um casal ocupando dois empregos diferentes, mas partilhando *ambos,* o marido trabalhando como planejador de seguros em tempo parcial e, também em tempo parcial, como assistente de arquiteto, com a mulher fazendo o mesmo trabalho em turnos alternados. Este arranjo proporcionaria trabalho mais variado e, por conseguinte, mais interessante.

Em tais casas, quer se partilhe um ou se partilhem vários trabalhos, cada parceiro aprenderá necessariamente com o outro, participará da solução de problemas e se empenhará num complexo dá-e-toma, tudo o que não pode deixar de aprofundar a intimidade. A proximidade forçada, é desnecessário dizer, não garante a felicidade. As unidades familiares estendidas da era da Primeira Onda, que eram também unidades de produção econômica, estavam longe de ser modelos de sensibilidade interpessoal e suporte psicológico mútuo. Tais famílias tinham os seus próprios problemas e estresses. Mas havia poucas relações não-comprometidas ou "esfriadas". O trabalho em conjunto garantia, se nada mais, relações pessoais íntimas, complexas, quentes — um comprometimento que muitas pessoas invejam hoje.

Em suma, a difusão do trabalho em casa numa grande escala poderia não só afetar a estrutura da família, mas também transformar as relações dentro da família. Podia, dito simplesmente, proporcionar uma série comum de experiências e levar parceiros casados a se falarem novamente. Podia mudar suas relações juntamente com espectro de "frio" para "quente". Podia também redefinir o próprio amor e trazer consigo o conceito de Mais Amor.

Vimos como, enquanto progredia a Segunda Onda, a unidade familiar transferiu muitas de suas funções para outras instituições — a educação para a escola, o cuidado dos doentes para os hospitais, e assim por diante. Este progressivo revestimento das funções da unidade familiar foi acompanhado pelo advento do amor romântico.

Uma pessoa da Primeira Onda que procurava uma mulher, ou marido, podia perguntar sensatamente: "A minha proposta mulher (ou marido) é trabalhadeira? Uma boa curandeira? Boa mestra para as crianças que virão? Poderemos trabalhar juntos compativelmente? Carregará uma boa carga ou provará que sabe esquivar-se a isso?" As famílias camponesas realmente perguntavam: "Ela é forte, boa em se curvar e se erguer, ou é doentia e fraca?"

Quando as funções da família foram reunidas durante a era da Segunda Onda, essas questões mudaram. A família não era mais uma combinação de equipe de produção, escola, hospital de campo e casa de saúde. Em vez disso, suas funções psicológicas tornaram-se mais importantes. O casamento, subentendia-se, devia fornecer companheirismo, sexo, calor e apoio. Em breve, esta mudança nas funções da família se refletia nos novos critérios para escolher uma companheira ou companheiro. Eram resumidos na palavra única *amor*. Era o amor, assegurava-nos a cultura popular, que fazia o mundo girar.

Naturalmente, a vida real raramente conseguia alcançar a ficção científica. A classe e o estado social continuavam a representar um papel na escolha de um companheiro ou companheira. Mas todas estas considerações se supunha serem secundárias para o Amor com A maiúsculo.

O advento de amanhã da cabana eletrônica poderá muito bem derrubar esta lógica ingênua. Os que esperam ir trabalhar em casa com uma mulher em vez de passarem a parte principal de suas vidas acordadas longe, provavelmente levarão mais em consideração do que o simples prazer sexual e psicológico — ou, quanto a isso, o estado social. Eles poderão começar a insistir em Mais Amor — prazer sexual e psicológico, *mais* inteligência (como seus avós antigamente favoreciam os músculos), amor *mais* consciência, responsabilidade, autodisciplina ou outras virtudes relacionadas com o trabalho. Poderemos — quem sabe? — ouvir algum John Denver do futuro cantar uma letra assim:

Amo teus olhos, teus lábios de cereja,
O amor que sempre tarda,
Teu jeito com as palavras e os *blips* casuais,
Teus hábeis dedos de computador.

Mais seriamente, podemos imaginar pelo menos algumas famílias do futuro tomarem algumas funções adicionais em vez de as rejeitarem, e servindo mais como um propósito múltiplo do que como uma unidade social especializada. Com tal mudança, os critérios de casamento, a própria definição de amor se transformariam.

### A CAMPANHA PARA O TRABALHO DAS CRIANÇAS

Entrementes, as crianças provavelmente também cresceriam diferentemente na cabana eletrônica, se não por outra razão que pelo simples fato de verem o trabalho ser realizado. As crianças da Primeira Onda, desde o primeiro pestanejar da consciência viam seus pais no trabalho. As crianças da Segunda Onda, ao contrário — pelo menos em gerações recentes — eram segregadas nas escolas e divorciadas da vida de trabalho real. A maioria tem apenas a mais vaga idéia do que seus pais fazem ou como vivem enquanto estão trabalhando. Uma história possivelmente apócrifa acentua este ponto: um executivo, um dia, decide levar o filho ao seu escritório e convidá-lo a almoçar com ele. O rapaz vê o escritório ricamente atapetado, a iluminação indireta, a elegante sala de recepção. Vê o luxuoso restaurante com seus obsequiosos garçons e preços exorbitantes. Finalmente, comparando tudo com sua casa e incapaz de se reprimir, o rapaz pergunta: "Papai, como é que o senhor é tão rico e nós somos tão pobres?"

O fato é que as crianças de hoje — especialmente as crianças prósperas — estão completamente divorciadas de uma das dimensões mais importantes das vidas de seus pais. Numa cabana eletrônica, as crianças não só observam o trabalho, mas, depois de certa idade, poderão se empenhar nele elas mesmas. As restrições da Segunda Onda ao trabalho da criança — originariamente bem-intencionadas e necessárias, mas agora em grande parte um recurso anacrônico para manter as pessoas jovens fora do apinhado mercado de empregos — tornam-se mais difíceis de se impor num ambiente doméstico. Certas formas de trabalho, com efeito, poderiam ser especificamente destinadas aos jovens e mesmo integradas na sua educação. (Quem quer que subestime a capacidade de pessoas, mesmo muito jovens, para compreender e enfrentar o trabalho sofisticado ainda não topou com rapazes de 14 ou 15 anos que servem, talvez ilegalmente, como "vendedores" em lojas de computadores na Califórnia. Já fui atendido por garotos com aparelho de correção dentária que me explicaram as complexidades da computação.)

A alienação do jovem atualmente flui em grande medida de ser forçado a aceitar um papel não-produtivo na sociedade durante uma adolescência interminavelmente prolongada. A cabana eletrônica neutralizaria esta situação.

Com efeito, a integração dos jovens no trabalho na cabana eletrônica poderá oferecer não só a única solução real para os problemas do alto desemprego da juventude. Este problema se tornará crescentemente explosivo em muitos países nos anos vindouros, com todos os males que acompanham a delinqüência juvenil, a violência e a degradação psicológica da juventude e que não podem ser resolvidos dentro da estrutura de uma economia da Segunda Onda, salvo por meios totalitários — recrutando jovens, por exemplo, para a guerra ou serviço militar forçado. A cabana eletrônica abre um modo alternativo de restituir os jovens a papéis sociais e economicamente produtivos, e talvez possamos ver, dentro em pouco, campanhas políticas a favor e não contra o trabalho da criança, juntamente com lutas pelas medidas necessárias para protegê-las contra a grosseira exploração econômica.

### A FAMÍLIA ELETRÔNICA EXPANDIDA

Além disto, pode-se facilmente imaginar o lar do trabalho em casa tornando-se algo radicalmente diferente: uma "família eletrônica expandida".

Talvez a forma de família mais comum nas sociedades da Primeira Onda fosse a chamada família estendida, que reunia várias gerações juntas sob o mesmo teto. Havia também "famílias expandidas" que, além dos membros centrais, incluíam um órfão ou dois sem parentesco com a família, um aprendiz ou ajudante da lavoura, ou outros. Pode-se igualmente imaginar a família de amanhã, que trabalha em casa, convidando um ou dois estranhos para fazer-lhes companhia — por exemplo, um colega da firma do marido ou da mulher, ou talvez um freguês ou fornecedor empenhado em trabalho relacionado com o da família, ou, por falar nisso, o filho de um vizinho que quer aprender o ofício. Pode-se prever a incorporação legal de tal família como um pequeno negócio dentro de leis especiais, destinadas a promover comuna-*cum*-corporação ou a cooperativa. Para muitos a casa tornar-se-ia uma família eletrônica expandida.

É verdade que a maior parte das comunas formadas nas décadas de 60 e 70 se desmantelaram rapidamente, parecendo que comunas como tais são inerentemente instáveis em sociedades de alta-tecnologia. Um olhar mais de perto revela, entretanto, que as que se desintegraram mais rapidamente foram as organizadas de início para fins psicológicos — para promover sensibilidade interpessoal, para combater a solidão, proporcionar privacidade ou coisas assim. A maioria delas não tinha base econômica e foram vistas como experiências utópicas. As comunas que conseguiram vencer através do tempo — e algumas o conseguiram — são, por contraste, as que tinham uma missão externa clara, uma base econômica e uma perspectiva prática, mais do que puramente utópica.

Uma missão externa liga um grupo. Ela pode, com efeito, proporcionar a base econômica necessária. Se esta missão externa é para planejar um novo produto, manusear a "escrituração eletrônica" de um hospital, fazer o processamento de dados para um departamento de companhia de seguros, estabelecer o itinerário de uma linha de navegação aérea circular, preparar catálogos ou operar um serviço de informação técnica, a comuna eletrônica de amanhã poderá, de fato, vir a ser uma forma de família perfeitamente factível e estável.

Além disso, como tais famílias eletrônicas expandidas não seriam planejadas como uma reprovação do estilo de vida de todos os outros ou para fins de demonstração, mas antes como uma parte integrante da instalação elétrica do sistema econômico, as probabilidades de sua sobrevivência seriam enormemente melhoradas. Com efeito, podemos encontrar casas expandidas se ligando, de modo a formar redes. Tais redes de famílias expandidas poderiam proporcionar algum negócio ou serviço social, cooperando para mercadejar seu trabalho ou montando sua própria versão de uma associação profissional para representá-las. Internamente, poderiam ou não partilhar sexo através de linhas de casamento. Poderiam ser ou não heterossexuais. Poderiam ter filhos ou não.

Em suma, o que vemos é a possível ressurreição da família expandida. Hoje, uns 6 por cento de adultos americanos vivem em famílias estendidas. Poderia facilmente se imaginar o dobro ou o triplo deste número na própria geração, com algumas unidades se expandindo para incluir estranhos. Este não seria evento trivial, mas um movimento envolvendo milhões, só nos Estados Unidos. Para a vida da comunidade, para os padrões de amor e casamento, para a reconstituição de redes de amizade, para a economia e o mercado do consumidor, assim como para as psiques e a estrutura da personalidade, o advento da família eletrônica expandida seria momentoso.

Esta nova versão da família estendida não é apresentada aqui como inevitável, não como melhor ou pior do que algum outro tipo de família, mas simplesmente como um exemplo das muitas novas formas de família que provavelmente acharão nichos viáveis na complexa ecologia social de amanhã.

### MAU PROCEDIMENTO PATERNAL

Esta rica diversidade de formas familiares não ganhará vida sem dor nem angústia. Pois qualquer mudança na estrutura da família também força mudança nos papéis que vivemos. Cada sociedade, através de suas instituições, cria a sua própria arquitetura de papéis ou expectações sociais. A companhia e o sindicato trabalhista definiam mais ou menos entre eles o que se esperava dos trabalhadores e dos patrões. As escolas fixavam os respectivos papéis de professores e discípulos. E a família da Segunda Onda distribuiu os papéis de ganhador do pão, a dona-de-casa e o filho. Quando a família nuclear se torna crítica, por assim dizer, os papéis relacionados com ela começam a estremecer e a fender-se... com cruciante impacto pessoal.

Desde o dia em que o livro-bomba de Betty Friedan, *A Mística Feminina,* lançou o movimento feminista moderno em muitas nações, temos visto uma luta penosa para redefinir os papéis dos homens e das mulheres em termos apropriados a uma futura família pós-nuclear. As expectações e o comportamento de ambos os sexos mudaram com respeito a empregos, direitos legais e financeiros, responsabilidades domésticas e mesmo *performance* sexual. "Agora", escreve Peter Knobler, editor de *Crawdaddy,* uma revista de música *rock,* "um homem tem de discutir com as mulheres transgredindo todas as regras... Muitos regulamentos têm de ser contrariados", acrescenta, "mas isso não torna a coisa muito mais fácil".

Os papéis são abalados pela batalha sobre o aborto, por exemplo, quando as mulheres insistem em que são elas — não os políticos, não os sacerdotes, não os médicos ou mesmo os maridos — que têm o direito de controlar os seus próprios corpos. Os papéis sexuais são ainda mais confusos quando os homossexuais exigem e ganham parcialmente "direitos de *gays*". Mesmo o papel da criança na sociedade está mudando. De repente, surgem advogados nos corredores da Câmara apresentando uma Carta de Direitos da Criança.

Os tribunais estão inundados de casos que envolvem a redefinição de papéis, ao mesmo tempo que alternativas para a família nuclear se multiplicam e ganham aceitabilidade. Os pares não-casados têm de dividir sua propriedade depois que se separam? Pode um casal pagar legalmente a uma mulher por levar no ventre um filho para eles por inseminação artificial? (Um tribunal inglês diz que não... mas por quanto tempo?) Pode uma lésbica ser uma "boa mãe" e reter a custódia de seu filho depois do divórcio? (Um tribunal americano diz que sim.) Que significa ser um bom (pai ou mãe)? Nada sublinha mais a mudança da estrutura do papel do que o processo movido em Boulder, Colorado, por um irritado moço de 24 anos, chamado Tom Hansen. Os pais podem cometer erros, argumentou o advogado de Hansen, mas eles devem ser considerados, legal e financeiramente, responsáveis pelos resultados. Assim, a ação judicial de Hansen reclamou 350.000 dólares em danos sobre um fundamento legal sem precedente: o mau procedimento paternal.

## ENTRANDO NO AMANHÃ

Por trás desta confusão e torvelinho, está se amalgamando um novo sistema familiar da Terceira Onda, baseado numa diversidade de formas de família e papéis individuais mais variados. Esta desmassificação da família abre muitas novas opções pessoais. A civilização da Terceira Onda não tentará enfiar todo o mundo, por bem ou por mal, numa única forma de família. Por esta razão, o sistema de família emergente poderia libertar cada um de nós para encontrar o seu próprio nicho, para escolher ou criar um estilo de família ou trajetória harmonizada com as necessidades individualizadas.

Mas antes que alguém possa executar uma dança celebratória, é preciso lidar com as agonias da transição. Colhido na desagregação do velho sistema, com o novo ainda não no seu lugar, milhões acham o nível mais alto da diversidade mais desnorteante do que propício. Em vez de serem liberados, eles sofrem da prolixidade da escolha e são feridos, amargurados, mergulhados num pesar e uma solidão intensificados pela própria multiplicidade de suas opções.

Para fazer a nova diversidade funcionar a nosso favor e não contra nós, precisaremos de mudanças em muitos níveis ao mesmo tempo, desde moralidade a impostos para práticas de emprego.

No campo dos valores precisamos começar a remover a culpa não justificada que acompanha a desintegração e a reestruturação das famílias. Em vez de exacerbarem culpa injustificada, os veículos de comunicação, a igreja, os tribunais e o sistema político deviam estar trabalhando para baixar o nível da culpa.

A decisão de viver fora de uma estrutura de família nuclear deve ser tornada mais fácil, não mais difícil. Os valores mudam mais lentamente, como regra, do que a realidade social. Assim, ainda não desenvolvemos a ética da tolerância pela diversidade que uma sociedade desmassificada exigirá e engendrará. Surgida sob as condições da Segunda Onda, firmemente ensinando que uma espécie de família é "normal" e outras, de algum modo, são suspeitas, senão "*deviant*", um vasto número permanece intolerante em relação à nova variedade em estilos de família. Até que isso mude, a dor e a transição permanecerão desnecessariamente altas.

Na vida econômica e social, os indivíduos não poderão gozar os benefícios das opções da família ampliada enquanto as leis, os códigos de impostos, as práticas de bem-estar, os arranjos escolares, os códigos de moradia e mesmo as formas arquiteturais permanecerem implicitamente dirigidas para a família da Segunda Onda. Eles levam pouco em conta as necessidades especiais das mulheres que trabalham, dos homens que ficam em casa para tomar conta de seus filhos, dos solteirões e solteironas, ou "famílias agregadas", ou viúvas que vivem sós e juntas. Todos estes agrupamentos têm sido, disfarçada ou francamente, discriminados nas sociedades da Segunda Onda.

Por mais piedosamente louvada que fosse a dona-de-casa, a civilização da Segunda Onda negava dignidade à pessoa que realizava essa tarefa. A administração da casa é produtiva, na verdade, é trabalho decisivo e deve ser reconhecido como parte da economia. Assegurar o estado ampliado da administração da casa, quer feita por mulheres quer por homens, por indivíduos ou por grupos trabalhando juntos, teremos de pagar-lhes salários ou atribuir-lhes valor econômico.

Na economia fora-de-casa, as práticas de emprego em muitos lugares ainda são baseadas na pressuposição obsoleta de que o homem é o principal ganhador do pão e a mulher uma ganhadora suplementar, secundária, em vez de uma participante integralmente independente no mercado de trabalho. Aliviando as exigências dos privilégios do tempo de serviço, difundindo o tempo flexível, abrindo oportunidades para o tempo parcial, não só humanizaremos a produção, mas também a adaptaremos às necessidades de um sistema de família de estilos múltiplos. Hoje há muitas indicações de que o sistema de trabalho está começando a se acomodar à nova diversidade de arranjos familiares. Pouco depois de o Citibank, um dos maiores bancos dos Estados Unidos, começar a promover as mulheres a cargos gerenciais, verificou que seus executivos estavam casando com suas novas colegas. O banco tinha uma regra de longa data que proibia o emprego de casais. Teve que modificar a regra. De acordo com o *Business Week*, o "casal da companhia" está agora florescendo com benefícios igualmente para a companhia e para a vida familiar.

É provável que, dentro em pouco, iremos muito além destas pequenas adaptações. Poderemos ver pedidos não só de contratação de "casais da companhia" mas também contratação de famílias inteiras para trabalharem juntas como equipe de produção. Porque isto foi ineficiente na fábrica da Segunda Onda, não significa que seja necessariamente inapropriado hoje. Ninguém sabe como tais normas funcionariam, mas, como outras questões de família, devíamos encorajar experiências em pequena escala.

Tais medidas poderiam ajudar-nos a avançar para amanhã, minimizando para milhões a dor da transição. Mas, penoso ou não, um novo sistema familiar está emergindo para suplantar o que caracterizou o passado da Segunda Onda. Este novo sistema de família será uma instituição nuclear na nova sociosfera, tomando forma juntamente com a tecnosfera e a infosfera. É parte do ato da criação social pelo qual a nossa geração está construindo uma nova civilização e se adaptando a ela.

# 18
# A CRISE DE IDENTIDADE DA COMPANHIA

A grande companhia foi a organização comercial da era industrial. Hoje, vários milhares de tais monstros, tanto públicos como privados, abarcam a Terra, produzindo uma grande proporção de todas as mercadorias e serviços que compramos.

Vistas de fora, apresentam uma aparência dominadora. Controlam vastos recursos, empregam milhões de trabalhadores e influenciam profundamente não só as nossas economias, mas também os nossos negócios políticos. Seus computadores e jatos empresariais, sua inigualável habilidade para planejar, para investir, para executar projetos em grande escala fazem-nos parecer inabalavelmente poderosos e permanentes. Numa época quando a maioria de nós nos sentimos impotentes, parecem dominar nossos destinos.

Entretanto, não é assim que parecem vistos de dentro, para os homens (e algumas mulheres) que dirigem estas organizações. Com efeito, muitos dos executivos hoje em dia sentem-se tão frustrados e impotentes como o resto de nós. Pois exatamente como a família nuclear, a escola, os veículos de comunicação de massa e as outras instituições chaves da idade industrial, a companhia está sendo jogada para cá e para lá, abalada e transformada pela Terceira Onda de mudança. E uma boa quantidade de gerentes de alto nível não sabe o que os atingiu.

## A MOEDA KABUKI

A moeda mais imediata que afeta a companhia é a crise na economia mundial. Durante 300 anos a civilização da Segunda Onda trabalhou para criar um mercado global integrado. Periodicamente estes esforços foram contrariados por guerras, depressões ou outros desastres. Mas, a cada vez, a economia mundial se recuperava, emergindo maior e mais intimamente integrada do que antes.

Atualmente atacou uma nova crise. Mas esta é diferente. Ao contrário de todas as crises ocorridas durante a era industrial, envolve não só dinheiro, mas também toda a base de energia da sociedade. Ao contrário das do passado, traz inflação e desemprego simultaneamente, não seqüencialmente. Ao contrário das do passado, está diretamente ligada a problemas ecológicos fundamentais, a uma espécie inteiramente nova de tecnologia e à introdução de um novo nível de comunicações no sistema de produção. Finalmente, não é, como afirmam os marxistas, uma crise de capitalismo apenas, mas uma crise que envolve as nações industriais socialistas igualmente. É, em suma, a crise geral da crise industrial da civilização industrial em seu todo.

A convulsão social na economia do mundo ameaça a sobrevivência da companhia como nós a conhecemos, jogando seus gerentes num ambiente inteiramente estranho. Assim, desde o fim da II Guerra Mundial até ao começo da década de 70, a companhia funcionou num ambiente relativamente estável. Crescimento era a palavra básica. O dólar era rei. As circulações monetárias permaneceram estáveis por longos períodos. A estrutura financeira de pós-guerra, estabelecida em Bretton Woods pelas potências industriais capitalistas, e o sistema COMECON, criado pelos soviéticos, pareciam sólidos. A escada rolante para a prosperidade continuava subindo e os economistas tinham tanta confiança em sua capacidade de predizer e controlar a máquina econômica, que falavam com a maior naturalidade em "regulá-la".

Hoje, a frase evoca apenas muxoxos de desprezo. O Presidente pilheria que conhece uma ledora de *buena-dicha* que é uma previsora melhor do que os economistas. Um antigo Secretário do Tesouro, W. Michael Blumenthal, diz que "a profissão de economista está perto da falência na compreensão da presente situação... antes ou depois do fato". Postados nos destroços emaranhados da teoria econômica e o entulho da infra-estrutura econômica do pós-guerra, os tomadores de decisões empresariais enfrentam incertezas crescentes.

As taxas de interesses ziguezagueiam. As moedas rodopiam. Os bancos centrais compram e vendem dinheiro às carradas para amortecer os balanços, mas os rodopios apenas se tornam mais extremos. O dólar e o iene executam uma dança Kabuki, os europeus promovem suas próprias moedas (pitorescamente designada o "ecu"), enquanto os árabes freneticamente descarregam bilhões de dólares americanos em papel-moeda. Os preços do ouro batem todos os recordes.

Enquanto tudo isto ocorre, a tecnologia e as comunicações reestruturam os mercados mundiais, tornando a produção transnacional não só possível, mas também necessária. E para facilitar tais operações, está tomando forma um sistema monetário da era do jato. Uma rede bancária eletrônica global — impossível antes do computador e do satélite — agora liga instantaneamente Hong Kong, Manila, ou Cingapura com as Bahamas, as Ilhas Caimán e Nova York.

Esta esparramada rede de bancos, com Citibanks e Barclays, seus Sumitomos e Narodnys, para não falar do Crédite Suisse e do Banco Nacional de Abu Dhabi, cria um balão de "moeda extra-estado" — dinheiro e crédito fora do controle de qualquer governo individual — que ameaça estourar na cara de todo mundo.

O volume desta circulação extra-estado consiste em eurodólares — dólares dos Estados Unidos. Em 1975, escrevendo sobre o acelerado crescimento dos eurodólares, adverti que esta nova moeda era uma carta maluca no jogo econômico. "Aqui os 'euros' contribuem para a inflação, acolá deslocam o balanço de pagamentos, em outro lugar solapam a moeda, com sua corrida desembestada de um lugar para outro" através de fronteiras nacionais. Na época havia uma estimativa de 180 bilhões de eurodólares.

Por volta de 1978, o apavorado periódico *Business Week* informava sobre o "estado incrível" do sistema de finanças e que os 180 bilhões tinham inchado para uns 400 bilhões de dólares em eurodólares, euromarcos, eurofrancos, euroflorins e euroienes. Os bancos que lidavam com a moeda supernacional tinham liberdade para emitir crédito ilimitado e — não sendo obrigados a reter quaisquer reservas de numerário — podiam emprestar a taxas mais baixas na base de barganha. As estimativas da atualidade elevam o total da euromoeda à altura de um trilhão de dólares.

O sistema econômico da Segunda Onda, na qual a companhia cresceu, era baseado nos mercados nacionais, circulações nacionais e governos nacionais. Esta infra-estrutura com base na nação, entretanto, é absolutamente incapaz de regular ou conter a nova "eurobolha" transnacional e eletrônica. As estruturas planejadas para um mundo da Segunda Onda não são mais adequadas.

Com efeito, toda a estrutura global, que estabilizou as relações comerciais internacionais para as companhias gigantescas está rangendo e parece em perigo de se desmantelar. O Banco Mundial, o Fundo Monetário Internacional e o Acordo Geral Sobre Tarifas Aduaneiras e Comércio estão todos sob ataque pesado. Os europeus se apressam em montar uma nova estrutura que seja controlada por eles. Os "países menos desenvolvidos" de um lado e os árabes brandindo os seus petrodólares do outro clamam por influência no sistema financeiro de amanhã e falam de criar sua própria réplica do FMI. O dólar é destronado e sacolejões e espasmos rompem através da economia mundial.

Tudo isto é compreendido por carências erráticas e superabundâncias de energia e recursos: por rápidas mudanças nas atitudes dos consumidores, trabalhadores e gerentes; por desequilíbrios de comércio que ocorrem rapidamente; e sobretudo pela nascente militância do mundo não-industrial.

Este é o ambiente volátil e confuso em que lutam para operar hoje as companhias. Os gerentes que as dirigem não desejam desistir do poder empresarial. Eles ainda lutam por lucros, produção, e progresso pessoal. Mas defrontado por níveis ascendentes de imprevisibilidade, com crescente crítica pública e pressões políticas hostis, nossos gerentes mais inteligentes estão questionando os alvos, a estrutura, a responsabilidade, a própria *raison d'être* de suas organizações. Muitas da nossas maiores companhias estão experimentando algo análogo a uma crise de identidade, ao verem a estrutura outrora estável da Segunda Onda se desintegrar em volta deles.

## A ECONOMIA ACELERATIVA

Esta crise de identidade da companhia é intensificada pela rapidez com que os eventos se estão movendo. Pois a própria rapidez da mudança introduz um novo elemento na gerência, forçando os executivos, já nervosos num ambiente estranho, a tomarem mais e mais decisões num ritmo cada vez mais rápido. Os tempos de resposta são reduzidos a um mínimo.

Ao nível financeiro, a rapidez das transações é acelerada com os bancos e outras instituições financeiras computadorizadas. Alguns bancos chegam mesmo a se relocalizarem geograficamente para tirarem vantagem dos fusos horários diferentes. Diz *Euromoney,* o periódico internacional dos banqueiros: "Os fusos horários podem ser usados como vantagem competitiva no tempo."

Neste ambiente de aceleração, as grandes companhias são impelidas, quase quer queiram ou não, a investir e tomar emprestado em várias moedas, não numa base de prazo anual, 90 dias, ou mesmo sete dias, mas literalmente numa base de prazo do dia para a noite ou de minuto a minuto. Um novo chefe de uma companhia apareceu na suíte de um executivo — "o gerente do dinheiro internacional", que permanece ligado ao cassino eletrônico universal 24 horas por dia, procurando as taxas de juros mais baixas, as melhores pechinchas em moeda, as reviravoltas mais rápidas.*

Em *marketing,* torna-se evidente uma aceleração semelhante. "Os indivíduos que atuam no mercado devem responder rapidamente, a fim de garanti-

* E não se diga que esta função é trivial. Como os fazendeiros que ganham mais com a venda de terra do que plantando alimentos, algumas grandes companhias estão obtendo mais lucro — ou evitando perdas maiores — com a manipulação monetária e financial do que com produção propriamente dita.

rem a sobrevivência para amanhã", declara *Advertising Age*, informando que "os programadores da rede de TV... estão acelerando suas decisões ao suprimirem novas séries de TV que mostram fracos índices de audiência. Não esperam mais seis ou sete semanas, ou uma temporada... Outro exemplo: Johnson & Johnson sabe que Bristol-Myers está decidido a vender mais baixo que Tylenol de J&J ... J&J adota a atitude de esperar para ver? Não. Num prazo espantosamente rápido, mexe-se para cortar os preços de Tylenol nas drogarias. Não mais semanas ou meses para protelação." A própria prosa é ofegante.

Na engenharia, na fabricação, na pesquisa, nas vendas, no treinamento, na seção de pessoal, em todos os departamentos e filiais da companhia pode-se observar a aceleração das tomadas de decisões.

E imediatamente vemos um processo paralelo, embora menos avançado, nas nações industriais socialistas. O COMECON, que costumava revisar os preços a cada cinco anos quando lançou o plano qüinqüenal, foi forçado a revisar os seus preços anualmente numa tentativa de acompanhar o ritmo mais rápido. Dentro em pouco será reduzido a seis meses e depois a menos ainda.

Os resultados desta aceleração generalizada do metabolismo da companhia são múltiplos: ciclos de vida mais curtos do produto, mais empréstimos e arrendamento, compra e venda mais freqüente, padrões de consumo mais efêmeros, mais negociações e trabalho legal, mais mudanças de apreçamento, mais mudanças de emprego, mais dependência de dados, mais organização *ad hoc* — tudo exacerbado pela inflação.

O resultado é um ambiente de negócio de paradas altas e alto grau de adrenalina. Sob estas pressões em rápida ascensão é fácil de ver por que tantos negociantes, banqueiros e executivos de companhia se perguntam o que realmente estão fazendo e por que. Criados com as certezas da Segunda Onda, vêem o mundo que conheceram se desmantelar sob o impacto de uma onda de mudança em aceleração.

### A SOCIEDADE DESMASSIFICADA

Ainda mais mistificador e desnorteante para eles é o desastre da sociedade industrial em massa, na qual eles foram treinados a operar. Os gerentes da Segunda Onda foram ensinados que a produção em massa é a forma de produção mais avançada e eficiente... que a distribuição em massa é essencial... que "massas" de trabalhadores uniformes são basicamente todos semelhantes e podem ser motivados por incentivos uniformes. O gerente eficaz aprendeu que a sincronização, a centralização, a maximização e a concentração são necessárias para atingir os seus alvos. E num ambiente da Segunda Onda estas pressuposições estão basicamente corretas.

Hoje, como as greves da Terceira Onda, o gerente da companhia encontra todas as suas velhas pressuposições contestadas. A própria massa da sociedade, para a qual foi planejada a companhia, está começando a se desmassificar. Não somente a informação, a produção e a vida familiar, mas igualmente a praça do mercado e o mercado de trabalho estão começando a desmembrar-se em pedaços menores e mais variados.

O mercado de massa se subdividiu em grupos de minimercados que se multiplicam e mudam incessantemente, exigindo uma série de opções, modelos, tipos, tamanhos e adaptações em contínua expansão. A Bell Telephone, que um dia esperou colocar o mesmo telefone preto em todos os lares americanos — e quase o conseguiu, faltando bem pouco — atualmente fabrica umas mil combinações ou permutações de equipamento telefônico, telefones rosa, verdes ou brancos a telefones para os cegos, telefones para pessoas que perderam o uso da laringe e telefones à prova de explosão para locais de construção. As lojas de departamentos, originariamente planejadas para massificar o mercado, agora fazem brotar "butiques" sob seus tetos. Phyllis Sewell, uma vice-presidente da Federated Department Stores, prediz que "iremos para maior especialização... com mais departamentos diferentes".

A variedade de mercadorias e serviços em rápido crescimento nas nações de alta tecnologia é freqüentemente explicada como uma tentativa da companhia de manipular o consumidor, de inventar falsas necessidades e de inflar lucros e cobrar muito por opções triviais. Sem dúvida, há verdade nestas acusações. Mas há alguma coisa mais profunda em ação. Pois a crescente diferenciação das mercadorias ou serviços também reflete a crescente diversidade das necessidades, valores e estilos de vida numa sociedade desmassificada da Terceira Onda.

Este nascente nível de diversidade social é alimentado por mais divisões no mercado de trabalho, como se reflete na proliferação de novas ocupações, especialmente nos campos dos colarinhos brancos e dos serviços. Os classificados de jornal clamam pedindo "Secretária Vydec" ou "Programador de Minicomputador", enquanto numa conferência sobre profissões de serviços vi um psicólogo enumerar 68 novas ocupações de advogado de consumidor, defensor público a terapeuta sexual a psicoquimioterapeuta e *ombudsman*.

À medida que os nossos empregos se tornam *menos* intermutáveis, as pessoas assim ficam também. Recusando-se a ser tratados como intermutáveis, eles chegam ao local de trabalho com uma aguda consciência de suas diferenças étnicas, religiosas, profissionais, sexuais, subculturais e individuais. Grupos que através da era da Segunda Onda lutaram para serem "integrados" ou "assimilados" na sociedade de massa agora se recusam a misturar suas diferenças. Em vez disso, acentuam as suas características únicas. E as companhias da

Segunda Onda, ainda organizadas para operação numa sociedade de massa, estão ainda incertas sobre como enfrentar esta crescente onda de diversidade entre seus empregados e fregueses.

Embora vividamente evidente nos Estados Unidos, a desmassificação social está progredindo da mesma forma e rapidamente em outras partes. Na Grã-Bretanha, que se considerava altamente homogênea, agora minorias étnicas, de paquistaneses, índios ocidentais, cipriotas e asiáticos ugandeses a turcos e espanhóis, misturam-se com uma população nativa, ela mesma se tornando mais heterogênea. Entrementes, uma maré de visitantes japoneses, americanos, alemães, holandeses, árabes e africanos deixam em sua esteira de barracas de hambúrguer americano, restaurantes japoneses e letreiros em vitrines de lojas que dizem *"Se Habla Español"*

Ao redor do mundo, minorias étnicas reafirmam suas identidades e exigem direitos, há muito negados, e empregos, renda e promoção na companhia. Aborígines australianos, maoris neozelandeses, esquimós canadenses, negros americanos, *chicanos* e até minorias orientais, outrora consideradas como politicamente passivas, estão em ação agora. Do Maine ao Oeste, americanos nativos afirmam o "Poder Vermelho", reclamam a restauração de terras tribais e barganham com países da OPEP para obterem apoio econômico e político.

Mesmo no Japão, de há muito a mais homogênea das nações industriais, os sinais de desmassificação estão subindo. Um sentenciado sem instrução, do dia para a noite, emerge como porta-voz da pequena minoria do povo aino. A minoria coreana está ficando inquieta e o sociólogo Masaaki Takane, da Universidade de Sófia, diz: "Tenho sido obsedado por uma ansiedade... A sociedade japonesa de hoje perde rapidamente sua identidade e está se desintegrando."

Na Dinamarca, lutas esparsas de rua irrompem entre dinamarqueses e trabalhadores imigrantes e entre motociclistas de casaco de couro e jovens de cabelo comprido. Na Bélgica, os valões, os flamengos e os bruxelenses reativam rivalidades antigas, na verdade pré-industriais. No Canadá, Quebec ameaça separar-se, as companhias colocam correntes nas suas sedes em Montreal e os executivos de língua inglesa através do país fazem cursos-relâmpagos de francês.

As forças que constituíam a sociedade de massa de repente foram colocadas em reverso. O nacionalismo no contexto da alta tecnologia torna-se, em vez disso, regionalismo. As pressões do cadinho são substituídas pela nova etnicidade. Os veículos de comunicação, em vez de criarem uma cultura de massa, desmassificam-na. Por sua vez, todos estes desenvolvimentos se equiparam à emergente diversidade das formas de energia e o avanço além da produção em massa.

Todas estas mudanças correlatas criam uma estrutura totalmente nova dentro da qual funcionarão as organizações de produção da sociedade, quer lhes chamemos companhias quer empresas socialistas. Os executivos que continuam a pensar em termos de sociedade de massa estão chocados e confusos com um mundo que não reconhecem mais.

### REDEFININDO A COMPANHIA

O que aprofunda a crise de identidade da companhia ainda mais é o surgimento, contra este fundo já perturbado, de um movimento universal exigindo não só modestas mudanças nesta ou naquela política da companhia, mas também uma profunda redefinição de seus propósitos.

Nos Estados Unidos, escreve David Ewing, editor da *Harvard Business Review,* "a raiva pública contra a companhia está começando a partir de percentagem assustadora". Ewing cita um estudo de 1977 por um filiado à pesquisa da Escola de Comércio de Harvard, cujas descobertas, diz ele, "enviam tremores através do mundo empresarial". O estudo revelou que cerca de metade de todos os consumidores que votaram crêem que estão recebendo pior tratamento no mercado do que recebiam uma década antes; três quintos dizem que os produtos se deterioraram; mais de metade desconfiam de produtos garantidos. Ewing cita um negociante preocupado como dizendo: "Tem-se a impressão de estar sentado num San Andreas Fault."*

Pior ainda, continua Ewing, "um número crescente de pessoas está não simplesmente desencantado, irritado ou colérico, mas... irracional e erraticamente assustado com medo das novas tecnologias e aventuras comerciais".

De acordo com John C. Biegler, um executivo de Price Waterhouse, uma das gigantescas firmas de contabilidade de ações preferenciais, "a confiança na companhia americana está mais baixa do que em qualquer época desde a Grande Depressão. O comércio americano e a profissão de contabilidade estão sendo chamados a julgamento para uma espécie de rejustificação, a partir da base zero, de quase tudo o que fazemos... A *performance* empresarial está sendo medida contra normas novas e estranhas."

Tendências semelhantes são visíveis na Escandinávia, na Europa Ocidental e mesmo, *sotto voce,* nas nações industriais socialistas. No Japão, como diz a revista oficial da Toyota, "Um movimento de cidadãos de um tipo nunca antes visto no Japão está gradualmente adquirindo ímpeto, um movimento que critica a maneira como as campanhias estão desorganizando a vida diária."

---

* Uma série de fendas na crosta terrestre por uma extensão de perto de mil quilômetros desde o Golfo da Califórnia para o norte ao longo da costa da Califórnia, o movimento do qual foi em parte causado pelo terremoto de São Francisco em 1906. (N. do T.)

É verdade que as companhias estiveram sob ataque causticante em outras ocasiões na sua história. Muito do clamor de queixa da atualidade, entretanto, é crucialmente diferente e nasce dos emergentes valores e pressuposições da civilização da Terceira Onda, não do moribundo passado industrial.

Através da era da Segunda Onda as companhias têm sido vistas como unidades econômicas e os ataques a elas têm focalizado essencialmente questões econômicas. Os críticos atacavam-nas por pagarem pouco aos trabalhadores, cobrarem demais aos fregueses, formarem cartéis para fixarem preços, fazerem mercadorias de péssima qualidade e mil outras transgressões econômicas. Mas por mais violentos que fossem, a maioria destes críticos aceitavam a autodefinição da companhia e partilhavam a opinião da empresa como uma instituição inerentemente econômica.

Os críticos da empresa da atualidade partem de uma premissa totalmente diferente. Atacam o divórcio artificial da economia da política, da moralidade e das outras dimensões da vida. Sustentam que a companhia é crescentemente responsável, não apenas por sua *performance* econômica, mas também por seus efeitos colaterais sobre tudo, desde a poluição do ar ao estresse do executivo. As companhias são assim assaltadas por envenenamento por amianto, por usarem populações pobres como cobaias em ensaios de drogas, pela deturpação do desenvolvimento do mundo não-industrial, por racismo e discriminação sexual, por sigilo e fraude. São postas no pelourinho por apoiarem regimes ou partidos políticos condenáveis, de generais fascistas no Chile e racistas na África do Sul ao partido comunista na Itália.

O que está em questão aqui não é se tais acusações são justificadas — todas, com demasiada freqüência, o são. O que é muito mais importante é o conceito das companhias que elas implicam. Pois a Terceira Onda traz consigo uma crescente demanda de uma espécie inteiramente nova de instituição — uma companhia não mais responsável apenas por fazer lucro ou produzir mercadorias, mas por simultaneamente contribuir para a solução de problemas extremamente complexos, ecológicos, morais, políticos, raciais, sexuais e sociais.

Em vez de se prenderem a uma função econômica vividamente especializada, a companhia, espicaçada pela crítica, a legislação e seus próprios executivos interessados, está se tornando uma instituição de múltiplos fins.

## UM PENTÁGONO DE PRESSÕES

A redefinição não é uma questão de escolha, mas uma resposta necessária a cinco mudanças revolucionárias das condições atuais de produção. Mudanças no ambiente físico, no alinhamento das forças sociais, no papel de informação, na organização do governo e na moralidade estão todas influindo na companhia para lhe dar uma nova forma, multifacetada e multipropositai.

A primeira destas novas pressões procede da biosfera.

Em meados da década de 50, quando a Segunda Onda chegou à sua fase de maturidade nos Estados Unidos, a população do mundo estava apenas em 2,75 bilhões. Hoje são mais de 4 bilhões. Em meados da década de 50 a população da Terra usava apenas 87 quatrilhões de Btu de energia por ano. Hoje estamos usando 260 quatrilhões. Em meados dos 50, o nosso consumo de uma matéria-prima básica como zinco era apenas de 2,7 milhões de toneladas métricas por ano. Hoje é de 5,6 milhões.

De qualquer maneira como as meçamos, as exigências que estamos fazendo ao planeta estão subindo vertiginosamente. Em resultado disso, a biosfera nos envia sinais de alarma — poluição, desertificação, sinais de toxificação nos oceanos, sutis alterações no clima — que desprezamos com risco de catástrofe. Estas advertências dizem-nos que não podemos mais organizar a produção como fazíamos durante o passado da Segunda Onda.

Porque é a principal organizadora de produção econômica, a companhia é também uma "produtora" básica de impactos ambientais. Se quisermos continuar o nosso crescimento econômico — com efeito, se desejarmos sobreviver — os gerentes de amanhã terão de assumir a responsabilidade de converter os impactos ambientais da companhia de negativos em positivos. Eles assumirão esta responsabilidade acrescentada voluntariamente ou serão compelidos a fazê-lo, pois as condições mudadas da biosfera o tornam necessário. A companhia está sendo transformada numa instituição tanto ambiental como econômica — não por generosos ecologistas radicais, ou burocratas do governo, mas por uma mudança material na relação da produção com a biosfera.

A segunda pressão provém de uma mudança pouco notada no ambiente social em que a companhia se encontra. Esse ambiente está agora muito mais organizado do que antes. Num tempo cada firma operava no que poderia ser denominada uma sociedade desorganizada. Hoje a sociosfera, especialmente nos Estados Unidos, saltou para um novo nível de organização. É acondicionada com uma massa flexível interatuante de associações bem organizadas, freqüentemente bem fundadas: agências, sindicatos profissionais e outros agrupamentos.

Nos Estados Unidos atualmente, cerca de 1.370.000 companhias agem reciprocamente com mais de 90.000 escolas e universidades, 330.000 igrejas e centenas de milhares de filiais de 13.000 organizações nacionais, mais incontáveis grupos ambientais puramente locais, sociais, religiosos, atléticos, políticos, étnicos e cívicos, cada um com sua própria agenda e prioridades. São precisas 144.000 firmas jurídicas para mediar todas estas relações!

Nesta sociosfera densamente apinhada, toda a ação empresarial tem impactos repercussivos não somente sobre indivíduos solitários ou inermes, mas também sobre grupos organizados, muitos deles com equipes profissionais, uma imprensa própria deles, acesso ao sistema político e recursos com que contratar peritos, advogados e mais assistência.

Nesta sociosfera delicadamente tensa, as decisões empresariais são minuciosamente examinadas. "A poluição social", produzida pela empresa na forma de desemprego, ruptura da comunidade, mobilidade forçada e coisas parecidas, é percebida imediatamente e fazem-se pressões sobre a companhia para que assuma responsabilidade muito maior do que nunca por seus "produtos" sociais, bem como econômicos.

Uma terceira série de pressões reflete a infosfera mudada. Assim, a desmassificação da sociedade significa que muito mais informação deve ser trocada entre instituições sociais — inclusive a companhia — para manter relações de equilíbrio entre elas. Os métodos de produção da Terceira Onda intensificam ainda mais a fome da companhia por informação como matéria-prima. Desse modo, a firma suga dados como um gigantesco aspirador, processa-os e dissemina-os para outros por modos crescentemente complexos. Como a informação se torna central para a produção, como os "gerentes de informação" proliferam na indústria, a empresa, por necessidade, exerce impacto sobre o ambiente informacional, exatamente como exerce impacto sobre o ambiente físico e social.

A nova importância da informação leva a conflito pelo controle de dados empresariais — batalhas sobre a revelação de mais informação ao público, reclamações por contas em aberto (de produção de companhia de petróleo e algarismos de lucro, por exemplo), mais pressões por "verdade em propaganda" ou "verdade em crédito". Pois na nova era os "impactos de informação" tornam-se um assunto tão grave como os impactos ambientais e sociais e a companhia é vista como uma produtora de informação tanto como uma produtora econômica.

Uma quarta pressão sobre a companhia nasce da política e poderesfera. A rápida diversificação da sociedade e a aceleração da mudança estão por toda a parte refletidas numa complexificação de governo. A diferenciação da sociedade é refletida na diferenciação de governo e cada companhia deve, por conseguinte, interagir com cada vez mais unidades especializadas de governo. Estas unidades, mal coordenadas e cada uma com suas próprias prioridades, estão, além disso, em perpétuo torvelinho de reorganização.

Jayne Baker Spain, um vice-presidente graduado da Gulf Oil, observou que, em datas tão recentes como há dez ou 15 anos, "Não havia EPA. Não havia EEOC. Não havia ERISA. Não havia OSHA. Não havia ERDA. Não havia FEA". Todas estas e muitas outras agências governamentais brotaram desde então.

Toda a companhia, portanto, se encontra cada vez mais envolvida em política — local, regional, nacional ou mesmo transnacional. Inversamente, cada decisão empresarial importante "produz" pelo menos efeitos políticos juntamente com sua outra produção e é crescentemente considerada responsável por eles.

Finalmente, enquanto a civilização da Segunda Onda se desvanece e seu sistema de valores se esfacela, surge uma quinta pressão que afeta todas as instituições — inclusive a companhia. Esta é uma pressão moral acentuada. O comportamento, uma vez aceito como normal, é subitamente reinterpretado como corrupto, imoral ou escandaloso. Assim, os subornos da Lockheed derrubam um governo no Japão. A Olin Corporation é indiciada por estar embarcando armas para a África do Sul. O presidente da Gulf Oil é forçado a renunciar na esteira de um escândalo de suborno. A relutância da Distillers Company, na Grã-Bretanha, de reembolsar adequadamente as vítimas da talidomida, os fracassos de McDonnell Douglas com respeito ao DC-10 — tudo isto desencadeou ondas de maré de revulsão moral.

A postura ética da empresa é olhada crescentemente como tendo um impacto no sistema de valores da sociedade, exatamente como significativo para alguns como o impacto da companhia no ambiente físico ou no sistema social. A companhia é crescentemente vista como uma "produtora" de efeitos morais.

Estas cinco mudanças generalizadas, tanto nas condições materiais como nas condições não-materiais da produção, tornam insustentável a idéia do compêndio da Segunda Onda de que uma companhia não é nada mais que uma instituição econômica. Sob as novas condições, a companhia pode não mais operar como máquina para maximizar alguma função econômica — de produção ou lucro. A própria definição de "produção" está sendo drasticamente expandida para incluir os efeitos laterais, assim como os efeitos centrais, os efeitos de longo alcance, assim como os efeitos imediatos da ação empresarial. Dito simplesmente, cada companhia tem mais "produtos" (e é agora responsável por mais) do que os gerentes da Segunda Onda já imaginaram — produtos ambientais, sociais, informacionais, políticos e morais, não apenas econômicos.

O propósito da companhia é assim mudado de singular para plural — não apenas ao nível da retórica ou relações públicas, mas igualmente ao nível da identidade e da autodefinição.

Em companhia após companhia, podemos esperar ver uma batalha interna entre os que se apegam à companhia de propósito único da passada Segunda Onda e os que estão prontos a topar com as condições de produção da Terceira Onda e lutam pela empresa multifuncional de amanhã.

Os criados na civilização da Segunda Onda têm dificuldade em pensar nas instituições desta maneira. Achamos difícil pensar num hospital como tendo funções econômicas, assim como funções médicas, uma escola como tendo funções políticas, assim como funções educativas — ou uma companhia como tendo poderosas funções não-econômicas ou "transeconômicas". Esse exemplar recentemente retirado do pensamento da Segunda Onda, Henry Ford II, insiste em que a companhia "é um instrumento especializado destinado a servir às necessidades econômicas da sociedade e não está bem equipado para servir às necessidades sociais sem relação com suas operações comerciais". Mas enquanto Ford e outros defensores da Segunda Onda resistem à redefinição da organização de produção, muitas firmas estão, de fato, alterando tanto suas palavras como suas normas.

Adulação e retórica de relações públicas freqüentemente substituem a mudança real. Caprichosos folhetos de promoção, proclamando uma nova era de responsabilidade, com muita freqüência camuflam a capacidade de um barão salteador. Contudo, um "paradigma de mudança" fundamental — uma reconceptualização — da estrutura, de alvos e responsabilidades da companhia está tomando lugar em resposta a novas pressões trazidas pela Terceira Onda. Os sinais desta mudança são numerosos.

A Amoco, uma companhia de petróleo de primeira grandeza, por exemplo, declara que "é política da nossa companhia, com respeito a localização de fábrica, suplementar a avaliação econômica de rotina com uma exploração detalhada das conseqüências sociais... Examinamos muitos fatores, entre eles o impacto sobre o ambiente físico, o impacto sobre as instalações públicas.. e o impacto sobre as condições de emprego locais, particularmente com respeito às minorias". A Amoco continua a pesar as considerações econômicas mais fortemente, mas atribui importância a outros fatores também. E onde as localizações alternativas são semelhantes em termos econômicos, mas "diferentes em termos do impacto social", estes fatores sociais podem revelar-se decisivos.

No evento de uma proposta de fusão, os diretores da Control Data Corporation, uma fabricante de computadores das mais importantes dos Estados Unidos, leva em conta explicitamente não só considerações financeiras e econômicas, mas também "todos os fatores relevantes" — inclusive os efeitos sociais da fusão e seu impacto sobre os empregados e as comunidades onde a Control Data opera. E enquanto outras companhias corriam para os subúrbios, a Control Data tem intencionalmente construído suas novas fábricas em áreas internas da cidade de Washington, St. Paul e Minneapolis, para ajudar a proporcionar emprego a minorias e ajudar a ressuscitar centros urbanos. A companhia declara sua missão como "melhorando a qualidade, a igualdade e o potencial de vida do povo"... sendo a *igualdade* um alvo ortodoxo para uma empresa.

Nos Estados Unidos, o melhoramento das mulheres e dos não-brancos tem-se tornado um assunto batido da política nacional e algumas companhias vão até ao ponto de recompensarem financeiramente seus gerentes por alcançarem alvos de "ação afirmativa". Na Pillsbury, uma importante companhia de produtos alimentícios, cada um de seus três grupos de produtos deve apresentar, não só um plano de vendas para o ano seguinte, mas também um plano relativo à contratação, ao treinamento e à promoção de mulheres e de membros de grupos minoritários. Os incentivos do executivo estão ligados ao alcance destes alvos sociais. Na AT&T todos os gerentes são avaliados anualmente. O cumprimento de objetivos de ação afirmativa conta como parte de uma avaliação positiva. No Chemical Bank de Nova York, 10 a 15 por cento da avaliação da *performance* de um gerente de filial é baseada na *performance* social dele ou dela — fazendo parte de reuniões de agência da comunidade, fazendo empréstimos a organizações sem objetivo de lucro, contratando e promovendo minorias. E na cadeia de jornais Garnett, o executivo-chefe Allen Neuharth bruscamente disse aos editores e redatores que uma "grande parte" das gratificações "serão determinadas na base de progresso nestes... programas".

Semelhantemente, em muitas empresas importantes, vemos uma distinta promoção do *status* e influência de executivos preocupados com as conseqüências ambientais de comportamento empresarial. Alguns agora comunicam-se diretamente com o presidente. Outras companhias estabeleceram comissões especiais na junta de diretores para definir as novas responsabilidades empresariais.

A receptividade social da empresa não é toda substância. Diz Rosemary Bruner, diretora de negócios comunitários na subsidiária americana de Hoffmann-LaRoche: "Parte disto são puras relações públicas, naturalmente. Parte disto serve a si mesmo. Mas muito disto reflete realmente uma percepção mudada das funções empresariais." Relutando, por conseguinte, impelido por protestos, processos legais e medo de ação do governo, assim como por motivos mais louváveis, os gerentes estão começando a adaptar-se às novas condições de produção e a aceitar a idéia de que a companhia tem propósitos múltiplos.

## MUITAS LINHAS FUNDAMENTAIS

A companhia de propósitos múltiplos que está emergindo exige, entre outras coisas, executivos inteligentes. Implica uma gerência capaz de especificar alvos múltiplos, pesá-los, inter-relacionando-os, e encontrando normas sinérgicas que realizam mais de um alvo único de uma vez. Exige normas que otimizam não para uma, mas para diversas variáveis simultaneamente. Nada podia estar mais longe do estilo de um propósito único do tradicional gerente da Segunda Onda.

Além disso, uma vez aceita a necessidade de objetivos múltiplos, somos compelidos a inventar novas medidas de desempenho. Em vez de uma única "linha fundamental", em que a maioria dos executivos têm sido ensinados a fixar-se, a companhia da Terceira Onda exige atenção a muitas linhas fundamentais — linhas fundamentais sociais, ambientais, informacionais, políticas e éticas — todas elas interligadas.

Diante desta nova complexidade, muitos dos gerentes de hoje ficam escandalizados. Eles carecem dos instrumentos intelectuais necessários para a gerência da Terceira Onda. Nós sabemos como medir a lucratividade de uma companhia, mas como medir ou avaliar a consecução de alvos não-econômicos? John C. Biegler, da Price Waterhouse, diz: "Está-se pedindo aos gerentes que expliquem o comportamento das empresas em áreas onde não foram estabelecidos padrões de contabilidade sujeita a prestação de contas — onde a própria linguagem da prestação de contas ainda tem de ser criada."

Isto explica os esforços atuais para desenvolver uma nova linguagem para esta aplicação. Com efeito, a própria contabilidade está à beira da revolução e está prestes a explodir para fora de seus termos acanhadamente econômicos de referência.

A American Accounting Association, por exemplo, emitiu um relatório de um "Comitê sobre Medidas Não-Financiais de Eficácia" e de um "Comitê sobre Medidas de Eficácia para Programas Sociais". Tanto trabalho se tem feito ao longo destas linhas que cada um destes relatórios enumera cerca de 250 escritos, monografias e documentos em sua bibliografia.

Em Filadélfia, uma firma consultora chamada Rede de Recursos Humanos está trabalhando com 12 importantes companhias americanas para desenvolver métodos de indústrias cruzadas para especificar o que poderia ser chamado os alvos "transeconômicos" da empresa. Ela está tentando integrar estes alvos em planejamento empresarial e encontrar meios de medir a *performance* transeconômica da companhia. Entrementes, em Washington, a Secretária do Comércio, Juanita Kreps, levantou uma tempestade de controvérsias, ao sugerir que o próprio governo preparasse um "Índice de *Performance* Social", que ela descreveu como um "mecanismo que as companhias podiam usar para avaliar sua *performance* e suas conseqüências sociais".

Trabalho paralelo está em andamento na Europa. De acordo com Meinolf Dierkes e Rob Coppock, do Instituto Internacional de Ambiente e Sociedade, com base em Berlim, "Muitas companhias grandes e de tamanho médio têm feito experiência com o conceito (o relatório social)... Na República Federal Alemã, por exemplo, cerca de 20 das maiores firmas agora publicam relatórios sociais regularmente. Além disso, mais de uma centena de outras extraem relatórios sociais para fins internos de gerência."

Alguns destes relatórios não são mais que exposições-estímulos das "boas obras" da empresa, passando por alto, cuidadosamente, problemas controvertidos como poluição. Mas outros são notavelmente francos, objetivos e duros. Assim, um relatório emitido pela gigantesca firma suíça de produtos alimentícios, a Migros-Genossenschafts-Bund, confessa autocriticamente que paga menos às mulheres do que aos homens, que muitos de seus empregos são "extremamente enfadonhos" e que suas emissões de dióxido nitroso têm aumentado durante um período de quatro anos. Diz o diretor-gerente da companhia, Pierre Arnold: "É preciso coragem para uma empresa apontar as diferenças entre seus objetivos e seus resultados efetivos

Companhias como a STEAG e a Saarbergwerke AG* têm sido pioneiras no esforço para expor os dispêndios da companhia para benefícios sociais específicos. Menos formalmente, companhias como a Bertelsmann AG, editora; Rank Xerox GmbH**, firma copiadora; e Hoechst AG, indústria química, têm ampliado radicalmente a espécie de dados sociais que tornam acessíveis ao público.

Um sistema muito mais avançado é empregado por companhias na Suécia, na Suíça e pela Deutsche Shell AG, na Alemanha. A última, em vez de publicar um relatório anual, agora emite o que ela chama *Relatório Anual e Social,* no qual os dados econômicos e transeconômicos são correlatos. O método usado pela Shell, denominado "alvo contabilista e relatório" por Dierkes e Coppock, estipula alvos concretos econômicos, ambientais e sociais para a companhia, expressa as ações realizadas para atingi-los e informa sobre os gastos averbados para eles.

A Shell também enumera alvos empresariais gerais — só um dos quais alcança um "lucro razoável do investimento" — e declara especificamente que cada um destes cinco objetivos, econômicos e não-econômicos, devem "representar o mesmo peso" na tomada de decisão empresarial. A finalidade do método contábil força as companhias a tornarem explícitos seus objetivos transeconômicos, a especificar períodos de tempo para sua consecução e para abrir isto para exame público.

Num nível teórico mais amplo, Trevor Gambling, professor de contabilidade da Universidade de Birmingham, no Reino Unido, em um livro intitulado *Contabilidade Social,* bate-se por uma reformulação radical da contabilidade que começa a integrar o trabalho dos economistas e dos contabilistas com o dos cientistas sociais que criaram indicadores e métodos sociais de contabilidade social.

Na Holanda, o Decano da Escola Superior de Gerência de Delft, Cornelius Brevoord, projetou uma série de critérios para monitorar o comportamento em-

---

* A G = Sociedade por ações, ou S/A.

** GmbH = Sociedade de responsabilidade limitada.

presarial. Isto se tornou necessário, sugere ele, por profundas mudanças de valores na sociedade, entre elas a mudança de "uma orientação de produção econômica" na sociedade para "uma orientação total no sentido do bem-estar". Semelhantemente Cornelius Brevoord nota uma transferência de "especialização funcional para uma abordagem interdisciplinar". Ambas estas mudanças fortalecem a necessidade para um conceito mais acurado da companhia.

Brevoord enumera 32 critérios diferentes, pelos quais uma companhia deve medir a sua eficácia. Estes estendem-se através de suas relações com os consumidores, os acionistas e os sindicatos às relações com as organizações de ecologia e sua própria administração. Mas, observa ele, mesmo estes 32 são apenas "uns poucos" dos parâmetros juntamente com os quais a emergente companhia do futuro se porá à prova.

Com a infra-estrutura econômica da Segunda Onda em frangalhos, com a mudança se acelerando enquanto se espalha a desmassificação, com a biosfera enviando sinais de perigo, com o nível da organização na sociedade subindo e as condições de produção informacionais, políticas e éticas mudando, a companhia da Segunda Onda está obsoleta.

O que está acontecendo, por conseguinte, é uma completa reconceptualização do significado da produção e da instituição que, até agora, tem sido encarregada de organizá-la. O resultado é uma complexa mudança para uma companhia de novo estilo de amanhã. Nas palavras de William Halal, professor de gerência na American University, "Assim como a mansão feudal foi substituída pela companhia comercial quando as sociedades agrárias foram transformadas em sociedades industriais, assim também o mais antigo modelo da firma deve ser substituído por uma nova forma de instituição econômica..." Esta nova instituição combinará os objetivos econômicos e transeconômicos. Terá múltiplas linhas no fundo.

A transformação da companhia é parte da transformação maior da sociosfera como um todo e esta, por sua vez, equipara-se às mudanças dramáticas na tecnosfera e na infosfera. Tomadas em conjunto, elas constituem uma maciça modificação histórica. Mas nós não estamos apenas alterando estas estruturas gigantescas. Estamos também mudando a maneira como o povo comum se comporta na vida diária. Pois quando mudamos a profunda estrutura da civilização, reescrevemos simultaneamente todos os códigos pelos quais nos guiamos.

# 19
# DECIFRANDO AS NOVAS REGRAS

Em milhões de lares da classe média está se representando um drama ritual: o filho, ou filha, recentemente formado, chega tarde para o jantar, rosna, joga ao chão os anúncios classificados e acusa o emprego de nove às cinco como uma convenção degradante e uma besteira. Nenhum ser humano com uns fiapos de dignidade se submeteria ao regime de nove às cinco.

Entram os pais:

O pai, recém-chegado de seu próprio emprego de nove às cinco, e a mãe, exausta e deprimida depois de pagar a última batelada de contas, estão escandalizados. Já passaram por isso antes. Tendo visto bons e maus tempos, sugerem um emprego seguro numa grande companhia. A pessoa jovem tem um riso escarninho. Companhias menores são melhores. Nenhuma companhia é a melhor que todas. Um grau superior na escola? Para quê? É tudo um terrível desperdício!

Horrorizados, os pais vêem suas sugestões rejeitadas uma após outra. Sua frustração sobe até que, finalmente, pronunciam o grito paterno definitivo: "Quando é que você vai enfrentar o mundo real?"

Cenas assim não se resumem a casas prósperas nos Estados Unidos ou mesmo na Europa. Os autocratas empresariais japoneses murmuram por cima do seu saquê a respeito do rápido declínio da ética trabalhista e da lealdade empresarial, da pontualidade e disciplina entre os jovens. Mesmo os pais da classe média da União Soviética enfrentam desafios semelhantes dos jovens.

É este apenas outro caso de *épater les parents* — o tradicional conflito das gerações? Ou existe algo de novo aqui? Pode ser que os jovens e seus pais simplesmente não falem a respeito do mesmo "mundo real"?

O fato é que o que estamos vendo não é simplesmente o clássico confronto do jovem romântico e os pais realistas. Com efeito, o que outrora foi realista pode não mais o ser. Pois o código básico do comportamento, contendo as regras fundamentais da vida social, está mudando rapidamente com o avanço da Terceira Onda.

Vimos antes como a Segunda Onda trouxe consigo um "código" de princípios ou regras que governavam o comportamento de cada dia. Tais princípios como sincronização, padronização ou maximização eram aplicados no comércio, no governo e na vida diária — e numa vida diária obsedada por pontualidade e horários.

Hoje está emergindo um contracódigo — novas regras fundamentais para a vida nova que estamos construindo numa economia desmassificada, nos veículos de comunicação desmassificados, na nova família e nas novas estruturas empresariais. Muitas das batalhas, aparentemente insensatas, entre jovens e velhos, assim como outros conflitos nas nossas salas de aula, nos quartos de pensão e nos bastidores da política são, efetivamente, nada mais que choques sobre qual dos códigos deve ser aplicado.

O novo código ataca diretamente muito daquilo em que a pessoa da Segunda Onda foi ensinada a crer — da importância da pontualidade e da sincronização à necessidade da conformidade e da padronização. Desafia a suposta eficiência da centralização e da profissionalização. Compele-nos a reconsiderar a nossa convicção de que maior é melhor e as nossas idéias de "concentração". Compreender este novo código, e como ele contrasta com o velho, é compreender instantaneamente muitos dos conflitos que rodopiam em volta de nós, exaurindo nossas energias e ameaçando o nosso poder pessoal, o nosso prestígio ou o nosso cheque de pagamento salarial.

## O FIM DAS NOVE-ÀS-CINCO

Tomemos o caso dos pais frustrados. A civilização da Segunda Onda, como vimos, sincronizava a vida diária, ligando os ritmos do sono e da vigília, do trabalho e do lazer, ao palpitar subjacente das máquinas. Criados nesta civilização, os pais tomam como certo que o trabalho deve ser sincronizado, que todo o mundo deve chegar e trabalhar ao mesmo tempo, que o tráfego da hora do *rush* é inevitável, que as horas das refeições devem ser fixadas e que as crianças devem, em tenra idade, ser doutrinadas com consciência do tempo e da pontualidade. Eles não podem compreender por que seu rebento parece tão importunamente indiferente quanto a respeitar compromissos e por que, se o emprego de nove às cinco (ou outro emprego de horário fixo) foi suficientemente bom no passado, deva subitamente ser considerado intolerável para seus filhos.

A razão é que a Terceira Onda, ao avançar, traz consigo um senso completamente diferente de tempo. Se a Segunda Onda amarrava a vida ao tempo da máquina, a Terceira Onda desafia esta sincronização mecânica, altera os nossos ritmos sociais mais básicos e, assim fazendo, nos liberta da máquina.

Uma vez que tenhamos compreendido isto, virá sem surpresa o fato de que uma das inovações de difusão mais rápida durante a década de 70 foi o "tempo flexível" — uma combinação que permite aos trabalhadores, dentro de limites predeterminados, escolherem as suas próprias horas de trabalho. Em vez de exigir que todo o mundo chegue ao portão da fábrica ou ao escritório à mesma hora, ou mesmo a impressionantes horas prefixadas, a companhia que opera na base de tempo flexível estabelece tipicamente certas horas centrais, quando se espera que todo o mundo apareça, e especifica outras horas flexíveis. Cada empregado pode escolher quais das horas flexíveis ele, ou ela, deseja passar trabalhando.

Significa isto que uma "pessoa diurna" — uma pessoa cujos ritmos biológicos a acordam rotineiramente de manhã — pode resolver chegar ao trabalho, digamos, às oito horas da manhã, enquanto uma "pessoa noturna", cujo metabolismo é diferente, pode começar a trabalhar às dez horas ou dez e meia da manhã. Significa que um empregado pode tirar tempo para tratar dos afazeres domésticos, fazer compras ou levar uma criança ao médico. Grupos de trabalhadores que desejam ir juntos jogar boliche de manhã cedo, ou no fim da tarde, podem combinar seus horários para tornar isso possível. Em suma, o próprio tempo está sendo desmassificado.

O movimento da flexibilidade do tempo começou em 1965, quando uma economista na Alemanha, Christel Kämmerer, o recomendou como meio de trazer mais mulheres para o mercado de empregos. Em 1967, Messerschmitt-Bölkow-Blohm, a "Deutsche Boeing", descobriu que muitos de seus trabalhadores estavam chegando ao trabalho exaustos em conseqüência da luta da hora do *rush* no tráfego. Cautelosamente, a gerência fez uma experiência, permitindo a 2.000 trabalhadores saírem do horário rígido de oito às cinco e escolherem as suas próprias horas. Dentro de dois anos todos os 12.000 de seus empregados estavam trabalhando em tempo flexível e algumas seções tinham desistido das exigências de todo mundo estar na companhia durante o horário central.

Em 1972, a revista *Europa* informou que "... numas 2.000 firmas da Alemanha Ocidental, o conceito de pontualidade rígida desapareceu para sempre... A razão é a introdução de *Gleitzeit*"; isto é, horas "deslizantes" ou "flexíveis". Por volta de 1977, um quarto completo da força de trabalho da Alemanha Ocidental, mais de 5.000.000 de empregados ao todo, estavam numa ou outra forma de tempo flexível e o sistema era usado por 22.000 companhias com 4.000.000 de trabalhadores, número estimado, na França, na Finlândia, na Dinamarca, na Suécia, na Itália e na Grã-Bretanha. Na Suíça, 15 a 20 por cento de todas as firmas industriais tinham passado para o novo sistema toda ou parte de sua força de trabalho.

As firmas multinacionais (uma grande força para a difusão cultural no mundo da atualidade) logo começaram a exportar o sistema da Europa. A Nestlé e a Lufthansa, por exemplo, introduziram-no para suas operações nos Estados Unidos. Por volta de 1977, de acordo com um relatório preparado para a American Management Association pelo Professor Stanley Nollen e a consultora Virginia Martin, 13 por cento de todas as companhias dos Estados Unidos estavam usando horas flexíveis. Dentro de poucos anos, eles prevêem que o número chegará a 17 por cento, representando mais de 8.000.000 de trabalhadores. Entre as firmas americanas que experimentam sistema de tempo flexível contam-se gigantes tais como a Scott Paper, o Bank of California, a General Motors, a Bristol-Myers e Equitable Life.

Alguns dos sindicatos mais conservadores — conservadores do *status quo* da Segunda Onda — têm hesitado. Mas os trabalhadores individualmente, de um modo geral, vêem o tempo flexível como uma influência libertadora. Diz o gerente de uma firma seguradora sediada em Londres: "As mulheres casadas jovens ficaram absolutamente exultantes com a mudança." Uma pesquisa suíça descobriu que 95 por cento redondos de trabalhadores atingidos aprovaram Trinta e cinco por cento — homens mais do que mulheres — dizem que agora passam mais tempo com a família.

Uma mulher negra que trabalhava para um banco de Boston estava para ser despedida porque — embora uma boa trabalhadora em outros aspectos — chegava continuamente atrasada. Sua impontualidade reforçava os estereótipos racistas da "inconsistência" e "preguiça" dos trabalhadores negros. Resultou, informou o sociólogo Allan R. Cohen, "que ela chegava tarde porque tinha de deixar o filho numa creche e simplesmente não podia chegar ao escritório na hora de abrir".

Os empregadores, por sua parte, acusam produtividade alta, absenteísmo reduzido e outros benefícios. Há, naturalmente, problemas, como com qualquer inovação, mas de acordo com pesquisa de AMA (American Medical Association) só dois por cento das companhias que o tentaram voltaram à estrutura do velho horário rígido. Um gerente da Lufthansa resumiu-o em poucas palavras: "Agora não existe essa coisa chamada problema da pontualidade."

## A GÓRGONE INSONE

Mas o tempo flexível, embora amplamente propagado, é apenas uma pequena parte da reestruturação do tempo que a Terceira Onda traz consigo. Estamos vendo também uma poderosa mudança no sentido do trabalho noturno aumentado. Isto está ocorrendo não tanto nos centros de manufatura, como Akron ou Baltimore, que sempre tiveram uma porção de trabalhadores em turnos de noite, mas nos serviços em rápida expansão e nas indústrias avançadas baseadas em computador.

"A cidade moderna", declara o jornal francês *Le Monde,* "é uma Górgone que nunca dorme e na qual... uma crescente proporção dos cidadãos trabalha fora dos ritmos diurnos (normais)". Nas nações tecnológicas o número de trabalhadores noturnos representa entre 15 e 25 por cento de todos os empregados. Na França, por exemplo, a percentagem subiu de apenas 12 em 1957 para 21 em 1974. Nos Estados Unidos, o número de trabalhadores noturnos de tempo integral subiu 13 por cento entre 1974 e 1977, chegando o total, inclusive trabalhadores de tempo parcial, a 13,5 milhões.

Ainda mais dramática tem sido a difusão do trabalho de tempo parcial — e a preferência ativa por ele é expressa por grande número de pessoas. Na área de Detroit, uma estimativa de 65 por cento do total da força de trabalho nas lojas de departamentos de J. L. Hudson consiste em trabalhadores de tempo parcial. A Prudencial Insurance emprega uns 1.600 empregados de tempo parcial em seus escritórios dos Estados Unidos e do Canadá. Ao todo existe agora um trabalhador voluntário de tempo parcial para cada 5 de tempo integral nos Estados Unidos e a força de trabalho de tempo parcial tem crescido com o dobro da rapidez da força de tempo integral desde 1954.

Tem crescido tanto este processo que um estudo feito em 1977 por pesquisadores da Georgetown University sugeriu que no futuro quase todos os empregos poderiam ser de tempo parcial. Intitulado *Emprego de Tempo Parcial Permanente: A Perspectiva do Gerente,* o estudo cobria 68 empresas, mais de metade das quais já usava empregados de tempo parcial. Ainda mais digno de nota é o fato de que a percentagem dos trabalhadores *desempregados* que querem apenas tempo parcial duplicou nos 20 anos passados.

Esta abertura de empregos de tempo parcial é particularmente bem acolhida pelas mulheres, pelas pessoas idosas e quase aposentadas e por muitos moços que estão dispostos a trabalhar por um salário menor em compensação por tempo para se dedicarem aos seus passatempos, esportes ou a interesses religiosos, artísticos ou políticos.

O que vemos, por conseguinte, é um rompimento fundamental com a sincronização da Segunda Onda. A combinação do tempo flexível, tempo parcial e trabalho noturno significa que mais e mais pessoas estão trabalhando fora do sistema de nove às cinco (ou qualquer horário fixo) e que toda a sociedade está mudando para operações através das 24 horas do dia.

Ao mesmo tempo, novos padrões do consumidor apresentam mudanças diretamente equivalentes na estrutura do tempo de produção. Note-se, por exemplo, a proliferação de supermercados abertos à noite inteira. "O freguês das quatro da manhã, por muito tempo considerado uma marca distintiva da ociosidade da Califórnia, tornou-se uma feição de vida no Leste menos *flamboyant*?", pergunta *The New York Times*. A resposta é um sonoro "Sim!"

Um porta-voz de uma cadeia de supermercados no Leste dos Estados Unidos diz que sua companhia vai manter os armazéns abertos a noite inteira porque "as pessoas estão ficando acordadas até mais tarde do que costumavam". Um articulista do *Times* passa uma noite numa loja típica e informa sobre os fregueses variados, que se aproveitam das horas tardias: um chofer de caminhão que tem a mulher doente faz compras para a família de seis pessoas; uma moça a caminho de um encontro depois da meia-noite entra rapidamente para comprar um cartão-postal; um homem acordado até tarde, com uma filha doente, entra apressadamente para comprar-lhe um banjo de brinquedo e para comprar também um braseiro de carvão; uma mulher entra depois de sua aula de cerâmica para fazer as compras da semana; um motociclista chega ali ruidosamente às três da manhã para comprar um baralho de cartas; dois homens desviam-se do seu caminho ao amanhecer e entram para comprar qualquer coisa, antes de partirem para uma pescaria...

As horas das refeições também são afetadas e semelhantemente dessincronizadas. As pessoas não comem todas ao mesmo tempo, como a maioria fazia antigamente. O rígido padrão de três refeições por dia é rompido à medida que surgem cada vez mais casas de refeições rápidas, servindo bilhões de refeições a todas as horas. As horas de ver televisão também mudam, com os programadores criando espetáculos especificamente destinados a "adultos urbanos, trabalhadores noturnos e simples insones". Enquanto isso, os bancos desistem de suas célebres "horas dos banqueiros".

O gigantesco Citibank de Manhattan dá comerciais de televisão para o seu novo sistema automático: "Você está prestes a testemunhar o alvorecer de uma revolução em operações bancárias. Este é o novo serviço de 24 horas... onde você poderá fazer as suas operações diárias a qualquer hora que desejar. De modo que se o Sr. F. quiser verificar o seu saldo ao romper do dia, pode fazê-lo. E o Sr. C. pode transferir dinheiro a prazo para a conta-corrente se quiser fazê-lo. Você sabe e eu sei que a vida não pára às três da manhã. De segunda a sexta feira... O Citi nunca dorme."

Se, por conseguinte, olharmos através do quadro à maneira como agora tratamos o tempo, encontraremos uma mudança sutil, mas poderosa, se afastando dos ritmos da Segunda Onda e no sentido de uma nova estrutura temporal em nossas vidas. Com efeito, o que está acontecendo é uma desmassificação do tempo que precisamente se equipara à desmassificação de outros aspectos da vida social enquanto a Terceira Onda avança.

### HORÁRIO DE AMIGO

Estamos apenas começando a sentir as conseqüências sociais desta reestruturação do tempo. Por exemplo, conquanto a crescente individualização dos padrões do tempo sem dúvida torne o trabalho menos oneroso, ele também pode intensificar a solidão e o isolamento social. Se os amigos, os namorados e a família trabalharem todos em horas diferentes e novos serviços não forem postos no devido lugar para ajudá-los a coordenarem seus horários pessoais, tornar-se-á cada vez mais difícil para eles arranjarem contato social face a face. Os velhos centros sociais — o botequim do bairro, o piquenique da igreja, a reunião de pais e professores na escola — estão perdendo sua significação social. Em seu lugar devem ser inventadas novas instituições da Terceira Onda para facilitar a vida social.

Pode-se, por exemplo imaginar um novo serviço computadorizado "Horário-Pessoa" e "Horário-Amigo" — que não só nos lembre dos nossos encontros, mas armazene os horários de vários amigos e membros da família, a fim de que cada pessoa na rede social possa, com o apertar de um botão, encontrar onde e quando seus amigos e conhecidos possam estar, podendo tomar medidas de acordo. Mas serão necessários facilitadores sociais muito mais significativos.

A desmassificação do tempo tem outras conseqüências também. Desse modo, já começamos a ver seus efeitos no transporte. A insistência da Segunda Onda nos rígidos horários de trabalho em massa trouxe consigo o característico esmagamento da hora do *rush*. A desmassificação do tempo redistribui os fluxos do tráfego no espaço e no tempo.

Com efeito, uma maneira rude de julgar até que ponto a Terceira Onda tem avançado em qualquer comunidade é observar os fluxos do tráfego. As horas de *peak* ainda são pesadamente acentuadas e, se todo o tráfego se move num sentido de manhã e se inverte à tarde, a sincronização da Segunda Onda ainda prevalece. Se o tráfego corre o dia inteiro, como faz num crescente número de cidades e corre em todas as direções, mais do que para diante e para trás, é garantido supor que as indústrias da Terceira Onda criaram raiz, que os trabalhadores de serviços excedem em número os trabalhadores de manufaturas, que o tempo flexível começou a se difundir, que o trabalho de tempo parcial e o trabalho noturno estão prevalecendo e que não estarão muito atrás os serviços da noite inteira — *superettes,* bancos, postos de gasolina e restaurantes.

Mudança para horários mais flexíveis e personalizados também reduz o custos de energia e a poluição, nivelando as cargas de *peak*. As utilidades elétricas em uma dezena de estados estão agora adotando "preço de dia" para clientes industriais e residenciais, a fim de desencorajar o uso de energia durante as horas tradicionais de *peak*, enquanto o Departamento de Proteção Ambiental de Connecticut aconselhou insistentemente em que as companhias instituam o tempo flexível como um meio de atender às exigências ambientais federais.

Estas estão entre as implicações mais evidentes da mudança de tempo. Enquanto o processo continua a desenrolar-se nos anos e décadas à frente, veremos conseqüências muito mais poderosas e ainda não imaginadas. Os novos padrões de tempo afetarão os nossos ritmos diários no lar. Afetarão a nossa arte. Afetarão a nossa biologia. Pois quando tocamos no tempo, tocamos em toda a experiência humana.

## COMPUTADORES E MACONHA

Estes ritmos da Terceira Onda procedem de profundas forças psicológicas, econômicas e tecnológicas. Num nível elas nascem da natureza mudada da população. As pessoas hoje — mais prósperas e educadas do que seus pais e defrontadas com mais escolhas de vida — simplesmente se recusam a ser massificadas. Quanto mais as pessoas diferem em termos do trabalho que fazem ou dos produtos que fazem, mais exigem ser tratadas como indivíduos e mais resistem a que lhes imponham programas socialmente.

Mas, em outro nível, os novos ritmos mais personalizados da Terceira Onda podem ser seguidos até um âmbito mais vasto de novas tecnologias que entram em nossas vidas. O sistema de gravação em vídeo-cassetes e vídeos domésticos, por exemplo, possibilita que adeptos de televisão gravem programas fora do ar para vê-los em momentos de sua escolha. Escreve o colunista Steven Brill: "Dentro dos próximos dois ou três meses, a televisão provavelmente deixará de ditar as programações até dos piores viciados em tubo." O poder das grandes redes — da NBC, da BBC ou da NHK — para sincronizar os programas está chegando ao fim.

O computador também está começando a remodelar nossas programações e mesmo nossa concepção de tempo. Com efeito, é o computador que tem tornado o tempo flexível viável em grandes organizações. Em seus aspectos mais simples, facilita o entrelaçamento de milhares de horários flexíveis personalizados. Mas também altera os nossos padrões de comunicações no tempo, permitindo-nos acesso a dados e trocá-los "sincronicamente" (isto é, simultaneamente) como "assincronicamente".

O que significa é ilustrado pelo crescente número de usuários de computadores que atualmente estão ocupados, "conferenciando por computador". Isto permite a um grupo comunicar-se com outro através de terminais em suas casas ou escritórios. Uns 660 cientistas, futuristas, planejadores e educadores atualmente em vários países mantêm extensas discussões sobre energia, economia, descentralização ou satélites espaciais uns com os outros através do que é conhecido como Sistema de Intercâmbio Eletrônico de Informação. Teleimpressoras e telas de vídeo em suas casas e escritórios proporcionam uma escolha para comunicação imediata ou retardada. Muitos fusos horários à parte, cada usuário pode escolher enviar ou recuperar dados sempre que lhe seja mais conveniente. Uma pessoa pode trabalhar às 3 horas da manhã se estiver disposta a isso. Alternativamente, várias pessoas podem entrar na linha ao mesmo tempo, se assim o desejarem.

Mas o efeito do computador no tempo vai muito mais fundo, influenciando mesmo a maneira como pensamos a respeito. O computador introduz um novo vocabulário (com termos como "tempo real" por exemplo) que esclarece, rotula e reconceptualiza fenômenos temporais. Começa a substituir o relógio como o aparelho marcador de tempo mais importante na sociedade.

As operações têm lugar tão rapidamente, que nós processamos dados rotineiramente no que poderia ser designado por "tempo subliminal" — intervalos demasiado curtos para os sentidos humanos detectarem ou para a reação neural humana acompanhar o seu ritmo. Atualmente, temos microimpressoras operadas por computadores capazes de produzir 10.000 a 20.000 linhas por minuto — mais de 200 vezes mais rápido do que qualquer pessoa pode ler; e isto ainda é a parte mais lenta dos sistemas de computador. Em 20 anos os cientistas de computadores passaram de falar em termos de milissegundos (milésimos de um segundo) a nanossegundos (bilionésimos de segundo) — uma compressão de tempo quase além do que os nossos poderes podem imaginar. É como se toda a vida de trabalho de uma pessoa, digamos 80.000 horas pagas — 2.000 horas por ano durante 40 anos — pudesse ser esmagada nuns simples 4,8 minutos.

Além do computador encontramos outras tecnologias ou produtos que também se movem na direção da desmassificação do tempo. Drogas influenciadoras do humor (sem falar da maconha) alteram a percepção do tempo dentro de nós. Até onde drogas de humor mais sofisticadas aparecem é provável que, para bem ou para mal, mesmo nosso senso de tempo interior, nossa experiência de duração, se tornarão mais individualizadas e menos partilhadas universalmente.

Durante a civilização da Segunda Onda as máquinas eram desajeitadamente sincronizadas umas com as outras e as pessoas na linha de montagem eram então sincronizadas com as máquinas, com todas as conseqüências sociais que fluíam deste fato. Hoje a sincronização da máquina chegou a níveis tão requintadamente altos e o ritmo mesmo dos trabalhadores mais rápidos é tão ridiculamente lento por comparação, que se pode tirar completa vantagem da tecnologia, não pelo acoplamento dos trabalhadores à máquina, mas unicamente desacoplando-os dela.

Dito noutras palavras, durante a civilização da Segunda Onda, a sincronização algemava o ser humano às possibilidades da máquina e aprisionava toda a vida social num quadro comum. Fazia assim tanto nas sociedades capitalistas como nas socialistas. Agora, quando a sincronização se torna mais precisa, os seres humanos, em vez de serem aprisionados, estão progressivamente libertados.

Uma das conseqüências psicológicas disto é uma mudança no próprio significado da pontualidade em nossas vidas. Nós nos movemos agora de uma pontualidade geral para uma pontualidade seletiva ou situacionista. Chegar na hora — como nossos filhos talvez o sintam vagamente — não significa mais o que costumava significar.

A pontualidade, como a víamos antigamente, não era terrivelmente importante durante a civilização da Primeira Onda — basicamente porque o trabalho agrícola não era altamente interdependente. Com a vinda da Segunda Onda o atraso de um trabalhador podia desorganizar imediata e dramaticamente o trabalho de muitos outros na fábrica ou no escritório. Daí a enorme pressão cultural para garantir a pontualidade.

Hoje, porque a Terceira Onda traz consigo horários personalizados, em vez de horários universais ou massificados, as conseqüências de chegar tarde são menos claras. Chegar tarde pode causar inconveniência a um amigo ou a um colaborador, mas seus efeitos demolidores na produção, conquanto ainda potencialmente graves em certos empregos, são cada vez menos evidentes. É mais difícil — especialmente para gente jovem — dizer quando a pontualidade é realmente importante e quando é exigida por mera força do hábito, cortesia ou ritual. A pontualidade permanece vital em algumas situações, mas enquanto o computador se difunde e as pessoas podem ligar e desligar ciclos de 24 horas à vontade, o número de trabalhadores cuja eficácia depende da pontualidade decresce.

O resultado é menos pressão de chegar "na hora" e a difusão de atitudes mais despreocupadas em relação ao tempo entre os jovens. A pontualidade, como a moralidade, torna-se situacional.

Em suma, enquanto a Terceira Onda se aproxima, impugnava a velha maneira de fazer as coisas, muda a relação de toda a civilização com o tempo. A velha sincronização mecânica, que destruiu tanto da espontaneidade e da alegria de viver e simbolizou virtualmente a Segunda Onda, está se desvanecendo. Os jovens que rejeitam o regime de nove às cinco, que são indiferentes à pontualidade clássica, poderão não compreender por que se comportam como se comportam. Mas o próprio tempo mudou no "mundo real" e juntamente com ele nós mudamos as regras fundamentais que noutro tempo nos governavam.

### A MENTE PÓS-PADRONIZADA

A Terceira Onda faz mais do que alterar os padrões de sincronização da Segunda Onda. Ataca outros aspectos básicos da vida industrial: a padronização.

O código oculto da sociedade da Segunda Onda encorajava uma padronização rolo-compressora de muitas coisas — de valores, pesos, distâncias, tamanhos, tempo e moedas a produtos e preços. Os negociantes da Segunda Onda trabalhavam arduamente para fazer cada geringonça idêntica e alguns continuam a fazer isso.

Atualmente, os negociantes mais práticos, como vimos, sabem personalizar (o oposto de padronizar) a preço mais baixo e encontrar modos de aplicar a última tecnologia para a individualização de produtos e serviços. No emprego, o número de trabalhadores fazendo trabalho idêntico fica cada vez menor à medida que aumentam as ocupações. Os salários e as vantagens adicionais começam a variar mais de trabalhador para trabalhador. Os próprios trabalhadores tornam-se mais diferentes um do outro e como eles (e nós) são também consumidores, as diferenças imediatamente se traduzem na praça do mercado.

O deslocamento da tradicional produção em massa é assim uma desmassificação paralela a da comercialização, do *merchandising* e do consumo. Os consumidores começam a fazer suas escolhas, não só porque um produto preenche uma função específica material ou psicológica, mas também por causa da maneira como ele cabe na configuração de produtos e serviços que requerem. Estas configurações altamente individualizadas são transitórias, como são os estilos de vida que eles ajudam a definir. A produção pós-padronizada traz consigo consumo pós-padronizado.

Mesmo os preços, padronizados durante o período da Segunda Onda, começam a ser menos padronizados agora, visto que produtos de encomenda exigem preços de encomenda. A etiqueta de preço varia para um carro escolhido de determinado *package* de opções; o preço de um aparelho *hi-fi* depende igualmente das unidades reunidas e quanto trabalho o comprador deseja fazer; os preços de aviões, torres de petróleo oceânicas, navios, computadores e outros itens de alta tecnologia variam de uma unidade para a seguinte.

Em política, vemos tendências semelhantes. Nossas opiniões são cada vez mais não-padronizadas à medida que se rompe o consenso em nação após nação e milhares de "grupos de emissão" aparecem, cada um lutando por seus próprios conjuntos de alvos, acanhados, freqüentemente temporários. Por sua vez, a própria cultura está cada vez mais despadronizada.

Assim vemos a desintegração da mentalidade de massa quando entram em jogo os meios de comunicação descritos no Capítulo 13. A desmassificação dos veículos da comunicação de massa — o nascimento de mini-revistas, cartas de notícias e comunicações em pequena escala, freqüentemente em Xerox, juntamente com a vinda do cabo, o cassete, e o computador — esfacela a imagem padronizada do mundo propagado das tecnologias das comunicações da Segunda Onda e bombeia uma diversidade de imagens, idéias, símbolos e valores para o interior da sociedade. Nós não só estamos usando produtos sob medida, mas estamos usando diversos símbolos para personalizar nossas opiniões do mundo.

*Art News* resumiu as opiniões de Dieter Honisch, diretor da Galeria Nacional de Berlim Ocidental: "O que é admirado em Colônia pode não ser aceito em Munique e um sucesso em Stuttgart pode não impressionar o público de Hamburgo. Regulado por interesses seccionais, o país está perdendo seu senso de cultura nacional."

Nada acentua mais rispidamente este processo de despadronização cultural do que um recente artigo publicado em *Christianity Today*, uma voz representativa do protestantismo conservador na América. Escreve o editor: "Muitos cristãos parecem confusos pela acessibilidade de tantas traduções diferentes da Bíblia. Os cristãos mais antigos não se defrontavam com tantas escolhas." Depois vem a linha de impacto. "*Christianity Today* recomenda que nenhuma versão deve ser a versão 'padrão' ". Mesmo dentro dos estreitos limites da tradução bíblica, como na religião em geral, a idéia de um padrão único está passando. Nossas opiniões religiosas, como os nossos gostos estão ficando menos uniformes e padronizados.

O efeito líquido é levar-nos para longe da sociedade huxleyana e orwelliana de humanóides desindividualizados e sem rosto que sugeriria uma simples extensão das tendências da Segunda Onda e, em vez disso, para uma profusão de estilos de vida e personalidades mais altamente individualizadas. Estamos observando o acesso de uma "mente pós-padronizada" e um "público pós-padronizado".

Isto trará seus próprios problemas sociais, psicológicos e filosóficos, alguns dos quais nós já estamos sentindo na solidão e no isolamento social em volta de nós, mas estes são dramaticamente diferentes dos problemas da conformidade da massa que exercemos durante a idade industrial.

Como a Terceira Onda ainda não é dominante mesmo nas nações mais avançadas tecnicamente, continuamos a sentir o empuxão das poderosas correntes da Segunda Onda. Estamos ainda completando algum negócio inconcluído da Segunda Onda. Por exemplo, a publicação de livros de capa dura nos Estados Unidos, há muito uma indústria atrasada, só agora está chegando à fase da comercialização em massa, que a brochura e a maior parte das indústrias do consumidor atingiram há mais de uma geração. Outros movimentos da Segunda Onda parecem quase quixotescos, como aquele que nos incita nesta fase tardia a adotarmos o sistema métrico nos Estados Unidos, para conformar as medidas americanas com as usadas na Europa. Contudo, outros derivam da construção do império burocrático, como o esforço dos tecnocratas do Mercado Comum, em Bruxelas, para "harmonizar" tudo, dos espelhos dos carros aos diplomas universitários — sendo a "harmonização" a artimanha corrente para a padronização do estilo industrial.

Finalmente, há movimentos que são dirigidos literalmente a fazer desandar o relógio — como o movimento de voltar aos básicos nas escolas dos Estados Unidos. Legitimamente escandalizado pelo desastre na educação em massa, este movimento não reconhece que a sociedade desmassificada reclama não por novas estratégias educacionais, mas procura, em vez disso, restaurar e reforçar a uniformidade da Segunda Onda nas escolas.

Não obstante, todas estas tentativas para alcançar a uniformidade são essencialmente as ações de retaguarda de uma civilização extinta. O empuxão de mudança da Terceira Onda é para a variedade aumentada, não para a maior padronização da vida. E isto é exatamente tão verdadeiro em referência às idéias, convicções políticas, propensões sexuais, métodos educativos, hábitos de comer, opiniões religiosas, atitudes étnicas, gosto musical, modas e formas de família, como o resultado de uma produção obtida pelo método de automação.

Chegou-se a um ponto histórico decisivo e a padronização, outro dos princípios predominantes da civilização da Segunda Onda, está sendo substituída.

### A NOVA MATRIZ

Tendo visto com que rapidez estamos nos afastando da sincronização e padronização do estilo industrial, não deveria surpreender ninguém que estejamos também reformulando outras seções do código social.

Vimos antes que, enquanto todas as sociedades precisam de algum grau tanto de centralização como de descentralização, a civilização da Segunda Onda foi pesadamente desviada para a primeira e contra a última. Os Grandes Padronizadores que ajudaram a construir o industrialismo marcharam de mãos dadas com os Grandes Centralizadores, de Hamilton e Lenin até Roosevelt.

Hoje é evidente um vivo balanço na direção oposta. Estão surgindo novos partidos políticos, novas técnicas de gerência e novas filosofias que atacam explicitamente as premissas centralistas da Segunda Onda. A descentralização tornou-se uma ardente questão política, da Califórnia a Kiev.

Na Suécia, uma coalizão de pequenos partidos em geral descentralistas afastaram os social-democratas centralistas do poder depois de 44 anos no governo. Lutas pela descentralização e o regionalismo abalaram a França em anos recentes, enquanto do outro lado do Canal, e ao norte os nacionalistas escoceses agora incluem uma facção empenhada na "descentralização econômica radical". Movimentos políticos semelhantes podem ser identificados em outros lugares na Europa Ocidental, enquanto na Nova Zelândia surgiu um Partido dos Valores, ainda pequeno, que exige "uma expansão das funções e autonomia do governo local e regional... com uma conseqüente redução nas funções e tamanho do governo central."

Nos Estados Unidos, o descentralismo também adquiriu apoio e fornece pelo menos algum do combustível para a revolta tributária que, para bem ou para mal, está surgindo através do país. No nível municipal também o descentralismo ganha força, com políticos locais exigindo "poder do bairro". Grupos ativistas com base no bairro estão proliferando, de ROBBED (sigla em inglês de Residentes Organizados para o Desenvolvimento Ambiental Melhor e Mais Bonito), em San Antonio, a CBBB (Cidadão: Trazei de Volta a Broadway), em Cleveland, e o Corpo de Bombeiros do Povo, em Brooklyn. Muitos vêem o governo central em Washington como a fonte de males locais mais do que a cura em potencial.

De acordo com Monsenhor Geno Baroni, ele próprio antigo ativista de bairro e de direitos civis e agora o Secretário Assistente de Bairros do Departamento de Desenvolvimento Habitacional e Urbano dos Estados Unidos, tais pequenos grupos descentralizados refletem o colapso da política da máquina e a incapacidade do grande governo para enfrentar a ampla variedade das condições dos povos locais. Diz *The New York Times* que os ativistas bairristas estão conquistando "vitórias em Washington e através do país".

A filosofia descentralista está sendo difundida, além disso, em escolas de arquitetura e planejamento, de Berkeley a Yale, nos Estados Unidos, à Associação Arquitetônica de Londres, onde estudantes estão, entre outras coisas, explorando novas tecnologias para o controle ambiental, aquecimento solar ou agricultura urbana, com o objetivo de tornar as comunidades parcialmente auto-suficientes no futuro. O impacto destes jovens planejadores e arquitetos será cada vez mais sentido nos anos vindouros quando eles forem assumindo posições de responsabilidade.

Mais importante, entretanto, o termo "descentralização" também se tornou uma palavra de incitação na gerência e grandes companhias estão correndo para desmancharem seus departamentos em "centros de lucro" menores e mais autônomos. Um caso típico foi a reorganização da Esmark Inc., uma enorme companhia com operações nas indústrias de produtos alimentícios, produtos químicos, petróleo e seguros.

"No passado", declarou o presidente da Esmark, Robert Reneker, "nós tínhamos um negócio inflexível... A única maneira como pudemos desenvolver esforço coordenado foi dividi-lo em bocados de tamanho razoável". Resultado: uma Esmark picada em 1.000 "centros de lucro" diferentes, cada um em grande parte responsável por suas próprias operações.

"O efeito líquido", disse *Business Week,* "é livrar a decisão rotineira dos ombros de Reneker". A descentralização é evidente em toda a parte, exceto nos controles financeiros da Esmark.

O importante não é a Esmark — que provavelmente já se reorganizou mais de uma vez desde então — mas a tendência geral que ela ilustra. Centenas, talvez milhares de companhias estão também no processo de contínua reorganização, descentralização, algumas vezes exagerando e voltando atrás, mas gradualmente, através do tempo, reduzindo o controle centralizado através das operações do seu dia-a-dia.

Num nível mais profundo, grandes organizações estão mudando os padrões de autoridade que sustentavam o centralismo. A firma ou agência do governo típica da Segunda Onda era organizada em torno do princípio de "um homem, um chefe". Enquanto um empregado ou um executivo podia ter muitos subordinados, ele ou ela não responderia a mais de um único superior. Este princípio significava que os canais de comando iam todos para o centro.

Hoje é fascinante ver que o sistema se baseia sob seu próprio peso nas indústrias avançadas, nos serviços, nas profissões e em muitas agências do governo. O fato é que crescentes multidões atualmente têm mais de um único chefe.

Em *O Choque do Futuro* observei que grandes organizações estavam cada vez mais alveoladas por unidades temporárias como forças-tarefas, comissões interdepartamentais e equipes de projeção. Chamei a este fenômeno "ad-hocracia". Desde então, muitas grandes companhias se têm movido para incorporar estas unidades transitórias numa estrutura radicalmente nova chamada "organização matriz". Em vez de controle centralizado, a organização matriz emprega o que é conhecido como um "sistema de comando múltiplo".

Sob este arranjo, cada empregado está ligado a uma seção e responde a um superior na maneira de costume. Mas ele, ou ela, é também incorporado a uma ou mais equipes para tarefas que não podem ser feitas por uma única seção. Assim, uma equipe de projeção típica pode ter pessoas da manufatura, da pesquisa, das vendas, da engenharia, das finanças e igualmente de outras seções. Todos os membros desta equipe respondem ao chefe do projeto, assim como a um chefe "regular".

O resultado é que vasto número de pessoas atualmente respondem a um chefe para fins puramente administrativos e outro (ou uma sucessão de outros) para os fins práticos de fazer o trabalho. Este sistema permite a empregados darem atenção a mais de uma tarefa de cada vez. Apressa o fluxo de informação e evita que eles olhem o problema através da estreita fenda de uma única seção. Ajuda a organização a responder a circunstâncias diferentes, rapidamente mutáveis. Mas também subverte ativamente o controle centralizado.

Difundindo-se a partir de usuários tão antigos como a General Electric, nos Estados Unidos, e a Companhia de Seguros Skandia, na Suécia, a organização estilo matriz encontra-se em tudo, desde hospitais e firmas de contabilidade ao Congresso dos Estados Unidos (onde toda a espécie de novas "câmaras de compensação" e "panelinhas" políticas estão surgindo através de linhas de comissão). A matriz, nas palavras dos Professores S.M. Davis da Universidade de Boston e P.R. Lawrence de Harvard, "não é apenas outra técnica de gerência em ponto pequeno ou uma moda passageira. Representa uma brusca ruptura... a matriz representa uma nova espécie de organização comercial".

E esta nova espécie é inerentemente menos centralizada do que o sistema de um só chefe que caracterizou a era da Segunda Onda.

O mais importante é que estamos também descentralizando radicalmente a economia em seu todo. Testemunhemos o crescente poder dos pequenos bancos regionais nos Estados Unidos contra o do punhado dos tradicionais gigantes do "mercado de dinheiro". (À medida que a indústria se torna mais dispersa geograficamente, firmas que antes tinham de se fiar em "centros de dinheiro", têm cada vez mais recorrido aos bancos regionais. Diz Kenneth L. Roberts, presidente do First American, um banco de Nashville: "O futuro dos serviços bancários dos Estados Unidos não mais residem nos bancos do mercado de dinheiro.") E assim com o sistema bancário, assim também com a própria economia.

A Segunda Onda deu nascimento aos mercados verdadeiramente nacionais e ao próprio conceito de uma economia nacional. Juntamente com estes veio o desenvolvimento de ferramentas nacionais para gerência econômica — planejamento central nas nações socialistas, bancos centrais e políticas monetárias e fiscais nacionais no setor capitalista. Hoje, ambos estes conjuntos de ferramentas estão falhando — para a mistificação dos economistas e políticos da Segunda Onda que tentam governar o sistema.

Embora o fato seja apenas vagamente apreciado por enquanto, as economias nacionais estão rapidamente se subdividindo em partes regionais e partes setoriais — economias subnacionais com seus próprios problemas distintos e divergentes. Regiões como o Cinturão do Sol, nos Estados Unidos, o Mezzogiorno, na Itália, ou Kansai, no Japão, em vez de ficarem mais semelhantes como foram durante a era industrial, estão começando a divergir umas das outras em termos de exigências de energia, recursos, mescla ocupacional, níveis educacionais, cultura e outros fatores básicos. Além disso, muitas destas economias subnacionais chegaram agora à escala de economias nacionais há apenas uma geração.

Deixar de reconhecer isto justifica em boa medida a falência dos esforços do governo para estabilizar a economia. Toda a tentativa para compensar a inflação ou o desemprego, através da redução dos impostos, ou passeatas de âmbito nacional, ou através de manipulação da moeda ou crédito, ou através de outras políticas indiferenciadas, uniformes, apenas agrava a doença.

Os que tentam governar as economias da Terceira Onda com tais ferramentas centralizadas da Segunda Onda são como um médico que chega a um hospital certa manhã e receita às cegas a mesma injeção de adrenalina a todos os pacientes — independentemente de terem uma perna quebrada, o baço rompido, um tumor no cérebro, ou uma unha encravada no dedão do pé. Só a gerência econômica desagregada, crescentemente descentralizada pode funcionar na nova economia, pois também ela está ficando progressivamente descentralizada no exato momento em que parece mais global e uniforme.

Todas estas tendências anticentralistas — em política, em organização empresarial ou governamental e na própria economia (reforçada por desenvolvimentos paralelos nos veículos de propaganda, na distribuição do poder do computador, nos sistemas de energia e em muitos outros campos) — estão criando uma sociedade inteiramente nova e tornando obsoletas as regras de ontem.

## O PEQUENO DENTRO DO GRANDE É BELO

Muitas outras seções do código social da Segunda Onda estão sendo também drasticamente reescritas à chegada da Terceira Onda. Assim, a ênfase obsessiva da civilização da Segunda Onda na maximização também está sob vivo ataque. Nunca antes os advogados do Maior É Melhor foram tão assaltados por advogados de o Pequeno É Belo. Foi somente na década de 70 que um livro com esse título poderia ter-se tornado uma obra influente e *bestseller* no mundo inteiro.

Em toda a parte estamos vendo um nascente reconhecimento de que há limites para as muito exaltadas economias de escala e que muitas organizações têm excedido esses limites. As empresas estão agora procurando ativamente meios de reduzir o tamanho de suas unidades de trabalho. Novas tecnologias e a mudança para serviços reduzem vivamente a escala de operação. A tradicional fábrica ou escritório da Segunda Onda, com milhares de pessoas sob um mesmo teto, será uma raridade nas nações de alta tecnologia.

Na Austrália, quando pedi ao presidente de uma companhia de automóveis que descrevesse a fábrica de automóveis do futuro, ele falou com extrema convicção, dizendo: "Eu nunca, jamais, construiria uma oficina como esta com sete mil trabalhadores debaixo do mesmo teto. Eu a dividiria em pequenas unidades — 300 ou 400 pessoas em cada uma. As novas tecnologias tornam isto possível." Desde então, tenho ouvido sentimentos semelhantes de presidentes ou chefes de companhias que produzem comida e muitos outros produtos.

Estamos começando a compreender que nem grande *nem* pequeno é belo, mas que a escala apropriada e o engrenar inteligente de ambos, grande *e* pequeno, é o mais belo de tudo. (Foi isto uma coisa que E.F. Schumacher, autor de *Pequeno É Belo,* soube melhor do que alguns de seus mais ávidos seguidores. Uma vez ele disse a amigos que, se tivesse vivido num mundo de pequenas organizações, teria escrito um livro intitulado *Grande é Belo.*)

Nós também estamos começando a experimentar novas formas de organização que combinem as vantagens de ambas. Por exemplo, a rápida difusão da franquia nos Estados Unidos, na Grã-Bretanha, na Holanda e em outros países é freqüentemente uma resposta à escassez de capital e as sutilezas dos impostos e pode ser criticada sob vários fundamentos. Mas representa um método para criar rapidamente unidades pequenas e ligá-las umas às outras em sistemas maiores, com graus variáveis de centralização ou descentralização. É uma tentativa de engrenar organizações em grande e pequena escala.

A maximização da Segunda Onda está em vias de acabar. Entra a escala apropriada.

A sociedade também está olhando com severidade a especialização e o profissionalismo da Segunda Onda. O código da Segunda Onda colocou os peritos num pedestal elevado. Uma de suas regras básicas era: "Especializa-te para seres bem-sucedido". Hoje, em todos os campos, inclusive na política, vemos uma mudança básica na atitude em relação ao perito. Outrora considerados a fonte de confiança de inteligência neutra, os especialistas foram destronados da aprovação do público. São cada vez mais criticados por cuidarem apenas dos seus próprios interesses e não verem um palmo adiante do nariz. Vemos cada vez mais esforços para restringir o poder do perito, acrescentando leigos aos corpos de decisão — em hospitais, por exemplo, e em muitas instituições.

Os pais exigem o direito de influenciar as decisões escolares, não mais se contentando em deixá-las aos educadores profissionais. Depois de estudar a participação política há uns poucos anos, uma comissão de trabalho no estado de Washington concluiu, numa exposição que resumiu a nova atitude: "Você não precisa ser perito para saber o que quer!"

A civilização da Segunda Onda encorajou ainda outro princípio: a concentração. Dinheiro, energia, recursos e povo concentrados. Despejava vastas populações em concentrações urbanas. Hoje este processo começou a se voltar. Em vez disso, vemos crescente dispersão geográfica. Ao nível da energia estamos nos movendo de uma confiança em depósitos concentrados de combustíveis fósseis para uma variedade de mais formas de energia amplamente dispersas e estamos vendo numerosas experiências visando a "desconcentração" de populações de escolas, hospitais e instituições mentais.

Em suma, poderíamos mover-nos sistematicamente através de todo o código da civilização da Segunda Onda — da padronização à sincronização e seguindo até a centralização, a maximização, a especialização e a concentração — e mostrar, item por item, como as velhas regras fundamentais que governaram as nossas vidas diárias e nossas tomadas de decisão social estão no processo de serem revolucionadas à medida que avança a civilização da Terceira Onda.

## A ORGANIZAÇÃO DO FUTURO

Vimos antes que, quando todos os princípios eram postos a funcionar numa organização única, o resultado era uma clássica burocracia industrial: uma organização gigantesca, hierárquica, permanente, compacta de alto a baixo, mecanicista, bem planejada para fazer produtos repetitivos ou tomar decisões repetitivas num ambiente industrial relativamente estável.

Agora, entretanto, quando mudamos para novos princípios e começamos a aplicá-los em conjunto, somos necessariamente levados a tipos inteiramente novos de organizações para o futuro. Estas organizações da Terceira Onda têm hierarquias menos marcadas. São menos pesadas no alto. Consistem em pequenos componentes ligados uns aos outros em configurações temporárias. Cada um destes componentes tem suas próprias relações com o mundo exterior, sua própria política estrangeira, por assim dizer, que mantém sem ter de passar pelo centro. Estas organizações operam cada vez mais durante as 24 horas do dia.

Elas, porém, são diferentes das burocracias em outros aspectos fundamentais. São o que poderia chamar-se organizações "duais" ou "poli", capazes de assumirem duas ou mais formas estruturais distintas como as garantem as condições — antes como algum plástico do futuro que mudará a forma quando o calor ou o frio for aplicado, mas voltando a uma forma básica quando a temperatura estiver dentro do seu âmbito normal.

Poderia imaginar-se um exército democrático e participante no tempo de paz, mas altamente centralizado e autoritário durante a guerra, tendo sido organizado, em primeiro lugar, de modo a ficar apto para as duas coisas. Poderíamos usar a analogia de um time de futebol cujos membros não são apenas capazes de se reorganizarem em forma de T e em numerosos arranjos para diferentes jogos, mas que, ao som de um apito, são igualmente capazes de se organizarem como time de futebol *association,* beisebol ou basquetebol, dependendo do jogo que está sendo jogado. Tais jogadores organizáveis precisam ser treinados para adaptação instantânea e devem sentir-se à vontade num repertório mais amplo de estruturas e papéis orgânicos disponíveis.

Precisamos de gerentes que possam operar tão competentemente num estilo de porta-aberta, livremente fluido, como num modo hierárquico, que possam trabalhar numa organização estruturada como uma pirâmide egípcia, uma pirâmide que lembra um móbile de Calder, com uns poucos de finos fios gerenciais sustentando um conjunto complexo de módulos quase autônomos que se movem em resposta ao sopro da brisa mais suave.

Ainda não temos um vocabulário para descrever estas organizações do futuro. Termos como *matriz* e *ad hoc* são inadequados. Vários teoristas têm sugerido palavras diferentes. O publicitário Lester Wunderman disse: "Grupos de conjuntos, atuando como comandos intelectuais, começarão a substituir a estrutura hierárquica." Tony Judge, um dos nossos mais brilhantes teoristas de organização, escreveu extensamente a respeito do caráter de "rede" destas nascentes organizações do futuro, observando, entre outras coisas, que "a rede não é 'coordenada' por ninguém; os corpos participantes coordenam-se eles mesmos de modo que se pode falar de 'autocoordenação'." Em outra parte ele os descreveu em termos dos princípios de "tensegridade" de Buckminster Fuller

Mas sejam quais forem os termos que usemos, alguma coisa está acontecendo. Estamos participando não apenas do nascimento de novas formas organizacionais, mas do nascimento de uma nova civilização. Um novo código toma forma — um conjunto de princípios da Terceira Onda, novas regras fundamentais para a sobrevivência social.

Não admira muito que os pais — ainda presos principalmente ao código da era industrial — se encontrem em conflito com os filhos, que, conscientes da crescente insignificância das velhas regras, estejam incertos quanto às novas, se não as ignorem cegamente. Eles e nós igualmente somos colhidos entre a ordem moribunda da Segunda Onda e a civilização de amanhã, da Terceira Onda.

# 20
# O ADVENTO DO PROSSUMIDOR

Algumas vezes, mudanças históricas gigantescas são simbolizadas por mudanças minúsculas no comportamento cotidiano. Uma de tais mudanças — sua significação quase passou despercebida — ocorreu no princípio da década de 70, quando um novo produto começou a invadir as farmácias da França, da Inglaterra, da Holanda e de outros países da Europa. O novo produto era um estojo de exame de gravidez feito pela própria pessoa. Dentro de poucos anos, uma estimativa de 15 a 20 milhões de tais estojos tinham sido vendidos a mulheres européias. Em breve anúncios nos jornais americanos estavam clamando: "Grávida? Quanto antes você o souber, melhor." Quando a Warner-Lambert, uma firma americana, introduziu o estojo sob sua marca de fábrica, encontrou reação "esmagadoramente boa". Por volta de 1980, milhões de mulheres em ambos os lados do Atlântico estavam rotineiramente fazendo elas mesmas uma tarefa que antes era feita para elas por médicos e laboratórios.

Elas não eram as únicas a se esquivarem ao médico. De acordo com o *Medical World News,* "Autocuidados — a idéia de que a pessoa pode e deve ser mais independente do médico — estão ganhando força rapidamente... Através da Terra, pessoas comuns estão aprendendo a manejar o estetoscópio e o aparelho de tirar a pressão sangüínea, a ministrar auto-exames e esfregaços de Pap nos seios, mesmo efetuando processos cirúrgicos elementares."

Hoje as mães já estão tirando culturas da garganta. As escolas oferecem cursos sobre tudo, desde cuidados com os pés a "pediatria imediata". E as pessoas estão tirando a sua pressão sangüínea numa máquina que funciona com uma moeda, que pode ser encontrada em mais de 1.300 *shopping centers,* aeroportos e lojas de departamentos nos Estados Unidos.

Ainda em 1972, poucos instrumentos médicos eram vendidos a não-médicos. Hoje, uma crescente parte do mercado de instrumentos é destinada ao lar. Vendas de otoscópios, aparelhos para limpar os ouvidos, irrigadores para o nariz e a garganta e produtos especializados para convalescentes aumentam prodigiosamente à medida que as pessoas assumem mais responsabilidade por sua própria saúde, reduzem as visitas ao médico e abreviam sua permanência no hospital.

Na superfície, tudo isto poderia parecer apenas um capricho da moda. Mas esta precipitação das pessoas de tratarem os seus próprios problemas (em vez de pagarem a alguma outra pessoa para fazê-lo) reflete uma mudança substancial em nossos valores, em nossa definição de doença e na nossa percepção do corpo e de nós mesmos. Mesmo esta explicação, entretanto, desvia a atenção de um significado ainda mais amplo. Para avaliar a verdadeira significação histórica deste fenômeno, precisamos olhar brevemente para trás.

## A ECONOMIA INVISÍVEL

Durante a Primeira Onda a maioria das pessoas consumiam o que elas mesmas produziam. Não eram nem produtores nem consumidores no sentido usual. Eram o que, em vez disso, poderiam ser chamados "prossumidores".

Foi a revolução industrial, introduzindo uma cunha na sociedade, que separou estas duas funções, dando assim nascimento ao que agora chamamos de produtores e consumidores. Esta separação levou à rápida difusão do mercado ou rede de intercâmbio — esse labirinto de canais através dos quais as mercadorias ou serviços, produzidos por você, chegam a mim e vice-versa.

Anteriormente, argumentei que, com a Segunda Onda, passamos de uma sociedade agrícola baseada em "produção para uso" — uma economia de prossumidores, por assim dizer — para uma sociedade industrial baseada em "produção para troca". A real situação foi mais complicada, entretanto. Pois assim como existiu durante a Primeira Onda uma pequena quantidade de produção para troca — isto é, para o mercado — continuou a ser uma pequena quantidade de produção para uso próprio durante a Segunda.

Uma maneira mais reveladora de pensar a respeito da economia, por conseguinte, é pensar nela como tendo dois setores. O Setor A compreende esse trabalho não pago, feito diretamente pelas pessoas para si mesmas, suas famílias ou suas comunidades. O Setor B compreende toda a produção de mercadorias ou serviços para venda ou troca através da rede de intercâmbio ou mercado.

Visto deste modo, podemos agora dizer que, durante a Primeira Onda, o Setor A — baseado na produção para uso — foi enorme, enquanto o Setor B foi mínimo. Durante a Segunda Onda, o reverso foi verdadeiro. Com efeito, a produção de mercadorias e serviços para o mercado avultaram a tal ponto que os economistas da Segunda Onda esqueceram virtualmente a existência do Setor A. A própria palavra "economia" foi definida para excluir todas as formas de trabalho ou produção não destinadas ao mercado, e o prossumidor tornou-se invisível.

Isto significava, por exemplo, que todo o trabalho não pago feito por mulheres em casa — toda a limpeza, esfregação, criação dos filhos, a organização da comunidade — era posto de lado desdenhosamente como "não-econômico", embora o Setor B — a economia visível — pudesse não ter existido sem as mercadorias e serviços produzidos no Setor A — a economia invisível. Se não existisse ninguém em casa para cuidar das crianças não haveria a próxima geração de trabalhadores pagos para o Setor B e o sistema cairia por seu próprio peso.

Pode alguém imaginar uma economia funcional, para não falar de uma economia altamente produtiva, sem trabalhadores que, quando crianças, foram ensinados a se lavarem, foram ensinados a falar e foram socializados na cultura? Que teria acontecido à produtividade do Setor B se os trabalhadores que fluíram para ele carecessem até das mínimas habilidades? Embora ignorado pelos economistas da Segunda Onda, o fato é que a produtividade de cada setor depende pesadamente da outra.

Hoje, quando as sociedades da Segunda Onda sofrem sua crise terminal, os políticos e os peritos ainda discutem sobre a estatística econômica baseada inteiramente nas transações do Setor B. Eles se preocupam com o "crescimento" e a "produtividade" em declínio. E, contudo, enquanto continuarem a pensar em categorias da Segunda Onda, enquanto ignorarem o Setor A e o olharem como fora da economia — e enquanto o prossumidor permanecer invisível — eles não conseguirão governar os nossos negócios econômicos.

Pois, se olharmos atentamente, encontraremos os primórdios de uma mudança fundamental na relação destes dois setores ou formas de produção de um para o outro. Vemos um borrar progressivo da linha que separa o produtor do consumidor. Vemos a crescente significação do prossumidor. E, além disso, vemos assomar uma impressionante mudança que transformará mesmo o papel do próprio mercado em nossas vidas e no sistema mundial.

Tudo isto nos leva de volta aos milhões de pessoas que estão começando a desempenhar para si mesmas serviços que até agora foram desempenhados para elas por médicos. Pois o que estas pessoas estão realmente fazendo é mudar alguma produção do Setor B para o Setor A, da economia visível, que os economistas monitoram, para a economia fantasma que eles esqueceram.

Eles estão "prossumindo". E não estão sós

Na Grã-Bretanha, em 1970, uma dona-de-casa de Manchester chamada Katherine Fisher, depois de sofrer durante anos de um medo desesperado de deixar a sua própria casa, fundou uma organização para outros com fobias semelhantes. Hoje essa organização, a Sociedade de Fóbicos, tem muitas filiais e é um dos milhares de novos grupos que surgem em muitas das nações de alta tecnologia para ajudá-las a lidarem diretamente com seus próprios problemas — psicológicos, médicos, sociais ou sexuais.

Em Detroit, surgiram uns 50 "grupos de desolados" para ajudar pessoas que sofrem de pesar após a perda de um parente ou amigo. Na Austrália, uma organização chamada GROW reúne antigos pacientes mentais e "pessoas nervosas". Agora a GROW tem seguidores no Havaí, na Nova Zelândia e na Irlanda. Em 22 estados, uma organização chamada Pais de *Gays* e Lésbicas está em formação para ajudar os que têm filhos homossexuais. Na Grã-Bretanha, a Associados Depressivos tem uns 60 segmentos. De Viciados Anônimos e Associação Pulmão Negro a Pais Sem Companhia e Viúva-para-Viúva, estão se formando grupos em toda parte.

Naturalmente, não há nada de novo em pessoas em apuros reunindo-se para discutirem seus problemas e aprenderem uns com os outros. Não obstante, os historiadores encontram poucos precedentes para a velocidade com que os movimentos de mútua ajuda estão se espalhando atualmente.

Frank Riessman e Alan Gartner, co-diretores do Novo Instituto de Serviços Humanos, calculam que só nos Estados Unidos há agora mais de 500.000 de tais agrupamentos — aproximadamente um para cada 435 na população — com novos se formando diariamente. Muitos têm breve duração, mas para cada um que desaparece vários parecem tomar o seu lugar.

Estas organizações variam amplamente. Algumas partilham a nova suspeita dos especialistas e tentam trabalhar sem elas. Fiam-se inteiramente no que poderia designar-se por "conselho mútuo" — pessoas que trocam conselhos baseadas na sua própria experiência ao invés de receber os tradicionais conselhos dos profissionais. Algumas pessoas se olham como fazendo parte de um sistema de apoio a outras em dificuldades. Outras representam um papel político, pressionando nos corredores da Câmara para conseguirem mudanças na legislação ou nos regulamentos tributários. Outras ainda têm um caráter semi-religioso. Algumas são comunidades intencionais, cujos membros não só se encontram, mas realmente vivem juntos.

Tais grupos agora estão formando encadeamentos regionais, mesmo transnacionais. Para chegarem ao ponto de incluírem alguns psicólogos profissionais, assistentes sociais ou médicos, estes sofrem cada vez mais uma mudança no seu papel, abandonando a qualidade de peritos impessoais que assumiam, por saberem mais, para o de ouvintes, professores e guias que trabalham com o paciente ou cliente. Existindo grupos voluntários ou grupos sem objetivo de lucro — originalmente organizados para o fim de ajudar outros — eles estão igualmente lutando para ver como se combinam com um movimento baseado no princípio de se ajudar a si mesmos.

O movimento de auto-ajuda está assim reestruturando a sociosfera. Fumantes, gagos, pessoas tendentes ao suicídio, jogadores, vítimas de mal de garganta, pais de gêmeos, comilões e outros agrupamentos assim agora formam uma densa rede de organizações que se misturam com a nascente família e as estruturas empresariais da Terceira Onda.

Mas seja qual for sua significação para a organização social, elas representam uma mudança básica do consumidor passivo para o prossumidor, tendo assim, igualmente, um significado econômico. Embora ultimamente dependentes do mercado e ainda entrelaçados com ele, estão transferindo atividade do Setor B da economia para o Setor A, do setor de troca para o setor prossumo. E este movimento nascente não é uma força isolada. Algumas das companhias mais ricas e maiores do mundo estão também — por suas próprias razões tecnológicas e econômicas — acelerando o crescimento do prossumidor.

### O FAÇA-VOCÊ-MESMO

Em 1956, a American Telephone & Telegraph Company, rangendo sob o fardo da demanda explosiva de comunicações, começou a introduzir nova tecnologia eletrônica que tornou possível aos usuários fazerem chamados de longa distância diretamente, sem auxílio de telefonista. Hoje são possíveis até muitos chamados transoceânicos diretos. Dedilhando os algarismos adequados, o usuário assume uma tarefa antes feita para ele pela telefonista.

Em 1973-74, a crise do petróleo desencadeada pelo embargo árabe fez os preços da gasolina subirem vertiginosamente. Companhias petrolíferas gigantescas colheram lucros imensos, mas os postos de gasolina tiveram de enfrentar uma luta desesperada pela sobrevivência econômica. Para reduzir os custos, muitos introduziram bombas de auto-serviço. No princípio foram uma curiosidade. Os jornais escreviam contando histórias engraçadas sobre o motorista tentando introduzir a mangueira de combustível no radiador do carro. Em breve, entretanto, a visão do consumidor bombeando a sua própria gasolina tornou-se coisa comum.

Em 1974, apenas oito por cento dos postos de gasolina tinham auto-serviço, mas em 1977 o número chegava a perto de 50 por cento. Na Alemanha Ocidental, de 33.500 postos de gasolina uns 15 por cento tinham mudado para auto-serviço em 1976 e estes 15 por cento representavam 35 por cento de toda a gasolina vendida. Peritos de indústria dizem que em breve serão 70 por cento do total. Uma vez mais o consumidor está substituindo o produtor e tornando-se um prossumidor.

O mesmo período viu a introdução do serviço bancário eletrônico, que não só começou a desagregar o padrão de "horas de banco", mas também eliminou crescentemente o contador, deixando ao cliente o encargo de efetuar operações antes feitas pelo pessoal do banco.

Pegar o freguês para fazer parte do trabalho — conhecido para os economistas como "custo de trabalho externalizado" não é propriamente novo. É o mesmo que o auto-serviço nos supermercados. O caixeiro sorridente que conhecia o estoque e ia buscar para você foi substituído pelo carrinho de compras que você mesmo empurra. Enquanto alguns fregueses lamentavam os velhos e bons dias em que você era servido pessoalmente, muitos gostam do novo sistema. Eles podem fazer sua própria exploração e no fim acabam economizando alguns centavos. Com efeito, eles se pagam pelo trabalho que antes o empregado fazia.

Esta mesma forma de externalização ocorre em muitos outros campos. O advento das lojas vendedoras de saldos, por exemplo, representa um passo parcial na mesma direção. Os caixeiros estão longe e há grandes intervalos entre eles; o freguês paga um pouco menos, mas trabalha um pouco mais. Até as sapatarias — nas quais havia um vendedor supostamente especializado, há muito considerado uma necessidade — estão passando para o auto-serviço, transferindo o trabalho para o consumidor.

O mesmo princípio pode ser encontrado em outros lugares também. Como escreveu Caroline Bird em seu livro perspicaz, *A Síndrome da Multidão*, "Mais coisas vêm abaixo por estarem supostamente bem arrumadas em casa... e durante a temporada do Natal os fregueses em algumas das mais briosas e antigas lojas de Nova York têm de extrair as notas de vendas porque os caixeiros não sabem ou não estão dispostos a escrever."

Em janeiro de 1978, um trabalhador do governo, de 30 anos de idade, em Washington, D.C., ouviu ruídos estranhos que emanavam de sua geladeira. A coisa usual a fazer no passado era chamar um mecânico e pagar-lhe para consertá-la. Dado o alto custo e a dificuldade de conseguir um mecânico a uma hora conveniente, Barry Nussbaum leu as instruções que acompanhavam a geladeira. Aí, ele descobriu um número de telefone, prefixo 800, que ele podia usar para chamar o fabricante — Whirlpool Corporation, de Benton Harbor, Michigan — sem ter de pagar nada.

Esta era a "Linha-Fria" que a Whirlpool tinha para socorrer os fregueses com problemas de serviço. Nussbaum telefonou. O homem do outro lado da linha então "falou com ele através" de um mecânico, explicando a Nussbaum exatamente quais os parafusos que tinha de tirar, que sons escutar e — mais tarde — de que peça precisaria. "Aquele sujeito", diz Nussbaum, "foi muito prestativo. Ele não só sabia o que eu precisava fazer, mas era um grande criador de confiança". A geladeira foi consertada em dois tempos.

A Whirlpool tem um grupo de nove consultores de tempo integral e vários consultores de tempo parcial, alguns antigos homens de serviço de campo, que usam fones de cabeça e recebem chamados desse tipo. Uma tela diante deles imediatamente lhes expõe um diagrama do produto em questão (a Whirlpool faz máquinas de lavar pratos, aparelhos de ar condicionado e outros eletrodomésticos, além de geladeiras) e lhes permite orientar o freguês. Só em 1978 a Whirlpool atendeu a 150.000 desses chamados.

A Linha Fria é um modelo rudimentar de um sistema futuro de manutenção que permite ao dono de casa fazer muito do que um mecânico de fora pago, ou especialista, fazia outrora. Tornado possível por avanços que reduziram o custo dos telefonemas de longa distância, ele sugere sistemas futuros que poderão expor efetivamente, fase após fase, as instruções para o faça-você-mesmo no televisor comum doméstico enquanto o consultor vai falando. A difusão de tais sistemas reservaria o mecânico de consertos somente para tarefas maiores, ou transformaria o mecânico (como o médico ou o assistente social) num professor, guia e guru para prossumidores.

O que nós vemos é um padrão que corta caminho em muitas indústrias — inclusive externalização, aumentando o envolvimento do consumidor em tarefas outrora feitas para ele por outros e mais uma vez, por conseguinte, ocorre a transferência de atividade do Setor B da economia para o Setor A, do setor de troca para o setor de prossumo

Tudo isto empalidece em comparação com o que vemos quando olhamos as dramáticas mudanças que atingiram outras partes da indústria do faça-você-mesmo. O faça-você-mesmo sempre se viu em consertos de vidraças, suportes de lâmpadas quebrados e lajes lascadas. Nada de novo nisso. O que está mudando — e mudando espantosamente — é a relação entre o faça-você-mesmo e o construtor, carpinteiro, eletricista, bombeiro, ou qualquer outro profissional.

Ainda recentemente, há uns dez anos, nos Estados Unidos, só 30 por cento de todas as ferramentas para eletricista eram vendidas a faça-você-mesmo; 70 por cento iam para carpinteiros ou para outros artífices profissionais. Nuns breves dez anos, esses números inverteram-se: hoje somente 30 por cento são vendidos a profissionais; 70 por cento redondos são comprados por consumidores que, cada vez mais, estão fazendo-eles-mesmos

E, fato ainda mais significativo, de acordo com Frost & Sullivan, uma importante firma de pesquisa industrial, que percorria os Estados Unidos entre 1974 e 1976, foi que "pela primeira vez, mais de metade de todos os materiais de construção estavam sendo comprados diretamente por proprietários de casas mais do que por empreiteiros que faziam o trabalho para eles". E isto não incluía uns 350.000.000 de dólares adicionais gastos pelo artesão doméstico para trabalhos abaixo de 25 dólares.

Enquanto os gastos gerais para materiais de construção subiram 31 por cento durante a primeira metade dos anos setenta, os comprados por donos de casa faça-você-mesmo subiram 65 por cento — mais do dobro da rapidez. A mudança, declara o relatório de F & S, é "ao mesmo tempo dramática e contínua".

Outro estudo de Frost & Sullivan fala do crescimento "vertiginoso" de tais gastos e salienta a mudança do valor no sentido da auto-suficiência, "Onde trabalhar com as próprias mãos era olhado com desprezo (pelo menos pela classe média) agora é um sinal de orgulho. As pessoas que fazem seu próprio trabalho orgulham-se dele."

As escolas, as universidades e os editores estão ocupados, oferecendo uma avalanche de cursos e livros sobre como fazer. Diz o *U.S. News & World Report*: "Ricos e pobres são envolvidos no entusiasmo. Em Cleveland, instruções sobre consertos domésticos são oferecidos em projetos de habitação popular. Na Califórnia são comuns saunas instaladas pelos donos, estações de águas e áreas para banhos de sol."

Na Europa, também a chamada "revolução faça-você-mesmo" está a caminho — com umas poucas variações baseadas no temperamento nacional. (Os faça-você-mesmo alemães e holandeses tendem a tratar seus projetos muito sobriamente, estabelecendo altos padrões e equipando-se cuidadosamente. Os italianos, ao contrário, estão apenas descobrindo o movimento, com muitos velhos maridos insistindo em que é degradante fazerem o trabalho eles mesmos.)

Uma vez mais, as razões são múltiplas. A inflação, a dificuldade de conseguir um carpinteiro ou um bombeiro. Trabalho malfeito. Ociosidade expandida. Todas estas coisas representam um papel. Uma razão mais potente, entretanto, é o que poderia ser chamado a Lei da Ineficiência Relativa. Esta insiste em que quanto mais automatizamos a produção de mercadorias e mais baixo é seu custo por unidade, mais aumentamos o custo relativo de serviços manuais e não-automáticos. (Se um bombeiro recebe 20 dólares quando é chamado para trabalhar uma hora e pudermos comprar uma calculadora manual por 20 dólares, o preço dele, com efeito, subirá substancialmente quando os mesmos 20 dólares comprarem várias calculadoras manuais. Relativamente ao custo de outras mercadorias, o preço dele subirá muitas e muitas vezes.)

Por tais razões, devemos esperar que o preço de muitos serviços continue subindo vertiginosamente nos anos à frente. E enquanto os preços se elevarem, podemos esperar que as pessoas façam mais e mais elas mesmas. Em suma, mesmo sem inflação, a Lei da Ineficiência Relativa tornaria ascendentemente "lucrativo" as pessoas produzirem para o seu próprio consumo, transferindo mais atividade do Setor B para o Setor A da economia, da produção de troca para o prossumo.

### OS QUE ESTÃO "POR FORA" E OS QUE ESTÃO "POR DENTRO"

Para vislumbrar o futuro de longo alcance deste desenvolvimento precisamos olhar não só os serviços, mas também as mercadorias. E quando o fazemos, descobrimos que também aqui o consumidor é cada vez mais atraído para dentro do processo da produção.

Hoje, industriais ansiosos recrutam — pagam mesmo — fregueses para os ajudarem a desenhar produtos. Isto não é apenas verdadeiro nas indústrias que vendem diretamente ao público — comida, sabão, artigos de toalete, etc. — porém mais ainda nas indústrias avançadas, como eletrônica, onde a desmassificação é mais rápida.

"Nós temos sido mais bem-sucedidos quando trabalhamos intimamente com um ou dois fregueses", diz o gerente do sistema de planejamento da Texas Instruments. "Sairmos nós mesmos por aí, para estudar uma aplicação, e depois tentarmos surgir com um produto padrão nesse mercado não tem dado certo."

Com efeito, Cyril H. Brown, de Analog Devices, Inc., divide todos os produtos em duas espécies: produtos "dentro-fora" e produtos "fora-dentro". Os últimos são definidos não pelo fabricante, mas pelo freguês em potencial. E estes produtos de fora, de acordo com Brown, são ideais. Quanto mais mudamos na direção da manufatura avançada e quanto mais desmassificamos e mais personalizamos a produção, mais o envolvimento do freguês no processo da produção deve necessariamente crescer.

Atualmente os membros da Computer-aided Manufacturing International (CAM-I) trabalham intensamente, classificando e codificando peças e processos para permitir a automação total da produção. A perspectiva ainda não é mais que um lampejo na visão de peritos tais como o Professor Inyong Ham, do Departamento de Engenharia de Sistemas Industriais e de Manufatura de Penn State, mas finalmente um freguês já poderá alimentar diretamente com suas especificações o computador de um industrial.

O computador não só desenhará o produto que o freguês quiser, explica o Professor Ham, mas escolherá os processos a serem usados. Ele designará as máquinas. Estabelecerá a seqüência das etapas necessárias da, digamos, moagem ou trituração, passando por todas operações até a pintura. Escreverá os necessários programas para os subcomputadores ou dispositivos de controle numérico que farão funcionar a máquina. E poderá mesmo alimentar um "controle adaptável", que otimizará estes vários processos para os propósitos tanto econômicos como ambientais.

No fim, o consumidor, não somente fornecendo as especificações, mas também apertando o botão que porá todo este processo em ação, tornar-se-á grande parte do processo de produção, como o trabalhador da linha de montagem o era do mundo que agora está morrendo.

Conquanto um tal sistema de manufatura com o freguês-ativado ainda esteja um pouco afastado, ao menos algumas das ferragens já existem. Assim, pelo menos em teoria, a máquina *laser* manejada a computador, usada na indústria de roupas e descrita no Capítulo 15, poderia, se ligada por telefone a um computador pessoal, permitir a um freguês introduzir suas várias dimensões, escolher pano apropriado e depois realmente ativar o cortador *laser* — sem deixar sua própria casa.

Robert H. Anderson, chefe do Departamento de Serviços de Informação na RAND Corporation e um notável perito em manufatura computadorizada, explica-o deste modo: "A coisa mais criativa que uma pessoa fará daqui a 20 anos será um consumidor muito criativo... Isto é, a pessoa ficará sentada em sua casa, fazendo coisas como desenhar uma roupa para si mesma ou fazendo modificações num desenho padronizado, a fim de que os computadores possam cortar um para si mesmo pelo *laser* e costurá-lo por máquina numericamente fora dos limites."

"A pessoa poderia realmente, graças aos computadores, tomar as suas especificações e transformá-las num carro. Os computadores, naturalmente, terão programado dentro deles todos os regulamentos federais de segurança e toda a física da situação, de modo que não deixarão a pessoa chegar demasiado fora dos limites".

E se a isto nós agora acrescentarmos a possibilidade de que muitas pessoas, dentro em breve, estarão trabalhando em casa ou nas cabanas eletrônicas de amanhã, começaremos a imaginar uma mudança significativa nas "ferramentas" acessíveis ao consumidor. Muitos dos mesmos dispositivos eletrônicos que usaremos em casa para fazer trabalho remunerado também tornarão possível produzir mercadorias ou serviços para nosso próprio uso. Neste sistema o prossumidor, que dominou as sociedades da Primeira Onda, será trazido de volta ao centro da ação econômica — mas numa Terceira Onda, em base de tecnologia.

Em resumo, quer olhemos os movimentos de auto-ajuda, tendências de faça-você-mesmo ou novas tecnologias de produção, encontramos a mesma mudança no sentido de um envolvimento muito mais próximo do consumidor em produção. Num mundo assim, desvanecem-se as distinções convencionais entre produtor e consumidor. O que era "estranho" torna-se "familiar" e ainda mais produção será transferida do Setor B da economia para o Setor A onde reina o prossumidor.

Quando isto ocorrer, começaremos — glacialmente a princípio, mais depois, talvez, com rapidez em aceleração — até alterarmos a mais fundamental das nossas instituições: o mercado.

## ESTILOS DE VIDA DO PROSSUMIDOR

A atração voluntária do consumidor pela produção tem implicações desconcertantes. Compreender a causa implica lembrar que o mercado se situa precisamente na fenda entre o produtor e o consumidor, que agora se está se apagando. Não era necessário um mercado complexo quando a maioria das pessoas consumiam o que elas mesmas produziam. Só se tornou necessário quando a tarefa do consumo foi separada da de produção.

Os escritores convencionais definem o mercado acanhadamente como um fenômeno capitalista, baseado em dinheiro. Entretanto, o mercado é apenas outra palavra para uma rede de troca, e tem havido (e ainda há) muitas espécies diferentes de redes de troca. No Ocidente o mais familiar para nós é o mercado capitalista, baseado no lucro. Mas há também mercados socialistas — redes de intercâmbio através das quais as mercadorias ou serviços produzidos por Ivan Ivanovich, em Smolensk, são trocados por mercadorias ou serviços produzidos por Johann Schmidt, na Berlim Oriental. Há mercados baseados em dinheiro — mas também mercados baseados em permuta. O mercado não é nem capitalista nem socialista. É uma conseqüência direta, inevitável, do divórcio do produtor e do consumidor. Onde quer que ocorra este divórcio surge o mercado. E onde quer que se estreite a brecha entre o consumidor e o produtor são trazidos à baila a função total, o papel e o poder do mercado.

O aparecimento do prossumo atualmente, por conseguinte, começa a mudar o papel em nossas vidas.

É cedo demais para saber onde este empuxão sutil, mas significativo, nos está levando. Certamente o mercado não vai desaparecer. Nós *não* vamos voltar à economia do pré-mercado. O que chamei de Setor B — o setor de troca — não vai mirrar e desaparecer. Continuaremos por muito tempo ainda a depender pesadamente do mercado.

Não obstante, o advento do prossumo aponta energicamente para uma mudança fundamental nas relações entre o Setor A e o Setor B — um conjunto de relações que os economistas da Segunda Onda têm virtualmente desprezado até agora.

Pois o prossumo envolve a "desmercadização" de pelo menos certas atividades e, por conseguinte, um papel acentuadamente alterado para o mercado na sociedade. Sugere uma economia do futuro diferente de qualquer uma que temos conhecido — uma economia que não será mais desequilibradamente pesada a favor do Setor A ou do Setor B. Aponta a emergência de uma economia que não se parecerá nem com as economias da Primeira Onda e da Segunda Onda, mas, em vez disso, fundirá as características de ambas numa síntese histórica.

O acesso do prossumidor, acionado pelo custo ascendente de muitos serviços pagos, pelo colapso das burocracias de serviço da Segunda Onda, pela disponibilidade das tecnologias da Terceira Onda, pelos problemas do desemprego estrutural e por muitos fatores convergentes, leva a novos estilos de trabalho e arranjos de vida. Se nos permitirmos especular, tendo em mente algumas das mudanças descritas anteriormente — tais como o movimento para a dessincronização e o trabalho em tempo parcial, a possível emergência da cabana eletrônica, ou a estrutura da vida familiar mudada — podemos começar a discernir alguma, destas mudanças de estilo de vida.

Estamos assim nos deslocando para uma economia futura, na qual nunca números muito grandes ocupam empregos pagos de tempo integral, ou na qual o "tempo integral" é redefinido, como tem sido em anos recentes, para significar uma semana de trabalho ou um ano de trabalho cada vez mais curtos (Na Suécia, onde uma lei recente garantiu a todos os trabalhadores cinco semanas de férias pagas, independentemente da idade ou do tempo de serviço, estabeleceu-se que o ano de trabalho normal tinha 1.840 horas. Com efeito, o absenteísmo tem sido tão alto que uma média mais realista por trabalhador é 1.600 horas por ano.)

Grande número de trabalhadores já faz trabalho pago equivalente a apenas três ou quatro dias por semana, ou tiram seis meses ou um ano para se dedicarem a objetivos educativos ou recreativos. Este padrão pode muito bem ficar mais forte se o cheque de salário for multiplicado por dois. Mais pessoas no mercado de trabalho — mais altos "índices de participação no trabalho" como dizem os economistas — poderão muito bem viver com horas reduzidas por trabalhador.

Isto projeta toda a questão do lazer numa nova luz. Uma vez que reconheçamos que muito do nosso chamado tempo de lazer é, de fato, gasto produzindo mercadorias e serviços para o nosso próprio uso — prossumo — então a velha distinção entre trabalho e lazer se desmantela. A questão não é trabalho *versus* lazer, mas trabalho pago para o Setor B *versus* trabalho não pago, autodirigido e automonitorizado para o Setor A.

No contexto da Terceira Onda os novos estilos de vida baseados metade em produção para troca e metade em produção para uso, tornam-se práticos. Tais estilos de vida eram de fato comuns nos primeiros dias da revolução industrial entre populações agrícolas, que foram lentamente sendo absorvidas no proletariado urbano. Durante um longo período transitorial milhões de pessoas trabalhavam parte do tempo em fábricas e parte do tempo na terra, produzindo sua própria comida, comprando algumas das necessidades, fazendo o resto. Este padrão ainda prevalece em muitas partes do mundo — mas em geral numa base tecnologicamente primitiva.

Imagine-se este padrão de vida — mas com a tecnologia do século XXI para a produção de mercadorias e comida, ao mesmo tempo métodos de ajuda para a produção de muitos serviços imensamente ampliados. Em vez do molde de um vestido, por exemplo, o prossumidor de amanhã poderia muito bem comprar um cassete com um programa que acionaria uma máquina de costura eletrônica "inteligente". Mesmo o dono-de-casa desajeitado, com tal cassete, poderia fazer as suas próprias camisas sob medida. Pessoas com vocação para mecânica poderiam fazer mais do que regular seus carros. Poderiam, na realidade, quase fazê-los.

Vimos que algum dia poderá tornar-se possível para o freguês programar suas próprias especificações no processo de fabricação de automóveis através do computador e do telefone. Mas há outro modo em que o consumidor, mesmo agora, pode participar da produção de um automóvel.

Uma companhia chamada Bradley Automotive já oferece um "estojo GT Bradley" que permite a você "montar o seu luxuoso carro de corridas". O prossumidor que compra o estojo, parcialmente pré-montado, monta o corpo de fibra de vido num chassi de Volkswagen, liga os fios do motor e arma a direção, prende os assentos, e assim por diante.

Pode-se facilmente imaginar uma geração criada em trabalho pago em tempo parcial como norma, ansiosa por usar as próprias mãos, equipada com muitas minitecnologias baratas em casa, formado um segmento considerável da população. Metade no mercado, metade fora, trabalhando intermitentemente e não o ano inteiro, tirando um ano de folga de vez em quando, todos poderão muito bem ganhar menos — mas compensam isso suprindo com seu próprio trabalho muitas tarefas que agora custam dinheiro, mitigando assim os efeitos da inflação.

Os mórmons da América oferecem outra indicação dos possíveis estilos de vida do futuro. Muitos *stakes* dos mórmons — uma *stake* corresponde a, digamos, uma diocese católica — possuem e exploram suas próprias fazendas.

Membros da *stake,* inclusive membros urbanos, gastam algum de seu tempo livre como fazendeiros produzindo comida. A maioria da produção não é vendida, mas armazenada para uso em casos de emergência, ou distribuída a mórmons necessitados. Há fábricas centrais de enlatamento, instalações de engarrafamento e elevador de cereais. Alguns mórmons produzem sua própria comida e levam-na para a fábrica de conservas enlatadas. Outros compram verduras frescas no supermercado e levam-nas para a fábrica de enlatamento local.

Diz um mórmon de Salt Lake City: "Minha mãe, por exemplo, compra tomates e enlata-os. A 'sociedade' de amparo, a sociedade auxiliar das mulheres, tira um dia e vão todas lá e enlatam tomates para seu próprio uso". Semelhantemente, muitos mórmons não só contribuem com dinheiro para sua igreja, mas também fazem trabalho voluntário — trabalho de construção, por exemplo.

Nada disto é para sugerir que vamos todos nos tornar membros da igreja mórmon, ou que será possível no futuro criar de novo numa escala ampla os elos sociais e comunitários que se encontram neste grupo altamente participante e teologicamente autocrático. Mas o princípio da produção para uso próprio, por indivíduos ou por grupos organizados, é possível que venha a difundir-se mais.

Fornecidos computadores domésticos, dadas as sementes geneticamente projetadas para agricultura urbana ou mesmo de apartamento, dadas as ferramentas domésticas baratas para trabalhar plástico, dados os novos materiais, adesivos e membranas e dado o conselho técnico grátis disponível pelas linhas telefônicas, com instruções talvez pisca-piscando na TV ou na tela do computador, tornar-se-á possível criar estilos de vida que serão mais perfeitos e variados, menos monótonos, mais criativamente satisfatórios e com mercado menos intensivo do que os estilos que tipificaram a civilização da Segunda Onda.

Ainda é muito cedo para saber a que distância irá esta mudança de atividade do intercâmbio no Setor B ao prossumo no Setor A, como variará o equilíbrio entre estes setores de país para país e que determinados estilos de vida emergirão dele realmente. O que é certo, entretanto, é que qualquer mudança significativa no equilíbrio entre a produção para uso e a produção para troca explodirá cargas de profundidade sob o nosso sistema econômico ou nossos valores igualmente.

## ECONOMIA DA TERCEIRA ONDA

Será possível que o muito lamentado declínio da ética protestante do trabalho esteja ligado a esta mudança da produção para os outros à produção para si mesmo? Em toda a parte vemos a decadência da moral industrial que promovia trabalho duro. Os executivos ocidentais murmuram sombriamente a respeito desta "doença inglesa" que se supõe nos reduzirá a todos à penúria se não nos curarmos dela. "Só os japoneses ainda trabalham arduamente", dizem eles. Mas tenho ouvido, de importantes líderes da indústria japonesa, que sua força de trabalho está sofrendo da mesma infecção. "Só os coreanos ainda trabalham duro", dizem eles.

Entretanto, as próprias pessoas que se supõe resistirem ao trabalho duro no emprego são muitas vezes as pessoas que estão, de fato, trabalhando duro fora do emprego — assentando azulejos no banheiro, tecendo tapetes, dedicando seu tempo e habilidades a uma campanha política, assistindo a reuniões de ajuda mútua, costurando, plantando legumes no jardim, escrevendo contos ou remodelando o dormitório na mansarda. Pode ser que a motivação propulsora que ativava a expansão do Setor B agora esteja sendo canalizada para o Setor A — para o prossumo?

A Segunda Onda trouxe consigo mais do que máquinas a vapor e teares mecânicos. Trouxe consigo uma imensa mudança caracterológica. Hoje ainda podemos ver esta mudança ocorrendo entre populações deslocando-se das sociedades da Primeira Onda para as da Segunda Onda — como os coreanos, por exemplo, que ainda estão ocupados expandindo o Setor B às expensas do Setor A.

Em contraste, nas sociedades maduras da Segunda Onda que vacilam sob o impacto da Terceira Onda — enquanto a produção se desloca para trás, para o Setor A, e o consumidor é puxado para trás, para dentro do processo de produção — para outra mudança caracterológica. Mais adiante exploraremos esta fascinante mudança. Pois agora precisamos apenas ter em mente que a estrutura da própria personalidade talvez seja pesadamente influenciada pelo acesso do prossumo.

Em parte alguma, entretanto, as mudanças provavelmente serão gravadas pelo acesso do prossumidor de modo mais explosivo do que na economia. Os economistas, em vez de apontarem todas as suas armas para o Setor B, terão de desenvolver uma concepção mais holística de uma economia — terão de analisar o que acontece no Setor A igualmente e aprender como as duas partes se relacionam uma com a outra.

Como a Terceira Onda começou a reestruturar a economia mundial, a profissão de economista tem sido selvaticamente atacada por sua incapacidade para explicar o que está acontecendo. Suas ferramentas mais sofisticadas, incluindo modelos e matrizes computadorizados, parecem dizer-nos cada vez menos sobre como a economia realmente funciona. Com efeito, muitos economistas estão concluindo que o pensamento econômico convencional, tanto ocidental como marxista, está fora do alcance com uma realidade de rápida mudança.

Uma razão básica pode ser o fato de que as mudanças de significação estejam cada vez mais fora do Setor B — isto é, fora de todos os processos de intercâmbio. Para voltar a pôr a economia em contato com a realidade, os economistas da Terceira Onda precisarão desenvolver novos modelos, medidas e índices para descrever processos no Setor A; e terão de pensar de novo muitas pressuposições radicais à luz do advento do prossumidor.

Uma vez que reconheçamos que poderosas relações ligam a produção medida (e a produtividade) no Setor B, e a produção não medida (e a produtividade) no Setor A, a economia invisível, seremos compelidos a redefinir estes termos. Já em meados da década de 60, o economista Victor Fuchs, do Bureau Nacional de Pesquisa Econômica sentiu o problema, observando que o acesso de serviços tornava absoletas as medidas tradicionais da produtividade. Declarou Fuchs: "O conhecimento, a experiência, a honestidade e a motivação do consumidor afetam a produtividade do serviço."

Porém, mesmo nestas palavras, a "produtividade" do consumidor ainda é vista apenas em termos de Setor B — apenas como uma contribuição para produção para troca. Ainda não há reconhecimento de que a produção real também tem lugar no Setor A — que as mercadorias e os serviços produzidos para si mesmo são perfeitamente reais, e que podem deslocar ou substituir mercadorias e serviços produzidos no Setor B. Algarismos da produção convencional, especialmente algarismos do PNB, terão cada vez menos sentido até que os expandamos explicitamente para incluir o que acontece no Setor A.

Uma compreensão do acesso do prossumidor também ajudará a colocar em foco mais nítido o conceito do custo. Assim, ganharemos poderosa penetração uma vez que reconheçamos que a efetividade do prossumidor no Setor A poderá levar a custos mais altos ou mais baixos para companhias ou agências do governo que operam no Setor B.

Por exemplo, taxas altas de alcoolismo, absenteísmo, colapsos nervosos e perturbações mentais na força de trabalho, tudo contribuirá para o "custo de fazer negócio" como será convenientemente medido no Setor B. (Calcula-se que só o alcoolismo tem custado à indústria americana 20 bilhões de dólares no tempo de produção por ano. Na Polônia ou na União Soviética, onde este mal está mais difundido, os algarismos comparáveis devem ser ainda mais apavorantes.) Até ao grau em que os grupos de ajuda mútua aliviam tais problemas na força de trabalho, eles reduzem estes custos de operação. Desse modo, a eficiência do prossumo afeta a eficiência da produção.

Fatores mais sutis também influenciam o custo da produção no comércio. Até que ponto os trabalhadores são alfabetizados ou têm o dom da expressão? Falam todos a mesma língua? Sabem ver as horas? Estão culturalmente preparados para o emprego? As aptidões aprendidas na vida familiar contribuem para a sua competência ou a prejudicam? Todos estes traços de caráter, atitudes, valores, habilidades e motivações necessários para alta produtividade no Setor B, o setor do intercâmbio, são produzidos, ou, mais precisamente, prossumidos no Setor A. O acesso do prossumidor — a reintegração do consumidor na produção — nos forçará a olhar muito mais atentamente tais correlações.

A mesma mudança poderosa nos compelirá a redefinir a eficiência. Hoje ao determinarem a eficiência, os economistas comparam modos alternativos de produzir o mesmo produto ou serviço. Eles raramente comparam a eficiência de produzi-lo no Setor B em confronto com a do prossumo no Setor A. Entretanto, este é precisamente o que milhões de pessoas — supostamente ignorantes de teoria econômica — estão fazendo. Eles descobrem isso uma vez que assegurem um certo nível de renda monetária, que pode ser mais lucrativo, tanto econômica como psicologicamente, prossumir do que ganhar mais dinheiro.

Tampouco os economistas ou negociantes acompanham os efeitos negativos da eficiência do Setor B no Setor A — como, por exemplo, quando uma companhia exige mobilidade extremamente alta destes executivos e causa uma onda de doença relacionada com estresse, colapso familiar ou consumo exagerado de álcool como resultado. Poderemos muito bem descobrir que o que parece ser ineficiente nos termos convencionais do Setor B é, de fato, tremendamente eficiente quando olhamos a economia total e não apenas parte dela.

Para fazer sentido, a "eficiência" deve referir-se a efeitos de segunda e não apenas de primeira ordem e a ambos os setores da economia, não apenas um.

E quanto a conceitos como "renda", "bem-estar", "pobreza" ou "desemprego"? Se uma pessoa vive metade dentro e metade fora do sistema do mercado, que produtos, tangíveis ou intangíveis, devem ser considerados como parte de sua renda? Que significação têm, exatamente, os algarismos da renda numa sociedade na qual o prossumo pode responder por muito do que tem a pessoa mediana?

Como definir de fato o bem-estar em tal sistema? Os beneficiados pelo bem-estar devem trabalhar? Se devem, todo este trabalho deve estar necessariamente no Setor B? Ou devem os beneficiários do bem-estar ser encorajados a prossumir?

Qual a verdadeira significação do desemprego? O mecânico despedido que põe um novo telhado em sua casa, ou reforma o seu carro, é desempregado no mesmo sentido de um que fica sentado ociosamente em casa, vendo futebol na televisão? O advento do prossumidor força-nos a questionar todo o nosso modo de olhar os duplos problemas de desemprego, por um lado, e o desperdício burocrático e a pressão sindical forçando a dar o emprego desnecessário a outro.

As sociedades da Segunda Onda têm tentado arrostar o desemprego, por exemplo, resistindo à tecnologia, fechando as portas à imigração, criando intercâmbios trabalhistas, aumentando as exportações, reduzindo as importações, criando programas de obras públicas, reduzindo as horas de trabalho, tentando aumentar a mobilidade da mão-de-obra, deportando populações inteiras e até fazendo guerra para estimular a economia. E, entretanto, o problema torna-se cada dia mais complexo e difícil.

Será que os problemas de abastecimento de mão-de-obra — tanto os excessos como as carências — *nunca* poderão ser solucionados satisfatoriamente dentro da estrutura de uma sociedade da Segunda Onda, capitalista ou socialista? Olhando a economia como um todo, mais do que focalizando exclusivamente uma parte dela, podemos traçar o problema de uma nova maneira que nos ajudará a solucioná-lo?

Se a produção ocorre em ambos os setores, se as pessoas estão ocupadas produzindo mercadorias e serviços para si mesmas em um setor e para outros num setor diferente, como é que isto afeta o argumento sobre uma renda mínima garantida para todos? Tipicamente, a renda nas sociedades da Segunda Onda estava inextricavelmente ligada ao trabalho para a economia da troca. Mas não estão os prossumidores também "trabalhando", mesmo não sendo parte do mercado ou estando apenas parcialmente nele? Não deve um homem ou uma mulher que fica em casa criando um filho, assim contribuindo para a produtividade do Setor B através de seus esforços no Setor A, receber alguma renda, mesmo que não ocupe um emprego no Setor B?

O advento do prossumidor alterará decisivamente todo o nosso pensamento econômico. Também mudará a base do conflito econômico. A competição entre os produtores-trabalhadores e os produtores-administradores sem dúvida continuará. Mas diminuirá em importância à medida que o prossumo aumente e nós entremos pela sociedade da Terceira Onda adentro. Em seu lugar surgirão novos conflitos sociais.

Haverá batalhas sobre quais necessidades serão atendidas por qual setor da economia As lutas se aguçarão, por exemplo, sobre licenciamento, códigos de construção e coisas semelhantes, quando as forças da Segunda Onda tentarem garantir para si os empregos e os lucros, impedindo os prossumidores de entrarem nesse campo. Os sindicatos dos professores lutam tipicamente para manter os pais fora da sala de aula com todo o zelo de construtores que lutam para preservar códigos de construção obsoletos. Contudo, assim como certo número de problemas de saúde (como os decorrentes de comer demais, falta de exercícios ou fumar, por exemplo) não podem ser resolvidos só pelos médicos, mas exigem, em vez disso, a participação ativa do paciente, assim certos problemas educacionais não podem ser resolvidos sem os pais. O aparecimento do prossumidor muda todo o panorama econômico.

Assim, estes efeitos serão intensificados e a economia do mundo inteiro mudou por um fato histórico maciço que agora nos fita no rosto — que parece ter passado despercebido aos economistas e pensadores da Segunda Onda. Este último fato sobranceiro dispõe em perspectiva tudo o que lemos até agora neste capítulo

### O FIM DA COMERCIALIZAÇÃO

O que passou quase despercebido não é apenas uma mudança nos padrões de participação no mercado, mas, mesmo mais fundamentalmente, a conclusão de todo o processo histórico da edificação do mercado. Este ponto crítico é tão revolucionário em suas implicações, e no entanto tão sutil, que os pensadores capitalistas e marxistas, igualmente perdidos na sua polêmica da Segunda Onda, mal notaram seus sinais. Este ponto não se encaixa em nenhuma das suas teorias e, desse modo, permaneceu impenetrável para eles.

A raça humana tem estado ocupada, construindo uma rede de intercâmbio — um mercado — durante pelo menos 10.000 anos. Nos últimos 300 anos, desde que começou a Segunda Onda, este processo avançou estrondosamente a uma velocidade muito alta. A civilização da Segunda Onda "mercadizou" o mundo. Hoje — no momento exato em que começa a ascensão do prossumo novamente — este processo está chegando ao fim.

O imenso sentido histórico disto não pode ser apreciado a não ser que vejamos claramente o que é um mercado ou uma rede de intercâmbio. Ajudará imaginá-lo como um encanamento. Quando a revolução industrial irrompeu na terra, lançando a Segunda Onda, poucas pessoas no planeta estavam ligadas ao sistema monetário. O comércio existia, mas só as periferias da sociedade eram tocadas por ele. As várias redes de corretores, distribuidores, atacadistas, varejistas, banqueiros e outros elementos do sistema comercial eram pequenas e rudimentares, proporcionando apenas uns poucos encanamentos através dos quais podiam fluir mercadorias e dinheiro.

Durante 300 anos despejamos energias avassaladoras na construção deste encanamento. Foi realizado em três maneiras. Primeiro os mercadores e mercenários da civilização da Segunda Onda espalharam-se em volta do globo, convidando ou coagindo novas populações a entrarem para o mercado — a produzir mais e a prossumir menos. Os povos tribais africanos, auto-suficientes, foram induzidos ou compelidos a produzir safras para fazer dinheiro e arrancar cobre. Camponeses asiáticos que antes produziam a sua comida foram, em vez disso, postos a trabalhar em plantações, extraindo a seiva de seringueiras para pôr pneumáticos em automóveis. Os latino-americanos começaram a produzir café para vender na Europa e nos Estados Unidos. Com cada desenvolvimento assim, o encanamento era construído ou se tornava mais complexo e cada vez mais populações eram atraídas para a dependência dele.

A segunda maneira como o mercado se expandiu foi através da crescente produção de artigos primários da vida. Não só havia maiores populações envolvidas *no* mercado, mas cada vez mais mercadorias e serviços eram destinados *ao* mercado, exigindo um contínuo aumento da "capacidade do canal" do sistema — um alargamento, por assim dizer, do diâmetro dos canos.

Finalmente, o mercado expandiu-se de outro modo. À medida que a sociedade e a economia se tornavam mais complexas, o número de transações exigido para, digamos, uma simples barra de sabão passar do produtor ao consumidor multiplicou-se. Quantos mais eram os intermediários, mais ramificado se tornava o labirinto de canais ou canos. Esta crescente complexidade do sistema era em si uma forma de maior desenvolvimento, como o acréscimo de tubos e válvulas ainda mais especiais a um encanamento.

Hoje todas estas formas de expansão do mercado estão chegando aos seus limites exteriores. Poucas populações ainda permanecem para serem atraídas para o mercado. Apenas um punhado dos povos mais remotos permanecem intocados pelo mercado. Mesmo as centenas de milhões de lavradores que trabalham para a subsistência em países pobres estão pelo menos particularmente integrados no mercado e no sistema monetário que o acompanha.

O que resta, por conseguinte, é, no máximo, uma operação de absorção O mercado não pode mais se expandir engolfando vastas populações novas.

A segunda forma de expansão ainda é possível, pelo menos teoricamente. Com imaginação, podemos ainda, sem dúvida, pensar em serviços ou mercadorias adicionais para vender ou trocar. Mas é precisamente aqui que o aparecimento do prossumidor se torna significativo. As relações entre o Setor A e o Setor B são complexas e muitas das atividades dos prossumidores depende da compra de materiais ou ferramentas do mercado. Mas o nascimento da autoajuda, em particular, e a desmercadização de muitas mercadorias e serviços sugerem que também aqui o processo de comercialização pode estar à vista.

Finalmente, a crescente complexidade da "canalização" — a crescente complexidade da distribuição, a interpolação de cada vez mais intermediários — também parece estar chegando a um ponto de onde não se volta. Os custos do próprio intercâmbio, mesmo medidos convencionalmente, estão atualmente ultrapassando os custos da produção material em muitos campos. Em algum ponto, este processo chega a um limite. Os computadores, enquanto isso, e o surgimento de uma tecnologia ativada pelo prossumidor, indicam inventários menores e cadeias de distribuição antes simplificadas do que mais complexas. Novamente, por conseguinte, a prova indica o fim do processo de mercadização, se não no nosso tempo, então pouco depois.

Se nosso "projeto de canalização" está se aproximando da conclusão, que poderia significar para o nosso trabalho, nossos valores e nossas psiques? Afinal de contas, um mercado não consiste no aço ou nos sapatos ou no algodão ou na comida enlatada que fluem por ele. O mercado é a estrutura através da qual passam tais mercadorias e serviços. Além disso, não é simplesmente uma estrutura econômica. É um modo de organizar pessoas, um modo de pensar, uma moral e um conjunto partilhado de expectações (isto é, a expectação de que as mercadorias compradas serão efetivamente entregues). Um mercado e, desse modo, tanto uma estrutura psicossocial como uma realidade. E seus efeitos transcendem muito a economia.

Correlacionando sistematicamente bilhões de pessoas umas com as outras, o mercado produziu um mundo no qual ninguém tinha controle independente sobre o seu destino — nem pessoa, nem nação, nem cultura. Trouxe consigo a crença em que a integração no mercado era "progressiva", enquanto a auto-suficiência era "retrógrada". Ele difundia materialismo vulgar e a crença em que a economia e a motivação econômica eram as forças primárias na vida humana. Promovia uma visão da vida como uma sucessão de transações contratuais e da sociedade igualmente ligada em seu todo pelo "contrato matrimonial" e o "contrato social". A mercadização assim modelou os pensamentos e os valores tanto como as ações de bilhões e estabeleceu o tom da civilização da Segunda Onda.

Foi necessário um enorme investimento de tempo, energia, capital, cultura e matérias-primas para criar uma situação na qual um agente de compras na Carolina do Sul pudesse fazer negócio com um empregado invisível e desconhecido da Coréia do Sul — cada um com seu próprio ábaco ou computador, cada um com uma imagem internacionalizada do mercado, cada um com uma porção de expectações a respeito do outro, cada um efetuando certos atos proféticos porque ambos tinham sido a vida toda treinados para representarem certos papéis preestabelecidos, cada um parte de um sistema global gigantesco, envolvendo milhões, na verdade bilhões, de outros.

Poderíamos argumentar plausivelmente que a construção desta complicada estrutura de relações humanas e sua difusão explosiva em volta do planeta, era a mais impressionante realização singular da civilização da Segunda Onda, reduzindo à insignificância mesmo suas realizações espetaculares. A criação passo a passo desta estrutura essencialmente sociocultural e psicológica, para intercâmbio (completamente à parte da torrente de mercadorias e serviços que fluíam através dela) pode ser comparada com a construção das pirâmides do

Egito, os aquedutos romanos, a Grande Muralha da China e as catedrais da Idade Média, tudo isto combinado e multiplicado um milhar de vezes.

Este projeto de construção, o mais grandioso de toda a história, a colocação em seus devidos lugares dos tubos e canais através dos quais grande parte da vida econômica da civilização pulsava e fluía, deu à civilização da Segunda Onda, em toda a parte, seu dinamismo e empuxão propulsivo interior. Com efeito, se esta civilização, agora moribunda, pode dizer que teve alguma missão, essa foi a de mercadizar o mundo.

Hoje, essa missão está quase completamente cumprida.

A idade heróica da estrutura do mercado passou — para ser substituído por uma nova fase na qual apenas mantemos, renovamos e pomos em dia a canalização. Sem dúvida, teremos de redesenhar importantes peças dela para acomodar fluxos radicalmente aumentados de informação. O sistema dependerá cada vez mais da eletrônica, da biologia e de novas tecnologias sociais. Isto também exigirá, sem dúvida, recursos, imaginação e capital. Mas comparado com o esforço exaustivo da mercadização da Segunda Onda, este programa de renovação absorverá uma fração muito menor do nosso tempo, nossa energia, nosso capital e nossa imaginação. Usará menos — não mais — ferragens e menos — não mais — gente do que o processo original de construção. Por mais complexa que a conversão se revele, a mercadização não será mais o projeto central da civilização.

A Terceira Onda produzirá, por conseguinte, a primeira civilização de "transmercado" da História.

Por transmercado não quero dizer uma civilização sem redes de intercâmbio — um mundo jogado para trás, para as pequenas comunidades, isoladas, completamente auto-suficientes, incapazes ou sem vontade de negociarem umas com as outras. Não quero dizer retroceder. Por "transmercado" refiro-me a uma civilização que é dependente do mercado mas não é mais consumida pela necessidade de construir, estender, elaborar e integrar esta estrutura. Uma civilização capaz de se mudar para uma nova agenda — precisamente por que o mercado já foi colocado em seu lugar.

E assim como ninguém que viveu no século XVI podia imaginar como o crescimento do mercado mudaria a agenda do mundo em termos de tecnologia, política, religião, arte, vida social, direito, casamento ou desenvolvimento de personalidade — assim também é extremamente difícil para nós, hoje, visualizarmos os efeitos de longo alcance do fim da mercadização.

E, entretanto, estes provavelmente irradiarão para dentro de cada interstício das vidas de nossos filhos, se não nas nossas próprias. O projeto de mercadização exigiu um preço. Mesmo em termos puramente econômicos, este preço foi enorme. Como a produtividade da raça humana subiu durante os

300 anos, uma parte significativa dessa produtividade — em ambos os setores — foi posta de lado e destinada ao projeto da estrutura do mercado.

Com a tarefa da edificação agora virtualmente completa, as enormes energias previamente despejadas na estrutura do sistema de mercado mundial tornaram-se disponíveis para outros fins humanos. Deste fato somente fluirá uma série de mudanças civilizacionais. Nascerão novas religiões. Obras de arte numa escala até aqui inimaginada. Avanços científicos fantásticos. E, acima de tudo, espécies totalmente novas de instituições sociais e políticas.

O que está em jogo atualmente é mais do que o capitalismo ou o socialismo, mais do que energia, comida, população, capital, matéria-prima ou empregos; o que está em jogo é o papel do mercado em nossas vidas e o futuro da própria civilização.

Isto, em seu âmago, é do que trata o advento do prossumidor.

A mudança na estrutura básica da economia é parte da mesma onda de mudanças correlatas que agora estão golpeando a base da nossa energia, da nossa tecnologia, do nosso sistema de informação e da nossa família e instituições comerciais. Estas por sua vez estão entrelaçadas com a maneira como vemos o mundo. E nesta espera também sofremos uma convulsão histórica. Pois a idéia de todo o mundo sobre a civilização industrial — a indust-realidade — agora está sendo revolucionada.

# 21
# O TURBILHÃO MENTAL

Nunca antes tantas pessoas em tantos países — mesmo pessoas educadas e supostamente sofisticadas — foram intelectualmente tão inermes, afogando-se, por assim dizer, num turbilhão de idéias conflitantes, confusas e cacofônicas. Visões em colisão umas com outras abalam o nosso universo mental.

Cada dia traz alguma nova moda, alguma descoberta científica, alguma religião, algum movimento ou manifesto. O culto da natureza, a ESP (Extrasensory Perception), a medicina holística, a sociobiologia, o anarquismo, a tecnofilia, a tecnofobia, e um milhar de outras correntes e correntes cruzadas passam através da tela da consciência, cada uma com seu sacerdócio científico ou guru "picareta".

Vemos ataque ascendente ao estabelecimento ciência. Vemos uma revivescência descontrolada da religião fundamentalista e uma busca desesperada em busca de alguma coisa — quase qualquer coisa — em que acreditar.

Grande parte desta confusão é, na realidade, o resultado da intensificação de uma guerra cultural — a colisão de uma cultura nascente da Terceira Onda com as idéias e pressuposições entrincheiradas da sociedade industrial. Pois assim como a Segunda Onda engolfou teorias tradicionais e difundiu o sistema de crença a que eu chamo *indust-realidade,* assim hoje vemos os primórdios de uma revolta filosófica que visa a derrubar as pressuposições reinantes dos 300 anos passados. As idéias chaves do período industrial estão sendo desacreditadas, descontadas, suplantadas, ou compreendidas em teorias muito maiores e mais poderosas.

As crenças essenciais da civilização da Segunda Onda não conseguiram aceitação sem uma luta acirrada durante os 300 anos passados. Na ciência, na educação, na religião, num milhar de campos, os pensadores "progressistas" do industrialismo lutaram contra os pensadores "reacionários" que refletiam e racionalizavam sociedades agrícolas. Hoje são os defensores do industrialismo que têm as costas contra a parede, quando uma cultura nova, a da Terceira Onda, começa a tomar forma.

## A NOVA IMAGEM DA NATUREZA

Nada ilustra este choque de idéias mais claramente do que a nossa imagem cambiante da natureza.

Na década passada surgiu um movimento ambiental universal em resposta a mudanças potencialmente perigosas ocorridas na biosfera da Terra. E este movimento tem feito mais do que atacar a poluição, os aditivos da comida, os reatores nucleares, as rodovias e os aerossóis para aplicar no cabelo. E também nos forçou a pensar de novo em nossa dependência da natureza. Em conseqüência disso, em vez de nos concebermos como empenhados numa luta sangrenta com a natureza, estamos nos voltando para uma nova concepção que acentua a simbiose ou a harmonia com a Terra. Estamos mudando de uma atitude de adversário para uma atitude de não-adversário.

No nível científico, isto tem levado a milhares de estudos visando a compreender as relações ecológicas de modo a podermos amortecer os nossos impactos com a natureza ou a canalizá-los de maneiras construtivas. Estamos exatamente começando a apreciar a complexidade e o dinamismo destas relações e a reconceituar a própria sociedade em termos de reciclagem, renovabilidade e a capacidade de alimentar sistemas naturais.

Tudo isto é refletido numa mudança correspondente da atitude popular para com a natureza. Quer examinemos as pesquisas da opinião quer as letras das canções *pop,* as fantasias visuais da propaganda ou o conteúdo dos sermões, encontramos demonstrações de uma atitude elevada, se bem que muitas vezes romântica, para com a natureza.

Aos milhões, os habitantes da cidade anseiam pelo campo e o Urban Land Institute acusa uma significativa transferência de população para áreas rurais. O interesse por alimentos naturais e nascimento natural, a amamentação no seio, os biorritmos ou o cuidado com o corpo aumentaram nos anos recentes. E a suspeita pública da tecnologia está tão difundida que mesmo os adeptos mais intransigentes do PNB hoje aceitam a idéia, ao menos em palavra, de que a natureza deve ser protegida, não violentada; que os efeitos colaterais da tecnologia na natureza devem ser previstos e evitados, não simplesmente desprezados.

Porque o nosso poder de danificar aumentou muito, a terra agora é considerada muito mais frágil do que a civilização da Segunda Onda suspeitava.

Ao mesmo tempo, é considerada como um ponto decrescente num universo que se torna maior e mais complexo a cada momento que passa.

Desde que começou, há uns 25 anos, os cientistas desenvolveram toda uma bateria de novos instrumentos para sondar as regiões mais distantes da natureza. Por sua vez, estes *lasers,* foguetes, aceleradores, plasmas, capacidades fotográficas fantásticas, computadores e dispositivos de raios antagônicos estouraram a nossa concepção do que nos rodeia.

Agora estamos olhando para fenômenos que são maiores, menores e mais rápidos por ordens de magnitude do que quaisquer outros que examinamos durante o passado da Segunda Onda. Hoje estamos sondando fenômenos que são tão pequeninos como 1/1.000.000.000.000.000 de centímetros num universo explorável cuja borda fica a pelo menos ........................... 100.000.000.000.000.000.000.000 milhas de distância. Estamos estudando fenômenos de vida tão curta que ocorrem em 1/10.000.000.000.000.000.000 de segundo. Em contraste, os nossos astrônomos e cosmólogos dizem-nos que o universo tem uns 20.000.000.000 de anos de idade. A simples escala da natureza explorável explodiu para lá das pressuposições mais fantásticas de ontem.

Além disso, nesta vastidão remoinhante, dizem-nos que a Terra pode não ser a única esfera habitável. Diz o astrônomo Otto Struve: "a vastidão de estrelas que devem possuir planetas, as conclusões de muitos biologistas de que a vida é uma propriedade inerente a certos tipos de moléculas complicadas ou agregados de moléculas, a uniformidade dos elementos químicos através do universo, a luz e calor emitidos por estrelas de tipo solar e a ocorrência de água não só na Terra, mas também em Marte e Vênus, compelem-nos a revisarmos o nosso pensamento" e considerar a possibilidade de vida extraterrestre.

Isto não significa pequeninos humanóides verdes. E não significa OVNIs. Mas sugerindo que a vida não é exclusiva na Terra, altera ainda mais a nossa percepção da natureza e o nosso lugar nela. Desde 1960, os cientistas têm estado a escutar no escuro, esperando detectar sinais de alguma inteligência distante. O Congresso dos Estados Unidos tem realizado audiências sobre "A Possibilidade de Vida Inteligente em Outras Partes do Universo". E a nave espacial Pioneer 10, percorrendo o espaço estelar, levou com ela uma saudação pictórica para os extraterrestres.

Quando alvorece a Terceira Onda, nosso próprio planeta parece muito menor e mais vulnerável. Nosso lugar no universo parece menos grandioso. E mesmo a remota possibilidade de que não estamos sós faz-nos meditar.

Nossa imagem da natureza não é o que costumava ser.

Tampouco o é a nossa imagem da evolução — ou mesmo a própria evolução. Os biologistas, os arqueólogos e os antropólogos, tentando desvendar os mistérios da evolução, encontram-se semelhantemente num mundo maior e mais complexo do que imaginaram previamente e estão descobrindo que as leis antes consideradas como universais na aplicação são, na realidade, casos especiais.

Diz o geneticista François Jacob, ganhador do Prêmio Nobel: "Desde Darwin os biologistas têm desenvolvido gradualmente uma.. carta do mecanismo de evolução, chamada seleção natural. Nessa base têm-se feito tentativas freqüentes para retratar a evolução — cósmica, química, cultural, ideológica, social — como governada por um mecanismo de seleção semelhante. Mas tais compreensões parecem condenadas, visto que as regras mudam em cada plano."

Mesmo no plano biológico, regras que outrora se consideravam aplicáveis, em geral estão postas em questão. Desse modo, os cientistas são forçados a perguntar se toda a evolução biológica é uma resposta à variação e à seleção natural ou se, no nível molecular, ela pode, em vez disso, depender de uma acumulação de variações que resultam em "desvio genético" sem a operação da seleção natural darwiniana. O Dr. Motoo Kimura, do Instituto Nacional de Genética do Japão, diz que a evolução no nível molecular parece ser "completamente incompatível com as expectações do neodarwinismo".

Outras pressuposições há muito sustentadas estão sendo abaladas igualmente. Biologistas têm-nos dito que *eukaryotes* (seres humanos e a maioria de outras formas de vida) descendem originariamente de células mais simples chamadas *prokaryotes* (entre as quais estão as bactérias e as algas). Nova pesquisa está agora minando essa teoria, levando à idéia perturbadora de que as formas de vida mais simples podem ter descendido das mais complexas.

Além disso, supõe-se que a evolução favorece as adaptações que acentuam a sobrevivência. E, entretanto, estamos agora encontrando exemplos notáveis de desenvolvimentos evolucionários que parecem conferir benefício de longa duração — à custa de desvantagem de breve duração. Que é que favorece real mente a evolução?

Agora surge uma novidade surpreendente, no Grande Parque Zoológico de Atlanta, onde o acasalamento de duas espécies de macaco com dois conjuntos de cromossomos completamente diferentes produziram o primeiro macaco híbrido conhecido. Embora, entretanto, os pesquisadores estejam incertos sobre se o híbrido será fértil, a genética bizarra dá apoio à idéia de que a evolução tanto pode ocorrer aos saltos como pelo acréscimo de pequenas mudanças.

Com efeito, em vez de verem a evolução como um processo suave, muitos dos cientistas e arqueólogos estão estudando a "teoria das catástrofes" para explicar "lapsos" e "saltos" nos múltiplos do registro evolucionário. Outros estão estudando pequenas mudanças que podem ter sido ampliadas através de realimentação em súbitas transformações estruturais. Controvérsias acaloradas dividem a comunidade científica em cada uma destas questões.

Mas todas essas controvérsias são apequenadas por um fato que altera a História.

Em 1953, em Cambridge, Inglaterra, um jovem biólogo chamado James Watson estava sentado no *pub* Eagle quando seu colega, Francis Crick, entrou excitadamente e anunciou "para quem quisesse ouvir, que tínhamos descoberto o segredo da vida". Eles tinham. Watson e Crick tinham desvendado a estrutura do ADN.

Por volta de 1957, quando se começaram a sentir as primeiras agitações da Terceira Onda, o Dr. Arthur Kornberg descobriu como o ADN se reproduz Desde então, como um sumário popular descreve a seqüência, "Deciframos o código do ADN... Descobrimos como o ADN transmite suas instruções à célula... Analisamos os cromossomos para determinar a função genética... Sintetizamos uma célula... Fundimos células de duas espécies diferentes... Isolamos genes humanos puros... 'Mapeamos' genes... Sintetizamos um gene... Mudamos a hereditariedade de uma célula". Hoje engenheiros genéticos em laboratórios de todo o mundo são capazes de criar formas de vida inteiramente novas. São capazes de escapar à própria evolução.

Os pensadores da Segunda Onda conceberam a espécie humana como a culminância de um longo processo evolucionário; agora os pensadores da Terceira Onda devem enfrentar o fato de que estamos prestes a nos tornarmos os *planejadores* da evolução. A evolução nunca mais será a mesma coisa.

Como o conceito de natureza, a evolução também está no processo de ser drasticamente reconceptualizada.

### A ÁRVORE DO PROGRESSO

Com as idéias da Segunda Onda sobre a natureza e a evolução, ambas mudando, é pouco surpreendente que estejamos também reavaliando vivamente as idéias da Segunda Onda sobre o progresso. O período industrial caracterizou-se, como vimos antes, por um otimismo fácil, que via cada avanço científico ou "novo produto melhorado" como prova de um avanço inevitável para a perfeição humana. Desde meados da década de 50, quando a Terceira Onda começou a sacudir a civilização da Segunda Onda, poucas idéias têm sofrido uma surra tão violenta como este credo festivo.

Os *beats* da década de 50 e os *hippies* da década de 60 fizeram do pessimismo sobre a condição humana, não do otimismo, um tema cultural generalizado

Em breve, o pessimismo se tornou positivamente chique. Os filmes de Hollywood das décadas de 50 e 60, por exemplo, substituíram os heróis de queixo agressivo das décadas de 30 e 40 por anti-heróis alienados — rebeldes sem causa, pistoleiros estilizados, toxicômanos refinados, motociclistas sem medo e indivíduos calados, ignorantes, (mas profundos). A vida era um jogo em que ninguém ganhava.

A ficção, o drama e a arte também adquiriram uma desesperança de cemitério em muitas nações da Segunda Onda. Pelo início da década de 50, Camus já tinha definido os temas que inúmeros romancistas iriam adotar subseqüentemente. Um crítico inglês sumariou estes do seguinte modo: "O homem é falível, as teorias políticas são relativas, o progresso automático é uma miragem." A própria ficção científica, uma vez cheia de aventuras utópicas, tornou-se amarga e pessimista, gerando inúmeras imitações inferiores de Huxley e Orwell.

A tecnologia, em vez de ser pintada como o motor do progresso, apareceu cada vez mais como um carro de combate que destruía tanto a liberdade humana como o ambiente físico. Para muitos ambientalistas, com efeito, "progresso" tornou-se uma palavra feia. Volumes pesados desembocavam nas livrarias com títulos como *A Sociedade Atolada, O Advento da Era de Obscurantismo,* ou *A Morte do Progresso.*

Enquanto a sociedade da Segunda Onda cambaleava nos anos 70, o relatório de O Clube de Roma em *Os Limites de Crescimento* estabelece um tom funéreo para grande parte da década seguinte, com suas projeções de catástrofe para o mundo industrial. Convulsões sociais, desemprego e inflação, intensificada pelo embargo do petróleo de 1973, acrescentada ao pano mortuário de pessimismo e a rejeição da idéia do inevitável progresso humano. Henry Kissinger falou em tom spengleriano sobre o declínio do Ocidente — enviando ainda outro *frisson* de medo ao longo de muitas espinhas.

Se um tal desespero foi, ou é, justificado, resta a cada leitor decidir. Uma coisa é clara, entretanto: a idéia do progresso inevitável e inflexível, outro pilar da indust-realidade, encontrou poucos que aceitassem quando o fim da civilização da Segunda Onda começou a assomar, se aproximando. Hoje há um reconhecimento de difusão rápida em redor do mundo de que o progresso pode não mais ser medido em termos de tecnologia ou somente em padrão de vida material — que a sociedade, que está estética, política ou ambientalmente degradada, não é uma sociedade adiantada por mais rica ou tecnicamente sofisticada que possa ser. Em suma, estamos avançando para uma idéia de muito maior progresso — progresso não mais alcançado automaticamente e não mais definido somente por critérios materiais.

Estamos também muito menos inclinados a pensar em sociedades como se movendo ao longo de um trilho, cada sociedade viajando automaticamente de uma estação de passagem cultural para a seguinte, uma mais "avançada" do que a outra. Pode haver muitas linhas-ramais, por assim dizer, mais do que um único leito de estrada, e as sociedades podem ser capazes de realizar desenvolvimento de amplo alcance numa variedade de modos.

Estamos começando a pensar em progresso como o florescimento de uma árvore com muitos ramos que se estendem para dentro do futuro, servindo como medidas a própria variedade e riqueza de culturas humanas. Nesta luz, a mudança de hoje para um mundo desmassificado mais diverso pode ela mesma vir a ser olhada como um salto para a frente — análogo à diferenciação e complexidade tão comuns em evolução biológica.

Aconteça o que acontecer a seguir, é improvável que a cultura algum dia volte ao progressivismo otimista, ingênuo, unilinear, que caracterizou e inspirou a era da Segunda Onda.

Por conseguinte, as décadas passadas têm presenciado uma reconceptualização forçada da natureza e igualmente da evolução e do progresso. Estes conceitos, entretanto, foram por sua vez baseados em idéias ainda mais elementares — nossas pressuposições sobre o tempo, o espaço, a matéria e a causalidade. E a Terceira Onda está dissolvendo até mesmo estas pressuposições — o grude que mantinha unida toda a civilização da Segunda Onda.

### O FUTURO DO TEMPO

Cada civilização nascente traz consigo não apenas mudanças em como o tempo manejará o tempo na vida diária, mas também mudanças em seus mapas mentais de tempo.

A civilização da Segunda Onda, de Newton em diante, pressupunha que o tempo corria ao longo de uma linha única, vinda das névoas do passado e perdendo-se no futuro mais distante. Ela representava o tempo como absoluto, uniforme através de todas as partes do universo e independente da matéria e do espaço. Pressupunha que cada momento, ou naco de tempo, era o mesmo que o seguinte.

Hoje, segundo John Griggin, um astrofísico que se tornou escritor científico, "Austeros cientistas com credenciais acadêmicas impecáveis e anos de experiência de pesquisa informam-nos calmamente... o tempo não é algo que flui inexoravelmente para a frente, numa marcha precisa, indicada pelos nossos relógios e calendários, mas que pode ser empenado e deformado na natureza, sendo diferente o produto final, dependendo do ponto de onde o estamos medindo. No extremo final, objetos supercolapsados — buracos negros — podem negar o tempo completamente, fazendo-o se imobilizar na sua vizinhança."

Na passagem do século, Einstein tinha provado que o tempo podia ser comprimido e esticado e tinha dinamitado a idéia de que o tempo é absoluto.

imaginou o caso, hoje clássico, dos dois observadores e os trilhos da ferrovia que iam mais ou menos assim:

Um homem, estando ao lado do leito de uma ferrovia, vê dois raios caírem ao mesmo tempo — um no extremo norte do leito da estrada e outro no extremo sul. O observador está a meio caminho entre os dois. Um segundo indivíduo está sentado num trem rápido, que corre para o norte pelos trilhos. Ao passar pelo observador parado lá fora, ele também vê os raios caírem. Mas para ele os dois relâmpagos não se apresentam como simultâneos. Como o trem o leva a grande velocidade, afastando-se de um e correndo para o outro, a luz de um lhe chega mais depressa do que a do outro. Para o homem que está no trem em movimento parece que o relâmpago do norte ocorre primeiro.

Conquanto na vida diária as distâncias sejam tão pequenas e a velocidade da luz tão rápida que a diferença seria imperceptível, o exemplo dramatizava o ponto de Einstein: que a ordem cronológica de eventos — o que vem em primeiro, em segundo ou em último lugar no tempo — depende da velocidade do observador. O tempo não é absoluto, mas relativo.

Isto está muito longe da espécie de tempo em que se baseavam a física e a indust-realidade. Ambas tomavam como certo que "antes" ou "depois" tinham uma significação independente de qualquer observador.

Hoje a física é explosiva e implosiva. Cada dia seus profissionais descobrem ou formulam hipóteses sobre novas partículas elementares ou fenômenos astrofísicos de *quarks* a *quasars*, com implicações espantosas, algumas das quais estão forçando mudanças adicionais nas nossas concepções do tempo.

Num extremo da escala, por exemplo, parece que buracos negros pontuam os céus, sugando tudo para dentro de si mesmos, inclusive a própria luz, forçando — ou até esfacelando — as leis da física. Estes turbilhões escuros, dizem-nos, terminam em "singularidades", dentro das quais a energia e a matéria simplesmente desaparecem. O físico Roger Penrose supôs a existência de "buracos de traça" e "buracos brancos" através dos quais a energia e a matéria perdidas são vomitadas em outro universo — fosse o que fosse que isso pudesse significar.

Um simples momento na vizinhança de um buraco negro, acredita-se, poderia equivaler a eternidades na Terra. Assim, se algum Controle de Missão Interestelar enviasse uma nave espacial para explorar um buraco negro, talvez tivéssemos de esperar um milhão de anos pela chegada da nave. Mas por causa da deformação gravitacional na vizinhança do buraco negro, para não falar dos efeitos da velocidade, o relógio da nave marcaria apenas a passagem de alguns minutos ou segundos.

Diz-nos o físico J. G. Taylor: "A idéia microscópica de tempo é muito diferente da macroscópica". Outro físico, Fritjof Capra, diz a coisa de maneira mais simples. O tempo, diz ele, "flui a diferentes razões em partes diferentes do universo". Cada vez menos, por conseguinte, podemos falar até mesmo de "tempo" no singular; parece existirem "tempos" alternativos e plurais que operam sob regras diferentes em diferentes partes do universo ou universos que habitamos. Tudo o que derruba os esteios debaixo da idéia do tempo linear universal da Segunda Onda — sem substituir idéias antigas de tempo cíclico.

Precisamente, por conseguinte, ao mesmo tempo que estamos reestruturando radicalmente os nossos usos sociais de tempo — introduzindo o templo flexível no emprego, desacoplando trabalhadores da correia transportadora e em outras maneiras descritas no Capítulo 19 — estamos também reformulando teoricamente as nossas imagens teóricas de tempo. E enquanto estas descobertas teóricas parecem momentaneamente sem aplicação prática na vida cotidiana, o mesmo foi verdade em referência àquelas marcas especulativas de giz no quadro-negro — as fórmulas que levaram finalmente à desintegração do átomo.

## VIAJANTES DO ESPAÇO

Muitas destas mudanças na nossa concepção de tempo também abrem buracos negros na nossa compreensão teórica de espaço, visto que as duas estão compactamente entrelaçadas. Mas nós estamos alterando a nossa imagem de espaço igualmente em maneiras mais imediatas.

Estamos mudando os espaços reais em que vivemos, trabalhamos e nos divertimos. Como vamos para o trabalho, até que distância e a freqüência com que viajamos, onde vivemos — tudo isto influencia a nossa experiência de espaço. E tudo isto está mudando. De fato, ao chegar da Terceira Onda, entramos em uma nova fase na relação de espaço da humanidade.

A Primeira Onda, que espalhou a agricultura ao redor do mundo, trouxe consigo, como vimos antes, colônias agrícolas permanentes, nas quais a maioria das pessoas levavam toda a sua vida dentro de um circuito de poucas léguas de diâmetro. A agricultura introduziu a existência localizada, espacialmente intensiva, e fomentou sentimentos intensamente locais — a mentalidade aldeã.

A civilização da Segunda Onda ao contrário, concentrou enormes populações em grandes cidades e, porque precisava trazer recursos de longe e distribuir mercadorias para longe, criou a população móvel. A cultura que produziu foi espacialmente extensiva e centrada mais na cidade ou na nação do que na aldeia.

A Terceira Onda altera a nossa experiência espacial, dispersando mais do que concentrando a população. Enquanto milhões de pessoas continuam a se despejar nas áreas urbanas, nas partes do mundo ainda em fase de industrialização, todos os países de alta tecnologia já estão experimentando uma inversão destes fluxos. Tóquio, Londres, Zurique, Glasgow e dúzias de outras cidades importantes estão todas perdendo população, enquanto cidades de tamanho médio ou menores revelam aumento.

O Conselho Americano de Seguro de Vida declara: "Alguns peritos urbanos crêem que a grande cidade dos Estados Unidos é coisa do passado." A revista *Fortune* informa que "tecnologia do transporte e da comunicação cortou os cordéis que ligavam as grandes empresas às tradicionais cidades quartéis-generais". E a *Business Week* intitula um artigo: "A Perspectiva de Uma Nação Sem Cidades Importantes".

A redistribuição e desconcentração de população no devido tempo alterará as nossas pressuposições e expectações sobre o espaço pessoal, assim como social, sobre as distâncias de viagens aceitáveis, sobre a densidade das habitações e muitas outras coisas.

Em adição a tais mudanças, a Terceira Onda também parece estar gerando uma nova perspectiva que é intensamente local, e, não obstante, global — mesmo galática. Em toda a parte encontramos uma nova concentração em "comunidade" e "bairro", em política local e elos locais ao mesmo tempo que grande número de pessoas — freqüentemente os mesmos que são os mais orientados localmente — se preocupam com questões globais e se preocupam com a fome ou a guerra a 15.000 quilômetros de distância.

Enquanto comunicações adiantadas proliferam e nós começamos a mudar o trabalho para a cabana eletrônica, encorajaremos este novo foco duplo, criando grande número de pessoas que permanecem razoavelmente perto de casa, que migram com menos freqüência, que viajam mais talvez por prazer, mais com muito menos freqüência por negócio — enquanto suas mentes e mensagens percorrem todo o planeta e igualmente vão para o espaço exterior. A mentalidade da Terceira Onda combina preocupação pelo próximo e pelo afastado.

Estamos também adotando rapidamente imagens do espaço mais dinâmicas e relativas. Tenho no meu escritório diversas grandes ampliações de fotografias de satélites e de U-2, da Cidade de Nova York e da área circundante. As fotos do satélite parecem abstrações fantasticamente belas, o mar de um verde profundo, a linha da costa detalhada contra ele. As fotos do U-2 mostram a cidade em infravermelho e em detalhe tão requintado, que o Museu Metropolitano e mesmo aviões particulares estacionados nas rampas no Aeroporto La Guardia são claramente visíveis. Referindo-me aos aviões no La Guardia, perguntei a um funcionário da NASA se, ampliando mais as fotos, poderiam ver-se realmente as listras ou símbolos pintados nas asas. Ele me olhou com divertida tolerância e me corrigiu. "Os rebites", respondeu.

Mas nós não mais nos limitamos a fotos fixas requintadamente refinadas. O Professor Arthur H. Robinson, um cartógrafo da Universidade de Wisconsin, diz que dentro de uma década, mais ou menos, os satélites nos permitirão olhar um mapa vivo — um *display* animado — de uma cidade ou um país e observar as atividades que existirem nele, à medida que tiverem lugar.

Quando isto acontecer, o mapa não será mais uma representação estática, mas um filme — na verdade um raio X em movimento, pois mostrará não apenas o que está na superfície terrestre, mas também revelará, camada por camada, o que está sob a superfície e em cima dela em cada nível de atitude. Proporcionará uma imagem sensível, continuamente mutável do terreno e de nossas relações com ele.

Alguns produtores de mapas, entrementes, rebelam-se contra o mapa convencional do mundo, visto em todas as salas de aula da Segunda Onda. Desde a revolução industrial o mapa do mundo, mais comumente usado tem sido o baseado na projeção de Mercator. Embora este tipo de mapa seja conveniente para a navegação marítima, ele deforma enormemente a escala das superfícies terrestres. Uma olhada ao seu atlas manual — se for um mapa de Mercator — mostrará a Escandinávia tão grande como a Índia, embora esta última, na realidade, seja quase três vezes maior.

Há uma acalorada controvérsia entre os produtores de mapas por causa de uma projeção desenvolvida por Arno Peters, um historiador alemão, para mostrar as superfícies de terra na devida proporção de umas para as outras. Peters diz que as deformações do mapa de Mercator fomentaram a arrogância das nações industriais e tornaram difícil para nós ver o mundo não-industrializado na verdadeira perspectiva política, assim como cartográfica.

"Os países em desenvolvimento têm sido burlados com relação à sua superfície e sua importância", argumenta Peters. O mapa dele, estranho para o olhar europeu ou americano, mostra uma Europa mirrada, um Alasca, um Canadá e uma União Soviética achatados e comprimidos, uma América do Sul, África, Arábia e Índia muito alongadas. Foram distribuídas 60 mil cópias do mapa de Peters nos países não-industriais pela Weltmission, uma missão evangélica, além de outras organizações religiosas alemãs.

O que acentua esta controvérsia é o reconhecimento de que não há um mapa único "certo", mas apenas imagens diferentes que servem a diferentes fins. No sentido mais literal, a chegada da Terceira Onda traz uma nova maneira de olhar o mundo.

## HOLISMO E MEÍSMO

Estas mudanças profundas nas nossas vistas da natureza, da evolução, do progresso, do tempo e do espaço começam a se juntar à medida que mudamos de uma cultura da Segunda Onda, que acentua o estudo das coisas em isolamento uma da outra, para uma cultura da Terceira Onda, que acentua os contextos, as relações e totalidades.

No princípio da década de 50, quase precisamente ao mesmo tempo que os biologistas se entregavam a decifrar o código genético, comunicações teoristas e engenheiros dos Bell Labs, especialistas em computadores na IBM, físicos no Post Office Laboratory da Grã-Bretanha e especialistas em Le Centre National de Recherche Scientifique, na França, começaram também um período de trabalho intenso e empolgante.

Extraído de "pesquisa de operações" efetuada durante a II Guerra Mundial, mas avançando muito além dela, este trabalho deu origem à revolução da automação e todo um novo ramo ou espécie de tecnologia que sustenta a produção da Terceira Onda na fábrica e no escritório. Juntamente com as ferragens, entretanto, veio uma nova maneira de pensar. Pois um produto chave da revolução da automação foi a "abordagem de sistemas".

Ao passo que os pensadores cartesianos acentuavam a análise de componentes, freqüentemente às expensas do contexto, os pensadores de sistemas acentuavam o que Simon Ramo, um antigo defensor da teoria dos sistemas, chamava um "olhar total, mais do que um olhar fragmentário, aos problemas" Acentuando as relações da realimentação entre subsistemas e os todos os maiores formados por estas unidades, o pensamento dos sistemas tem tido um impacto cultural difuso desde meados da década de 50, quando começou a transudar dos laboratórios. Sua língua e conceitos têm sido empregados por cientistas sociais e psicólogos, por filósofos e analistas de política estrangeira, por lógicos e lingüistas, por engenheiros e administradores.

Mas os defensores da teoria dos sistemas não são os únicos, numa ou duas décadas passadas, que defendiam uma maneira mais integrativa de olhar os problemas.

A revolta contra a rígida sobre-especialização também recebeu um impulso das campanhas ambientais da década de 70, quando os ecologistas descobriram cada vez mais a "teia" da natureza, a correlação das espécies, a inteireza dos ecossistemas. "Os não-ambientalistas tendem a querer separar as coisas em componentes e a solucionar uma coisa de cada vez", escreveu Barry Lopez em *Ação Ambiental*. Em contraste, "Os ambientalistas tendem a ver as coisas de maneira completamente diferente... Seu instinto é equilibrar o todo, não solucionar uma parte única." A abordagem ecológica e a abordagem dos sistemas sobrepunham-se e partilhavam o mesmo arranco na direção da síntese e a integração do conhecimento.

Nas universidades, entrementes, cada vez mais reclamos eram ouvidos por pensamento interdisciplinar. Enquanto barreiras seccionais ainda bloqueiam o cruzamento fertilizador de idéias e a integração de informação na maioria das universidades, a reclamação deste trabalho inter ou multidisciplinar está hoje tão difundida que tem quase uma qualidade ritualista.

Estas mudanças na vida intelectual refletiram-se alhures igualmente na cultura. As religiões orientais, por exemplo, tinham há muito tempo um fio de seguidores entre as classes médias européias, mas foi só quando a desintegração da sociedade industrial começou realmente que milhares de jovens ocidentais começaram a exaltar os *swamis* indianos, a apinhar o Astródomo para ouvir um guru de 16 anos, a ouvir *ragas,* a abrir restaurantes vegetarianos estilo hindu e a dançar pela Quinta Avenida abaixo. O mundo, entoaram eles subitamente, não foi despedaçado em lascas cartesianas: era uma "unidade".

No campo da saúde mental, os psicoterapeutas procuravam meios de curar a "pessoa toda", empregando terapia gestáltica. Irrompeu uma explosão gestáltica que viu o estabelecimento de terapeutas e institutos gestálticos através dos Estados Unidos. O alvo desta atividade, de acordo com o psicoterapeuta Frederick S. Perls, era "aumentar o potencial humano através do processo de integração" da consciência, as percepções e as relações sensoriais do indivíduo com o mundo exterior.

Em medicina, um movimento de "saúde holística" surgiu baseado na idéia de que o bem-estar do indivíduo depende de uma integração do físico, do espiritual e do mental. Misturando charlatanismo com inovação médica séria, o movimento ganhou força enorme no fim da década de 70.

"Há alguns anos", informa *Science,* "teria sido inaudito para o governo federal conceder seu patrocínio a uma conferência sobre saúde que destacava tópicos tais como saúde pela fé, iridologia, acupressura, meditação budística e eletromedicina." Desde então tem havido uma "verdadeira explosão de interesse em métodos e sistemas alternativos de cura, todos os quais se colocam sob o nome de saúde holística".

Com tanta atividade, em tantos níveis diferentes, não é muito surpreendente que os termos "totalismo" (*wholism*) e "holismo" tenham entrado na linguagem popular. Hoje eles são usados quase indiscriminadamente. Um perito do Banco Mundial reclama "uma compreensão holística de... abrigo urbano". Um grupo de pesquisa no Congresso dos Estados Unidos exige estudos "holísticos" de longo alcance. Um perito em currículo reclama o emprego de "leitura e avaliação holística" no ensino das crianças a escrever. E um instituto de beleza de Beverly Hills oferece "exercício holístico".

Cada um destes movimentos, modas e correntes culturais é diferente. Mas seu elemento comum é claro. Todos eles representam um ataque à suposição de que o todo pode ser compreendido pelo estudo das partes em isolamento. Seu empuxão é resumido nas palavras do filósofo Ervin Laszlo, um importante teorista de sistemas: nós somos "parte de um sistema interligado da natureza e, a não ser que generalizadores informados resolvam desenvolver teorias sistemáticas dos padrões de interligação, nossos projetos de curto alcance e poderes limitados de controle podem levar-nos à nossa própria destruição".

Este ataque ao fragmentário, ao parcial e analítico tornou-se tão feroz, com efeito, que muitos "holistas" fanáticos esquecem alegremente as partes, em sua perseguição do inefável todo. O resultado não é absolutamente o totalismo, mas ainda outra fragmentação. O seu totalismo é parcialismo.

Críticos mais ponderados, entretanto, procuram equilibrar as habilidades analíticas com uma ênfase muito maior na síntese. Esta idéia talvez tenha sido expressa mais claramente pelo ecologista Eugene P. Odum, ao insistir com seus colegas para que combinem o totalismo com o reducionismo — para olhar os sistemas totais assim como suas partes. "Como componentes... são combinados para produzir todos funcionais maiores", declarou, quando ele e seu irmão mais famoso, Howard, ganharam juntos o Prix de l'Institut de la Vie, "emergem novas propriedades que não estavam presentes ou não estavam evidentes no seguinte nível abaixo..."

"Isto não é dizer que devemos abandonar a ciência reducionista, uma vez que desta abordagem resultou muito bem para a humanidade", mas que chegou o momento de dar igual apoio a estudos de "sistemas integrados de grande escala".

Tomados juntos, teoria de sistemas, ecologia e a ênfase generalizada no pensamento holístico — como nossas concepções cambiantes de tempo e espaço — são parte do ataque cultural às premissas intelectuais da civilização da Segunda Onda. Esse ataque chega à sua culminância, entretanto, na nova opinião emergente de por que as coisas acontecem como acontecem: a nova causalidade.

## O QUARTO DE BRINQUEDOS CÓSMICO

A civilização da Segunda Onda deu-nos a confortável garantia de que sabíamos (ou pelo menos podíamos saber) o que fazia as coisas acontecerem. Ela nos dizia que cada fenômeno ocupava localização única, determinável, no espaço e no tempo. Dizia-nos que as mesmas condições sempre produziam os mesmos resultados. Dizia-nos que todo o universo consistia, por assim dizer, em tacos e bolas de bilhar — causas e efeitos.

Esta visão mecanicista da causalidade foi — e ainda é — extremamente útil. Ajuda-nos a curar doença, a construir arranha-céus, a desenhar máquinas engenhosas e a montar organizações enormes. Entretanto, por poderosa que seja na explicação de fenômenos que funcionam como máquinas, revelou-se muito menos satisfatória na explicação de fenômenos como crescimento, deterioração, súbitas rupturas para novos níveis de complexidade, grandes mudanças que subitamente acabam em nada ou, inversamente, esses eventos minúsculos — freqüentemente casuais — que às vezes se avolumam até se tornarem forças explosivas gigantescas.

Hoje a mesa de bilhar newtoniana está sendo afastada para um canto da sala de recreio cósmica. A causalidade mecanicista é olhada como um caso especial aplicável a alguns fenômenos, mas não a todos, e letrados e cientistas em todo o mundo estão armando uma nova visão de mudança e causação mais de acordo com as nossas perspectivas rapidamente mutáveis da natureza, da evolução e do progresso, do tempo, do espaço e da matéria.

O epistemologista Magoroh Maruyama, nascido no Japão, o sociólogo francês Edgar Morin, teoristas de informação como Stafford Beer e Henri Laborit e muitos outros estão fornecendo indícios de como a causação funciona em sistemas não-mecânicos que vivem, morrem, crescem e sofrem evolução e revolução. O belga Prêmio Nobel, Ilya Prigogine, oferece-nos uma síntese impressionante das idéias de ordem e caos, acaso e necessidade, como estas se relacionam com a causação.

Em parte, a causalidade da emergente Terceira Onda surge de um conceito chave de teoria de sistemas: a idéia de realimentação. Um exemplo clássico usado para ilustrar esta idéia é o termostato doméstico que mantém a temperatura do quarto a um nível constante. O termostato liga o forno, depois monitora a elevação da temperatura resultante. Quando o quarto está suficientemente quente, desliga o forno. Quando a temperatura baixa, ele sente essa mudança no seu ambiente e liga o forno outra vez.

O que vemos aqui é um processo de realimentação que preserva o equilíbrio, abafando ou suprimindo a mudança quando ela ameaça exceder determinado nível. Chamada "realimentação negativa", funciona para manter a estabilidade.

Uma vez a realimentação negativa definida e explorada por teoristas de informação e pensadores de sistemas, em fins da década de 40 e princípios da década de 50, os cientistas começaram a procurar exemplos ou análogos dela. E com a crescente excitação, eles encontraram sistemas semelhantes de proteção da estabilidade em todos os campos da fisiologia (por exemplo, o processo pelo qual o corpo mantém a sua temperatura) à política (a maneira como um "estabelecimento" abafa a discórdia quando esta transpõe um nível aceitável). A realimentação negativa parecia estar em ação em toda a volta de nós, fazendo as coisas reterem seu equilíbrio ou estabilidade.

No começo da década de 60, entretanto, críticos como o Professor Maruyama começaram a notar que era dada muita atenção à estabilidade e não o bastante à mudança. O que se precisava, argumentou ele, era de mais pesquisa sobre a "realimentação positiva" — processos que não suprimem a mudança mas a ampliam, não mantêm a estabilidade mas a desafiam, algumas vezes mesmo suplantando-a. A realimentação positiva, acentuou Maruyama, pode aceitar um pequeno desvio ou "coice" no sistema e magnificá-lo até ao tamanho de uma gigantesca estrutura aterradora de estremecer.

Se a primeira espécie de realimentação foi de redução de mudança ou "negativa", aqui estava toda uma classe de processos que eram amplificadores de mudança, ou "positiva", e ambas precisavam de igual atenção. A realimentação positiva podia iluminar a causação em muitos processos previamente enigmáticos.

Porque a realimentação positiva rompe a estabilidade e se alimenta a si mesma, ajuda a explicar círculos viciosos — e virtuosos. Imaginem o termostato novamente, mas com o sensor ou seu mecanismo de gatilho invertido. Toda a vez que o quarto ficasse quente, o termostato, em vez de fechar o forno, marcava a continuação, forçando a temperatura para níveis cada vez mais altos. Ou imaginem o jogo do Monopólio (ou, melhor ainda, o jogo da economia na vida real) no qual quanto mais dinheiro um jogador tem mais propriedades ele ou ela pode comprar, o que significa mais rendimento rentável e, por conseguinte, mais dinheiro com que comprar propriedades. Ambos são exemplos de realimentação positiva em ação.

A retroalimentação positiva ajuda a explicar qualquer processo que é auto-excitante — como a corrida armamentista, por exemplo, na qual cada vez que a URSS constrói uma nova arma, os Estados Unidos constroem outra maior, que então motiva a URSS a construir ainda outra... até ao ponto da loucura global.

E quando juntamos a retroalimentação negativa e positiva e vemos com que exuberância estes dois processos diferentes interagem em organismos complexos, do cérebro humano a uma economia, emergem percepções surpreendentes. Com efeito, uma vez que nós, como cultura, reconheçamos que qualquer sistema verdadeiramente complexo — quer um organismo biológico, uma cidade, ou a ordem política internacional — deve ter dentro dele tanto amplificadores de mudança quanto redutores de mudança, tanto *loops* de realimentação positiva quanto negativa interagindo uma com a outra, começamos a vislumbrar todo um novo nível de complexidade no mundo com que estamos lidando. A nossa compreensão da causação está avançada.

Entretanto, outro salto ocorre na compreensão quando reconhecemos mais que estes redutores e amplificadores de modificação não são necessariamente introduzidos no sistema biológico ou social desde o começo; eles podem estar ausentes no princípio, depois surgem no lugar, por assim dizer, algumas vezes como resultado do que equivale ao acaso. Um evento desgarrado pode assim disparar uma cadeia fantástica de conseqüências inesperadas.

Isto nos explica porque a mudança é tantas vezes difícil de rastrear e extrapolar, tão cheia de surpresas. É por isso que um processo lento e firme pode subitamente se converter numa mudança explosiva, ou vice-versa. E isto por sua vez explica por que condições iniciais semelhantes podem levar a resultados vividamente dissimilares — uma idéia estranha à mentalidade da Segunda Onda.

A causalidade da Terceira Onda que está gradualmente tomando forma representa um mundo complexo de forças mutuamente interagentes, um mundo cheio de assombro, com amplificadores e redutores de mudança e igualmente muitos outros elementos — não apenas bolas de bilhar batendo previsivelmente e interminavelmente uma contra a outra na mesa de bilhar cósmica. É um mundo muito mais estranho do que o simples mecanismo sugerido da Segunda Onda.

É tudo previsível no princípio, como implicou a causalidade mecânica da Segunda Onda? Ou as coisas são inerentemente, inevitavelmente imprevisíveis como têm insistido os críticos do mecanismo? Somos governados pelo acaso ou pela necessidade?

A causalidade da Terceira Onda tem novas coisas excitantes a dizer igualmente sobre esta contradição antiga. De fato, ajuda-nos a escapar finalmente da armadilha que por tanto tempo opôs deterministas a antideterministas — necessidade contra acaso. E isto pode ser sua brecha filosófica mais importante.

## A LIÇÃO DA TÉRMITA

O Dr. Ilya Prigogine e suas equipes de colaboradores na Universidade Livre de Bruxelas e na Universidade do Texas, em Austin, atingiram diretamente as pressuposições da Segunda Onda, mostrando como a química e outras estruturas saltam para os estágios de diferenciação e complexidade através de uma combinação de acaso e necessidade. É por este trabalho que Prigogine foi contemplado com o Prêmio Nobel.

Nascido em Moscou, levado para a Bélgica em criança e fascinado desde a juventude pelos problemas do tempo, Prigogine estava intrigado com uma aparente contradição. De um lado havia a crença do físico na entropia — que o universo está rodando para o fim e que todos os padrões organizados devem finalmente se desagregar. Do outro lado havia o reconhecimento do biólogo de que a própria vida é organização e de que nós estamos continuamente dando nascimento a organização cada vez mais alta e cada vez mais complexa. A entropia apontava numa direção e a evolução em outra.

Isto levou Prigogine a perguntar como formas mais altas de organização vieram a existir e daí a anos de pesquisa em química e física em busca da resposta.

Hoje, Prigogine diz que em qualquer sistema complexo, desde as moléculas em um líquido aos neurônios em um cérebro, ou o tráfego numa cidade, as partes do sistema estão sempre sofrendo modificação em pequena escala: em fluxo constante. O interior de qualquer sistema está palpitando com flutuação.

Às vezes, quando a realimentação negativa entra em jogo, estas flutuações são sufocadas ou suprimidas e o equilíbrio do sistema é mantido. Mas onde está em ação a amplificação ou realimentação positiva, algumas destas flutuações podem ser tremendamente magnificadas — até o ponto de ocorrer a ameaça do equilíbrio de todo o sistema. As flutuações que ocorrem no ambiente exterior podem colidir neste momento e amplificar mais a vibração crescente — até o equilíbrio do todo ser destruído e a estrutura existente ser esmagada.*

Quer seja o resultado de flutuações internas descontroladas ou de forças externas, ou de ambas, esta ruptura do velho equilíbrio freqüentemente resulta não no caos ou na fragmentação, mas na criação de uma estrutura inteiramente nova em um nível mais elevado. Esta nova estrutura pode ser mais diferenciada, internamente interativa, e complexa do que a velha, e precisa de mais energia e matéria (e talvez informação e outros recursos) para se suster. Falando principalmente a respeito de reações físicas e químicas, mas ocasionalmente chamando a atenção para as analogias sociais, Prigogine chama a estes novos sistemas mais complexos de "estruturas dissipativas".

Ele sugere que a própria evolução pode ser vista como um processo que leva a organismos biológicos e sociais crescentemente complexos e diversificados, através do surgimento de novas estruturas dissipativas de ordem mais alta. Assim, de acordo com Prigogine, cujas idéias têm ressonância política e filosófica assim como significado puramente científico, extraímos "ordem da flutuação" ou, como o expressa o título de uma de suas conferências: "Ordem do Caos".

Esta evolução, entretanto, não pode ser planejada ou predeterminada numa moda mecanicista. Até que veio a teoria do *quantum,* muitos pensadores de renome da Segunda Onda acreditavam que o acaso representava pouco ou nenhum

---

* É esclarecedor pensar sobre a economia nestes termos. A oferta e a procura são mantidas em equilíbrio por vários processos de realimentação. O desemprego, se intensificado por realimentação positiva e não compensado por realimentação negativa em outra parte do sistema, pode ameaçar a estabilidade do todo. Flutuações exteriores — tais como aumentos de preço do petróleo — podem convergir para as oscilações e flutuações internas mais descontroladas, até o equilíbrio de todo o sistema se destruir.

papel na mudança. As condições iniciais de um processo eram o que predeterminava o seu resultado. Hoje, na física subatômica, por exemplo, acredita-se amplamente que o acaso domina a mudança. Em anos recentes, cientistas como Jacques Monod em biologia, Walter Buckley em sociologia, ou Maruyama em epistemologia e cibernética, começaram a fundir estes opostos.

A obra de Prigogine não só combina acaso e necessidade, mas na realidade estipula sua relação de uma com outra. Em suma, ele sugere enfaticamente que no ponto preciso em que uma estrutura "salta" para um novo estágio de complexidade, é impossível, na prática e em princípio, predizer qual de muitas formas ele assumirá.* Mas uma vez tendo sido escolhido um caminho, uma vez a nova estrutura tendo adquirido existência, o determinismo dominará uma vez mais.

Num exemplo pitoresco, ele descreve como as térmitas criam seus ninhos altamente estruturados, partindo de atividade aparentemente não-estruturada. Começam rastejando por uma superfície, aparentemente ao acaso, parando aqui e além para depositar um pedacinho de visco. Estes depósitos são distribuídos ao acaso, mas a substância contém uma matéria química atraente, para a qual outras térmitas são atraídas.

Deste modo, o visco começa a reunir-se em alguns lugares, gradualmente construindo uma coluna ou um muro. Se estas construções são isoladas, o trabalho pára. Mas se, por acaso, elas estão perto uma da outra, resulta um arco que então se torna a base da complexa arquitetura do ninho. O que começa com uma atividade ao acaso transforma-se em estruturas altamente engenhosas e não casuais. Vemos, como Prigogine diz, "a formação espontânea de estruturas coerentes". A ordem saída do caos.

Tudo isto ataca fortemente a velha causalidade. Prigogine resume: "As leis da rígida causalidade apresentam-se-nos hoje como situações limitativas, aplicáveis a casos altamente idealizados, quase como caricaturas da descrição da mudança... A ciência da complexidade... conduz a uma visão completamente diferente".

Em vez de estarmos trancados num universo fechado que funcionava como um relógio mecânico, encontramo-nos num sistema muito mais flexível, no qual, como ele diz, "há sempre a possibilidade de alguma instabilidade que conduz a algum novo mecanismo. Na realidade, nós temos um 'universo aberto'."

Enquanto nos deslocamos para lá do pensamento causal da Segunda Onda, enquanto começamos a pensar em termos de mútua influência, de amplifica-

* Este presumivelmente refere-se ao salto da civilização da Segunda Onda para a da Terceira Onda, assim como às reações químicas.

dores e redutores, de quebras de sistema e saltos revolucionários súbitos. de estruturas dissipativas e na fusão de acaso e necessidade — em suma, enquanto tiramos os nossos antolhos da Segunda Onda — emergimos ofuscados para uma cultura inteiramente nova, a cultura da Terceira Onda.

Esta nova cultura — orientada para mudança e crescente variedade — tenta integrar a nova visão da natureza, da evolução e do progresso, as novas e mais ricas concepções de tempo e espaço, e a fusão do reducionismo e holismo, com uma nova causalidade.

A indust-realidade, que antes parecia tão poderosa e completa, uma explicação tão completamente abrangente de como o universo e seus componentes todos são combinados num conjunto, aparece agora como imensamente útil. Mas suas pretensões à universalidade estão esfaceladas. A super-ideologia da Segunda Onda, vista do ponto de vantagem de amanhã, foi tão provinciana quanto auto-servente.

A deterioração do sistema de pensamento da Segunda Onda deixa milhões de pessoas agadanhando desesperadamente para encontrarem alguma coisa a que se agarrarem — qualquer coisa, do taoísmo do Texas ao sufismo sueco, da cura filipina pela fé à feitiçaria galesa. Em vez de construir uma nova cultura apropriada ao novo mundo, eles tentam importar e implantar velhas idéias apropriadas a outros tempos e lugares, ou a reviver as fés fanáticas de seus próprios antepassados, que viveram sob condições radicalmente diferentes.

É precisamente o colapso da estrutura mental da era industrial, sua crescente insignificância em face das realidades tecnológicas, sociais e políticas, que dá nascimento à atual busca fácil de velhas respostas e à contínua corrente de modas pseudo-intelectuais que surgem, brilham e se consomem em alta velocidade.

Bem no meio deste supermercado espiritual, com o deprimente linguajar confuso e a tapeação religiosa, é semeada uma nova cultura positiva — uma cultura apropriada para o nosso tempo e lugar. Novas percepções integrativas poderosas estão começando a emergir, novas metáforas para a compreensão da realidade. É possível vislumbrar os mais primitivos começos de uma nova coerência e elegância, enquanto os destroços culturais do industrialismo são varridos pela Terceira Onda de mudança da História.

A superideologia da civilização da Segunda Onda, que agora se está desmoronando, refletiu-se na maneira como o industrialismo organizou o mundo. Uma imagem da natureza baseada em partículas discretas foi refletida na idéia de discretos estados-nações soberanos. Hoje, quando a nossa imagem da natureza e a matéria mudam, o próprio estado-nação se transforma — outro passo no caminho para uma civilização da Terceira Onda.

# 22
# A QUEDA DA NAÇÃO

Numa época em que as chamas do nacionalismo ardem furiosamente ao redor do mundo — quando os movimentos de libertação proliferam em lugares como a Etiópia e as Filipinas, quando ilhas minúsculas como a Dominica, nas Caraíbas, ou Fiji, no Pacífico Sul, declaram sua nacionalidade e enviam delegados às Nações Unidas — uma coisa acontece no mundo de alta tecnologia: em vez de nascerem novas nações, as velhas é que estão em perigo de se desagregarem.

Enquanto a Terceira Onda ruge através do mundo, o estado-nação — a unidade política chave da era da Segunda Onda — está sendo espremido por pressões de cima e de baixo, como por um torno.

Um grupo de forças procura transferir o poder político para baixo, de estados-nações para regiões e grupos subnacionais. As outras procuram mudar o poder para cima, da nação para agências e organizações transnacionais. Juntas estão conduzindo a uma fragmentação das nações de alta tecnologia a unidades menores e menos poderosas, como um golpe de vista ao redor do mundo o revela rapidamente.

## ABKHAZIANOS E TEXANOS

Estamos em agosto de 1977. Três encapuzados estão sentados à uma mesa improvisada, uma lanterna numa extremidade, uma vela gotejando cera na outra, uma bandeira amarrada no meio da mesa. Na bandeira: a cara de um homem irritado com uma faixa remoinhante na cabeça e as letras FLNC. Olhando através das fendas dos capuzes, os homens contam a sua história a um grupo de jornalistas que foram levados de olhos vendados para aquele encontro. Os encapuzados anunciaram que eram responsáveis pelo bombardeio da estação de televisão retransmissora de Serra-di-Pigno — a única fonte corsa de transmissão da TV francesa. Eles querem separar a Córsega da França.

Fervendo de raiva porque Paris tradicionalmente os olhava com desprezo e porque o governo francês já fizera pouco para desenvolver a economia da sua ilha, os corsos ficaram novamente zangados quando unidades da Legião Estrangeira Francesa foram embarcadas para bases na Córsega, depois da guerra argelina. Os locais ficaram ainda mais ofendidos quando o governo deu aos *pieds noirs* — ex-coloniais da Argélia — subsídios e direitos especiais para se estabelecerem na Córsega. Os colonos chegaram em hordas e imediatamente compraram muitas das vinhas da ilha (a principal indústria, fora o turismo) deixando os corsos se sentirem mais como estranhos em sua própria ilha. Hoje a França tem uma Irlanda do Norte em pequena escala fermentando em sua ilha do Mediterrâneo.

No extremo oposto do país, também, sentimentos separatistas há muito latentes explodiram em anos recentes. Na Bretanha, com alto nível de desemprego e algumas das escalas mais baixas de salários da França, o movimento separatista difundiu o apoio popular. Está fragmentado em partidos rivais e tem um ramo terrorista cujos membros têm sido presos por bombardearem edifícios públicos, inclusive o palácio de Versalhes. Entrementes, Paris é assediada por reclamações de autonomia cultural e regional na Alsácia e na Lorena, partes do Languedoc e outras seções do país.

Do outro lado do Canal, a Grã-Bretanha confronta-se com pressões comparáveis, se bem que menos violentas, dos escoceses. No princípio da década de 70, a conversa sobre o nacionalismo escocês era olhada como uma pilhéria em Londres. Hoje, com o petróleo do Mar do Norte fornecendo o potencial para o desenvolvimento econômico independente da Escócia, a questão já não é absolutamente engraçada. Embora um movimento para criar uma assembléia escocesa tenha sido derrotado em 1979, as pressões para a autonomia são profundas. Há muito molestados pelas políticas do governo que favorecia o desenvolvimento econômico do Sul, os nacionalistas agora alegam que sua própria economia está pronta para uma decolagem e que a morosa economia inglesa os prende à terra.

Exigem mais controle sobre o petróleo. Também procuram suplantar as suas deprimidas indústrias do aço e da construção de navios por outras baseadas em eletrônica e outras indústrias avançadas. Com efeito, enquanto a Grã-Bretanha é dilacerada por controvérsias sobre se deve prosseguir com planos para uma indústria de semicondutor com apoio do estado, a Escócia já é, depois da Califórnia e Massachusetts, a terceira maior montadora de circuitos integrados do mundo.

Em outro lugar da Grã-Bretanha, pressões separatistas são evidentes em Gales e pequeninos movimentos autonomistas começam a aparecer na Cornualha e no Wessex, onde regionalistas locais exigem governo doméstico, sua própria assembléia legislativa a transição da indústria retrógrada para alta tecnologia.

Da Bélgica (onde está surgindo tensão entre os valões, os flamengos e os *bruxelloises*) à Suíça (onde um grupo separatista recentemente venceu uma luta a favor do seu próprio cantão no Jura), à Alemanha Ocidental (onde os alemães dos Sudetos exigem o direito de voltarem à sua pátria original, na próxima Tchecoslováquia), aos tiroleses do Sul na Itália, aos eslovenos na Áustria, aos bascos e aos catalões na Espanha, aos croatas na Iugoslávia e a dezenas de grupos menos conhecidos, toda a Europa está sentindo uma implacável formação de pressões centrífugas.

No outro lado do Atlântico, a crise interna do Canadá quanto ao Quebec, ainda não está encerrada. A eleição do *premier* separatista *quebecois,* René Lévesque, a fuga de capital e negócios de Montreal, o azedume acentuado entre canadenses de língua francesa e canadenses de língua inglesa criou uma verdadeira possibilidade de desintegração nacional. O antigo Primeiro-Ministro Pierre Trudeau, lutando para preservar a unidade nacional, advertiu que "se certas tendências centrífugas se realizarem, teremos permitido que este país se rompa ou fique tão dividido que sua existência e sua capacidade de agir como nação terão sido destruídas". Além disso, Quebec não é a única fonte de pressões divisórias. Talvez igualmente importante, embora menos conhecido no exterior, seja o coro crescente de vozes separatistas ou autonomistas de Alberta, rica em petróleo.

Do outro lado do Pacífico, nações como a Austrália e a Nova Zelândia revelam tendências semelhantes. Em Perth, um magnata de minas chamado Lang Hanckock alegou que a Austrália Ocidental, rica em minérios, é compelida a pagar preços artificialmente altos pelas mercadorias manufaturadas da Austrália Oriental. Entre outras coisas, a Austrália Ocidental alega que é politicamente sub-representada em Camberra; que, num país de vastas distâncias, as taxas aéreas são manipuladas contra ela, e que as políticas nacionais desencorajam o investimento estrangeiro no Oeste. O letreiro em letras douradas fora do escritório de Lang Hanckock diz: "Movimento de Secessão da Austrália Ocidental".

Enquanto isso, a Nova Zelândia tem as suas próprias dificuldades com separatismos. A energia hidrelétrica da Ilha Sul fornece grande parte de todas as necessidades de energia do país, mas os habitantes da Ilha Sul — que compreendem aproximadamente um terço da população total — dizem que recebem pouco por ela e a indústria continua a partir para o Norte. Numa reunião presidida pelo prefeito de Dunedin, nasceu um movimento para declarar a Ilha Sul independente.

O que vemos em toda a parte são fendas que aumentam e ameaçam desagregar estados-nações. E não estão ausentes tais pressões nos dois gigantes — a URSS e os Estados Unidos.

É difícil para nós imaginarmos a ruptura efetiva de, digamos, a União Soviética, como uma vez previu o historiador dissidente Andrei Amalrik. Mas as autoridades soviéticas encarceraram os nacionalistas armênios por um bombardeio do metrô de Moscou em 1977 e, desde 1968, um Partido de Unificação Nacional clandestino tem-se batido pela reunificação das terras armênias. Grupos semelhantes existem em outras repúblicas soviéticas. Na Geórgia, milhares de manifestantes forçaram o governo a fazer do georgiano a língua da república e viajantes estrangeiros no aeroporto de Tbilisi ficaram surpreendidos de ouvir um vôo para Moscou anunciado como um vôo para "a União Soviética".

Com efeito, enquanto os georgianos faziam manifestações contra os russos, os abkhazianos — um grupo minoritário dentro da Geórgia — reuniam-se em sua capital de Sukhumi para exigir a sua própria independência dos georgianos. Tão sérias foram estas reivindicações e os *meetings* de massas em três cidades, que cabeças rolaram entre os funcionários do partido comunista e Moscou, para aplacar os abkhazianos, anunciou um plano de desenvolvimento de 750 milhões de dólares para eles.

É impossível avaliar a intensidade total do sentimento separatista em várias partes da URSS. Mas o pesadelo de múltiplos movimentos de secessão deve assombrar as autoridades. Se estourasse a guerra com a China, explodiria subitamente uma série de sublevações na Europa Oriental e Moscou certamente teria de enfrentar secessionistas declarados ou revoltas autonomistas em muitas de suas repúblicas.

A maioria dos americanos dificilmente poderá conceber as circunstâncias que esfacelariam os Estados Unidos. (Nem a maioria dos canadenses igualmente conceberia isso há apenas uma década.) Mas as pressões regionalistas estão em ascensão. Na Califórnia, uma novela *underground* que virou *bestseller* visualiza o Noroeste separando-se da América com a ameaça de detonar minas nucleares em Nova York e Washington. Há outros enredos sobre secessão. Assim, um relatório preparado para Kissinger, enquanto ele ainda era conselheiro da segurança nacional, discutia a possível separação da Califórnia e do Sudoeste para formarem entidades geográficas de língua espanhola ou bilingües — "Quebec-Chicano". Cartas escritas ao editor falam de ligar novamente o Texas ao México, formando uma poderosa potência petrolífera chamada Téxico.

Numa banca do hotel em Austin, há pouco tempo, comprei um exemplar do *Texas Monthly,* que criticava energicamente a política "gringo" de Washington com relação ao México, acrescentando: "Em anos recentes, parece que temos tido mais em comum com os nossos velhos inimigos da Cidade do México do que com os nossos líderes em Washington... Os ianques têm-se ocupado em roubar o nosso petróleo desde Spindletop... de modo que os texanos deviam estar pouquíssimo surpreendidos pela tentativa do México de evitar a mesma espécie de imperialismo."

Nessa mesma banca, comprei um rótulo adesivo para pára-choques. Consistia na estrela do Texas e uma única palavra: Separa-te.

Esta conversa poderá parecer completamente remota, mas o fato simples é que, através dos Estados Unidos, como nos outros países de alta tecnologia, a autoridade nacional está sendo posta à prova e as pressões seccionais aumentam. Deixando de lado o crescente potencial para separatismo em Porto Rico e no Alasca, ou a reivindicação de os americanos nativos serem reconhecidos como nação soberana, podemos seguir clivagem cada vez mais acentuada entre os próprios estados continentais. De acordo com a Conferência Nacional das Legislaturas Estaduais, "Há uma segunda guerra civil se travando na América O conflito contrapõe o Nordeste e o Meio-Oeste industriais aos estados do cinturão solar do Sul e do Sudoeste".

Uma importante publicação comercial fala da "Segunda Guerra Entre os Estados", e declara que "o crescimento econômico díspar está empurrando as regiões para um conflito acerbo". A mesma linguagem belicosa é usada por agressivos governadores e funcionários do Sul e do Oeste, que se referem ao que está acontecendo como "equivalente econômico da guerra civil". Enfurecidos pelas propostas de energia da Casa Branca, estes funcionários "empenharam tudo aquém da secessão da União para pouparem abastecimento de petróleo e gás natural para a crescente base industrial da região.

As clivagens cada vez maiores também dividem os próprios estados do Oeste. Diz Jeffrey Knight, diretor legislativo de Amigos da Terra: "Os próprios estados do Oeste se vêem cada vez mais como colônias de energia de estados como a Califórnia."

Depois houve os *slogans* gomados dos pára-choques que surgiram no Texas, no Oklahoma e Louisiana durante as intensas carências de petróleo de meados da década de 70, declarando: "Que esses Velhacos Congelem no Escuro". Uma implicação vagamente velada de secessão podia também ser encontrada nas palavras de um anúncio publicado em *The New York Times* pelo estado de Louisiana. Ele incitava o leitor a "Considerar uma América sem a Louisiana".

Os médio-ocidentais hoje estão sendo aconselhados a "acabarem com as chaminés", a mudarem para indústria mais adiantada e a começarem a pensar como regionalistas, enquanto os governadores nordestinos se organizam para defenderem os interesses dessa região. O humor do público era indicado num anúncio de página inteira publicado por uma Coalizão para Salvar Nova York. O anúncio dizia que "Nova York Está Sendo Violentada" por políticas federais e que "os nova-iorquinos podem reagir".

Que significa toda esta conversa belicosa ao redor do mundo, para não mencionar os protestos e a violência? A resposta é inconfundível: tensões internas potencialmente explosivas dentro das nações causadas pela revolução industrial.

Algumas destas tensões evidentemente nascem da crise de energia e da necessidade de mudar de uma base energética da Segunda Onda para uma da Terceira Onda. Outras podem ser atribuídas a conflitos pela transição de uma base industrial da Segunda Onda para uma da Terceira Onda. Em muitos lugares também estamos presenciando, como se sugeriu no capítulo 19, o crescimento das economias subnacionais ou regionais que são tão grandes, complexas e internamente diferenciadas como as economias nacionais o eram há uma geração. Estas formam a pista de lançamento econômico para movimentos separatistas ou propulsão para a autonomia.

Mas quer tomando a forma de franco separatismo, de regionalismo, de bilingüismo, de governo doméstico, quer a de descentralismo, estas forças centrífugas também ganham apoio porque governos nacionais são incapazes de responder flexivelmente à rápida desmassificação da sociedade.

Enquanto a massa da sociedade da era industrial se desintegra sob o impacto da Terceira Onda, os grupos regionais, locais, étnicos, sociais e religiosos tornam-se menos uniformes. As condições e as necessidades divergem. Os indivíduos também descobrem ou reafirmam suas diferenças.

As empresas tipicamente enfrentam este problema introduzindo mais variedade nas linhas de seu produto e por uma política de "segmentação de mercado" agressiva.

Os governos nacionais, ao contrário, encontram dificuldade em personalizar suas normas. Fechados nas estruturas políticas e burocráticas, eles acham impossível tratar cada região ou cidade, cada grupo disputante, racial, religioso, social, sexual ou étnico de maneira diferente, quanto mais tratar cada cidadão como um indivíduo. Enquanto as condições se diversificam, os que tomam decisões nacionais permanecem ignorantes de requerimentos locais de modificação rápida. Se eles tentam identificar estas necessidades altamente localizadas ou especializadas, acabam submersos em dados superdetalhados e indigestos.

Pierre Trudeau, colhido na luta contra o secessionismo canadense, explicou claramente já em 1967, quando argumentou: "Vocês não podem ter um sistema operativo de governo federal em operação se uma parte dele, província ou estado, estiver num estado especial muito importante, se tiver uma série de relações com o governo central diferente das outras províncias".

Conseqüentemente, os governos nacionais em Washington, Londres, Paris, ou Moscou continuam, de um modo geral, a impor políticas uniformes, padronizadas, destinadas a uma sociedade de massa em públicos crescentemente divergentes e segmentados. As necessidades locais e individuais são esquecidas ou desprezadas, fazendo as chamas do ressentimento chegarem ao calor do ferro em brasa. Enquanto progride a desmassificação, podemos esperar forças separatistas ou centrífugas a intensificarem dramaticamente e ameaçarem a unidade de muitos estados-nações.

A Terceira Onda faz enormes pressões de baixo no estado-nação.

### DE CIMA A BAIXO

Ao mesmo tempo, vemos dedos igualmente poderosos agarrando de cima o estado-nação. A Terceira Onda traz novos problemas, uma nova estrutura de comunicações e novos atores no palco do mundo — tudo o que encolhe drasticamente o poder estado-nação individual.

Exatamente como muitos problemas são pequenos demais ou demasiado localizados para que os governos possam manuseá-los eficazmente, outros novos estão surgindo rapidamente e que são grandes demais para qualquer nação os enfrentar sozinha. "O estado-nação, que se considera absolutamente soberano, é evidentemente demasiado pequeno para representar um papel real no nível global", escreve o pensador político francês Denis de Roufement. "Nenhum dos nossos 28 estados europeus pode mais garantir a própria defesa militar e a própria prosperidade, os próprios recursos tecnológicos... a prevenção de guerras nucleares e catástrofes ecológicas." Nem o podem os Estados Unidos, a União Soviética ou o Japão.

Laços econômicos apertados entre as nações tornam virtualmente impossível para qualquer governo nacional, atualmente, governar sua própria economia independentemente ou pôr a inflação de quarentena. A bolha sempre crescente da euromoeda, por exemplo, como foi sugerido anteriormente, está além do poder de ser controlada por qualquer nação individual. Os políticos nacionais que afirmam que suas políticas domésticas podem "suster a inflação" ou "eliminar o desemprego" ou são ingênuos ou estão mentindo, visto que a maioria das infecções econômicas agora são comunicáveis através das fronteiras nacionais. A concha econômica do estado-nação agora está cada vez mais permeável.

Além disso, as fronteiras nacionais que não podem mais conter fluxos econômicos são ainda menos defensáveis contra forças ambientais. Se as fábricas de produtos químicos da Suíça despejam refugos no Reno, a poluição corre através da Alemanha, da Holanda e, finalmente, desemboca no Mar do Norte. Nem a Holanda nem a Alemanha podem garantir a qualidade de suas próprias vias aquáticas. Os derramamentos dos petroleiros, a poluição do ar, a inadvertida modificação do tempo, a destruição de florestas e outras atividades freqüentemente envolvem efeitos colaterais que transpõem as fronteiras nacionais. As fronteiras agora são porosas.

O sistema global de comunicações abre cada nação à penetração de fora. Os canadenses ressentem-se há muito tempo do fato de que 70 estações de televisão dos Estados Unidos ao longo da fronteira transmitem programas para audiências canadenses. Mas esta forma de penetração cultural da Segunda Onda é menor em comparação com a tornada possível pelos sistemas de comunicações da Terceira Onda, baseados em satélites, computadores, teleimpressoras, sistemas de cabo interativos e estações ordinárias de terra.

"Um meio de 'atacar' uma nação", escreve o Senador Federal George S. McGovern, "é restringir o fluxo de informação — cortar o contato entre a sede e as filiais ultramarinas de uma firma multinacional... construir muralhas de informação em volta de uma nação... Uma nova expressão está entrando no léxico internacional: soberania da informação".

Entretanto, é discutível até que grau de eficácia as fronteiras nacionais podem ser seladas — ou por quanto tempo. Pois a mudança para uma base industrial da Terceira Onda exige o desenvolvimento de uma "rede neural" altamente ramificada, sensível, completamente aberta, ou um sistema de informação, e tentativas por parte de nações individuais para represar fluxos de dados com o que poderão interferir em seu próprio desenvolvimento econômico, mais do que acelerá-lo. Além disso, cada avanço tecnológico fornece ainda outro meio de penetrar na concha exterior da nação.

Todos os desenvolvimentos desse tipo — os novos problemas econômicos, os novos problemas ambientais e as novas tecnologias de comunicações — estão convergindo para minar a posição do estado-nação no esquema global de coisas. O que é mais, eles vêm juntos precisamente no momento em que os potentes novos atores aparecem na cena mundial para desafiar o poder nacional.

## A COMPANHIA GLOBAL

A que recebe melhor publicidade e a mais poderosa destas novas forças é a companhia transnacional ou, mais comumente, a multinacional.

O que temos visto nestes 25 anos passados é uma extraordinária globalização da produção, baseada não apenas na exportação de matérias-primas ou artigos manufaturados acabados de um país para outro, mas na organização da produção através das linhas nacionais.

A companhia transnacional (ou TNC — *transnational corporation* pode fazer pesquisa num país, manufaturar componentes em outro, montá-los num terceiro, vender os artigos manufaturados num quarto, depositar seus fundos excedentes num quinto, e assim por diante. Pode ter filiais operando em dezenas de países. O tamanho, a importância e o poder político deste novo ator no jogo global subiu vertiginosamente desde meados da década de 50. Hoje, pelo menos 10.000 companhias baseadas nas nações não-comunistas de alta tecnologia têm filiais fora de seus próprios países. Mais de 2.000 têm filiais em seis ou mais países hospedeiros.

De 382 firmas industriais de grande importância, com vendas de mais de um bilhão de dólares, 242 tinham 25 por cento ou mais de "conteúdo estrangeiro" medido em termos de vendas, ativos, exportações, lucros ou empregos. E embora os economistas discordem imensamente em como definir e avaliar (e, por conseguinte, classificar e contar) estas companhias, é evidente que elas representam um novo fator crucial no sistema mundial — e um desafio ao estado-nação.

Para ter uma idéia de sua escala, ajudará saber que, num certo dia de 1971, tinham 268 bilhões de dólares em ativo líquido a curto prazo. Isto, de acordo com a Subcomissão Internacional de Comércio do Senado dos Estados Unidos, era "mais de duas vezes o total de todas as instituições monetárias internacionais do mundo na mesma data". O orçamento *anual* total da ONU, por comparação, representava menos de 1/268 ou 0,0037 dessa importância.

Em princípios da década de 70, a receita das vendas anuais da General Motors era maior que o Produto Nacional Bruto da Bélgica ou da Suíça. Tais comparações levaram o economista Lester Brown, presidente do Worldwatch Institute, a notar que "Outrora se dizia que o sol nunca se punha no Império Britânico. Hoje o sol se põe no Império Britânico, mas não nas vintenas de impérios empresariais globais, inclusive os da IBM, Unilever, Volkswagen e Hitachi".

Só a Exxon tem uma frota de petroleiros 50 por cento maior do que a da União Soviética. O especialista em leste-oeste, Josef Wilczynski, um economista do Real Colégio Militar da Austrália, certa vez observou curiosamente que, em 1973, "o produto das vendas" de apenas dez destas companhias transnacionais seria "suficiente para dar aos 58.000.000 membros dos Partidos Comunistas de todos os países socialistas, férias de seis meses, ao padrão de vida americano".

Embora considerada tipicamente uma invenção capitalista, o fato é que umas 50 "transnacionais socialistas" operam através dos países do COMECON, assentando oleodutos, fabricando produtos e rolamentos esféricos, extraindo potassa e amianto e explorando linhas marítimas. Além disso, bancos e instituições financeiras socialistas — que vão do Banco Narodny de Moscou à Companhia de Seguros Gerais do Mar Negro e Báltico — fazem negócios em Zurique, Viena, Londres, Frankfurt ou Paris. Alguns teoristas marxistas consideram agora a "internacionalização da produção" como coisa necessária e "progressiva". Além disso, das 500 TNC com base ocidental, de propriedade particular, cujas vendas excediam, em 1973, 500 milhões de dólares, 140 tinham "negócios comerciais significativos" com um ou mais dos países do COMECON.

E não só as TNC estão baseadas nas nações ricas. Os 25 países do Sistema Econômico Latino-Americano recentemente mexeram-se para criar transnacionais de propriedade sua nos campos das empresas agro-industriais, habitações de baixo custo e bens de capital. Companhias com base nas Filipinas estão desenvolvendo portos de águas profundas no Golfo Pérsico e transnacionais indianas estão construindo oficinas eletrônicas na Iugoslávia, siderúrgicas na Líbia e uma indústria de máquinas-ferramentas na Argélia. O desenvolvimento da TNC altera a posição do estado-nação no planeta.

Os marxistas tendem a ver os governos nacionais como criados do poder empresarial e, por conseguinte, salientam a comunidade de interesses entre os dois. Entretanto, as TNC muito freqüentemente têm seus próprios interesses, que vão contra os de suas nações "pátrias" e vice-versa.

TNC "britânicas" têm violado embargos britânicos. TNC "americanas" têm violado regulamentos dos Estados Unidos concernentes ao boicote de firmas judias. Durante o embargo da OPEP as companhias de petróleo transnacionais racionaram entregas entre países de acordo com as suas próprias prioridades, não de acordo com as prioridades nacionais. As lealdades nacionais desaparecem rapidamente quando se apresentam oportunidades em outras partes, de tal modo que as TNC transferem empregos de um país para outro, escapam a regras ambientais e jogam países hospedeiros uns contra os outros.

"Durante os poucos séculos passados", escreveu Lester Brown, "o mundo tem estado nitidamente dividido num conjunto de estados-nações soberanos independentes... Com o surgimento, literalmente, de centenas de empresas multinacionais ou globais, esta organização do mundo em entidades políticas mutuamente exclusivas está sendo agora recoberta por uma rede de instituições econômicas".

Nesta matriz, o poder que outrora pertencia exclusivamente ao estado-nação, quando foi a única força importante a operar na cena mundial, está, pelo menos em termos relativos, acentuadamente reduzido.

Com efeito, as transnacionais já têm crescido tanto que assumiram algumas das características do próprio estado-nação — inclusive seus próprios corpos de semidiplomatas e suas próprias agências de informação altamente eficazes.

"As necessidades do serviço secreto das multinacionais... não são muito diferentes dos congêneres dos Estados Unidos, da França ou de qualquer país... Com efeito, qualquer discussão das batalhas do serviço secreto entre a CIA, a KGB e suas agências-satélites será incompleta se não descrever os papéis crescentemente importantes representados pelos instrumentos da Exxon, do Chase Manhattan, da Mitsubishi, da Lockheed, da Phillips e outras", escreve Jim Hougan em *Fantasmas*, uma análise das agências de inteligência particulares.

Algumas vezes cooperando com sua nação "pátria", outras vezes explorando-a, algumas vezes executando as suas políticas, outras vezes usando-a para executar as próprias, as TNC não são nem inteiramente boas nem inteiramente más. Mas com sua habilidade para passarem bilhões para trás e para a frente instantaneamente, através de fronteiras nacionais, seu poder para desenvolverem tecnologia e para se moverem com relativa rapidez, elas têm muitas vezes flanqueado e suplantado em rapidez governos nacionais.

"Não é apenas, ou mesmo principalmente, uma questão de saber se as companhias internacionais podem lograr leis e regulamentos regionais particulares", escreve Hugh Stephenson num estudo do impacto das TNC no estado-nação. "É que toda a nossa estrutura de pensamento e reação está fundada no .. conceito do estado-nação soberano (enquanto) empresas internacionais estão invalidando esta idéia".

Em termos do sistema de poder global, o desenvolvimento das grandes transnacionais tem reduzido, mais do que fortalecido, o papel do estado-nação precisamente na época em que as pressões centrífugas de baixo ameaçam abri-la nas juntas.

### A EMERGENTE REDE TRANSNACIONAL

Embora elas sejam as mais conhecidas, as companhias transnacionais não são as únicas forças novas na fase global. Estamos presenciando, por exemplo, o nascimento de agrupamentos sindicais profissionais — a imagem refletida, por assim dizer, das companhias. Estamos também vendo um crescimento de movimentos religiosos, culturais e étnicos que fluem através das linhas nacionais e se ligam uns aos outros. Observamos um movimento antinuclear cujas manifestações na Europa, que reúne em protestos gente de vários países ao mesmo tempo. Estamos também presenciando o surgimento de agrupamentos partidários políticos transnacionais. Assim, os democratas e os socialistas cristãos igualmente falam em se formarem em "europartidos" que transcendem as fronteiras nacionais individuais — um movimento acelerado pela criação do Parlamento Europeu.

Paralelo a estes desenvolvimentos, entretanto, há uma rápida proliferação de associações transnacionais não-governamentais. Tais grupos dedicam-se a tudo, de educação a exploração oceânica, de esportes a ciência, de horticultura a socorros em desastres. Estendem-se da Confederação Futebolística da Oceania ou a Federação Odontológica da América Latina e Empresas Comerciais de Tamanho Médio e a Federação Internacional de Advogadas. Agregadas, tais organizações ou federações "cobertura" representam milhões de membros e dezenas de milhares de filiais em muitos países. Refletem todas as nuanças de interesse ou falta de interesse político.

Em 1963, algumas de 1.300 de tais organizações operavam através das linhas nacionais. Por meados da década de 70, o número tinha duplicado para 2.600. Espera-se que o total tenha subido para 3.500 a 4.500 em 1985 — com uma nova subida aproximadamente cada três dias.

Se as Nações Unidas são a "organização mundial", estes grupos menos visíveis formam, com efeito, uma "segunda organização mundial". Seus orçamentos globais em 1975 subiam a um modesto 1,5 bilhão; mas isto é apenas uma fração dos recursos controlados por suas unidades subordinadas. Eles têm a sua própria "associação profissional" — a União de Associações Internacionais, com base em Bruxelas. Elas se relacionam umas com outras verticalmente, com agrupamentos locais, regionais, nacionais e outros, reunindo-se sob a organização transnacional. Também se relacionam horizontalmente através de uma densa teia de consórcios, grupos de trabalho, comitês interorganizacionais e forças-tarefas.

Tão densos são estes laços transnacionais que, de acordo com um estudo da União de Associações Internacionais, havia uma estimativa de 52.075 relações e ligações cruzadas entrelaçadas identificáveis, entre 1.857 de tais grupos, em 1977. E este número está subindo. Literalmente, milhares de reuniões transnacionais, conferências e simpósios colocam os membros destes diferentes agrupamentos em contato uns com os outros.

Embora ainda relativamente subdesenvolvida, esta rede transnacional de rápido crescimento acrescenta ainda outra dimensão ao emergente sistema internacional da Terceira Onda. Mesmo isto, entretanto, não completa o quadro.

O papel do estado-nação ainda é mais diminuído quando as próprias nações são forçadas a criar agências supranacionais. Os estados-nações lutam para reter tanta soberania e liberdade de ação o máximo que podem. Mas estão sendo impelidos, passo a passo, a aceitar novas coerções em sua independência.

Os países europeus, por exemplo, relutante mas inevitavelmente, foram impelidos a criar o Mercado Comum, um parlamento europeu, um sistema monetário europeu e agência especializadas como CERN — a Organização Européia para Pesquisa Nuclear. Richard Burke, o comissário de tributação do Mercado Comum, faz pressão sobre as nações integrantes para alterarem suas políticas tributárias domésticas. Os sistemas agrícolas e industriais, uma vez determinados em Londres ou Paris, são impostos em Bruxelas. Os membros do Parlamento Europeu, na realidade, se debatem através de um aumento de 840 milhões de dólares no orçamento da CEE (Comunidade Econômica Européia) sobre as objeções de seus governos nacionais.

O Mercado Comum é talvez o primeiro exemplo da gravitação de poder em relação a uma agência supranacional. Mas não é o único exemplo. Estamos, de fato, vendo uma explosão de população de tais organizações intergovernamentais (ou IGO) — agrupamentos ou consórcios de três ou mais nações. Eles vão da Organização Meteorológica Mundial e a Agência Internacional de Energia Atômica à Organização Internacional do Café ou à Associação Latino-americana do Livre Comércio, para não falar da OPEP. Hoje tais agências são necessárias para coordenar o transporte, as comunicações, as patentes e o trabalho globais em uma dezena de outros campos, do arroz a borracha. E o número de tais IGO também duplicou, saltando de 139 em 1960 para 262 em 1977.

Através destas IGO, o estado-nação procura enfrentar problemas maiores do que os problemas nacionais, ao mesmo tempo retendo o controle de decisão ao nível nacional. Pouco a pouco, entretanto, uma mudança gravitacional ocorre enquanto mais decisões são transferidas para estas entidades organizacionais maiores que nacionais... ou constrangidas por elas.

Desde o nascimento da empresa transnacional à explosão populacional de associações transnacionais, para a criação de todas estas IGO, vemos um conjunto de desenvolvimentos, todos se movendo na mesma direção. As nações são cada vez menos capazes de ação independente — estão perdendo muito de sua soberania.

O que estamos criando é um jogo global multi-estratificado no qual não só nações, mas também companhias e sindicatos profissionais, agrupamentos políticos, étnicos e culturais, associações transnacionais e agências supranacionais são todos figurantes. O estado-nação, já ameaçado por pressões de baixo, encontra sua liberdade de ação constrangida, seu poder deslocado ou diminuído, enquanto toma forma um sistema global radicalmente novo.

O encolhimento do estado-nação reflete o aparecimento de uma economia global de novo estilo, que emergiu quando a Terceira Onda começou o seu impulso. Os estados-nações eram os continentes políticos necessários para economias de tamanho nação. Hoje os continentes não só apresentaram vazamentos, mas foram tornados obsoletos por seu próprio sucesso. Primeiro, há o crescimento dentro deles de economias regionais que outrora atingiram uma escala com as economias nacionais. Segundo, a economia mundial a que elas deram nascimento explodiu em tamanho e está assumindo estranhas formas novas.

Deste modo, a nova economia global é dominada pelas grandes companhias nacionais. É servida por um serviço bancário ramificado e indústria financeira que opera a velocidades eletrônicas. Produz dinheiro e crédito que nenhuma nação pode regular. Move-se no sentido de circulações transnacionais – não um único "dinheiro mundial" mas uma variedade de circulações monetárias ou "metacirculações", cada uma baseada numa "cesta de mercado" de moedas ou produtos nacionais. É rasgada por um conflito de escala mundial entre fornecedores de recurso e usuários. É crivada por um débito vacilante numa escala até aqui inimaginável. É uma economia mista, com capitalistas e empresas sócio-estatais formando associações de capitais e trabalhando lado a lado. E sua ideologia não é *laissez faire* ou marxismo, mas globalismo — a idéia de que o nacionalismo é obsoleto.

Assim como a Segunda Onda criou uma fatia da população que tinha interesses maiores do que locais e se tornou a base das ideologias nacionalistas, assim a Terceira Onda dá nascimento a grupos de interesses maiores do que nacionais. Estes formam a base da ideologia globalista, algumas vezes chamada "consciência planetária".

Esta consciência é partilhada por executivos de multinacionais, propagandistas ambientais de longas cabeleiras, financistas, revolucionários, intelectuais, poetas e pintores, para não mencionar membros da Comissão Trilateral. Houve até um famoso general americano de quatro estrelas que me afirmou que "o estado-nação está morto". O globalismo apresenta-se como sendo mais do que uma ideologia que serve os interesses de um grupo limitado. Precisamente como o nacionalismo clamava falar por toda a nação, o globalismo clama falar por todo o mundo. E seu aparecimento é visto como uma necessidade evolutiva — um passo mais perto de uma "consciência cósmica" que envolveria igualmente os céus.

Em suma, por conseguinte, a cada nível, da economia e da política a organização e ideologia, estamos presenciando um ataque devastador, de dentro e de fora, a essa coluna da civilização da Segunda Onda, o estado-nação.

No momento histórico exato em que muitos países pobres estão desesperadamente lutando para estabelecer uma identidade nacional porque a nacionalidade no passado era necessária para a industrialização bem-sucedida, os países ricos, correndo além do industrialismo, estão diminuindo, deslocando ou depreciando o papel da nação.

Podemos esperar nas próximas décadas ser esfacelados por uma luta pela criação de instituições capazes de representar razoavelmente os povos pré-nacionais assim como os povos pós-nacionais do mundo.

## MITOS E INVENÇÕES

Ninguém atualmente, dos peritos da Casa Branca ou do Kremlin ao proverbial homem da rua, pode ter a certeza de quanto o novo sistema mundial se sacudirá — que novas espécies de instituições surgirão para proporcionar ordem regional ou global. Mas é possível dissipar vários mitos populares.

O primeiro destes é o mito propagado por filmes tais como o *Rollerball (Gladiadores do Futuro)* e *Network, (Rede de Intrigas)* nos quais um vilão de olhos de aço anuncia que o mundo é, ou será, dividido e dirigido por um grupo de empresas transnacionais. Na forma mais comum este mito representa uma única Companhia de Energia de extensão mundial, uma única Companhia de Alimentos, uma única Companhia de Habitações, uma única Companhia de Recreação e assim por diante. Numa variante, cada uma destas é vista como uma seção de uma megacompanhia ainda maior.

Esta imagem simplista é baseada em extrapolações de tendências da Segunda Onda: especialização, maximização e centralização.

Não só esta visão deixa de levar em conta a fantástica diversidade das condições da vida real, o choque de culturas, religiões e tradições no mundo, a rapidez da mudança e o empuxão histórico que agora está levando as nações de alta tecnologia para a desmassificação; ela não apenas pressupõe ingenuamente que tais necessidades de energia, habitações ou comida podem ser metodicamente compartimentadas; ela despreza as mudanças fundamentais que agora estão revolucionando a estrutura e propósito da própria companhia. É baseada, em resumo, numa imagem obsoleta da imagem da Segunda Onda do que a companhia é e como é estruturada.

A outra fantasia intimamente relacionada pinta um planeta governado por um único Governo Mundial centralizado. Isto é ordinariamente imaginado como uma extensão de alguma instituição ou governo — um "Estados Unidos do Mundo", um "Estado Proletário Planetário" ou simplesmente as Nações Unidas em ponto grande. Novamente o pensamento é baseado em extensões simplistas do princípio da Segunda Onda.

O que parece estar emergindo não é nem um futuro dominado por uma companhia, nem um governo global, mas um sistema muito mais complexo, semelhante às organizações matrizes que nós vimos nascerem de certas indústrias avançadas. Ao invés de uma ou umas poucas burocracias piramidais globais, estamos tecendo redes ou matrizes que enredam diferentes espécies de organizações com interesses comuns.

Poderemos, por exemplo, ver o surgimento, através da próxima década, de uma Matriz de Oceanos, composta não somente de estados-nações, mas de regiões, cidades, companhias, organizações ambientais, grupos científicos e outros com algum interesse no mar. À medida que as mudanças ocorressem, emergiriam novos agrupamentos e se ligariam à matriz, enquanto outros cairiam fora. Estruturas organizacionais semelhantes podem muito bem emergir — estão, de algum modo, já emergindo — para lidar com outras questões: uma Matriz de Espaço, uma Matriz de Alimentos, uma Matriz de Transporte, uma Matriz de Energia, e assim por diante, tudo fluindo para dentro ou para fora umas das outras, sobrepondo-se e formando um sistema confusamente aberto, mais do que perfeitamente fechado.

Em resumo, estamos avançando para um sistema mundial composto de unidades densamente correlatas, como os neurônios em um cérebro, mais ou menos organizados como os departamentos de uma burocracia.

Enquanto isto acontece, podemos esperar uma tremenda luta para resolver, dentro das Nações Unidas, se essa organização permanecerá uma "associação comercial de estados-nações" ou se outros tipos de unidades — regiões, talvez religiões, mesmo companhias ou grupos técnicos — devem ser representados nela.

Enquanto as nações são despedaçadas e reestruturadas como TNC e outros novos atores entram na cena global, enquanto irrompem instabilidades e ameaças de guerra, seremos chamados a inventar formas políticas ou "continentes" para dar uma aparência de ordem ao mundo — um mundo em que o estado-nação se tornou, para muitos fins, um perigoso anacronismo.

# 23
# GANDHI COM SATÉLITES

"Estremecimentos convulsivos"... "levantes inesperados"... "oscilações descontroladas"... Os redatores de manchetes procuram freneticamente termos para descrever o que eles percebem como uma crescente desordem mundial. O levante islâmico no Irã estonteia-os. A súbita inversão da orientação política na China, o colapso do dólar, a nova militância dos países pobres, rebeliões irrompendo em El Salvador ou no Afeganistão, todas estas coisas são vistas como eventos surpreendentes, casuais, desconexos. O mundo, dizem-nos, é impelido para o caos.

Entretanto, por mais anárquico que pareça, não o é. A erupção de uma nova civilização na Terra não faz senão sacudir velhas relações, derrubar regimes e lançar sistemas financeiros em espiral. O que parece caos é, na realidade, um realinhamento maciço de poder para acomodar a nova civilização.

Olharemos para trás, para o dia de hoje, como o crepúsculo da civilização da Segunda Onda e ficaremos tristes pelo que vemos. Pois ao chegar ao seu encerramento, a civilização industrial deixava para trás um mundo em que um quarto da espécie vivia em relativa prosperidade, três quartos em relativa pobreza — e 800.000.000 no que o Banco Mundial chama "absoluta" pobreza. 700.000.000 de pessoas eram subnutridas e 550.000.000 analfabetos. De acordo com estimativas 1.200.000.000 de seres humanos permaneciam sem acesso aos recursos da saúde pública ou até mesmo à água potável quando terminava a idade industrial.

Essa idade deixava para trás um mundo em que umas 20 ou 30 nações industriais dependiam dos subsídios ocultos de energia e matérias-primas baratas para muito de seu sucesso econômico. Deixava uma infra-estrutura global — o Fundo Monetário Internacional, GATT, o Banco Mundial e o CO-

MECON — que regulava o comércio e as finanças para benefício das potências da Segunda Onda. Deixava muitos dos países pobres com economias de uma safra única adulterada para servirem às necessidades dos ricos.

A rápida emergência da Terceira Onda não só prenuncia o fim do império da Segunda Onda, mas também anula todas as nossas idéias sobre o fim da pobreza no planeta.

### A ESTRATÉGIA DA SEGUNDA ONDA

Desde o fim da década de 40, uma estratégia dominante única tem governado a maioria dos esforços para reduzir a brecha entre os ricos e os pobres. Chamo a isto a estratégia da Segunda Onda.

Esta abordagem começa com a premissa de que as sociedades da Segunda Onda são o ápice do progresso evolutivo, e de que, para solver seus problemas, todas as sociedades devem repetir a revolução industrial essencialmente como aconteceu no Ocidente, na União Soviética ou no Japão. O progresso consiste em deslocar milhões de pessoas da agricultura para a produção em massa. Exige urbanização, padronização e todo o resto do pacote da Segunda Onda. O desenvolvimento, em suma, envolve a fiel imitação de um modelo já bem-sucedido.

Vintenas de governos em país após país têm, de fato, levado a cabo este plano. Uns poucos, como a Coréia do Sul ou Formosa, onde prevalecem condições especiais, parecem estar progredindo no estabelecimento de uma sociedade da Segunda Onda. Mas a maioria de tais esforços têm terminado em desastre.

Estes fracassos, em um país empobrecido após outro, têm sido atribuídos a uma multiplicidade de razões fortes. Neocolonialismo. Mau planejamento. Corrupção. Religiões retrógradas. Tribalismo. Empresas transnacionais. A CIA. Avançando com demasiada lentidão. Avançando depressa demais. Entretanto, quaisquer que sejam as razões, permanece o lamentável fato de que a industrialização, de acordo com o modelo da Segunda Onda, pifou com mais freqüência do que foi bem-sucedida.

O Irã oferece apenas o exemplo mais dramático de um destes casos.

Em 1975, um Xá tirânico gabava-se de que ia transformar o Irã no estado industrial mais avançado do Oriente Médio, seguindo a estratégia da Segunda Onda. "Os construtores do Xá", informou a *Newsweek,* "labutavam através de uma série de usinas, represas, estradas de ferro, rodovias e todos os outros ingredientes de uma revolução industrial em pleno desenvolvimento." Em junho de 1978, banqueiros internacionais ainda se engalfinhavam para emprestarem dinheiro a um juro mínimo à Persian Gulf Shipbuilding Corporation, à Mazadern Textile Company, à Tavanir, à empresa de energia de utilidade pública, de propriedade do estado, ao complexo siderúrgico em Isfahan e à Iran Aluminium Company, entre outras.

Enquanto se supunha que esta estrutura transformava o Irã numa nação "moderna", entretanto, a corrupção reinava em Teerã. O consumo conspícuo agravava o contraste entre ricos e pobres. Interesses estrangeiros — principalmente, mas não exclusivamente americanos — atingiam o máximo (Um gerente alemão em Teerã recebia um terço mais do que poderia ganhar na sua terra, mas os empregados trabalhavam por um décimo do salário de um trabalhador alemão.) A classe média urbana existia como uma ilha minúscula dentro de um mar de miséria. Fora o petróleo, dois terços completos de todas as mercadorias produzidas para o mercado eram consumidas em Teerã, por um décimo da população do país. No campo, onde a renda era escassamente um quinto disso na cidade, as massas rurais continuavam a viver em condições revoltantes e repressivas.

Criados no Ocidente, tentando aplicar a estratégia da Segunda Onda, os milionários, generais e tecnocratas contratados que governavam o governo de Teerã concebiam o desenvolvimento como um processo basicamente econômico. A religião, a cultura, a vida familiar, os papéis sexuais — todas estas coisas tomariam conta de si mesmas desde que os sinais do dólar estivessem certos. A autenticidade cultural significava pouco porque, embebidos em indust-realidade, eles viam o mundo cada vez mais padronizado do que caminhando para a variedade. A resistência às idéias ocidentais era simplesmente posta de lado como "retrógrada" por um gabinete do qual 90 por cento dos membros tinham sido educados em Harvard, Berkeley ou em universidades européias.

Apesar de certas circunstâncias únicas — como a mistura combustiva de petróleo e islamismo — muito do que acontecia ao Ira era comum a outros países que seguiam a estratégia da Segunda Onda. Com alguma variação, muito do mesmo podia dizer-se de dezenas de outras sociedades atacadas de pobreza, da Ásia e África à América Latina.

O colapso do regime do Xá em Teerã levantou um difundido debate em outras capitais, de Manila à Cidade do México. Freqüentemente as pessoas se perguntavam se a questão tinha alguma coisa a ver com o ritmo da mudança. Seria a marcha demasiado rápida? Os iranianos estariam sofrendo do choque do futuro? Mesmo com rendas de petróleo, os governos poderão criar uma classe média grande bastante para evitar convulsões revolucionárias? Mas a tragédia iraniana e a introdução de uma teocracia repressiva em lugar do regime do Xá compele-nos a questionar as próprias premissas radicais da estratégia da Segunda Onda.

A industrialização clássica é o único caminho para o progresso? E faz algum sentido imitar o modelo industrial numa época em que a própria civilização industrial era colhida nas suas agonias finais?

## O MODELO DO SUCESSO FALHADO

Enquanto as nações da Segunda Onda permanecessem "prósperas" — estáveis, ricas e ficando mais ricas — era fácil olhá-las como um modelo para o resto do mundo. Pelo fim da década de 60, entretanto, explodira a crise do industrialismo.

Greves, blecautes, paralisações, crimes e prostração psicológica espalhavam-se através do mundo da Segunda Onda. As revistas cobriam assuntos de "por que nada funciona mais". Os sistemas da energia e da família vacilavam. Os sistemas de valores e as estruturas urbanas esboroavam-se. A poluição, a corrupção, a inflação, a alienação, a solidão, o racismo, o burocratismo, o divórcio, o consumismo indiferente, tudo veio a colocar-se sob ataque selvagem. Os economistas advertiam sobre a possibilidade de um colapso total do sistema financeiro.

Entrementes, um movimento ambiental global advertia que a poluição, a energia e os limites de recursos poderiam em breve tornar impossível até mesmo para as nações da Segunda Onda continuarem operações normais. Além disso, observou-se, mesmo se a estratégia da Segunda Onda, milagrosamente, funcionasse nas nações pobres, transformaria o planeta inteiro numa única fábrica gigantesca e causaria o desastre ecológico.

Uma nuvem de tristeza desceu sobre as nações mais ricas quando se aprofundou a crise geral do industrialismo. E, subitamente, milhões ao redor do mundo se perguntaram não apenas se a estratégia da Segunda Onda podia funcionar, mas por que alguém havia de imitar uma civilização que estava nos estertores de tão violenta desintegração.

Outro surpreendente desenvolvimento também minou a crença em que a estratégia da Segunda Onda era o único caminho dos trapos para a riqueza. Sempre estava implícita nesta estratégia a pressuposição de que "primeiro você 'se desenvolve', depois fica rico" — essa prosperidade era o resultado de trabalho árduo, poupança, a ética protestante, e um longo processo de transformação econômica e social.

Entretanto, o embargo da OPEP e a súbita inundação de petrodólares despejada no Meio Oeste equilibrou esta idéia calvinista em sua cabeça pontuda. Dentro de meses, apenas bilhões inesperados vomitaram, esparramaram-se e espumaram no Irã, na Arábia Saudita, no Kuwait, na Líbia e em outros países árabes, e o mundo viu riqueza aparentemente sem limites *precedendo,* antes que *seguindo-se* à transformação. No Oriente Médio foi o dinheiro que produziu a propulsão para "desenvolver", antes que o "desenvolvimento" gerasse o dinheiro. Nada como isso, em tão vasta escala, tinha jamais acontecido.

Entrementes, a competição entre as próprias nações ricas estava esquentando. "Com aço sul-coreano usado em locais de construção na Califórnia, aparelhos de televisão de Formosa sendo mercadejados na Europa, tratores da Índia sendo vendidos no Oriente Médio e... a China emergindo dramaticamente como grande força industrial em potencial, cresce a preocupação sobre até onde as economias em desenvolvimento minarão as indústrias estabelecidas nas nações avançadas do Japão, dos Estados Unidos e da Europa", escreveu um correspondente para *The New York Times.*

Trabalhadores de aço em greve, como seria de esperar, deram mais pitoresco à coisa. Exigiam o fim do "massacre da indústria" e grupos de protesto ocuparam a Torre Eiffel. Em uma após outra, das mais velhas nações industrias da Segunda Onda e seus aliados, atacaram a "exportação de empregos" e políticas que estendiam a industrialização aos países mais pobres.

Em suma, avolumaram-se as dúvidas em todos os lados sobre se a muito apregoada estratégia da Segunda Onda podia — ou mesmo devia — funcionar.

### A ESTRATÉGIA DA PRIMEIRA ONDA

Defrontadas pelos fracassos da estratégia da Segunda Onda, abaladas pelas exigências irritadas dos países pobres de uma remodelação da economia global e profundamente preocupadas com o seu próprio futuro, na década de 70 as nações ricas começaram a forjar uma nova estratégia para os pobres.

Quase do dia para a noite muitos governos e "agências de desenvolvimento", inclusive o Banco Mundial, a Agência para o Desenvolvimento Internacional, e o Conselho Ultramarino de Desenvolvimento, mudaram para o que só pode ser chamado uma estratégia da Primeira Onda.

Esta fórmula é quase uma cópia de carbono invertida da estratégia da Segunda Onda: em vez de espremer os camponeses e forçá-los a viverem nas cidades sobrecarregadas, proclama uma nova ênfase no desenvolvimento rural. Em vez de se concentrar em cultivo comercial para exportação, estimula auto-suficiência de comida. Em vez de se forçar cegamente a conseguir um PNB mais elevado, na esperança de que os benefícios gotejassem um pouco para os pobres, proclama que os recursos sejam canalizados diretamente para as "necessidades humanas básicas".

Em vez de insistir em tecnologias economizadoras de trabalho, a nova abordagem acentua a produção de trabalho intensivo com baixo capital e energia e poucas exigências de habilidade. Em vez de construir usinas siderúrgicas gigantescas e fábricas urbanas em grande escala, favorece instalações descentralizadas em pequena escala, destinadas à aldeia.

Virando os argumentos da Segunda Onda de pernas para o ar, os defensores da estratégia da Primeira Onda puderam mostrar que muitas tecnologias eram um desastre quando transferidas para um país pobre. As máquinas quebravam-se e ficavam por consertar. Careciam de matérias-primas caras, muitas vezes importadas. Mão-de-obra treinada era escassa. Daí que se costumasse dizer que o que se precisava era de "tecnologias apropriada". Algumas vezes chamada "intermediária", "mole" ou "alternativa", estas encontravam-se, por assim dizer, "entre a foicinha e a colhedeira combinada".

Centros para o desenvolvimento de tais tecnologias logo surgiram através de toda a extensão dos Estados Unidos e da Europa — servindo como modelo primitivo o Grupo Intermediário de Desenvolvimento de Tecnologia, fundado em 1965 na Grã-Bretanha. Mas os países em desenvolvimento também criaram tais centros e começaram a despejar inovações tecnológicas em baixa escala.

A Brigada de Lavradores de Mochidi, em Botswana, por exemplo, desenvolveu um aparelho puxado por boi ou jumento, que pode ser usado para lavrar, plantar e espalhar fertilizante em um ou dois sulcos. O Departamento de Agricultura da Gâmbia adotou uma armação-ferramenta senegalesa que pode ser usada com um arado de uma só aiveca, um arrancador de amendoim, semeador e ajeitador de lombada de sulco. Em Gana, o trabalho se desenvolve num debulhador de arroz movido a pedal, uma prensa de rosca para moer cevada e um espremedor todo de madeira para extrair água de fibra de banana.

A estratégia da Primeira Onda tem sido aplicada igualmente numa base muito mais ampla. Desse modo, em 1978, o novo governo da Índia, ainda abalado pelos preços aumentados do petróleo e do fertilizante e pelo desapontamento com as estratégias da Segunda Onda, seguidas por Nehru e Indira Gandhi, baniu efetivamente mais expansão de sua indústria têxtil e estimulou o aumento da produção de tecidos feitos em teares manuais, em vez de teares mecânicos. A intenção não era apenas aumentar o emprego, mas retardar a urbanização pelo favorecimento da indústria da cabana rural.

Há muito nesta nova fórmula que, reconhecidamente, faz excelente sentido. Ela há muito se vê diante da necessidade de reduzir a migração maciça para as cidades. Visa a tornar as aldeias — onde se localiza o grosso dos pobres do mundo — mais habitáveis. É sensível aos fatores ecológicos. Acentua o uso dos recursos locais baratos em vez das importações caras. Desafia as definições convencionais, demasiado acanhadas de "eficiência". Sugere uma abordagem menos tecnocrática ao desenvolvimento, levando em conta os costumes e a cultura locais. Acentua o melhoramento das condições do pobre ao invés de passar o capital através das mãos dos ricos na esperança de que um pouco goteje para baixo.

Contudo, depois de todo o devido crédito, a fórmula da Primeira Onda permanece exatamente isso — uma estratégia para melhorar as piores condições da Primeira Onda sem jamais as transformar. É um Band-Aid, não uma cura, e é percebido exatamente nestes termos por muitos governos ao redor do mundo.

O Presidente Suharto, da Indonésia, expressou um ponto de vista muito generalizado quando acusou que uma tal estratégia "pode ser a nova forma de imperialismo. Se o Ocidente contribuir apenas para os projetos básicos em pequena escala, nossa situação poderá ser aliviada de algum modo, mas nunca cresceremos."

O súbito caso de amor com a intensividade do trabalho é também sujeito à acusação de que ele está se auto-servindo para os ricos. Quanto mais tempo os países pobres permanecerem sob as condições da Primeira Onda, menos mercadorias competitivas eles terão probabilidade de jogar num mercado mundial sobrecarregado. Quanto mais tempo eles se mantiverem na lavoura, por assim dizer, menos petróleo, gás, e outros recursos escassos consumirão; e mais fracos e menos incômodos eles permanecerão politicamente.

Existe também, profundamente embutida na estratégia da Primeira Onda, uma pressuposição paternalista de que enquanto outros fatores de produção precisam de ser economizados, o tempo e a energia do obreiro não o necessitam — a labuta sem interrupção, o trabalho de quebrar as costas nos campos e nos arrozais, tudo isto é ótimo — enquanto for feito por alguma outra pessoa.

Samir Amin, diretor do Instituto do Desenvolvimento e Planejamento Econômico Africano, resume muitas destas idéias, dizendo que as técnicas de trabalho intensivo subitamente se tornaram atraentes, "graças a uma mistura de ideologia *hippie*, volta ao mito da idade de ouro e ao selvagem nobre, e à crítica da realidade do mundo capitalista".

Pior ainda, a fórmula da Primeira Onda desenfatiza perigosamente o papel da ciência e da tecnologia avançadas. Muitas das tecnologias que agora estão sendo promovidas como "apropriadas" são ainda mais primitivas do que as disponíveis para o lavrador americano de 1776 — muito mais perto da foicinha do que da colhedeira. Quando os lavradores americanos e europeus começaram a empregar "tecnologia mais apropriada", há 150 anos, quando se passaram da grade de madeira para a grade com dentes de aço e para o arado de ferro, não voltaram as costas ao conhecimento acumulado de engenharia e metalurgia do mundo — eles o adotaram.

Na Exposição de Paris de 1855, de acordo com uma comparação da época, foram dramaticamente demonstradas algumas máquinas debulhadoras. "Seis homens foram postos a malhar com manguais ao mesmo tempo que diferentes máquinas começaram a funcionar, e os resultados foram os seguintes, ao fim de uma hora de trabalho:

| | |
|---|---|
| "Seis malhadores com manguais .............. | 36 litros de trigo |
| Uma máquina debulhadora belga ............... | 150 litros de trigo |
| Uma máquina debulhadora francesa ............ | 250 litros de trigo |
| Uma máquina debulhadora inglesa ............. | 410 litros de trigo |
| Uma máquina debulhadora americana .......... | 740 litros de trigo" |

Somente os que nunca passaram anos presos em torturante trabalho manual podem pôr de lado levianamente a maquinaria que, já em 1855, podia debulhar grãos 123 vezes mais rápido do que um homem.

Muito do que agora chamamos "ciência avançada" foi desenvolvida por cientistas em países ricos para solucionar os problemas dos países ricos. Só uma pequena pesquisa preciosa tem sido dirigida aos problemas de cada dia dos pobres do mundo. Não obstante, qualquer "política de desenvolvimento" que começa fechando os olhos aos potenciais de conhecimento científico e tecnológico condena centenas de milhões de camponeses desesperados, famintos e laboriosos à degradação perpétua.

Em alguns lugares, e em certas ocasiões, a estratégia da Primeira Onda pode melhorar a vida de grande número de pessoas. E, entretanto, há uma evidência penosamente pequena para mostrar que qualquer país de bom tamanho pode produzir o suficiente usando métodos pré-mecanizados da Primeira Onda para investir em mudança. Com efeito, diversas evidências sugerem o oposto exato.

Por puro esforço heróico, a China de Mao — que inventou e experimentou tirando de elementos básicos da fórmula da Primeira Onda — quase, mas não inteiramente, conseguiu evitar a fome. Foi uma façanha grandiosa. Mas pelo fim dos anos 60, a ênfase maoísta no desenvolvimento rural e na indústria retrógrada tinham ido tão longe quanto podiam chegar. A China tinha chegado a um beco sem saída.

Pois a fórmula da Primeira Onda, por si mesma, é finalmente uma receita para estagnação, não sendo mais aplicável a todo o âmbito dos países pobres do que a estratégia da Segunda Onda.

Num mundo de diversidade explosiva teremos de inventar vintenas de estratégias inovadoras e parar de olhar para modelos quer no presente industrial, quer no passado pré-industrial. Nesta época, começamos a olhar para o futuro emergente.

Devemos permanecer para sempre presos entre duas visões obsoletas? Caricaturei deliberadamente estas estratégias alternativas para realçar as diferenças. Na vida real poucos governos podem permitir-se seguir teorias abstratas e encontramos muitas tentativas de combinar elementos de ambas as estratégias. Entretanto, o advento da Terceira Onda sugere fortemente que não mais necessitamos de pingue-pongue para trás e para a frente entre estas duas fórmulas.

Pois a chegada da Terceira Onda altera drasticamente tudo. E enquanto nenhuma teoria procedente do mundo da alta tecnologia, capitalista ou marxista, virá solucionar os problemas do "mundo em desenvolvimento" e nenhum modelo existente é totalmente transferível, uma estranha nova relação está surgindo entre as sociedades de Primeira Onda e a civilização de rápida formação da Terceira Onda.

Mais de uma vez temos visto tentativas ingênuas para "desenvolver" um país basicamente da Primeira Onda impondo-lhe formas altamente incongruentes da Segunda Onda — produção em massa, veículos de comunicação em massa, educação estilo fábrica, governo parlamentar estilo Westminster e o estado-nação, para citar umas poucas — sem reconhecer que para estes operarem com sucesso, os costumes da família tradicional e do casamento, a religião, as estruturas do papel representado pelas pessoas teriam de ser esmagadas, toda a cultura retalhada desde suas raízes.

Por espantoso contraste, a civilização da Terceira Onda resultou ter muitas características — produção descentralizada, escala apropriada, energia renovável, desurbanização, trabalho em casa, altos níveis de prossumo, para nomear apenas algumas — que realmente lembram as encontradas na Primeira Onda. Estamos vendo algo que parece notavelmente uma réplica dialética.

Isto é porque tantas das mais surpreendentes inovações da atualidade chegam com uma cauda de cometa de memórias vestigiais. É esta sensação fantástica de *déjà vu* que explica a fascinação pelo passado rural que encontramos nas sociedades rapidamente emergentes da Terceira Onda. O que é tão notável hoje é que as civilizações da Primeira e da Terceira Onda parecem provavelmente ter mais em comum uma com a outra do que com a civilização da Segunda Onda. Elas são, em suma, congruentes.

Esta estranha congruência tornará possível para muitos dos países da Primeira Onda de hoje assumirem algumas das características da Terceira Onda — sem engolirem a pílula toda, sem cederem totalmente sua cultura ou primeiro passarem pela "fase" do desenvolvimento da Segunda Onda? Será de fato mais fácil para alguns países introduzirem estruturas da Terceira Onda do que industrializar à maneira clássica?

É possível agora, além disso, como não o era no passado, uma sociedade atingir um alto padrão de vida material sem obsessivamente focalizar todas as suas energias na produção para intercâmbio? Dado o âmbito mais amplo de opções trazido pela Terceira Onda, o povo não poderá reduzir a mortalidade infantil e melhorar a duração de vida, a instrução, a nutrição e a qualidade geral de vida sem abrir mão de sua religião ou valores e necessariamente abraçar o materialismo ocidental que acompanha a difusão da civilização da Segunda Onda?

As estratégias de "desenvolvimento" de amanhã virão não de Washington ou de Moscou ou de Paris ou de Genebra, mas da África, da Ásia, e da América Latina. Elas serão indígenas, adaptadas às verdadeiras necessidades locais. Não superenfatizarão a economia à custa da ecologia, da cultura, da religião ou da estrutura da família e das dimensões psicológicas da existência. Não imitarão qualquer modelo de fora — a Primeira Onda, a Segunda e nem tampouco a Terceira Onda.

Mas a ascensão da Terceira Onda coloca todos os nossos esforços em uma nova perspectiva. Pois provê as nações mais pobres do mundo, assim como as mais ricas, de oportunidades totalmente novas.

## SOL, CAMARÃO E CARTÕES PERFURADOS

A surpreendente congruência entre muitas das características das civilizações da Primeira Onda e da Terceira Onda sugere que será possível nas décadas próximas combinar elementos do passado e do futuro num presente novo e melhor.

Tomemos, por exemplo, a questão da energia.

Com toda a conversa a respeito de uma crise de energia nos países que estão na fase de transição para a civilização da Terceira Onda, muitas vezes a gente se esquece de que as sociedades da Primeira Onda enfrentam uma crise de energia própria. Partindo de uma base extremamente baixa, que espécie de sistemas de energia elas devem criar?

Sem dúvida, precisam de grandes usinas de força centralizadas em combustível fóssil do tipo da Segunda Onda. Mas em muitas destas sociedades, como o cientista indiano Amulya Kumar N. Reddy mostrou, a necessidade mais urgente é a energia descentralizada no campo mais do que vastos abastecimentos centralizados para as cidades.

A família de um camponês indiano sem terra agora gasta cerca de seis horas por dia apenas para encontrar a lenha que precisa para cozinhar e aquecimento. Outras quatro a seis horas são gastas para trazer água de um poço e outra quantidade semelhante para pastorear o gado, cabras ou ovelhas. "Como uma família assim não pode assalariar mão-de-obra e não pode comprar aparelhos economizadores de trabalho, a sua única solução é ter pelo menos três filhos para satisfazer as necessidades de energia", diz Reddy, indicando que a energia rural "pode revelar-se um excelente anticoncepcional".

Reddy estudou as necessidades de energia rural e concluiu que as exigências de uma aldeia podem ser satisfeitas por uma usina biogás minúscula e barata, que usa dejetos humanos e animais da própria aldeia. E Reddy prosseguiu, para demonstrar que muitos milhares de tais unidades seriam muito mais úteis, ecologicamente escorreitas e econômicas do que umas poucas de gigantescas usinas geradoras centralizadas.

Precisamente este raciocínio é o que se encontra por trás da pesquisa biogás e programas de instalação desde Bangladesh a Fiji. A Índia já tem 12.000 usinas em operação e já tem planejadas 100.000 unidades. A China planeja ter 200.000 usinas biogás tamanho-família funcionando em Chechuan. A Coréia tem 29.450 e espera alcançar um total de 55.000 por volta de 1985.

Imediatamente fora de Délhi, o eminente escritor futurista e negociante Jagdish Kapur transformou 40.000 metros quadrados, miseravelmente áridos, numa "horta solar" modelo, famosa no mundo inteiro, com uma usina biogás. Agora a fazenda produz cereais, frutas e legumes suficientes para alimentar a sua família e empregados, bem como toneladas de alimentos para vender na praça do mercado com lucro.

O Instituto Indiano de Tecnologia, enquanto isso, projetou uma usina solar de 10 quilowatts para uso da aldeia: fornecer eletricidade para iluminar as casas, operar bombas de água e acionar os aparelhos de televisão ou rádio da comunidade. Em Madras, em Tamil Nadu, as autoridades instalaram uma usina de dessalinização movida a energia solar. E a Eletrônica Central, perto de Nova Délhi, instalou uma demonstração doméstica, usando células solares fotovoltaicas para produzir eletricidade.

Em Israel, o biologista molecular Haim Aviv propôs um projeto conjunto agro-industrial egípcio-israelense no Sinai. Usando água egípcia e tecnologia de irrigação avançada de Israel, seria possível plantar mandioca ou cana-de-açúcar, que, por sua vez, podiam ser convertidos em etanol para uso em combustível de carros. O plano dele exige ovelhas e gado para serem alimentados com produtos colaterais da cana-de-açúcar e fábricas de papel para usar os excretos de celulose, criando um ciclo ecológico integrado. Projetos semelhantes, sugere Aviv, poderiam ser construídos em partes da África, da Ásia Sul-Oriental e da América Latina.

A crise de energia, que é parte do colapso da civilização da Segunda Onda, está gerando muitas novas idéias para a produção de energia tanto centralizada como descentralizada, em grande escala como em pequena escala, nas regiões mais pobres do planeta. E há um paralelo claro entre alguns dos problemas que enfrentam as sociedades da Primeira Onda e da emergente Terceira Onda. Nem uma nem a outra podem fiar-se em sistemas de energia destinados à era da Segunda Onda.

E quanto à agricultura? Uma vez de novo a Terceira Onda nos leva a direções não-convencionais. No Laboratório de Pesquisa Ambiental de Tucson, no Arizona, estão sendo criados camarões em longas calhas, em estufas bem ao lado de pepinos e alfaces — com as excreções dos camarões recicladas para fertilizar as verduras. Em Vermont, experimentadores estão criando bagres, trutas e vegetais da mesma maneira. A água no tanque dos peixes coleta calor solar e libera-o à noite para manter as temperaturas. Novamente os excrementos dos peixes são usados para fertilizar os vegetais.

Em Massachusetts, no New Alchemy Institute, criam-se galinhas em cima do tanque dos peixes. Seus excrementos fertilizam as algas, que os peixes depois comem. Estes são apenas três de inumeráveis exemplos de inovação na produção de comida e no processamento de comida — muitos dos quais têm especial e excitante pertinência para as sociedades da Primeira Onda de hoje.

Uma previsão das tendências de 20 anos no abastecimento de comida no mundo pelo Centro de Pesquisa de Operações a Prazo (CFR), na Universidade da Califórnia do Sul, sugere, por exemplo, que vários desenvolvimentos têm probabilidade de cortar, mais do que de aumentar, a necessidade de fertilizantes artificiais. Segundo o estudo do CFR, as probabilidades são de nove em dez que, por volta de 1996, teremos fertilizante barato controladamente distribuído, que reduzirá o fertilizante nitrogenoso em 15 por cento. Há uma probabilidade substancial de que nessa altura teremos acesso a grãos já contendo a dose de nitrogênio necessária, reduzindo ainda mais a procura.

O relatório considera como "virtualmente certas" as variedades de novos grãos que produzem maior percentagem por hectare em terra não irrigada — com vantagem até 25 a 50 por cento. Isso sugere que sistemas de irrigação em "fios dágua", com poços munidos de cata-ventos descentralizados e água distribuída por meio de animais de tiro poderiam aumentar substancialmente os rendimentos, embora se contando com flutuações de ano para ano nas colheitas.

Além disso, o Centro fala de erva de forragem que, como precisa de muito menos água, poderia duplicar a capacidade do gado, contida em regiões áridas; de um salto potencial de 30 por cento em solos tropicais que não produzem grãos em resultado de uma compreensão melhor da combinação de nutrientes; da descoberta de controle de pestes, que reduzirá drasticamente as perdas do corte das colheitas; dos novos métodos de bombeamento de água a baixo custo; do controle da mosca tsé-tsé, que abriria vastas regiões à criação de gado; e muitos outros avanços.

Numa escala de tempo mais longa, pode-se imaginar grande parte da agricultura dedicada a "fazendas de energia" — o cultivo de safras para a produção de energia. Ultimamente, poderemos ver a convergência da modificação meteorológica, computadores, monitoragem de computadores, de satélites e a genética a revolucionar o suprimento de comida do mundo.

Embora tais possibilidades não ponham comida hoje na boca do camponês faminto, os governos da Primeira Onda devem considerar estes potenciais em seu planejamento agrícola de longo alcance e devem procurar meios de combinar, por assim dizer, o sacho e o computador.

Novas tecnologias, associadas à mudança para a civilização da Terceira Onda, também abrem novas possibilidades. O falecido futurista John McHale e sua mulher e colega, Magda Corell McHale, em seu excelente estudo intitulado *Necessidades Humanas Básicas,* concluíram que o surgimento de biotecnologias superavançadas prometem muito para transformar as sociedades da Primeira Onda. Tais tecnologias incluem tudo, desde o cultivo do oceano ao uso de insetos e outros organismos para trabalho produtivo, o processamento de dejetos de celulose em carne através de microorganismos e a conversão de plantas como a eufórbia em combustível livre de enxofre. "Remédio verde" — a manufatura de produtos farmacêuticos de vida vegetal previamente desconhecida ou pouco utilizada — também contém alto potencial para muitos países da Primeira Onda.

Avanços em outros campos também lançam dúvida sobre o pensamento tradicional de desenvolvimento. Uma questão explosiva enfrentada por muitos países da Primeira Onda: o desemprego maciço e o subemprego. Isto desencadeou um debate global entre os defensores da Primeira Onda e da Segunda Onda. Um lado argumenta que as indústrias de produção em massa não usam mão-de-obra suficiente e que a ênfase no desenvolvimento deve ser posta em escala menor, com fábricas mais tecnologicamente primitivas, que usam mais gente e menos capital e energia. O outro lado insiste na introdução de indústrias precisamente da Segunda Onda, agora se afastando das nações mais tecnologicamente avançadas — aço, automóveis, sapatos, têxteis, etc.

Mas correr a construir uma usina siderúrgica da Segunda Onda pode ser o equivalente a construir uma fábrica de chicotes para cocheiro de charrete. Pode haver razões estratégicas ou outras para se construir uma usina, mas com materiais compostos totalmente novos, muitas vezes mais fortes, mais rijos e mais leves do que o alumínio, com materiais transparentes tão fortes como o aço, com massa plástica reforçada para substituir os canos de água galvanizados, mas quanto tempo levará antes que a demanda de produção máxima em aço e alumínio seja considerada excessiva? De acordo com o cientista indiano M. S. Iyengar, tais avanços podem "tornar a expansão linear da produção de aço e alumínio redundante". Talvez, em lugar de procurar empréstimos ou investimento estrangeiro para construir usinas de aço, os países mais pobres devessem estar se preparando agora para a "idade dos materiais".

A Terceira Onda traz igualmente possibilidades mais imediatas. Ward Morehouse, do Programa de Política de Pesquisa, da Universidade de Lund, na Suécia, argumenta que as nações pobres deviam procurar além da indústria em pequena escala da Primeira Onda, ou da indústria de grande escala, centralizada, da Segunda Onda, focalizar-se, em vez disso, em uma das indústrias básicas da emergente Terceira Onda: a microeletrônica.

"A ênfase demasiada na tecnologia de grande quantidade de mão-de-obra com baixa produtividade poderia tornar-se uma armadilha para os países pobres", escreve Morehouse. Observando que a produtividade está subindo espetacularmente na indústria do cartão do computador, alega que "é sem dúvida uma vantagem para os países em desenvolvimento, com capital pobre, conseguirem produção maior por unidade de capital investido".

Mais importante, entretanto, é a compatibilidade entre a tecnologia da Terceira Onda e os arranjos sociais existentes. Desse modo, diz Morehouse, a grande diversidade de produto em microeletrônica significa que "os países em desenvolvimento podem adotar uma tecnologia e adaptá-la mais facilmente às suas próprias exigências sociais ou suas matérias-primas. A tecnologia microeletrônica presta-se à descentralização da produção".

Isto também significa reduzidas pressões de população nas grandes cidades, e a rápida miniaturização neste campo corta igualmente os custos de transporte. Melhor que tudo, esta forma de produção tem baixas exigências de energia, o crescimento do mercado é tão rápido — e a competição tão viva — que mesmo que as nações ricas tentem monopolizar estas indústrias não terão probabilidades de vencer.

Morehouse não é o único a observar como as indústrias mais avançadas da Terceira Onda combinam com as necessidades dos países pobres. Diz Roger Melen, Diretor-Adjunto do Laboratório de Circuito Integrado da Stanford University: "O mundo industrial mudou toda a gente para as cidades, para a produção, e agora nós estamos mudando as fábricas e as forças de trabalho de volta ao campo, mas muitas nações nunca realmente se mudaram da economia agrária do século XVII, inclusive a China. E agora parece que podem integrar novas ténicas manufatureiras em sua sociedade sem deslocarem populações inteiras".

Se isto é assim, a Terceira Onda oferece uma nova estratégia tecnológica para a guerra à escassez.

A Terceira Onda lança igualmente a necessidade de transporte e comunicação numa nova perspectiva. No tempo da revolução industrial, as estradas eram um requisito para o desenvolvimento social, político e econômico. Hoje é necessário um sistema de comunicações eletrônico. Houve tempo em que se pensava que as comunicações eram uma excrescência do desenvolvimento econômico. Agora, diz John Magee, presidente da Arthur D. Little, firma de pesquisa, isto "é uma tese fora de moda. . . as telecomunicações são mais uma condição prévia do que uma conseqüência".

O custo cadente das comunicações da atualidade sugere a substituição de comunicações para muitas funções do transporte. Pode ser mais barato, mais conservador de energia, e mais apropriado no decorrer do tempo numa rede avançada de comunicações do que uma estrutura ramificada de dispendiosas estradas e ruas. Evidentemente, o transporte por estrada é necessário. Mas até ao ponto em que a produção é descentralizada, mais do que centralizada, o custo do transporte pode ser minimizado sem isolar aldeias umas das outras, das áreas urbanas ou do mundo em geral.

Que cada vez mais líderes de países da Primeira Onda estão conscientes da importância das comunicações torna-se evidente pela luta que fazem pela redistribuição do espectro eletrônico do mundo. Porque as potências da Segunda Onda desenvolveram telecomunicações cedo, capturaram o controle das freqüências disponíveis. Os Estados Unidos e a URSS sozinhos usam até 25 por cento do espectro de radiodifusão de ondas curtas e um naco maior das partes mais sofisticadas do espectro.

Este espectro entretanto, como o fundo do oceano e o ar respirável do planeta, pertence — ou devia pertencer — a todo o mundo, não apenas a uns poucos. Assim é que muitos dos países da Primeira Onda insistem em que o espectro é um recurso limitado e querem que lhes seja atribuída uma porção dele — mesmo que no momento careçam de equipamento para usá-lo. (Assumem eles que poderão "alugar" a sua parte até à época em que eles mesmos possam usá-la). Encontrando resistência tanto da parte dos EUA como da URSS, eles querem uma "Ordem de Informação do Novo Mundo".

A questão maior que eles enfrentam, entretanto, é interna: como dividir seus recursos limitados entre telecomunicações e transporte. É a mesma questão que a maioria das nações tecnicamente sofisticadas também devem enfrentar. Dado o baixo custo das estações terrestres, sistemas de irrigação computadorizados "tamanho *kibbutz*", talvez ainda dispositivos que determinam a direção da origem das ondas radioelétricas, terminais de computadores superbaratos para uso de aldeia e indústria de cabana podem ser possíveis para as sociedades da Primeira Onda, para evitar algum do enorme dispêndio com transporte pesado que as nações da Segunda Onda tinham de suportar. Tais idéias certamente parecerão utópicas atualmente. Mas tempo virá em breve em que nos parecerão coisa comum.

Não faz muito tempo, o Presidente Suharto, da Indonésia, apertou com a ponta de uma espada tradicional um botão eletrônico e desse modo inaugurou um sistema de comunicações por satélite, visando a ligar todas as partes do arquipélago indonésio — de maneira muito semelhante àquela como as estradas de ferro com seu prego de ouro ligaram as duas costas da América há um século. Assim fazendo, ele simbolizou as novas opções que a Terceira Onda apresenta aos países que procuram transformação.

Tais desenvolvimentos na energia, na agricultura, na tecnologia e nas comunicações sugerem alguma coisa ainda mais profunda — sociedades totalmente novas baseadas na fusão do passado e do futuro, da Primeira Onda e da Terceira Onda.

Podemos começar a imaginar uma estratégia de transformação baseada no desenvolvimento de baixa corrente, orientada para aldeia, de capital barato, indústrias rurais e certas tecnologias de alta corrente, cuidadosamente escolhidas, com uma economia zonificada para proteger a ambas.

Jagdish Kapur escreveu: "Um novo equilíbrio tem de ser estabelecido entre a ciência mais avançada e a tecnologia acessível à raça humana e a visão gandhiana e os idílicos pastos verdes, as repúblicas de aldeia." Uma combinação prática assim, declara Kapur, exime uma "transformação total da sociedade, seus símbolos e valores, seu sistema de educação, seus incentivos, o fluxo de seus recursos de energia, sua pesquisa científica e industrial e toda uma quantidade de outras instituições."

Entretanto, um número crescente de pensadores, analistas sociais, letrados e cientistas de longo alcance crêem que justamente tal transformação está agora a caminho, levando-nos a uma síntese radicalmente nova: em suma, Gandhi com satélites.

## OS PROSSUMIDORES

Implícita nesta abordagem há outra síntese a um nível ainda mais profundo. Isto envolve toda a relação econômica das pessoas com o mercado — independentemente de que esse mercado seja capitalista ou socialista na forma. Ele nos força a perguntar quanto tempo e trabalho de qualquer indivíduo devem ser dedicados à produção e quanto ao prossumo — isto é, quanto ao trabalho por pagamento na praça do mercado em confronto com o trabalho para si mesmo.

A maioria das populações da Primeira Onda já foram atraídas para o sistema do dinheiro. Eles têm sido "mercadizados". Mas ao passo que a miserável renda monetária ganha pelos povos mais pobres do mundo possa ser vital para a sua sobrevivência, a produção para troca fornece apenas parte de sua renda: o prossumo fornece o resto.

A Terceira Onda encoraja-nos a olhar esta situação também de um modo novo. Em país atrás de país, milhões estão desempregados. Mas é o emprego total nestas sociedades um alvo realista? Que combinação de normas podem, possivelmente, dentro do nosso período de vida, fornecer empregos de tempo integral para todos estes crescentes milhões? É a própria idéia do próprio "desemprego" um conceito da Segunda Onda a que aludiu o economista sueco Gunnar Myrdal?

O problema, escreve Paul Streeten, do Banco Mundial, "não é desemprego, que é um conceito ocidental que pressupõe setor moderno de emprego assalariado, mercados de mão-de-obra, intercâmbios de mão-de-obra e pagamentos de seguro social... O problema [é] antes trabalho improdutivo, não remunerado, do pobre, particularmente do pobre rural". O notável advento do prossumidor nas nações prósperas da atualidade, um extraordinário fenômeno da Terceira Onda, leva-nos a questionar as pressuposições e alvos mais profundos da maioria dos economistas da Segunda Onda.

Talvez seja um erro imitar a revolução industrial no Oeste, que viu a transferência da maior parte da atividade econômica do Setor A (setor do prossumidor) para o Setor B (o setor do mercado).

Talvez o prossumo precise ser visto como uma força positiva mais do que como um lamentável resíduo do passado.

Talvez o necessário para a maioria das pessoas seja emprego de tempo parcial com salários (possivelmente com parte como benefício), mais novas normas imaginosas visando a tornar o seu prossumo mais "produtivo". Com efeito, a ligação destas duas atividades econômicas mais inteligentemente uma à outra pode ser a chave perdida para a sobrevivência de milhões.

Falando de modo prático, isto poderia significar o fornecimento de "ferramentas de capital para prossumo" — exatamente como os países ricos fazem agora. Nos países prósperos vemos uma fascinante sinergia surgindo entre os dois setores, com a praça do mercado fornecendo poderosas ferramentas-capital para uso do prossumidor: tudo, desde máquinas de lavar e furadoras manuais a testadores de bateria. A miséria nos países pobres é freqüentemente tão extrema que falar de máquinas de lavar ou ferramentas mecânicas parece, à primeira vista, uma coisa absurda. Não existe aqui, entretanto, analogias com as sociedades que sobrevivem além da civilização da Primeira Onda?

O arquiteto-projetista francês Yona Friedman lembra-nos que os pobres do mundo não andam necessariamente à procura de empregos — eles querem "comida e teto". O emprego é apenas um meio para este fim. Mas a gente pode muitas vezes plantar a própria comida e construir o próprio teto, ou pelo menos contribuir para esse processo. Assim, num estudo para a UNESCO, Friedman argumentou que os governos devem encorajar o que chamei prossumo, relaxando certas leis imobiliárias e códigos de construção. Estes tornam difícil (na verdade, freqüentemente impossível) para posseiros construírem ou melhorarem suas próprias habitações.

Ele insiste energicamente com os governos para que removam estes obstáculos e ajudem as pessoas a fazerem suas próprias habitações, oferecendo-lhes "assistência na organização, o fornecimento de alguns materiais, de outro modo difíceis de obter... e, se possível, desenvolvimento da localização", isto é, água ou eletricidade. O que Friedman e outros estão começando a dizer é que alguma coisa que ajude os indivíduos a prossumirem mais eficazmente pode ser exatamente tão importante como a produção medida em termos de PNB convencional.

Para aumentar a "produtividade" do prossumidor, os governos precisam focalizar a pesquisa científica e tecnológica no prossumo. Mas mesmo agora eles poderiam, por um custo notavelmente baixo, fornecer ferramentas manuais simples, oficinas da comunidade, artesãos ou professores treinados, instalações de comunicações limitadas e, onde possível, equipamento de geração de força — mais propaganda favorável ou apoio moral para os que investem "eqüidade de suor" na construção de suas próprias casas ou no melhoramento de seus pedaços de terra.

A propaganda da Segunda Onda ainda continua, infelizmente, a divulgar, até mesmo ao povo mais remoto e mais pobre do mundo, a idéia de que as coisas que eles próprios fazem são inerentemente inferiores ao pior lixo produzido em massa. Ao invés de ensinarem às pessoas a desprezarem os seus próprios esforços, a valorizarem os produtos da Segunda Onda e depreciarem o que elas próprias criam, os governos deviam oferecer prêmios às casas e mercadorias melhores e mais imaginosas feitas pelas próprias pessoas, ao prossumo mais "produtivo". O conhecimento de que o povo mais rico do mundo está prossumindo crescentemente pode ajudar a mudar as atitudes entre os povos mais pobres. Pois a Terceira Onda projeta uma nova luz dramática em toda a relação das atividades de mercado para as atividades de não-mercado, em todas as sociedades do futuro.

A Terceira Onda também eleva interesses não-econômicos e não-tecnológicos para um grau de importância primordial. Ela também nos faz olhar a educação, por exemplo, com novo olhar. A educação, todo mundo concorda, é capital para o desenvolvimento. Mas que espécie de educação?

Quando as potências coloniais introduziram educação formal na África, na Índia e em outras partes do mundo da Primeira Onda, transplantaram escolas de tipo fábrica ou fundaram imitações de suas próprias escolas de elite em miniatura de décima classe. Hoje, os modelos educacionais da Segunda Onda são discutidos em toda a parte. A Terceira Onda desafia a idéia da Segunda Onda de que a educação tem lugar, necessariamente, numa sala de aula. Hoje, precisamos combinar aprendizado com trabalho, luta política, serviço comunal e mesmo lazer. Todas as nossas pressuposições convencionais a respeito da educação precisam ser reexaminadas tanto nos países ricos como nos países pobres.

A alfabetização, por exemplo, é um alvo apropriado? Se o é, que significa alfabetização? Significa ler e escrever? Num escrito provocativo para o Nevis Institute, um centro de pesquisa de compras a termo em Edimburgo, o eminente antropólogo Sir Edmund Leach argumentou que ler é mais fácil de aprender e mais útil do que escrever, e que nem todo o mundo precisa aprender a escrever. Marshall McLuhan falou de uma volta a uma cultura oral mais de acordo com muitas comunidades da Primeira Onda. A tecnologia do reconhecimento da fala abre incríveis novos horizontes. Novas comunicações extremamente baratas, em "botões" ou pequeninos gravadores de fita embutidos em equipamento agrícola simples podem finalmente dar instruções a lavradores analfabetos. À luz disto, mesmo a definição do alfabetismo funcional requer nova consideração.

Por fim, a Terceira Onda encoraja-nos igualmente a olhar por trás das pressuposições convencionais da Segunda Onda com respeito à motivação. Melhor nutrição provavelmente levantará todo o nível de inteligência e da competência funcional entre milhões de crianças... ao mesmo tempo que aumentará a energia e a motivação.

Freqüentemente, gente da Segunda Onda fala da passividade e falta de motivação de, digamos, um aldeão indiano ou um camponês colombiano. Pondo de lado os efeitos de desmotivação da subnutrição, os parasitas intestinais, o clima e o controle político opressivo, não poderia ser uma parte do que parece falta de motivação uma relutância em desagregar o lar, a família e a vida de uma pessoa no presente pela compensação da dúbia esperança de uma vida melhor muitos anos adiante no futuro? Enquanto o "desenvolvimento" significar a sobreposição de uma cultura completamente alienígena na existente e enquanto melhoramentos reais parecerem estar impossivelmente além do alcance, há todas as razões para a gente se agarrar ao pouco que tem.

Porque muitas características da civilização da Terceira Onda estão consonantes com as da civilização da Primeira Onda, quer na China quer no Irã, implicam a possibilidade de menos, não mais, dilaceração, dor e futuro choque. E, por conseguinte, elas podem atacar as raízes do que nós temos chamado desmotivação.

E assim, não apenas nos campos de energia ou tecnologia, de agricultura ou economia, mas no verdadeiro cérebro e comportamento do indivíduo, a Terceira Onda traz o potencial para a mudança revolucionária.

## A RAIA DE PARTIDA

A emergente civilização da Terceira Onda não fornece um modelo pronto para emulação. A civilização da Terceira Onda, ela mesma, ainda não está completamente formada. Mas, para o pobre assim como para o rico, ela abre possibilidades novas, talvez libertadoras. Pois chama a atenção não para as fraquezas, a pobreza e a miséria do mundo da Primeira Onda, mas para algumas de suas forças inerentes. As próprias características desta antiga civilização, que parece tão retrógrada do ponto de vista da Segunda Onda, se tornam potencialmente vantajosas quando medidas contra o padrão da Terceira Onda em marcha.

A congruência destas duas civilizações deve, nos anos à frente, transformar a maneira como nós pensamos sobre as relações entre o rico e o pobre no planeta. O economista Samir Amin fala da "absoluta necessidade" de decifrar o "falso dilema: técnicas modernas copiadas do Ocidente de hoje, ou velhas técnicas correspondentes a condições no Ocidente há um século". É isto precisamente o que a Terceira Onda torna possível.

Os pobres, assim como os ricos, estão abaixados na raia de partida de uma nova corrida surpreendentemente diferente para o futuro.

# 24
# CODA: A GRANDE CONFLUÊNCIA

Não estamos onde estávamos há uma década, fascinados por mudanças cujas relações de uma com outra eram desconhecidas. Hoje, por trás da confusão da mudança, há uma crescente coerência de padrão: o futuro está tomando forma.

Numa grande confluência histórica, muitos rios violentos de mudança estão correndo juntos para formar uma oceânica Terceira Onda de mudança, que ganha ímpeto a cada hora que passa.

Esta Terceira Onda de mudança histórica representa não uma extensão da sociedade industrial em linha reta, mas um desvio de direção, freqüentemente uma negação do que foi antes. Trata-se de nada menos que uma completa transformação, no mínimo tão revolucionária no nosso tempo como a civilização industrial o foi há 300 anos.

Além disso, o que está acontecendo não é apenas uma revolução tecnológica, mas sim a vinda de uma civilização inteiramente nova no mais completo sentido desse termo. Desse modo, se olhamos brevemente para trás, através do terreno que percorremos, encontramos mudanças profundas e freqüentemente paralelas em muitos níveis simultaneamente.

Cada civilização opera na biosfera e reflete ou altera a mescla de população e recursos. Cada civilização tem uma tecnosfera característica — uma base de energia ligada a um sistema de produção que por sua vez é ligado a um sistema de distribuição. Cada civilização tem uma sociosfera que consiste em instituições sociais correlatas. Cada civilização tem uma infosfera — canais de comunicação através dos quais flui informação necessária. Cada civilização tem a sua própria energiosfera.

Cada civilização, além disso, tem uma série de relações características com o mundo exterior — explorativo, simbiótico, militante ou pacífico. E cada civilização tem a sua própria superideologia — um estojo de poderosas pressuposições culturais que estruturam suas visões da realidade e justificam suas operações.

A Terceira Onda, agora deve ser evidente, está trazendo mudanças revolucionárias e auto-reforçativas em todos estes diferentes níveis ao mesmo tempo. A conseqüência não é só a desintegração da velha sociedade, mas também a criação dos fundamentos para a nova.

Freqüentemente, quando as instituições da Segunda Onda desabam sobre as nossas cabeças, quando o crime se avoluma, quando as famílias nucleares se rompem, quando as burocracias espirram e funcionam mal, quando os sistemas de saúde se desorganizam e as economias vacilam perigosamente, vemos apenas a decomposição e o colapso em volta de nós. Entretanto, a decomposição é apenas o depósito de adubo da nova civilização. Em energia, tecnologia, estrutura da família, cultura e muitos outros campos, estamos assentando em seu lugar as estruturas básicas que definirão as principais características da nova civilização.

De fato, podemos agora, pela primeira vez, identificar estas principais características e mesmo, até certo ponto, as correlações entre elas. Encorajadoramente, a civilização embriônica da Terceira Onda que encontramos é não só coerente e praticável tanto nos termos ecológicos como nos termos econômicos, mas — se a examinarmos bem — seria tornada mais decente e democrática do que nós mesmos.

De maneira nenhuma isto é para sugerir inevitabilidade. O período de transição será marcado por extrema ruptura social, assim como descontroladas oscilações econômicas, choques seccionais, tentativas de secessão, subversão ou desastres tecnológicos, turbulência política, violência, guerras e ameaças de guerra. Num clima de instituições e valores desintegrantes, surgirão demagogos e movimentos autoritários à procura do poder, e possivelmente o alcançarão. Nenhuma pessoa inteligente pode mostrar-se tranqüila em relação ao resultado. O choque de duas civilizações apresenta perigos titânicos.

E, entretanto, as probabilidades encontram-se não na destruição, mas na sobrevivência final. E é importante saber onde o principal empuxão de mudança nos está levando — que espécie de mundo é provável, se conseguirmos evitar o pior dos perigos a curto prazo que nos aguardam. Em suma, então, que espécie de sociedade está tomando forma?

A civilização da Terceira Onda, diferentemente de sua predecessora, deve tirar (e tirará) de uma espantosa variedade de fontes de energia — hidrogênio, solar, geotermal, maré, biomassa, descargas elétricas, finalmente talvez energia de fusão avançada, assim como outras fontes ainda não imaginadas na década de 80. (Conquanto algumas usinas nucleares, sem dúvida, continuarão a operar, mesmo que soframos uma sucessão de desastres piores que o de Three Mile Island, o nuclear, em seu todo, resultará ter sido uma dispendiosa e perigosa digressão.)

A transição para a nova e variada base de energia será errática ao extremo, com uma sucessão intermitente de abundâncias, carências e oscilações malucas de preços. Mas a direção a longo prazo parece suficientemente clara — uma mudança pesadamente baseada numa única fonte de energia para uma mudança baseada mais certamente em muitas. Por fim, vemos uma civilização fundada uma vez mais em fontes de energia auto-sustentáveis e renováveis do que em exauríveis.

A civilização da Terceira Onda dependerá igualmente de uma base tecnológica mais diversificada, oriunda de biologia, genética, eletrônica, ciência de materiais, assim como de operações no espaço exterior e no fundo do mar. Conquanto algumas novas tecnologias exijam insumos de alta energia, muita da tecnologia da Terceira Onda será planejada para usar menos, não mais, energia. Tampouco as tecnologias da Terceira Onda serão tão maciças e ecologicamente perigosas como as do passado. Muitas serão pequenas em escala, simples de operar, com o refugo de uma indústria predeterminada para reciclagem de materiais primários para outra.

Para a civilização da Terceira Onda, as matérias-primas mais básicas de todas — e uma dessas não pode ser exaurida — é a informação, inclusive a imaginação. Através da imaginação e da informação, serão encontrados substitutos para muitos dos recursos exauríveis — embora esta substituição, uma vez mais, seja também freqüentemente acompanhada de balanços e mergulhos econômicos drásticos.

Com a informação ficando mais importante do que nunca o foi, a nova civilização restaurará a educação, redefinirá a pesquisa científica e, acima de tudo, reorganizará os veículos de comunicação. Os veículos de comunicação de massa da atualidade, tanto impressa como eletrônica, são totalmente inadequados para arrostar a carga das comunicações e fornecer a variedade cultural requerida para sobrevivência. Em vez de ser dominada culturalmente por uns poucos veículos de comunicação de massa, a civilização da Terceira Onda repousará em meios de comunicação interativos, desmassificados, criando e apagando fantasias extremamente diversas e às vezes altamente personalizadas na corrente mental da sociedade.

Olhando muito à frente no futuro, a televisão dará lugar ao "indi-vídeo" — a transmissão restrita ao extremo: imagens dirigidas a um único indivíduo de cada vez. Um dia poderemos também usar drogas, comunicação direta de cérebro-para-cérebro e outras formas de comunicação eletroquímica, apenas vagamente insinuadas até agora. Tudo o que levantará problemas políticos e morais surpreendentes, se bem que não insolúveis.

O gigantesco computador centralizado com suas fitas e complexos sistemas de esfriamento zunindo — onde ainda existe —- será suplementado por miríades de cartões de inteligência, engastados numa forma ou outra em cada lar, cada hospital, cada veículo ou eletrodoméstico, virtualmente em cada tijolo da construção. O ambiente eletrônico conversará literalmente conosco.

Apesar dos equívocos populares, esta mudança para uma sociedade altamente eletrônica, baseada em informação, reduzirá ainda mais a nossa necessidade de energia de alto custo.

Tampouco esta computadorização (ou, mais propriamente, informacionização) da sociedade significa uma maior despersonalização das relações humanas. Como veremos no próximo capítulo, as pessoas ainda se machucarão, chorarão, rirão, terão prazer umas com as outras e brincarão — mas farão todas estas coisas num contexto muito alterado.

A fusão das formas de energia da Terceira Onda, as tecnologias e os meios de informação apressarão mudanças revolucionárias nas maneiras como trabalhamos. Ainda continuarão a construir-se fábricas (e em algumas partes do mundo continuarão a construir-se em décadas futuras), mas a fábrica da Terceira Onda já tem pouca semelhança com as que nós conhecemos até agora, e — nas nações ricas — o número de pessoas nos empregos de fábrica continuarão caindo.

Na civilização da Terceira Onda a fábrica não mais servirá como modelo para outros tipos de instituições. Tampouco sua função primordial será a da produção em massa. Agora mesmo a fábrica da Terceira Onda produz produtos finais desmassificados — freqüentemente personalizados. Ela se fia em métodos avançados tais como produção holística ou "presto". Finalmente usará menos energia, desperdiçará menos matéria-prima, empregará menos componentes e exigirá muito mais inteligência em planejamento. O mais significativo é que muitas das suas máquinas serão ativadas diretamente, não por trabalhadores, mas à distância, pelos próprios consumidores.

Os que trabalharem nas fábricas da Terceira Onda realizarão trabalho menos brutalizante ou repetitivo como os dos ainda presos a empregos da Segunda Onda. Não serão regulados em seu andamento por correias transportadoras mecânicas. Os níveis de barulho serão baixos. Os trabalhadores irão e virão em horas convenientes para eles. O verdadeiro local de trabalho será muito mais humano e individualizado, freqüentemente com flores e folhagem compartilhando o espaço com as máquinas. Dentro de limites fixados, pagamento e vantagens adicionais incluídas serão talhados cada vez mais segundo a preferência individual.

As fábricas da Terceira Onda se encontrarão cada vez mais fora das metrópoles urbanas. Um ingrediente-chave do trabalho de escritório — o papel — será substancialmente substituído (se não totalmente). O matraquear das máquinas de escrever dos bancos cairá no silêncio. Os fichários diminuirão de volume até desaparecerem. O papel da secretária será transfigurado, visto a eletrônica eliminar muitas das velhas tarefas e abrir novas oportunidades. O movimento subseqüente de papéis para trás e para diante através de muitas escrivaninhas, a interminável datilografia repetida de colunas de números — tudo isto se tornará menos importante e a tomada de decisões discricionárias mais importantes e mais amplamente compartilhadas.

Para operar estas fábricas e escritórios do futuro, as companhias da Terceira Onda precisarão de trabalhadores capazes de discrição e iniciativa mais do que reações maquinais. Para preparar tais trabalhadores, as escolas terão que se afastar cada vez mais dos métodos atuais ainda em grande parte engrenadas para produzir trabalhadores da Segunda Onda, destinados a fazerem trabalho repetitivo.

A mudança mais notável na civilização da Terceira Onda, entretanto, será provavelmente a mudança do trabalho, tanto do escritório como da fábrica, de volta ao lar.

Nem todos os empregos podem ser, serão ou devem ser levados para as casas. Mas como as comunicações de baixo custo substituirão o transporte de alto custo, à medida que aumentarmos o papel da inteligência e imaginação na produção, reduzindo ainda mais o papel da força bruta ou o trabalho mental de rotina, uma fatia significativa da força de trabalho nas sociedades da Terceira Onda realizará ao menos parte de seu trabalho em casa, ficando as fábricas apenas para os que devem manusear efetivamente materiais físicos.

Isto nos dá uma indicação da estrutura institucional da civilização da Terceira Onda. Alguns eruditos têm sugerido que, com a importância crescente da informação, a universidade substituirá a fábrica como a instituição central de amanhã. Esta idéia, entretanto, que vem quase exclusivamente de acadêmicos, baseia-se na pressuposição provinciana de que só a universidade pode conter, ou contém, conhecimento teórico. É pouco mais do que a realização de uma fantasia professoral.

Os executivos multinacionais, por seu lado, vêem a suíte de executivo como o pivô de amanhã. A nova profissão de "gerentes de informação" representa suas salas de computadores como o centro da nova civilização. Os cientistas pensam no laboratório de pesquisa industrial. Alguns *hippies* que restam sonham com a restauração da comuna agrícola como o centro de um futuro neomedieval. Outros poderão chamar-lhes "câmaras de satisfação" de uma sociedade saturada de ociosidade.

Minha própria denominação, por motivos expostos antes, não é nada disto. É, de fato, o lar.

Creio que o lar assumirá uma nova e surpreendente importância na civilização da Terceira Onda. O advento do prossumidor, a difusão da cabana eletrônica, a invenção de novas estruturas organizacionais no comércio, na automação e na desmassificação da produção, tudo aponta para o reaparecimento do lar como uma unidade central na sociedade de amanhã — uma unidade com funções econômicas, médicas, educacionais e sociais, mais ampliadas do que diminuídas.

Contudo, é improvável que *qualquer* instituição — mesmo o lar — venha a representar um papel tão central como a catedral ou a fábrica representou no passado. Pois a sociedade, provavelmente, será construída em volta de uma rede e não em volta de uma hierarquia de novas instituições.

Isto sugere também que as companhias (e as organizações de produção socialistas) de amanhã não mais se elevarão acima de outras instituições sociais. Nas sociedades da Terceira Onda as companhias serão reconhecidas como as organizações que elas são, visando a objetivos múltiplos simultaneamente — não apenas lucro ou cotas de produção. Em vez de focalizarem uma única linha fundamental, como muitos gerentes da atualidade foram treinados a fazer, o astuto gerente da Terceira Onda vigiará múltiplas "linhas básicas" (e será considerado responsável por elas).

Os cheques de pagamento salarial e de gratificações virão gradualmente a refletir esta nova multifuncionalidade quando a companhia, ou através de meios voluntários ou porque é compelida a isso, se tornar mais receptiva para coisas que hoje são consideradas não-econômicas, em grande parte fatores irrelevantes — ecológicos, políticos, sociais, culturais e morais.

As concepções de eficiência da Segunda Onda — ordinariamente baseadas na habilidade da companhia para impingir custos indiretos no consumidor ou no contribuinte — serão remodeladas para levar em conta custos sociais, econômicos e outros custos ocultos que, freqüentemente, com efeito, se traduzem igualmente em custos econômicos adiados. O "economês" — uma deformação característica do gerente da Segunda Onda — será menos comum.

A companhia — como a maioria de outras organizações — também sofrerá reestruturação drástica quando as regras fundamentais da civilização da Terceira Onda entrarem em jogo. Em vez de uma sociedade sincronizada com o andamento da linha de montagem, uma sociedade da Terceira Onda se moverá a ritmos e horários flexíveis. Em vez da extrema padronização de comportamento, idéias, linguagem e estilos de vida da sociedade de massa, a sociedade da Terceira Onda será construída com base, segmentação e diversidade. Em vez de uma sociedade que concentra população, fluxos de energia e outros aspectos da vida, a sociedade da Terceira Onda se dispersará e desconcentrará. Em vez de optar pela escala máxima no princípio de "maior é melhor", a sociedade da Terceira Onda compreenderá o significado da "escala apropriada". Em vez de uma sociedade altamente concentrada, a sociedade da Terceira Onda reconhecerá o valor de muita tomada de decisão descentralizada.

Tais mudanças implicam um notável deslocamento da antiquada burocracia-padrão e o surgimento no comércio, no governo, nas escolas e em outras instituições de uma variedade ampla de organizações de novo estilo. Onde permanecem as hierarquias elas tendem a ser mais superficiais e mais transitórias. Muitas novas organizações se contentarão com a velha insistência em "um homem, um chefe" — tudo o que sugere um mundo de trabalho no qual mais pessoas partilham poder decisório temporário.

Todas as sociedades que se movem através da transição para a Terceira Onda enfrentam profundos problemas de desemprego a curto prazo. Da década de 50, vastos aumentos de trabalho para empregado de colarinho branco e serviços absorveram milhões de trabalhadores postos de lado pelo apequenamento do setor de manufatura. Hoje, quando o trabalho dos empregados de escritório está por sua vez automatizado, há a questão de saber se a maior expansão do setor de serviço convencional absorverá a inatividade. Alguns países disfarçam o problema através de pressões sindicais, expansão pública e burocracias particulares, exportando excesso de trabalhadores e coisas semelhantes. Mas o problema permanece insolúvel dentro da estrutura das economias da Segunda Onda.

Isto ajuda a explicar a significação da iminente fusão do produtor e do consumidor — o que chamei de advento do prossumidor. A civilização da Terceira Onda traz consigo o ressurgimento de um enorme setor econômico baseado em produção para uso mais do que para troca, um setor baseado em faça-para-si-mesmo, de preferência a faça-para-o-mercado. Esta dramática reviravolta, após 300 anos de "mercadização", exigirá e tornará possível um pensamento radicalmente novo sobre todos os nossos problemas econômicos, do desemprego e o bem-estar à ociosidade e ao papel do trabalho.

Ela trará consigo uma apreciação mudada do papel do "serviço de casa" na economia e subseqüentes mudanças fundamentais no papel das mulheres, que ainda compreendem a vasta maioria das donas-de-casa. A poderosa vaga de mercadização através da terra está se encapelando, com muitas conseqüências, ainda inimaginadas, para as civilizações futuras.

Entrementes, as pessoas da Terceira Onda adotarão novos pressupostos sobre a natureza, progresso, evolução, tempo, espaço, matéria e causação. O pensamento delas será menos influenciado por analogias baseadas na máquina, mais moldadas por conceitos como processo, retroalimentação e desequilíbrio. Elas terão mais consciência das descontinuidades que fluem diretamente das continuidades.

Surgirá um exército de novas religiões, novas concepções da ciência, novas imagens da natureza humana, novas formas de arte — em variedade muito mais rica do que foi possível ou necessário durante a idade industrial. A emergente multicultura será esfacelada por um torvelinho, até que novas formas de resolução de conflito de grupo sejam desenvolvidas (os sistemas legais da atualidade, sem imaginação e lamentavelmente inadequados para uma sociedade de alta diversidade).

A crescente diferenciação da sociedade também significará um papel reduzido para o estado-nação — até agora uma força de primeira grandeza para a padronização. A civilização da Terceira Onda será baseada numa nova distribuição de poder no qual a nação, como tal, não mais seja influente como foi outrora, enquanto outras instituições — da companhia transnacional ao bairro autônomo ou mesmo ao estado-cidade — assumem maior significação.

As regiões adquirirão maior poder como mercados nacionais e as economias se fraturarão em pedaços, alguns dos quais já são maiores do que os mercados e as economias do passado. Novas alianças podem surgir, baseadas menos na proximidade geográfica do que nas afinidades culturais, ecológicas, religiosas ou econômicas, de modo que uma região da América do Norte pode desenvolver elos mais chegados com uma região na Europa ou no Japão do que com o seu próprio vizinho da casa ao lado ou — até mesmo — seu próprio governo nacional. Ligando isto tudo junto será não um governo mundial unitário, mas uma densa rede de novas organizações transnacionais.

Fora as nações ricas, três quartos da humanidade lutarão contra a pobreza com novos instrumentos, não mais tentando às cegas imitar a sociedade da Segunda Onda nem satisfeitos com as condições da Primeira Onda. Surgirão "estratégias de desenvolvimento" radicais, novas, refletindo o caráter religioso ou cultural especial de cada região e conscienciosamente engrenadas para minimizar o choque do futuro.

Não mais esfacelando implacavelmente suas próprias tradições religiosas, a estrutura da família e a vida social na esperança de criar um reflexo da Grã-Bretanha da Alemanha, dos EUA industriais, ou, quanto a isso, da URSS, muitos países tentarão construir sobre o passado deles, notando a congruência entre certas características da sociedade da Primeira Onda e as que só agora emergem (numa base de alta tecnologia) nos países da Terceira Onda.

### O CONCEITO DA PRATOPIA

O que vemos aqui, por conseguinte, são esboços de um modo de vida totalmente novo, afetando não só os indivíduos, mas também o planeta. A nova civilização aqui esboçada mal poderá ser chamada de utopia. Será agitada por problemas profundos, alguns dos quais exploraremos nas páginas restantes. Problemas da própria pessoa e da comunidade. Problemas políticos. Problemas de justiça, eqüidade e moralidade. Problemas com a nova economia (e especialmente a relação entre emprego, bem-estar e prossumo). Todas estas coisas e muitas mais despertarão paixões de luta.

Mas a civilização da Terceira Onda também não é "anti-utopia". Não é *1984* escrito em detalhes ou *Admirável Mundo Novo* trazido à vida. Ambos estes livros brilhantes — e centenas de contos de ficção científica derivados — pintam um futuro baseado em sociedades altamente centralizadas, burocratizadas e padronizadas, nas quais as diferenças individuais são desarraigadas. Agora estamos nos encaminhando exatamente à direção oposta.

Enquanto a Terceira Onda traz consigo profundos desafios para a humanidade, de ameaças ecológicas ao perigo de terrorismo nuclear e fascismo eletrônico, não se trata simplesmente de uma apavorante prolongação linear do industrialismo.

Aqui vislumbramos em vez do surgimento do que poderia chamar-se uma "pratopia" — nem o melhor nem o pior de todos os mundos possíveis, mas um mundo que é igualmente prático e preferível ao que tivemos. Diferentemente da utopia, uma pratopia não é livre de doença, de obscenidade política e más maneiras. Diferentemente da maioria das utopias, não é estática ou está congelada em perfeição irreal. Tampouco é reversionária, modelando-se segundo algum ideal imaginado do passado.

Inversamente, uma pratopia não encarna o mal cristalizado de uma utopia virada de dentro para fora. Não é implacavelmente antidemocrática. Não é inerentemente militarista. Não reduz seus cidadãos a uniformidades sem rosto. Não destrói seus vizinhos e nem degrada seu ambiente.

Em suma, a pratopia oferece uma alternativa positiva, mesmo revolucionária; contudo, encontra-se dentro do âmbito alcançável realisticamente.

A civilização da Terceira Onda, neste sentido, é precisamente isso: uma pratopia futura. Pode-se vislumbrar nela uma civilização que concede tolerância para a diferença individual, e abraça (mais do que suprime) a variedade racial, regional, religiosa e subcultural. Uma civilização construída em considerável medida em redor do lar. Uma civilização que não está congelada em âmbar, mas pulsando com inovação, mas que também é capaz de fornecer enclaves de relativa estabilidade para aqueles que precisam deles ou os querem. Uma civilização da qual não se quer que derrame suas melhores energias em mercadização. Uma civilização capaz de dedicar grande paixão à arte. Uma civilização que enfrenta escolhas históricas sem precedentes — sobre genética e evolução, para escolher um único exemplo — e inventa novos padrões éticos e morais para lidar com tais questões complexas. Uma civilização, finalmente, que é ao mesmo tempo potencialmente democrática e humana, em melhor equilíbrio com a biosfera e não mais perigosamente dependente de subsídios explorativos do resto do mundo. Trabalho duro para atingir, mas não impossível.

Fluindo juntas em grande confluência, as mudanças de hoje apontam desse modo para uma contracivilização praticável, uma alternativa para o sistema industrial cada vez mais obsoleto e impraticável.

Numa palavra, apontam para uma pratopia.

### A QUESTÃO ERRADA

Por que está acontecendo isto? Por que a Segunda Onda se torna subitamente impraticável? Por que esta nova maré civilizacional está se precipitando para colidir com a velha?

Ninguém sabe. Mesmo hoje, 300 anos depois do fato, os historiadores não conseguem localizar a "causa" da revolução industrial. Como temos visto, cada guilda acadêmica ou escola filosófica tem sua própria explicação preferida. Os deterministas tecnológicos apontam a máquina a vapor, os ecologistas a destruição das florestas da Grã-Bretanha, os economistas as flutuações no preço da lã. Outros acentuam mudanças religiosas ou culturais, a Reforma, o Iluminismo e por aí adiante.

No mundo de hoje também podemos identificar muitas forças mutuamente causais. Os peritos apontam a crescente demanda dos suprimentos exauríveis de petróleo, o crescimento populacional do mundo, ou a rápida e crescente ameaça da poluição global como forças-chaves para a mudança estrutural numa escala planetária. Outros apontam os incríveis avanços na ciência e tecnologia desde o fim da II Guerra Mundial e às mudanças sociais e políticas que seguiram na sua esteira. Ainda outros enfatizam o despertar do mundo não-industrial e as sucessivas convulsões sociais que ameaçam as nossas linhas vitais de energia e matérias-primas baratas.

Podemos citar notáveis mudanças de valores — a revolução sexual, a sublevação da juventude na década de 60, as atitudes rapidamente mutáveis em relação ao trabalho. Poderíamos destacar a corrida armamentista, que acelerou grandemente certos tipos de mudança tecnológica. Alternativamente, poder-se-ia procurar a causa da Terceira Onda nas mudanças culturais e epistemológicas do nosso tempo — talvez tão profundas como as forjadas pela Reforma e o Iluminismo combinados.

Em suma, poderíamos encontrar vintenas, mesmo centenas de correntes de mudança desaguando na grande confluência, todas elas correlacionadas em modos mutuamente causais. Poderíamos encontrar laços *(loops)* de realimentação positivos no sistema social, acelerando e amplificando vastamente certas mudanças, assim como laços negativos que suprimem outras mudanças. Poderíamos encontrar, neste período de turbulência, analogias para o grande "salto" descrito por cientistas como Ilya Prigogine, pelo qual uma estrutura mais simples, em parte por acaso, de repente rompe caminho para nível totalmente novo de complexidade e diversidade.

O que nós não podemos encontrar é *a* causa da Terceira Onda no sentido de uma única variável independente ou elo que puxe a cadeia. Com efeito, perguntar qual é *a* causa pode ser a maneira errada de formular ou mesmo perguntar inteiramente errado. "Qual é a causa da Terceira Onda?" pode ser uma questão da Segunda Onda.

Dizer isto é não descontar a causação, mas reconhecer sua complexidade. E tampouco isto sugere inevitabilidade histórica. A civilização da Segunda Onda pode estar esfacelada e impraticável, mas isso não quer dizer que a civilização da Terceira Onda aqui representada deva necessariamente tomar forma. Qualquer número de forças poderia mudar radicalmente a perspectiva. A guerra, o colapso econômico, a catástrofe ecológica vêm logo à mente. Conquanto ninguém possa parar a última onda de mudança histórica, a necessidade e o acaso estão ambos em ação. Isto, entretanto, não significa que não possamos influenciar seu curso. Se o que tenho dito a respeito da realimentação positiva está correto, freqüentemente um pequeno *quique* ao sistema pode trazer mudanças em grande escala.

As decisões que tomamos hoje, como indivíduos, grupos, ou governos, podem defletir, divergir ou canalizar as rápidas correntes de mudança. Cada povo reagirá de maneira diferente ao desafio apresentado pela superluta que opõe defensores da Segunda Onda aos da primeira. Os russos responderão de uma maneira, os americanos de outra, os japoneses, os alemães, os franceses e os noruegueses ainda de outras; e haverá países que provavelmente serão mais diferentes uns dos outros do que parecidos entre si.

Dentro dos países o mesmo ocorre. Pequenas mudanças podem desencadear grandes conseqüências — em companhias, escolas, igrejas, hospitais e bairros. E é por isso que, a despeito de tudo, as pessoas — mesmo cada pessoa — ainda contam.

Isto é especialmente verdade porque as mudanças que nos aguardam no futuro são as conseqüências de conflito, não progressão automática. Assim, em cada uma das nações avançadas tecnologicamente, regiões retrógradas lutam para completar sua industrialização. Tentam proteger suas fábricas da Segunda Onda e os empregos baseados nelas. Isto os coloca em conflito frontal com regiões que já estão muito avançadas na construção da base tecnológica para operações da Terceira Onda. Tais batalhas desconjuntam a sociedade, mas também abrem muitas oportunidades para ação política e social eficaz.

A superluta que agora se trava em todas as comunidades entre o povo da Segunda Onda e o povo da Terceira Onda não significa que outras lutas percam sua importância. O conflito de classes, o conflito racial, o conflito dos jovens e dos velhos contra o que em outro lugar eu chamei "o imperialismo dos de meia-idade", o conflito entre regiões, sexos, religiões — todos estes conflitos continuam. Alguns, com efeito, ficarão mais agudos. Mas todos eles são moldados pela superluta e subordinados a ela. É a superluta que mais basicamente determina o futuro.

Entrementes, duas coisas rompem através de tudo enquanto a Terceira Onda troa em nossos ouvidos. Uma é a mudança para um nível mais alto de diversidade na sociedade — a desmassificação da sociedade de massa. A segunda é a aceleração — o andamento mais rápido a que ocorre a mudança histórica. Juntas, estas duas coisas põem tremenda tensão igualmente em indivíduos e instituições, intensificando a superluta que ruge em volta de nós.

Acostumados a arrostar baixa diversidade e baixa mudança, os indivíduos e as instituições de repente se encontram tentando arrostar alta diversidade e mudança de alta velocidade. As pressões cruzadas ameaçam sobrecarregar sua competência de decisão. O resultado é o choque do futuro.

Deixam-nos apenas com uma opção. Devem estar decididos a remodelar a nós mesmos e às nossas instituições para lidar com as novas realidades.

Pois esse é o preço da admissão a um futuro praticável e decentemente humano. Para fazer as mudanças necessárias, entretanto, devemos lançar um olhar totalmente novo e imaginoso para duas questões resplandecentes. Ambas são cruciais para a nossa sobrevivência, e entretanto são quase absolutamente desprezadas em discussões públicas: o futuro da personalidade e a política do futuro.

Às quais voltamos agora...

# CONCLUSÃO

# 25
# A NOVA PSICOSFERA

Uma nova civilização se está formando. Mas onde nós *cabemos* nela? Não significarão as mudanças tecnológicas as convulsões sociais da atualidade, o fim da amizade, do amor, da confiança, da comunidade e do carinho? As maravilhas eletrônicas de amanhã não tornarão as relações humanas ainda mais vazias e indiretas do que são atualmente?

Aqui se trata de questões legítimas. Nascem de temores razoáveis, e só um tecnocrata ingênuo as poria de lado levianamente. Pois, se olharmos em volta, encontraremos testemunhos difundidos de colapso psicológico. É como se uma bomba tivesse explodido na nossa "psicosfera" comunal. Estamos, de fato, experimentando não apenas a desintegração da tecnosfera, da infosfera ou da sociosfera da Segunda Onda, mas também igualmente a derrubada da sua psicosfera.

Através das nações prosperas é demasiado familiar a ladainha: crescentes índices de suicídios juvenis, níveis de alcoolismo estonteantemente altos, depressão psicológica generalizada, vandalismo e crime. Nos Estados Unidos, as salas de emergência estão cheias de fumantes de maconha, consumidores de anfetamina, "adeptos de Quaalude"*, viciados em cocaína, em heroína, para não falar de pessoas vítimas de colapsos nervosos.

Serviço social e indústrias de saúde mental estão prosperando por toda a parte. Em Washington, uma Comissão Presidencial sobre a Saúde Mental anuncia que um quarto de todos os cidadãos dos Estados Unidos sofre de alguma

* Nome comercial, nos EUA, Austrália, etc., de um produto a base de metaqualona, hipnótico e sedativo. (N. do T.)

forma de grave estresse emocional. E um psicólogo do Instituto Nacional de Saúde Mental, alegando que quase nenhuma família está livre de alguma forma de desordem mental, declara que "a turbulência psicológica... grassa na sociedade americana, que está confusa, dividida e preocupada em relação ao seu futuro".

É verdade que definições inconsistentes e estatísticas indignas de confiança tornam suspeitas generalizações desse tipo e é duplamente verdade que as sociedades anteriores estavam longe de ser modelos de boa saúde mental. Contudo, alguma coisa *está* terrivelmente errada hoje.

Há uma natureza de mortificação por demais aguda na vida diária. Os nervos estão em frangalhos, e — como sugerem os tumultos e os tiroteios nos metrôs ou nas filas de gasolina — os temperamentos estão à beira do descontrole. Milhões de pessoas estão enjoadas ao máximo.

Além disso, são cada vez mais assaltadas por um exército aparentemente crescente de viciados e anômalos de toda espécie, cujo comportamento anti-social é muitas vezes glamourizado pelos veículos de propaganda. No Oeste, pelo menos, vemos uma romantização perniciosa da loucura, glorificação do inquilino do hospício. Os *bestsellers* proclamam que a loucura é um mito e em Berkeley surge um periódico literário dedicado à idéia de que a "Loucura, o Gênio e a Santidade residem todos no mesmo reino, sendo-lhes devidos o mesmo nome e prestígio".

Entrementes, milhões de indivíduos procuram freneticamente suas próprias identidades ou alguma terapia mágica para reintegrar suas personalidades, proporcionar intimidade ou êxtase instantâneos, ou levá-los a estados "mais elevados" de consciência.

Pelos fins da década de 70, um movimento potencial humano, que se espalhou da Califórnia para leste, gerou umas 8.000 "terapias" diferentes, consistentes em fragmentos de psicanálise, religião oriental, experimentação sexual, jogo e revivescência do antigo. Nas palavras de um exame crítico "estas técnicas são cuidadosamente empacotadas distribuídas de costa a costa sob nomes como Dinâmica Mental, Arica e Controle Mental Silva. A Meditação Transcendental já estava sendo mascateada como a leitura dinâmica; a Dianética da Cientologia estivera mercadejando a sua própria terapia desde os anos 50. Ao mesmo tempo, os cultos religiosos da América ganhavam ímpeto, espalhando-se discretamente através do país em maciças campanhas de levantamento de fundos e recrutamento".

Mais importante do que a crescente indústria de potencial humano é o movimento evangélico cristão. Apelando para os segmentos mais pobres e menos instruídos do público, fazendo o uso sofisticado do rádio e da televisão de alta-potência, o movimento dos "renascidos" está se avolumando. Os propagandistas religiosos, subindo ao palanque, mandam seus adeptos lutarem pela salvação numa sociedade que eles descrevem como decadente e condenada.

Esta onda de mal-estar não atingiu todas as partes do mundo tecnológico com igual força. Por esta razão, os leitores da Europa e de outras partes poderão se ver tentados a considerá-la com indiferença e em grande parte como fenômeno americano, enquanto nos próprios Estados Unidos alguns ainda a consideram como apenas outra manifestação da fabulosa excentricidade da Califórnia.

Nenhum ponto de vista poderia estar mais longe da verdade. Se a angústia e a desintegração psíquicas são mais notavelmente evidentes nos Estados Unidos e especialmente na Califórnia, isso apenas reflete o fato de que a Terceira Onda chegou aqui um pouco antes do que em outras partes, fazendo as estruturas sociais da Segunda Onda tombarem antes e mais espetacularmente.

Com efeito, uma espécie de paranóia se instalou sobre muitas comunidades e não apenas nos Estados Unidos. Em Roma e Turim, terroristas percorrem as ruas sorrateiramente. Em Paris e até mesmo na pacífica Londres, os espancamentos e o vandalismo aumentam. Em Chicago, as pessoas idosas têm medo de andar nas ruas depois que escurece. Em Nova York, as escolas e os metrôs crepitam de violência. E, voltando à Califórnia, aqui uma revista oferece aos seus leitores um guia supostamente prático para "armas portáteis e cursos de uso de armas, cães treinados a atacar, alarmas contra arrombadores, dispositivos de segurança pessoal, cursos de legítima defesa e sistemas de segurança computadorizados".

Há um odor doentio no ar. É o cheiro de uma civilização moribunda da Segunda Onda.

## O ATAQUE À SOLIDÃO

Para criar uma vida emocional satisfatória e uma psicosfera escorreita para a emergente civilização de amanhã, devemos reconhecer três requisitos básicos de qualquer indivíduo: as necessidades para a comunidade, a estrutura e o significado. A compreensão de como o colapso da sociedade da Segunda Onda mina todos três sugere como poderíamos começar a planejar um ambiente psicológico mais sadio para nós mesmos e para os nossos filhos no futuro.

Para começar, qualquer sociedade decente deve gerar um sentimento de comunidade. A comunidade contrabalança a solidão. Dá às pessoas um senso de pertença vitalmente necessário. E, entretanto, as instituições de que a comunidade depende estão se desmoronando em todas as sociedades técnicas. O resultado é uma praga de solidão se espraiando.

De Los Angeles a Leningrado, adolescentes, casais infelizes, pais solitários, gente trabalhadora comum e os idosos, todos se queixam do isolamento social. Os pais confessam que seus filhos andam demasiado ocupados para vê-los ou mesmo telefonar-lhes. Estranhos solitários em bares ou lavanderias automáticas oferecem o que um sociólogo chama "essas confidências infinitamente tristes". Clubes de pessoas sós e discotecas servem como local de convívio para divorciados desesperados.

A solidão é ainda um fator negligenciado na economia. Quantas donas-de-casa da classe média superior, levadas ao desespero pelo reboar do vazio de suas prósperas casas de bairro residencial têm entrado no mercado de empregos para preservarem a sua sanidade? Quantos animais de estimação (e carradas de comida para animais de estimação) são comprados para quebrar o silêncio de uma casa vazia? A solidão mantém muito do nosso negócio de viagens e entretenimento. Contribui para o uso de drogas, para a depressão e para o declínio da produtividade. E cria uma lucrativa indústria de "corações solitários", que pretende ajudar o solitário a encontrar e laçar o Sr. ou Sra. "Certa".

A dor de estar só não é nova, naturalmente. Mas a solidão agora está tão generalizada que se tornou, paradoxalmente, uma experiência compartilhada.

Mas a comunidade exige mais do que elos emocionalmente satisfatórios entre indivíduos. Exige também fortes laços de lealdade entre pessoas e suas organizações. Assim como sentem falta do companheirismo de outras pessoas, milhões atualmente sentem-se desligados das instituições de que fazem parte. Anseiam por instituições dignas de seu respeito, afeto e lealdade.

A companhia oferece um exemplo a propósito.

Como as companhias têm ficado maiores e mais impessoais e se têm diversificado em muitas atividades díspares, os empregados têm ficado com pouco senso de missão compartilhada. O sentimento de comunidade está ausente. O próprio termo "lealdade empresarial" tem uma vibração arcaica consigo. Com efeito, a lealdade à companhia é considerada por muitos uma traição a si mesmos. Em *The Bottom Line,* popular romance de Fletcher Knebel sobre grande negócio, a heroína responde asperamente ao seu marido executivo: "Lealdade à companhia! Isso me dá vontade de vomitar."

Salvo o Japão, onde o sistema de emprego de toda a vida e o paternalismo empresarial ainda existe (a não ser por uma percentagem reduzida de força de trabalho), as relações de trabalho são cada vez mais transitórias e emocionalmente insatisfatórias. Mesmo quando as companhias fazem um esforço para proporcionar uma dimensão social ao emprego — um piquenique anual, um time de boliche patrocinado pela companhia, uma festa de Natal no escritório — a maioria das relações no emprego não são mais que superficiais.

Por tais razões, poucos hoje têm qualquer senso de pertença a qualquer coisa maior e melhor do que eles mesmos. Este sentimento cálido de participação emerge espontaneamente de tempos a tempos durante as crises, as tensões, os desastres ou os levantes em massa. As grandes greves estudantis na década de 60, por exemplo, produziram um fulgor de sentimento comunal. As demonstrações antinucleares de hoje fazem o mesmo. Mas tanto os movimentos como os sentimentos que despertam são fugazes. O sentimento de comunidade é de breve duração.

Um indício da praga da solidão encontra-se no nosso nível ascendente de diversidade social. Desmassificando a sociedade, acentuando diferenças mais do que semelhantes, nós ajudamos as pessoas a se individualizarem. Tornamos possível para cada um de nós ficar mais perto de realizar seu potencial. Mas também tornamos o contato humano mais difícil. Pois quanto mais individualizados somos, mais difícil se torna encontrar um companheiro ou companheira ou um amante ou uma amante que tenha interesses, valores, horários ou gostos que combinem com exatidão. Amigos também são mais difíceis de aparecer. Tornamo-nos mais exigentes em nossos elos sociais. Mas o mesmo se dá com os outros. O resultado é uma grande quantidade de relações mal combinadas. Ou nenhuma relação.

A desagregação da sociedade de massa, por conseguinte, embora contendo a promessa de realização individual muito maior, pelo menos por enquanto, está espalhando a dor do isolamento. Se a emergente sociedade da Terceira Onda não for gelidamente metálica, com um vácuo por coração, deve atacar este problema frontalmente. Deve restaurar a comunidade.

Como poderíamos começar a fazer isto?

Uma vez que reconheçamos que a solidão não é mais uma questão individual, mas um problema público criado pela desintegração de instituições da Segunda Onda, há quantidade de coisas que poderemos fazer a respeito. Podemos começar onde ordinariamente começa a comunidade: na família, expandindo suas funções reduzidas.

A família, desde a revolução industrial, tem progressivamente se aliviado do fardo de seus velhos. Se privamos a família desta responsabilidade, talvez tenha chegado o momento de lha restituir parcialmente. Só um louco nostálgico favoreceria o desmantelamento dos sistemas de pensão público e privado, ou tornaria os velhos completamente dependentes de suas famílias como foram outrora. Mas por que não oferecer tributo e outros incentivos a famílias — inclusive famílias não nucleares e inconvencionais — que cuidam de seus próprios velhos em vez de os arrebanharem para os "lares" impessoais de velhos? Por que não recompensar, em vez de punir economicamente, aqueles que mantêm e solidificam os laços familiares através de linhas geracionais?

O mesmo princípio pode ser estendido igualmente a outras funções da família. As famílias devem ser encorajadas a representar um papel maior — não menor — na educação dos jovens. Os pais dispostos a ensinar seus próprios filhos em casa devem ser ajudados pelas escolas, não considerados como anormais ou transgressores da lei. E os pais devem ter mais influência, não menos, nas escolas.

Ao mesmo tempo, muito podia ser feito pelas próprias escolas para criar uma sensação de pertença. Em vez de graduarem os estudantes puramente com base em desempenho pessoal, uma parte do grau de cada estudante podia depender do desempenho da classe como um todo ou algum time dentro dela. Isto daria desde cedo um apoio à idéia de que cada um de nós tem responsabilidade pelos outros. Com um pouco de encorajamento, educadores imaginosos poderiam apresentar outras maneiras melhores para promover um senso de comunidade.

As empresas também podiam fazer muito para começar a construir elos humanos novamente. A produção da Terceira Onda torna possível a descentralização e as unidades de trabalho menores e mais pessoais. Companhias inovadoras poderiam construir moral e senso de pertença pedindo a grupos de trabalhadores que se organizassem em minicompanhias ou cooperativas e contratar diretamente com estes grupos para conseguir trabalhos específicos.

Esta desintegração de enormes companhias em pequenas unidades independentes poderia não só desencadear enormes novas energias produtivas, mas também construir comunidades ao mesmo tempo.

Norman Macrae, editor-substituto de *The Economist,* sugeriu que "Equipes semi-autônomas de talvez seis a 17 pessoas, que resolvessem trabalhar juntas como amigas, deviam ser orientadas por forças de mercado que lhes diriam o que seria pago por módulo de produção à razão de tanto por unidade de produção, e então se permitiria cada vez mais que produzissem à sua própria maneira."

Com efeito, continua Macrae, "os que criam cooperativas de grupos de amizade bem-sucedidos farão um grande bem social e talvez mereçam alguns subsídios ou vantagens tributárias". (O que é especialmente interessante sobre tais arranjos é que uma pessoa poderia criar cooperativas dentro de uma companhia lucrativa ou, quanto a isso, companhias lucrativas dentro da estrutura de uma empresa de produção socialista.)

As companhias poderiam também olhar com maus olhos suas práticas de aposentadoria. Despedir um trabalhador idoso subitamente não só priva a pessoa de um cheque salarial regular completo e afasta o que a sociedade considera um papel produtivo, mas também trunca muitos laços sociais. Por que não mais planos de aposentadoria parcial e programas que destaquem pessoas semi-aposentadas para trabalhar para serviços comunitários com funcionários insuficientes, numa base de funcionários voluntários com salário parcial?

Outro expediente para a formação de comunidade poderia ser a mudança de pessoas aposentadas para o contato revivicante com a mocidade e vice-versa. Em todas as comunidades pessoas mais velhas podiam ser nomeadas "professores adjuntos" ou "mentores", convidados a ensinar algumas de suas habilidades em escolas locais numa base de tempo parcial ou de voluntários, ou poderiam ter um estudante, digamos, que os visitasse regularmente para receber instrução. Sob supervisão da escola, fotógrafos aposentados poderiam ensinar fotografia, mecânicos de automóveis a consertar um motor enguiçado, guarda-livros a fazer escrita comercial e assim por diante. Em muitos casos, um elo se estabeleceria entre o mentor e o discípulo, que se estenderia para lá do tempo de instrução.

Não é um pecado ser solitário e, numa sociedade cujas estruturas estão se desintegrando depressa, não devia ser uma desgraça. Desse modo, uma carta de um escritor para o *Jewish Chronicle,* de Londres, pergunta: "Por que parece 'não muito decente' se reunir a um grupo onde é perfeitamente claro que a razão por que todo mundo está ali é para conhecer pessoas do sexo oposto?" A mesma pergunta se aplicaria a bares de pessoas sós, discotecas e colônias de férias.

A carta observa que nos *shtetls* da Europa Oriental a instituição de *shadchan,* ou casamenteiro, servia ao fim útil de reunir pessoas casadouras, e esses escritórios de encontros, serviços de casamento e agências semelhantes são igualmente necessárias hoje. "Devíamos poder admitir francamente que precisamos de ajuda, de contato humano e vida social."

Precisamos de muitos serviços novos — tanto tradicionais como inovadores — para ajudar a reunir pessoas solitárias de uma maneira digna. Algumas pessoas agora fiam-se em anúncios de "corações solitários" em revistas para ajudarem a encontrar um companheiro ou companheira. Poderemos ter a certeza de que dentro em pouco serão feitos anúncios em serviços locais ou em televisão de cabo do bairro, que permitirão aos companheiros em perspectiva se verem um ao outro antes de se encontrarem. (Tais programas, suspeita-se, terão enorme índice de audiência.)

Mas os serviços de encontros limitar-se-ão a contatos românticos? Por que não serviços — lugares — onde pessoas pudessem simplesmente se conhecerem e fazerem amizade, diferente de um amante ou cônjuge potencial? A sociedade precisa de tais serviços e, desde que sejam honestos e decentes. não devemos ficar embaraçados por inventá-los ou usá-los.

## TELECOMUNIDADE

Ao nível da política social a longo prazo devíamos também mover-nos rapidamente no sentido da "telecomunidade". Os que desejam a restauração da comunidade deviam concentrar sua atenção no impacto socialmente fragmentador das viagens regulares de ida e volta e a alta mobilidade. Tendo escrito detalhadamente a respeito disto em *O Choque do Futuro*, não repetirei o argumento. Mas um dos passos básicos que podem ser dados para construir um senso de comunidade dentro da Terceira Onda é a substituição seletiva do transporte pela comunicação.

O medo popular de que os computadores e as telecomunicações venham a privar-nos do contato direto com as pessoas e tornar as relações humanas mais indiretas é ingênuo e simplista. Na verdade, o inverso é que pode ser o caso. Ao passo que algumas relações no escritório ou na fábrica poderiam ser atenuadas, os laços em casa e na comunidade poderiam muito bem ser reforçados por estas novas tecnologias. Os computadores e as comunicações podem ajudar-nos a criar comunidade.

Ainda que não mais, eles podem libertar grande número de nós da viagem de ida e volta para o trabalho — a força centrífuga que nos dispersa de manhã, nos joga nas relações superficiais do trabalho ao mesmo tempo que enfraquece os laços sociais mais importantes do lar e da comunidade. Tornando possível a grande número de pessoas trabalharem em casa (ou em centros de trabalho, perto, no bairro), as novas tecnologias poderiam contribuir para famílias mais unidas e uma vida comunitária mais íntima. A cabana eletrônica pode vir a tornar-se o negócio característico de mamãe-e-papai do futuro. E poderia levar, como vimos, a uma unidade de família trabalhando junta, envolvendo os filhos (e algumas vezes expandindo-se para admitir estranhos também).

Não é improvável que casais que passam uma porção de tempo trabalhando juntos em casa durante o dia queiram sair à noite. (Hoje o padrão mais típico é a pessoa que trabalha fora entre em colapso ao voltar para casa e se recuse a sair.) Quando as comunicações começarem a substituir o transporte, podemos esperar uma vívida proliferação de restaurantes, teatros, botequins e clubes no bairro, uma revitalização de atividade de igreja e grupo voluntário — tudo ou a maioria numa base de face a face.

Mas nem por isso serão desprezadas todas as relações indiretas. Não se trata apenas de relações indiretas, mas também de passividade e impotência.

Para uma pessoa tímida ou inválida, incapaz de sair de casa, temerosa de encontrar pessoas frente a frente, a emergente infosfera tornará possível contato eletrônico interativo com outros que compartilhem interesses semelhantes — jogadores de xadrez, colecionadores de selos, amantes de poesia ou fãs de esportes — comunicando-se instantaneamente com eles de qualquer parte do país. Indiretas como possam ser, tais relações podem proporcionar um antídoto muito melhor para a solidão do que a televisão como a conhecemos hoje, na qual as mensagens todas fluem numa direção e o receptor passivo é impotente para interagir com a imagem bruxuleante na tela.

As comunicações, aplicadas seletivamente, podem servir o objetivo da telecomunidade.

Em resumo, enquanto construímos uma civilização da Terceira Onda, há muitas coisas que podemos fazer para manter e enriquecer, mais do que destruir, a comunidade.

## A ESTRUTURA DA HEROÍNA

A reconstrução da comunidade, entretanto, deve ser vista apenas como uma pequena parte do processo maior. Pois o colapso das instituições da Segunda Onda também destrói a estrutura e o significado em nossas vidas.

Os indivíduos precisam da estrutura da vida. Uma vida que carece de estrutura compreensível é uma ruína sem objetivo. A ausência de estrutura produz colapso.

A estrutura proporciona os pontos de referência relativamente fixos de que precisamos. É por isso que, para muitas pessoas, um emprego é crucial psicologicamente, muito mais importante do que pelo cheque salarial. Fazendo exigências claras ao seu tempo e energia, ele proporciona um elemento de estrutura em redor da qual pode ser organizado o resto de suas vidas. As exigências absolutas impostas a um pai por uma criança, a responsabilidade de cuidar dum inválido, a rígida disciplina exigida pela qualidade de membro de uma igreja ou, em alguns países, por um partido político — todas estas coisas também impõem uma estrutura à vida.

Defrontados por uma ausência de estrutura visível, algumas pessoas jovens usam drogas para criá-la. "O vício em heroína", escreve o psicólogo Rollo May, "dá um modo de vida ao jovem. Tendo sofrido sob perpétuo vazio, sua estrutura agora consiste em como escapar à polícia, como arranjar o dinheiro de que precisa, onde comprará a próxima dose — todas estas coisas lhe dão uma nova teia de energia estendida no lugar do mundo anterior sem estrutura".

A família nuclear, programas socialmente impostos, papéis bem definidos, distinções de *status* visíveis e linhas compreensíveis de autoridade — todos estes fatores criaram estrutura de vida adequada para a maioria das pessoas durante a era da Segunda Onda.

Hoje, a desintegração da Segunda Onda está dissolvendo a estrutura nas vidas de muitos indivíduos, antes que as novas instituições proporcionadoras de nova estrutura do futuro da Terceira Onda sejam colocadas em seu lugar. Isto, não simplesmente alguma falha pessoal, explica por que para milhões hoje a vida diária é experimentada como carecendo de qualquer semelhança de ordem reconhecível.

A esta perda de ordem devemos também acrescentar a perda de significado. O sentimento de que as nossas vidas "contam" vem das relações sadias com a sociedade circundante — da família, da companhia, da igreja ou do movimento político. Também depende de sermos capazes de nos vermos como parte de um esquema de coisas maiores, mesmo de um esquema cósmico.

A súbita mudança das regras sociais básicas hoje, o apagamento de papéis, distinções de *status* e linhas de autoridade, a imersão em cultura *blip* e, acima de tudo, a desintegração do grande sistema de pensamento, da indust-realidade, despedaçaram a imagem do mundo que a maioria de nós leva dentro do crânio. Conseqüentemente, a maioria das pessoas ao examinarem o mundo em volta delas hoje só vêem caos. Sofrem um sentimento de impotência e insensatez pessoal.

É apenas quando reunimos tudo — a solidão, a perda de estrutura e o colapso de significado que acompanham o declínio da civilização industrial — que podemos começar a dar sentido a alguns dos fenômenos sociais mais enigmáticos do nosso tempo, o menor dos quais não é o espantoso acesso do culto.

### O SEGREDO DOS CULTOS

Por que tantos milhares de pessoas aparentemente inteligentes, aparentemente bem-sucedidas, se deixam atrair para a miríade de cultos que brotam atualmente das fendas cada vez mais abertas do sistema da Segunda Onda? Quem é que explica o controle total que Jim Jones podia exercer sobre as vidas de seus seguidores?

Calcula-se por alto atualmente que uns 3.000.000 de americanos pertencem a uns 1.000 cultos religiosos, os maiores dos quais têm nomes como Igreja da Unificação, Missão da Luz Divina, o Hare Krishna e o Caminho, cada um dos quais tem templos ou filiais na maioria das grandes cidades. Só um deles, a Igreja da Unificação, de Sun Myung Moon, informa ter 60.000 ou 80.000 membros, publica um jornal diário em Nova York, possui uma fábrica de conserva de peixe na Virgínia e tem muitas outras empresas com fins de lucro. Os levantadores de fundos, mecanicamente alegres, são um espetáculo comum.

E tais grupos não se restringem aos Estados Unidos. Um recente e sensacional processo na Suíça chamou a atenção internacional para o Centro da Luz Divina, em Winterthur. "Os cultos, as seitas e as comunidades... são mais numerosos nos Estados Unidos porque a América também neste assunto está 20 anos à frente do resto do mundo", diz o *Economist*, de Londres. "Mas eles podem ser encontrados na Europa, no oeste e no leste, e em muitos outros lugares." Por que exatamente tais grupos conseguem quase total dedicação e obediência de seus membros? Seu segredo é simples. Eles compreendem a necessidade para a comunidade, a estrutura e o significado. Pois estas coisas são o que todos os cultos mascateiam.

Às pessoas solitárias, os cultos oferecem, no princípio, amizade indiscriminada. Diz um funcionário da Igreja da Unificação: "Se alguém é solitário, nós falamos com ele. Há uma porção de gente solitária andando por aí". O recém-chegado é rodeado por pessoas que lhe oferecem amizade e radiante aprovação. Muitos dos cultos exigem vida comunal. Tão poderosamente recompensador é este súbito calor e atenção, que os membros do culto são muitas vezes levados a desistir do contato com suas famílias e antigos amigos para doarem os ganhos de sua vida ao culto, renunciando a drogas e até mesmo ao sexo.

Mas o culto vende mais do que comunidade. Ele também oferece a muito necessária estrutura. Os cultos impõem repressões rígidas no comportamento. Exigem e criam enorme disciplina, indo alguns, ao que parece, até ao ponto de imporem essa disciplina através de espancamentos, trabalho forçado e suas próprias formas de ostracismo ou prisão. O psiquiatra H. A. S. Sukhdeo, da Escola de Medicina de Nova Jersey, depois de entrevistar sobreviventes do suicídio em massa de Jonestown e ler depoimentos de membros do Templo dos Povos, conclui: "A nossa sociedade é tão livre e permissiva e as pessoas têm tantas opções, que não podem tomar suas próprias decisões eficazmente. Elas querem que outros tomem a decisão e a seguirão."

Um homem chamado Sherwin Harris, cujas filha e ex-mulher se encontravam entre os homens e mulheres que seguiram Jim Jones para a morte na Guiana, resumiu-o numa frase: "Este é um exemplo daquilo a que alguns americanos se sujeitarão, a fim de darem alguma estrutura às suas vidas".

O último produto vital mercadejado pelos cultos é "significação". Cada um tem sua própria versão sincera da realidade — religiosa, política ou cultural. O culto possui a única verdade e os que vivem no mundo exterior e que deixam de reconhecer o valor dessa verdade são descritos como mal informados ou satânicos. A mensagem do culto é martelada no novo membro o dia inteiro, em sessões que duram a noite inteira. É pregada incessantemente, até que ele começa a usar os termos de referência, seu vocabulário e, finalmente, sua metáfora para a existência. O "significado" transmitido pelo culto pode ser absurdo para o estranho. Mas não tem importância.

Com efeito, o conteúdo exato, estabelecido, da mensagem do culto é quase incidental. Seu poder reside em proporcionar síntese, em oferecer uma alternativa para a fragmentada cultura *blip* em volta de nós. Uma vez aceita a estrutura pelo recruta do culto, ele ajuda a organizar muita da informação caótica, bombardeando aquele ou aquela que vem de fora. Que essa estrutura corresponda ou não à realidade exterior, ela proporciona uma série definida de escaninhos, nos quais o membro pode armazenar dados que entram. Deste modo, ele alivia o estresse da sobrecarga e confusão. Proporciona, não verdade como tal, mas ordem e, desse modo, significado.

Dando ao membro uma noção de que a realidade é significativa — e que ele ou ela deve levar esse significado para estranhos — o culto oferece propósito e coerência num mundo aparentemente incoerente.

O culto, entretanto, vende comunidade, estrutura e significado por um preço extremamente alto: a rendição irracional de si mesmo. Para alguns, sem dúvida, esta é a única alternativa da desintegração pessoal. Mas para a maioria de nós a saída do culto é demasiado cara.

Para fazer a civilização da Terceira Onda ao mesmo tempo sadia e democrática, precisamos mais do que criar novos suprimentos de energia ou ligar-lhe nova tecnologia. Precisamos fazer mais do que criar comunidade. Precisamos proporcionar estrutura e sentido igualmente. E de novo há coisas simples que podemos fazer para começar.

## ORGANIZADORES DA VIDA E SEMI-SEITAS

Ao nível mais simples e mais imediato, por que não criar um quadro de "organizadores de vida" profissionais ou paraprofissionais? Por exemplo, provavelmente precisamos de menos psicoterapeutas penetrando como toupeiras no id e no ego, e mais pessoas que possam ajudar-nos, mesmo de maneiras pequenas para podermos levar avante nossas vidas juntos. Entre as frases mais comumente ouvidas na atualidade estão: "Amanhã vou me organizar" ou "Estou coordenando a minha vida".

Entretanto, estruturar a vida de uma pessoa nas condições atuais de alto torvelinho social e tecnológico está ficando cada vez mais difícil. A desintegração das estruturas normais da Segunda Onda, a exigência na escolha dos estilos de vida, nos programas e oportunidades educacionais — tudo, como dissemos, aumenta a dificuldade. Para os menos prósperos, as pressões econômicas impõem alta estrutura. Para a classe média, e especialmente seus filhos, a verdade é o inverso. Por que não reconhecer este fato?

Alguns psiquiatras atualmente realizam uma função de organização de vida. Em vez de anos no sofá, eles oferecem assistência prática em encontrar trabalho, localizar uma garota ou um namorado, administrar o dinheiro de uma pessoa, seguir um regime alimentar e assim por diante. Nós precisamos muito mais de tais consultores, fornecedores de estruturas, e não devemos sentir vergonha por procurarmos os serviços deles.

Em educação, precisamos começar a prestar atenção a matérias rotineiramente desprezadas. Gastamos longas horas tentando ensinar uma variedade de cursos sobre, digamos, a estrutura do governo ou sobre a estrutura da ameba. Mas quanto esforço é dedicado ao estudo da estrutura da vida cotidiana — a maneira como o tempo é distribuído, os usos pessoais do dinheiro, os lugares aonde ir para pedir auxílio numa sociedade que explode de complexidade? Tomamos como certo que os jovens sabem se mexer dentro da nossa estrutura social. Na verdade, a maioria tem apenas a mais vaga idéia da maneira como é organizado o mundo do trabalho ou do comércio. A maioria dos estudantes não tem nenhuma concepção da estrutura da economia de sua própria cidade, ou da maneira como opera a burocracia local, ou do lugar aonde ir para fazer uma queixa contra um comerciante. A maioria nem mesmo compreende como suas próprias escolas — mesmo as universidades — são estruturadas, quanto mais como tais estruturas estão mudando sob o impacto da Terceira Onda.

Também precisamos olhar novamente as instituições que proporcionam as estruturas — inclusive os cultos. Uma sociedade sensata deve conceder um espectro de instituições, abrangendo desde as que são de modelo livre às que são rigidamente estruturadas. Precisamos de salas de aula livres, bem como de escolas tradicionais. Precisamos de organizações livres, bem como ordens monásticas rígidas (seculares como religiosas).

Hoje, a brecha entre a estrutura oferecida pelo culto e a aparente falta total de estrutura da vida diária pode muito bem ser demasiado larga.

Se achamos repelente a completa submissão exigida por muitas seitas, talvez devamos encorajar a formação do que poderia chamar-se "semi-seitas", que se encontram em alguma parte entre a liberdade sem estrutura alguma e a rígida arregimentação estruturada. As organizações religiosas, vegetarianas e outras seitas ou agrupamentos, poderiam, na realidade, ser encorajadas a formar comunidades nas quais é imposta estrutura de moderada a alta aos que desejam viver desse modo. Estas semi-seitas poderiam ser licenciadas ou controladas, para garantir que não se empenhem em violência física ou mental, desvio de dinheiro, extorsão ou outras práticas do gênero, ou pudessem ser organizadas de modo que pessoas necessitadas de estrutura externa pudessem juntar-se a elas por um período de seis meses ou um ano — e depois saírem, sem pressão ou recriminação.

Algumas pessoas poderiam achar salutar viver dentro de uma semi-seita por algum tempo, depois voltar ao mundo exterior, depois voltar de novo à organização por algum tempo e assim por diante, alternando-se entre as exigências da estrutura imposta e a liberdade oferecida pela sociedade mais ampla. Não seria possível isto para elas?

Tais semi-seitas também sugerem a necessidade de organizações seculares, que se encontram em algum lugar entre a liberdade da vida civil e a disciplina do exército. Por que não uma variedade de corpo de serviço civil, talvez organizado por cidades, sistemas escolares, ou mesmo companhias para realizar serviços de comunidade numa base de contrato, empregando gente jovem que poderia viver sob rígidas regras disciplinares e receber salários em nível das forças armadas. (Para elevar estes cheques de pagamento salarial ao salário mínimo predominante, os membros do corpo poderiam receber atestados suplementares que garantissem a educação ou treino universitário.) Um "corpo de poluição", um "corpo de saúde pública", um "corpo paramédico", ou um "corpo para assistir gente idosa" — tais organizações poderiam produzir altos dividendos tanto para a comunidade como para o indivíduo.

Além de fornecerem serviços úteis e um certo grau de estrutura de vida, tais organizações poderiam também ajudar a trazer às vidas de seus membros um muito necessário significado — não alguma teoria espúria, mística ou política, mas o ideal simples do serviço à comunidade.

Além de todas as tais medidas, entretanto, nós precisaremos integrar significado pessoal com perspectivas universais maiores e de maior âmbito. Não é suficiente para as pessoas compreenderem (ou pensarem que compreendem) suas próprias e pequenas contribuições para a sociedade. Elas devem também ter algum senso, mesmo que não expresso, de como se adaptarão no esquema de coisas mais amplo. À medida que chegar a Terceira Onda, precisaremos formular novas e amplas concepções integrativas do mundo — sínteses coerentes, não apenas *blips* — que liguem as coisas entre si.

Nenhum ponto de vista isolado pode captar toda a verdade. Só aplicando metáforas múltiplas e temporárias poderemos adquirir uma visão acurada (embora incompleta) do mundo. Mas reconhecer este axioma não é a mesma coisa que dizer que a vida não tem sentido. Com efeito, mesmo que a vida *seja* sem sentido em algum senso cósmico, nós podemos construir sentido e freqüentemente o construímos, tirando-o de decentes relações sociais e pintando a nós mesmos como parte de um drama maior — o desenrolar da História.

Ao construir a civilização da Terceira Onda, por conseguinte, devemos ir além do ataque à solidão. Devemos também começar a fornecer uma estrutura de ordem e propósito na vida. Pois o sentido, a estrutura e a comunidade são condições correlatas para um futuro tolerável.

No trabalho para estes fins, ajudará compreender que a presente agonia do isolamento social, a impessoalidade, a inexistência de estrutura e o senso da inexistência de significado de que muitas pessoas sofrem são antes sintomas do colapso do que indicações do futuro.

Não será suficiente para nós, entretanto, mudar a sociedade. Pois enquanto formos modelando a civilização da Terceira Onda através das nossas próprias decisões e ações diárias, a civilização da Terceira Onda irá, por sua vez, modelando a nós. Uma nova psicosfera está emergindo e alterará fundamentalmente o nosso caráter. E é para isto — a personalidade do futuro — que nos voltaremos a seguir.

# 26 A PERSONALIDADE DO FUTURO

Como um romance, a civilização explode em nossas vidas cotidianas de modo tal que ficamos nos perguntando se também nós não seremos obsoletos. Com tantos dos nossos hábitos, valores, rotinas e reações postos em dúvida, quase não chega a surpreender se algumas vezes nos sentimos como gente do passado, relíquias da civilização da Segunda Onda. Mas se alguns de nós somos de fato anacronismos, não há também pessoas do futuro entre nós — cidadãos antecipatórios, por assim dizer, da civilização da Terceira Onda que vem aí? Se olharmos além da decomposição e da desintegração em volta de nós, poderemos ver os contornos emergentes da personalidade do futuro — a chegada, por assim dizer, de um "novo homem"?

Se assim fosse, não seria a primeira vez que *un homme nouveau* poderia ser supostamente detectado no horizonte. Num ensaio brilhante, André Reszler, diretor do Centro de Cultura Européia, descreveu tentativas anteriores de previsão da vinda de um novo tipo de ser humano. Ao fim do século XVIII houve, por exemplo, o "Adão Americano" — homem renascido na América do Norte, supostamente sem os vícios e fraquezas do europeu. No meio do século XX, o novo homem apareceu supostamente na Alemanha de Hitler. O nazismo, escreveu Hermann Rauschning, "é mais do que uma religião; é a vontade de criar o super-homem". Este robusto "ariano" seria parte camponês, parte guerreiro, parte Deus. "Eu vi o novo homem", confiou uma vez Hitler a Rauschning. "É intrépido e cruel. Fiquei com medo diante dele."

A imagem de um novo homem (poucos falam jamais de uma "nova mulher", salvo pensando melhor) também assombrava os comunistas. Os Sovietes ainda falam da vinda do "homem socialista". Mas foi Trotsky quem mais vividamente enalteceu o homem futuro. "O homem se tornará incomparavelmente mais forte, mais sábio e mais perceptivo. Seu corpo se tornará mais harmonioso, seus movimentos mais rítmicos, sua voz mais melodiosa. Seus modos de vida adquirirão uma qualidade poderosamente dramática. O homem mediano atingirá o nível de um Aristóteles, de um Goethe, de um Marx."

Há apenas uma ou duas décadas Franz Fanon anunciou a vinda ainda de outro homem que teria uma "mente nova". Che Guevara viu este homem ideal do futuro como tendo uma vida interior mais rica. Cada imagem é diferente.

Entretanto, Reszler aponta persuasivamente que por trás destas imagens do "novo homem" se esconde aquele velho familiar, o Nobre Sábio, uma criatura mítica dotada de toda a espécie de qualidades que a civilização supostamente corrompeu e desgastou. Reszler contesta adequadamente esta romantização do primitivo, lembrando-nos que os regimes que se dispuseram conscientemente a promover um "novo homem" em geral trouxeram devastação totalitária em sua esteira.

Seria tolice, por conseguinte, anunciar ainda o nascimento de mais um "novo homem" (a não ser, agora que os engenheiros genéticos estão em ação, que queiramos isso num senso estritamente biológico e assustador). A idéia sugere um protótipo, um modelo ideal único que toda a civilização se esforça por imitar. E numa sociedade que marcha rapidamente para a desmassificação, nada é mais improvável.

Não obstante, seria igualmente idiota acreditar que as condições materiais de vida fundamentalmente mudadas deixariam intangida a personalidade ou, mais precisamente, o caráter social. Ao mesmo tempo que mudamos a profunda estrutura da sociedade, também modificamos as pessoas. Mesmo se se acreditasse em alguma natureza humana imutável, uma opinião comumente alimentada que eu não compartilho, a sociedade ainda recompensaria e despertaria certos traços de caráter e puniria outros, levando a mudanças evolutivas na distribuição de traços na população.

O psicanalista Erich Fromm, que talvez seja o que melhor escreveu sobre o caráter social, define-o como "essa parte de sua estrutura de caráter que é comum à maioria dos membros do grupo". Em qualquer cultura, diz-nos ele, há traços amplamente compartilhados que constituem o caráter social. Por sua vez, o caráter social molda as pessoas de tal modo que "seu comportamento não é uma questão de decisão consciente quanto a seguir ou não o padrão social, mas uma questão de *querer agir como eles têm de agir* e, ao mesmo tempo, encontrar prazer em agir de acordo com as exigências da cultura".

O que a Terceira Onda está fazendo, por conseguinte, não é criar algum super-homem ideal, alguma nova espécie heróica caminhando através do nosso meio, mas produzindo mudanças dramáticas nos traços distribuídos através da sociedade — não um novo homem, mas um novo caráter social. Nossa tarefa, por conseguinte, não é caçar "homem" mítico, mas os traços mais prováveis de serem valorizados pela civilização de amanhã.

Estes traços de caráter não nascem simplesmente de pressões de fora nas pessoas (ou refletem essas pressões). Eles surgem da tensão que existe entre as impulsões ou desejos de muitos indivíduos e impulsões ou pressões de fora da sociedade. Mas, uma vez formados, estes traços de caráter partilhados representam um papel no desenvolvimento econômico e social da sociedade.

A vinda da Segunda Onda, por exemplo, foi acompanhada pela difusão da Ética Protestante, com sua ênfase na poupança, na labuta incansável e no adiamento da recompensa — traços que canalizaram enormes energias para as tarefas do desenvolvimento econômico. A Segunda Onda também trouxe mudanças na subjetividade-objetividade, no individualismo, nas atitudes para com a autoridade e a habilidade para pensar abstratamente, para enfatizar e para imaginar.

Pois os camponeses, para serem padronizados numa força de trabalho industrial, tinham de receber os rudimentos da alfabetização. Eles tinham de ser educados, informados e moldados. Tinham de compreender que eram necessários, por conseguinte com capacidade para se imaginarem num novo papel e um ambiente novo. Suas mentes tinham de ser liberadas do presente próximo. Desse modo, assim como até certo ponto tinha de democratizar as comunicações e a política, o industrialismo também foi forçado a democratizar a imaginação.

O resultado de tais mudanças psicoculturais foi uma distribuição de traços mudada — um novo caráter social. E hoje nós estamos uma vez mais à beira de uma sublevação psicocultural semelhante.

O fato de estarmos fugindo da uniformidade orwelliana da Segunda Onda torna difícil generalizar a respeito da emergente psique. Aqui, ainda mais do que lidar com o futuro em outra parte, apenas podemos especular.

Não obstante, *podemos* indicar poderosas mudanças que provavelmente influenciarão o desenvolvimento psicológico na sociedade da Terceira Onda. E isto nos leva a perguntas fascinantes, senão conclusões. Pois estas mudanças afetam a criação das crianças, a educação, a adolescência, o trabalho, e mesmo a maneira como formamos a nossa própria imagem. E é impossível mudar tudo isto sem alterar profundamente todo o caráter social do futuro.

## CRESCENDO DIFERENTE

Para começar, a criança de amanhã provavelmente crescerá numa sociedade muito menos centralizada em crianças do que a nossa.

O "encanecimento" ou envelhecimento da população em todos os países de alta tecnologia implica maior atenção pública às necessidades dos idosos e uma focalização correspondentemente reduzida nos jovens. Além do mais, à medida que as mulheres vão desenvolvendo empregos ou carreiras na economia de intercâmbio, diminui a tradicional necessidade de canalizar todas as suas energias para a maternidade.

Durante a Segunda Onda, milhões de pais viveram seus próprios sonhos através de seus filhos — freqüentemente porque eles podiam esperar razoavelmente que os filhos fossem mais bem-sucedidos social e economicamente do que eles mesmos foram. Esta expectação de mobilidade para cima encorajava os pais a concentrarem enormes energias psíquicas em seus filhos. Hoje muitos pais de classe média defrontam-se com uma agoniante desilusão vendo seus filhos — num mundo muito mais difícil — descerem em vez de subirem na escala sócio-econômica. A probabilidade da própria realização dos filhos evapora-se.

Por estas razões, o bebê nascido amanhã provavelmente entrará numa sociedade não mais obcecada — talvez nem mesmo terrivelmente interessada — pelas necessidades, carências, desenvolvimento e a imediata satisfação da criança. Se assim for, o Dr. Spock de amanhã aconselhará uma infância mais estruturada e exigente. Os pais serão menos permissivos.

Tampouco, suspeita-se, a adolescência será um processo tão prolongado como é atualmente para muitos. Milhões de crianças estão sendo criados por um dos pais, com as mães (ou os pais) trabalhando espremidos por uma economia errática e com menos do luxo e tempo disponível da geração da criança mimada da década de 60.

Outras, mais tarde, provavelmente serão criadas em famílias que trabalhem em casa ou em cabanas eletrônicas. Assim como em muitas famílias da Segunda Onda, formadas em redor do negócio de mamãe-e-papai, podemos esperar que as crianças de amanhã sejam atraídas para as tarefas da família e recebam crescente responsabilidade desde muito jovens.

Tais fatos sugerem uma infância e uma juventude mais curtas, mais responsáveis e mais produtivas. Trabalhando ao lado de adultos, as crianças em tais casas têm provavelmente menos pressões de iguais. Poderão muito bem vir a se tornarem grandes realizadores de amanhã.

Durante a transição para a nova sociedade, onde quer que os empregos permaneçam escassos, os sindicatos trabalhistas da Segunda Onda, sem dúvida, lutarão para excluir os jovens do mercado de empregos fora de casa. Os sindicatos (e os professores, sindicalizados ou não) ainda continuarão pressionando durante anos em defesa do ensino compulsório ou semicompulsório. Até ao ponto em que eles o consigam, milhões de jovens continuarão forçados a ficar dentro do penoso limbo da adolescência prolongada. Poderemos, por conseguinte, ver um vivo contraste entre jovens que crescem rápido graças às responsabilidades de trabalho desde cedo na cabana eletrônica e os que amadurecem mais lentamente fora.

Sob o efeito do longo empuxão, entretanto, podemos esperar também mudança na educação. Ocorrerá mais ensino fora do que dentro, na sala de aula. Não obstante a pressão dos sindicatos, os anos de ensino compulsório irão ficando mais curtos, não mais longos. Em vez de uma rígida segregação da idade, os moços e os velhos se misturarão. A educação se tornará mais intercalada e mesclada de trabalho e mais disseminada através da vida. E o próprio trabalho — quer produção para o mercado quer prossumo para uso em casa — provavelmente começará mais cedo na vida do que começava na última ou duas gerações atrás. Justamente por tais razões, a civilização da Terceira Onda poderá muito bem favorecer traços completamente diferentes entre os jovens — menos receptividade para os pares, menos orientação-consumo e menos auto-envolvimento hedonista.

Que isto seja assim ou não, uma coisa é certa: o crescimento será diferente. E assim serão também as personalidades resultantes.

## O NOVO TRABALHADOR

Quando o adolescente amadurece e se apresenta na arena do emprego, novas forças entram em jogo na personalidade dele ou dela, recompensando alguns traços e punindo ou castigando por outros.

Através da era da Segunda Onda, o trabalho nas fábricas e nos escritórios tornou-se cada vez mais repetitivo, especializado e premido pelo tempo e os empregadores queriam trabalhadores obedientes, pontuais e dispostos a fazer tarefas maquinais. Os traços correspondentes eram promovidos pelas escolas e recompensados pela companhia.

Quando a Terceira Onda rompe através da nossa sociedade, o trabalho torna-se menos, não mais, repetitivo. Torna-se menos fragmentado, com cada pessoa fazendo uma tarefa um tanto maior e não menor. O tempo flexível e o ritmo próprio substituem a velha necessidade do comportamento da sincronização em massa. Os trabalhadores são forçados a enfrentar com mais freqüência mudanças em suas tarefas, bem como uma desnorteante sucessão de transferências de pessoal, mudança de produto e reorganizações.

O que os empregadores da Terceira Onda precisam cada vez mais, por conseguinte, são homens e mulheres que aceitem responsabilidade, que compreendam como o seu trabalho se combina com o dos outros, que possam manejar tarefas cada vez maiores, que se adaptem rapidamente a circunstâncias modificadas e que estejam sensivelmente afinados com as pessoas em volta deles.

A firma da Segunda Onda freqüentemente recompensava pela obediência ao comportamento burocrático. A firma da Terceira Onda exige pessoas que sejam menos pré-programadas e mais criativas. A diferença, diz Donald Conover, gerente-geral de Formação Empresarial para a Western Electric, é como a que existe entre os músicos clássicos, que tocam cada nota de acordo com uma configuração predeterminada e preestabelecida, e os improvisadores do *jazz* que, uma vez tendo decidido que canção tocar, pegavam sensivelmente as deixas um do outro e, na base disso, decidiam que notas tocar.

Tais pessoas são complexas, individualistas. orgulhosas das maneiras como diferem umas das outras. Elas tipificam a força de trabalho desmassificada necessária para a indústria da Terceira Onda.

De acordo com o pesquisador Daniel Yankelovich, apenas 56 por cento dos trabalhadores dos Estados Unidos — principalmente os mais velhos — ainda são motivados por incentivos tradicionais. Eles se sentem mais felizes com orientações rígidas e tarefas claras. Não esperam encontrar "significado" em seu trabalho.

Em contraste, já até 17 por cento da força de trabalho refletem valores mais novos emergindo da Terceira Onda. Executivos de segundo escalão, em grande parte jovens, são, declara Yankelovich, os "mais ávidos de mais responsabilidade e mais trabalho vital com uma incumbência digna de seu talento e habilidades". Eles procuram significado, juntamente com recompensa financeira.

Para recrutar tais trabalhadores, os empregadores estão começando a oferecer recompensas individualizadas. Isto ajuda a explicar por que umas poucas companhias avançadas (como TRW Inc., a firma de alta tecnologia sediada em Cleveland) agora oferecem aos empregados não uma série fixa de benefícios adicionais, mas uma misturada de feriados, benefícios médicos, pensões e seguro. Cada trabalhador pode utilizar os benefícios adicionais a seu gosto ou de acordo com suas necessidades. Diz Yankelovich: "Não há um único conjunto de incentivos com que motivar o espectro total da força de trabalho." Além disso, acrescenta, na combinação de recompensas, o dinheiro não tem mais o mesmo poder motivador que tinha então.

Ninguém sugere que estes trabalhadores não querem dinheiro. Certamente que eles o querem. Mas, uma vez atingido um certo nível, eles variam amplamente no que desejam. Incrementos adicionais de dinheiro já não têm seu impacto no comportamento. Quando o Banco da América em São Francisco ofereceu ao vice-presidente assistente Richard Easley uma promoção para uma filial apenas a 30 quilômetros de distância, Easley recusou aceitar. Ele não queria viajar. Há uma década, quando *O Choque do Futuro* descreveu pela primeira vez a tensão da mobilidade do emprego, somente uns dez por cento de empregados resistiram a uma mudança da companhia. O número saltou para entre um terço e a metade, de acordo com a Merrill Lynch Relocation Management, Inc., embora as mudanças sejam acompanhadas de um aumento mais gordo do que costume. "O contrapeso mudou definitivamente de fazer continência à companhia e marchar para Timbuctu, para ênfase maior na família e no estilo de vida", diz o vice-presidente da Celanese Corporation. Como a companhia da Terceira Onda, que deve reagir a mais do que ao lucro, o empregado também tem "linhas básicas múltiplas".

Entrementes, os padrões mais arraigados da autoridade estão também mudando. Nas firmas da Segunda Onda todo empregado tem um único chefe. As disputas entre os empregados são levadas ao chefe para serem resolvidas. Nas novas organizações da matriz o estilo é inteiramente diferente. Os empregados têm mais de um chefe a um tempo. Pessoas de categoria diferente e habilidades diferentes reúnem-se em grupos "ad-hocráticos" temporários. E nas palavras de Davis e Lawrence, autores de um texto padrão sobre o assunto: "Diferenças... são resolvidas sem um chefe comum prontamente disponível para arbitrar... A pressuposição numa matriz é que este conflito pode ser sadio... as diferenças são apreciadas e as pessoas expressam seus pontos de vista mesmo quando sabem que os outros podem discordar".

Este sistema pune trabalhadores que mostram obediência cega. Recompensa os que — dentro de limites — recalcitram. Os trabalhadores que procuram significado, que discutem a autoridade, que querem exercer critério individual ou que exigem que seu trabalho seja socialmente responsável podem ser olhados como desordeiros nas indústrias da Segunda Onda. Mas as indústrias da Terceira Onda não podem funcionar sem eles.

Em todos os casos, por conseguinte, estamos vendo uma mudança sutil mas profunda nos traços da personalidade recompensados pelo sistema econômico — uma mudança que não pode deixar de moldar o caráter social emergente.

### A ÉTICA DO PROSSUMIDOR

Não será apenas a criação de filhos, a educação e o trabalho que influenciarão o desenvolvimento da personalidade na civilização da Terceira Onda. Forças ainda mais profundas estarão influindo na psique de amanhã. Pois há mais na economia do que empregos e trabalho pago.

Sugeri anteriormente que poderíamos conceber a economia como tendo dois setores, num dos quais produziríamos mercadorias para troca, outro onde faríamos coisas para nós mesmos. Um é o setor do mercado ou da produção, o outro o setor do prossumidor. E cada um tem seus próprios efeitos psicológicos sobre nós. Pois cada um promove sua própria ética, sua própria série de valores e sua própria definição de sucesso.

Durante a Segunda Onda, a vasta expansão da economia de mercado — tanto capitalista como socialista — encorajou uma ética aquisitiva. Deu nascimento a uma definição rigorosamente econômica do sucesso pessoal.

O avanço da Terceira Onda, entretanto, é acompanhado, como vimos, por um aumento fenomenal de atividade de auto-ajuda e faça-você-mesmo, ou prossumo. Além de mero passatempo, esta produção para uso provavelmente assumiria maior significação econômica. E à medida que vier a ocupar mais do nosso tempo e da nossa energia, também começará a moldar a vida e o caráter social.

Em vez de se graduarem as pessoas pelo que possuem, como faz a ética do mercado, a ética do prossumidor dá um alto valor ao que elas fazem. Ter dinheiro bastante ainda é acompanhado de prestígio. Mas outras características também contam. Entre estas estão a confiança em si mesmo, a habilidade para se adaptar e sobreviver em condições difíceis e a habilidade para fazer coisas com as próprias mãos — quer seja construir uma cerca, preparar uma grande refeição, fazer as próprias roupas ou restaurar uma arca antiga.

Além disso, enquanto a ética da produção ou do mercado louva o propósito único, a ética do prossumidor em vez disso, exige bom acabamento. A versatilidade predomina. Enquanto a Terceira Onda traz produção para troca e produção para uso num equilíbrio melhor na economia, nós começamos a ouvir um crescendo de exigências de um modo de vida "equilibrado".

Este deslocamento de atividade do setor de produção para o setor de prossumo também sugere a vinda de outra espécie de equilíbrio nas vidas das pessoas. Um número crescente de trabalhadores empenhados em produzir para o mercado passam seu tempo lidando com abstrações — palavras, números, modelos — e gente conhecida apenas vagamente, se existe alguma.

Para muitos, tal "trabalho mental" pode ser fascinante e compensador. Mas é freqüentemente acompanhado do senso de estar dissociado — desligado, por assim dizer, das visões, sons, texturas, e emoções terrenas da existência de cada dia. Com efeito, muito da glorificação atual dos artesanatos, da jardinagem, das modas camponesas ou operárias e do que poderia chamar-se o "chique do chofer de caminhão", pode ser uma compensação pela crescente maré de abstração no setor da produção.

Ao contrário, no prossumo geralmente lidamos com uma realidade mais concreta e imediata — um contato de primeira mão com coisas e pessoas. Mais pessoas dividindo seu tempo, servindo como trabalhadores de tempo parcial e prossumidores de tempo parcial, se encontram numa posição que lhes permite gozar o concreto juntamente com o abstrato, os prazeres tanto do trabalho mental como do trabalho manual. A ética do prossumidor torna o trabalho manual respeitável novamente, depois de durante 300 anos ter sido olhado com desprezo. E este novo balanço também provavelmente influenciará a distribuição dos traços da personalidade

Semelhantemente, temos visto que com o acesso do industrialismo, a difusão do trabalho de fábrica altamente interdependente encorajou os homens a se tornarem objetivos, enquanto que, ficando em casa e trabalhando em tarefas de baixa interdependência promoveu-se a subjetividade entre as mulheres. Hoje, quando mais mulheres são atraídas para empregos que produzem para a praça do mercado, elas também estão ficando cada vez mais "objetivizadas". Elas são encorajadas a "pensar como homem". Inversamente, quando mais homens ficam em casa, assumindo uma porção maior do trabalho de casa, a necessidade de "objetividade" deles diminui. Esses homens estão "subjetivizados".

Amanhã, enquanto muitas pessoas da Terceira Onda dividirem suas vidas entre trabalhar em tempo parcial em companhias ou organizações interdependentes e trabalhar em tempo parcial para si mesmas e a família, em pequenas unidades autônomas de prossumo, poderemos muito bem chegar a um novo equilíbrio entre a objetividade e a subjetividade nos dois sexos.

Em vez de encontrarmos uma atitude "masculina" e uma atitude "feminina", nenhuma das duas bem balanceada, o sistema poderá recompensar pessoas que sejam bastante sadias para verem o mundo através de ambas as perspectivas. Objetivistas subjetivos... e vice-versa.

Em suma, com a crescente importância do prossumo para a economia geral, desligamos outra corrente de mudança psicológica. O impacto combinado de mudanças básicas em produção e prossumo, acrescentado às mudanças profundas na criação e educação dos filhos, promete refazer o nosso caráter social pelo menos tão dramaticamente como a Segunda Onda o fez há 300 anos. Um novo caráter social está brotando bem no nosso meio.

Com efeito, mesmo que cada uma destas percepções se revelasse equivocada, se cada uma das mudanças que estamos começando a ver se invertesse, ainda existe uma razão final, gigantesca, para esperar uma erupção na psicosfera. Essa razão se resume em três palavras: "revolução das comunicações".

### O EU CONFIGURATIVO

O elo entre comunicações e caráter é complexo, mas inquebrável. Não podemos transformar todos os nossos veículos de comunicação e esperar que permaneçamos intactos como pessoas. A revolução nos veículos de comunicação deve significar uma revolução na psique.

Durante o período da Segunda Onda, as pessoas estavam banhadas num mar de fantasia produzido em massa. Uns poucos, relativamente, jornais, revistas, rádio, teletransmissões e filmes produzidos centralmente alimentavam o que os críticos denominavam "consciência monolítica". Os indivíduos eram continuamente encorajados a se compararem com um número relativamente pequeno de modelos representativos e a avaliarem seus estilos de vida em comparação com umas poucas possibilidades preferidas. Em conseqüência disso, o âmbito de estilos de personalidade aprovados socialmente era relativamente estreito.

A desmassificação dos veículos de comunicação atualmente apresenta uma deslumbrante diversidade de modelos representativos e estilos de vida, pelos quais a gente se pode medir. Além disso, os novos veículos de comunicação não nos dão nacos inteiramente formados, mas lascas quebradas e *blips* de fantasia. Em vez de nos darem uma seleção de identidades coerentes entre as quais escolher, exigem que montemos uma peça: um "eu" configurativo ou modular. Isto é muito mais difícil e explica por que tantos milhares andam desesperadamente à procura de identidade.

Colhidos nesse esforço, desenvolvemos uma consciência realçada da nossa própria individualidade — dos traços que nos tornam únicos. Assim muda a nossa imagem de nós mesmos. Exigimos ser vistos e tratados como indivíduos e isto ocorre precisamente numa época em que o novo sistema de produção requer trabalhadores mais individualizados.

Além de ajudar-nos a cristalizar o que é puramente pessoal em nós, os novos meios de comunicação da Terceira Onda transformam-nos em produtores — ou antes prossumidores — da nossa própria fantasia de nós mesmos.

O poeta e crítico social alemão Hans Magnus Enzensberger notou que nos meios de comunicação de massa de ontem a "distinção técnica entre receptores e transmissores reflete a divisão social do trabalho em produtores e consumidores". Através da era da Segunda Onda isto significava que os comunicadores profissionais produziam as mensagens *para* a audiência. O auditório permanecia impotente para responder diretamente aos transmissores da mensagem ou interagir com eles.

Ao contrário, a característica mais revolucionária dos novos meios de comunicação é que muitos deles são interativos — permitindo a cada usuário individual fazer ou enviar imagens, assim como simplesmente recebê-las de fora. Cabo de ida e volta, vídeo-cassetes, copiadoras baratas e gravadores de fita, todas estas coisas colocam os meios de comunicação nas mãos da pessoa.

Olhando mais adiante no futuro, pode-se imaginar uma fase em que mesmo o aparelho de televisão comum se torna interativo, de tal modo que em vez de simplesmente vermos algum Archie Bunker ou Mary Tyler Moore do futuro, seremos realmente capazes de conversar com eles e influenciar o comportamento deles no espetáculo. Mesmo agora o sistema de cabo Qube torna tecnologicamente possível ao espectador de um espetáculo dramático comunicar-se com o diretor para que apresse ou prolongue a ação ou para escolher o fim de uma história em vez de outro.

A revolução das comunicações dá a cada um de nós uma imagem mais complexa de si mesmo. Diferencia-nos mais. Acelera o próprio processo pelo qual "tentamos" diferentes imagens de nós mesmos; de fato, acelera o nosso movimento através de imagens sucessivas. Torna possível projetarmos nossa imagem eletronicamente no mundo. E ninguém compreende inteiramente o que tudo isto fará às nossas personalidades. Pois em nenhuma civilização anterior jamais tivemos tão poderosos instrumentos. Nós possuímos cada vez mais a tecnologia da consciência.

O mundo em que estamos entrando rapidamente é tão remoto da nossa experiência passada que todas as especulações são reconhecidamente incertas. O que é absolutamente claro, entretanto, é que forças poderosas estão correndo juntas para alterar o caráter social — despertar certos traços, suprimir outros e, no ato, transformar-nos a todos.

Ao nos mudarmos para lá da civilização da Segunda Onda fazemos mais do que deslocar-nos de um sistema de energia para outro, ou de uma base tecnológica para a seguinte. Estamos revolucionando igualmente o espaço interior. Na luz disto, seria absurdo projetar o passado no futuro — representar a gente da civilização da Terceira Onda em termos da Segunda Onda.

Se as nossas pressuposições estão mesmo parcialmente corretas, as pessoas variarão mais vividamente amanhã do que variam hoje. Maior número delas provavelmente crescerão mais cedo e mostrarão responsabilidade numa idade mais precoce, vindo a tornar-se adaptáveis e dotadas de maior individualidade. Provavelmente serão mais capazes do que seus pais de contestar a autoridade. Quererão dinheiro e trabalharão por ele — mas, salvo em condições de extrema privação, resistirão a trabalhar por dinheiro apenas.

Acima de tudo estas pessoas parecem aspirar a conseguir equilíbrio em suas vidas — equilíbrio entre trabalho e recreio, entre produção e prossumo, entre trabalho mental e trabalho manual, entre o abstrato e o concreto, entre objetividade e subjetividade. E verão e se projetarão em termos muito mais complexos do que quaisquer pessoas anteriores.

Enquanto a civilização da Terceira Onda amadurece, criaremos não um homem ou uma mulher utópico que avultará acima das pessoas do passado, não uma raça sobre-humana de Goethes e Aristóteles (de Gêngis-Khans ou

Hitlers) mas simplesmente e orgulhosamente, espera-se, uma raça — e uma civilização — que mereça ser chamada humana.

Na esperança de tal resultado, na esperança de uma transição segura para uma nova civilização decente, se possível, entretanto, até que enfrentemos um imperativo final: a necessidade de transformação política. E é esta perspectiva — aterradora e animadora ao mesmo tempo — que exploraremos nestas páginas finais. A personalidade do futuro deve ser combinada com uma política do futuro.

# 27 O MAUSOLÉU POLÍTICO

É impossível ser-se devastado simultaneamente por uma revolução na energia, uma revolução na tecnologia, uma revolução na vida familiar, uma revolução nos papéis sexuais e uma revolução mundial nas comunicações sem se defrontar — mais cedo ou mais tarde — com uma revolução política potencialmente explosiva.

Todos os partidos políticos do mundo industrial, todos os nossos congressos, parlamentos e sovietes supremos, nossas presidências e chancelarias, nossos tribunais e agências reguladoras, e a nossa camada sobre camada geológica de burocracia governamental — em suma, todos os instrumentos que usamos para tomar e impor as decisões coletivas — tudo isto está obsoleto e prestes a se transformar. Uma civilização da Terceira Onda não pode funcionar com a estrutura política da Segunda Onda.

Assim como os revolucionários que criaram a idade industrial não puderam governar com os restos dos instrumentos do feudalismo, assim hoje estamos uma vez mais diante da necessidade de inventar novos instrumentos políticos. Esta é a mensagem política da Terceira Onda.

## O BURACO NEGRO

Hoje, embora sua gravidade ainda não seja reconhecida, estamos presenciando uma crise profunda não deste ou daquele governo, mas da própria democracia representativa em todas as suas formas. Em um país após outro, a tecnologia política da Segunda Onda luta, geme e falha perigosamente.

Nos Estados Unidos, encontramos uma paralisia quase total da tomada de decisão política em relação às questões de vida e morte que enfrentam a sociedade. Seis anos completos depois do embargo da OPEP, apesar do seu impacto de marreta na economia, apesar de sua ameaça à independência e mesmo segurança militar, apesar de interminável estudo congressional, apesar de repetida reorganização da burocracia, apesar dos apaixonados apelos presidenciais, a maquinaria política dos Estados Unidos continua rodopiando descontroladamente em seu eixo, incapaz de produzir qualquer coisa remotamente parecida com uma energia política coerente.

Este vácuo político não é único. Os Estados Unidos também não têm política urbana, política ambiental, política familiar, política de tecnologia compreensiva (ou compreensível). Nem mesmo têm — se dermos ouvidos aos críticos no exterior — uma política estrangeira discernível. Tampouco o sistema político americano tem a capacidade para integrar e dar prioridade a tais políticas, mesmo se existissem. Este vácuo reflete um colapso tão avançado na tomada de decisão que o Presidente Carter, num discurso completamente sem precedentes, foi forçado a condenar a "paralisia... estagnação... a flutuação" de seu próprio governo.

Este colapso da tomada de decisão não é, entretanto, monopólio de um partido ou de um presidente. Tem-se aprofundado desde o começo da década de 60 e reflete problemas estruturais subjacentes que nenhum presidente — republicano ou democrata — pode vencer dentro do vigamento do sistema atual. Estes problemas políticos têm efeitos desestabilizadores sobre as outras instituições sociais principais, como a família, a escola e a companhia.

Dezenas de leis com impacto imediato sobre a vida familiar se cancelam e se contradizem umas às outras, piorando a crise da família. O sistema educacional foi inundado por fundos de construção precisamente no momento em que a população em idade escolar começava a cair, provocando assim uma orgia de edifícios escolares inúteis, seguida de um corte de verbas quando elas eram mais desesperadamente necessárias para outros fins. Entrementes, as companhias são compelidas a operar num ambiente político tão volátil que literalmente não podem dizer de um dia para o outro o que o governo espera delas.

Primeiro, o Congresso exige que a General Motors e outros fabricantes de automóveis instalem conversores catalíticos em todos os novos carros, no interesse de um ambiente mais limpo. Então, depois que a GM gasta 300 milhões de dólares em conversores e assina um contrato de 500 milhões de dólares em dez anos para aquisição dos metais preciosos necessários para a sua manufatura, o governo anuncia que os carros com conversores catalisadores emitem 35 vezes mais ácido sulfúrico do que os carros sem eles.

Ao mesmo tempo, uma máquina reguladora desenfreada gera uma rede de regras cada vez mais impenetrável — 45.000 páginas de complexos regulamentos novos por ano. Vinte e sete agências governamentais diferentes monitoram uns 5.600 regulamentos federais que pertencem somente à fabricação do aço. (Milhares de regras adicionais aplicam-se às operações de mineração, à mercadização e ao transporte da indústria do aço.) Uma grande firma farmacêutica, Eli Lilly, gasta mais tempo preenchendo formulários do governo do que se dedicando à pesquisa de doenças do coração e do câncer. Um único relatório da Exxon para a Agência Federal de Energia, tem 445.000 páginas — o equivalente a mil volumes!

Esta complexidade mandarinesca arria a economia, enquanto as reações espasmódicas dos tomadores de decisões do governo contribuem para a sensação prevalecente de anarquia. O sistema político, ziguezagueando erraticamente de dia para dia, complica enormemente a luta das nossas instituições sociais básicas para a sobrevivência.

E tampouco este colapso do ato de decidir é fenômeno puramente americano. Os governos da França, da Alemanha, do Japão e da Grã-Bretanha — para não mencionar a Itália — exibem sintomas semelhantes, da mesma forma que os das nações industriais comunistas. E no Japão um primeiro-ministro declara: "Ouvimos falar cada vez mais sobre a crise mundial da democracia. Sua capacidade para resolver problemas, ou a chamada governabilidade de uma democracia, está posta em dúvida. No Japão também a democracia parlamentar está em julgamento."

A maquinaria política de decidir em todos esses países está cada vez mais tensa, exausta, sobrecarregada, afogada em dados fúteis e enfrentada por perigos estranhos. O que estamos vendo, por conseguinte, são fazedores de política do governo incapazes de tomarem decisões de alta prioridade (decidindo muito mal) enquanto se agitam freneticamente para tomarem milhares de decisões de importância menor e freqüentemente triviais.

Mesmo quando decisões importantes são expelidas, geralmente vêm tarde demais e raramente efetuam aquilo a que foram destinadas. "Resolvemos todos os problemas com a legislação", diz um acossado legislador britânico. "Passamos sete decretos contra a inflação. Eliminamos a injustiça numerosas vezes. Resolvemos o problema da ecologia. Cada problema foi solucionado vezes sem conta pela legislação. Mas o problema permanece. A legislação não funciona."

Um locutor americano da TV, indo ao passado em busca de uma analogia, expressou a coisa de maneira diferente: "Neste momento, sinto que a nação é uma diligência com os cavalos galopando vertiginosamente e um homem tentando retesar as rédeas, mas os cavalos não atendem."

É por isto que tantas pessoas — inclusive as que estão no gabinete mais alto — se sentem tão impotentes. Um senador americano de destaque falou-me particularmente de sua profunda frustração e do sentimento de não poder realizar nada útil. Questiona a ruína da vida de sua família, o ritmo frenético de sua existência, as horas longas, as viagens desgastantes, as conferências intermináveis, as pressões perpétuas. E pergunta: "Vale a pena?" Um membro do Parlamento inglês faz a mesma pergunta, acrescentando que "a Câmara dos Comuns é um museu... uma relíquia!" Um alto funcionário da Casa Branca, falando comigo, queixou-se de que até o Presidente, supostamente o homem mais poderoso do mundo, se sente impotente. "O Presidente sente como se quisesse gritar ao telefone... sem ninguém na outra extremidade."

Este colapso cada vez mais profundo da habilidade de tomar decisões oportunas e competentes muda as relações mais profundas de poder na sociedade. Em circunstâncias normais, não-revolucionárias, as elites de qualquer sociedade usam o sistema político para fortalecer o seu governo e promover os seus fins. Seu poder é definido pela habilidade para fazer certas coisas acontecerem ou evitar que certas coisas aconteçam. Isto pressupõe, entretanto, sua habilidade para predizer e controlar os acontecimentos — pressupõe que, quando eles puxam as rédeas, os cavalos param.

Hoje as elites não podem mais predizer os resultados de suas próprias ações. Os sistemas políticos através dos quais operam são tão antiquados e desconjuntados, tão ultrapassados pelos acontecimentos, que mesmo quando atentamente "controlados" pelas elites para seu próprio benefício, os resultados muitas vezes explodem pela culatra.

Isto não significa, a gente se apressa a acrescentar, que o poder perdido pelas elites passou para o resto da sociedade. O poder não é transferido; está cada vez mais espalhado, de tal modo que ninguém sabe de momento a momento quem é responsável pelo que, quem tem a autoridade real (distinta da nominal), ou quanto tempo essa autoridade durará. Nesta fervilhante semianarquia, o povo comum fica amargamente cínico, não simplesmente em relação aos seus próprios "representantes" mas — mais sinistramente — em relação à própria possibilidade de ser representado.

Em conseqüência disso, "o ritual da reafirmação" de votar da Segunda Onda começa a perder o seu poder. Ano após ano, a participação na votação americana decresce. Na eleição presidencial de 1976 ficaram em casa 47 por cento das eleitores habilitados, significando que o presidente foi eleito aproximadamente por um quarto do eleitorado — na realidade apenas um oitavo aproximado do total da população do país. Mais recentemente, o especialista em eleições Patrick Caddell verificou que apenas 12 por cento do eleitorado ainda sentiam que votar era importante.

Semelhantemente, os partidos políticos estão perdendo o poder de atração. No período de 1960-1972 o número de independentes não filiados a qualquer partido nos Estados Unidos saltou para 400 por cento, assinalando em 1972 a primeira vez em mais de um século que o número de independentes igualou os sócios de um dos grandes partidos.

Tendências paralelas são evidentes em outras partes também. O Partido Trabalhista, que governou a Grã-Bretanha até 1979, atrofiou-se a tal ponto que, num país de 56 milhões de habitantes é feliz de poder contar 100.000 sócios ativos. No Japão, o *Yomiuri Shimbun* informa que "os eleitores têm pouca fé em seus governos. Sentem-se desligados de seus líderes". Uma onda de desencanto político varre a Dinamarca. Sendo-lhe perguntado o motivo, um engenheiro dinamarquês fala por muitos quando diz: "Os políticos parecem inúteis para estancar as tendências."

Na União Soviética, o escritor dissidente Victor Nekipelov, escreve que a última década viu "dez anos de aprofundamento do caos, da militarização, da desordem econômica catastrófica, dos aumentos do custo de vida, da insuficiência dos produtos alimentícios básicos, de aumentos no crime e na embriaguez, da corrupção e roubo, mas acima de tudo de uma queda incontrolável no prestígio da atual liderança aos olhos do povo."

Na Nova Zelândia, o vazio da política predominante levou um protestante a mudar o seu nome para Mickey Mouse e se registrar como candidato. Tantos outros fizeram a mesma coisa — adotando nomes como Alice no País das Maravilhas — que o Parlamento se apressou a aprovar uma lei impedindo a candidatura de qualquer pessoa que tivesse mudado de nome legalmente dentro de seis meses antes da eleição.

Mais do que raiva os cidadãos atualmente expressam repulsa e desprezo por seus líderes políticos e funcionários do governo. Sentem que o sistema político, que devia servir como roda do leme ou estabilizador numa sociedade desembestada, sacudida pela mudança, ele próprio está quebrado, rodopiando e esvoaçando descontroladamente.

Desse modo, quando recentemente uma equipe de cientistas políticos investigou Washington, D.C., para saber "quem manda nisto aqui?" chegaram a uma resposta simples e esmagadora. O relatório deles, publicado pelo American Enterprise Institute, foi resumido pelo Professor Anthony King, da Universidade de Essex, na Grã-Bretanha: "A breve resposta... seria: 'Ninguém. Ninguém manda aqui'."

Não somente nos Estados Unidos, mas também em muitos dos países da Segunda Onda sendo assaltados pela Terceira Onda de mudança, há um vácuo de poder se difundindo — um "buraco negro" na sociedade.

### EXÉRCITOS PARTICULARES

Os perigos implícitos neste vácuo de poder podem ser aferidos olhando-se brevemente para trás, para meados da década de 70. Então, enquanto os fluxos da energia e da matéria-prima vacilavam na esteira do embargo da OPEP, enquanto a inflação e o desemprego jorravam, enqunto o dólar afundava e a África, a Ásia e a América do Sul começavam a reclamar um novo acordo econômico, reverberavam sinais de patologia política em uma após outra das nações da Segunda Onda.

Na Grã-Bretanha, celebrada como a pátria da tolerância e da civilidade, generais reformados começaram a recrutar exércitos particulares para impor a ordem e um movimento fascista ressurgente, a Frente Nacional, pôs candidatos em campo em distritos eleitorais parlamentares. Fascistas e esquerdistas chegaram perto de se empenharem numa luta de massas nas ruas de Londres. Na Itália, os fascistas da esquerda, as Brigadas Vermelhas, aceleraram o seu reino de mutilação, rapto e assassinato. Na Polônia, a tentativa do governo de aumentar os preços da comida para acompanhar a inflação levou o país à beira da revolta. Na Alemanha Ocidental, arruinada por assassinos terroristas, um governo atarantado recorreu a uma série de leis macarthistas para suprimir os dissidentes.

É verdade que estes sinais de instabilidade política refluíram quando as economias se restabeleceram parcialmente (ou temporariamente) em fins da década de 70. Os exércitos privados da Grã-Bretanha nunca chegaram a entrar em ação. As Brigadas Vermelhas, depois de matarem Aldo Moro, pareceram retroceder por algum tempo para se reagruparem. Um novo regime tomou o poder suavemente no Japão. O governo polonês fez uma paz fácil com os rebeldes. Nos Estados Unidos, Jimmy Carter, que se elegeu combatendo "o sistema" (e depois o abraçou), conseguiu se manter pendurado pelas unhas, apesar de um desastroso declínio da popularidade.

Não obstante, estas provas de instabilidade fazem com que nos perguntemos se os sistemas políticos da Segunda Onda existentes em cada uma das nações industriais poderão sobreviver no próximo *round* de crises. Pois as crises das décadas de 80 e 90 provavelmente serão ainda mais graves, mais demolidoras e perigosas do que as que acabam de passar. Observadores pouco informados crêem que o pior já passou, e sinistros enredos abundam.

Se o simples fechar das torneiras do petróleo durante umas poucas semanas, no Irã, pôde causar violência e caos nas filas de gasolina dos Estados Unidos, que acontecerá provavelmente, não só nos Estados Unidos, quando os governantes atuais da Arábia Saudita forem derrubados do trono? É provável que esta pequena *clique* de famílias reinantes, que controla 25 por cento das reservas de petróleo do mundo, possa manter-se no poder indefinidamente, enquanto os próximos Iêmen do Norte e Iêmen do Sul se guerreiam sem parar e seu próprio país está desestabilizado por inundações de petrodólares, trabalhadores imigrantes, e palestinos radicais? Até que ponto reagirão com sensatez os políticos traumatizados pelos choques de granadas (e traumatizados pelo choque do futuro) em Washington, Londres, Paris, Moscou, Tóquio ou Tel Aviv, a um *coup d'état,* uma convulsão religiosa, ou um levante revolucionário em Riyad — para não falar da sabotagem nos campos de petróleo em Ghawar e Abqaiq?

Como reagiriam estes mesmos líderes políticos, do Oriente e do Ocidente, extenuados de trabalho, atacados de espasmos nervosos, se, como prediz o Xeque Yamani, homens-rãs afundassem um navio ou minassem as águas do Estreito de Ormuz, bloqueando assim metade dos embarques de petróleo de que o mundo depende para a sobrevivência? Está longe de ser tranqüilizante olhar um mapa e notar que o Irã, fragilmente capaz de manter a lei e a ordem domésticas, está sentado à margem desse canal estrategicamente vital e extremamente estreito.

Que acontece, pergunta outro arrepiante enredo, quando o México começa a explorar, a sério, o *seu* próprio petróleo e se defronta com um influxo súbito e irresistível de petropesos? Terá a sua oligarquia governante o desejo e as aptidões técnicas para distribuir o grosso dessa nova riqueza aos desnutridos e sofridos camponeses do México? E poderá fazê-lo com rapidez suficiente para evitar a atual atividade de guerrilha em baixo nível de explodir numa guerra civil em grande escala à porta dos Estados Unidos? Se tal guerra irrompesse, como reagiria Washington? E como reagiriam as enormes populações de *chicanos* dos guetos da Califórnia Meridional ou do Texas? Podemos esperar decisões mesmo semi-inteligentes em relação a crises de tal magnitude, dada a confusão da atualidade no Congresso e na Casa Branca?

Economicamente, os governos, já incapazes de administrar forças macroeconômicas, serão capazes de arrostar mesmo as descontroladas flutuações do sistema monetário internacional, ou seu completo colapso? Com as moedas mal controladas, a bolha da euromoeda ainda se expandindo sem repressão, das companhias e do governo se expandindo, pode alguém esperar estabilidade econômica nos anos à frente? Dada a inflação e o desemprego vertiginosos, o colapso do crédito ou alguma outra catástrofe econômica, ainda poderemos ver exércitos particulares em ação.

Finalmente, que acontece se, entre a miríade de cultos religiosos agora florescendo, algum se levantar para se organizar para fins políticos? Enquanto as grandes religiões organizadas se estilhaçam sob o impacto desmassificador da Terceira Onda, exércitos de sacerdotes auto-ordenados, ministros, pregadores e professores poderão aparecer — alguns com adeptos políticos disciplinados, talvez mesmo paramilitares.

Nos Estados Unidos, não é difícil imaginar algum novo partido político promovendo Billy Graham (ou algum fac-símile) em um tosco programa de "lei e ordem" ou "antipornô" com um forte traço autoritário. Ou alguma ainda desconhecida Anita Bryant exigindo a prisão dos "gays" ou "gay-symps". Tais exemplos oferecem apenas vaga e bruxuleante sugestão da política religiosa que pode muito bem nos esperar no futuro, mesmo na mais secular das sociedades. Pode-se imaginar toda a sorte de movimentos políticos baseados em cultos chefiados por aiatolás chamados Smith, Schultz ou Santini.

Não estou dizendo que estes enredos poderão necessariamente se materializar. Poderiam todos se revelarem remotos. Mas se não ocorrerem, devemos supor que outras crises dramáticas *irromperão,* mais perigosas mesmo do que as que acabam de passar. E devemos encarar o fato de que a nossa safra de líderes da Segunda Onda está grotescamente despreparada para enfrentá-las.

De fato, porque as nossas estruturas políticas da Segunda Onda estão ainda mais deterioradas hoje do que estavam na década de 70, devemos supor que os governos serão menos competentes, menos imaginosos e menos curtos de vistas ao lidarem com as crises das décadas de 80 e 90 do que foram na década que acaba de passar.

E isto diz-nos que devemos reexaminar, das raízes para cima, uma das nossas ilusões políticas mais profundamente arraigadas e mais perigosas.

## O COMPLEXO DE MESSIAS

O Complexo de Messias é a ilusão de que podemos de algum modo salvar-nos mudando o homem (ou a mulher) que está no topo.

Vendo políticos da Segunda Onda tropeçarem e se debaterem às tontas diante dos problemas que surgem da emergência da Terceira Onda, milhões de pessoas, açuladas pela imprensa, chegaram a uma explicação das nossas atribulações, única, simples, fácil de compreender: a "falha de liderança". Se ao menos aparecesse um messias no horizonte político e pusesse as coisas de novo nos seus devidos lugares!

Esta ânsia de um líder macho, dominador, é expressa pelas mais bem-intencionadas pessoas, ao verem o seu mundo se esboroar, enquanto o seu ambiente se torna mais imprevisível e sua fome de ordem, estrutura e predicabilidade aumenta. Desse modo, ouvimos, como Ortega y Gasset o expressou na década de 30, quando Hitler estava em marcha, "um grito formidável, elevando-se como o ulular de inumeráveis cães para as estrelas, pedindo que alguém ou alguma coisa assuma o comando".

Nos Estados Unidos, o Presidente é violentamente condenado por "falta de liderança" Na Grã-Bretanha, Margaret Thatcher é eleita porque oferece pelo menos a ilusão de ser "a Dama de Ferro". Mesmo as nações industriais comunistas, onde a liderança está longe de ser tímida, a pressão por "liderança ainda mais forte" está se intensificando. Na URSS aparece um romance que glorifica francamente a habilidade de Stalin para tirar "as conclusões políticas necessárias" A publicação de *Vitória,* de Alexander Chakovsky, é olhada como parte de uma campanha de "restalinização". Pequenos retratos de Stalin brotam em pára-brisas, em casas, hotéis e quiosques. "Stalin no pára-brisa hoje", escreve Victor Nekipelov, autor de *Instituto dos Idiotas,* "é uma elevação de baixo... um protesto, embora paradoxal, contra a atual desintegração e falta de liderança".

Ao mesmo tempo que se abre uma década perigosa, a demanda de "liderança" da atualidade soa num momento em que forças sombrias há muito esquecidas se agitam de novo em nosso meio. *The New York Times* informa que na França, "depois de mais de três décadas em hibernação, grupos de direita, pequenos mas influentes, estão novamente procurando evidência intelectual, expondo teorias sobre raça, biologia e elitismo político, desacreditados pela derrota do fascismo na II Guerra Mundial.

Tagarelando sobre a supremacia racial ariana, e violentamente antiamericanos, eles controlam um importante mercado jornalístico no semanário *Le Figaro.* Alegam que as raças nasceram desiguais e devem ser conservadas assim pela política social. Enfeitam os seus argumentos com referências a E. O. Wilson e Arthur Jensen, para dar suposta cor científica a suas tendências virulentamente antidemocráticas.

Do outro lado do globo, no Japão, eu e minha mulher há pouco tempo passamos uns 45 minutos num maciço engarrafamento de tráfego assistindo a um cortejo de caminhões se arrastando, carregados de revolucionários políticos de uniforme e capacete, cantando e erguendo os punhos para o céu em protesto contra uma política qualquer do governo. Nossos amigos japoneses dizem-nos que estas prévias tropas de assalto estão ligadas às quadrilhas da *yakuza,* organização semelhante à Máfia e financiada por poderosas figuras políticas, ansiosas por ver a volta do autoritarismo de antes da guerra.

Cada um destes fenômenos, por sua vez, tem o seu oposto da "esquerda" — tropas de terroristas que vociferam os *slogans* da democracia socialista, mas estão preparados para impor a sua marca de liderança totalitária na sociedade com Kalashnikovs e bombas de plástico.

Nos Estados Unidos, entre outros sinais inquietantes, vemos o renascimento do racismo descarado. Desde 1978, a Ku Klux Klan ressurgente vem queimando cruzes em Atlanta; cercou o palácio da prefeitura de Decatur, Alabama, com forças armadas; disparou tiros contra igrejas de negros e uma sinagoga em Jackson, Mississippi; e deu sinais de atividade renovada em 21 estados, da Califórnia a Connecticut. Na Carolina do Norte, membros do Klan, que são também nazistas declarados, mataram cinco ativistas esquerdistas anti-Klan.

Em suma, a onda de reclamação de "liderança mais forte" coincide precisamente com a recrudescência de grupos altamente autoritários que esperam aproveitar com o colapso do governo representativo. A isca e a fagulha estão se aproximando perigosamente uma da outra.

Este grito intenso por liderança baseia-se em três concepções errôneas, a primeira das quais é o mito da eficiência autoritária. Poucas idéias são mais generalizadas do que a opinião de que os ditadores, mesmo não fazendo mais nada, pelo menos "fazem os trens andarem na hora". Hoje, tantas instituições se estão esboroando, e a imprevisibilidade está tão madura, que milhões de pessoas trocariam de bom grado um pouco de liberdade (preferivelmente da de outrem) por fazerem seus trens econômicos, sociais e políticos andarem na hora.

Mas a liderança — e mesmo o totalitarismo — tem pouco a ver com a eficiência. Não há muita evidência para que se sugira que a União Soviética atualmente é dirigida com eficiência, embora a liderança seja sem dúvida "mais forte" e mais autoritária do que nos Estados Unidos, na França ou na Suécia. Excetuando o exército, a polícia secreta e umas poucas outras funções vitais para a perpetuação do regime, a URSS é, pelo que todos dizem — inclusive muitos na imprensa soviética — uma nau muito mal dirigida, na verdade. E uma sociedade mutilada pelo desperdício, a irresponsabilidade, a inércia e a corrupção — em suma, pela "ineficiência totalitária".

Mesmo a Alemanha nazista, tão maravilhosamente eficiente em eliminar poloneses, russos, judeus e outros "não-arianos" era tudo, menos eficiente em outros sentidos. Raymond Fletcher, membro do Parlamento britânico, que foi educado na Alemanha e permaneceu um atento observador das condições sociais alemãs, lembra-nos uma realidade esquecida:

"Pensamos na Alemanha nazista como um modelo de eficiência. Na verdade, a Grã-Bretanha estava mais bem organizada para a guerra do que os alemães. No Ruhr, os nazistas continuaram a produzir tanques e transportes blindados de pessoal muito depois de não mais poderem encontrar transporte ferroviário para levá-los dali. Também usaram seus cientistas muito inadequadamente. De 16.000 invenções de significação militar durante a guerra, poucas realmente entraram em produção devido à ineficiência predominante. As agências de informação, no fim, acabaram espiando-se umas às outras, enquanto o serviço secreto britânico se revelou soberbo. Enquanto os ingleses organizavam todo mundo para contribuir com grades de ferro forjado e caçarolas para o esforço de guerra, os alemães continuavam produzindo mercadorias de luxo. Enquanto os ingleses convocavam mulheres desde cedo, os alemães não o faziam. O próprio Hitler era um modelo de indecisão. O Terceiro Reich como exemplo de eficiência militar ou industrial é um mito ridículo."

É preciso mais do que uma liderança, como veremos, para fazer os trens andarem na hora.

A segunda ilusão fatal no grito por liderança forte é a pressuposição inexpressa de que um estilo de liderança que funcionou no passado funcionará no presente ou no futuro. Estamos continuamente dragando imagens do passado quando pensamos sobre liderança — Roosevelt, Churchill, De Gaulle. Mas o fato é que civilizações diferentes exigem qualidades de liderança vastamente diferentes. E o que é forte em uma pode ser inepto e desastrosamente fraco em outra.

Durante a Primeira Onda, a civilização baseada no camponês, a liderança derivava tipicamente do nascimento, não da realização. Um monarca precisava de certas habilidades práticas limitadas — a habilidade para conduzir homens no combate, a astúcia para impedir os seus barões de brigarem uns com os outros, a sagacidade para consumar um casamento vantajoso. Instrução e grandes poderes de pensamento abstrato não se encontravam entre as exigências básicas. Além disso, o líder estava tipicamente livre para exercer ampla autoridade pessoal da maneira mais caprichosa, mesmo extravagante, sem o freio da constituição, da legislatura ou da opinião pública. Se havia necessidade de aprovação, era de uma pequena roda de nobres, lordes e ministros. O líder capaz de mobilizar este apoio era "forte".

O líder da Segunda Onda, ao contrário, lidava com poder impessoal e cada vez mais abstrato. Ele tinha muito mais decisões a tomar numa variedade muito mais ampla de assuntos, desde manipular os veículos de comunicação a administrar a macroeconomia. Suas decisões tinham de ser implementadas através de uma cadeia de organizações e agências, cujas relações complexas de uma com outra ele compreendia e orquestrava. Esse líder tinha de ser instruído e capaz de raciocínio abstrato. Em vez de um punhado de barões, ele tinha de manejar uma sucessão de elites e subelites. Além disso, sua autoridade — mesmo que ele fosse um ditador totalitário — era, pelo menos nominalmente, constrangida pela Constituição, precedências legais, exigências do partido político e a força da opinião pública.

Dados estes contrastes, o líder "mais forte" da Primeira Onda, mergulhado numa estrutura política da Segunda Onda, teria parecido ainda mais fraco, confuso, errático e inepto do que o líder "mais fraco" da Segunda Onda.

Igualmente hoje, quando corremos para uma nova fase de civilização, Roosevelt, Churchill, De Gaulle, Adenauer (ou, quanto a isso, um Stalin) — os líderes "fortes" das sociedades industriais — estariam tão deslocados e seriam tão ineptos como o Rei Ludwig, o Maluco, na Casa Branca. A busca de líderes aparentemente decisivos, sólidos, opiniáticos — quer Kennedys, Connallys ou Reagans, Chiracs ou Thatchers — é um exercício de nostalgia, a busca de uma figura de pai ou de mãe baseada em pressuposições obsoletas. Pois a "fraqueza" dos líderes de hoje é menos um reflexo de qualidades do que uma conseqüência do colapso das instituições de que depende o seu poder. De fato, sua aparente "fraqueza" é o resultado exato de seu "poder" aumentado. Desse modo, enquanto a Terceira Onda continua a transformar a sociedade, levantando-a a um nível muito mais alto de diversidade e complexidade, todos os líderes se tornam dependentes de um número crescente de pessoas para ajudá-los a tomar e implementar decisões. Quanto mais poderosos são os instrumentos ao dispor de um líder — caças supersônicos, armas nucleares, computadores, telecomunicações — mais dependente, não menos, se torna o líder.

Esta é uma relação inquebrável porque reflete a ascendente complexidade em que hoje repousa necessariamente o poder. É por isso que o presidente americano pode ficar sentado ao pé do botão nuclear, que lhe dá o poder de pulverizar o planeta, embora ainda tão inerme como se não houvesse "ninguém no outro extremo" da linha telefônica. Poder e impotência são lados opostos da mesma "ficha" semicondutora.

A civilização emergente da Terceira Onda reclama, por estas razões, um tipo inteiramente novo de liderança. As qualidades requeridas dos líderes ainda não estão inteiramente claras. Podemos bem verificar se a força reside, não na assertiva de um líder, mas precisamente na sua habilidade para escutar os outros; não na força de buldôzer, mas na imaginação; não na megalomania, mas num reconhecimento da natureza limitada da liderança no novo mundo.

Os líderes de amanhã podem muito bem ter de lidar com uma sociedade muito mais descentralizada e participante — uma ainda mais variada do que a de hoje. Eles podem não ser nunca todas as coisas para todo o mundo. Com efeito, é improvável que um ser humano algum dia encarne todos os traços requeridos. A liderança pode muito bem se revelar mais temporária, colegial e consensual.

Jill Tweedie, numa crônica inteligente em *The Guardian,* sentiu esta mudança. "É fácil criticar... Carter", escreveu. "É possível que ele fosse (seja?) um homem fraco e vacilante... Mas é também justamente possível... que o maior pecado de Jimmy Carter seja o seu reconhecimento de que, da maneira como o planeta encolhe, os problemas... são tão gerais, tão básicos e tão interdependentes, que não podem ser resolvidos, como eram resolvidos em outro tempo, por iniciativa de um homem ou de um governo." Em suma, ele sugere que estamos avançando penosamente para uma nova espécie de líder, não porque alguém pense que isto é uma boa coisa, mas porque a natureza dos problemas o torna necessário. O homem forte de ontem pode se transformar numa frágil figura de 45 quilos amanhã.

Quer este venha a ser o caso ou não, há uma falha final, ainda mais daninha no argumento de que precisaremos de algum messias político para salvar-nos de desastre. Pois esta idéia pressupõe que o nosso problema básico é de pessoal. E não o é. Mesmo que tivéssemos santos, gênios e heróis no governo, ainda estaríamos enfrentando a crise terminal do governo representativo — a tecnologia política da era da Segunda Onda.

## A TEIA DO MUNDO

Se a escolha do "melhor" líder fosse tudo o que tivéssemos para nos preocupar, o nosso problema poderia ser resolvido dentro da estrutura do sistema político existente. Na realidade, entretanto, o problema corta muito mais fundo. Em duas palavras, os líderes — mesmo os "melhores" — são mutilados porque as instituições em que devem trabalhar são obsoletas.

Para começar, as nossas estruturas políticas e governamentais foram planejadas numa época em que o estado-nação ainda estava se formando. Cada governo podia tomar decisões mais ou menos independentes. Hoje, como vimos, isto não é mais possível, embora retenhamos o mito da soberania. A inflação tornou-se uma doença tão transnacional que nem mesmo o Sr. Brejnev ou seu sucessor pode impedir o contágio de atravessar a fronteira. Os países industriais comunistas, embora parcialmente isolados da economia mundial e rigidamente controlados de dentro, são dependentes de fontes externas para petróleo, comida, tecnologia, crédito e outras necessidades. Em 1979, a URSS foi forçada a aumentar muito os preços ao consumidor. A Tchecoslováquia duplicou o preço do petróleo combustível. A Hungria sobrecarregou seus consumidores elevando em 51 por cento o preço da eletricidade. Cada decisão em um país força problemas ou provoca reações do seguinte.

A França constrói uma usina nuclear de reprocessamento em Cap de la Hague (que fica mais perto de Londres do que o reator britânico de Windscale) em um lugar onde a poeira radiativa ou o gás, se solto, seria levado para a Grã-Bretanha pelos ventos predominantes. O derramamento de petróleo mexicano põe em perigo a costa do Texas, a 800 quilômetros de distância. E se a Arábia Saudita ou a Líbia sobe ou baixa as cotas de produção de petróleo, isso tem efeitos imediatos ou de longo alcance na ecologia de muitas nações.

Nesta teia compactamente entrançada os líderes perdem muito de sua eficácia, por mais retórica que empreguem ou sabres que cruzem. Suas decisões desencadeiam tipicamente repercussões caras, não desejadas, freqüentemente perigosas, tanto em níveis globais como locais. A escala de governo e a distribuição da autoridade para tomar decisões são irremediavelmente erradas para o mundo de hoje.

Esta, entretanto, é apenas uma das razões por que as estruturas policiais existentes são obsoletas.

### O PROBLEMA DO ENTRELAÇAMENTO

As instituições políticas também refletem uma organização de conhecimento antiquada. Cada governo tem ministérios ou departamentos dedicados a campos discretos, tais como: finanças, negócios estrangeiros, defesa, agricultura, comércio, correio ou transporte. O Congresso dos Estados Unidos e outros corpos legislativos têm comissões para tratar de problemas nestes campos. O que nenhum governo da Segunda Onda — mesmo o mais centralizado e autoritário — pode resolver é o problema do entrelaçamento: como integrar as atividades de todas estas unidades a fim de poder produzir programas sistemáticos, holísticos em vez de uma mixórdia de efeitos contraditórios e auto-anuladores.

Se há uma coisa que devíamos ter aprendido nas poucas décadas passadas, é que todos os problemas sociais e políticos estão entrelaçados — que a energia, por exemplo, afeta a economia, que por sua vez afeta a saúde, que por sua vez afeta a educação, o trabalho, a vida familiar e mil outras coisas. A tentativa de lidar com problemas claramente definidos isolados uns dos outros — eles mesmos um produto da mentalidade industrial — cria apenas confusão e desastre. E, entretanto, a estrutura de governo organizacional reflete precisamente esta abordagem da Segunda Onda à realidade.

Esta estrutura anacrônica leva a intermináveis lutas jurídicas de poder, à externalização de custos (cada agência tentando resolver seus próprios problemas às expensas de outra) e à geração de efeitos secundários adversos. É por isto que cada tentativa governamental de curar um problema leva a uma sucessão de novos problemas, freqüentemente piores do que o original.

Tipicamente, os governos tentam solucionar este problema de entrelaçamento por meio de mais centralização — nomeando um "czar" para cortar através da burocracia. O "czar" efetua as mudanças, cego para seus efeitos destrutivos secundários — ou acumula tanta burocracia adicional ele mesmo, que é logo destronado. Pois a centralização do poder não funciona mais. Outra medida desesperada é a criação de inúmeros comitês interdepartamentais para coordenar e rever as decisões. O resultado, entretanto, é a construção de ainda outra série de chicanas e filtros através dos quais têm de passar as decisões — e mais uma complexidade ainda maior do labirinto burocrático. Os governos e estruturas políticas existentes são obsoletos por que vêem o mundo através das lentes da Segunda Onda.

Por sua vez, isto agrava outro problema.

## O INCREMENTO DECISIONAL

Os governos e as instituições parlamentares da Segunda Onda foram planejados para tomarem decisões num andamento tranqüilo, adequado para um mundo no qual uma mensagem podia levar uma semana para viajar de Boston ou Nova York à Filadélfia. Hoje se um aiatolá se apodera de reféns em Teerã ou tosse em Qom, as autoridades de Washington, Moscou, Paris ou Londres podem ter de responder com decisões dentro de minutos. A extrema rapidez da mudança apanha os governos e os políticos desprevenidos e contribui para o senso de impotência e confusão, como a imprensa esclarece. "Há três meses apenas", escreve *Advertising Age,* "a Casa Branca estava dizendo aos consumidores para pensarem bem antes de gastarem os seus dólares. Agora o governo faz tudo para incitar os consumidores a gastarem mais livremente". Os peritos em petróleo previram a explosão do preço do petróleo, informa *Aussenpolitik,* jornal alemão de política exterior, mas "não a rapidez de desenvolvimento". O recesso de 1974-1975 atingiu os fazedores de política dos Estados Unidos com o que a revista *Fortune* designa "rapidez e severidade atordoantes".

A mudança social também está acelerando e pondo mais pressão nos tomadores de decisão política. *Business Week* declara que nos Estados Unidos, "enquanto a migração da indústria e da população foi gradual... ajudou a unificar a nação. Mas dentro dos passados cinco anos o processo irrompeu além dos limites que podem acomodar as instituições políticas existentes".

As próprias carreiras dos políticos têm-se acelerado, muitas vezes pegando-os de surpresa. Ainda em 1970, Margaret Thatcher previu que, no decorrer de sua vida, nenhuma mulher seria nomeada para um posto no gabinete inglês. Em 1979, ela mesma era a Primeira-Ministra.

Nos Estados Unidos, um "Jimmy de Quê?" entrava para a Casa Branca em questão de meses. O que é mais, embora um novo presidente não assuma até janeiro seguinte à eleição, Carter assumiu de fato imediatamente. Foi Carter, na saída de Ford, quem foi bombardeado com perguntas a respeito do Oriente Médio, a crise de energia e outras questões, quase imediatamente antes de serem apurados os votos. Para fins práticos, Ford deixou o poder instantaneamente, porque o tempo é demasiadamente comprimido, a História anda depressa demais para permitir as tradicionais demoras.

Da mesma forma, a "lua-de-mel" com a imprensa que um novo presidente gozava antigamente foi truncada no tempo. Mesmo ainda antes da posse,

Carter foi criticado pelas seleções de seu gabinete e forçado a retirar sua escolha para chefe da CIA. Mais tarde, após menos da metade do seu período de quatro anos de Presidência o inteligente correspondente político Richard Reeves já estava prevendo uma carreira curta para o Presidente, porque as "comunicações instantâneas engavetaram tanto o tempo que uma presidência de quatro anos atualmente produz mais eventos, mais perturbações, mais informação, do que qualquer presidência de oito anos produzia no passado".

A aceleração do andamento da vida política, refletindo a aceleração generalizada da mudança, intensifica o colapso político e governamental de hoje. Dito simplesmente, os nossos líderes — forçados a trabalhar através das instituições da Segunda Onda criadas para uma sociedade mais lenta — não podem produzir decisões inteligentes com tanta rapidez como os eventos o exigem. Ou as decisões vêm tarde demais ou a indecisão toma conta.

Por exemplo, o Professor Robert Skidelsky, da Escola para Estudos Internacionais Avançados, da John Hopkins University, escreve: "A política fiscal tem sido virtualmente inutilizável porque leva tempo demais para conseguir as medidas apropriadas através do Congresso, mesmo quando existe uma maioria". E isto foi escrito em 1974, muito antes de a paralisação da energia na América ter entrado em seu sexto ano interminável.

A aceleração da mudança sobrepujou a capacidade decisional das nossas instituições, tornando as estruturas políticas de hoje obsoletas, independentemente da ideologia ou liderança partidária. Estas instituições são inadequadas, não só em termos de escala e estrutura, mas igualmente em velocidade. E mesmo isto não é tudo.

### O COLAPSO DO CONSENSO

Assim como a Segunda Onda produziu uma sociedade de massa, a Terceira Onda desmassifica-nos, mudando todo o sistema social para um nível muito mais alto de diversidade e complexidade. Este processo revolucionário, muito semelhante à diferenciação biológica que corre na evolução, ajuda explicar um dos fenômenos políticos mais amplamente notados atualmente — o colapso do consenso.

De um extremo ao outro do mundo industrial ouvimos políticos lamentarem a perda do "propósito nacional", a ausência do bom e velho "espírito de Dunquerque", a erosão da "unidade" nacional e a súbita e desnorteante proliferação de grupos minoritários de alta potência. A última expressão, sem muito sentido, em voga atualmente em Washington é "grupo de uma patota" referindo-se às organizações políticas que brotam aos milhares, ordinariamente em redor do que cada um percebe como uma questão causticante surgida: aborto, controle de armas, direitos dos *gays,* o transporte de ônibus para a escola, a energia nuclear e daí por diante. Tão diversos são estes interesses, a níveis tanto nacionais como locais, que os políticos e os funcionários não podem mais dar conta deles.

Os proprietários de casas móbiles organizam-se para lutar contra mudanças de zoneamento de condado. Lavradores combatem linhas de transmissão de energia. Pessoas aposentadas mobilizam-se contra taxas escolares. Feministas, *chicanos,* mineiros equipados e mineiros sem equipamento organizam-se, assim como pais sós e cruzados pela moral. Uma revista do Meio-Oeste chega mesmo a informar sobre a formação de uma organização de "nazistas *gays*" — um embaraço, sem dúvida, tanto para os nazistas heterossexuais como para o Movimento de Libertação *Gay*.

Simultaneamente, organizações de massa nacionais estão achando difícil se manterem unidas. Diz um participante em uma conferência de organizações voluntárias: "As igrejas locais não seguem mais a chefia nacional". Um especialista em trabalhismo informa que, em vez de uma campanha política única, unida, organizada pela AFL-CIO, sindicatos filiados estão montando suas próprias campanhas para seus próprios fins.

O eleitorado não está apenas se fracionando em minorias. Os próprios grupos minoritários são cada vez mais transitórios, surgindo, morrendo, passando-se para o lado oposto cada vez com mais rapidez, e formando um fluxo confuso difícil de analisar. "No Canadá", diz um funcionário do governo, "nós agora supomos que a duração das novas organizações voluntárias durarão de seis a oito meses. Há mais grupos e são mais efêmeros". Deste modo, a aceleração e a diversidade combinam-se para criar uma espécie de corpo político totalmente novo.

Estes mesmos desenvolvimentos também arrastam para o esquecimento nossas opiniões sobre coalizões, alianças ou frentes unidas políticas. Numa sociedade da Segunda Onda, um líder político podia aglutinar meia dúzia de grandes blocos, como Roosevelt fez em 1932, e esperar que a coalizão resultante permanecesse unida e em posição por muitos anos. Hoje é necessário ligar centenas, milhares mesmo, de grupos minúsculos formados por um interesse especial e de curta duração e a própria coalizão viverá pouco, por sua vez. Pode se manter unida apenas o tempo suficiente para elegerem um presidente, separando-se novamente no dia seguinte à eleição, deixando-o sem base de apoio para seus programas.

Esta desmassificação da vida política, refletindo todas as tendências que temos discutido em tecnologia, produção, comunicações e cultura, devasta ainda mais a habilidade dos políticos para tomarem decisões vitais. Acostumados a manobrar uns poucos distritos eleitorais bem reconhecidos e claramente organizados, subitamente eles se vêem cercados. De todos os lados inumeráveis novos distritos eleitorais, fluentemente organizados, exigem atenção simultânea a necessidades reais, mas exíguas e estranhas.

Exigências especializadas inundam as legislaturas e as burocracias por todas as fendas, com todas as malas postais e os mensageiros, entrando pelas bandeiras das portas e por baixo das portas. Este tremendo amontoado de exigências não deixa tempo para deliberação. Além disso, porque a sociedade está mudando para um andamento acelerado e uma decisão retardada pode ser muito pior do que nenhuma decisão de qualquer espécie, todo mundo exige resposta instantânea. Em decorrência disso, o Congresso é mantido tão ocupado, segundo o deputado N. Y. Mineta, democrata da Califórnia, que os "sujeitos se encontram uns aos outros apenas indo e vindo. Isso não permite um fio de pensamento coerente".

As circunstâncias diferem de país para país, mas o que *não* difere é o desafio revolucionário feito pela Terceira Onda às obsoletas instituições da Segunda Onda — lentas demais para acompanharem o andamento da mudança e demasiado desiguais para se medirem com os novos níveis de diversidade social e política. Projetadas para uma sociedade muito mais lenta e mais simples, nossas instituições estão atoladas e fora de sincronia. E não se pode enfrentar este desafio apenas mexendo de qualquer jeito com as regras. Pois ele atinge a pressuposição mais básica da teoria política da Segunda Onda: o conceito da representação.

Assim, o aumento dos meios de diversidade, embora os nossos sistemas sejam teoricamente baseados no governo da maioria, poderá ser impossível formar uma maioria, mesmo em questões cruciais de sobrevivência. Por sua vez, este colapso do consenso significa que cada vez mais governos são governos *de minoria,* baseados em coalizões inconstantes e incertas.

A carente maioria faz da retórica democrática padronizada uma irrisão. Força-nos a duvidar que, sob a convergência da rapidez e da diversidade, qualquer distrito eleitoral possa jamais ser "representado". Numa sociedade industrial de massa, quando as pessoas e suas necessidades eram razoavelmente uniformes e básicas, o consenso era um alvo atingível. Numa sociedade desmassificada, não só carecemos de propósito nacional, mas também carecemos de propósito regional, de todo um estado e de toda uma cidade. A diversidade em qualquer eleitorado distrital ou parlamentar, quer seja na França, no Japão ou na Suécia, é tão grande que o seu "representante" não pode afirmar que fala por um consenso. Ele ou ela não pode representar a vontade geral pela simples razão de que não há nenhuma. Que acontece então à própria idéia da "democracia representativa"?

Fazer esta pergunta não é atacar a democracia. (Veremos daqui a pouco como a Terceira Onda abre caminho para uma democracia enriquecida e ampliada.) Mas torna um fato inevitavelmente claro: não apenas as nossas instituições da Segunda Onda, mas também as próprias pressuposições em que elas se baseiam são obsoletas.

Construída em escala errada, incapaz de lidar adequadamente com problemas transnacionais, incapaz de lidar com problemas correlatos, incapaz de acompanhar a campanha acelerativa, incapaz de enfrentar os altos níveis de diversidade, a tecnologia política sobrecarregada é obsoleta.

## A IMPLOSÃO DECISIONAL

Demasiadas decisões, demasiado rápidas, a respeito de demasiados problemas estranhos — não alguma "falta de liderança" imaginada — explicam hoje a tosca incompetência das decisões políticas e governamentais. As nossas instituições cambaleiam, abaladas por uma implosão decisional.

Trabalhando com tecnologia política antiquada, a nossa capacidade de decisão governamental eficaz está se deteriorando rapidamente. "Quando todas as decisões tinham de ser tomadas na Casa Branca", escreveu William Shawcross na revista *Harper's* discutindo a política cambojana de Nixon-Kissinger, "havia pouco tempo para considerar inteiramente qualquer uma delas". Com efeito, a Casa Branca está tão espremida para que se lhe extraiam decisões — sobretudo desde poluição atmosférica, custos de hospital e energia nuclear até a eliminação de brinquedos (!) arriscados — que um consultor presidencial me confiou: "Estamos todos aqui sofrendo do choque do futuro!"

E tampouco as agências executivas estão em muito melhor situação. Cada seção está esmagada sob a crescente carga de decisão. Cada uma é compelida a fazer respeitar inúmeros regulamentos e a gerar vastos números de decisões diariamente sob tremendas pressões acelerativas.

Assim, uma investigação recente da Dotação Nacional dos Estados Unidos para as Artes descobriu que o seu conselho gastava quatro e meio minutos a considerar cada classe de aplicações da doação. "O número de aplicações... sobrepujou de longe a habilidade da entidade para tomar decisões de qualidade", declarava o relatório.

Existem poucos bons estudos deste impasse decisional. Um dos melhores é a análise de Trevor Armbrister do incidente do *Pueblo* de 1968, envolvendo a captura de um navio espião dos Estados Unidos pelos norte-coreanos e uma perigosa medição de forças entre os dois países. De acordo com Armbrister, o funcionário do Pentágono que efetuou a "avaliação de risco" sobre a missão do *Pueblo* e a aprovou, teve apenas algumas horas para calcular os riscos de 76 diferentes missões militares propostas. Subseqüentemente, o funcionário recusou estimar quanto tempo ele tinha realmente gasto estudando o *Pueblo*.

Mas, numa citação reveladora de Armbrister, um funcionário da Agência de Segurança Nacional explicou: "A coisa provavelmente funcionou... é que ele recebeu o livro na sua secretária de manhã, às nove, com ordens de o devolver ao meio-dia. Esse livro é do tamanho de um catálogo da Sears. Seria uma impossibilidade física para ele estudar cada missão em detalhe". Não obstante, sob a pressão do tempo, o risco na missão do *Pueblo* foi denominado "mínimo". Em média, se o agente está correto, cada missão militar avaliada naquela manhã recebeu menos de dois e meio minutos de consideração. Não admira que as coisas não funcionem.

Os funcionários do Pentágono, por exemplo, perderam a pista de 30 bilhões de dólares em encomendas estrangeiras de armas e não sabem se isto reflete erros colossais na contabilidade ou deixaram de ser faturados os compradores pela quantia devida, ou se o dinheiro foi esmiuçado inteiramente em outras coisas. Esta cincada de bilhões de dólares, de acordo com o examinador de contas públicas do Departamento de Defesa, tem o "potencial letal de um canhão solto rolando no convés". Confessa ele: "O triste fato é que nós não sabemos realmente de que tamanho é realmente esta [confusão]. Provavelmente se passarão cinco anos antes que consigamos separar tudo devidamente" E se o Pentágono, com seus computadores e sistemas de informação infalíveis, está ficando demasiado grande e complexo para administrar devidamente, como pode muito bem ser o caso, que dizer do governo como um todo?

As velhas instituições de tomadas de decisão refletem cada vez mais o descontrole do mundo exterior. O consultor de Carter, Stuart Eizenstat, fala da "fragmentação da sociedade em grupos de interesse", e a correspondente "fragmentação da autoridade congressional em subgrupos". Defrontado por esta nova situação, um presidente não pode mais impor facilmente sua vontade ao Congresso.

Tradicionalmente, um presidente no poder podia dividir um negócio por uma dezena de velhos e poderosos presidentes de comitê e esperar que eles dessem os votos necessários para aprovar o seu programa legislativo. Hoje um presidente, homem ou mulher, de uma comissão congressional não pode mais dar os votos dos membros jovens do Congresso do que a AFL-CIO e a Igreja Católica podem dar os votos de seus adeptos. Por lamentável que possa parecer para os veteranos e os atarantados presidentes, as pessoas — inclusive os membros do Congresso — estão usando mais o próprio pensamento e recebendo ordens menos submissamente. Tudo isto torna impossível, entretanto, para o Congresso, como está estruturado agora, dedicar atenção constante a qualquer questão ou reagir rapidamente às necessidades da nação

Referindo-se ao "programa frenético", um relatório da Câmara de Compensação do Congresso sobre o Futuro resume a situação vividamente: "A crescente complexidade e crises súbitas, tais como as votações em uma semana sobre a desregulação do gás, a Rodésia, o Canal do Panamá, um novo Departamento de Educação, selos de comida, autorização do AMTRAK, eliminação de lixo sólido, e a espécie em perigo, estão tornando o Congresso, outrora o centro de debates cuidadosos e ponderados... no alvo do riso de toda a nação.

Evidentemente, os processos políticos variam de um país para o seguinte, mas forças semelhantes estão em ação em todos eles. "Os Estados Unidos não são o único país que parece confuso e estagnado", declara o *U. S. News & World Report*. "Lancem um olhar à União Soviética... Nenhuma resposta às propostas do controle das armas nucleares dos EUA. Longas demoras na negociação de acordos comerciais tanto com as nações socialistas como com as nações capitalistas. Tratamento confuso do Presidente da França, Giscard d'Estaing durante uma visita oficial. Indecisão sobre a política do Oriente Médio. Apelos contraditórios aos comunistas da Europa Ocidental para confrontarem os governos pátrios e cooperar com eles... Mesmo num sistema de um só partido é quase impossível projetar políticas firmes — ou reagir rapidamente a questões complexas.

Em Londres, um membro do Parlamento diz-nos que o governo central está "brutalmente sobrecarregado" e Sir Richard Marsh, antigo ministro do Gabinete, agora chefe da Associação Britânica de Editores de Jornais, declara que "a estrutura parlamentar se tem mantido relativamente intacta nos últimos 250 anos, e simplesmente não está engrenada para a espécie de tomada de decisão gerencial necessária atualmente... A coisa toda é totalmente ineficaz", diz ele, e o "Gabinete não está muito melhor".

E quanto à Suécia, com seu abalado governo de coalizão, dificilmente capaz de resolver a questão nuclear que tem dilacerado o país durante quase uma década? Ou a Itália, com seu terrorismo e suas crises políticas periódicas — incapaz mesmo de formar um governo de seis meses?

O que nós confrontamos é uma nova e ameaçadora verdade. As turbulências e as crises políticas que enfrentamos não podem ser resolvidas por líderes — fortes ou fracos — enquanto esses líderes forem compelidos a operar através de instituições em colapso e sobrecarregadas.

Um sistema político não deve somente ser capaz de tomar e impor decisões; ele deve operar na escala certa, deve poder integrar políticas díspares, deve poder tomar decisões na hora certa e deve ao mesmo tempo refletir a diversidade da sociedade e corresponder-lhe. Se falhar em algum destes pontos, estará cortejando o desastre. Os nossos problemas não são mais de "esquerda" ou "direita", "liderança forte" ou "fraca". O próprio sistema da decisão se tornou uma ameaça.

O fato verdadeiramente espantoso atualmente é que nossos governos continuem ainda a funcionar. Nenhum presidente de empresa tentaria dirigir uma grande companhia com tabela de organização traçada inicialmente por uma pena de ave de algum antepassado do século XVIII, cuja única experiência gerencial consistisse em dirigir uma fazenda. Nenhum piloto em seu juízo tentaria pilotar um jato supersônico com os antiquados instrumentos de navegação e controle que estavam à disposição de Blériot ou Lindbergh. Entretanto, isto é aproximadamente o que nós estamos tentando fazer em política.

O rápido envelhecimento dos nossos sistemas políticos da Segunda Onda, num mundo eriçado de armas nucleares e equilibrado delicadamente na borda do colapso econômico ou ecológico, cria uma extrema ameaça para toda a sociedade — não apenas para os "de fora" mas também os "de dentro", não apenas para os pobres, mas também para os ricos e igualmente para as partes não-industriais do mundo. Pois o perigo imediato para todos nós está não tanto nos usos calculados do poder por aqueles que o têm, como nos efeitos colaterais não calculados de decisões laboriosamente tomadas por máquinas político-burocráticas tão perigosamente anacrônicas, que mesmo as melhores intenções podem resultar em conseqüências assassinas.

Os nossos chamados sistemas políticos "contemporâneos" são copiados de modelos inventados antes do advento do sistema da fábrica — antes da comida enlatada, da refrigeração, da luz de gás ou da fotografia, antes do forno de Bessemer ou da introdução da máquina de escrever, antes da invenção do telefone, antes de Orville e Wilbur Wright voarem, antes de o automóvel e o avião encurtarem as distâncias, antes de o rádio e a televisão começarem a manipular a sua alquimia nas nossas mentes, antes de Auschwitz industrializar a morte, antes dos mísseis nucleares, antes dos computadores, das máquinas copiadoras, das pílulas anticoncepcionais, dos transistores e *lasers*. Foram projetados num mundo intelectual que é quase inimaginável — um mundo que foi pré-Marx, pré-Darwin, pré-Freud e pré-Einstein.

Esta é, pois, a questão política mais importante, por si só, que nos defronta: o envelhecimento das nossas instituições políticas e governamentais mais básicas.

Enquanto somos sacolejados por crise após crise, aspirando a que Hitlers e Stalins se arrastem para fora das ruínas e nos digam que chegou a hora de resolvermos os nossos problemas jogando fora não só os nossos cascos institucionais obsoletos, mas também a nossa liberdade. Enquanto corremos para dentro da Terceira Onda, aqueles de nós que querem expandir a liberdade humana não serão capazes de fazer isso simplesmente defendendo as nossas instituições existentes. Teremos que inventar novas instituições — como os pais fundadores da América fizeram há dois séculos.

# 28 DEMOCRACIA DO SÉCULO XXI

Aos Pais Fundadores:

Vocês são os mortos revolucionários. São os homens e mulheres, lavradores, negociantes, artesãos, advogados, impressores, panfletários, lojistas e soldados que, juntos, criaram uma nova nação nas distantes costas da América. Vocês se incluem entre os 55 que vieram juntos em 1787 para elaborar, durante um escaldante verão em Filadélfia, aquele espantoso documento chamado Constituição dos Estados Unidos. Vocês foram os inventores de um futuro que se tornou o meu presente.

Esse pedaço de papel, com a Carta de Direitos acrescentada em 1791, é evidentemente uma das realizações da história humana. Eu, como tantos outros, sou continuamente forçado a me perguntar como vocês conseguiram — como foram capazes, no meio de tão azedo torvelinho social e econômico, sob as pressões mais imediatas — mostrar tanta consciência do futuro emergente. Escutando os sons distantes do amanhã, vocês sentiram que uma civilização estava morrendo e outra nascia.

Concluo que vocês foram impelidos a isso — foram compelidos, arrastados pela força da maré dos eventos, temendo o colapso de um governo ineficaz, paralisado por princípios inapropriados e estruturas obsoletas.

Raramente uma peça de trabalho tão majestosa foi feita por homens de temperamentos tão agudamente divergentes — homens brilhantes, antagônicos e egoístas — homens apaixonadamente dedicados a diferentes interesses regionais e econômicos e, contudo, tão transtornados e afrontados pelas terríveis "ineficiências" de um governo existente a ponto de se juntarem e intentarem um radicalmente novo, baseado em princípios surpreendentes.

Estes princípios ainda agora me comovem, como têm comovido milhões incontáveis em volta do planeta. Confesso que é difícil para mim ler certas passagens de Jefferson ou Paine, por exemplo, sem ser levado à beira das lágrimas por sua beleza e significado.

Quero agradecer a vocês, os mortos revolucionários, por terem me tornado possível um meio século de vida como cidadão americano sob um governo de leis, não de homens, e particularmente por essa preciosa Carta de Direitos, que me tornou possível pensar, expressar opiniões impopulares, embora tolas ou erradas — com efeito, escrever o que se segue sem medo de supressão.

Pois o que devo escrever agora pode muito facilmente ser mal interpretado por meus contemporâneos. Alguns, sem dúvida, o considerarão sedicioso. Pois o sistema de governo que vocês moldaram, inclusive os próprios princípios em que o basearam, está cada vez mais obsoleto, e daí, embora inadvertidamente, cada vez mais opressivo e perigoso para o nosso bem-estar. Deve ser radicalmente modificado e inventado um novo sistema de governo — uma democracia para o século XXI.

Vocês sabiam, melhor do que nós agora, que nenhum governo, nenhum sistema político, nenhuma constituição, nenhuma carta ou estado é permanente, nem as decisões do passado podem prender o futuro para sempre. E nem um governo projetado para uma civilização pode medir-se adequadamente com o seguinte.

Vocês teriam compreendido, por conseguinte, por que mesmo a Constituição dos Estados Unidos precisa ser reexaminada e alterada — não para reduzir o orçamento federal ou incorporar este ou aquele princípio acanhado, mas para expandir a Carta de Direitos, levando em conta ameaças à liberdade inimaginadas no passado e para criar toda uma nova estrutura de governo capaz de tomar decisões democráticas inteligentes, necessárias para a nossa sobrevivência num mundo novo.

Não venho aqui com um plano fácil para a constituição de amanhã. Desconfio daqueles que acham que já têm as respostas quando nós ainda estamos formulando as perguntas. Mas chegou para nós a hora de imaginar alternativas completamente novas, a hora de discutir, discordar, debater e planejar, desde a base, a arquitetura democrática de amanhã.

Não num espírito de raiva ou dogmatismo, não num súbito espasmo impulsivo, mas através da consulta mais ampla e a pacífica participação pública, precisamos juntar-nos para reconstituir a América.

Vocês compreenderiam esta necessidade. Pois foi um da sua geração — Jefferson — que, sob madura reflexão, declarou: "Alguns homens olham as constituições com piedosa reverência e consideram-nas como a arca da aliança, demasiado sagradas para serem tocadas. Eles atribuem aos homens da idade precedente uma sabedoria mais que humana e supõem que o que eles fizeram está acima de correção... Sinceramente, não sou defensor de mudanças freqüentes e não experimentadas nas leis e constituições... Mas também sei que as leis e as instituições devem ir de mão em mão com o progresso da mente humana... Quando se fazem novas descobertas, se desvendam novas verdades e as maneiras e opiniões mudam com a mudança das circunstâncias, as instituições devem avançar também e acompanhar o andamento dos tempos".

Por esta sabedoria, acima do tempo, agradeço ao Sr. Jefferson, que ajudou a criar o sistema que nos serviu tão bem durante tanto tempo, e que agora, por sua vez, deve morrer e ser substituído.

Alvin Toffler
Washington, Connecticut

Uma carta imaginária... Certamente em muitas nações existirão outros que, dada a oportunidade, expressariam sentimentos semelhantes. Pois o envelhecimento de muitos dos governos atuais não é nenhum segredo que só eu descobri. E não é uma doença só da América.

O fato é que a construção de uma nova civilização sobre os destroços da velha, envolve o projeto de novas estruturas políticas mais apropriadas em muitas nações ao mesmo tempo. Isto é um projeto penoso e, contudo, necessário, de âmbito mental estonteante e que certamente levará décadas para concluir.

Com toda a probabilidade exigirá uma batalha prolongada para remodelar radicalmente — ou mesmo refugar — o Congresso dos Estados Unidos, as Comissões Centrais e os Politburos dos estados industriais comunistas, a Câmara dos Comuns e a Câmara dos Pares, a Câmara dos Deputados francesa, o Bundestag, a Dieta, os gigantescos ministérios e serviços públicos entrincheirados de muitas nações, as constituições e sistemas judiciários — em suma, muito do aparelho desajeitado e cada vez mais inexeqüível de governos supostamente representativos.

E esta onda de luta política não parará no nível nacional. Através dos meses e décadas à frente, toda a "máquina legislativa global" — desde as Nações Unidas num extremo à prefeitura local ou conselho municipal no outro — acabará enfrentando uma exigência crescente e, finalmente, irresistível, de reestruturação.

Todas estas estruturas terão de ser fundamentalmente alteradas, não porque sejam inerentemente más, nem mesmo porque sejam controladas por esta ou aquela classe ou grupo, mas porque são cada vez mais impraticáveis — não mais adequadas para as necessidades de um mundo radicalmente mudado.

Esta tarefa envolverá multimilhões de pessoas. Se esta remodelação encontrar resistência rígida poderá muito bem desencadear derramamento de sangue. O grau de pacificidade que tiver o processo dependerá de muitos fatores, por conseguinte — o grau de flexibilidade ou intransigência que revelarem as elites existentes, ou se a mudança for acelerada por colapso econômico, ou se ocorrerem ou não ameaças externas e intervenções militares. Evidentemente, os riscos são grandes.

Contudo, os riscos da *não* revisão geral das nossas instituições políticas são ainda maiores e, quanto mais cedo começarmos, mais seguro será.

A reorganização de governos que funcionem bem — e executar o que poderá muito bem ser a tarefa política mais importante das nossas vidas — teremos de eliminar os chavões acumulados da era da Segunda Onda. E teremos de reconsiderar a vida política em termos de três princípios básicos.

Com efeito, estes podem muito bem ser transformados nos princípios radiciais dos governos da Terceira Onda de amanhã.

### PODER MINORITÁRIO

O primeiro pensamento herético do governo da Terceira Onda é o do poder da minoria. Ele sustenta que o governo da maioria, o princípio legitimador principal da era da Segunda Onda, está cada vez mais obsoleto. Não são as maiorias e sim as minorias que contam. E os nossos sistemas políticos devem refletir cada vez mais sobre este fato.

Expressando as crenças de sua geração revolucionária, foi Jefferson uma vez mais que afirmou que os governos devem comportar-se com "absoluta aquiescência nas decisões da maioria". Os Estados Unidos e a Europa — ainda no alvorecer da era da Segunda Onda — estavam começando o longo processo que os transformaria um dia nas sociedades industriais de massa. O conceito do governo da maioria adaptava-se perfeitamente às necessidades destas sociedades.

Hoje, como temos visto, estamos deixando o industrialismo para trás e tornando-nos uma sociedade desmassificada. Conseqüentemente, está ficando cada vez mais difícil — por vezes impossível — mobilizar uma maioria ou mesmo uma coalizão governante. É por isso que a Itália ficou seis meses completamente sem governo e a Holanda cinco. Nos Estados Unidos, diz o cientista político Walter Dean Burnham, do Instituto de Tecnologia de Massachusetts: "Não vejo base para qualquer maioria positiva em qualquer coisa hoje em dia".

Porque a legitimidade deles dependia disso, as elites da Segunda Onda clamavam falar em nome da maioria. O governo dos Estados Unidos era "de.. por... e para o povo". O Partido Comunista soviético falava pela "classe trabalhadora". O Sr. Nixon clamava representar a "Maioria Silenciosa" da América. E nos Estados Unidos hoje os intelectuais neoconservadores atacam as exigências de minorias recém-manifestadas, como os negros, as feministas, ou os *chicanos* e clamam falar pelos interesses da grande, sólida e moderada maioria do centro.

Aquartelados nas grandes universidades do Nordeste e reunidos em Washington para resolverem os grandes problemas, raramente pondo pé em lugares como Marietta, Ohio, ou Salina, Kansas, os neoconservadores acadêmicos aparentemente consideram a "América Mediana" uma grande "massa" uniforme, suja, mais ou menos ignorante, formada por operários antiintelectuais e burocratas provincianos. E, entretanto, estes grupos são muito menos uniformes ou monocromáticos do que se apresentam aos intelectuais e políticos a distância. O consenso é exatamente tão difícil de encontrar na América Mediana como em outras partes — no máximo é bruxuleante, intermitente e limitado a umas poucas questões. Os neoconservadores podem muito bem estar disfarçando suas políticas antiminoritárias sob o manto de uma maioria mítica, mais do que real.

De fato, é exatamente verdade no outro extremo do espectro político. Em muitos países da Europa Ocidental, partidos socialistas e comunistas afirmam falar pelas "massas trabalhadoras". Entretanto, quanto mais longe nos movemos além da sociedade industrial de massas, menos sustentáveis são as pressuposições marxistas. Pois as massas e as classes igualmente perdem muito de sua significação na civilização emergente da Terceira Onda.

Em lugar de uma sociedade altamente estratificada, na qual uns poucos grandes blocos se aliam para formar uma maioria, temos uma sociedade configurativa — uma sociedade na qual milhares de minorias, muitas delas temporárias, remoinham e formam padrões altamente móveis e transitórios, raramente se amalgamando num consenso de 51 por cento para questões importantes. O avanço da civilização da Terceira Onda enfraquece desse modo a própria legitimidade de muitos governos existentes.

A Terceira Onda também desafia todas as nossas pressuposições convencionais sobre a relação do governo da maioria para a justiça social. Aqui também, como em tantos outros assuntos, estamos assistindo a um salto-mortal histórico. Através da era da civilização da Segunda Onda, a luta pelo governo da maioria foi humana e libertadora. Em países ainda em industrialização, como a África do Sul atualmente, permanece assim. Nas sociedades da Segunda Onda, o governo da maioria quase sempre significava uma oportunidade mais justa para os pobres. Pois os pobres *eram* a maioria.

Hoje, entretanto, em países abalados pela Terceira Onda, precisamente o oposto é freqüentemente o caso. Os verdadeiramente pobres não mais têm, necessariamente, o número do seu lado. Numa boa quantidade de países, eles

— como o resto de toda a outra gente — tornaram-se uma minoria. E, salvo um holocausto econômico, assim permanecerão.

Não so, por conseguinte, o governo da maioria é mais adequado como princípio legitimador; ele não é mais necessariamente humanizante ou democrático em sociedades que estão passando para a Terceira Onda.

Os ideólogos da Segunda Onda lamentam rotineiramente a desintegração da sociedade de massas. Em vez de verem nesta diversidade enriquecida uma oportunidade para o desenvolvimento humano, atacam-no como "fragmentação" e "balcanização" e atribuem-no ao "egoísmo" despertado das minorias. Esta explicação trivial substitui o efeito pela causa. Pois o nascente ativismo das minorias não é o resultado de um súbito assalto do egoísmo; é, entre outras coisas, um reflexo das necessidades de novo sistema de produção que exige para a sua própria existência uma sociedade mais variada, pitoresca e diversa do que qualquer outra que já conhecemos.

As implicações deste fato são enormes. Significa, por exemplo, que quando os russos tentam suprimir a nova diversidade, arrolhar o pluralismo que vem com ele, na realidade (para usar o próprio jargão deles) "aguilhoam os meios de produção" — retrasam a transformação econômica e tecnológica da sociedade. E nós no mundo não-comunista enfrentaríamos a mesma escolha: podemos ou resistir ao empuxão para a variedade, num esforço de último reduto para salvar as nossas instituições políticas da Segunda Onda, ou podemos reconhecer a variedade e mudar essas instituições de acordo.

A estratégia anterior só pode ser implementada por meios totalitários e deve resultar em estagnação econômica e cultural: a última leva à evolução social e à democracia do século XXI com base em minorias.

Para reconstituir a democracia nos termos da Terceira Onda, precisamos alijar a pressuposição assustadora, mas falsa, que a diversidade aumentada traz automaticamente a tensão aumentada e conflito na sociedade. Com efeito, o inverso exato pode ser verdadeiro. O conflito na sociedade não é apenas necessário; ele é, com limites, desejável. Mas se 100 homens querem todos desesperadamente um anel de latão, poderão ser forçados a lutar por ele. Por outro lado, se cada um dos 100 tem um objetivo diferente, será muito mais compensador para eles negociar, cooperar e formar relações simbióticas. Dados os arranjos sociais apropriados, a variedade pode contribuir para uma civilização segura e estável.

É a falta de instituições políticas apropriadas, hoje, que aguça desnecessariamente o conflito entre as minorias até ao gume de faca da violência. É a falta de tais instituições que torna as minorias intransigentes. É a ausência de tais instituições que torna a maioria cada vez mais difícil de encontrar.

A resposta a estes problemas não é sufocar a dissenção ou acusar as minorias de egoísmo (como se as elites e seus peritos não tivessem interesses em benefício próprio). A resposta reside em novos arranjos imaginativos para acomodar e legitimar a diversidade — novas instituições que são sensíveis às necessidades rapidamente cambiantes das minorias mutáveis e multiplicáveis.

O acesso de uma civilização desmassificada traz à superfície questões profundas, inquietantes, sobre o futuro do governo da maioria e todo o sistema mecanicista de votar para expressar preferências. Algum dia os futuros historiadores poderão olhar para trás e ver a votação e a busca da maioria como um ritual arcaico dentro do sistema de comunicação primitivo. Hoje, entretanto, num mundo perigoso, não podemos permitir-nos delegar poder total a ninguém, não podemos ceder nem mesmo à fraca influência popular que existe sob sistemas majoritários e não podemos permitir que minúsculas minorias tomem vastas decisões que tiranizem todas as outras minorias.

É por isto que devemos revisar drasticamente os toscos métodos da Segunda Onda pelos quais procuramos a esquiva maioria. Precisamos de novas abordagens destinadas a uma democracia de minorias — métodos cujo propósito é revelar diferenças mais do que formar maiorias forçadas ou falsas, baseadas em votação exclusivista, invenção sofística das questões ou processos eleitorais fraudulentos. Em suma, precisamos modernizar todo o sistema para fortalecer o papel de minorias variadas e, no entanto, lhe permitirem formar maiorias.

Para proceder assim, entretanto, serão exigidas mudanças em muitas das nossas estruturas políticas — começando com o próprio símbolo da democracia, a urna eleitoral.

Nas sociedades da Segunda Onda, votar para determinar a vontade popular proporcionava uma fonte importante de retroalimentação para as elites governantes. Quando as condições por qualquer razão se tornavam intoleráveis para a maioria e 51 por cento dos eleitores registravam sua dor, as elites podiam, no mínimo, deslocar partidos, alterar políticas ou fazer alguma outra acomodação.

Mesmo na sociedade de massa de ontem, entretanto, o princípio dos 51 por cento tornava-se um instrumento rombudo, puramente quantitativo. A votação para determinar a maioria não nos diz nada a respeito da qualidade das opiniões do povo. Pode dizer-nos quantas pessoas, em dado momento, querem X, mas não nos dizem quanto o querem. Acima de tudo, não nos dizem nada sobre o que elas estariam dispostas a trocar por X — informação crucial numa sociedade feita de muitas minorias.

Tampouco nos indica quando uma minoria se sente tão ameaçada, ou dá uma significação de vida e morte a determinada questão, que suas opiniões deviam talvez receber mais peso que o ordinário.

Numa sociedade de massa estas bem conhecidas fraquezas do governo de maioria eram toleradas porque, entre outras coisas, a maior parte das minorias carecia de poder estratégico para desorganizar o sistema Na sociedade compactamente entretecida, na qual todos nós somos membros de grupos minoritários, isso não é mais verdade.

Para uma sociedade desmassificada da Terceira Onda os sistemas de retroalimentação do passado industrial são inteiramente toscos. Assim, teremos de usar a votação e a apuração de votos de maneira radicalmente nova.

Em vez de procurarmos votos simples de sim-ou-não, precisamos identificar trocas potenciais com perguntas como: "Se eu abandonar a minha posição em relação ao aborto, você mudará a sua na defesa do gasto ou na energia nuclear?" ou "Se eu concordar com um pequeno imposto adicional na minha renda pessoal no ano seguinte, a ser destinado ao seu projeto, que é que você me oferece em troca?"

No mundo para dentro do qual estamos correndo, com suas ricas tecnologias de comunicações, há muitas maneiras de a pessoa registrar tais opiniões sem chegar a pôr os pés numa cabine eleitoral. E há também meios, como veremos em um momento, de incorporar estas ao processo da tomada de decisão política.

Podemos também querer desarmar as leis eleitorais para eliminar tendências antiminoritárias. Há muitas maneiras de fazer isto. Um método completamente convencional seria adotar alguma variante de votação cumulativa, como a usada por muitas companhias atualmente para proteger os acionistas minoritários. Tais métodos permitem aos eleitores registrarem não só suas preferências, mas também a intensidade e o grau de ordem de suas escolhas.

É quase certo que teremos de abandonar nossas estruturas partidárias obsoletas, projetadas para um mundo lentamente cambiante, de movimentos em massa e comercialização em massa, e inventar partidos modulares temporários que sirvam a configurações mutáveis de minorias — partidos do futuro, ligados e desligados.

Poderemos precisar nomear "diplomatas" ou "embaixadores" cuja tarefa é não mediar entre países, mas entre minorias dentro de cada país. Podemos criar instituições semipolíticas para ajudar as minorias — quer profissionais, étnicas, sexuais, regionais, recreativas ou religiosas — para formar e romper alianças mais rápida e facilmente.

Podemos, por exemplo, ter necessidade de fornecer arenas nas quais diferentes minorias, numa base rotativa, talvez mesmo casual, sejam reunidas para negociar problemas, ajustar tratados e resolver disputas. Se médicos, motociclistas, programadores de computador, Adventistas do Sétimo Dia e Panteras Cinzentas fossem reunidos, com a assistência de facilitadores treinados em esclarecimento de questões, estabelecimento de prioridades e resolução de disputas, poderiam formar-se alianças surpreendentes e construtivas

No mínimo, poderiam ser expostas diferenças e explorada a base para barganha política. Tais medidas não eliminarão (e não devem) eliminar todo o conflito. Mas podem elevar a briga social e política para um nível mais inteligente e potencialmente construtivo — especialmente se estiverem ligadas à colocação do alvo a longo alcance.

Hoje a própria complexidade de questões fornece inerentemente uma variedade maior de pontos de barganha. Entretanto, o sistema político não está estruturado para tirar vantagem deste fato. Alianças potenciais e negócios passam despercebidos — levantando assim tensões desnecessariamente entre grupos enquanto forçam e sobrecarregam mais as instituições políticas existentes.

Finalmente, poderemos muito bem precisar de dar poderes a minorias para regular mais seus próprios negócios e encorajá-las a formular alvos de longo alcance. Poderíamos, por exemplo, ajudar os habitantes de um bairro específico, numa subcultura bem definida, ou em um grupo étnico, a colocarem os próprios tribunais juvenis sob a supervisão do estado, disciplinando seus próprios jovens, em vez de se fiarem para isso no estado. Tais instituições construiriam comunidade e identidade, e contribuiriam para a lei e a ordem, ao mesmo tempo aliviando as sobrecarregadas instituições do governo de trabalho desnecessário.

Poderemos, entretanto, achar necessário ir muito além de tais medidas reformistas. Para fortalecer a representação minoritária num sistema político planejado para uma sociedade desmassificada, podemos até, em dado momento, ter de eleger pelo menos alguns dos nossos funcionários pela maneira mais antiga que já existiu: por sorteio. Assim, algumas pessoas sugeriram seriamente escolher os membros de uma legislatura ou parlamento do futuro pela maneira como escolhemos os jurados atualmente.

Theodor Becker, professor de Direito e Ciência Política da Universidade do Havaí, pergunta: "Por que é que as decisões de vida e morte podem ser tomadas pelas pessoas que servem em... júris, mas as decisões sobre quanto dinheiro deve ser dispendido com creches públicas e gastos com a defesa são reservadas para os deputados (os 'representantes')?"

Declarando que os arranjos políticos existentes enganam sistematicamente as minorias, Becker, uma autoridade constitucional, lembra-nos que, ao passo que os não-brancos perfazem uns 20 por cento da população americana, ocupam apenas (em 1976) 4 por cento dos lugares na Câmara dos Deputados e apenas 1 por cento no Senado. As mulheres, que constituem 50 por cento da população, ocupam apenas 4 por cento na Câmara — e zero no Senado. Gente pobre, gente jovem, gente inteligente mas que não sabe expressar-se e muitos outros grupos estão igualmente em desvantagem. E isto não se aplica apenas aos Estados Unidos. No Bundestag, só 7 por cento dos lugares são ocupados por mulheres e semelhantes tendências são evidentes igualmente em muitos outros governos. Grosseiras distorções semelhantes não podem senão embotar a sensibilidade do sistema para as necessidades de grupos subrepresentados.

Diz Becker: "Entre 50 e 60 por cento dos membros do Congresso americano devem ser escolhidos ao acaso entre o povo americano de uma maneira muito semelhante ao sorteio militar quando o acharem necessário." Por surpreendente que a sugestão se apresente à primeira vista, ela nos força a considerar seriamente se os deputados escolhidos ao acaso seriam (ou poderiam ser) piores do que os escolhidos pelos métodos atuais.

Se nos deixarmos levar pela imaginação no momento, poderemos apresentar muitas outras alternativas surpreendentes. Com efeito, agora temos as técnicas necessárias para escolher amostras mais verdadeiramente representativas do que os sistema do júri ou do sorteio militar, com suas exclusões preferenciais, do que já tivemos. Podemos construir um congresso ou parlamento ainda mais inovador do futuro — e fazê-lo, paradoxalmente, com menos perturbação da tradição.

Não temos de escolher um grupo de pessoas ao acaso e classificá-las em rodízio, literalmente, como tantos outros Srs. Smiths, para Washington, Londres, Bonn, Paris ou Moscou. Poderíamos, se o decidíssemos, conservar os nossos representantes eleitos, permitindo-lhes, entretanto, dar apenas 50 por cento dos votos em qualquer questão, deixando os outros 50 por cento dos votos para uma amostra casual do público.

Usando computadores, telecomunicações e métodos de apuração de votos avançados, tornou-se simples não só selecionar uma amostra do público ao acaso, mas conservar essa amostra atualizada de dia para dia e oferecê-la com informação atualizada até o último minuto sobre as questões à mão. Quando uma lei é necessária, o complemento total dos representantes tradicionalmente eleitos, reunindo-se na maneira tradicional, sob a abóbada do Capitólio, ou em Westminster, ou na Bundeshaus ou no edifício da Dieta, podiam deliberar e discutir, emendar e estruturar a legislação.

Mas quando chegasse a hora da decisão, os representantes eleitos dariam apenas 50 por cento dos votos, enquanto a amostra nomeada ao acaso — daqueles que não estão na capital, mas geograficamente dispersos em suas próprias casas ou escritórios — daria eletronicamente os 50 por cento restantes. Um tal sistema não só forneceria um processo mais representativo do que o governo "representativo" jamais forneceu, mas vibraria um golpe devastador aos grupos de interesses especiais e politiqueiros que infestam os corredores da maioria dos parlamentos. Tais grupos teriam de transacionar com o povo — não apenas com uns poucos funcionários eleitos.

Indo mais adiante, a gente conceberia os votos de um distrito eleitoral como elegendo um único indivíduo "representante" nosso, mas, na verdade, uma amostra casual da população. Esta amostra casual poderia "servir no Congresso" diretamente — como se fosse uma pessoa — suas opiniões estatisticamente contadas como votos. Ou poderia escolher um indivíduo, por sua vez, para "representá-lo", instruindo-o, a ele ou a ela, como votar. Ou...

As permutações oferecidas pelas novas tecnologias de comunicações são intermináveis e extraordinárias. Uma vez que reconheçamos que as nossas atuais instituições e constituições são obsoletas e comecemos a procurar alternativas, abrem-se subitamente para nós todas as espécies de emocionantes opções políticas nunca antes possíveis. Se devemos governar sociedades que avançam para o século XXI, devemos pelo menos considerar as tecnologias e instrumentos conceptuais tornados acessíveis para nós no século XX.

O que é importante aqui não são estas sugestões específicas. Trabalhando juntos nisso, poderemos sem dúvida encontrar idéias muito melhores, mais fáceis de implementar, de projeto menos drástico. O que é importante é o caminho geral que escolhemos para percorrer. Podemos travar uma batalha perdida para suprimir ou submergir as nascentes minorias de hoje, ou podemos reconstituir os nossos sistemas políticos para acomodar a nossa diversidade. Podemos continuar a usar os instrumentos toscos como a moca dos sistemas políticos da Segunda Onda, ou podemos planejar novos e sensíveis instrumentos para uma democracia de amanhã baseada em minorias.

Enquanto a Terceira Onda desmassifica a velha sociedade de massa da Segunda Onda, suas pressões, creio, ditarão essa escolha. Pois se a política foi "pré-majoritária" durante a Primeira Onda e "majoritária" durante a Segunda, provavelmente serão "mini-majoritárias" amanhã — uma fusão de governo de maioria com poder de minoria.

## DEMOCRACIA SEMIDIRETA

O segundo bloco de construção dos sistemas políticos de amanhã deve ser o princípio da "democracia semidireta" — uma mudança que depende de representantes,* para nos representarmos a nós mesmos. A mistura dos dois é a democracia semidireta.

O colapso do consenso, como já vimos, subverte o próprio conceito da representação. Sem acordo entre os eleitores em casa, quem realmente "representa" o representante? Ao mesmo tempo os legisladores têm vindo a depender cada vez mais do apoio do pessoal e em peritos de fora para assessoramento na formulação das leis. Os membros do Parlamento da Inglaterra são notoriamente fracos *vis-à-vis* à burocracia do Whitehall porque carecem de apoio do pessoal, desviando assim mais poder do Parlamento para serviço civil não-eleito.

O Congresso dos Estados Unidos, num esforço para contrabalançar a influência da burocracia executiva, criou sua própria burocracia — um Gabinete Congressional de Orçamento, um Gabinete de Tributação de Tecnologia e outras agências e apêndices necessários. Assim, o pessoal a serviço do Congresso subiu de 10.700 para 18.400 na década passada. Mas isto apenas transferiu o problema de extramuros para intramuros. Os nossos representantes eleitos sabem cada vez menos sobre as miríades de medidas em que devem decidir e são compelidos a se fiar cada vez menos no juízo de outros. O representante nem mais se representa a si mesmo.

Mais basicamente, os parlamentos, os congressos ou as assembléias eram lugares nos quais, teoricamente, as reclamações das minorias rivais podiam ser conciliadas. Seus "representantes" podiam fazer tratos para eles. Com os instrumentos políticos antiquados, de gume rombudo, nenhum legislador pode nem mesmo acompanhar os grupelhos que normalmente ele representa, quanto mais agenciar ou negociar eficazmente para eles. E quanto mais sobrecarregado fica o Congresso americano, ou o Bundestag alemão, ou o Storting norueguês, pior fica esta situação.

Isto ajuda a explicar por que os grupos de pressão política em uma única questão se tornam intransigentes. Vendo oportunidade limitada para negociação ou conciliação sofisticada através do Congresso ou das legislaturas, suas exigências dentro do sistema tornam-se não-negociáveis. A teoria do governo representativo como último corretor entra em colapso também.

O colapso da barganha, a diluição da decisão, o agravamento da paralisia das instituições representativas significam, a longo prazo, que muitas das decisões agora feitas por pequeno número de pseudo-representantes podem ter de se deslocar para trás, gradualmente, para o próprio eleitorado. Se os nossos corretores eleitos não podem fazer negociações para nós, teremos de fazer isso nós mesmos. Se as leis que eles fazem são cada vez mais remotas para as nossas necessidades, e insensíveis às mesmas, teremos de fazer as nossas próprias leis.

---

* Representante, *representative*, corresponde ao nosso *deputado*. Conservo no texto a forma representante e derivados, para evitar confusão. (N. do T.)

Para isso, entretanto, precisaremos de novas instituições e também de novas tecnologias.

Os revolucionários da Segunda Onda, que inventaram as instituições, o equipamento básico atual da representação, tinham perfeita consciência das possibilidades da democracia direta frente à democracia representativa. Houve vestígios de democracia direta, faça-você-mesmo, na constituição revolucionária francesa de 1793. Os revolucionários americanos sabiam tudo a respeito das municipalidades e a formação do consenso orgânico em pequena escala na Nova Inglaterra. Na Europa, mais tarde, Marx e seus adeptos invocavam freqüentemente a Comuna de Paris como um modelo de participação do cidadão na feitura e execução das leis. Mas as deficiências e limitações da democracia direta eram também bem conhecidas... e, nessa época, mais persuasivas.

"Em *The Federalist* eram levantadas duas objeções a uma tal inovação", escreveram McCauley, Rood e Johnson, autores de uma proposta para um Plebiscito Nacional nos Estados Unidos. "Primeiro, a democracia direta não permitia verificação e retenção nas reações públicas temporárias e emocionais. E segundo, as comunicações dessa época não permitiam manobrar a mecânica."

Estes são problemas legítimos. Como o público americano, frustrado e inflamado no meio da década de 60, por exemplo, teria votado sobre se se devia ou não lançar uma bomba nuclear em Hanói? Ou um público alemão ocidental furioso contra os terroristas de Baader-Meinhof, sobre a proposta de construir campos para "simpatizantes"? E como teriam procedido os canadenses se houvesse um plebiscito sobre Quebec uma semana depois de René Lévesque ter assumido o poder? Supõe-se que os representantes eleitos são menos emocionais e mais deliberativos do que o público.

O problema da reação pública superemocional, entretanto, pode ser vencido de várias maneiras, tais como requerer um período de arrefecimento ou uma segunda votação antes da implementação de grandes decisões tomadas via plebiscito ou outras formas de democracia direta.

Uma abordagem imaginativa é sugerida por um programa atual realizado pelos suecos no meio da década de 70, quando o governo recorreu ao público para que participasse na formulação de uma política nacional de energia. Reconhecendo que a maioria dos cidadãos careciam de conhecimento técnico adequado das várias opções da energia, da solar à nuclear ou geotermal, o governo criou um curso de dez horas sobre energia e convidou qualquer sueco que o freqüentasse, ou que tivesse curso equivalente, a fazer recomendações ao governo.

Simultaneamente, sindicatos profissionais, centros de educação de adultos e partidos de um extremo do espectro político ao outro, todos criaram seus cursos de dez horas. Esperava-se que até 10.000 suecos participassem. Com surpresa para todo o mundo, 70.000 a 80.000 acorreram à discussões em casas particulares e instalações comunitárias — o equivalente (em escala americana) a 2.000.000 de cidadãos que tentaram pensar juntos sobre um problema nacional. Sistemas semelhantes poderiam ser empregados para cancelar as objeções ao "sobre-emocionalismo" em plebiscito e outras formas de democracia direta.

A outra objeção também pode ser respondida. Pois as velhas limitações da comunicação não são mais obstáculo para a expansão da democracia direta. Avanços espetaculares na tecnologia de comunicações abrem pela primeira vez uma série de possibilidades para a participação direta do cidadão na tomada de decisões políticas.

Há pouco tempo, tive o prazer de dar o tom a um evento histórico — a primeira "municipalidade eletrônica" do mundo — através do sistema de TV pelo cabo Qube em Columbus, Ohio. Usando este sistema de comunicações interativas, residentes de um pequeno bairro residencial de Columbus tomaram realmente parte, via eletrônica, num *meeting* político da comissão de planejamento local. Apertando um botão em suas salas de estar, eles puderam votar instantaneamente sobre propostas relativas a questões práticas como: zoneamento local, códigos de moradia e uma proposta de construção de uma rodovia. Eles não só puderam votar sim ou não, mas também puderam tomar parte na discussão e falar pelo ar. Apertando um botão, puderam até dizer ao presidente da assembléia quando mudar para o próximo ponto da agenda.

Esta é a primeira indicação, mais primitiva, do potencial de amanhã para a democracia direta. Usando computadores avançados, satélites, telefones, cabo, técnicas de apuração de votos e outros instrumentos, uma coletividade educada de cidadãos, pela primeira vez na História, começa a tomar muitas das suas próprias decisões políticas.

A questão não é isto ou aquilo. Não é uma questão de democracia direta *versus* indireta, representação por si mesmo *versus* representação por outros.

Pois ambos os sistemas têm vantagens, e existem meios altamente criativos, ainda pouco utilizados, de combinar a participação direta do cidadão com "representação" em um novo sistema de democracia semidireta.

Poderíamos, por exemplo, decidir fazer um plebiscito sobre uma questão controversa como o desenvolvimento nuclear, como a Califórnia e a Áustria já fizeram. Em vez de deixar a decisão final diretamente para os eleitores, entretanto, poderíamos querer ainda um corpo representativo — Congresso por exemplo — para debater e finalmente decidir a questão.

Assim, se o público votasse pró-nuclear, um certo "embrulho" predestinado de votos podia ser entregue aos advogados do pró-nuclear no Congresso.

Eles poderiam, com a força da reação popular, receber uma "nesga" automática de 10 por cento ou 25 por cento no próprio Congresso, dependendo da força dos votos pró no plebiscito. Desta maneira, não há implementação puramente automática dos desejos dos cidadãos, mas estes desejos têm realmente algum peso específico. Esta é uma variação da proposta do Plebiscito Nacional mencionada acima.

Muitos outros arranjos imaginosos podem ser inventados para combinar democracia direta ou indireta. Agora mesmo, os membros do Congresso e a maioria de outros parlamentos ou corpos legislativos organizam suas próprias comissões. Não há meio que permita ao cidadão forçar o legislador a criar uma comissão para lidar com alguma questão negligenciada ou altamente controversa. Mas por que os eleitores não haviam de ser empossados diretamente, através de petição, para compelir um corpo legislativo a organizar uma comissão para tratar de tópicos que o público — não os legisladores — considerassem importantes?

Insisto nestas propostas hipotéticas não porque eu as favoreça sem hesitação, mas simplesmente para sublinhar o ponto mais geral: há meios poderosos para abrir e democratizar um sistema que agora está perto do colapso e que poucos, se alguns, sentem adequadamente representado. Mas nós devemos começar a pensar fora dos sulcos dos 300 anos passados. Não podemos mais resolver os nossos problemas com as ideologias, os modelos, ou as estruturas deixadas do passado da Segunda Onda.

Repleto de implicações incertas, tais propostas inéditas garantem cuidadosa experimentação local antes de a aplicarmos em uma escala ampla. Mas seja o que for que sintamos a respeito desta ou daquela sugestão, as velhas objeções à democracia representativa estão ficando mais fortes. Perigosa ou mesmo bizarra como possa parecer a alguns, a democracia semidireta é um princípio moderado que pode ajudar-nos a planejar novas instituições praticáveis para o futuro.

### DIVISÃO DE DECISÃO

Abrir o sistema para mais poder minoritário e permitir aos cidadãos representarem um papel mais direto em sua própria governança são ambas coisas necessárias, mas levam-nos apenas a uma parte do caminho. O terceiro princípio vital para a política de amanhã visa a desintegrar o impasse decisional e colocar as decisões onde devem estar. Isto, não simplesmente baralhar os líderes, é o antídoto para a paralisia política. Eu lhe chamo "divisão de decisão".

Alguns problemas não podem ser resolvidos num nível local. Outros não podem ser resolvidos num nível nacional. Alguns requerem ação em muitos níveis simultaneamente. Além disso, o lugar apropriado para solver um problema não é sempre no mesmo lugar. Ele muda através do tempo.

Para corrigir o impasse da decisão de hoje, resultante de sobrecarga institucional, não precisamos dividir as decisões e redistribuí-las — partilhando-as mais amplamente e mudando o local de tomada de decisão, como os próprios problemas exigem.

Os arranjos políticos de hoje violam insensatamente este princípio. Os problemas mudaram, mas o poder de decidir não mudou. Assim também muitas decisões estão ainda concentradas e a arquitetura institucional é a mais complicada no nível nacional. Ao contrário, não se tomam decisões suficientes no nível transnacional e as estruturas necessárias aí são radicalmente subdesenvolvidas. Além disso, poucas decisões são deixadas para o nível subnacional — regiões, estados, províncias e localidades, ou agrupamentos sociais não-geográficos.

Muitos dos problemas em que os governos nacionais se debatem estão simplesmente, como vimos antes, fora do seu alcance — grandes demais para qualquer governo isoladamente. Por conseguinte, precisamos desesperadamente inventar novas instituições imaginativas no nível transnacional para as quais possam ser transferidas muitas decisões. Não podemos, por exemplo, esperar manejar o poder de longo alcance da companhia transnacional — ela mesma uma rival do estado-nação — através da legislação estritamente nacional. Precisamos de novos arranjos transnacionais para estabelecer e, se necessário, fazer respeitar códigos de conduta de empresa no nível global.

Tomemos a questão da corrupção. As companhias americanas que vendem no exterior são prejudicadas pelas leis anti-suborno dos Estados Unidos porque outros governos permitem, e na realidade encorajam, que seus fabricantes subornem os fregueses estrangeiros. Semelhantemente, companhias multinacionais que procuram políticas ambientais responsáveis continuarão a enfrentar competição desleal de firmas que não terão esse problema enquanto não houver infra-estrutura adequada no nível transnacional.

Precisamos de reservas de comida transnacionais e organizações de socorro para situações aflitivas. Precisamos de agências globais para oferecer advertências prévias sobre ruínas iminentes de colheitas, para controlar o preço de recursos básicos e para controlar a difusão desencadeada do tráfico de armas. Precisamos de consórcios e equipes de organizações não-governamentais para atacar vários problemas globais.

Precisamos de agências muito melhores para regular as moedas descontroladas. Precisaremos de alternativas para o F.M.I., o Banco Mundial, o COMECON, a OTAN e outras instituições do gênero — ou completas transformações de todas elas. Teremos de inventar novas agências para difundir as vantagens e limitar os efeitos secundários da tecnologia. Devemos acelerar a construção de agências transnacionais fortes para governar o espaço exterior e os oceanos. Teremos de vistoriar as ossificadas e burocráticas Nações Unidas da base para cima.

No nível transnacional estamos hoje tão primitivos e subdesenvolvidos politicamente como estávamos ao nível nacional quando a revolução industrial começou há 300 anos. Transferindo algumas decisões para cima a partir do estado-nação, não só tornaremos possível agir eficazmente ao nível onde estão os nossos problemas mais explosivos, mas simultaneamente reduziremos o fardo da decisão no centro sobrecarregado — o estado-nação. A divisão da decisão é essencial.

Mas mudar as decisões para cima na escala é apenas metade da tarefa. É também claramente necessário mudar uma vasta quantidade de tomadas de decisão do centro para baixo.

Novamente a questões não é "isto ou aquilo" na sua natureza. Não é descentralização *versus* centralização em algum sentido absoluto. A questão é redistribuição racional de tomada de decisão num sistema que sobreacentuou a centralização até ao ponto em que novos fluxos de informação estão atolando os tomadores de decisões centrais.

A descentralização política não é garantia da democracia — são possíveis tiranias localistas inteiramente corruptas. Os políticos locais são muitas vezes ainda mais corruptos do que os políticos nacionais. Além do mais, muito disso passa por descentralização — a reorganização do governo de Nixon, por exemplo — é uma espécie de pseudodescentralização para benefício dos centralizadores.

Não obstante, com todas estas cavilhações, não há possibilidade de restituir sentido, ordem e "eficiência" de administração a muitos governos sem uma devolução substancial do poder central. Precisamos dividir a carga da decisão e mudar uma parte significativa dela para baixo.

Isto não é porque anarquistas românticos queiram que restauremos a "democracia de aldeia" ou porque irritados contribuintes prósperos queiram reduzir os serviços de bem-estar dos pobres. A razão é que qualquer estrutura política — mesmo com bancos de computadores IBM/370 — pode manusear apenas tanta informação e não mais, pode produzir apenas uma certa quantidade e qualidade de decisões, e que a implosão decisional levou os governos além deste ponto de fratura.

Além disso, as instituições do governo devem se correlacionar com a estrutura da economia, o sistema de informação e outras características da civilização. Hoje, pouco notada por economistas convencionais, estamos presenciando uma descentralização da produção e da atividade econômica. Com efeito, pode muito bem ser que a unidade básica não seja mais a economia nacional.

O que estamos vendo, como já acentuei, é a emergência de grandes subeconomias regionais, cada vez mais coesivas, dentro de cada economia nacional. Estas subeconomias estão cada vez mais diferentes uma da outra, com problemas vividamente divergentes. Uma pode estar sofrendo de desemprego, outra de escassez de mão-de-obra. A Valônia, na Bélgica, protesta contra o deslocamento da indústria para Flandres; os estados das Montanhas Rochosas recusam-se a se tornarem "colônias de energia" da Costa Oeste.

As políticas econômicas uniformes cunhadas em Washington, Paris ou Bonn têm impactos radicalmente diferentes nestas subeconomias. A mesma política econômica nacional que ajuda uma região ou indústria danifica cada vez mais outras. Por esta razão, uma grande quantidade de feitura política econômica deve ser desnacionalizada e descentralizada.

Ao nível empresarial, não só vemos esforços em descentralização interna (prova disso é uma recente reunião de 280 dos altos executivos da General Motors, que gastaram dois dias discutindo sobre como dissolver padrões burocráticos e mudar mais decisões para fora do centro), mas também e igualmente uma real descentralização geográfica. *Business Week* informa sobre um "pendor geográfico da economia dos Estados Unidos, vendo que mais companhias constroem oficinas e mudam escritórios para partes do país cada vez menos acessíveis".

Tudo isto reflete, em parte, uma gigantesca mudança de fluxos de informação na sociedade. Estamos, como notamos antes, sofrendo uma descentralização de comunicações, enquanto o poder das redes centrais se desvanece. Vemos uma assombrosa proliferação de cabos, cassetes, computadores e sistemas de correio eletrônico particulares, tudo pressionando na mesma direção descentralista.

Não é possível uma sociedade descentralizar a atividade econômica, as comunicações e muitos outros processos sem, mais cedo ou mais tarde, ser igualmente compelida a descentralizar a tomada de decisões do governo.

Tudo isto exige mais do que uma simples maquilagem nas instituições políticas existentes. Isso implica batalhas maciças sobre o controle dos orçamentos, os impostos, a terra, a energia e outros recursos. A divisão da decisão não virá facilmente — mas é inevitável num país supercentralizado após outro.

Até agora, temos olhado a divisão da decisão como o meio de quebrar o gargalo da garrafa, para degelar o sistema político, a fim de que possa funcionar novamente. Mas aqui há muito mais do que os olhos vêem. Pois a aplicação deste princípio faz mais do que reduzir a carga da decisão dos governos nacionais. Num modo fundamental, ele muda a própria estrutura das elites, colocando-as em conformidade com as necessidades da civilização emergente.

O conceito da "carga da decisão" é crucial para alguma compreensão da democracia. Todas as sociedades requerem uma certa quantidade e qualidade de decisões políticas a fim de funcionarem. De fato, cada sociedade tem sua própria estrutura de decisão única. Quanto mais numerosas, variadas, freqüentes e complexas são as decisões para dirigi-la, mais pesada é a sua "carga de decisão" política. E a maneira como esta carga é partilhada influencia fundamentalmente o nível da democracia na sociedade.

Nas sociedades pré-industriais, onde a divisão do trabalho era rudimentar e a mudança lenta, o número de decisões políticas ou administrativas exigido realmente para manter as coisas andando era mínimo. A carga de decisão era pequena. Uma elite minúscula, semi-educada, sem especialização, podia mais ou menos dirigir as coisas sem a ajuda de baixo, carregando toda a carga de decisão por si só.

Em conseqüência disso, as capacidades decisionais dos velhos grupos governantes foram sobrepujadas e novas elites e subelites tiveram de ser recrutadas para arcar com a carga de decisão. Novas instituições políticas revolucionárias tiveram de ser planejadas para esse fim.

À medida que a sociedade industrial se desenvolvia, tornando-se cada vez mais complexa, suas elites integrantes, os "técnicos do poder", foram por sua vez continuamente compelidos a recrutar sangue novo para ajudá-los a carregar a carga de decisão expansiva. Foi este processo, invisível mas inexorável, que atraiu a classe média cada vez mais para a arena política. Foi esta necessidade dilatada para a tomada de decisão que levou a um privilégio sempre mais amplo e criou mais nichos para serem enchidos de baixo.

Muitas das batalhas políticas mais acesas nos países da Segunda Onda — a luta dos negros americanos pela integração, dos sindicalistas profissionais britânicos por oportunidade educacional igual, das mulheres por seus direitos políticos, a velada guerra de classes na Polônia e na União Soviética — diziam respeito à distribuição destas novas fendas na estrutura da elite.

Em dado momento, entretanto, havia um limite definido para quantas pessoas mais podiam ser absorvidas nas elites governantes. E este limite foi essencialmente fixado pelo tamanho da carga de decisão. Por conseguinte a despeito das pretensões meritocráticas da sociedade da Segunda Onda, todas as subpopulações eram classificadas como racistas, sexistas e fundamentos semelhantes. Periodicamente, sempre que uma sociedade saltava para um novo nível de complexidade e a carga de decisão avultava, os grupos excluídos, sentindo as novas oportunidades, intensificavam sua reclamação por iguais direitos, as elites abriam as portas um pouco mais e a sociedade experimentava o que parecia uma onda de nova democratização.

Se este quadro é mesmo grosseiramente correto, ele nos diz que a extensão da democracia depende menos de cultura, menos da classe marxista, menos da coragem no campo de batalha, menos de retórica, menos de vontade política do que a carga de decisão de qualquer sociedade. Uma carga pesada terá finalmente de ser partilhada através de participação democrática. Enquanto a carga de decisão do sistema social se expandir, por conseguinte, a democracia tornar-se-á, não uma questão de escolha, mas de necessidade evolucionária. O sistema não pode funcionar sem isso.

O que isto sugere mais é que poderemos muito bem estar à beira de outro grande salto democrático para a frente. Pois a própria implosão da tomada de decisão, que agora assoberba os nossos presidentes, abre para os primeiros-ministros e governos — pela primeira vez desde a revolução industrial — excitantes perspectivas para uma expansão radical da participação política.

### A SUPERLUTA QUE VIRÁ

A necessidade de novas instituições políticas corresponde exatamente à nossa necessidade de nova família e igualmente novas instituições educativas e empresariais. Isto está profundamente encravado em nossa busca de uma nova base de energia, novas tecnologias e novas indústrias. Reflete as convulsões nas comunicações e a necessidade de reestruturar as relações com o mundo não-industrial. É, em suma, o reflexo político das mudanças aceleradoras em todas estas esferas diferentes.

Sem ver estas relações, é impossível dar sentido aos cabeçalhos em volta de nós. Pois hoje o conflito político mais importante não é mais entre ricos e pobres, entre grupos étnicos opressores e oprimidos, ou entre capitalistas e comunistas. A luta decisiva hoje é entre os que tentam escorar e preservar a sociedade industrial e os que estão prontos a avançar além disso. Esta é a superluta para amanhã.

Outros conflitos mais tradicionais entre classes, raças e ideologias não se desvanecerão. Poderão até — como sugerimos antes — ficar mais violentos, especialmente se sofrermos turbulência econômica em grande escala. Mas todos estes conflitos serão absorvidos e diluídos na superluta que surgirá através de toda a atividade humana, da arte e o sexo ao comércio e às eleições.

É por isto que encontramos duas guerras políticas se travando em volta de nós simultaneamente. A um nível, vemos um choque político tradicional, com grupos da Segunda Onda batalhando um contra o outro por ganho imediato. A um nível mais fundo, entretanto, estes grupos tradicionais da Segunda Onda cooperam para se oporem às novas forças políticas da Terceira Onda.

Esta análise explica por que os nossos partidos políticos existentes, tão obsoletos em estrutura como em ideologia, parecem tanto com imagens borradas uns dos outros. Democratas e Republicanos, *Tories* e Trabalhistas, Democratas Cristãos e Gaullistas, Liberais e Socialistas, Comunistas e Conservadores, são todos — apesar de suas diferenças — partidos da Segunda Onda. Todos eles, enquanto trapaceiam pelo poder dentro deles, estão basicamente comprometidos para preservar a ordem industrial moribunda.

Dito de maneira diferente, o desenvolvimento político mais importante do nosso tempo é o surgimento em nosso meio de dois campos básicos, um comprometido com a civilização da Segunda Onda, o outro com a Terceira. Um é tenazmente dedicado a preservar as instituições centrais da sociedade industrial de massa — a família nuclear, o sistema de educação em massa, a companhia gigantesca, o sindicato profissional de massa, o estado-nação centralizado e a política do governo pseudo-representativo. O outro reconhece que os problemas mais urgentes da atualidade, da energia, guerra e pobreza à degradação ecológica e ao colapso das relações familiares, não podem mais ser resolvidos dentro da estrutura de uma civilização industrial.

As linhas entre estes dois campos ainda não estão traçadas nitidamente. Como indivíduos, a maioria de nós está dividida, com um pé em cada lado. As questões ainda parecem obscuras e desligadas umas das outras. Além disso, cada campo é composto de muitos grupos concentrados em seu interesse próprio acanhadamente percebido, sem qualquer visão mais além. Tampouco qualquer dos lados tem um monopólio de virtude moral. Há pessoas decentes enfileiradas de ambos os lados. Não obstante, as diferenças entre estas formações políticas da subsuperfície são enormes.

Os defensores da Segunda Onda lutam tipicamente contra o poder minoritário; zombam da democracia direta como "populismo"; resistem à descentralização, ao regionalismo e à diversidade; opõem-se aos esforços para desmassificar as escolas; lutam para preservar um sistema de energia retrógrado; endeusam a família nuclear, ridicularizam as preocupações ecológicas, pregam o nacionalismo da era industrial tradicional e opõem-se a mudar para uma ordem econômica num mundo mais eqüitativo.

Ao contrário, as forças da Terceira Onda favorecem uma democracia de poder de minoria partilhado; estão preparadas para experimentar uma democracia mais direta; favorecem tanto o transnacionalismo como uma devolução fundamental do poder. Exigem a destruição das burocracias gigantescas. Exigem um sistema de energia renovável e menos centralizado. Querem opções legítimas para a família nuclear. Lutam por menos padronização, mais individualização nas escolas. Colocam uma alta prioridade nos problemas ambientais. Reconhecem a necessidade de reestruturar a economia numa base mais equilibrada e justa.

Acima de tudo, enquanto os defensores da Segunda Onda jogam o jogo político convencional, a gente da Terceira Onda desconfia de todos os candidatos e partidos políticos (mesmo os novos) e sentem que não se podem tomar decisões políticas cruciais dentro da atual estrutura política.

O campo da Segunda Onda ainda compreende uma maioria dos detentores nominais de poder em nossa sociedade — políticos, negociantes, líderes de sindicato, educadores, os chefes dos veículos de comunicações em massa — embora muitos deles estejam profundamente perturbados pelas impropriedades das opiniões mundiais da Segunda Onda. Numericamente, o campo da Segunda Onda ainda afirma, sem dúvida, que tem igualmente o apoio inconsciente dos cidadãos mais comuns, a despeito do pessimismo e a desilusão que se difundem rapidamente nas fileiras deles.

Os advogados da Terceira Onda são mais difíceis de caracterizar. Alguns chefiam grandes companhias enquanto outros são zelosos consumidoristas antiempresariais. Alguns são preocupados ambientalistas; outros estão mais preocupados com as questões dos papéis sexuais, a vida familiar ou o desenvolvimento pessoal. Alguns concentram toda a sua atenção no desenvolvimento de formas alternativas de energia; outros excitam-se principalmente pela promessa democrática da revolução das comunicações.

Alguns são atraídos pela "direita" da Segunda Onda, a outros pela "esquerda" da Segunda Onda — livres mercadores e libertários, neo-socialistas, feministas e ativistas dos direitos civis, antigos *hippies*. Alguns são ativistas há muito tempo no movimento de paz; outros nunca tomaram parte em passeatas ou fizeram qualquer manifestação sobre qualquer coisa em suas vidas. Alguns são religiosos devotos, outros ateus empedernidos.

As pessoas eruditas poderão discutir extensamente sobre se um grupo aparentemente tão informe constitui ou não uma "classe" ou se, no caso afirmativo, é uma "nova classe" de trabalhadores em informação, intelectuais e técnicos. Claro que muitos do campo da Terceira Onda são universitários, pessoas da classe média. Muitos estão diretamente empenhados na produção e disseminação de informação, ou nos serviços e, torcendo a palavra, provavelmente poder-se-ia chamá-los uma classe. Isso, entretanto, obscurece mais do que revela.

Pois entre os grupos que fazem pressão para a desmassificação da sociedade industrial contam-se minorias étnicas relativamente sem educação, cujos membros dificilmente se encaixariam na imagem do trabalhador educado, portador da pasta de executivo.

Como se caracterizam as mulheres que lutam para romper os papéis em que as confiram na sociedade da Segunda Onda? Como se descrevem, além disso, os milhões em rápida expansão no movimento de faça-você-mesmo? E que dizer de muitos dos "oprimidos psicologicamente" — os milhões de vítimas da epidemia da solidão, as famílias desfeitas, os pais sem par, as minorias sexuais

— que não têm exatamente uma noção de classe? Tais grupos vêm de todas as categorias e ocupações na sociedade e, entretanto, são fontes importantes de força para o movimento da Terceira Onda.

Com efeito, mesmo o termo *movimento* pode ser enganoso — em parte porque implica um nível mais alto de consciência partilhada do que existe até aqui, em parte porque a gente da Terceira Onda desconfia especialmente de todos os movimentos de massa do passado.

Não obstante, quer eles compreendam uma classe, um movimento, ou simplesmente uma configuração cambiante de indivíduos e grupos transitórios, todos compartilham uma desilusão radical com as velhas instituições — um reconhecimento comum de que o velho sistema está quebrado e sem conserto.

Conseqüentemente, a superluta entre estas forças da Segunda e da Terceira Onda passa como uma linha denteada através de classe e partido, através de grupos etários e étnicos, preferências sexuais e subculturas. Ela reorganiza e realinha a nossa vida política. E, em vez de uma sociedade futura harmoniosa, sem classes, livre de conflitos, não-ideológica, aponta crises crescentes e profunda inquietação social no futuro próximo. Violentas batalhas políticas se travarão em muitas nações, não apenas por causa de quem se beneficiará com o que sobrou da sociedade industrial, mas por causa de quem tomará parte e, finalmente, controlará sua sucessora.

Esta pungente superluta influenciará decisivamente a política de amanhã e a própria forma da nova civilização. É como um *partisan* nesta superluta, consciente ou inconsciente, que cada um de nós representa um papel. O papel pode ser destrutivo ou criativo.

### UM DESTINO A CRIAR

Algumas gerações nasceram para criar, outras para manter uma civilização. As gerações que lançaram a Segunda Onda da mudança histórica foram compelidas, por força das circunstâncias, à criatividade. Os Montesquieus, os Mills e os Madisons inventaram a maior parte das formas políticas que ainda tomamos como certas. Colhidos entre duas civilizações, o destino deles foi criar.

Hoje, em todas as esferas da vida social, nas nossas famílias, nossas escolas, nossos negócios e igrejas, nos nossos sistemas de energia e comunicações, enfrentamos a necessidade de criar novas formas da Terceira Onda e milhões de pessoas em muitos países já estão começando a fazê-lo. Em parte alguma, entretanto, está a obsolescência mais avançada ou mais perigosa do que na nossa vida política. E em campo algum encontramos hoje menos imaginação, menos experimentação, menos disposição para contemplar mudança fundamental.

Mesmo pessoas que são ousadamente inovadoras em seu próprio trabalho – em seus escritórios de advogados ou laboratórios, suas cozinhas, salas de aula ou companhias — parecem congelar-se diante de qualquer sugestão de que a nossa Constituição ou estruturas políticas estão obsoletas e precisam de revisão radical. Tão assustadora é a perspectiva de profunda mudança política, com os riscos que a acompanham, que o *status quo*, por mais surrealista e opressivo que seja, subitamente parece o melhor de todos os mundos possíveis.

Inversamente, temos em todas as sociedades uma orla de pseudo-revolucionários, embebidos em pressuposições obsoletas da Segunda Onda, para quem nenhuma mudança proposta é bastante radical. Arcaico-marxistas, anarquistas românticos, fanáticos direitistas, guerrilheiros de poltrona, honestos terroristas graças a Deus, sonhando com tecnocracias totalitárias ou utopias medievais. Mesmo quando penetramos numa zona histórica, eles alimentam sonhos de revolução tirados das páginas amareladas de opúsculos políticos de ontem.

Entretanto, o que nos aguarda à frente enquanto a superluta se intensifica não é um *replay* de qualquer drama revolucionário anterior — nenhuma derrubada, dirigida centralmente das elites governantes por algum "partido de vanguarda" com as massas a reboque; nenhum levante de massa espontâneo, supostamente catártico, desencadeado por terrorismo. A criação de novas estruturas políticas por uma civilização da Terceira Onda não virá em uma convulsão social climática única, mas como conseqüência de mil inovações e colisões a muitos níveis em muitos lugares, através de um período de décadas.

Isto não exclui a possibilidade de violência ao longo do caminho para amanhã. A transição da civilização da Primeira Onda para a Segunda Onda foi um longo e sangrento drama de guerras, revoltas, fomes, migrações forçadas, golpes de estado e calamidades. Hoje as paradas são muito mais altas, o tempo mais curto, a aceleração maior, os perigos ainda mais amplos.

Muito depende da flexibilidade e inteligência das elites, subelites e superelites. Se estes grupos revelarem ser tão míopes, destituídos de imaginação e assustados como a maioria dos grupos governantes no passado, eles resistirão rigidamente à Terceira Onda e, desse modo, enfrentarão os riscos da violência de sua própria destruição.

Se, ao contrário, correrem com a Terceira Onda, se reconhecerem a necessidade de uma democracia dilatada, eles poderão de fato juntar-se ao processo de criar uma civilização da Terceira Onda, assim como as elites mais inteligentes da Primeira Onda previram a vinda da sociedade industrial tecnologicamente baseada e juntaram-se à sua criação.

A maioria de nós sabe, ou sente, quanto é perigoso o mundo em que vivemos. Sabemos que a instabilidade social e as incertezas políticas podem desencadear energias selvagens. Sabemos o que guerra e cataclisma econômico significam e lembramo-nos de com quanta freqüência o totalitarismo brotou de nobres intenções e colapso social. O que a maioria das pessoas parece ignorar, entretanto, são as diferenças positivas entre presente e passado.

As circunstâncias diferem de país para país, mas nunca na História houve tantas pessoas razoavelmente instruídas, armadas coletivamente com um âmbito tão incrível de conhecimentos. Nunca tantos gozaram de um nível tão alto de abastança, precária talvez, mas ampla bastante para lhe permitir tempo e energia para preocupação e ação cívicas. Nunca tantos puderam viajar, comunicar-se e aprender tanto de outras culturas. Acima de tudo, nunca tantos tiveram tanto a ganhar pela garantia de que as mudanças necessárias, embora profundas, podem ser feitas pacificamente.

As elites, por mais esclarecidas que sejam, não podem fazer por si mesmas uma civilização. Serão requeridas as energias de todas as pessoas. Mas essas energias estão à disposição, esperando para serem extraídas. Com efeito, se nós, particularmente nos países de alta tecnologia, tomarmos como alvo explícito para a próxima geração a criação de instituições e constituições totalmente novas, poderíamos liberar alguma coisa muito mais poderosa mesmo do que a energia: a imaginação coletiva.

Quanto antes começarmos a projetar instituições políticas alternativas baseadas nos três princípios descritos acima — poder minoritário, democracia semidireta e a divisão de decisão — melhores serão as nossas probabilidades de uma transição pacífica. É a tentativa de bloquear tais mudanças, não as próprias mudanças, que levanta o nível do risco. É a tentativa cega de defender a obsolescência que cria o perigo do derramamento de sangue.

Isto significa que para *evitar* convulsão social violenta devemos começar agora a focalizar o problema da obsolescência política estrutural ao redor do mundo. E devemos levar esta questão não apenas aos peritos, aos constitucionalistas, aos advogados e aos políticos, mas ao próprio público — às organizações cívicas, aos sindicatos profissionais, às igrejas, aos grupos de mulheres, às minorias étnicas e raciais, aos cientistas e às donas-de-casa e aos negociantes.

Devemos, como primeiro passo, lançar o mais amplo debate público sobre a necessidade de um novo sistema político sintonizado com as necessidades da civilização da Terceira Onda. Precisamos de conferências, programas de televisão, debates, exercícios de simulação, arremedos de convenções constitucionais para gerar a mais vasta série de propostas para reestruturação, para desencadear uma enchente de idéias novas. Devíamos estar preparados para usar os instrumentos mais avançados à nossa disposição, de satélites e computadores a vídeo-disco e televisão interativa.

Ninguém sabe detalhadamente o que o futuro reserva ou o que funcionará melhor numa sociedade da Terceira Onda. Por esta razão, devemos pensar não numa reorganização maciça única ou numa mudança revolucionária, cataclísmica única, imposta do topo, mas em milhares de experiências descentraliza-

-das, conscientes, que nos permitam ensaiar novos modelos de tomada de decisão política em níveis local e regional antes de sua aplicação aos níveis nacional e transnacional.

Mas, ao mesmo tempo, devemos também começar a construir um distrito eleitoral para experimentação semelhante — e replanejamento radical — de instituições igualmente aos níveis nacional e transnacional. A desilusão generalizada da atualidade, a raiva e a amargura contra os governos do mundo da Segunda Onda pode ou ser levada ao frenesi fanático por demagogos que clamam pela liderança autoritária ou pode ser mobilizada pelo processo da reconstrução democrática.

Lançando um vasto processo de aprendizado social — uma experimentação em democracia antecipada em muitas nações ao mesmo tempo — podemos desviar o empuxão totalitário. Podemos preparar milhões para as deslocações e perigosas crises que estão diante de nós. E podemos colocar pressão estratégica em sistemas políticos existentes para acelerar as mudanças necessárias.

Sem esta tremenda pressão de baixo, não deveríamos esperar muitos dos líderes nominais de hoje — presidentes e políticos, senadores e membros da comissão central — para desafiar as próprias instituições que, por mais obsoletas que sejam, lhes dão prestígio, dinheiro, e a ilusão, se não a realidade, de poder. Alguns políticos ou funcionários de visão larga, incomum, darão seu apoio precoce à luta pela transformação política. Mas a maioria só se mexerá quando as exigências externas forem irresistíveis ou quando a crise já estiver avançada e tão perto da violência que eles não verão alternativa.

A responsabilidade da mudança, por conseguinte, está em nós. Devemos começar com nós mesmos, ensinando-nos a não fechar as nossas mentes prematuramente à novidade, ao surpreendente, ao aparentemente radical. Isto significa repelir os assassinos de idéias que arremetem para matar qualquer nova sugestão, alegando sua impraticabilidade, enquanto defendem o que quer que exista agora como prático, por mais absurdo, opressivo ou impraticável que possa ser. Significa lutar pela liberdade de expressão — o direito das pessoas de exporem suas idéias, mesmo que sejam heréticas.

Acima de tudo, significa começar este processo de reconstrução agora antes que a maior desintegração dos sistemas políticos existentes envie as forças da tirania a marchar pelas ruas e tornem impossível uma transição pacífica para a Democracia do Século XXI.

Se começarmos agora, nós e nossos filhos poderemos tomar parte na excitante reconstituição, não apenas das nossas estruturas políticas obsoletas, mas da própria civilização.

Como a geração dos mortos revolucionários, nós temos um destino a criar.

# AGRADECIMENTOS

Para escrever *A Terceira Onda* tenho me servido de várias correntes de informação. A primeira e mais convencional vem da leitura de livros, diários, jornais, relatórios, documentos, revistas e monografias de muitos países. A segunda tem sua fonte em entrevistas com realizadores de mudanças em redor do mundo. Tenho-os visitado em seus laboratórios, suítes de executivos, salas de aula e estúdios e eles têm sido generosos com seu tempo e suas idéias. Eles vão de peritos de família e físicos a membros de Gabinete e primeiros-ministros.

Finalmente, enquanto viajo tenho me fiado no que espero sejam olhos e ouvidos atentos. Freqüentemente, a experiência de primeira mão ou conversa casual derrama uma luz reveladora na abstração. Um chofer de táxi numa capital da América Latina disse-me mais que todas as joviais estatísticas de seu governo. Quando lhe perguntei por que o seu povo não fazia alguma coisa para protestar contra o índice vertiginoso de inflação, ele apenas fez com a boca um ruído de metralhadora.

Evidentemente, é-me impossível agradecer individualmente a todas as pessoas que têm sido prestativas para mim. Três amigos, entretanto, Donald F. Klein, Harold L. Strudler e Robert I. Weingarten, deram-se ao trabalho de ler todo o manuscrito e de oferecer críticas e conselhos inteligentes.

Além disso, Lea Guyer Gordon e Eleanor Nadler Schwartz, que estão sem dúvida entre as melhores e mais profissionais pesquisadoras editoriais, verificaram os dados de todo o manuscrito para corrigir imprecisões. A Sra. Schwartz acompanhou até os últimos e atormentados dias para dar assistência bem-humorada, e além da exigência do dever, durante a preparação do original para o editor. Agradecimentos especiais devo também a Betsy Cenedella, de William Morrow, pela leitura incansável e correções da composição. Finalmente, a Karen Toffler, que ajudou a construir o livro do começo ao fim.

É desnecessário dizer que só eu sou responsável por quaisquer erros que haja nestas páginas, apesar dos melhores esforços para evitá-los.

# NOTAS

*Os números entre colchetes [ ] indicam os itens relacionados na Bibliografia aqui publicada. Assim, por exemplo, nas Notas, [1] refere-se ao primeiro item da Bibliografia:* Boucher, François, *20.000 Years of Fashion.*

CAPÍTULO 1

PÁGINA

*23* Sobre as origens da agricultura, ver Cipolla, [103], pg. 18.

*23* Para vários termos usados para descrever a sociedade emergente, ver Brzezinski, [200], e Bell, [198]. Bell faz o termo "pós-industrial" remontar ao seu uso por um escritor inglês chamado Arthur J. Penty, em 1917. Para a terminologia marxista ver [211].

*23* Escrevi sobre "a civilização superindustrial" em [502] e [150].

*27* As tribos sem agricultura são descritas em, entre outras fontes, Niedergrang, [95]; e também Cotlow, [74].

CAPÍTULO 2

*36* Para o comércio marítimo ver [504], pg. 3. O inteligente livro de Geoffrey Blainey analisa os efeitos do isolamento e as distâncias continentais para o desenvolvimento da Austrália.

*36* As fábricas gregas são mencionadas brevemente em [237], pg. 40.

*36* Sobre o início das perfurações para a extração de petróleo [155], pg. 30.

*36* As burocracias antigas são descritas em [17], Vol. 1, pg. 34.

*36* A máquina a vapor alexandrina é mencionada num capítulo de Ralph Linton em [494], pg. 435; também Lilley, [453], pgs. 35-36.

*36* Sobre a civilização pré-industrial, ver [171], pg. 15.

*37* Sobre a Era Meiji do Japão: [262], pg. 307.

*39* Estimativas da população eqüina e bovina na Europa encontram-se em [244], pg. 257.

PÁGINA

*39* A máquina a vapor de Newcomen é descrita em Lilley, [453], pg. 94, e Cardwell, [433], pg. 69.

*39* Vitrúvio é citado em [171], pg. 23.

*39* Instrumentos de precisão: [438]. Prefácio e Introdução.

*39* O papel das máquinas-ferramentas é discutido em [237], pg. 41.

*40* O comércio primitivo é pitorescamente representado em [259], pgs. 67-71.

*41* Os avanços na distribuição em massa são descritos em [29], pg. 85. Para a fundação da cadeia da A & P, ver pgs. 159 e 162.

*41* Sobre as primitivas famílias multigeracionais ver [191], Vol. I, pg. 64.

*41* A imobilidade da família agrícola é descrita em [508], pg. 196.

*42* Andrew Ure é citado em [266], pgs. 359-360.

*42* O ensino escolar no século XIX nos E.U.A. é discutido em [528], pgs. 450-451.

*43* A extensão crescente do ano letivo é tirado de *Historical Statistics of United States*, pg. 207.

*43* Sobre o ensino compulsório ver [528], pg. 391.

*43* Dewing é de [14], pg. 15.

*43* O número de companhias antes de 1800 é citado em [101], pg. 657

*44* A imortalidade das companhias foi estabelecida pelo Presidente do Supremo Tribunal dos Estados Unidos, John Marshall, em *Dartmouth College v. Woodward*, 4 Wheat. 518, 4 L. Ed. 629(1819).

*44* As companhias socialistas são assunto de um ensaio de Leon Smolinski em *Survey* (Londres), inverno de 1974.

*44* Nas nações industriais socialistas da Europa Oriental, como na União Soviética, a forma dominante é a chamada "empresa dominante" — mais precisamente descrita como a "companhia socialista". A empresa de produção é tipicamente possuída pelo estado mais do que por investidores particulares, e é sujeita a controles políticos diretos na estrutura de uma economia planejada. Mas, como a companhia capitalista, suas funções primordiais são concentrar capital e organizar produção em massa. Além disso, como suas equivalentes capitalistas, molda as vidas de seus empregados; exerce poderosa influência política informal; cria uma nova elite administrativa; firma-se nos métodos administrativos burocráticos; racionaliza a produção. Sua posição na ordem social foi — e é — não menos central.

*45* A evolução da orquestra é descrita em Sachs, [7], pg. 389, e em Mueller, [6].

*46* A história do Correio é o assunto de um livro de Zilliacus, [56]; ver pg. 21.

*46* O peã de Edward Everett ao Correio está em [385], pg. 257.

*47* A avalanche mundial de correspondência é descrita em [41], pg. 34. Ver também o *UNESCO Statistical Yearbook* para 1965, pg. 482.

*47* Sobre o telefone e o telégrafo, ver Singer, [54], pgs. 18-19. Também Walker, [268], pg. 261.

*47* As estatísticas telefônicas são de [39], pg. 802.

*48* Servan-Schreiber é citado de [52], p. 45.

*49* Uma história de socialismo utópico encontra-se em [476], Capítulo 8.

CAPÍTULO 3

*51* O papel do mercado é discutido na fecunda obra de Polanyi, [115], pg. 49.

*51* A praça do mercado de Tlatelolco é descrita vividamente em [246], pg. 13

PÁGINA

*51* Comentários sobre o mercador de pimenta encontram-se em [259], pgs. 64-71.

*51* Braudel é de sua obra magnífica [245], Vol. I, pgs. 247, 425.

*51* Sobre a fusão de produção e consumo, ver [265], pg. 30.

*52* O papel social e político do consumidor é brilhantemente explorado na obra esquecida de Horace M. Kallen, [61], pg. 23.

*55* Devo ao meu amigo Bertrand de Jouvenel a observação de que a mesma pessoa é puxada em direções psicológicas opostas pelos papéis de trabalhador e consumidor.

*57* Sobre a objetividade-subjetividade: a idéia me foi sugerida inicialmente por um leitor de Zaratsky [196].

## CAPÍTULO 4

*60* A história de Theodore Vail está em [50]. Vail foi uma figura formidável, cuja carreira nos revela muito sobre o desenvolvimento industrial em seus primórdios.

*60* A influência de Frederick Winslow Taylor é descrita em Friedmann, [79], e Dickson, [525]. Também na Coleção Taylor, do Stevens Institute of Technology. A opinião de Lenin sobre o taylorismo é de [79], pg. 271.

*60* A prova de inteligência padronizada é descrita em [527], pgs. 226-227.

*61* Sobre a repressão das línguas de minorias, ver Thomas, [290], pg. 31. Também "Desafio ao Estado-Nação", *Time* (edição européia), 27 de outubro de 1975.

*61* Os atos da Revolução Francesa com respeito ao sistema métrico e ao novo calendário são descritos em Morazé, [260], pgs. 97-98; e Klein, [449], pg. 117.

*61* O dinheiro cunhado particularmente e a padronização da moeda são de [144], pgs. 10, 33.

*61* Sobre a política de preço fixo ver [29].

*62* *The Advantages of the East India Trade* é citado em [138], Vol. I, pg. 330.

*62* As bens conhecidas observações de Adam Smith sobre o fabricante de alfinetes estão em [149], pgs. 3-7.

Smith atribuiu o surpreendente aumento da produtividade à destreza adquirida pelo trabalhador que se especializava, ao tempo economizado por não ter de passar de tarefa para tarefa e às melhorias que o trabalhador especializado podia fazer em suas ferramentas. Mas Smith reconhecia claramente o que se encontrava no centro das coisas: o mercado. Sem mercado para ligar produtor a consumidor, quem iria precisar de 48.000 alfinetes por dia, ou quem os quereria? E, continuou Smith, quanto maior fosse a praça do mercado, mais especialização podia esperar-se.

Smith tinha razão.

*62* Os frios cálculos de Henry Ford são de sua autobiografia [42], pgs. 108-109.

*63* O número de ocupações é de *Dictionary of Occupational Titles* publicado pelo Ministério do Trabalho dos E.U.A., 1977.

*63* Lenin: de Christman, [474], pg. 137.

*64* O papel sincronizador das canções de trabalho de [8], pg. 18.

*64* A citação de E. P. Thompson é de "Tempo, Disciplina de Trabalho e Capitalismo Industrial", *Past and Present* (Londres), N.° 38.

*66* Stan Cohen fez esta observação num comentário do livro de David J. Rothman, *The Discovery of the Asylum*, em *New Society* (Londres), 7 de fevereiro de 1974.

*66* Os números da produção de automóveis européia são de [126], pg. 3917.

PÁGINA

66 A concentração das indústrias de alumínio, cigarros e comida de desjejum é de *Industry Survey* de Standard & Poor, 1978. 1979. A concentração da indústria da cerveja é de "Novo Plano de Sobrevivência para a Cerveja Olympia", *The New York Times*, 15 de maio de 1979.

66 A concentração industrial alemã é documentada em [126], pg. 3972.

66 O processo de concentração na indústria produziu sua imagem refletida no movimento trabalhista. Como em muitos países os sindicatos enfrentaram monopólios e trustes cada vez maiores, também eles se consolidaram. Depois da passagem do século os Trabalhadores Industriais do Mundo — os chamados *Wobblies* — expressaram o ímpeto concentrativo numa campanha pelo que eles chamaram "O.B.U." (One Big Union) — Um Grande Sindicato.

67 Para a concentração, como a viam os marxistas, ver Leon M. Herman, em "O Culto da Grandeza no Planejamento Econômico Soviético" [126], p. 4349 e continuação.

Este ensaio compreende uma bem conhecida citação do socialista Daniel De Leon que, ao terminar o último século, argumentou que "a escada pela qual a humanidade subiu para a civilização é a progressão nos métodos de produção, o poder crescente dos instrumentos produtivos. O truste ocupa o topo máximo desta escada. A tempestade social dos nossos tempos ruge precisamente em volta do truste. A classe capitalista está tentando retê-lo para seu uso exclusivo. A classe média tenta rompê-lo, retardando assim o curso da civilização. O proletariado impõe-se com o objetivo de preservá-lo, melhorá-lo e torná-lo acessível para todo o mundo".

67 O artigo de N. Lelyukhina é reproduzido em [126], pg. 4362 e continuação.

67 A canção de Matsushita é citada de "O Dilema Japonês" de Willard Barber, *Survey* (Londres), outono de 1972.

68 O número de empregados da AT & T é tirado de [39], pg. 702.

68 As estatísticas da força de trabalho francesa encontram-se em [126], pg. 3958.

68 Sobre a concentração soviética e a "gigantomania", ver [126] pgs. 4346-4352.

Quando escrevo isto os Sovietes estão correndo para completar a maior instalação de uma fábrica de caminhões, que exigirá toda uma nova cidade de 160.000 habitantes com um complexo de oficinas e correias transportadoras e que se estenderá por mais de 100 quilômetros quadrados, uma área quase duas vezes o tamanho da ilha de Manhattan. O complexo de caminhões é descrito na vívida reportagem de Hendrick Smith, [484], pgs. 58, 59, 106 e 220. Smith diz que os Sovietes "têm um amor texano à grandeza exagerada que suplanta o amor americano à grandeza, tanto como a ética do desenvolvimento nacional econômico soviético suplantou a hoje abalada fé americana nas bênçãos automáticas do crescimento econômico".

69 Com respeito à procura do PNB, uma fantasia divertida sugere que as mulheres façam o trabalho doméstico umas das outras e paguem umas às outras. Se cada Susie Smith pagar a cada Barbara Brown cem dólares por semana para cuidar de sua casa e de suas crianças, recebendo o equivalente por fazer os mesmos serviços para a outra, o impacto no Produto Nacional Bruto será espantoso. Se 50 milhões de donas-de-casa estivessem empenhadas nesta transação maluca, o PNB dos E.U.A. aumentaria 10 por cento do dia para a noite.

69 A capitalização das oficinas americanas em 1850 e as inovações da administração das estradas de ferro são de Alfred D. Chandler, Jr. e Stephen Salisbury, "Inovações na Administração Comercial", em [454], pgs. 130, 138-141.

*70* No caso dum governo central forte ver [389], pg. 20.

*70* Em seu livro *The Imperial Presidency* [398], Shlesinger diz: "Deve-se dizer que os historiadores e os cientistas políticos, este escritor entre eles, contribuíram para a elevação da mística presidencial."

*70* A reação dos governos ao protesto político está em [482], pgs. 189-190.

*71* Marx é citado de Christman, [474], pg. 359; Engels, pg. 324.

*71* O advento do sistema bancário central na Grã-Bretanha, na França e na Alemanha é historiado por Galbraith em [127], pgs. 31-35 e 39-41.

*71* A luta de Hamilton para criar um banco nacional é narrada em [254], pg. 187.

CAPÍTULO 5

*75* Blumenthal é citado em [22], pg. 46.

*75* O nascimento da elite integracional nas nações socialistas é o assunto de vasta literatura. Para as opiniões de Lenin ver [480], pgs. 102-105; Trotsky é de [475], pg. 30, e [487], pgs. 138, 249; Djilas foi encarcerado por seu livro *The New Class*, [332]; a queixa do próprio Tito sobre a tecnocracia está em "A Estratificação Social e a Sociologia na União Soviética" por Seymour Martin Lipset e Richard B. Dobson, em *Survey* (Londres), verão de 1973.

Desde que o livro pioneiro de James Burnham, *The Managerial Revolution* [330], apareceu em 1941, surgiu toda uma literatura descrevendo o acesso desta nova elite de integradores ao poder. Ver *Power Without Property* por A. A. Berle, Jr., em *The New Industrial State*, John Kenneth Galbraith desenvolveu mais a idéia, cunhando o termo "tecnostrutura" para descrever a nova elite.

CAPÍTULO 6

*82* Sobre a síntese de Newton, ver [433], pg. 48.

*82* De La Mettrie é citado de *Man a Machine*, [302], pg. 93.

*82* Adam Smith, sobre a economia como sistema, é de "Regras Operatórias para o Planeta Terra", de Sam Love, em *Environmental Action*, 24 de novembro de 1973; a citação de Smith é de sua obra publicada postumamente [148], pg. 60.

*82* Madison é citado de [398].

*82* Sobre Jefferson ver [392], pg. 161.

*82* Lorde Cromer é citado em [96], pg. 44.

*82* Sobre Lenin, ver [480], pg. 163. Trotsky é citado de [486], pgs. 5, 14.

*84* A observaçao de Bihari é de seu livro [347], pgs. 102-103.

*84* Para V. G. Afanasyev ver [344], pgs. 186-187.

*84* O número de funcionários públicos eleitos é dado em [334], pg. 167.

CAPÍTULO 7

*89* A tentativa de tomar o governo de Ábaco é descrita em "A Espantosa Cabriola de um Novo País", de Andrew St. George, em *Esquire*, fevereiro de 1975.

PÁGINA

*90* Finer é de "O Fetiche das Fronteiras", em *New Society* (Londres), 4 de setembro de 1975.

*90* Sobre a colcha de retalhos de pequenas comunidades em impérios, ver Braudel, [245], Vol 2, Capítulo IV. Também Bottomore, [490], pg. 95.

*90* A queixa de Voltaire é citada em Morazé, [260], pg. 95.

*91* Sobre os 350 mini-estados da Alemanha: [295], pg. 13.

*91* Várias definições do estado-nação são de [277], pgs. 19 e 23.

*91* Ortega [341], pg. 171.

*92* Para as datas das primeiras estradas ver [55], pg. 13.

*92* Morazé: [260], pg. 154.

*93* Para Mazlish ver [454], pg. 29.

## CAPÍTULO 8

*95* Produtos alimentícios do exterior: [119], pg. 11.

*95* Chamberlain e Ferry são citados em Birnie, [100], pgs. 242-243.

*96* Sobre os dervixes e outras vítimas da metralhadora ver a magnífica monografia de John Ellis, [436].

*96* Ref. a Ricardo sobre especialização, [77], Introdução, pgs. XII-XIII.

*99* O valor do comércio mundial é de [119], pg. 7.

*99* A história da margarina é contada por Magnus Pyke em [461], pg. 7 e continuação.

*100* Sobre a escravização dos índios amazônicos, ver Cotlow, [74], pgs. 5-6. O assunto é tratado em maiores detalhes em Bodard, [70].

*100* Woodruff é citado de [119], pg. 5.

*190* Sobre o controle político europeu: [497], pg. 6.

*101* O comércio mundial entre 1913 e 1950 é descrito em [109], pgs. 222-223.

*102* Criação do F.M.I.: [109], pg. 240.

*102* Sobre reservas em ouro nos E.U.A. e os empréstimos do Banco Mundial a países menos desenvolvidos, ver [87], pgs. 63, 91.

*103* Sobre as opiniões de Lenin, ver [89]; também Cohen, [73], pgs. 36, 45-47. Os argumentos de Lenin e a citação de Senin são de [146], pg. 22-23.

*103* A luta política na China atualmente pode ser vista como um conflito sobre se ela deve fazer ou comprar. Um lado, incertamente chamado os radicais, favorece a auto-suficiência e o desenvolvimento interno; o outro o comércio livre com o mundo exterior. A idéia de auto-suficiência chamará maior atenção entre as nações não-industriais, quando estas vierem a reconhecer os custos ocultos de entrar numa economia mundial integrada que sirva às nações da Segunda Onda.

*104* Sobre as compras soviéticas da bauxita da Guiné ver "Sucesso Cria Sucesso", em *The Economist,* 2 de dezembro de 1978; as compras soviéticas da Índia, do Irã e do Afeganistão são relacionadas em "Como a Rússia Governa o Terceiro Mundo", em *To The Point* (Sandton, Transvaal, África do Sul), 23 de fevereiro de 1979. Este semanário sul-africano, apesar de sua evidente ideologia tendenciosa, proporciona uma pesada cobertura do Terceiro Mundo, especialmente a África.

*104* Para o imperialismo soviético, ver também Edward Grankshaw em [80], pg. 713.

*105* Sherman é citado de [147], pgs. 316-317.

*105* Para um informe sobre o COMECON, ver "COMECON Blues" por Nora Beloff, em *Foreign Policy,* verão de 1978.

CAPÍTULO 9

*109* Sobre o nosso *"dominion"* sobre a natureza, ver Clarence J. Glacken, "O Homem Contra a Natureza; Um Conceito Antiquado", em [162], pgs. 128-129.

*109* Para Darwin e para as primeiras teorias da evolução, ver Eyman, [306], pg. 26-27, 56. Sobre o darwinismo social: pgs. 432-433.

*110* As opiniões de Leibniz, Turgot e outros sobre o progresso são examinadas por Charles Van Doren em [184], Introdução Geral.

*111* Heilbroner é citado de [234], pg. 33.

*112* As unidades de medida do tempo são descritas em "Tempo, Disciplina do Trabalho e Capitalismo Industrial", por E. P. Thompson em *Past and Present*, Número 38. Ver também Cardwell, [433], pg. 13.

*112* A adoção do Tempo Médio de Greenwich é descrita em [519], pg. 115.

*113* As concepções de tempo budista e hindu são examinadas em [509], pg. 248.

*113* Para Needham sobre o templo cíclico no Oriente ver [515], pg. 47.

*113* Whitrow de [520], pg. 18.

*114* O uso do espaço pela civilização pré-Primeira Onda é descrito por Morrill em [514], pgs. 23-24.

*114* Sobre localização de choupana camponesa, ver "A Moldagem da Paisagem da Inglaterra" por John Patten, em *Observer Magazine* (Londres), 21 de abril de 1974.

*114* Hale é citado de [252], pg. 32.

*115* Os comprimentos divergentes da medida inglesa *"rood"* são de [449], pgs. 65-66.

*116* Para os prêmios de navegação, consultar Coleman, [506], pgs. 103-104.

*116* Sobre o sistema métrico: [449], pgs. 116, 123-125.

*117* As observações de Clay são de [505], pgs. 46-47.

*117* Os padrões de curva em S são descritos por John Patten em *Observer Magazine*, citado acima.

*118* Sobre pessoas vistas como parte da natureza, ver Clarence J. Glacken em [162], pg. 129.

*118* Para o atomismo de Demócrito ver Munitz, [310], pg. 6; Asimov, [427], Vol. 3, pgs. 3-4 e Russel, [312], pgs. 64-65.

*118* Mo Ching e o atomismo indiano são de Needham, [455], pgs. 154-155.

*118* Para o atomismo como uma opinião minoritária: [312], pgs. 72-73.

*119* Descartes: [303], pg. 19.

*119* Dubos é citado de [159], pg. 331.

*120* Sobre Aristóteles ver Russell, [312], pg. 169.

*120* O *yin* e o *yang*: Needham, [456], pgs. 273-274.

*120* Newton é citado de seus "Princípios Fundamentais da Filosofia Natural" em [310], pg. 205.

*121* Laplace é de Gellner, [305], pg. 207.

*121* Halbach é citado em Matson, [309], pg. 13.

CAPÍTULO 10

*124* Sobre a revolução industrial na Europa ver Williams, [118]; Polanyi, [115] e Lilley, [453].

*125* O lugar das contas num processo de desenvolvimento é descrito por D. R. Scott em [145].

*126* Para os cheiros da Primeira e Segunda Onda: [420], pgs. 125-131.

*126* Velhas maneiras estão no notável *The Civilizing Process*, de Norbert Elias, [250], pgs. 120, 164.

*127* As comunidades da Primeira Onda como "fossas sanitárias" sociais são descritas em Hartwell, [107], e Hayek, [108].

*127* Vaizey é de "Esta Nova Tecnologia é Irresistível?" no *Times Educational Supllement* (Londres), 5 de janeiro, 1973.

*127* O comentário de Larner apareceu em *New Society* (Londres), 1.° de janeiro de 1976.

*131* Exame da Associação Americana de Administração sumariada em [33], pgs. 1-2.

*136* Para créditos em provas educativas, ver "Graduação: Mais Escolas Exigem uma Prova de Competência para Graduar os Alunos", *The Wall Street Journal*, 9 de maio de 1978.

CAPÍTULO 11

*136* Índices de novos casamentos: *Social Indicators 1976*. Relatório do V. S. Department of Commerce, pg. 53.

*136* Antifeministas são descritos em "Anti-ERA Evangelist Wins Again", *Time*, 3 de julho de 1978.

*136* O conflito entre homossexuais e Anita Bryant é relatado em "How Gay Is Gay?", *Time*, 23 de abril de 1979.

CAPÍTULO 12

*139* A decisão de Rathbone sobre os preços do petróleo e a formação da OPEP são descritas em [168], Capítulo 8.

*140* As usinas nucleares em Seabrook e Grohnde: [163], pgs. 7, 88.

*141* Sobre a redução das reservas de petróleo, ver "A Crise do Petróleo é Real Desta Vez", *Business Week*, 30 de julho de 1979.

*141* As usinas de gaseificação e liquefação do carvão são descritas criticamente em Commoner, [157], pgs. 67-68. Ver também "A Busca Desesperada de Combustíveis Sintéticos", *Business Week*, 30 de julho de 1979.

*142* Os subsídios do governo para a energia atômica são descritos em [157], pg. 65.

*142* Sobre o terrorismo e outros perigos que envolvem o plutônio, ver Thomas Cochran, Gus Speth, e Arthur Tambplin, "Plutônio: Um Convite ao Desastre", em [166], pg. 102; também Commoner, [157], pg. 96.

*142* Carr é de [153], pg. 7.

*143* Trabalho da Texas Instruments em células fotovoltaicas é descrito em "Energia: Combustíveis do Futuro", *Time*, 11 de junho de 1979. O papel de Solarex está em "A Nova Tarefa de Utilizar os Raios do Sol" por Edmund Faltermayer, em *Fortune*, fevereiro de 1976. Ver também Aparelhos de Conversão de Energia em "Uma Nova Promessa de Energia Solar Barata", *Business Week*, outubro de 1977.

*143* Sobre os Sovietes na tropopausa: [153], pg. 123.

*143* Desenvolvimentos da energia geotermal estão descritos em "O Acesso da Transição da Energia", de Denis Hayes, em *The Futurist*, outubro de 1977.

PÁGINA

143 A energia da onda no Japão é tirada de "Acordando para a Energia da Onda", *Time*, 16 de outubro de 1979.

143 Torre de energia da Southern California Edison: "Energia: Combustíveis do Futuro", *Time*, 11 de junho, 1979.

143 Os desenvolvimentos da energia de hidrogênio são sumariados em "O Hidrogênio Pode Solucionar a nossa Crise de Energia?" por Roger Beardwood, no *Telegraph Sunday Magazine* (Londres), 29 de julho de 1979.

144 "Redox" é descrito em "Washington Report", *Product Engineering*, maio de 1979.

144 Sobre supercondutividade ver "Os Cientistas Criam uma Forma Sólida de Hidrogênio", *The New York Times*, 2 de março de 1979.

144 Para uma breve discussão das implicações das ondas Tesla ver a entrevista com Alvin Toffler em *Omni*, novembro de 1978.

146 Sobre a transição das indústrias da Segunda Onda para a Terceira Onda ver "A Cruz de Lorena", *Forbes*, 16 de abril de 1979. As indústrias nacionalizadas do carvão, das ferrovias e do aço na Grã-Bretanha são discutidas em "O Lamentável Fracasso das Indústrias Nacionalizadas da Grã-Bretanha", de Robert Ball, em *Fortune*, dezembro de 1975. *Strukturpolitik* é de "Como Schmidt Está Usando Seu Poder Econômico", *Business Week*, 24 de julho de 1978.

148 O anúncio do Rolls-Royce foi colocado por CW Communications, Newton, Mass., em *Advertising and Publishing News*, setembro de 1979.

148 O raio de ação do negócio do computador doméstico na primavera de 1979 pode ser julgado por *Micro Shopper: The Microcomputer Guide*, publicado por MicroAge Wholesale, Tempe, Arizona. Ver também "Anunciando em Everyman", *Time*, 5 de setembro de 1977.

148 A fibra ótica na indústria de comunicações é descrita em "Raios de Luz em Vidro — Explosão Lenta Sob a Indústria de Comunicações" de Robin Lanier, em *Communication Tomorrow*, novembro de 1976. Ótica de fibra no negócio de telefone em comparação com o cobre é de uma entrevista com Donald K. Conover, Gerente-Geral da Educação Empresarial da Western Electric Co., Popewell, N.J.

149 *Science* é citado de sua edição de 18 de março de 1977.

149 Sobre o programa espacial de lançadeira: "A Lançadeira Abre a Fronteira do Espaço para a Indústria dos E.U.A.", *Business Week*, 22 de agosto de 1977.

150 A informação sobre Urokinase foi fornecida por Abbott Laboratories, North Chicago, Ill.; Von Puttkamer é citado em "A Industrialização do Espaço", *Futurics*, outono de 1977.

150 A identificação de ligas de TRW é descrita em "Nova Fronteira da Indústria no Espaço", por Gene Bylinsky, em *Fortune*, 29 de janeiro de 1979.

150 Para os estudos de Brian O'Leary e as conferências de Princeton, ver G. K. O'Neill, *Newsletter on Space Studies*, 12 de junho de 1977.

151 Sobre a proteína do mar, a ameaça da extinção da vida marinha e a aquacultura: "Os Oceanos: Cesta de Pão ou Colapso do Mundo?", por Robert M. Girling, em *Friends Magazine*, fevereiro de 1977.

151 Raymond é citado em "Oceania Tropical: O Mais Novo Mundo", de John P. Craven, em *Problems of Journalism*: Atos de 1977 da Sociedade Americana de Editores de Jornais, 1977, pg. 364.

151 Os minerais no mar: "Recursos Minerais Oceânicos" por John L. Mero, em *Futures*, dezembro de 1968. Ver também "O Leito do Mar" por P. N. Ganapati, em *Seminar* (Nova Délhi), maio de 1971; "Os Oceanos: Bangue-Bangue pelo seu

PÁGINA

Controle", *Time*, 29 de julho de 1974; "Os Consórcios de Mineração do Leito Marinho Esperam Levantar a Âncora Política", *The Financial Times* (Londres), 7 de agosto de 1979.

*152* As drogas do mar são descritas num prospecto do Instituto Roche de Pesquisa de Farmacologia Marinha, Dee Why, N.S.W., Austrália.

*152* Para a tecnologia da plataforma oceânica ver "Cidades Flutuantes", em *Marine Policy*, julho de 1977.

*152* D.M. Leipziger fala do argumento dos "proprietários" e a "herança comum" em "Mineração do Leito do Mar Profundo", *Challenge*, março-abril 1977.

*154* Sobre genética: Howard e Rifkin, [446]; também "A Indústria Começa a Fazer Biologia com os Olhos Abertos", *The Economist* (Londres), 2 de dezembro de 1978.

*154* As normas nacionais para o controle da pesquisa genética são esboçadas em Documento de Informação Projetada sobre ADN Recombinante, maio de 1978, do Comitê Científico e Técnico da Assembléia do Atlântico Norte.

*154* O presidente da Cetus é citado de [446], pg. 190.

*154* A política oficial soviética é de *Socialism: Theory and Practice*, um sumário da imprensa teórica e política, de janeiro de 1976.

*156* O relatório da Fundação Nacional de Ciência, Lawless, [452].

*157* Sobre as revoltas dos Luddites contra as máquinas, ver [453], pg. 111.

*158* As campanhas antinucleares são descritas em "Em Cruzada Contra o Átomo", *Time*, 25 de abril de 1977, e "Energia Nuclear: A Crise na Europa e no Japão", *Business Week*, 25 de novembro de 1978.

*159* A tecnologia apropriada é comentada em [425]; ver também Harper e Boyle, [444].

*159* Um exemplo do novo interesse no dirigível é a brochura de Aerospace Developments, Londres; também "Transporte com o Mais Leve que o Ar: É Revivescência Autêntica?" de James Wargo, em *New Engineer*, dezembro de 1975.

## CAPÍTULO 13

*164* Números da circulação dos jornais fornecida pela Associação Americana dos Editores de Jornais.

*164* Sobre a percentagem dos americanos que lêem jornais, ver os *General Social Surveys*, de 1972 e 1977, pelo Centro de Pesquisa da Opinião Nacional, Universidade de Chicago. As perdas na circulação dos jornais são relatadas em "Os Jornais Desafiados como Nunca", *Los Angeles Times*, 26 de novembro de 1976; ver também "Time Inc. Compra o *Washington Star*; Pagará 20 Milhões de Dólares a Allbritton", *The New York Times*, 4 de fevereiro de 1978. Para a experiência com jornais ver "Vendas de Jornais", por Tom Forester, em *New Society* (Londres), 16 de outubro de 1975.

*165* O declínio das circulações das revistas de massa é relacionado no Suplemento da edição de 22 de agosto de 1977 de *The Gallagher Report*.

*165* Sobre a proliferação das revistas regionais e de interesse especial, ver revista *Folio*, dezembro de 1977.

*166* Richard Reeves é citado de "E Agora uma Palavra de Deus..." *Washington Star*, 2 de junho de 1979.

PÁGINA

*166* Os hábitos da adolescência são cobertos em *Radio Facts*, publicado por Radio Advertising Bureau, Nova York.

*167* "Faixa dos Cidadãos: Moda ou Programa?", por Leonard M. Cedar em *Financial World*, 1.° de junho de 1978. Número real de rádios da faixa do cidadão em uso em 1977, de Radio Research Report, publicado pelo Radio Advertising Bureau, Nova York. A negativa de que a faixa do cidadão reduziu a audiência do rádio foi comunicada à imprensa em 20 de junho de 1977, pela Columbia Broadcasting System. Ver também o relatório de Marsteller publicado em *Broadcasting* de 15 de agosto de 1977.

*167* *Time*: *"O Ano em que a Chuva Caiu para Cima"* em sua edição de 9 de janeiro de 1978.

*167* NBC: "Redes Denunciam 'Estupidez': Audiência afunda em 50%" por Peter Warner, em *The Hollywood Reporter*, 15 de agosto de 1979.

*168* Sobre a expansão da TV por cabo ver "TV por Cabo: O Atrativo da Diversidade", *Time*, 7 de maio de 1979; ver também *Media Decisions*, janeiro de 1978.

*170* A distribuição de programação de satélite é descrita em "Nova Flexibiliddae da Programação Visualizada, em Resultado de Súbito Aumento na Distribuição de Satélite", por John P. Taylor, em *Television/Radio Age*, 27 de fevereiro de 1978.

*170* John O'Connor é citado de seu "A TV às Vésperas de Mudança Drástica", *The New York Times*, 13 de novembro de 1977

CAPÍTULO 14

*174* Fases do desenvolvimento do computador traçadas numa entrevista com Harvey Poppel, em 27 de março de 1978.

*175* Os gastos para o processamento distribuído são da International Data Corporation, Stamford, Connecticut

*175* Sobre o aumento dos computadores pessoais, notar "O Lar Eletrônico: os Computadores Vêm para Casa", por Lee Edson, em *The New York Times Magazine*, 30 de setembro de 1979

*175* Custo dos computadores domésticos: "Texas Instruments Cria Aparelho para Introduzir Computadores no Lar", *Business Week*, 19 de março de 1979

175 "A Fonte" é descrita em materiais fornecidos pela Telecomputing Corporation of America, McLean, Virginia; também entrevista com Marshall Graham, vice-presidente de *marketing*, de 12 de outubro de 1979

*176* "Fred, a Casa" apareceu na *Micro Shopper*, publicada por MicroAge, Tempe, Arizona, primavera de 1979

*178* Para as "Leis da Robótica", ver o clássico de Isaac Asimov [426].

*179* A tecnologia do reconhecimento da fala é discutida em "Os Computadores Podem Falar com Você", em *The New York Times*, 2 de agosto de 1978. Para companhias que trabalham em processamento de dados da voz ver *Random-Access Monthly*, maio de 1979, uma publicação da Dean Witter Reynolds Inc., Nova York. Previsões a respeito de computadores falantes são apreciadas em "A Fala é Outra Conquista Microelétrica", *Science*, 16 de fevereiro de 1979

*179* "Problemas entrelaçados" são descritos, em [462], pg. 113

CAPÍTULO 15

*186* Para números sobre o declínio do setor da manufatura em nações de alta tecnologia, ver o *Yearbook of Labor Statistic*, da Organização Internacional do Trabalho, de 1961, 1965, 1966 e 1975.

*186* Sobre a manufatura sendo transferida para países em desenvolvimento, ler "Vastas Mudanças Globais Desafiam a Visão do Setor Privado", de Frank Vogl, em *Financier*, abril de 1978; também "Marés e Baixios", de John E. Ullman, em [12], pg. 289.

*187* A produção desmassificada é descrita em Jacobs, [448], pg. 239. Também: "Automação Programável: O Brilhante Futuro da Automação", de Robert H. Anderson, em *Datamation*, dezembro de 1972; e A. E. Kobrinsky e N. E. Kobrinsky, "Uma História de Produção no Ano 2000", em Fedchenko, [205], pg. 64.

*187* Para mercadorias de alto volume como percentagem de todas as mercadorias manufaturadas, ver "Montagem Controlada por Computador", de James L. Nevins e Daniel E. Whitney, em *Scientific American*, fevereiro de 1978.

*187* A produção reduzida de um artigo de cada vez é descrita em "Quando a Tchecoslováquia se Tornará um País Subdesenvolvido?" reproduzido da Palach Press. Londres, em *Critique* (Glasgow), um Periódico de Estudos Soviéticos e Teoria Socialista, inverno de 1976-77. Também "Novo Controle Programável Visa a Tarefas Menores", *American Machinist*, setembro de 1976; "O Computador Cava Mais Fundo na Manufatura", *Business Week*, 23 de fevereiro de 1976: e "Na Usina de Amsterdam o Toque Humano", de Ed Grimm, em *Think*, agosto de 1973.

*187* A produção reduzida na Europa é coberta em "Problemas Inevitáveis da Revolução Eletrônica", *The Financial Times* (Londres), 13 de maio de 1976; e "Perspectiva do Aker", em *Northern Offshore* (Oslo), novembro de 1976.

*187* As linhas de produção do Pentágono são analisadas em *Advanced Computer-Based Manufacturing Systems for Defense Needs*, por Robert H. Anderson e Nak M. Kamrany, publicado pelo Information Sciences Institute, da Universidade da Califórnia do Sul, setembro de 1973.

*188* Métodos de produção de carros japoneses descritos na correspondência de Jiro Tokuyama, Instituto de Pesquisa Nomura de Tecnologia e Economia, Tóquio. 14 de junho de 1974.

*188* A citação de Anderson é de uma entrevista com o autor.

*'90* A câmara Canon AE-1: ver o Relatório do Primeiro Trimestre e da Assembléia dos Acionistas da Texas Instruments, 1977.

*192* Sobre o número de transações de informação e o aumento dos custos do escritório ver Randy J. Goldfield, "O Escritório de Amanhã *Já Está* Aqui! em Special Advertising Section, *Time*, 13 de novembro de 1978.

*192* Efeitos do emprego da automação no escritório são discutidos em "O Choque do Computador: O Escritório Inumano do Futuro", de Jon Stewart, em *Saturday Review*, 23 de junho de 1979.

*193* O escritório sem papel da Micronet é descrito em "Firmas que Patrocinam o Escritório Sem Papel", *The Office*, junho de 1979; e em "Estréia de Projeto de Escritório Sem Papel , em *Information World*, abril de 1979.

*'94* Alternativas para o sistema postal são discutidas em "Outra Arrancada Postal e Depois ." em *U.S News & World Report*, em 29 de dezembro de 1978.

PÁGINA

*194* O crescimento do sistema pré-eletrônico finalmente atingiu o auge em meados da década de 70. *U.S. New & World Report* em 29 de dezembro de 1975 notou: "O volume de correspondência manuseado pelo Serviço Postal declinou no último ano fiscal pela primeira vez na história. O declínio — cerca de 830 milhões de peças de correspondência no ano passado — espera-se que continue e possivelmente se acelere". O Correio baseado em papel — instituição característica da Segunda Onda — tinha finalmente atingido os seus limites.

*195* Os Sistemas de Negócio por Satélite são descritos num "Relatório Especial" pelos Drs. William Ginsberg e Robert Golden, preparados para Shearson Hayden Stone, Nova York.

*195* Vincent Giuliano é citado de entrevista com o autor.

*197* Sobre Goldfield igualdade de chefia baseia-se em entrevista com o autor.

*197* A automação do escritório e o estudo das sete-nações são cobertos em "A Chegada da Oficina do Robô", *The Financial Times* (Londres), 14 de junho de 1978.

CAPÍTULO 16

*203* Trabalhar em casa, em companhias como a United Airlines e McDonald's, é coberto em "Um Meio de Melhorar a Eficiência do Escritório: Simplesmente Fique em Casa", *The Wall Street Journal*, 14 de dezembro de 1976.

*203* Harvey Poppel é citado de uma entrevista com o autor e de sua previsão não publicada: "A Incrível Revolução de Informação de 1984".

*203* Latham é citado de [54], pg. 30.

*203* Mudanças no serviço de trabalhadores de colarinho branco são discutidas em "O Escritório Manobrado por Automação" por Hollis Vail, em *The Futurist*, abril 1978.

*203* Instituto para as descobertas do futuro é relatado em Paul Baran, *Potential Market Demand for Two-way Information/Services to the Home 1970-1990*, publicado pelo Instituto para o Futuro, Menlo Park, Calif. 1971.

*204* Programação de computador em casa é descrita em "Adaptar o Nenê ao Programa", *The Guardian* (Manchester), 9 de setembro de 1977.

*204* "Gente agrupada em volta de um computador" é extraído de "A Comunicação Pode Substituir as Viagens Regulares", *Electronics*, 7 de março de 1974.

*204* Michael Koerner citado em [26], Vol. I, pg. 240.

*205* Para modelo de meio caminho do grupo de Nilles ver *Electronics*, 7 de março de 1974, citado acima.

*205* O estudo base sobre substituição das viagens pelas comunicações é [49].

CAPÍTULO 17

*213* Carter é citado de "Agora Mesmo", *McCall's*, maio de 1977.

*213* O principal estatístico do governo sobre assuntos de família, o Dr. Paul Glick, do Bureau do Censo dos E.U.A., é citado de "O Amor é Suficiente para Manter uma Família Unida?", do Dr. Israel Zwerling, em *Cincinnati Horizons*, dezembro de 1977.

*215* A percentagem da população dos E.U.A. em clássicas famílias nucleares é do Ministério do Trabalho dos E.U.A., do Bureau de Estatística de Mão-de-Obra.

Relatório Especial 206 sobre a Força de Trabalho, "Características Maritais e de Família da Força de Trabalho em Março de 1976", *Monthly Labor Review*, junho de 1977.

*216* As pessoas que vivem sós são descritas em "A Família de Hoje — Algo Diferente" *U. S. News & World Report*, 9 de julho de 1979; também "A Tendência para Viver Só Causa Mudança Econômica e Social", *The New York Times*, 20 de março de 1977; e "Os Modos como os 'Sós' Estão Mudando os E.U.A.", *U. S. News & World Report*, 31 de janeiro de 1977.

*216* O aumento dos pares não-casados é informado em "Pares Não-Casados Vivendo Juntos Aumentam 117%", *The Washington Post*; 28 de junho de 1979; ver também "H.U.D. Aceitará os Pares Não-Casados na Habitação Legal", *The New York Times*, 29 de maio de 1977.

*216* Sobre debates nos tribunais a respeito de "divórcios" de pares não-casados: "Como Processar o Amante que Convive com Você?", de Sally Abraham em *New York*, 13 de novembro de 1978; também "Pares Não-Casados: Uma Situação Legal Única", *Los Angeles Times*, 13 de novembro de 1977.

*216* Etiqueta e "consultor jurídico de pares não-casados: 'Viver no Pecado' É Elegante" *The National Observer*, 30 de maio de 1977.

*216* Hamey é citado do panfleto de novembro-dezembro de 1977 da Organização Nacional para Não-Pais, agora rebatizada Aliança Nacional para Paternidade Opcional.

*217* Os pares sem filhos são descritos em "Na Nova Atitude Alemã sobre a Vida Familiar, Muitos Casais Decidem Renunciar aos Filhos", *The New York Times*, 25 de agosto de 1976; também "Casamento e Divórcio Estilo Russo — 'Uma Mistura Estranha de Marx e Freud'," *U.S. News e & World Report*, 30 de agosto de 1976.

*217* Sobre filhos e casa com um só dos pais, ver [194], pg. 1.

*217* Mostrar como a demografia, a tecnologia e outras forças influenciam a família não quer dizer que a família seja um elemento passivo na sociedade, apenas reagindo ou se adaptando às mudanças ocorridas alhures no sistema. A família é também uma força ativa. Mas o impacto de eventos de fora sobre a família — a guerra, por exemplo, ou a mudança tecnológica — é freqüentemente imediato, ao passo que o impacto da família na sociedade pode ser muito retardado. O verdadeiro impacto da família não é sentido enquanto os filhos não crescem e tomam seu lugar na sociedade.

*218* O aumento das casas de um só dos pais na Grã-Bretanha, na Alemanha e na Escandinávia é relatado em "Os Destinos Contrastantes das Famílias de Um só dos Pais na Europa", *To The Point International* (Sandton. Transvaal, África do Sul), 23 de agosto de 1976.

*218* "A família agregada" é identificada em [502], pgs. 248-249.

*218* Davidyne Mayleas é citado de "A Respeito das Mulheres: A 'Poli-Família' Pós-Divórcio", *Los Angeles Times*, 7 de maio de 1978.

*218* A rica variedade de arranjos familiares é explorada em "A Estrutura da Família e a Saúde Mental dos Filhos", do Dr. Sheppard G. Kellam, de Margaret E. Ensminger, M. A., e R. Jay Turner, Ph.D., nos *Archives of General Psychiatry* (American Medical Association), setembro de 1977.

*219* Jessie Bernard sobre a diversificação da família é citado de [187], pgs. 302 e 305.

*226* Para cobertura jornalística do caso da mulher contratada para inseminação artificial na Grã-Bretanha, ver "Um Plano Espantoso Diz o Juiz" *Evening News*

PÁGINA

(Londres), 20 de junho de 1978. Também "Mulher Contratada para Ter um Filho", *The Guardian* (Manchester), 21 de junho de 1978.

226 Os direitos de custódia de filho por lésbica são discutidos em "O Juiz Concede a Custódia de três Filhos a Lésbica", *The New York Times*, 3 de junho de 1978; também "Vitória de Lésbica no Caso de Custódia de Filho", *San Francisco Chronicle*, 12 de abril de 1978.

226 Processo por "mau procedimento de pais" é coberto por "Filho Processa Pais por Mau Procedimento", *Chicago Tribune*, 28 de abril de 1978.

228 Sobre casais trabalhando na mesma companhia, considerado um fenômeno no comércio, ver "A Mulher de Empresa: 'Casais em Companhia' Florescem", *Business Week*, 2 de agosto de 1976.

CAPÍTULO 18

230 Carter e Blumenthal são citados em " 'Eu Não Confio em Quaisquer Economistas Atualmente' ", por Juan Cameron, em *Fortune*, 11 de setembro de 1978.

230 Sobre o "ecu", ver André M. Coussement, "Por que o *Ecu* Ainda Não é Verdadeiramente Real", *Euromoney*, outubro de 1979.

231 O advento das euromoedas e a rede bancária eletrônica global são descritos em "Dinheiro Apátrida: Uma Nova Força na Economia Mundial", *Business Week*, 21 de agosto de 1978; John B. Caouette, "Fusos Horários e o Centro do Meridiano", *Euromoney*, julho de 1978; e o Conflito do Dinheiro Apátrida", *Time*, 5 de novembro de 1979.

231 Eurodólares foram discutidos pelo autor em [150], pg. 11.

231 O COMECON, sediado na União Soviética, tem suas próprias dificuldades correlatas. Num movimento sem precedentes, Eric Honecker, chefe de estado comunista da Alemanha Oriental, não faz muito tempo acusou as regras do COMECON como "unilaterais e de vistas curtas", advertindo Moscou de que ninguém tem o direito de parar a produção dos produtos da Alemanha Oriental". (Ver *Forbes*, 20 de março de 1978.) A própria economia da U.R.S.S. dividiu-se em quatro segmentos distintos e antagônicos — um segmento de alta tecnologia militar, da Terceira Onda, sempre clamando por orçamentos maiores; um segmento irremediavelmente retrógrado da Segunda Onda, minado por desgoverno e carências, enquanto tenta atingir as crescentes exigências do consumidor; e um segmento agrícola ainda mais retrógrado e mal planejado, cheio de problemas próprios intratáveis. Sobre todos estes segmentos, ergue-se um quarto segmento nebuloso — uma "economia fantasma" baseada em lucros, suborno e corrupção, sem o qual muitas das operações dos outros três segmentos emperrariam e deixariam de funcionar.

Enormemente dependentes de infusões de tecnologia e capital da economi global (e suscetíveis às suas moléstias), as nações industriais socialistas são também colhidas em meio a forças maiores do que elas podem controlar. A Polônia, por exemplo, oscila para trás e para a frente entre os aumentos do preço da comida, induzidos pela inflação, e os protestos irados dos trabalhadores. Tendo tomado emprestados 13 bilhões de dólares do Ocidente, mantém-se equilibrada no gume de faca da bancarrota e as súplicas aos credores para que estendam os prazos para o pagamento do empréstimo. As outras economias socialistas estão semelhantemente começando a se desmassificar e suas organizações também estão presas na enorme onda da mudança.

Sobre corrupção na U.R.S.S., ver Smith, [484], pg. 86 e continuação. A dependência russa de outros países em tecnologia e capital é discutida em "Rollback, Mark II" por Brian Crozier, em *National Review*, 8 de junho de 1978. Os problemas de comida e de trabalho na Polônia são relacionados em "Polônia: Carne e Batatas", *Newsweek*, 2 de janeiro de 1978; seus problemas financeiros são tratados em "Os Credores da Polônia Esperam o Grão Amadurecer", por Alison Macleod, em *Euromoney*, julho de 1978.

*232* A citação de *Euromoney* é de seu artigo: "Fusos Horários e o Centro do Meridiano", citado acima.

*232* O gerente-tesoureiro internacional é descrito em "Dinheiro Apátrida: Uma Nova Força nas Economias Mundiais", *Business Week*, 21 de agosto de 1975.

*233* A aceleração no *marketing* e na televisão é discutida em "Ponto de Vista Editorial", em *Advertising Age*, 13 de outubro de 1975.

*233* As revisões de preços do COMECON são notadas em "L'inflation se généralise" *Le Figaro* (Paris), 4 de março de 1975.

*233* O economista inglês Graham Hutton, num ensaio para o Instituto de Assuntos Econômicos, escreve que "como a nossa inflação se tem acelerado, toda a dívida a longo prazo do governo e dos negócios é forçada a ficar mais recente e curta... a velocidade da circulação torna-se mais rápida; os períodos de tempo, mesmo para contratos de três anos no futuro, têm de ser reformulados para bloquear o esperado índice de inflação de *aceleração;* os convênios salariais tornam-se mais rápidos e curtos". "A Inflação e as Instituições Legais", em [129], pg. 120.

*235* Esquimós do Canadá: "Os Esquimós Procuram uma Quinta Parte do Canadá Como Província", *The New York Times*, 28 de fevereiro de 1976.

*235* As reclamações dos índios são relacionadas em "A Solução da Pretensão da Terra Índia em Rhode Island Poderia Abrir o Caminho para a Resolução de 20 Outras Disputas", *The Wall Street Journal*, 13 de outubro de 1978; "Uma Reação Espreita os Índios", *Business Week*, 11 de setembro de 1978.

*235* Sobre a minoria de ainos no Japão ver "O Apelo dos Ainos Publicado em Livro", *Daily Yomiuri* (Tóquio), 15 de novembro de 1973. Sobre os coreanos: "Direitistas Atacam Escritório Coreano; Seis Presos", *Daily Yomiuri* (Tóquio), 4 de setembro de 1975.

*236* David Ewing é citado de "A Companhia Como Inimigo Público n.° 1", *Saturday Review*, 21 de janeiro de 1978.

*236* John C. Biegfer é citado de "A Responsabilidade Empresarial-Social É Uma Questão Morta?" *Business and Society Review*, primavera de 1978.

*239* Jayne Baker Spain: "A Crise na Junta Americana: Um Contribuinte Mais Musculoso", gravação em fita por AMACOM, divisão das American Management Associations, 1978.

*240* A Olin indiciada: ver o relatório da assembléia trimestral e anual dos acionistas da Olin, em maio de 1979.

*240* Sobre a talidomida, ver "Um Escândalo Escondido Tempo Demais", *Time*, 7 de maio de 1979.

PÁGINA

241 Henry Ford II é citado de "A Responsabilidade Empresarial-Social É Uma Questão Morta?" *Business and Society Review*, primavera de 1978.

241 Políticas de controle de dados são descritas em "A Crescente Reação Contra os que se Apossam de Empresa" por Bob Tamarkin, em *Forbes*, 7 de agosto de 1978; "Exposição de Missão", da companhia, 1978.

242 Allen Neuharth é citado de "O Magnata da Imprensa que Ficaria Famoso" por David Shaw, em *Esquire*, setembro de 1979.

242 Rosemary Bruner é citada de entrevista com o autor.

242 Para os múltiplos fins da companhia ver "Os Novos Ambientalistas Empresariais", *Business Week*, 28 de maio de 1979; também "MCSI: O Futuro da Responsabilidade Social" por George C. Sawyer, em *Business Tomorrow*, junho de 1979.

243 Os relatórios da Associação Americana de Contabilidade são descritos em [16], pg. 13.

243 A sugestão de Juanita Kreps é exposta em "Livres Sugestões Burocráticas" por Marvin Stone, em *U.S. News World Report*, 9 de janeiro de 1978.

244 A gigantesca firma suíça de alimentos e a citação de Pierre Arnold são de "Quando os Negociantes Confessam seus Pecados Sociais", *Business Week*, 6 de novembro de 1978.

244 Sobre relatórios sociais de companhias européias ver "A Europa Tenta o Relatório Social Empresarial", por Meinolf Dierkes e Rob Coppock, em *Business and Society Review*, primavera de 1978.

245 Cornelius Brevoord é citado de "Administração Eficaz no Futuro" em [12].

245 Comentários de William E. Halal são de seu "Além de R.O.I.", *Business Tomorrow*, abril de 1979.

## CAPÍTULO 19

248 O tempo flexível gerou uma grande literatura. Entre as fontes usadas aqui: "Os Trabalhadores Acham que o 'Tempo Flexível' Torna a Vida Flexível", *The New York Times*, 15 de outubro de 1979; "Horas de Tempo Flexíveis São um Sucesso, Diz um Estudo", *The New York Times*, 9 de novembro de 1977; "O Esquema que Está Matando o Deprimente Sucesso Profissional" por Robert Stuart Nathan, em *New York*, 18 de julho de 1977; "Trabalhe Quando Você Quiser", revista *Europa*, abril de 1972; "Tempo Flexível", por Geoffrey Sheridan, em *New Society* (Londres), novembro de 1972; e Kanter, [529].

250 O aumento do trabalho noturno é descrito em "O Sono do Trabalhador Noturno", *Le Monde* (Paris), 14 de dezembro de 1977; e em Packard, [500], Capítulo 4.

250 O aumento do número de trabalhadores de tempo parcial é coberto em "Em Trabalho de Tempo Parcial Permanente, Você Não Pode Marcar as Horas", por Roberta Graham, em *Nation's Business*, janeiro de 1979; ver também "A Crescente Força de Trabalho de Tempo Parcial Tem Grande Impacto na Economia" *The New York Times*, 12 de abril de 1977.

251 O comercial de televisão do Citibank é citado de uma transcrição fornecida pela agência de publicidade Wells, Rich, Greene, Inc., Nova York.

252 Sobre os trabalhadores de serviços excederem em número os trabalhadores de manufatura ver [63], pg. 3.

PÁGINA

253 A taxação de serviços de utilidade pública em horas do dia é apreciada em "Os Ambientalistas Estão Divididos na Questão do Apreçamento da Eletricidade em Horas do Dia", *The Wall Street Journal*, 5 de outubro de 1978.

253 A defesa do tempo flexível em Connecticut é de "A Sua Hora (Flexível) Pode Chegar", por Frank T. Morgan, em *Personnel Journal*, fevereiro de 1977.

253 O impacto dos videogravadores em televisão é analisado em "Poderá o Computador Pifar?" por Steven Brill, em *Esquire*, 20 de junho de 1978.

254 Conferência por computador é descrita de experiência do autor; materiais fornecidos por Electronic Information Exchange System, New Jersey Institute of Technology, Newark, N.J.; e de *Planet News*, dezembro de 1978, uma publicação de Informedia Corporation, Palo Alto, Calif.

256 Salários variáveis e contrato de benefícios adicionais são assunto examinado em "As Companhias Oferecem Benefícios Estilo Cafeteria", *Business Week*, 13 de novembro de 1978.

257 Para tendências na arte alemã ver Dieter Honisch: "O que É Admirado em Colônia Pode Não Ser Apreciado em Munique", *Art News*, outubro de 1978.

258 Sobre a comercialização em massa dos livros de capa dura, veja "Espere um Momento, Marshall McLuhan", por Cynthia Saltzman, em *Forbes*, 30 de outubro de 1978.

259 Sobre a descentralização em Kiev ver [478], pg. 67.

259 A derrota do governo socialista na Suécia é comentada em "Os Socialistas Suecos Perdem para a Coalizão Depois de 44 Anos de Governo", *The New York Times*, 20 de setembro de 1976.

259 O programa do Partido dos Valores da Nova Zelândia foi exposto em "Partido dos Valores", *Blueprint for New Zealand*, 1972.

259 O advento do poder do bairro é examinado em "Cidades Grandes e Pequenas Descentralizam-se num Esforço para Aliviar a Frustração", *The New York Times*, 29 de abril de 1979; e "Planejamento de Bairro; Projetado para o Futuro", *Self-Reliance*, publicado pelo Institute for Local Self-Reliance, Washington, D.C., novembro de 1976.

259 Sobre ROBBED e outros grupos de bairro notar "Os Grupos Ativistas de Bairro Estão se Tornando uma Força Política", *The New York Times*, 18 de junho de 1979.

259 O Senador Americano Mark Hatfield apresentou um projeto de lei destinado a reviver o governo do bairro e da comunidade, permitindo a um residente local doar 80 por cento de seu imposto de renda federal a um governo de bairro local devidamente organizado.

260 A reorganização da Esmark foi descrita em "Esmark Produz Mil Centros de Lucro", *Business Week*, 3 de agosto de 1974, ver também relatório anual da Esmark, 1978.

260 A descrição de "ad-hocracia" do autor é de [502], Capítulo 7.

260 As organizações da matriz são descritas em [13].

261 O surpreendente crescimento dos bancos regionais é detalhado em "Os Fantasiosos Dias nos Bancos Regionais", *Business Week*, 17 de abril de 1978.

262 A franquia é discutida em "A Maneira Certa de Investir em Companhias Isentas" por Linda Snyder, em *Fortune*, de 24 de abril de 1978; também U.S. Department of Commerce, Industry and Trade Administration, *Franchising in the Economy*

*1976-78.* Para isenção na Holanda: carta ao autor de G. G. Abeln, Secretariat Nederlandse Franchise Vereniging, Roterdã.

*264* Um relatório antigo sobre a dispersão de população foi "Cidades: Mais Gente Sai do que Entra, Confirma um Novo Censo', *Community Planning Report*, Washington, D.C., 17 de novembro de 1975.

*265* Lester Wunderman é citado de *The Village Voice*, 14 de agosto de 1978.

*265* Anthony J. N. Judge é citado de "Integração em Rede: A Necessidade de um Novo Conceito", *Transnational Associations* (Bruxelas), n.° 172, 1974; e "Uma Lição em Organização de Projeto de Edificação — Dualidade que Transcende Através da Integridade Tensional: Parte I", *Transnational Associations*, n.° 248, 1978.

CAPÍTULO 20

*266* O advento dos serviços de auto-ajuda é documentado em "Medicar Não é Só para Médicos" por Robert C. Yeager, em *Medical World News*, 3 de outubro de 1977.

*266* Máquinas de pressão sangüínea: "Robô Médico: Uma Maquina que Recebe uma Moeda e Tira a Pressão", *Time*, 10 de outubro de 1977.

*267* Surto na venda de instrumentos médicos: "A Revolução dos Cuidados Médicos em Casa" de John J. Fried, em *Free Enterprise*, agosto de 1978.

*269* Sobre organizações de auto-ajuda: Entrevista com o Dr. Alan Gartner, co-diretor do New Human Services Institute. Também: "Grupos Dedicados a Pessoas Aflitas pela Perda de Entes Queridos Preenchem uma Crescente Necessidade", *Los Angeles Times*, 13 de novembro de 1977; em várias questões do *Self-Help Reporter*, publicado pela Câmara de Compensação Nacional de Auto-Ajuda, Nova York.

*269* Mais de 500.000 grupos de auto-ajuda citados por Gartner e Riessman, [58] pg. 6. Riessman e Gartner têm feito algum do trabalho mais útil em economia de serviço. O livro deles, de 1974 [59], é indispensável.

*270* Introdução de bombas de gasolina de auto-serviço: "Poupe Gasolina: Sirva-se Você Mesmo", *Washington Star*, 6 de junho de 1975. "Agora Posto Sem Serviço", *Time*, 22 de agosto de 1977; "Negócio ao Redor do Mundo", *U.S News & World Report*, 9 de fevereiro de 1976.

*271* Os clientes fazendo trabalho dos caixas: "Os Caixas Trabalham 24 Horas por Dia e Não Murmuram uma Palavra", *The New York Times*, 14 de maio de 1976.

*271* Lojas que mudaram para auto-serviço: "Choque do Futuro/Serviço de Loja: A Pressão na Sobrecarga da Folha de Pagamento", *Chain Store Age*, setembro de 1975. Também: "Observador da Comercialização", *Business Week*, 9 de novembro, 1974.

*271* Carolina Bird de [489], pg. 109.

*271* A "Linha Fria" da Whirlpool, material fornecido por Warren Baver, gerente de relações com o consumidor, Whirlpool Corporation, Benton Harbor, Michigan.

*272* Vendas de Ferramentas Mecânicas: "Ferramentas para o Lar: Faça-Você-Mesmo Torna-se um Passatempo Nacional" por John Ingersol, em *Companion*, setembro de 1977. Também: "Psicografia: Um Estudo da Segmentação do Mercado do Freguês do F-V-M", *Hardware Retailing*, outubro de 1978.

*273* Os dados sobre Frost & Sullivan são de *Study of the Market for Home Improvement and Maintenance Products*, 1976; *Home Center & Associated Home Improvement Products Market*, 1978; e *The Do-It-Yourself Market in the E.E.C. Countries*, 1978, Frost & Sullivan, New York.

*273* *U.S. News & World Report*: "Um Novo Ímpeto no Surto do Faça-Você-Mesmo", número de 23 de abril de 1979.

*274* O gerente de Texas Instruments e Cyril Brown são citados de "A Alta Administração Desenvolve Estratégia que Visa a Penetrar em Novos Mercados", *Electronics*, 25 de outubro de 1978.

*274* Professor Inyong Ham, de entrevista com o autor.

*275* Robert Anderson é citado de entrevista com o autor.

*277* Uma implicação interessante do advento do prossumidor é uma mudança no que poderia ser designado por "intensividade de mercado" da vida diária. Algumas sociedades estão mais envolvidas em atividades de mercado do que outras? Uma maneira de medir isto é ver como as pessoas passam o seu tempo. Em meados da década de 60, os sociólogos em uma dúzia de países estudavam como a população urbana passava suas horas. Os pesquisadores de "orçamento-tempo" dividiam a vida diária em 37 espécies diferentes de atividade, de trabalhar e ver televisão a comer, dormir ou visitar amigos.

Sem pretender ser absolutamente científico a respeito, englobei vagamente estas 37 atividades em três categorias: as que me pareciam as mais "intensas no mercado", as que não se importam e as que estão entre uns e outros.

Por exemplo, o tempo que passamos trabalhando para ganhar dinheiro, fazer compras numa loja de departamentos, ou viajando para os nossos empregos é claramente mais "intenso no mercado" do que o que passamos regando os gerânios no vaso da janela, brincando com o cachorro da família, ou conversando com o vizinho por cima da cerca dos fundos.

Semelhantemente, algumas atividades, embora não feitas para fins de mercado, são, não obstante, tão comercializadas a ponto de se encontrarem entre as duas. (Excursões com armas e bagagens, fins de semana esquiando, mesmo *camping* por alguns "para escapar de tudo", envolvem tanta parafernália comprada, tantos serviços pagos e tantas transações econômicas, a ponto de representarem uma forma modificada de fazer compras.)

Usando estas categorias toscas revisei os estudos de orçamento-tempo. Descobri imediatamente que alguns estilos de vida — e algumas sociedades — são mais "mercado-intenso" que outros.

Por exemplo, os americanos em 44 cidades gastam, em média, apenas 36 por cento de suas horas de vigília em atividade relacionada com o mercado. Os 64 por cento restantes de suas horas de vigília são gastos cozinhando, trabalhando na lavanderia, jardinando, comendo, escovando os dentes, estudando, rezando, lendo, trabalhando como voluntários em organizações da comunidade, vendo TV, conversando ou simplesmente descansando.

Um padrão semelhante se revelou na Europa Ocidental; o francês médio gastava uma quantidade equivalente de horas de vigília em atividades relacionadas com o mercado. Para o belga era um pouco mais — 38 por cento. Para o alemão ocidental um pouco menos — 34 por cento.

Ironicamente, apenas nos deslocamos para leste geograficamente e "para a esquerda" politicamente, os números começam a subir. Na Alemanha Oriental, o mais tecnologicamente avançado dos países comunistas, a pessoa média gastava 39 por cento de seu dia em atividade relacionada com mercado. Na Tchecoslováquia o número subiu para 42 por cento. Na Hungria 44 por cento. E na União Soviética 47 por cento.

Resulta, por conseguinte, que principalmente por causa das horas de trabalho mais longas, mas também por outras razões, o estilo de vida do cidadão comum era mais mercado-intensivo em Pskov do que no seu equivalente americano. A despeito da ideologia socialista, a maioria da vida diária da pessoa mediana era concentrada em comprar, vender e trocar mercadorias, serviços e, na verdade, o próprio trabalho.

*277* O ano de trabalho e o absenteísmo da Suécia: "Horas mais curtas de trabalho" por Birger Viklund, em *Arbetsmiljö International* — 78.

*278* O estojo Bradley GT é descrito em materiais fornecidos pela companhia: Bradley Automotive Division of Thor Corporation, Edina, Minnesota.

*281* Fuchs é citado em "Como Funciona a Auto-Ajuda?" por Frank Riessman, em *Social Policy*, setembro/outubro 1976.

*283* Como as sociedades mais antigas enfrentavam o desemprego é descrito em [106].

*285* Uma nota sobre permuta e dinheiro: O advento do prossumidor compele-nos a pensar de novo na permuta também. A permuta está se tornando grande negócio hoje em dia. Não se limita a pequenas transações entre pessoas, trocar um sofá usado, digamos, por alguns serviços de conserto, ou troca de serviços legais por tratamento dentário. (Grande número de pessoas está descobrindo que a permuta pode ajudá-las a evitar impostos.) A permuta está se tornando mais importante na economia mundial também, quando países e companhias — incertos sobre as relações rapidamente cambiantes entre moeda forte e moeda inflacionada — trocam petróleo por jatos, carvão por eletricidade, minério de ferro brasileiro por petróleo chinês. Esse tipo de permuta é uma forma de intercâmbio, por conseguinte, cabe dentro do Setor B.

Porém muito do que os grupos de auto-ajuda fazem pode ser caracterizado como uma forma de permuta psíquica — a troca de experiências de vida e conselho. E o papel tradicional da dona-de-casa pode ser interpretado como a permuta de seus serviços por mercadorias ganhas por um marido trabalhador. Os serviços dela são parte do Setor A ou do Setor B? Os economistas da Terceira Onda começarão a selecionar tais perguntas — pois enquanto eles não o fizerem, tornar-se-á cada vez mais impossível compreender a verdadeira economia em que vivemos, distinta da economia da Segunda Onda que se está desvanecendo na História.

Semelhantemente, precisamos perguntar a respeito do futuro do dinheiro? O dinheiro suplantou a permuta no passado por ser tão difícil acompanhar a trajetória das complexas trocas que envolviam muitas unidades de medida diferentes. O dinheiro simplificava radicalmente a escrita. A crescente disponibilidade dos computadores, entretanto, torna mais fácil registrar negócios extremamente complexos e, por conseguinte, torna o dinheiro, como tal, menos essencial. Novamente, mal começamos a pensar em tais coisas. O advento do prossumidor suas relações com a permuta e a nova tecnologia se combinarão para nos fazerem pensar em velhas questões de maneiras novas.

CAPÍTULO 21

290 Sumário do relatório de Urban Land Institute em "O Interior Americano Crescendo Mais Rápido do que as Cidades", *Herald Tribune* Internacional, 4-5 de agosto de 1979.

291 Lasers, foguetes, etc.: "Fronteiras Contemporâneas na Física" por Victor F. Weisskov, em *Science*, 19 de janeiro de 1979.

291 Struve é citado em "Transacionando com Outros Mundos" por Michael A.G. Michaud, em *The Futurist*, abril, 1973.

291 À escuta de sinais: Sullivan, [468], pg. 204.

292 "A oscilação genética" e os comentários do Dr. Motoo Kimura são de "A Teoria Neutral da Evolução Molecular", *Scientific American*, novembro de 1979.

292 Sobre *eukaryotes* e *prokanyotes*: *"Que* Foi o que Veio Primeiro?" *The Economist*, 28 de julho de 1979.

292 Os macacos do Parque Zoológico Grant: "Produzido Macaco Híbrido", *Daily Telegrafh* (Londres), 28 de julho de 1979. Também "As Velhas Doutrinas Evolucionárias Sacudidas por um Macaco Híbrido", *The New York Times*, 29 de julho de 1979.

293 O registro evolucionário: Warshofsky, [470], pgs. 122-125. Também Jantsch e Waddington, [180], Introdução.

293 A descoberta da estrutura do ADN é descrita por Watson em [471].

293 A descoberta de Kornberg e o "sumário popular": [446], pgs. 24-26.

294 O crítico inglês é S. Beynon John, "Albert Camus", em [6], pg. 312.

294 Relatório do Clube de Roma: [165], pgs. 23-24.

295 Visão do tempo da Segunda Onda: Whitrow, [520], pgs. 100-101; também G.J. Whitrow, "Reflexões Sobre a História do Conceito de Tempo", em [510], pgs. 10-11.

295 Gribbin, de [512], pgs. XIII e XIV.

295 Buracos negros: "Aqueles Desconcertantes Buracos Negros", *Time*, 4 de setembro de 1978; "O Mágico do Espaço e do Tempo", por Dennis Overbye, em *Omni*, fevereiro de 1979. Também Warshofsky, [470], pgs. 19-20.

296 *Tachyons*: [304], pgs. 265-266.

296 Taylor é citado de seu artigo "O Tempo na Física das Partículas", em [510], pg. 53.

296 Para Capra ver [300], pg. 52.

297 Tempos alternativos e plurais: John Archibald Wheeler, "Fronteiras do Tempo", conferência pronunciada na International School of Physics, "Enrico Fermi" Varenna, Itália, verão de 1977.

297 As cidades perdendo população: "A Corrida para as Grandes Cidades Está Desacelerando: Pesquisa", *Daily Yumiuri* (Tóquio), 9 de julho de 1973; "Desagregação das Cidades", *New Society* (Londres), 5 de julho de 1973; "Caleidoscópio Suíço", *Swiss Review of World Affairs*, abril de 1974.

298 O relatório do American Council of Life Insurance é: "Os Padrões Residenciais e de Habitação estão Mudando", *TAP Report 14*, outono de 1976.

298 *Fortune* é citada de "Por que as Companhias Estão em Movimento", por Herbert E. Meyer, maio de 1976.

299 Arthur Robinson: "Uma Revolução na Arte de Fazer Mapas", *San Francisco Chronicle*, 29 de agosto de 1973.

PÁGINA

299 O mapa de Arno Peters é descrito em "O Mapa Mundial de Peters: É um Melhoramento?" por Alexander Dorozynski, em *Canadian Geographic* agosto/setembro, 1978.

300 Simon Ramo é citado de [311], pg. VI.

300 O artigo de Barry Lopez foi publicado em 31 de março de 1973, exemplar de *Environmental Action.*

301 Frederick S. Perls é citado de sua "Terapêutica Gestalt e Potencialidades Humanas", em [418], pg. 1.

301 O movimento de saúde holístico é discutido em "Os Conselhos Holísticos de Saúde Ganham Ímpeto", por Constance Holden, em *Science,* 2 de junho de 1978.

301 O perito do Banco Mundial é Charles Weiss, Jr., "Mobilizar Tecnologia para Desenvolver Países", *Science,* 16 de março de 1979.

301 Laszlo é citado em [308], pg. 161.

302 Eugene P. Odum: "A Emergência da Ecologia como Nova Disciplina Integrativa", *Science*, 25 de março de 1977.

303 Maruyama é citado de seu muito mencionado ensaio: "A Segunda Cibernética: Processos Causais Mútuos de Amplificação-Desvio", *American Scientist,* junho de 1973, pgs. 164-179, 250-256.

Em "Novos Movimentos em Velhas Armadilhas" publicado em *Futurics,* no outono de 1977, pgs. 59-62, Maruyama apresenta uma tipologia crítica de epistemologias correntes, comparando-as em termos de variáveis, como causalidade, lógica, percepção, ética e cosmologia. Ele tem também analisado as implicações orgânicas de diferenciação em "Heterogenística e Morfogenética" em *Theory and Society,* Vol. 5, n.° 1, pgs. 75-96, 1978.

305 A exposição sobre Prigogine é baseada em entrevistas e correspondência particular com o autor, bem como [458].

307 A colônia das térmitas é descrita em Ilya Prigogine, "Ordem Através da Flutuação: Auto-Organização e Sistema Social", em [180].

307 Prigogine é citado de seu ensaio, *De Ser para se Tornar,* 1.° de setembro, publicado pela Universidade do Centro Texano para Mecânica e Termodinâmica Estatística, Austin, Texas, abril de 1978.

Ver também: "Tempo, Estrutura e Flutuações", *Science,* 1978; "Ordem a Partir do Caos", por I. Prigogine, Centro para Mecânica e Termodinâmica Estatística, Universidade de Texas, em Austin, e Faculté des Sciences, Université Livre de Bruxelles; e *La Nouvelle Alliance,* Ilya Prigogine e Isabelle Stengers (Paris: Gallimard, 1979)

CAPÍTULO 22

310 Sobre o corso e outros separatistas: "Partículas Fissionáveis de Estado", *Telegraph Sunday Magazine* (Londres), 11 de junho de 1978; também "Os Exaltados Separatistas da Europa", *Sunday Examiner & Chronicle* de São Francisco, 8 de outubro de 1978.

310 Assembléia escocesa: "O Plano de Autonomia Sofre um Revés nos Votos Britânicos", *The New York Times,* 3 de março de 1979.

310 As pressões pela autonomia vão fundo na Escócia: "As Promessas de Devolução Não Serão Esquecidas", *The Guardian* (Manchester), 28 de julho de 1979.

311 Nacionalismo galês: "Os Nacionalistas Galeses, Repelidos, Lutam Ferozmente por Sua Língua", *The New York Times*, 6 de novembro de 1979.

311 Problemas regionais na Bélgica: "Bélgica: O Novo Governo Monta o Tigre", *To The Point* (Sandton, Tranvaal, África do Sul), 27 de outubro de 1978.

311 Alemães dos Sudetos: "Palestinos da Alemanha", *Newsweek*, 2 de junho de 1975.

311 Tiroleses do sul: "Conflito dentro de uma Comunidade" por Frances Pinter, em *New Society* (Londres), 22 de março de 1973.

311 Os eslovenos, os bascos, os catalães e os croatas: "Como Minorias Infelizes Transtornam a Calma da Europa", *U. S. News & World Report*, 31 de janeiro de 1977.

311 Pierre Trudeau é citado de "A Disputa da Língua é Chamada Ameaça para a Unidade do Canadá", *The New York Times*, 26 de outubro de 1976.

311 O movimento de autonomia em Alberta: "Os Canadenses do Oeste Planejam Organizar Partido Próprio", *The New York Times*, 15 de outubro de 1974; também "O Canadá, uma Vasta Nação Dividida, Prepara-se para Uma Eleição Crucial" *The New York Times*, 16 de maio de 1979.

311 O movimento de secessão da Austrália Ocidental: "Como Pode Perder-se o Oeste" *The Bulletin* (Sydney), 26 de janeiro de 1974.

312 A previsão de Amalrik é de [472].

312 Os nacionalistas armênios: "Armênia: O Discreto e Pequeno Esterqueiro de Terror da URSS", *San Francisco Examiner*, 9 de outubro de 1978.

312 Georgianos e abkhazianos: "O Orgulho dos Georgianos e dos Armênios Leva a Conflitos com Moscou, *The New York Times*, 27 de junho de 1978. As reclamações da minoria abkhaziana: "Disputa no Cáucaso Espelha o Mosaico Étnico Soviético", *The New York Times*, 25 de junho de 1978.

312 A novela *underground* na Califórnia: [278].

312 O relatório para Kissinger foi preparado pelo Professor Arthur Corwin, Diretor do Estudo Cooperativo para a Migração Mexicana.

313 *Texas Monthly* é citado de "Vingança de Potllo" por John Bloom, no número de abril de 1979 da revista.

313 O separatismo porto-riquenho produziu uma extensa literatura jornalística; ver, por exemplo, "A Organização F.A.L.N. Pede a Independência para Porto Rico", *The New York Times*, de 9 de novembro de 1975.

313 Para separatismo do Alasca ver "A Autodeterminação do Alasca", *Reason*, setembro de 1973.

313 Os americanos nativos pedem um estado de soberania: "Alce Preto Pede aos Jovens Americanos: Reconhecei os Índios como Nação Soberana", *The Colorado Daily* (Boulder), 18 de outubro de 1974; também, "Conselho Índio Americano Procura Reconhecimento nas Nações Unidas", *The New York Times*, 26 de janeiro de 1975.

313 A Conferência Nacional de Legislaturas Estaduais é citada de "A Guerra Econômica Regional da América", *State Legislatures*, julho/agosto de 1976.

313 O "equivalente econômico da guerra civil" é extraído de "Os Estados do Carvão e do Petróleo, Transtornados pelo Plano Carter, Preparam-se para a 'Guerra Econômica' Pela Energia", *The New York Times*, 27 de abril de 1973.

313 Jeffrey Knight: "Depois de Reveses, Novas Táticas na Cruzada Ambiental", *U.S. News & World Report*, 9 de junho de 1973.

313 "Que os Velhacos Congelem no Escuro": editorial de Philip H. Abelson em *Science*, 16 de novembro de 1973.

PÁGINA

*313* Os habitantes do Meio-Oeste insistiram em que parassem de "atacar as chaminés": "O Meio-Oeste, Região Central dos E.U.A., Está Perdendo Vitalidade Econômica", O *Cleveland Plain Dealer*, 9 de outubro de 1975.

*314* Os governadores do nordeste organizam-se: "Sou Mais Pobre do que Tu: Cinturão Solar *versus* Cinturão Nevado em Washington", *Time*, 13 de fevereiro de 1978.

*315* Pierre Trudeau em 1967 é citado de Shaw [287], pg. 51.

*315* Denis de Rougement é citado de *Bulletin* do Banco de Crédito Suíço. Zurique maio de 1977.

*316* O Senador McGovern é citado de seu artigo "A Idade da Informação". *The New York Times*, 9 de junho de 1977

*317* As estatísticas sobre as companhias transnacionais são de *Supplementary Material on the Issue of Defining Transnational Corporation*, um Relatório do Secretariado para a Comissão sobre Companhias Transnacionais, Conselho Econômico e Social da ONU (UNESCO), 23 de março de 1979.

*317* A difusão extremamente rápida das TNC (transnational corporation) já atingiu o auge segundo a pesquisa do Professor Brent Wilson da Universidade de Virginia. (Wilson mostra que muitas grandes companhias, de indústrias de baixa tecnologia como mercadorias de couro, vestuário, têxteis e borracha estão liquidando subsidiárias estrangeiras.) Mas isto não se aplica às indústrias de alta tecnologia. Ver "Por Que a Maré Multinacional Está em Vazante", por Sanford Rose, em *Fortune*, agosto de 1977.

*317* Sobre a escala relativa das companhias transnacionais e as Nações Unidas: testemunho de Alvin Toffler perante a Comissão do Senado dos E.U.A. sobre as Relações Exteriores; ver [294], pg. 265. Também transcrito como "Os E.U.A. a ONU e Redes Transnacionais", em *International Association* (Bruxelas) n.° 593, 1975.

*317* A renda de vendas da General Motors e Lester Brown: [272], pgs. 214-216.

*317* A frota de tanques da Exxon: ver Wilczynski, [297], pg. 40.

*317* Membros do Partido Comunista num feriado: [297], pg. 40.

*318* Transnacionais Socialistas: [297], pg. 134-145.

*318* Companhias Transnacionais com base no Ocidente e suas transações com os países do COMECON: [297], pg. 57.

*318* Companhias transnacionais de nações não-industrializadas: "O Advento das Multinacionais do Terceiro Mundo", por David A. Heenan e Warren J. Keegan, em *Harvard Business Review*, janeiro-fevereiro de 1979.

*318* Companhias transnacionais inglesas violaram embargos ingleses: "BP Confessa que Transgrediu Decretos e Escondeu o Fato", *Sunday Times* (Londres), 27 de agosto de 1978; também "Chefes de Petróleo Transgrediram Decretos", *The Observer* (Londres), 25 de janeiro de 1978; e Rodésia (Inquérito sobre Decretos de Petróleo), Câmara dos Comuns *Hansard*, pgs. 1184-1186, 15 de dezembro de 1978.

*318* Violação dos regulamentos dos E.U.A. relativamente ao boicote árabe: *Boycott Report: Developments and Trends Affecting the Arab Boycott*, editado pelo American Jewish Congress, Nova York, fevereiro de 1979.

*318* Companhias petrolíferas transnacionais favorecendo suas próprias prioridades: [168] pg. 312 e continuação.

*318* Lester Brown é de [272], pg. 222.

*319* Serviço secreto de companhias transnacionais: ver [390].

PÁGINA

*319* Hugh Stephenson: [289], pg. 3.

*320* Números de organizações internacionais: [294], pg. 270. Ver também [298].

*320* Organizações transnacionais e IGO (inter-governamental organizations) da entrevista do autor com A. J. N. Judge, União de Associações Internacionais, Bruxelas.

*321* Comissário de impostos do Mercado Comum: ver "Uma Pulga da C.E.E. na Orelha da Rússia", *The Economist* (Londres), 13 de janeiro de 1979.

*321* Política agrícola e industrial feitas em Bruxelas: "A Solidariedade do Lavrador Aumenta na Europa", *The New York Times,* 6 de outubro de 1974.

*322* Aumento no orçamento da C.E.E. introduzido: "Um Frio Hibernal em Bruxelas", *The Economist,* 20 de janeiro de 1979.

*322* Comissão Trilateral: "Reservas de Petróleo 'Poderiam Atender à Procura Até o Começo da Década de 90'."

CAPÍTULO 23

*325* Números sobre pobreza, saúde, nutrição e alfabetização são de Robert S. McNamara, em discursos para a Junta de Governadores do Banco Mundial, 24 de setembro de 1973, e 26 de setembro de 1977.

*326* A Industrialização no Irã: "A Corrida do Irã para as Riquezas", *Newsweek,* 24 de março de 1975.

*326* Para os índices de juros e empréstimos para projetos e companhias no Irã ver "Os Empréstimos Iranianos: O Grande Empréstimo para o Oleoduto Será Seguido de Muitos Mais", por Nigel Bance, em *Euromoney,* junho de 1978.

*327* O salário de um gerente alemão: "Irã: Um Paraíso num Barril de Pólvora", por Marion Dönhoff, em *Die Zeit* (Hamburgo), 10 de outubro de 1976.

*327* Percentagem das mercadorias do Irã consumidas por um décimo da população: "Regime da Arma Bem Lubrificada" (Regime of the Well-Oiled Gun) por Darryl D'Monte, em *Economic & Political Weekly* (Índia), 12 de janeiro de 1974, extraído de *Iran Research* (Londres), janeiro de 1975.

*327* A renda rural no Irã: Introdução a seção especial: "Irã: O Leão que Parou de Rugir", *Euromoney,* junho de 1978.

*327* Embora apanhasse desprevenidos os fazedores de política de Washington e os banqueiros internacionais, o colapso do Xá não foi totalmente inesperado para os que acompanhavam o fluxo de informações "extra-oficiais" que vinham do Irã. Já em janeiro de 1975, quatro anos inteiros antes da sua derrubada, o Boletim n.° 8 de *Pesquisa do Irã,* uma publicação esquerdista que circulava livremente, informava que o movimento para derrubar o Xá tinha chegado a *uma fase mais alta na luta revolucionária.* O informe relacionava ações armadas contra o regime, o bombardeio da Fábrica Irana Tile, o assassinato do "notório proprietário das fábricas Jahan Chit", a fuga de presos políticos com a ajuda da guarda deles. Imprimiu a mensagem de um tenente da Força Aérea convocando seus "Irmãos militares" a que "tirem esse seu uniforme vergonhoso e empunhem uma arma de guerrilheiro". Acima de tudo, anunciou e louvou a última *Fatva* ou proclamação do exilado Khomeini na qual ele insistia na intensificação da campanha contra o regime.

*329* O artigo de *The New York Times* é: "O Terceiro Mundo Industrializa-se, Desafiando o Ocidente..." na edição de 4 de fevereiro de 1979.

PÁGINA

*329* Trabalhadores em aço franceses: "A Convulsiva Retirada do Aço na Europa", por Agis Salpukas, em *The New York Times International Economic Survey*, 4 de fevereiro de 1979.

*330* "Entre a foicinha e a colhedeira combinada" é de "Capitalismo de Segunda Classe" por Simon Watt, em *Undercurrents* (Reading Berkshire), outubro-novembro 1976.

*330* O Grupo Intermediário do Desenvolvimento da Tecnologia e exemplos de tecnologia apropriada são de *Appropriate Tecnology in the Commonwealth: A Directory of Institutions*, publicado pela Food Production and Rural Deveiopment Division of the Commonwealth Secretariat, Londres.

*330* A reversão da Índia aos métodos da Primeira Onda: "A Índia Retrocede para Usar o Tear Manual", *Financial Times* (Londres), 20 de junho de 1978.

*331* Suharto é citado por Mohammad Sadli, o ministro das minas indonésio, em "Estudo de um Caso de Desilusão: Esforço de Ajuda dos E.U.A. na Índia", *The New York Times*, 25 de junho de 1974.

*331* Samir Amin é citado de [66], pgs. 592-593.

*332* Competição de debulha em 1855: [101], pgs. 303-304.

*334* Reddy sobre energia é citado de seu ensaio sobre ambiente, *Simple Energy Technologies for Rural Families*, preparado para o Seminário da UNICEF sobre Tecnologia Simples para as Famílias Rurais, Nairóbi, junho de 1976.

*335* Para os programas de biogás ver: "Tecnologia Microbiana Integrada para Países em Desenvolvimento: Trampolim para o Progresso Econômico" por Edgar J. DaSilva, Reuben Olembo, e Anton Burgers, em *Impact*, abril-junho de 1978. Também: "Combustíveis de Biomassa: Integração com Sistemas de Comida e Materiais" por Norman L. Brown e James W. Howe, ambos em *Science*, 10 de fevereiro de 1978.

*335* Tecnologia na Índia: "A Índia Está Desenvolvendo a Energia Solar para a Eletricidade Rural", *The New York Times*, 11 de maio de 1979.

*335* A proposta de Haim Aviv é descrita em "Imaginem um Projeto Conjunto Comida-Combustível de Israel-Egito", *Post* de Nova York, 14 de abril de 1979.

*336* Laboratório de Pesquisa Ambiental em Tucson: "Martinis Pulverizados e Outras Surpresas que Vêm no Futuro", *The New York Times*, 10 de janeiro de 1979.

*336* Experiência com bagre de Vermont e o New Alchemy Institute. "Cultivo Futuro" por Alan Anderson, Jr., em *Omni*, junho de 1979.

*336* Previsões de 20 anos em relação à comida, do Centro de Pesquisa do Sistema de Compra e Venda para Entrega Futura na Universidade da Califórnia do Sul estão no relatório *Neither Feast nor Famine: A Preliminary Report of the Second Twenty Year Forecast*, por Selwyn Enzer, Richard Drobnick, e Steven Alter.

*337* John McHale e Magda Cordell McHale de [91], pgs. 188-190.

*338* M. S. Iyengar é citado de seu ensaio *Post-Industrial Society in the Developing Countries*, apresentado à Conferência Especial sobre Pesquisa de Operações a Prazo a Descoberto, em Roma, 1973.

*338* Ward Morehouse, "Cartões Microeletrônicos para Alimentar o Terceiro Mundo" por Stephanie Yanchinski, em *New Scientist* (Londres), 9 de agosto de 1979.

*338* Roger Melen: *San Francisco Chronicle*, 31 de janeiro de 1979.

*339* John Magee é citado de *The New World Information Order*, um relatório por George Kroloff e Scott Cohen à Comissão do Senado sobre Relações Exteriores, novembro de 1977.

PÁGINA

*340* A espada de Suharto: "O Surto de Comunicações da Ásia: A Promessa da Tecnologia do Satélite", *Asiaweek* (Hong Kong), 24 de novembro de 1978.

*340* Jagdish Kapur é citado de sua conferência: "Índia — 2000 d.C.: Uma Estrutura para Sobrevivência", apresentada ao Centro Internacional da Índia, Nova Délhi, 17 de janeiro de 1974.

*341* A discussão de Myrdal sobre desemprego encontra-se em [94] pg. 961.

*341* Uma nota aqui sobre a distinção entre o que eu chamo "prossumo"" e o que alguns economistas do desenvolvimento designam "setor informal". Levantou-se um debate intenso a respeito desta economia informal dentro de muitos dos países pobres do mundo. Neles milhões desesperados tentam arrancar um meio de vida fazendo biscates, mascateando, vendendo bugigangas na rua, fazendo mobília, dirigindo, engraxando sapatos, fazendo construções em pequena escala, e outras tarefas. Alguns economistas crêem que este setor é positivo, visto que abre um canal através do qual as pessoas fazem a transação para a economia formal. Outros economistas insistem em que a economia informal apenas encerra as pessoas em miséria permanente.

Seja qual for a concepção que se revele correta, este setor informal será adequadamente caracterizado como "produção de artigo insignificante" no sentido de ser parte da economia do mercado. Por esta razão, difere fundamentalmente do que chamei o "setor do prossumidor", que é baseado, em vez disso, em produção para uso. O setor informal cabe, na minha terminologia, no Setor B — produção para intercâmbio — e não no Setor A — produção para uso, a que chamo prossumo.

*341* Streeten do Banco Mundial é citado do seu ensaio, *Idéias de Desenvolvimento em Perspectiva Histórica: O Novo Interesse em Desenvolvimento* (sem data).

*342* Yona Friedman é citado do seu ensaio *No-Cost Housing*, apresentado numa reunião da UNESCO, 13-18 novembro, 1977.

*342* Alguns projetos do Banco Mundial acentuam a abordagem da auto-ajuda ou eqüidade do suor. Veja-se, por exemplo, "O Banco e a Pobreza Urbana", por Edward Jaycox, em *Finance & Development*, setembro de 1978. Diretor do Departamento de Projetos Urbanos do Banco, Jaycox aponta outra implicação da abordagem da eqüidade do suor: "Por que se espera que os beneficiários paguem os custos (na forma de seu trabalho), freqüentemente se torna não só desejável, mas também essencial que participem das decisões no planejamento e implementação do projeto." O prossumo, com efeito, implica um grau mais alto da autodeterminação do que a produção.

*343* Leach: *Literacy*. Um Ensaio sobre Trabalho, do Nevis Institute, Edimburgo, 1977.

*343* Marshall McLuhan discute a cultura oral em [46], pg. 50.

*344* Samir Amim é citado de [66], pg. 596.

CAPÍTULO 24

(Não há nota sobre este capítulo)

CAPÍTULO 25

*359* A Comissão Presidencial sobre Saúde Mental e o Instituto Nacional de Saúde Mental são citados em [409], pg. 6.

PÁGINA

*360* "Loucura, Gênio e Santidade": "A Praça do Mercado", *PENewsletter*, outubro de 1974.

*360* Oito mil terapias: [404], pg. 11.

*360* O exame crítico: [404], pg. 56.

*361* Revista da Califórnia: "Em Armas Nós Confiamos", de Karol Greene e Schuyler Ingle, em *New West*, 23 de abril de 1979.

*362* Romance popular: [21], pg. 377.

*364* Norman Macrae é citado de seu excelente artigo "A Revolução Empresarial Vindoura", *The Economist*, 25 de dezembro de 1976.

*365* Juntar casais: *Jewish Chronicle*, 16 de junho de 1978.

*366* Ref.: *Choque do Futuro*, ver [502], capítulo 5.

*367* O comentário de Rollo May é de [414], pg. 34.

*368* Sobre cultos ver [404], pgs. 12, 16 e 35.

*368* Interesses da Igreja da Unificação: "Foi Pescar", *Newsweek*, 11 de setembro de 1978.

*368* Um processo envolvendo o Centro de Luz Divina: "Culto da Loucura", *Time*, 7 de maio de 1976.

*369* O Dr. Sukhudeo é citado em "Psiquiatra de Jersey, que Estuda os Sobreviventes da Guiana, Teme as Implicações para Sociedade Americana de Outros Cultos", por Jon Nordheimer, em *The New York Times*, 1.° de dezembro de 1978.

*369* Sherwin Harris é citado em "Eu Nunca Pensei Que Ele Era Louco", por Jon Nordheimer, em *The New York Times*, 27 de novembro de 1978.

CAPÍTULO 26

*374* Ensaio de Reszler é "'L'homme nouveau': espérance et histoire", *Cadmos* (Genebra), inverno de 1978.

*375* Fromm é citado de [406]), pg. 304; e de [407], pg. 77.

*379* Conover é citado de uma entrevista com o autor.

*379* Vantagens adicionais flexíveis são descritas em "Companhias Oferecem Benefícios Estilo-Cafeteria", *Business Week*, 13 de novembro de 1978.

*380* Matriz é descrita em [13], pg. 104.

*383* Para Enzenberger, ver [42], pg. 97.

CAPÍTULO 27

*387* O Presidente Carter é citado de seu discurso ao país sobre os problemas da energia, texto em *The New York Times*, 16 de julho de 1979.

*387* A experiência da General Motors com os conversores catalíticos foi coberta em "Por que Não Lembramos ao Congresso as Peças Deficientes?" por Robert I. Weingarten, em *Financial World*, 26 de março de 1975.

*387* Quarenta e cinco mil páginas de novos regulamentos num ano: *Regulatory Failure III* (Washington D.C.: National Association of Manufacturers, abril de 1978), pg. A-2.

*388* Indústria do aço: anúncio da Bethlehem Steel, *Time*, 26 de junho de 1978.

*388* Eli Lilly e formas de governo: "O Dia em que o Papel Parou" por Robert Bendiner, *The New York Times*, 16 de março de 1977.

PÁGINA

388 Relatório da Exxon para a FEA: Michael C. Jensen e William H. Meckling, *A Companhia Pode Sobreviver?* (Rochester, N.Y.; University of Rochester Graduate School of Management, maio de 1976) pg. 2.

388 Sobre paralisia política: eleitores franceses falam de "congelamento" ou do "bloqueio da política". O antigo primeiro-ministro Michel Debré vê uma "crise do regime". Ver notícia de Flora Lewis, "A Vida Não é Má, mas os Franceses Prevêem Desastre", *The New York Times*, 17 de novembro de 1979.

388 O primeiro-ministro japonês Takeo Miki é citado em "A Fragilidade da Democracia Agita a Ansiedade Japonesa" por Richard Halloran em *The New York Times*, 9 de novembro de 1975.

389 As estatísticas da eleição para 1976 são de: "Election Research Center, *America Vota 12* (Washington, D.C.: Publicação Trimestral do Congresso, 1977), e Bureau do Censo, Ministério do Comércio dos E.U.A.

389 Eleitores independentes: "Quando os Partidos Declinam" por Frederick G. Dutton, em *The New York Times*, 8 de maio de 1979.

390 Declínio do Partido Trabalhista: "Como o Trabalho Perde as Suas Legiões", pelo Dr. Stephan Haseler, em *Daily Mail* (Londres), 9 de agosto de 1979.

390 Citação japonesa de *The Daily Yomiuri* (Tóquio), 28 de dezembro de 1972.

390 Victor Nekipelov: de "Aqui um Stalin, Além um Stalin, Em Toda Parte um Stalin, Stalin", *The New York Times*, 14 de agosto de 1979.

390 A política da Nova Zelândia: "As Eleições da NZ Dão Nascimento a um Tempo de Alice", por Christopher Beck, em *The Asian*, 28 de novembro de 1972.

390 O relatório do American Enterprise Institute é citado por "TRB" em "Quem Manda em Washington? Ninguém Manda Lá", *Inquirer*, de Filadélfia, 3 de março de 1979.

391 Exércitos particulares na Inglaterra: "Trovão Vindo da Direita", *Newsweek*, 26 de agosto de 1974; também "Major Fantasma Convoca Exército Contra o Caos", por John Murchie, no *Daily Mirror* (Londres), 23 de agosto de 1974.

391 Brigadas Vermelhas: Ver Curtis Bill Pepper, "O Possesso", *New York Times Magazine*, 18 de fevereiro de 1979.

391 Leis antiterrorismo na Alemanha Ocidental: *Keesing's Contemporary Archives*, (Londres, Longman Group, 1979), pgs. 29497-8; "Tesoura na Cabeça" por David Zane Mairowitz, em *Harper's*, maio de 1978; "Guarda Privada da Alemanha Ocidental sobre a Moralidade Política" por James Fenton, em *The Guardian* (Manchester), 19 de junho de 1978.

391 Aldo Moro: "Atentado Romano", *Time*, 13 de maio de 1979.

391 Imobilidade na Arábia Saudita: "Ameaças Externas à Estabilidade Saudita, *Business Week*, 12 de fevereiro de 1979.

392 Xeque Yamani: "Relaxe e Curta seu Passeio de Carro", por Julian Snyder, em *International Moneyline*, 11 de agosto de 1979.

394 Publicação de *Victory*: Michael Simmons, "Vitória Literária para Stalin na Rússia", *The Guardian* (Manchester), 4 de agosto de 1979.

394 Ressurgência da ala direita na França: "Grupos Intelectuais Direitistas Surgem na França", por Jonathan Kandell, e, *The New York Times*, 8 de julho de 1979 e "A Nova Direita Ergue a Sua Voz", *Time*, 6 de agosto de 1979. Também a coluna de William Pfaff, no *Herald Tribune* Internacional, 3 de agosto de 1979.

394 A recrudescência da Ku Klux Klan: "O Violento Grupo Klan Ganha Membros", por Wayne King, em *The New York Times*, 15 de março de 1979; também

PAGINA

"Vingança por Assalto Visto como Motivo para 4 Assassinatos em Marcha Anti-Klan", *The New York Times*, 5 de novembro de 1979; e "Promotor em Mortes por Protesto da Klan Qualifica 12 Suspeitos Igualmente Culpados", *The New York Times*, 7 de novembro de 1979.

*395* Ineficiência totalitária: "Que Quer a Rússia?" por Robin Knight, em *U.S. News & World Report*. 16 de julho de 1979

*395* Citação de Fletchner: entrevista com o autor.

*397* Jill Tweedie: "Por Que a Força de Jimmy É Ninharia", *The Guardian*, . de agosto de 1979.

*398* Os preços aumentam na Tchecoslováquia e Hungria: "A Inflação Existe", *The Economist*, 28 de julho de 1979.

*400* O artigo em *Advertising Age* é: Stanley E. Cohen, "A Mudança Econômica do Presidente dá Ênfase ao Gasto", 20 de janeiro de 1975.

*400* Peritos em Petróleo: Ver Helmut Bechtaldt "O Diktat dos Milhões do Petróleo", *Aussenpolitik*, Third Quarter, 1979.

*400* Rapidez de mudança econômica: *Fortune* é citada de "Apanhado Comercial" janeiro de 1975.

*400* A anuviada bola de cristal de Margaret Thatcher é notada em "Mulheres Guardiãs", por John Cunningham, *The Guardian* (Manchester), 31 de julho de 1979.

*401* Richard Reeves é citado de seu artigo "A Próxima Vinda de Teddy", *Esquire* 9 de maio de 1978.

*401* Robert Skidelsky é citado em "Keynes e Negócio Incompleto", *The New York Times*, 19 de dezembro de 1974.

*402* Nazistas *gay*: Coluna "Fora de Foco" em *Focus Midwest*, Vol. 10, n.° 66.

*402* Campanhas políticas do trabalho: "Sr. Trabalho: 'A Ideologia é Lorota' ", crítica da biografia de Joseph C. Goulden, por George Meany, *The New York Times*, 23 de outubro de 1972.

*403* O deputado Mineta é citado em "A Grande Porção de Poder Congressional Açambarcado", *Business Week*, 11 de setembro de 1978.

*404* O artigo da revista *Harper's* é de William Shawcross, "O Dr. Kissinger Vai à Guerra", maio de 1979.

*404* Sobrecarga de decisão existe mesmo na burocracia das artes: "A Dotação Nacional para as Artes Cresce", por Malcolm N. Carter, em *Art News*, setembro de 1979.

*404* Para tomada de decisão no Pentágono ver Armbrister, [379], pgs. 191-2. A referência a setenta e seis, como o número de missões que o funcionário do Pentágono teve de rever, é de entrevista de Armbrister com o autor.

*405* Cincada de multibilhões de dólares: "O Caso dos 30 Bilhões de Dólares Desencaminhados", *Business Week*, 24 de julho de 1978.

*405* Stuart Eizenstat é citado em "O Grande Açambarcamento de Poder Congressional", *Business Week*, 11 de setembro de 1978.

*406* Congresso: Ver relatório da Câmara de Compensação Congressional sobre o Futuro e o Instituto Congressional para o Futuro, Washington, D.C., julho de 1979.

*406* Paralisia da decisão soviética: "Mundograma", *U.S. News & World Report*, 24 de novembro de 1975.

*406* O Membro do Parlamento é Gerald T. Fowler, citado em "A Devolução Aliviará a Carga em Whitehall, Diz o Ministro", por Trevor Fishlock em *The Times* (Londres), 16 de janeiro de 1976.

PÁGINA

*406* Sir Richard Marsh é citado em seu artigo "Por Que Westminster Não Pode Tomar Decisões Comerciais", *Industrial Management* (Wembley, Middlessex), julho de 1979.

*406* Sobre a crise política da Itália: "A Itália Procura um Governo", *Financial Times* (Londres), 3 de agosto de 1979; também "A Coalizão da Itália Consegue um Voto de Aprovação no Parlamento", por Henry Fanner, em *The New York Times,* 12 de agosto de 1979.

CAPÍTULO 28

*408* Sobre a Convenção Constitucional, ver Fexner [387], pg. 117.

*409* Jefferson é citado de [302], pgs. 32, 67.

*411* Burnham: "Um Eleitorado Desencantado Pode Ficar em Casa aos Bandos", *The New York Times,* 1.° de fevereiro de 1976.

*412* África do Sul: Ver entrevista com Roelof Frederik "Pik" Botha, em Starcke [378], pg. 68.

A África do Sul é caracterizada como "ainda em industrialização", embora tenha uma base tecnológica avançada, porque setores importantes de sua população ainda estão fora do sistema industrial. Como no Brasil, México, Índia e outros países semelhantes, existe uma ilha de industrialismo completamente desenvolvido no meio de condições pré-industriais.

*416* Becker de [380], pgs. 183-185.

*419* Crescimento do pessoal congressional: "Um Murro Bem Dado de Proxmire", por Marvin Stone, em *U.S. News & World Report,* 10 de setembro de 1979.

*420* Sobre vestígios de democracia direta na constituição revolucionária francesa: [347], pg. 18.

*420* Marx invocando a Comuna de Paris é de [347], pg. 61.

*420* Objeções federalistas para dirigir a democracia: Ver Clark McCauley, Omar Rood e Tom Johnson, "A Próxima Democracia" no *Bulletin* da World Future Society, novembro-dezembro de 1977.

*420* René Lévesque tomando o poder: "O Comércio Está Nervoso em Quebec", por Herbert E. Meyer, em *Fortune,* outubro de 1977.

*421* Plebiscito nuclear na Califórnia: "Reação Atômica: Os Votos na Califórnia Pesam os Prós e os Contras da Energia Nuclear", *Wall Street Journal,* 1.° de março de 1976.

*425* A Valônia protesta contra a mudança da indústria para Flandres: "Valônia", *Financial Times Survey* (Londres), 12 de maio de 1976.

*425* Estados do Oeste como colônias de energia: "Depois de Reveses — Novas Táticas na Cruzada Ambiental", *U.S. News & World Report,* 9 de junho de 1975.

*425* Desvio geográfico de "Aviação Empresarial: Mudando o Estilo, as Companhias Fazem Negócio", *Business Week,* 6 de fevereiro de 1978.

*426* O conceito da carga de decisão leva à desoladora suspeita de que, independentemente da luta política, qualquer carga de decisão deverá ser suportada pelo menor número possível de pessoas capazes de manejá-las — que um pequeno número de pessoas sempre conseguirá monopolizar o poder de tomar decisão, até que seja suplantado por uma implosão decisional e simplesmente não mais seja capaz de suportar a carga sozinho.

# BIBLIOGRAFIA

*Uma vez que artigos, teses científicas e acadêmicas, e relatórios especializados são amplamente descritos em Notas, esta listagem se limita a livros e a um pequeno número de monografias e trabalhos. As obras relacionadas foram por mim agrupadas em umas poucas classificações por assunto.*

## ARTES


[1] Boucher, François. *20,000 Years of Fashion.* (New York: Harry N. Abrams, 1968.)

[2] Harling, Robert, ed. *The Modern Interior.* (New York: St. Martin's Press, 1964.)

[3] Hauser, Arnold. *The Social History of Art* (4 vols.), trans. Stanley Godman. (New York: Alfred A. Knopf, Vintage Books, 1951.)

[4] Klingender, Francis D. *Art and the Industrial Revolution,* ed., Arthur Elton. (London: Paladin, 1972.)

[5] Kostelanetz, Richard, ed. *On Contemporary Literature.* (New York: Avon, 1964.)

[6] Mueller John H. *The American Symphony Orchestra.* (Bloomington: Indiana University Press, 1951.)

[7] Sachs, Curt. *The History of Musical Instruments.* (New York: W. W. Norton, 1940.)

[8] Thomson, George. *Marxism and Poetry.* (New York: International Publishers, 1946.)


## NEGÓCIOS/DIREÇÃO/TEORIA DE ORGANIZAÇÃO


[9] Adams, T. F. M., and N. Kobayashi. *The World of Japanese Business.* (Tokyo. Kodansha International, 1969.)

[10] Anthony, William P. *Participative Management.* (Reading, Mass.: Addison-Wesley, 1978.)

[11] Beer, Stafford. *Brain of the Firm: The Managerial Cybernetics of Organization.* (London: Allen Lane, The Penguin Press, 1972.)

[12] Benton, Lewis, ed. *Management for the Future.* (New York: McGraw-Hill, 1978.)

[13] Davis, Stanley M., and Paul R. Lawrence. *Matrix.* (Reading, Mass.: Addison-Wesley, 1977.)

[14] Dewing, Arthur S. *Financial Policy of Corporations,* Vols. I and II, 5th edition. (New York: Ronald Press, 1953.)

[15] Drucker, Peter F. *The Concept of the Corporation.* (New York: New American Library, Mentor, 1964.)

[16] Gambling, Trevor. *Societal Accounting.* (Londres: George Allen & Unwin, 1974.)

[17] Gross, Bertram M. *The Managing of Organizations: The Administrative Struggle,* Vols. I and II. (New York: Free Press Macmillan, 1964.)

[18] Gvishiani, D. *Organization and Management: A Sociological Analysis of Western Theories,* trans. Robert Daglish and Leonid Kolesnikov. (Moscow: Progress Publishers, 1972.)

[19] Junger, Allen R. *Corporate Organization Structures: Service Companies.* (New York: Conference Board, 1977.)

[20] Kahn, Herman, ed. *The Future of the Corporation.* (New York: Mason & Lipscomb, 1974.)

[21] Knebel, Fletcher. *The Bottom Line.* (New York: Pocket Books, 1975.)

[22] Korda, Michael. *Power! How To Get It. How To Use It.* (New York: Ballantine Books, 1975.)

[23] Labor Research Association. *Billionaire Corporations.* (New York: International Publishers, 1954.)

[24] Lawrence, Paul R., and Jay W. Lorsch. *Developing Organizations: Diagnosis and Action.* (Reading, Mass.: Addison-Wesley, 1969.)

[25] Moore, Wilbert E. *The Conduct of the Corporation.* (New York: Random House, Vintage Books, 1962.)

[26] Newman, Peter C. *The Canadian Establishment,* Vol. I. (Toronto: McClelland and Stewart-Bantam, Seal Book, 1977.)

[27] Pattee, Howard H., ed. *Hierarchy Theory: The Challenge of Complex Systems.* (New York: George Braziller, 1973.)

[28] Roy, Robert H. *The Cultures of Management.* (Baltimore: Johns Hopkins University Press, 1977.)

[29] Scull, Penrose, and Prescott C. Fuller. *From Peddlers to Merchant Princes.* (Chicago: Follett, 1967.)

[30] Sloan, Alfred P., Jr. *Minha Vida na General Motors.* (Rio, Editora Record, 1975.)

[31] Stein, Barry A. *Size, Efficiency, and Community Enterprise.* (Cambridge, Mass.: Center for Community Economic Development, 1974.)

[32] Tannenbaum, Arnold S., et al. *Hierarchy in Organizations.* (San Francisco: Jossey-Bass Publishers, 1974.)

[33] Tarnowieski, Dale. *The Changing Success Ethic: An AMA Survey Report.* (New York: Amacom, 1973.)

[34] Toffer, Alvin. *Social Dynamics and the Bell System.* Report to the American Tetephone & Telegraph Co.

[35] Van der Haas, Hans. *La Mutation de L'Entrepise Européenne,* trans. Pierre Rocheron. (Paris: Éditions Robert Laffont, L'Usine Nouvelle, 1971.)

[36] Yoshino, M. Y. *Japan's Managerial System: Tradition and Innovation.* (Cambridge, Mass.: MIT Press, 1968)

COMUNICAÇÕES

[37] Aranguren, J. L. *Human Communication,* trans. Frances Partridge. (New York: McGraw-Hill, World University Library, 1967.)

[38] Baran, Paul, *Potential Market Demand for Two-Way Information Services to the Home, 1970-1990.* (Menlo Park, Cal., Institute for the Future, 1971.)

[39] *Bell System Statistical Manual 1940-1969.* American Telephone & Telegraph Co., Corporate Results Analysis Division. (New York, 1970.)
[40] Brunner, John. *The Shockwave Rider.* (New York: Harper & Row, 1975.)
[41] Cherry, Colin. *World Communication: Threat or Promise?* (London: John Wiley, Wiley-Interscience, 1971.)
[42] Eszensberger, Hans Magnus. *The Consciousness Industry: On Literature, Politics and the Media.* (New York: Seabury Press, Continuum, 1974.)
[43] Innis, Harold A. *The Bias of Communication.* (Toronto: University of Toronto Press, 1951.)
[44] ———. *Empire and Communications,* rev. Mary Q. Innis. (Toronto: University of Toronto Press, 1972.)
[45] Laborit, Henri. *Decoding the Human Message,* trans. Stephen Bodington and Alison Wilson. (London: Allison & Busby, 1977.)
[46] McLuhan, Marshall. *Understanding Media: The Extensions of Man.* (New York: McGraw-Hill, 1965.)
[47] Martin, James. *The Wired Society.* (Englewood Cliffs, N.J.: Prentice-Hall, 1978.)
[48] Mathison, Stuart L., and Philip M. Walker. *Computers and Telecommunications: Issues in Public Policy.* (Englewood Cliffs, N.J.: Prentice-Hall, 1970.)
[49] Nilles, J. M. et al. *The Telecommunications-Transportation Tradeoff: Options for Tomorrow.* (New York: John Wiley, 1976.)
[50] Paine, Albert Bigelow. *In One Man's Life.* (New York: Harper & Brothers, 1921.)
[51] Pye, Lucian W., ed. *Communications and Political Development.* (Princeton, N.J.: Princeton University Press, 1963.)
[52] Servan-Schreiber, Jean Louis. *Le Pouvoir d'Informer.* (Paris: Éditons Robert Laffont, 1972.)
[53] Singer, Benjamin D. *Feedback and Society: A Study of the Uses of Mass Channels for Coping.* (Lexington, Mass.: D. C. Heath, Lexington Books, 1973.)
[54] ———, ed. *Communications in Canadian Society.* (Toronto: Copp Clark, 1972.)
[55] Soper, Horace N. *The Mails: History, Organization and Methods of Payment.* (London: Keliher, Hudson and Kearns, 1946.)
[56] Zilliacus, Laurin. *From Pillar to Post.* (London: Heinemann 1956.)

CONSUMIDORES/AUTO-AJUDA/SERVIÇOS

[57] Friedman, Yona. *Une Utopie Réalisée.* (Paris: Musée d'Art Moderne, 1975.)
[58] Gartner, Alan, and Frank Riessman. *Self-Help in the Human Services,* (San Francisco: Jossey-Bass Publishers, 1977.)
[59] ———. *The Service Society and the Consumer Vanguard.* (New York: Harper & Row, 1974.)
[60] Halmos, Paul. *The Personal Society.* (London: Constable, 1970.)
[61] Kallen, Horace M. *The Decline and Rise of the Consumer.* (New York: Appleton-Century, 1936.)
[62] Katz, Alfred H., and Eugene I. Bender. *The Strength In Us: Self-Help Groups is the Modern World.* (New York: Franklin Watts, New Viewpoints, 1976.)
[63] Lewis, Russell. *The New Service Society.* (London: Longman, 1973.)
[64] Steidl, Rose E., and Esther Crew Bratton. *Work in the Home.* (New York: John Wiley 1968.)

[65] Alatas, Syed Hussein. *Modernization and Social Change.* (Sydney, Australia: Angus and Robertson, 1972.)

[66] Amin, Samir. *Accumulation on a World Scale: A Critique of the Theory of Underdevelopment,* trans. Brian Pearce. (New York: Monthly Review Press, 1974.)

[67] Aron, Raymond. *The Industrial Society: Three Essays on Ideology and Development.* (New York: Simon and Schuster, Clarion, 1967.)

[68] Arrighi, Giovanni. *The Geometry of Imperialism: The Limits of Hobson's Paradigm,* trans. Patrick Cammiller. (London: NLB, 1978.)

[69] Bhagwati, Jagdish N., ed. *The New International Economic Order: The North-South Debate.* (Cambridge, Mass.: MIT Press, 1977.)

[70] Bodard, Lucien. *Green Hell: Massacre of the Brazilian Indians,* trans. Jennifer Monaghan. (New York: Outerbridge and Dienstfrey, 1971.)

[71] Brown, Michael Barratt. *The Economics of Imperialism.* (Harmondsworth, Middlesex: Penguin Books, 1974.)

[72] Brow, Richard D. *Modernization: The Transformation of American Life 1600-1865* ed. Eric Foner (New York: Hill and Wang, American Century, 1976.)

[73] Cohen, Benjamin J. *The Question of Imperialism: The Political Economy of Dominance and Dependence.* (London: Macmillan, 1974.)

[74] Cotlow, Lewis. *The Twilight of the Primitive.* (New York: Ballantine Books, 1973.)

[75] Curtin, Philip D., ed. *Imperialism.* (New York: Wolker, 1971.)

[76] Deutsch, Karl W., ed. *Ecosocial Systems and Ecopolitics: A Reader on Human and Social Implications of Environmental Management in Developing Countries.* (Paris: UNESCO, 1977.)

[77] Emmanuel, Arghiri. *Unequal Exchange: A Study of the Imperialism of Trade,* trans. Brian Pearce, (London: NLB, Monthly Review Press, 1972.)

[78] Erb, Guy F., and Valeriana Kallab, eds. *Beyond Dependency: The Developing World Speaks Out.* (Washington, D.C.: Overseas Development Council, 1975.)

[79] Friedmann, Georges. *Industrial Society: The Emergence of the Human Problems of Automation,* ed. Harold L. Sheppard. (Glencoe, Ill.: Free Press, 1955.)

[80] Goldwin, Robert A., ed. *Readings in Russian Foreign Policy.* (New York: Oxford University Press, 1959.)

[81] Goulet, Denis. *The Cruel Choice: A New Concept in the Theory of Development.* (New York: Atheneum, 1971.)

[82] Harvie, Christopher, Graham Martin, and Aaron Scharf, eds. *Industrialisation and Culture 1830-1914.* (London: Macmillan, Open University Press, 1970.)

[83] Hobsbawm, E. J. *Industry and Empire: From 1750 to the Present Day.* (Baltimore: Penguin Books, 1969.)

[84] Hoselitz, Bert F., and Wilbert E. Moore, eds. *Industrialization and Society,* Proceedings of the Chicago Conference on Social Implications of Industrialization and Technical Change, 15-22 September, 1960. (Mouton, France: UNESCO, 1963.)

[85] Howe, Susanne. *Novels of Empire.* (New York: Columbia University Press, 1949.)

[86] Hudson, Michael. *Global Fracture: The New International Economic Order.* (New York: Harper & Row, 1977.)

[87] ———. *Super Imperialism: The Economic Strategy of American Empire.* (New York: Holt, Rinehart and Winston, 1972.)

[88] Lean, Geoffrey. *Rich World, Poor World.* (London: George Allen & Unwin, 1978.)

[89] Lenin, V. I. *Imperialism, The Highest Stage of Capitalism*. (Moscow: Progress Publishers, 1975.)

[90] Lerner, Daniel. *The Passing of Traditional Society: Modernizing the Middle East*. (New York: Free Press, 1958.)

[91] McHale, John, and Magda Cordell McHale. *Basic Human Needs: A Framework for Action*. (New Brunswick, N.J.: Transaction Books, 1977.)

[92] Magdoff, Harry. *The Age of Imperialism: The Economics of U.S. Foreign Policy*. (New York: Monthly Review Press, Modern Reader, 1969.)

[93] Mathias, Peter. *The First Industrial Nation: An Economic History of Britain 1700-1914*. (London: Methuen, 1969.)

[94] Myrdal, Gunnar. *An Approach to the Asian Drama: Methodological and Theoretical*. (New York: Vintage Books, 1970.)

[95] Niedergang, Marcel. *The 20 Latin Americas,* Vols. I and II, trans. Rosemary Sheed. (Harmondsworth, Middlesex: Penguin Books, 1971.)

[96] Said, Edward W. *Orientalism*. (New York: Pantheon Books, 1978.)

[97] Schumpeter, Joseph. *Imperialism, and Social Classes: Two Essays,* trans. Heinz Norden. (New York: World, 1955.)

[98] Toynbee, Arnold. *The Industrial Revolution*. (Boston: Beacon Press, 1956.)

[99] World Bank. *Rural Development,* Sector Policy Paper. (Washington, D.C., 1975.)

## HISTÓRIA ECONÔMICA

[100] Birnie, Arthur. *An Economic History of Europe 1760-1939*. (London: Methuen, University Paperbacks, 1962.)

[101] Bogart, Ernest L., and Donald L. Kemmerer. *Economic History of the American People*. (New York: Longmans, Green, 1942.)

[102] Burton, Theodore E. *Financial Crises and Periods of Industrial and Commercial Depression*. (Wells, Vt.: Fraser, 1966.)

[103] Cipolla, Carlo M. *The Economic History of World Population*. (Harmondsworth, Middlesex: Penguin Books, 1964.)

[104] Clough, Shepard B., Thomas Moodie, and Carol Moodie, eds. *Economic History of Europe: Twentieth Century*. (New York: Harper & Row, 1968.)

[105] Fohlen, Claude. *The Fontana Economic History of Europe,* Vol. VI, Chapter 2, *France 1920-1970,* trans. Roger Greaves. (London: Fontana, 1973.)

[106] Garaty, John A. *Unemployment in History: Economic Thought and Public Policy*. (New York: Harper & Row, 1978.)

[107] Hartwell, R. M., et al. *The Long Debate on Poverty: Eight Essays on Industrialization and "The Condition of England"*. (London: Institute of Economic Affairs, 1973.)

[108] Hayek, Friedrich A., ed. *Capitalism and the Historian*. (Chicago: University of Chicago Press, 1954.)

[109] Kenwood, A. G., and A. L. Lougheed. *The Growth of the International Economy 1820-1960*. (London: George Allen & Unwin, 1971.)

[110] Kindleberger, Charles P. *Manias, Panics, and Crashes: A History of Financial Crises*. (New York: Basic Books, 1978.)

[111] ———. *The World in Depression 1929-1939*. (London: Allen Lane, Penguin Press, 1973.)

[112] Le Clair, Edward E., Jr., and Harold K. Schneider, ds. *Economic Anthropology Readings in Theory and Analysis.* (New York: Holt, Rinehart and Winston 1968.)

[113] Maizels, Alfred. *Growth & Trade.* (London: Cambridge University Press, 1970.)

[114] Nove, Alec. *An Economic History of the USSR.* (Harmondsworth, Middlessex: Penguin Books, 1969.)

[115] Polanyi, Karl. *The Great Transformation.* (Boston: Beacon Press, 1957.)

[116] Ringer, Fritz K., ed. *The German Inflation of 1923.* (New York: Oxford University Press, 1969.)

[117] Sahlins, Marshall. *Stone Age Economics.* (Chicago: Aldine-Atherton, 1972.)

[118] Williams, Glyndwr. *The Expansion of Europe in the Eighteenth Century: Overseas Rivalry, Discovery and Exploition.* (New York: Walker, 1967.)

[119] Woodruff, William. *The Fontana Economic History of Europe,* Vol. IV Chapter 2, *The Emergence of an International Economy 1700-1914* (London· Fontana. 1971.)

## ECONOMIA

[120] Alampiev, P., O. Bogomolov, and Y. Shiryaev. *A New Approach to Economic Integration,* trans. Y. Sdobnikov. (Moscow: Progress Publishers, 1974.)

[121] Aliber, Robert Z. *The International Money Game,* 2nd and expanded edition. (New York: Basic Books, 1976.)

[122] Balassa, Bela. *The Theory of Economic Integration.* (London: George Allen & Unwin, 1962.)

[123] Bozyk, Pawel. *Poland as a Trading Partner.* (Warsaw: Interpress Publishers, 1972.)

[124] Brittan, Samuel. *Participation Without Politics: An Analysis of the Nature and the Role of Markets.* (London: Institute of Economic Affairs, 1975.)

[125] *Concentration in American Industry.* Report of the Subcommittee on Antitrust and Monopoly to the Committee on the Judiciary, U.S Senate. (Washington D.C.: U.S. Government Printing Office, 1957.)

[126] *Economic Concentration.* Hearings before the Subcommittee on Antitrust and Monopoly of the Committee on the Judiciary, U.S. Senate. Parts 7 and 7A. (Washington, D.C.: U.S. Government Printing Office, 1968.)

[127] Galbraith, John Kenneth. *Money: Whence It Came, Where It Went.* (Boston: Houghton Mifflin, 1975.)

[128] Henderson, Hazel. *Creating Alternative Futures: The End of Economics.* (New York· Berkley Windhover, 1978.)

[129] *Inflation: Economy and Society.* (London: Institute for Economic Affairs, 1972.)

[130] Ivens, Michael, ed. *Prophets of Freedom and Enterprise.* (London: Kogan Page for Aims of Industry, 1975.)

[131] Kornai, János. *Anti-Equilibrium: On Economic Systems Theory and the Tasks of Research.* (Amsterdam: North-Holland, 1971.)

[132] Kuznetsov, V. I. *Economic Integration: Two Approaches,* trans. Bean Brian. (Moscow: Progress Publishers, 1976.)

[133] Leiss, William. *The Limits to Satisfaction: On Needs and Commodities.* (London· Marion Boyars, 1978.)

[134] Little, Jane Sneddon. *Euro-Dollars. The Money-Market Gypsies.* (New York Harper & Row, 1975.)

[135] Loebl, Eugen. *Humanomics: How We Can Make the Economy Serve Us — Not Destroy Us.* (New York: Random House, 1976.)

[136] Mandel, Ernest. *Decline of the Dollar: A Marxist View of the Monetary Crisis.* (New York: Monad Press, 1972.)

[137] Marris, Robin. *The Economic Theory of "Managerial" Capitalism.* (London: Macmillan, 1967.)

[138] Marx, Karl. *Capital: A Critical Analisys of Capitalist Production,* trans. Samuel Moore and Edward Aveling, ed. Frederick Engels. (New York: International Publishers, 1939.)

[139] Mintz, Morton, and Jerry S. Cohen. *American, Inc.: Who Owns and Operates the United States.* (New York: Dell, 1972.)

[140] Pasinetti, Luigi L. *Lectures on the Theory of Production.* (London: Macmillan, 1977.)

[141] Ritter, Lawrence S., and William L. Silber. *Money,* 2nd edition. (New York: Basic Books, 1973.)

[142] Robertson, James. *Profit or People?: The New Social Role of Money.* (London: Calder & Boyars, 1974.)

[143] Röpke, Wilhelm. *Economics of the Free Society,* trans. Patrick M. Boarman. (Chicago: Henry Regnery, 1963.)

[144] Rothbard, Murray N., and I. W. Sylvester. *What is Money?* (New York: Arno Press & The New York Times, 1972.)

[145] Scott, D. D. *The Cultural Significance of Accounts.* (Columbia, Mo.: Lucas Brothers Publishers, undated.)

[146] Senin, M. *Socialist Integration.* (Moscow: Progress Publishers, 1973.)

[147] Sherman Howard. *Radical Political Economy: Capitalism and Socialism from a Marxist-Humanist Perspective.* (New York: Basic Books, 1972.)

[148] Smith, Adam. *Essays on Philosophical Subjects,* with *An Account of the Life and Writings of the Author* by Dugald Stewart. (Dublin: Messrs. Wogan, Byrne, J. Moore, Colbert, Rice, W. Jones, Porter, and Folingsby, 1795.)

[149] ———. *The Wealth of Nations,* ed. Edwin Cannan. (New York: Random House. Modern Library, 1937.)

[150] Toffler, Alvin. *The Eco-Spasm Report.* (New York: Bantam Books, 1975.)

[151] Ward, Benjamin. *What's Wrong with Economics?* (London: Macmillan, 1972.)

ENERGIA/ECOLOGIA

[152] Brown, Lester R. *In the Human Interest: A Strategy to Stabilize World Population.* (New York: W. W. Norton, 1974.)

[153] Carr, Donald E. *Energy & the Earth Machine.* (New York: W. W. Norton, 1976.)

[154] *Choosing Our Environment: Can We Anticipate the Future?* Hearings before the Panel on Environmental Science and Technology of the Subcommittee on Environmental Pollution of the Committee on Public Works, U.S. Senate. Parts 2 and 3. (Washington, D.C.: U.S. Government Printing Office, 1976.)

[155] Clark, Wilson. *Energy for Survival: The Alternative to Extinction.* (Garden City, N.Y.: Doubleday, Anchor Books, 1974.)

[156] Commoner, Barry. *The Closing Circle: Nature, Man, and Technology.* (New York: Alfred A. Knopf, 1971.)

[157] ———. *The Poverty of Power: Energy and the Economic Crisis.* (New York Bantam Books, 1977.)

158] Dansereau, Pierce. *Inscape and Landscape.* Massey Lectures, Twelfth Series, Canadian Broadcasting Corporation. (Toronto: CBC Dearing Systems, 1973 )

[159] Dubos, René, *Man Adapting.* (New Haven: Yale University Press, 1965.)

[160] *Energy: Global Prospects 1985-2000.* Report of the Workshop on Alternative Energy Strategies, sponsored by MIT (New York: McGraw-Hill, 1977.)

[161] Hayes, Denis. *The Solar Energy Timetable.* (Washington, D.C.: Worldwatch Institute, 1978.)

[162] Helfrich, Harold W., Jr., ed. *The Environmental Crisis: Man's Struggle to Live With Himself.* (New Haven: University Press, 1970.)

[163] Jungk, Robert. *The New Tyranny: How Nuclear Power Enslaves Us,* trans. Christopher Trump. (New York: Grosset & Dunlap, Fred Jordan Books, 1979.)

[164] Lyons, Barrow. *Tomorrow's Birthright: A Political and Economic Interpretation of Our Natural Resources.* (New York: Funk & Wagnalls, 1955.)

[165] Meadows, Donella H., et al. *The Limits to Growth: A Report for the Club of Rome's Project on the Predicament of Mankind.* (New York: Universe Books, 1972.)

[166] Munson, Richard, ed. *Countdown to a Nuclear Moratorium.* (Washington, D.C.: Environmental Action Foundation, 1976.)

[167] Odum, Howard T. *Environment, Power, and Society.* (New York: John Wiley, Wiley-Interscience, 1971.)

[168] Sampson, Anthony. *The Seven Sisters: The Great Oil Companies and the World They Shaped.* (New York: Bantam Books, 1976.)

[169] Schumacher, E. F. *Small Is Beautiful: Economics as if Peoples Mattered,* (New York Harper & Row, Perennial Library, 1973.)

[170] *Tokyo Fights Pollution: An Urgent Appeal for Reform.* Liaison and Protocol Section Bureau of General Affairs, Tokyo Metropolitan Government. (Tokyo, 1971.)

[171] Ubbelohde, A. R. *Man and Energy.* (New York: George Braziller, 1955.)

[172] Université de Montréal/McGill University, Conserver Society Project. *The Selective Conserver Society,* Vol. I, *The Integrating Report.* (Montreal: GAMMA, 1976.)

## EVOLUÇÃO E PROGRESSO

[173] Bury, J. B. *The Idea of Progress.* (New York: Macmillan, 1932.)

[174] Calder, Nigel. *The Life Game: Evolution and the New Biology.* (New York: Dell, Laurel, 1975.)

[175] Crozier, Michel. *The Stalled Society.* (New York: Viking Press, 1973.)

[176] De Closets, François. *En Danger de Progrès,* (Paris: Éditions Denoël, 1970.)

[177] *Evolution and the Fossil Record: Readings from* Scientific American. (San Francisco: W. H. Freeman, 1978.)

[178] James, Bernard. *The Death of Progress.* (New York: Alfred A. Knopf, 1973.)

[179] Jantsch, Erich. *Design for Evolution: Self-Organization and Planning in the Life of Human Systems.* (New York: George Braziller, 1975.)

[180] ———, and Conrad H. Waddington, eds. *Evolution and Consciousness: Human Systems in Transition.* (Reading, Mass.: Addison-Wesley, 1976.)

[181] Kuznetsov, B. G. *Philosophy of Optimism,* trans. Ye. D. Khakina and V. L. Sulima. (Moscow: Progress Publishers, 1977.)

[182] Sorel, Georges. *The Illusions of Progress,* trans. John and Charlotte Stanley. (Berkeley: University of California Press, 1969.)

[183] Vacca, Roberto. *The Coming Dark Age,* trans. J. S. Whale. (Garden City N.Y.: Doubleday, 1973.)
[184] Van Doren, Charles. *The Idea of Progress.* (New York: Frederick A. Praeger, 1967.)
[185] Williams, George C. *Adaptation and Natural Selection: A Critique of Some Current Evolutionary Thought.* (Princeton, N.J.: Princeton University Press, 1966.)

FAMÍLIA/SEXO

[186] Beard, Mary R. *Woman as Force in History: A Study in Traditions and Realities.* (New York: Macmillan, 1946.)
[187] Bernard, Jessie. *The Future of Marriage.* (New York: Bantam Books, 1973.)
[188] ———. *The Future of Motherhood.* (New York: Penguin Books, 1974.)
[189] Francouer, Robet T., and Anna K. Francouer, eds. *The Future of Sexual Relations.* (Englewood Cliffs, N.J.: Prentice-Hall, Spectrum, 1974.)
[190] Friedan, Betty. *The Feminine Mystique,* 10th anniversary edition. (New York: W. W. Norton, 1974.)
[191] Ginsberg, Eli, ed. *The Nation's Children.* (New York: Columbia University Press, 1960.)
[192] Peck, Ellen, and Judith Senderowitz, eds. *Pronatalism: The Myth of Mom & Apple Pie.* (New York: Thomas Y. Crowell, 1974.)
[193] Rapoport, Rhona, and Robert N. Rapoport. *Dual-Career Families.* (Harmondsworth, Middlesex: Penguin Books, 1971.)
[194] Ross, Heather L., and Isabel V. Sawhill. *Time of Transition: The Growth of Families Headed by Women.* (Washington, D.C.: Urban Institute, 1975.)
[195] Tripp, Maggie, ed. *Woman in the Year 2000.* (New York: Arbor House, 1974.)
[196] Zaretsky, Eli. *Capitalism, the Family and Personal Life.* (London: Pluto Press, 1976.)

FUTUROLOGIA

[197] Albrecht, Paul, et al., eds. *Faith, Science and the Future.* Preparatory readings for a world conference. (Geneva: World Council of Churches, 1978.)
[198] Bell, Daniel. *The Coming of Post-Industrial Society: A Venture in Social Forecasting.* (New York: Basic Books, 1973.)
[199] Bonn, Anne-Marie. *La Rêverie Terrienne et l'espace de la Modernité.* (Paris: Librairie Klincksieck, 1976.)
[200] Brzezinski, Zbigniew. *Between Two Ages: America's Role in the Technetronic Era.* (New York: Viking Press, 1970.)
[201] Clarkson, Stephen, ed. *Visions 2020.* (Edmonton, Alberta: M. G. Hurtig, 1970.)
[202] Cornish, Edward, ed. *1999 The World of Tomorrow: Selections from The Futurist.* (Washington, D.C.: World Future Society, 1978.)
[203] Daglish, Robert, ed. *The Scientific and Technological Revolution: Social Effects and Prospects.* (Moscow: Progress Publishers, 1972.)
[204] Economic Commission for Europe. *Overall Economic Perspective for the ECE Region up to 1990.* (New York: United Nations, 1978.)
[205] Fedchenko, V., ed. *Things to Come.* (Moscow: Mir Publishers, 1977.)
[206] Ford, Barbara. *Future Food: Alternate Protein for the Year 2000.* (New York: William Morrow, 1978.)

[207] Gross, Bertram M. *Space-Time and Post-Industrial Society.* Paper presented to 1965 seminars of Comparative Administration Group of the American Society for Public Administration. Syracuse University, 1966.

[208] Harman, Willis W. *An Incomplete Guide to the Future.* (San Francisco: San Francisco Book Company, 1976.)

[209] Laszlo, Ervin, et al. *Goals for Mankind: A Report to the Club of Rome on the New Horizons of Global Community.* (New York: E. P. Dutton, 1977.)

[210] Malita, Mircea. *Chronik für das jahr 2000.* (Bucharest: Kriterion, 1973.)

[211] *Man, Science, Technology: A Marxist Analysis of the Scientific Technological Revolution.* (Prague: Academia Prague, 1973.)

[212] Maruyama, Magoroh, and Arthur Harkins, eds. *Cultures Beyond the Earth.* (New York: Random House, Vintage Books, 1975.)

[213] ———. *Cultures of the Future.* (The Hague: Mouton Publishers, 1978.)

[214] Mesarovic, Mihajlo, and Eduard Pestel. *Mankind at the Turning Point: The Second Report to The Club of Rome.* (New York: E. P. Dutton, Reader's Digest Press, 1974.)

[215] *1985: La France Face au Choc du Futur.* Plan et prospectives, Commissariat Général du Plan. (Paris: Librarie Armand Colin, 1972.)

[216] Royal Ministry for Foreign Affairs in Cooperation with the Secretariat for Future Studies. *To Choose a Future: A Basis for Discussion and Deliberations on Future Studies in Sweden,* trans. Rudy Feichtner. (Stockholm: Swedish Institute, 1974.)

[217] Sorrentino, Joseph N. *The Moral Revolution.* (New York: Manor Books, 1974.)

[218] Spekke, Andrew A., ed. *The Next 25 Years: Crisis & Opportunity.* (Washington, D.C.: World Future Society, 1975.)

[219] Stilman, Edmund, et al. *L'Envol de la France: Portrait de la France dans les années 80.* (Paris: Hacheet Littérature, 1973.)

[220] Tanaka, Kakuei. *Building a New Japan: A Plan for Remodeling the Japanese Archipelago.* (Tokyo: Simul Press, 1973.)

[221] Theobald, Robert. *Habit and Habitat.* (Englewood Cliffs, N.J.: Prentice-Hall, 1972.)

[222] *Thinking Ahead: UNESCO and the Challenges of Today and Tomorrow.* (Paris: UNESCO, 1977.)

FUTUROLOGIA/Geral

[223] Ackoff, Russell L. *Redesigning the Future: A Systems Approach to Societal Problems.* (New York: John Wiley, 1974.)

[224] Arab-Ogly, E. *In the Forecasters' Maze,* trans. Katherine Judelson. (Moscow. Progress Publishers, 1975.)

[225] Bell, Wendell, and James A. Mau, eds. *The Sociology of the Future.* (New York. Russell Sage Foundation, 1971.)

[226] Boucher, Wayne I., ed. *The Study of the Future: An Agenda for Research.* (Washington, D.C.: U.S. Government Printing Office, 1977.)

[227] *Choosing Our Environment: Can We Anticipate the Future?* Ver [154].

[228] Cornish, Edward, ed. *Resources Directory for America's Third Century,* Part 1, *An Introduction to the Study of the Future.* (Washington, D.C.: World Future Society, 1977.)

[229] ———. *Resources Directory for America's Third Century,* Part. 2, *Information Sources for the Study of the Future.* (Washington, D.C.: World Future Society, 1977.)

[230] ———, et al. *The Study of the Future: An Introduction to the Art and Science of Understanding and Shaping Tomorrow's World.* (Washington, D.C.: World Future Society, 1977.)

[231] Dickson, Paul. *The Future File: A Guide for People with One Foot in the 21st Century.* (New York: Rawson Associates, 1977.)

[232] Emery, F. E., and E. L. Trist. *Towards a Social Ecology: Contestual Appreciation of the Future in the Present.* (London: Plenum Press, 1973.)

[233] Feinberg, Gerald. *The Prometheus Project: Mankind's Search for Long-Range Goals.* (Garden City, N.Y.: Doubleday, Anchor Books, 1969.)

[234] Heilbroner, Robert L. *The Future as History.* (New York: Grove Press, 1961.)

[235] Jouvenal, Bertrand de. *The Art of Conjecture,* trans. Nikita Lary. (New York: Basic Books, 1967.)

[236] Jungk, Robert. *The Everyman Project: Resources for a Human Future,* trans. Gabriele Annan and Renate Esslen. (New York: Liveright, 1977.)

[237] McHale, John. *The Future of the Future.* (New York: George Braziller, 1969.)

[238] ———, and Magda Cordell McHale. *Futures Studies: An International Survey.* (New York United Nations Institute for Training and Research, 1975.)

[239] Polak, Fred L *The Image of the Future,* trans. Elise Boulding. (Amsterdam: Elsevier Scientific, 1973.)

[240] ———. *Prognostics.* (Amsterdam: Elsevier, 1971.)

[241] Sullivan, John Edward. *Prophets of the West: An Introduction to the Philosophy of History.* (New York: Holt, Rinehart and Winston, 1970.)

HISTÓRIA

[242] Bloch, Marc. *Feudal Society,* Vol. I, *The Growth of Ties of Dependence,* trans. L. A. Manyon. (Chicago: University of Chicago Press, Phoenix Book, 1964.)

[243] ———. *Feudal Society,* Vol. 2, *Social Classes and Political Organization,* trans. L. A. Manyon. (Chicago: University of Chicago Press, Phoenix Books, 1964.)

[244] Braudel, Fernand. *Capitalism and Material Life: 1400-1800,* trans. Miriam Kochan. (New York: Harper & Row, Harper Colophon Books, 1975.)

[245] ———. *The Mediterranean and the Mediterranean World in the Age of Philip II.* Vols. I and II, trans. *Siân Reynolds.* (New York: Harper & Row, 1973.)

[246] Collis, Maurice. *Cortés and Montezuma.* (London: Faber and Faber, 1963.)

[247] Commager, Henry Steele, ed. *Documents of American History,* 3rd edition. (New York: F. S. Crofts, 1943.)

[248] Darlington, C. D. *The Evolution of Man and Society.* (London: George Allen & Unwin, 1969.)

[249] Deane, Phyllis. *The First Industrial Revolution.* (London: Cambridge University Press, 1965.)

[250] Elias, Norbert. *The Civilizing Process: The Development or Manners,* trans. Edmund Jephcott. (New York: Urizen Books, 1978.)

[251] Glass, D. V., and D. E. C. Eversley, eds. *Population in History.* (London: Edward Arnold, 1965.)

[252] Hale, J. R. *Renaissance Europe 1480-1520.* (London: Fontana, 1971.)

[253] Hill, Christopher. *Reformation to Industrial Revolution: 1530-1780.* (Baltimore: Penguin Books, 1969.)

[254] Hofstadter, Richard, William Miller, and Daniel Aaron. *The United States: The History of a Republic,* 2nd edition. (Englewood Cliffs, N.J.: Prentice-Hall, 1967.)

[255] Huggett, Frank E. *The Past, Present and Future of Factory Life and Work: A Documentary Inquiry.* (London: Harrap, 1973.)

[256] Kirchner, Walther. *Western Civilization Since 1500.* (New York: Barnes & Noble, 1969.)

[257] Littlefield, Henry W. *History of Europe 1500-1848,* 5th edition. (New York: Barnes & Noble, 1939.)

[258] Mannix, Daniel P. *Those About to Die.* (New York: Ballantine Books, 1958.)

[259] Matthews, George T., ed. *The Fugger Newsletter.* (New York: Capricorn Books, 1970.)

[260] Morazé, Charles. *The Triunmph of the Middle Classes: A Study of European Values in the Nineteenth Century.* (London: Weidenfeld and Nicolsos, 1966.)

[261] Plumb, J. H. *The Growth of Political Stability in England 1675-1725.* (Harmondsworth, Middlesex: Penguin Books, 1967.)

[262] Sansom, G. B. *The Western World and Japan: A Study in the Interaction of European and Asiatic Cultures.* (New York: Random House, Vintage Books, 1973.)

[263] Segal, Ronald. *The Struggle Against History.* (New York: Bantam Books, 1973.)

[264] Stewart, Donald H. *The Opposition Press of the Federalist Period.* (Albany: State University of New York Press, 1969.)

[265] Tawney, R. H. *Religion and the Rise of Capitalism: A Historical Study.* (New York: New American Library, Mentor, 1954.)

[266] Thompson, E. P. *The Making of the English Working Class.* (New York: Vintage Books, 1963.)

[267] Turner, Frederick J. *The Significance of the Frontier in American History.* (New York: Readex Microprint, 1966.)

[268] Walker, James Blaine. *The Epic of American Industry.* (New York: Harper & Brothers, 1949.)

[269] Weber, Max. *The Protestant Ethic and the Spirit of Capitalism,* trans. Talcott Parson. (New York: Charles Scribner's Sons, 1958.)

## NAÇÕES/SEPARATISMO/INSTITUIÇÕES TRANSNACIONAIS

[270] Barnet, Richard J., e Ronald E. Müller. *Poder Global.* (Rio: Editora Record, 1976.)

[271] Bendix, Reinhard. *Nation-Building and Citizenship: Studies of Our Changing Social Order.* (Garden City, N.Y.: Doubleday, Anchor Books, 1969.)

[272] Brown, Lester R. *World Without Borders.* (New York: Random House, 1972.)

[273] Brow, Seyom. *New Forces in World Politics.* (Washington, D.C.: Brookings Institution, 1974.)

[274] ———, et al. *Regimes for the Ocean, Outer Space, and Weather,* (Washington, D.C.: Brookings Institution, 1977.)

[275] Callenbach, Ernest. *Ecotopia: The Notebooks and Reports of William Weston.* (New York: Bantam Books, 1977.)

[276] Cobban, Alfred. *The Nation State and National Self-Determination.* (New York: Thomas Y. Crowell, 1969.)

[277] Deutsch, Karl W. *Nationalism and Social Communication: An Inquiry into the Foundations of Nationality.* (Cambridge, Mass.: MIT Press, 1966.)

[278] Falk Richard A. *A Study of Future Worlds.* (New York: Free Press, 1975.)

[279] Fawcett, J. E. S. *The Law of Nations.* (New York: Basic Books, 1968.)

[280] *Information, Perception and Regional Policy.* Report prepared for National Science Foundation, Research Applications Directorate, RANN (Washington, D.C.: National Science Foundation, 1975.)

[281] Kaldor, Mary. *The Disintegrating West.* (New York: Hill and Wang, 1978.)

[282] Kohn, Hans. *The Idea of Nationalism: A Study in Its Origins and Background.* (Toronto: Collier, 1944.)

[283] Lenin, V. I. *The Right of Nations to Self-Determination.* (Moscow: Progress Publishers, 1947.)

[284] Lévesque, René, *An Option for Quebec.* (Toronto: McClelland and Stewart, 1968.)

[285] Minogue, K. R. *Nationalism.* (Baltimore: Penguin Books, 1967.)

[286] Servan-Schreiber, Jean-Jacques. *Le Pouvoir Régional.* (Paris: Éditions Bernard Grasset, 1971.)

[287] Shaw, Brian. *The Gospel According to Saint Pierre.* (Richmond Hill, Ont.: Pocket Books Canada, 1969.)

[288] Smith, Anthony D. *Theories of Nationalism.* (New York: Harper & Row, Harper Torchbooks, 1971.)

[289] Stephenson, Hugh *The Coming Clash: The Impact of Multinational Corporations on National States.* (New York: Saturday Review Press, 1972.)

[290] Thomas, Ned. *The Welsh Extremist.* (Talybont, Cardiganshire: Y Lolfa, 1973.)

[291] Trudeau, Pierre Elliott. *Federalism and the French Canadians.* (Toronto: Macmillan of Canada, 1968.)

[292] Turner, Louis, *Multinational Companies and the Third World.* (New York: Hill and Wang, 1973.)

[293] *The United Nations and the Future.* Proceedings of UNITAR Conference on the Future, Moscow, June 10-14, 1974. (Moscow, UNITAR, 1976.)

[294] *The United States and the United Nations.* Hearings before the Committee on Foreign Relations, U.S. Senate. (Washington, D.C.: U.S. Government Printing Office, 1975.)

[295] Unterman, Lee D., and Christine W. Swent, eds. *The Future of the United States Multinational Corporation.* (Charlottesville: University of Virginia Press, 1975.)

[296] Webb, Keith. *The Growth of Nationalism in Scotland.* (Glasgow: Molendinar Press, 1977.)

[297] Wilczynski, J. *The Multinationals and East-West Relations: Towards Transideological Collaboration.* (London: Macmillan, 1976.)

[298] *Year-Book of World Problems and Human Potential,* compiled by the Secretariats of Union of International Associations. (Brussels, 1976.)

FILOSOFIA

[299] Borodulina, T., ed. *K. Marx, F. Engels, V. Lenin: On Historical Materialism.* (Moscow: Progress Publishers, 1974.)

[300] Capra, Fritjof. *The Tao of Physics: An Exploration of the Parallels Between Modern Physics and Eastern Mysticism.* (New York. Bantam Books, 1977.)

[301] DeGreene, Kenyon B., ed. *Systems Psychology.* (New York: McGraw-Hill, 1970.)

[302] De La Mettrie, Julien Offray. *Man a Machine,* annot. Gertrude Carman Bussey (La Salle, Ill.: Open Court, 1912.)

[303] Descartes, René. *Discourse on Method,* trans. John Veitch. (La Salle, Ill. Open Court, 1962.)

[304] Feinberg, Gerald. *What is the World Made Of?: Atoms, Leptons, Quarks, and Other Tantalizing Particles.* (Garden City, N.Y.: Doubleday, Anchor Books, 1978.)

[305] Gellner, Ernest. *Thought and Change.* (Chicago: University of Chicago Press, 1965.)

[306] Hyman, Stanley Edgar. *The Tangled Bank: Darwin, Marx, Frazer and Freud as Imaginative Writers.* (New York: Atheneum, 1974.)

[307] Lewin, Kurt. *Field Theory in Social Science: Selected Theoretical Papers,* ed. Dorwin Cartwright. (New York: Harper & Row, Harper Torchbooks, 1951.)

[308] Lilienfeld, Robert. *The Rise of Systems Theory: An Ideological Analysis.* (New York: John Wiley, Wiley-Interscience, 1978.)

[309] Matson, Floyd W. *The Broken Image: Man, Science and Society.* (New York: Doubleday, Anchor Books, 1966.)

[310] Munitz, Milton K., ed. *Theories of the Universe: From Babylonian Myth to Modern Science.* (Glencoe, Ill.: Free Press, Falcon's Wing Press, 1957.)

[311] Ramo, Simon. *Cure for Chaos: Fresh Solutions to Social Problems Through the Systems Approach.* (New York: David McKay, 1969.)

[312] Russell, Bertrand. *A History of Western Philosophy.* (New York: Simon and Schuster, 1945.)

[313] ———. *Human Knowledge: Its Scope and Limits.* (New York: Simon and Schuster, Touchstone, 1948.)

[314] Webb, James. *The Flight from Reason.* (London: Macdonald, 1971.)

[315] Weizenbaum, Joseph. *Computer Power and Human Reason: from Judgment to Calculation.* (San Francisco: W. H. Freeman, 1976.)

TEORIA POLÍTICA/Geral

[316] Jacker, Corinne. *The Black Flag of Anarchy: Antistatism in the United States.* (New York: Charles Scribner's Sons, 1968.)

[317] Johnson, Chalmers. *Revolutionary Change.* (Boston: Little, Brown, 1966.)

[318] Jouvenel, Bertrand de. *On Power: Its Nature and the History of Its Growth,* trans. J. F. Huntington. (Boston: Beacon Press, 1962.)

[319] Krader, Lawrence. *Formation of the State.* (Englewood Cliffs, N.J.: Prentice-Hall, 1968.)

[320] Lenin, V. I. *The State and Revolution.* (Moscow: Progress Publishers, 1949.)

[321] Oppenheimer, Franz. *The State,* trans. John Gitterman. (New York: Free Life Editions, 1975.)

[322] Ortega y Gasset, José. *Man and Crisis,* trans. Mildred Adams. (New York: W. W. Norton, 1958.)

[323] Rousseau, Jean-Jacques. *The Social Contract,* trans. Maurice Cranston. (Baltimore: Penguin Books, 1968.)

[324] Silvert, Kalman H. *The Reason for Democracy.* (New York: Viking Press, 1977.)

[325] Swartz, Marc J., Victor W. Turner, and Tuden, eds. *Political Anthropology.* (Chicago: Aldine-Atherton, 1966.)

TEORIA POLÍTICA/Elites

[326] Barber, Bernard. *Social Stratification: A Comparative Analysis of Structure and Process.* (New York: Harcourt, Brace & World, 1957.)

[327] Benveniste, Guy. *The Politics of Expertise.* (Berkeley, Cal.: Glendessary Press, 1972.)

[328] Bottomore, T. B. *Elites and Society.* (New York: Basic Books, 1964.)

[329] Brewer, Garry D. *Politicians, Bureaucrats, and the Consultant: A Critique of Urban Problem Solving.* (New York: Basic Books, 1973.)

[330] Burnham, James. *The Managerial Revolution.* (Bloomington: Indiana University Press, 1960.)

[331] Dimock, Marshall E. *The Japanese Technocracy: Management and Government in Japan.* (New York: Walker/Weatherhill, 1968.)

[332] Djilas, Milovan. *The New Class: An Analysis of the Communist System.* (New York: Frederick A. Praeger, 1957.)

[333] ———. *The Unperfect Society: Beyond the New Class,* trans. Dorian Cooke. (London: Unwin Books, 1972.)

[334] Dye, Thomas R., and L., Harmon Zeigler. *The Irony of Democracy: An Uncommon Introduction to American Politics,* 2nd edition. (Belmont, Cal.: Duxbury Press, 1972.)

[335] Girvetz, Harry K. *Democracy and Elitism: Two Essays with Selected Readings.* (New York: Charles Scribner's Sons, 1967.)

[336] Gouldner, Alvin W. *The Future of Intellectuals and the Rise of the New Class.* (New York: Seabury Press, Continuum, 1979.)

[337] Gvishiani, D. M., S. R. Mikulinsky, and S. A. Kugel, eds. *The Scientific Intelligentsia in the USSR: Structure and Dynamics of Personnel,* trans. Jane Sayers. (Moscow: Progress Publishers, 1976.)

[338] Keller, Suzanne. *Beyond the Ruling Class: Strategic Elites in Modern Society.* (New York: Random House, 1963.)

[339] Lederer, Emil. *State of the Masses: The Threat of the Classless Society.* (New York: Howard Fertig, 1967.)

[340] Meynaud, Jean. *Technocracy,* trans. Paul Barnes. (London: Faber and Faber, 1968.)

[341] Ortega y Gasset, José. *The Revolt of the Masses.* (New York: W. W. Norton, 1957.)

[342] Phillips, Kevin P. *Mediacracy: American Parties and Politics in the Communications Age.* (Garden City, N.Y.: Doubleday, 1975.)

[343] Young, Michael. *The Rise of the Meritocracy 1870-2033: An Essay on Education and Equality.* (Harmondsworth, Middlesex: Penguin Books, 1961.)

## TEORIA POLÍTICA/Representação/Participação

[344] Afanasyev, V. G. *The Scientific Management of Society,* trans. L. Ilyitskaya. (Moscow: Progress Publishers, 1971.)

[345] Araneta, Salvador. *The Effective Democracy For All.* (Manila: AIA, Bayanikasan Research Foundation, 1976.)

[346] Bezold, Clement, ed. *Anticipatory Democracy: People in the Politics of the Future.* (New York: Random House, Vintage Books, 1978.)

[347] Bihari, Ottó. *Socialist Representative Institutions,* trans. Józef Desényi and Imre Móra. (Budapest: Akadémiai Kiadó, 1970.)

[348] Birch, A. H. *Representation.* (London: Macmillan, 1972.)

[349] Crick, Bernard. *The Reform of Parliament.* (London: Weidenfeld and Nicolson, 1970.)

[350] Finletter, Thomas K. *Can Representative Government Do the Job?* (New York: Reynal & Hitchcock, 1945.)
[351] Haefele, Edwin T. *Representative Government and Environmental Management.* (Baltimore: Johns Hopkins University Press, 1973.)
[352] International Labour Office. *Participation by Employers' and Workers' Organisations in Economic and Social Planning: A General Introduction.* (Geneva: ILO, 1971.)
[353] Ionescu, Ghita, and Ernest Gellner, eds. *Populism: Its Meanings and National Characteristics.* (London: Weidenfeld and Nicolson, 1970.)
[354] Jones, Charles O. *Every Second Year: Congressional Behavior and the Two-Year Term.* (Washington, D.C.: Brookings Institution, 1967.)
[355] Kozak, Jan. *Without a Shot Being Fired: The Role of Parliament and the Unions in a Communist Revolution.* (London: Independent Information Centre, 1957.)
[356] Langton, Stuart, ed. *Citizen Participation in America: Essays on the State of the Art.* (Lexington, Mass.: D. C. Heath, Lexington Books, 1978.)
[357] Loewenberg, Gerhard, ed. *Modern Parliaments: Change or Decline?* (Chicago: Aldine-Atherton, 1971.)
[358] Mill, John Stuart. *Utilitarianism, Liberty and Representative Government.* (New York: E. P. Dutton, 1951.)
[359] Partridge, P. H. *Consent & Consensus.* (New York: Praeger, 1971.)
[360] Pateman, Carole. *Participation and Democratic Theory.* (Cambridge: Cambridge University Press, 1970.)
[361] Pitkin, Hanna Fenichel, ed. *Representation.* (New York: Atherton Press, 1969.)
[362] Schramm, F. K., ed. *The Bundestag: Legislation in the Federal Republic of Germany.* (Bonn: E. Beinhauer, 1973.)
[363] Spufford, Peter. *Origins of the English Parliament.* (New York: Barnes & Noble. 1967.)

POLÍTICA/Estudos Comparados

[364] Berkowitz, S. D., and Robert K. Logan, eds. *Canada's Third Option.* (Toronto: Macmillan of Canada, 1978.)
[365] Blondel, Jean. *Comparing Political Systems.* (London: Weidenfeld and Nicolson, 1973.)
[366] Cohen, Ronald, and John Middleton, eds. *Comparative Political Systems: Studies in the Politics of Pre-industrial Societies.* (Garden City, N.Y.: Natural History Press, 1967.)
[367] Finer, S. E. *Comparative Government.* (Harmondsworth, Middlesex: Penguin Books, 1970.)
[368] Gorden, Morton. *Comparative Political Systems: Managing Conflict.* (New York: Macmillan, 1972.)
[369] Hamilton, Alastair. *The Appeal of Fascism: A Study of Intellectuals and Fascism 1919-1945.* (London: Anthony Blond, 1971.)
[370] Kennedy, Gavin, ed. *The Radical Approach: Papers on an Independent Scotland.* (Edinburgh: Palingenesis Press, 1976.)
[371] McClelland, J. S., ed. *The French Right: From De Maistre to Maurras,* trans Frears, Harber, McClelland, and Phillipson. (London: Jonathan Cape, 1970.)
[372] Macridis, Roy C., and Robert E. Ward, eds. *Modern Political Systems: Europe* 2nd edition: (Englewood Cliffs, N.J.: Prentice-Hall, 1968.)

[373] Mosse, George L. *The Crisis of German Ideology: Intellectual Origins of the Third Reich.* (London: Weidenfeld and Nicolson, 1966.)

[374] Parti Socialiste Unifié. *Controler Aujourd'hui pour Décider Demain,* manifeste. (Paris: Tema-Éditions, 1972.)

[375] Russett, Bruce M. *Trends in World Politics.* (New York: Macmillan, 1965.)

[376] Scalapino, Robert A., and Junnosuke Masumi. *Parties and Politics in Contemporary Japan.* (Berkeley: University of California Press, 1962.)

[377] Smith, Gordon. *Politics in Western Europe: A Comparative Analysis.* (London: Heinemann Educational Books, 1972.)

[378] Starcke, Anna. *Survival: Taped Interviews With South Africa's Power Élite.* (Cape Town: Tafelberg, 1978.)

POLÍTICA/Estados Unidos

[379] Armbrister, Trevor. *A Matter of Accountability: The True Story of the Pueblo Affair.* (New York: Coward-McCann, 1970.)

[380] Becker, Ted, et al. *Un-Vote for a New America: A Guide to Constitutional Revolution.* (Boston: Allyn and Bacon, 1976.)

[381] Becker, Theodore L. *American Government: Past, Present, Future.* (Boston: Allyn and Bacon, 1976.)

[382] Boorstin, Daniel J. *The Decline of Radicalism: Reflections on America Today.* (New York: Random House, 1969.)

[383] Brant, Irving. *The Bill of Rights: Its Origin and Meaning.* (New York: New American Library, Mentor, 1965.)

[384] Cullop, Floyd G. *The Constitution of the United States: An Introduction.* (New York: New American Library, Signet, 1969.)

[385] Everett, Edward. *The Mount Vernon Papers,* N.º 27. (New York: D. Appleton, 1860.)

[386] Fisher, Louis. *President and Congress: Power and Policy.* (New York: Free Press, 1972.)

[387] Flexner, James Thomas. *George Washington and the New Nation (1783-1793).* (Boston: Little, Brown, 1970.)

[388] Gilpin, Henry D., ed. *The Papers of James Madison,* Vol. II. (Washington, D.C.: Langtree & O'Sullivan, 1840.)

[389] Hamilton, Alexander, John Jay, and James Madison. *The Federalist: A Commentary on the Constitution of the United States.* (New York: Random House, Modern Library.)

[390] Hougan, Jim. *Spooks: The Haunting of America — The Private Use of Secret Agents.* (New York: William Morrow, 1978.)

[391] Nixon, Richard. *The Memoirs of Richard Nixon.* (New York: Grosset & Dunlap, 1978.)

[392] Padover, Saul K., ed. *Thomas Jefferson on Democracy.* (New York: New American Library, Mentor; Copyright 1939 D. Appleton-Century.)

[393] Paine, Thomas. *Rights of Man: Being an Answer to Mr. Burke's Attack on the French Revolution,* ed. Hypatia Bradlaugh Bonner. (London: C. A. Watts, 1937.)

[394] Parrington, Vernon Louis. *Main Currents in American Thought: An Interpretation of American Literature from the Beginnings to 1920.* (New York: Harcourt, Brace, 1927.)

[395] Perloff, Harvey S., ed. *The Future of the United States Government: Toward the Year 2000.* (New York: George Braziller, 1971.)

[396] Saloma, John S., III, and Frederick H. Sontag. *Parties: The Real Opportunity for Effective Citizer Politics.* (New York: Alfred A. Knopf, 1972.)
[397] Scammon, Richard M., and Alice V. McGillivray, eds. *American Votes 12: A Handbook of Contemporary Election Statistics.* (Washington, D.C.: Elections Research Center, Congressional Quarterly, 1977.)
[398] Schlesinger, Arthur M., Jr. *The Imperial Presidency.* (New York: Popular Library, 1974.)
[399] Smith, Edward Conrad, ed. *The Constitution of the United States: With Case Summaries.* (New York: Barnes & Noble, 1972.)
[400] Steinfels, Peter. *The Neoconservatives: The Men Who Are Changing America's Politics.* (New York: Simon and Schuster, 1979.)
[401] Tocqueville, Alexis de. *Democracy in America,* text Henry Reeve, rev. Francis Bowen, and ed. Phillips Bradley. (New York: Alfred A. Knopf, Vintage Books, 1945.)

PSICOLOGIA

[402] Allport, Gordon W. *Personality: A Psychological Interpretation.* (New York· Henry Holt, 1937.)
[403] Back, Kurt W. *Beyond Words: The Story of Sensitivity Training and the Encounter Movement.* (New York: Russell Sage Foundation, 1972.)
[404] Conway, Flo, and Jim Siegelman. *Snapping: America's Epidemic of Sudden Personality Change.* (Philadelphia: J. B. Lippincott, 1978.)
[405] Freedman, Alfred M., M.D., Harold I. Kaplan, M.D., and Benjamin J. Sadock, M.D. *Modern Synopsis of Comprehensive Textbook of Psychiatry.* (Baltimore· Williams & Wilkins, 1972.)
[406] Fromm, Erich. *Escape from Freedom.* (New York: Avon Library, 1965.)
[407] ———. *The Sane Society.* (Greenwich, Conn.: Fawcett Premier, 1955.)
[408] Gerth, Hans, and C. Wright Mills. *Character and Social Structure: The Psychology of Social Institutions.* (New York: Harcourt, Brace & World, Harbinger. 1953.)
[409] Gross, Martin L. *The Psychology Society.* (New York: Random House, 1978.)
[410] Gross, Ronald, and Paul Osterman, eds. *Individualism: Man in Modern Society.* (New York: Dell, Laurel, 1971.)
[411] Hall, Calvin S., and Gardner Lindzey. *Theories of Personality,* 3rd edition. (New York: John Wiley, 1978.)
[412] Kardiner, Abram, et al. *The Psychological Frontiers of Society.* (New York: Columbia University Press, 1945.)
[413] Kilpatrick, William. *Identity & Intimacy.* (New York: Delacorte Press, 1975.)
[414] May, Rollo. *Power and Innocence: A Search for the Sources of Violence.* (New York: W. W. Norton, 1972.)
[415] Reich, Wilhelm. *The Mass Psychology of Fascism,* trans. Vincent R. Carfagno. (New York: Farrar, Straus & Giroux, 1971.)
[416] Ruitenbeek, Hendrik M ed. *Varieties of Personality Theory.* (New York: E. P. Dutton, 1964.)
[417] Smirnov, Georgi. *Soviet Man: The Making of a Socialist Type of Personality,* trans. Robert Daglish. (Moscow: Progress Publishers, 1973.)
[418] Stevens, John O., ed *Gestalt Is — A Collection of Articles About Gestalt Therapy and Living.* (New York. Bantam Books, 1977.)

[419] Sullivan, Harry Stack, M.D. *The Fusion of Psychiatry and Social Science*. (New York: W. W. Norton, 1964.)

[420] Winter, Ruth. *The Smell Book*. (Philadelphia: J. B. Lippincott, 1976.)

[421] Zurcher, Louis A., Jr. *The Mutable Self: A. Self-Concept for Social Change*. (Beverly Hills, Cal.: Sage Publications, 1977.)

## CIÊNCIA/TECNOLOGIA

[422] Anderson, Robert H., and Nake M. Kamrany. *Advanced Computer-Based Manufacturing Systems for Defence Needs*. (Marina del Rey, Cal.: USC, Information Sciences Institute, 1973.)

[423] *The Application of Computer Tecnology for Development*. United Nations, Department of Economic and Social Affairs, Second Report of the Secretary-General. (New York, 1973.)

[424] *Appropriate Technology in the Commonwealth, A Directory of Institutions*. Food Production & Rural Development Division, Commonwealth Secretariat. (London, 1977.)

[425] *Appropriate Technology in the United States: An Exploratory Study*. Study conducted by Integrative Design Associates for the National Science Foundation RANN program. (Washington, D.C.: U.S. Government Printing Office, 1977.)

[426] Asimov, Isaac. *I, Robot*. (New York: Fawcett Crest, 1950.)

[427] ———. *Understanding Physics*, Vol. III, *The Electron, Proton, and Neutron*. (New York: New American Library, Signet, 1966.)

[428] Baldwin, J., and Stewart Brand, eds. *Soft-Tech*. (New York: Penguin Books, 1978.)

[429] Boorstin, Daniel J. *The Republic of Technology: Reflections on Our Future Community*. (New York: Harper & Row, 1978.)

[430] Brand, Stewart, ed. *Space Colonies*. (New York: Penguin Books, 1977.)

[431] Buchholz, Hans, and Wolfgang Gmelin, eds. *Science and Technology and the Future*, Parts 1 and 2. (Munich: K. G. Saur, 1979.)

[432] Butterfield, Herbert. *The Origins of Modern Science: 1300-1800*. (New York Free Press, 1957.)

[433] Cardwell, D. S. L. *Turning Points in Western Technology*. (New York: Neale Watson Academic Publications, Science History Publications, 1972.)

[434] Cross, Nigel, David Elliot, and Robin Roy, eds. *Man-Made Futures: Readings in Society, Technology and Design*. (London: Hutchinson, 1974.)

[435] Einstein, Albert. *Ideas and Opinions*, trans. Sonja Bargmann. (New York: Dell, Laurel. Copyright Crown, 1954.)

[436] Ellis, John. *The Social History of the Machine Gun*. (New York: Pantheon Books, 1975.)

[437] Etzioni, Amitai. *Genetic Fix*. (New York: Macmillan, 1973.)

[438] Farago, F. T. *Handbook of Dimensional Measurement*. (New York: Industrial Press, 1965.)

[439] Farrington, Benjamin. *Head and Hand in Ancient Greece: Four Studies in the Social Relations of Thought*. (London: Watts, Thinker's Library, 1947.)

[440] Feyerabend, Paul. *Against Method: Outline of an Anarchistic Theory of Knowledge*. (London: NLB, Verso, 1975.)

[441] Fidell, Oscar H., ed. *Ideas in Science*. (New York: Washington Square Press, Reader's Enrichment, 1966.)

[442] Ford, Henry. *My Life and Work.* (New York: Doubleday, Page, 1923.)
[443] H. B. Maynard and Company. *Production: An International Appraisal of Contemporary Manufacturing Systems and the Changing Role of the Worker,* ed. Rolf Tiefenthal. (London: McGraw-Hill, 1975.)
[444] Harper, Peter, and Godfrey Boyle, eds. *Radical Technology.* (New York: Pantheon Books, 1976.)
[445] Heppenheimer, T. A. *Colonies in Space.* (Harrisburg. Pa.: Stackpole Books, 1977.)
[446] Howard, Ted, and Jeremy Rifkin. *Who Should Play God? The Artificial Creation of Life and What It Means for the Future of the Human Race.* (New York: Dell, 1977.)
[447] Illich, Ivan. *Tools for Conviviality.* (New York: Harper & Row, 1973.)
[448] Jacobs, Jane. *The Economy of Cities.* (New York: Random House, 1969.)
[449] Klein, H. Arthur. *The World of Measurements.* (New York: Simon and Schuster, 1974.)
[450] Kranzberg, Melvin, and Carroll W. Pursell, Jr. *Technology in Western Civilization,* Vol. I. (New York: Oxford University Press, 1967.)
[451] Kuhn, Thomas S. *The Structure of Scientific Revolution.* (Chicago: University of Chicago Press, 1962.)
[452] Lawless, Edward W. *Technology and Social Shock.* (New Brunswick, N.J.: Rutgers University Press, 1977.)
[453] Lilley, Samuel. *Men, Machines and History.* (New York: International Publishers, 1966.)
[454] Mazlish, Bruce, ed. *The Railroad and the Space Program: An Exploration in Historical Analogy.* (Cambridge, Mass.: MIT Press, 1965.)
[455] Needham, Joseph. *Science and Civilization in China.* Vol. I, *Introductory Orientations.* (Cambridge: Cambridge University Press, 1965.)
[456] ———. *Science and Civilization in China,* Vol. II. *History of Scientific Thought.* (Cambridge: Cambridge University Press, 1969.)
[457] Newman, James R., ed. *What Is Science?* (New York: Washington Square Press, 1961.)
[458] Nicolis, G., and I. Prigogine. *Self-Organization in Nonequilibrium Systems: From Dissipative Structures to Order Through Fluctuations.* (New York: John Wiley, Wiley-Interscience, 1977.)
[459] Nikolaev, L. *Space Chemistry,* trans. Y. Nadler. (Moscow: Mir Publishers, 1976.)
[460] O'Neill, Gerald K. *The High Frontier: Human Colonies in Space.* (New York: Bantam Books, 1978.)
[461] Pyke, Magnus. *Technological Eating, or Where Does the Fish-Finger Point?* (London: John Murray, 1972.)
[462] Ritner, Peter. *The Society of Space.* (New York: Macmillan, 1961.)
[463] Schey, John A. *Introduction to Manufacturing Processes.* (New York: McGraw-Hill, 1977.)
[464] Schofield, Robert E. *The Lunar Society of Birmingham: A Social History of Provincial Science and Industry in Eighteenth-Century England.* (Oxford: Oxford University Press, 1968.)
[465] Sharlin, Harold I. *The Convergent Century: The Unification of Science in the Nineteenth Century.* (New York: Abelard-Schuman, 1966.)
[466] Sorenson, James R. *Social Science Frontiers,* Vol. 3, *Social Aspects of Applied Human Genetics.* (New York: Russell Sage Foundation, 1971.)

[467] Stine, G. Harry. *The Third Industrial Revolution.* (New York: G. P. Putnam's Sons, 1975.)

[468] Sullivan, Walter. *We Are Not Alone: The Search for Intelligent Life on Other Worlds.* (New York: McGraw-Hill, 1964.)

[469] U.S. Department of Labor. *Technological Change and Manpower Trends in Five Industries: Pulp and Paper/Hydraulic Cement/Steel/Aircraft and Missile/Wholesale Trade.* (Washington, D.C.: U.S. Government Printing Office, 1975.)

[470] Warshofsky, Fred. *Doomsday: The Science of Catastrophe.* (New York: Reader's Digest Press, 1977.)

[471] Watson, James D. *The Double Helix: A Personal Account of the Discovery of the Structure of DNA.* (New York: New American Library Signet Books, 1968.)

SOCIALISMO/COMUNISMO

[472] Amalrik, Andrei. *Will the Soviet Union Survive until 1984?* (New York: Harper & Row, Perennial Library, 1971.)

[473] Brus, Wlodzimierz. *The Economics and Politics of Socialism: Collected Essays,* trans. Angus Walker (Chapters 3-6). (London: Routledge & Kegan Paul, 1973.)

[474] Christman, Henry M., ed. *Essential Works of Lenin.* (New York: Bantam Books, Matrix, 1966.)

[475] Howe, Irving, ed. *The Basic Writings of Trotsky.* (New York: Random House. Vintage Books, 1965.)

[476] Laidler, Harry W. *History of Socialism.* (New York: Thomas Y. Crowell, 1968.)

[477] Marx, Karl, and Friedrich Engels. *The Communist Manifesto.* (Harmondsworth, Middlesex: Penguin Books, 1967.)

[478] Nicolaus, Martin. *Restoration of Capitalism in the USSR.* (Chicago: Liberator Press, 1975.)

[479] Nordhoff, Charles. *The Communistic Societies of the United States.* (New York: Schocken Books, 1965.)

[480] Possony, Stefan T., ed. *The Lenin Reader: The Outstanding Work of V. I. Lenin.* (Chicago: Henry Regnery, Gateway, 1969.)

[481] Revel. Jean-François. *The Totalitarian Temptation,* trans. David Hapgood. (Harmondsworth, Middlesex: Penguin Books, 1978.)

[482] ———. *Without Marx or Jesus,* trans. J. F. Bernard. (London: Paladin, 1972.)

[483] Smelser, Neil J., ed. *Karl Marx on Society and Social Change, with Selections by Friedrich Engels.* (Chicago: University of Chicago Press, 1973.)

[484] Smith, Hedrick. *The Russians.* (New York: Quadrangle/New York Times, 1976.)

[485] *Socialism Theory and Practice,* Soviet Monthly Digest of the Theoretical and Political Press, January 1976. (Moscow: Novosti Press Agency.)

[486] Trotsky, Leon. *Political Profiles,* trans. R. Chappell. (London: New Park Publications, 1972.)

[487] ———. *The Revolution Betrayed,* trans. Max Eastman, 5th editon. (New York: Pathfinder Press, 1972.)

[488] Wesson, Robert G. *The Soviet State: An Aging Revolution.* (New York: John Wiley, 1972.)

SOCIOLOGIA/TEORIA SOCIAL

[489] Bird, Caroline. *The Crowding Syndrome: Learning to Live with Too Much and Too Many.* (New York: David McKay, 1972.)

[490] Bottomore, T. B. *Sociology: A Guide to Problems and Literature.* (London: George Allen & Unwin, 1962.)

[491] Chapple, Eliot Dismore, and Carleton Stevens Coon. *Principles of Anthropology.* (New York: Henry Holt, 1942.)

[492] Davis, Kingsley, Harry C. Bredemeier, and Marion J. Levy. *Modern American Society.* (New York: Rinehart, 1950.)

[493] Etzioni, Amitai. *The Active Society: A Theory of Societal and Political Processes.* (New York: Free Press, 1968.)

[494] ———, and Eva Etzioni, eds. *Social Change: Sources, Patterns, and Consequences.* (New York: Basic Books, 1964.)

[495] Greer, Colin, ed. *Divided Society: The Ethnic Experience in America.* (New York: Basic Books, 1974.)

[496] Harris, Marvin. *The Rise of Anthropological Theory: A History of Theories of Culture.* (New York: Thomas Y. Crowell, 1968.)

[497] Isaacs, Harold R. *Idols of the Tribe.* (New York: Harper & Row, 1975.)

[498] Kardiner, Abram, and Edward Preble. *They Studied Man.* (Cleveland: World Publishing, 1961.)

[499] Moore, Wilbert E. *The Professions: Roles and Rules.* (New York: Russell Sage Foundation, 1970.)

[500] Packard, Vance. *A Nation of Strangers.* (New York: David Mcway, 1972.)

[501] Raison, Timothy, ed. *The Founding Fathers of Social Science.* (Harmondsworth, Middlesex: Penguin Books, 1969.)

[502] Toffler, Alvin. *Choque do Futuro.* (Rio, Artenova).

## TEMPO/ESPAÇO

[503] Abler, Ronald, et al. *Human Geography in a Shrinking World.* (Belmont, Cal.: Duxbury Press, 1975.)

[504] Blainey, Geoffrey. *The Tyranny of Distance.* (Melbourne: Sun Books, 1971.)

[505] Clay, Grady. *Close-Up: How to Read the American City.* (New York: Praeger, 1973.)

[506] Coleman, Lesley. *A Book of Time.* (London: Longman, 1971.)

[507] Dean, Robert D., William H. Leahy, and David L. McKee, eds. *Spatial Economic Theory.* (New York: Free Press, 1970.)

[508] de Grazia, Sebastian. *Of Time, Work and Leisure.* (New York: Twentieth Century Fund, 1962. )

[509] Fraser, J. T., ed. *The Voices of Time.* (New York: George Braziller, 1966.)

[510] ———, F. C. Haber, and G. H. Müller, eds. *The Study of Time.* (New York: Springer-Verlag, 1972.)

[511] Gould, Peter, and Rodney White. *Mental Maps.* (Baltimore: Penguin Books, 1974.)

[512] Gribbin, John. *Timewarps.* (New York: Delacore Press/Eleanor Friede, 1979.)

[513] Haggett, Peter, and Richard J. Chorley. *Network Analysis in Geography.* (New York: St. Martin's Press, 1969.)

[514] Morrill, Richard L. *The Spatial Organization of Society.* (Belmont, Cal.: Duxbury Press, 1970.)

[515] Needham, Joseph. *Time and Eastern Man,* the Henry Myers Lecture 1964, Royal Anthropological Institute Occasional Paper N.º 21. (Glasgow: Royal Anthropological Institute of Great Britain & Ireland, 1965.)

[516] Norberg-Schulz, Christian. *Existence, Space & Architecture.* (New York: Praeger 1971.)
[517] Sandow, Stuart A. *Durations: The Encyclopedia of How Long Things Take.* (New York: Times Books, 1977.)
[518] Tooley, R. V., Charles Brisker, and Gerald Roe Crone. *Landmarks of Mapmaking* (Amsterdam: Elsevier, 1968.)
[519] Welch, Kenneth F. *Time Measurement: An Introductory History.* (Newton Abbot Devonshire: David & Charles, 1972.)
[520] Whitrow, G. J. *What is Time?* (London: Thames and Hudson, 1972.)

## TRABALHO/EDUCAÇÃO

[521] Anderson, Dennis, and Mark W. Leiserson. *Rural Enterprise and Nonfarm Employment.* (Washington, D.C.: World Bank, 1978.)
[522] Bartlett, Laile E. *New Work/New Life.* (New York: Harper & Row, 1976.)
[523] Best, Fred, ed. *The Future of Work.* (Englewood Cliffs, N.J.: Prentice-Hall, 1973.)
[524] Bowman, Jim, et al. *The Far Side of the Future: Social Problems and Educational Reconstruction.* (Washington, D.C.: World Future Society, 1978.)
[525] Dickson, Paul. *The Future of the Workplace: The Coming Revolution in Jobs.* (New York: Weybright and Talley, 1975.)
[526] Evans, Archibald A. *Flexibility in Working Life: Opportunities for Individual Choice.* (Paris: Organisation for Economic Co-operation and Development, 1973.)
[527] Gates, Arthur I., et al. *Educational Psychology,* a revision of *Psychology of Students of Education.* (New York: Macmillan, 1942.)
[528] Good, H. G. *A History of Western Education.* (New York: Macmillan, 1947.)
[529] Kanter, Rosabeth Moss. *Social Science Frontiers,* Vol. 9, *Work and Family in the United States: A Critical Review and Agenda for Research and Policy.* (New York: Russell Sage Foundation, 1977.)
[530] Poor, Riva, ed. *4 Days, 40 Hours: And Other Forms of the Rearranged Workweek.* (New York: New American Library, Mentor, 1973.)
[531] Roberts, Paul Craig. *Alienation and the Soviet Economy: Toward a General Theory of Marxian Alienation, Organization Principles, and the Soviet Economy.* (Albuquerque: University of New Mexico Press, 1971.)
[532] *The Shorter Work Week.* Papers delivered at the Conference on Shorter Hours of Work sponsored by the AFL-CIO. (Washington, D.C.: Public Affairs Press, 1957.)
[533] Wells, H. G. *The Work, Wealth and Happiness of Mankind.* (London: William Heinemann, 1932.)
[534] *Work in America.* Report of a special task force to the Secretary of Health, Education, and Welfare, prepared under the auspices of the W. E. Upjohn Institute for Employment Research. (Cambridge, Mass.: MIT Press, 1973.)

Impresso no Brasil pelo
Sistema Cameron da Divisão Gráfica da
DISTRIBUIDORA RECORD DE SERVIÇOS DE IMPRENSA S.A.
Rua Argentina 171 — 20921-380 Rio de Janeiro, RJ — Tel.: 585-2000